城市轨道交通建设系列指南

城市轨道交通工程建设监理指南

江苏省住房和城乡建设厅
江苏省土木建筑学会城市轨道交通建设专业委员会　组织编写

中国建筑工业出版社

图书在版编目（CIP）数据

城市轨道交通工程建设监理指南/江苏省住房和城乡建设厅，江苏省土木建筑学会城市轨道交通建设专业委员会组织编写．—北京：中国建筑工业出版社，2020.6
（城市轨道交通建设系列指南）
ISBN 978-7-112-25050-9

Ⅰ.①城… Ⅱ.①江…②江… Ⅲ.①城市铁路-铁路施工-施工监理-指南 Ⅳ.①U239.5-62

中国版本图书馆CIP数据核字（2020）第072306号

本指南系统总结了城市轨道交通工程监理机构、工作制度、工作流程、工作方法及监理规划与实施细则的编制，重点阐述了施工阶段土建工程、轨道工程、机电安装、系统安装、装饰装修工程等各环节的监理质量控制及安全风险管理，同时介绍了监理资料管理、工程验收与保修阶段的监理工作。本指南内容全面、图文并茂，具有很强的指导性、可读性。

本指南可作为从事城市轨道交通建设的监理人员、工程管理人员的业务学习参考书，也可作为城市轨道交通建设监理人员的培训教材。

责任编辑：万　李　张伯熙
责任校对：芦欣甜

城市轨道交通建设系列指南
城市轨道交通工程建设监理指南
江苏省住房和城乡建设厅
江苏省土木建筑学会城市轨道交通建设专业委员会 组织编写

*

中国建筑工业出版社出版、发行（北京海淀三里河路9号）
各地新华书店、建筑书店经销
北京红光制版公司制版
南京海兴印务有限公司印刷

*

开本：787毫米×1092毫米　1/16　印张：40½　字数：981千字
2020年10月第一版　2020年10月第一次印刷
定价：**120.00**元
ISBN 978-7-112-25050-9
（35847）

版权所有　翻印必究
如有印装质量问题，可寄本社图书出版中心退换
（邮政编码100037）

《城市轨道交通工程建设监理指南》

主编单位：

江苏省土木建筑学会城市轨道交通建设专业委员会

江苏建科工程咨询有限公司

参编单位：

天津路安工程咨询有限公司

上海华铁工程咨询有限公司

江苏盛华工程监理咨询有限公司

铁四院（湖北）工程监理咨询有限公司

江苏阳湖建设项目管理有限公司

苏州城市建设项目管理有限公司

南京地铁建设有限责任公司

苏州市轨道交通集团有限公司

无锡地铁集团有限公司

常州市轨道交通发展有限公司

南通城市轨道交通有限公司

徐州市城市轨道交通有限责任公司

本书编审委员会

顾　　问	钱七虎　陈湘生　缪昌文　周　岚　顾小平 佘才高　周明保　徐　政　宋晓云　朱明勇 王　智

本书编写委员会

主　　任	张大春
副 主 任	汪志强　陈　贵　卢红标
主　　编	陈　健　李建新
副 主 编	张　燕　曹春阳　赵勇坚
编写人员	（按姓氏笔划排列）

王卫星　王开材　公志浩　左　锋　卢红标
吕进宪　刘　伟　刘润龙　江　帆　杜　然
李向上　李新祝　杨金龙　杨培亭　吴　静
张大春　张瑞锋　周　炜　周成跃　周雯雯
郑继刚　宗明杰　胡　静　郜小超　姚　浩
钱汉忠　徐彩霞　郭德忠　陶　青　盛金国
梁寒山　焦月红　曾俊玺　蔡东星　蔡志军
缪玉国　黎　平

本书审定委员会

主　　任	徐学军
委　　员	鲁　屹　韩少光　陶建岳　蔡　荣　江克斌 季玉国　张振龙

序 一

自 20 世纪 90 年代至现在是中国城市轨道交通快速发展的新阶段。随着经济的快速发展，城市综合规模的迅速扩大，中国城镇化进程的加快，我国的轨道交通也进入了大发展时期。规划建设城市轨道交通的城市迅速增多，大中城市轨道交通正逐步形成网络化，中国正初步形成了以地铁为主体，轻轨、单轨、有轨电车、磁浮、APM 和市域快轨等其他制式为补充的多元化发展格局，城市轨道交通正在高位稳定发展。中国城市轨道交通用不到 30 年的时间，走过了国外发达国家 150 年的发展历程。

实践证明，城市轨道交通在优化城市地下空间结构，促进新型城镇化发展，缓解城市交通拥堵和保护环境等方面显示出无比优越的作用。在大规模、高速度、跨越式发展的阶段，我们必须清醒地认识到，当前我国城市轨道交通建设正面临着一些严峻的问题和挑战。轨道交通建设的前期线网规划、线路、可行性研究、方案设计、比较研究和优化工作不够；在大建设时期还未来得及形成一套系统、完善的管理、勘察、设计、施工、监理、运营等在内的技术与管理标准体系；强调快速建设而压缩工期，强调最低价中标而造成材料设备和施工竞相压价，导致建设投入不足；建设管理薄弱，管理信息化水平不高，风险管理意识薄弱，工程事故时有发生；由于建设项目多、规模大、专业性强，造成目前轨道交通行业技术和管理力量稀释，专业技术人员、管理人员和熟练岗位技术工人严重匮乏，特别是一线操作工人来源短缺，技术水平较低，难以适应需求；工程建设中常见质量问题仍较普遍，质量水平不容乐观。

可喜的是，江苏省土木建筑学会城市轨道交通建设专业委员会在江苏省住房和城乡建设厅、江苏省科协的大力支持下，从 2014 年 10 月成立以来，一直以"建设一批优质工程、带动一批骨干企业、培养一批优秀人才、研究一批急需成果"为己任，先后开展了城市轨道交通工程"835"、"926"科技创新计划，经过 5 年多的努力，终于完成了两轮科技创新任务。两轮科技创新计划涵盖了城市轨道交通科研项目、地方标准和建设指南。其中编写的一套《城市轨道交通建设系列指南》，始于城轨需求，源自城轨实践；有理论，更有经验的提炼；有系统性，更重操作性，可喜可贺！本套丛书的问世，顺应了"聚焦高质量发展"新时代的要求，将对我国城市轨道交通建设水平的提升起到积极和重要的促进作用。

中国工程院院士、国家最高科学技术奖获得者：钱七虎

2019 年 12 月 9 日

序　二

从1863年英国伦敦第一条地铁线到1965年我国北京地铁一号线建设以来，因快捷准点、运输量大、节能环保等优点，城市轨道交通已成为百姓出行首选的交通工具。截至2019年9月底，我国已有43个城市运营突破6300公里；在建里程达6600公里。截至2019年12月，江苏省城市轨道交通已有7个地级市运营或在建，其中运营地铁18条线704.5公里、有轨电车5条线83.8公里；在建地铁19条线539.4公里。

城市轨道交通工程建设涉及土木工程、机电工程和管理工程等近40个专业。随着我国城市轨道交通进入高速发展阶段，该领域的管理、勘察设计、监理、施工、检测、监测等专业人员紧缺，安全与质量管理面临着严峻的问题和挑战。因此，项目管理、安全与质量风险管控，技术与管理人员管理水平等亟待提升。

为此，江苏省土木建筑学会城市轨道交通建设专业委员会（以下简称江苏城轨专委会）自2014年成立以来，一直把科技创新工作放在首位。先后联合了省内外城市轨道交通建设110余家勘察设计、施工、监理、检测、监测、科研院所、监管等单位和部门，共同开展了两轮科技创新活动，取得了一批可喜的成果。已出版了第一批《城市轨道交通建设系列指南》7本、省级地方标准6本和10余项重要科研成果，第二批《城市轨道交通建设系列指南》将有10余本陆续出版，相关成果对推动城市轨道交通建设高质量发展起到了很好的引领作用。

组织《城市轨道交通建设系列指南》的编写，反映了江苏城轨专委会想城轨建设所想，急城轨建设所急，具有前瞻眼光和强烈的责任感。组织编写这样一套系列丛书，工程浩大，需要组织协调和筹集大量人财物。从选题、立项、确定主参编单位和人员、每本书的大纲和定位，到编写过程中邀请国内相关专家的数轮指导审核把关，付出了艰辛的努力；他们坚持不流于形式、不急于求成，坚持实用、创新、引领和指导等原则，体现了编审委员会严谨、求实和负责的态度和精神。

系列指南涵盖了我国城市轨道交通建设的多个领域，涉及面广。它的陆续出版，是我国城市轨道交通建设的一件盛事和喜事。编写者在城轨一线边工作边写作，边调研边提炼总结，对现行标准规范融会贯通，集思广益，倾注了大量的心血。他们紧扣该领域建设的实际需要，突出问题导向，突出经验总结和梳理，突出实用性和操作性，奉献出了一本本图文并茂、可读性强，集指导性、实用性、专业性为一体的指南，可喜可贺！系列指南的问世将对我国城市轨道交通工程建设水平的提高和高质量发展具有重要的促进作用。

陈湘生，博士，教授，中国工程院院士
深圳大学土木与交通工程学院院长
深圳市地铁集团有限公司技术委员会主任
2019年12月9日

序 三

随着城市建设的快速发展,城市轨道交通作为百姓出行的首选方式,其工程建设也进入迅猛发展时期。针对如此大规模的城市轨道交通建设任务,为提高工程整体建设水平,急需在施工质量控制、新材料研究及应用、安全管理标准化、检测监测技术研究、建设项目管理等多方面编写一系列指南来指导工程建设。

江苏省土木建筑学会城市轨道交通建设专业委员会(以下简称江苏城轨专委会)作为科技社团,2014年10月成立以来,紧紧围绕城市轨道交通建设"四大目标"和"六项任务"开展工作。"四大目标"即:建设一批优质工程、带动一批骨干企业、培养一批优秀人才、研究一批急需成果;"六项任务"即:搭建交流平台、开展标准(课题)研究、提供咨询服务、组织人才培训、指导工程创优、发挥助手作用。

通过5年多的努力,江苏城轨专委会充分发挥专家团队的技术优势,积极开展系列科技创新活动。先后牵头组织省内外110余家单位,近800人共同开展城市轨道交通"835"和"926"计划,参加的单位有城市轨道交通参建单位、高等院校、科研院所以及政府主管部门等,目前已基本完成全部科技创新计划任务。

系列指南的编写立足于城市轨道交通建设,内容丰富,书中大量的观点、做法、数据和案例都来自各编写单位一线工程实践经验,具有鲜明的工程特色,同时还引用了国内大量最新发布的标准和规范性文件,在写法上做到了图文并茂,整体具有较好的先进性、创新性和实用性。

本轮系列指南在编写过程中凝聚了全体主参编、审定人员的智慧和辛勤汗水,对推动城市轨道交通工程高质量发展具有非常重要的指导价值。

中国工程院院士:

2019 年 12 月 18 日

序 四

近年来，江苏省城市轨道交通工程建设进入大规模、高速度、跨越式发展阶段。自2000年南京地铁1号线开工建设以来，先后有苏州、无锡、常州、徐州、南通、淮安及昆山等地陆续开工建设，截至2019年12月，江苏省城市轨道交通在建和投入运营的线路（含有轨电车）共42条，共1327.7公里；预计到"十三五"末将达到1400公里左右。

城市轨道交通工程建设周期长、施工环境复杂、风险大，涉及专业众多。多年来，我省各级建设主管部门和奋战在我省城市轨道交通建设战线的广大管理和技术人员，在轨道交通工程建设和管理方面十分重视向北京、上海、广州、深圳等兄弟城市学习，同时结合江苏省的实际和特点进行探索，并注重实践经验的积累和总结。2014年7月25日，江苏省住房和城乡建设厅下发了"关于开展江苏省城市轨道交通工程建设系列指南（标准）编写工作的通知"，并委托江苏省土木建筑学会城市轨道交通建设专业委员会具体实施。通过110余家单位、近800人的攻关，首批系列指南已正式出版发行。第二批指南也列入江苏省住房和城乡建设厅科技创新工作计划，计划到"十三五"末，基本建立和健全江苏省城市轨道交通建设标准体系。目前，已出版了第一批《城市轨道交通建设系列指南》7本、省级地方标准6本和10余项重要科研成果，第二批《城市轨道交通建设系列指南》有10余本也陆续出版，相关成果对推动城市轨道交通建设高质量发展起到了很好的引领作用。

组织编写《城市轨道交通建设系列指南》，是我省城市轨道交通建设史上的一件大事，是全面总结和提高我省城市轨道交通建设水平的重要工作。江苏省土木建筑学会城市轨道交通建设专业委员会在组织编写系列指南过程中，积极协调各方资源，严密组织编写过程，坚持每本指南召开编写大纲、中间成果、修改后成果三次评审会和最终成果专家审定会，每次会议均邀请国内城市轨道交通建设专家学者严格把关，经过多次反复沟通修编，较好地保证了指南编写的质量。

由于江苏省城市轨道交通建设起步较晚，建设经验与兄弟省市相比还有较大的差距，系列指南（标准）的编写还存在许多不足，希望编委会和广大编写人员继续向兄弟省市学习，向实践学习，不断改进、总结和完善，为城市轨道交通建设作出积极的贡献。

江苏省住房和城乡建设厅党组书记：

2019年12月16日

前 言

城市轨道交通建设工程具有专业性强、质量要求高、施工环境复杂、安全风险大的特点。这些特点决定了监理工作在城市轨道交通建设中的重要性和必要性。我们看到,在建设过程中,监理人员在质量控制、安全管理等方面,尤其是危大工程的管理和验收上,都发挥了不可或缺的作用,有力保证了城市轨道交通建设工程的顺利实施。但同时,从事轨道交通建设的监理人员也必须有较高的专业技术水平和丰富的工程实践经验。为进一步总结城市轨道交通建设中监理工作的经验,提升监理人员的技术水平,江苏省住房和城乡建设厅、江苏省土木建筑学会城市轨道交通建设专业委员会组织江苏建科工程咨询有限公司等单位编写本指南。

本指南共分12章,涵盖了城市轨道交通建设工程各阶段的监理工作内容,详细阐述了施工阶段土建工程、轨道工程、机电安装、系统安装、装饰装修工程等各环节的监理质量控制及安全风险管理。其中第1章概述,介绍了城市轨道交通工程监理工作的特点、发展现状及趋势;第2~4章系统总结了城市轨道交通工程监理机构、工作制度、工作流程、工作方法及监理规划与实施细则的编制;第5章土建施工监理,分别介绍了采用主要工法施工的车站、区间及车辆段(停车场)土建工程的监理工作要点;第6章轨道工程施工监理,介绍了轨道安装铺设各阶段的监理控制要点;第7章机电安装施工监理,分别介绍了给水排水工程,通风与空调工程,动力、照明及接地工程、人防工程、声屏障工程、疏散平台工程的监理工作要点;第8章系统安装施工监理,分别介绍了信号系统、通信系统、供电系统、综合监控系统、FAS系统、PIS系统、AFC系统、PSD系统、电(扶)梯工程、车辆段工艺设备工程等各个系统的监理工作要点;第9章装饰装修施工监理,介绍了地铁车站各部位装修的监理工作要点;第10章安全和风险监理,分别从监理安全管理组织形式、工作职责、过程管控、风险点梳理、安全资料管理等多方面,介绍了在城市轨道交通工程实施过程中,监理人员安全监督管理工作的方法和措施;第11、12章介绍了监理资料的管理方法、工程验收与保修阶段的监理工作要点等。

本指南凝聚了国内多家知名监理单位近年来在城市轨道交通建设方面的管理经验,同时在编写过程中,编写组考察了国内外大量的城市轨道交通工程建设方面的先进经验,并加以总结提炼,图文并茂,具有很强的指导性、可读性,可作为从事城市轨道交通建设的监理人员、工程管理人员的业务学习参考书,也可作为城市轨道交通建设监理人员的培训教材。

本指南在编写过程中得到了相关单位和专家的大力支持,在此表示衷心的感谢。同时,由于编者水平有限,难免存在错漏或不到位之处,敬请广大读者、同行批评指正,并反馈至江苏省土木建筑学会城市轨道交通建设专业委员会,便于指南的修订和完善。

本书编审委员会
2020年4月

目 录

第1章 概述 ·· 1
1.1 城市轨道交通工程监理工作的特点 ··· 1
1.2 城市轨道交通工程建设监理的现状 ··· 2
1.3 城市轨道交通工程建设监理的发展趋势 ··· 3
第2章 城市轨道交通工程监理机构及工作制度 ································· 5
2.1 项目监理组织机构 ··· 5
2.1.1 监理机构的组织模式 ··· 5
2.1.2 监理机构内部岗位设置及人员配备 ·· 7
2.1.3 监理人员职责分工 ·· 10
2.2 监理工作制度 ·· 11
2.2.1 施工图会审及设计交底制度 ·· 12
2.2.2 施工组织设计审核制度 ··· 12
2.2.3 工程开工申请制度 ··· 13
2.2.4 分包单位审查制度 ··· 14
2.2.5 工程材料、半成品质量检验制度 ··· 14
2.2.6 隐蔽工程、分部（项）、检验批工程质量验收制度 ···················· 14
2.2.7 技术复核与安全监督制度 ·· 15
2.2.8 （子）单位工程质量验收制度 ·· 15
2.2.9 工程变更处理制度 ··· 15
2.2.10 工程洽商处理制度 ··· 15
2.2.11 现场协调会、工地例会及会议纪要签发制度 ·························· 16
2.2.12 工程款支付签审制度 ··· 16
2.2.13 工程索赔签审制度 ··· 16
2.2.14 施工现场紧急情况处理制度 ·· 17
2.2.15 工程质量事故报告和配合调查处理制度 ································· 17
2.2.16 工程质量专题报告制度 ··· 18
2.2.17 监理工作行文签发制度 ··· 18
2.2.18 监理旁站制度 ·· 18
2.2.19 安全管理工作制度 ··· 19
2.2.20 文明施工及扬尘降噪管理制度 ·· 19
2.2.21 见证取样制度 ·· 19
2.2.22 平行检验制度 ·· 19
2.2.23 巡视检查制度 ·· 20
2.2.24 "新三大策划"推行制度 ·· 20

| 2.2.25 危大工程管理制度 ·· 20
| 2.2.26 关键节点风险管控制度 ·· 21
| 2.2.27 项目监理部内部管理工作制度 ··· 22

第3章 监理机构工作流程及方法 ·· 25
3.1 施工准备阶段监理工作流程与方法 ·· 25
| 3.1.1 施工准备监理工作流程 ·· 25
| 3.1.2 施工准备中的监理工作方法 ·· 25
3.2 施工阶段监理工作流程与方法 ·· 28
| 3.2.1 施工质量控制的监理工作流程 ·· 28
| 3.2.2 施工质量控制的监理工作方法 ·· 28
| 3.2.3 施工进度控制的监理工作流程 ·· 31
| 3.2.4 施工进度控制的监理工作方法 ·· 32
| 3.2.5 工程造价控制的监理工作流程 ·· 33
| 3.2.6 工程造价控制的监理工作方法 ·· 33
| 3.2.7 安全文明管理的监理工作流程 ·· 35

第4章 监理规划与监理实施细则编制 ··· 37
4.1 监理规划编制 ··· 37
| 4.1.1 监理规划编写的常见问题 ·· 37
| 4.1.2 监理规划编写要点 ·· 38
4.2 监理实施细则编制 ··· 41
| 4.2.1 监理实施细则编写常见问题 ·· 41
| 4.2.2 专项工程监理实施细则清单 ·· 42
| 4.2.3 监理实施细则编写要点 ·· 43

第5章 城市轨道交通工程土建施工监理 ··· 44
5.1 明挖法车站 ··· 44
| 5.1.1 基坑支护 ·· 44
| 5.1.2 地基处理 ·· 67
| 5.1.3 降排水 ·· 78
| 5.1.4 土方开挖 ·· 82
| 5.1.5 主体结构 ·· 86
| 5.1.6 防水工程 ·· 99
| 5.1.7 监测 ·· 104
5.2 暗挖法车站 ··· 108
| 5.2.1 竖井 ·· 109
| 5.2.2 横通道 ·· 110
| 5.2.3 车站主体 ·· 114
| 5.2.4 监测 ·· 130
| 5.2.5 附属工程 ·· 131
5.3 盖挖法车站 ··· 131

         5.3.1 盖挖逆作法 ··· 131
         5.3.2 盖挖顺作法 ··· 133
         5.3.3 盖挖半逆作法 ··· 134
         5.3.4 半盖挖法（局部盖挖法） ··· 135
    5.4 高架车站和高架区间 ··· 135
         5.4.1 地基及基础 ··· 136
         5.4.2 下部结构 ··· 137
         5.4.3 上部结构 ··· 139
         5.4.4 桥面系及附属设施 ··· 141
         5.4.5 高架车站结构 ··· 149
         5.4.6 高架车站屋面施工 ··· 150
    5.5 明挖法区间 ··· 151
    5.6 矿山法区间 ··· 153
         5.6.1 竖井 ··· 154
         5.6.2 横通道 ··· 155
         5.6.3 洞口工程 ··· 155
         5.6.4 区间隧道 ··· 156
         5.6.5 监测 ··· 168
         5.6.6 附属工程 ··· 168
    5.7 盾构区间 ··· 168
         5.7.1 盾构机选型 ··· 168
         5.7.2 管片制作 ··· 170
         5.7.3 盾构机始发与到达 ··· 172
         5.7.4 盾构掘进 ··· 178
         5.7.5 特殊地段盾构掘进 ··· 180
         5.7.6 嵌缝及手孔封堵 ··· 182
         5.7.7 洞门工程 ··· 182
         5.7.8 冷冻法施工联络通道及泵房 ··· 183
    5.8 路基工程 ··· 187
         5.8.1 路基处理 ··· 187
         5.8.2 路堤 ··· 188
         5.8.3 路床 ··· 190
         5.8.4 路堑 ··· 191
         5.8.5 路基支挡 ··· 191
         5.8.6 路基防护 ··· 192
         5.8.7 路基排水 ··· 193
         5.8.8 路基填料 ··· 193
    5.9 车辆段土建工程 ··· 194
         5.9.1 道路工程 ··· 195

5.9.2　房建工程 ………………………………………………………… 200
　　5.9.3　室外建筑环境 …………………………………………………… 207

第6章　城市轨道交通轨道工程施工监理 ……………………………… 209
6.1　概述 …………………………………………………………………… 209
　　6.1.1　轨道工程技术标准 ………………………………………………… 209
　　6.1.2　轨道工程监理工作流程 …………………………………………… 210
6.2　监理工作内容、重点、控制措施 …………………………………… 211
　　6.2.1　轨道工程监理工作内容 …………………………………………… 211
　　6.2.2　轨道工程监理质量控制重点 ……………………………………… 211
　　6.2.3　轨道工程监理质量控制措施 ……………………………………… 212
6.3　轨道工程主要监理工作 ……………………………………………… 213
　　6.3.1　施工前监理准备工作 ……………………………………………… 213
　　6.3.2　主要进场材料、设备质量控制要点 ……………………………… 213
　　6.3.3　主要过程检验（试验）与检测质量控制 ………………………… 214
　　6.3.4　关键部位及隐蔽工程验收的质量控制 …………………………… 215
　　6.3.5　主要施工工艺 ……………………………………………………… 225
　　6.3.6　接口关系及协调 …………………………………………………… 228
6.4　轨道工程验收及竣工资料 …………………………………………… 230
　　6.4.1　单位工程预验收 …………………………………………………… 230
　　6.4.2　单位工程竣工验收 ………………………………………………… 231

第7章　城市轨道交通工程机电安装施工监理 ………………………… 232
7.1　给水排水工程 ………………………………………………………… 232
　　7.1.1　施工准备中的监理工作 …………………………………………… 232
　　7.1.2　施工过程中的监理工作 …………………………………………… 233
　　7.1.3　监理检查要点 ……………………………………………………… 238
7.2　通风与空调工程 ……………………………………………………… 240
　　7.2.1　施工准备中的监理工作 …………………………………………… 240
　　7.2.2　施工过程中的监理工作 …………………………………………… 241
　　7.2.3　监理检查要点 ……………………………………………………… 253
7.3　动力、照明及接地工程 ……………………………………………… 255
　　7.3.1　电气动力 …………………………………………………………… 256
　　7.3.2　电气照明安装 ……………………………………………………… 258
　　7.3.3　供电干线 …………………………………………………………… 259
　　7.3.4　备用电和不间断电源安装 ………………………………………… 260
　　7.3.5　防雷及接地安装 …………………………………………………… 261
　　7.3.6　室外电气 …………………………………………………………… 261
7.4　人防工程 ……………………………………………………………… 262
　　7.4.1　人防工程施工准备阶段监理 ……………………………………… 262
　　7.4.2　人防工程施工阶段监理工作 ……………………………………… 265

13

  7.4.3 人防工程验收阶段监理工作 ………………………………………… 284
 7.5 声屏障工程 ……………………………………………………………… 290
  7.5.1 声屏障安装工程 …………………………………………………… 290
  7.5.2 声屏障工程设备监理工作 ………………………………………… 291
 7.6 疏散平台工程 …………………………………………………………… 301
  7.6.1 疏散平台工程 ……………………………………………………… 301
  7.6.2 疏散平台安装监理工作 …………………………………………… 301

第8章 城市轨道交通工程系统安装施工监理 ……………………………… 309
 8.1 城市轨道交通工程设备监理 …………………………………………… 309
  8.1.1 概述 ………………………………………………………………… 309
  8.1.2 系统设备监理控制方法、手段及措施 …………………………… 312
  8.1.3 系统设备集成管理 ………………………………………………… 315
  8.1.4 系统设备安装监理工作准备 ……………………………………… 316
  8.1.5 材料、设备进场控制管理 ………………………………………… 318
  8.1.6 系统设备安装检测、试验控制管理 ……………………………… 320
  8.1.7 系统设备调试控制管理 …………………………………………… 322
  8.1.8 系统设备安装工程质量验收控制管理 …………………………… 326
  8.1.9 系统设备安装资料控制管理 ……………………………………… 329
 8.2 信号系统工程 …………………………………………………………… 330
  8.2.1 概述 ………………………………………………………………… 330
  8.2.2 信号系统工程设备监理工作 ……………………………………… 330
 8.3 通信系统工程 …………………………………………………………… 349
  8.3.1 概述 ………………………………………………………………… 349
  8.3.2 通信系统工程设备监理工作 ……………………………………… 353
 8.4 供电系统工程 …………………………………………………………… 369
  8.4.1 概述 ………………………………………………………………… 369
  8.4.2 供电系统工程设备监理工作 ……………………………………… 371
 8.5 综合监控系统工程 ……………………………………………………… 407
  8.5.1 概述 ………………………………………………………………… 407
  8.5.2 综合监控集成子系统（ISCS）系统工程设备监理工作 ………… 413
 8.6 火灾自动报警及气体灭火系统工程 …………………………………… 433
  8.6.1 概述 ………………………………………………………………… 433
  8.6.2 火灾自动报警（FAS）及气体灭火系统工程设备监理工作 …… 435
 8.7 乘客信息系统工程 ……………………………………………………… 452
  8.7.1 概述 ………………………………………………………………… 452
  8.7.2 乘客信息（PIS）系统工程设备监理工作 ……………………… 454
 8.8 自动售检票系统工程 …………………………………………………… 469
  8.8.1 概述 ………………………………………………………………… 469
  8.8.2 自动售检票（AFC）系统工程设备监理工作 ………………… 470

8.9 站台门系统工程 ……………………………………………………………… 485
　　8.9.1 概述 ……………………………………………………………… 485
　　8.9.2 站台门（PSD）系统工程设备监理工作 ……………………… 486
8.10 电（扶）梯工程 ……………………………………………………… 499
　　8.10.1 概述 …………………………………………………………… 499
　　8.10.2 电（扶）梯工程设备监理工作 ……………………………… 500
8.11 车辆段工艺设备工程 ………………………………………………… 512
　　8.11.1 概述 …………………………………………………………… 512
　　8.11.2 车辆段工艺设备监理工作 …………………………………… 514

第9章 城市轨道交通工程装饰装修施工监理 ……………………………… 533
9.1 车站装饰装修施工监理的工作特点 ………………………………… 533
　　9.1.1 站台层装饰装修施工监理工作特点 ………………………… 533
　　9.1.2 站厅层装饰装修施工监理工作特点 ………………………… 534
　　9.1.3 设备管理用房装饰装修施工监理工作特点 ………………… 535
　　9.1.4 交通商业空间装饰装修施工监理工作特点 ………………… 535
　　9.1.5 多专业协调接口工程的监理工作 …………………………… 535
　　9.1.6 装饰装修工程的监理测量工作 ……………………………… 536
　　9.1.7 装饰装修工程的监理验收工作 ……………………………… 537
9.2 地面装饰装修监理 …………………………………………………… 538
　　9.2.1 整体面层 ……………………………………………………… 538
　　9.2.2 板块面层 ……………………………………………………… 539
9.3 墙面和立柱装饰装修监理 …………………………………………… 542
　　9.3.1 一般抹灰 ……………………………………………………… 542
　　9.3.2 涂饰 …………………………………………………………… 543
　　9.3.3 饰面板安装 …………………………………………………… 543
　　9.3.4 饰面砖 ………………………………………………………… 546
　　9.3.5 轻质隔墙 ……………………………………………………… 547
9.4 吊顶装饰装修监理 …………………………………………………… 548
　　9.4.1 金属吊顶施工监理 …………………………………………… 548
　　9.4.2 金属吊顶施工准备中的监理工作 …………………………… 548
　　9.4.3 金属吊顶施工过程的监理工作 ……………………………… 549
9.5 其他装饰装修工程监理 ……………………………………………… 550
　　9.5.1 细部工程 ……………………………………………………… 550
　　9.5.2 厕、浴间防水 ………………………………………………… 551
　　9.5.3 门窗 …………………………………………………………… 552
　　9.5.4 幕墙工程 ……………………………………………………… 553

第10章 城市轨道交通工程安全和风险监理 ……………………………… 557
10.1 监理机构的安全工作职责及保证体系 ……………………………… 557
　　10.1.1 监理机构安全和风险管控的组织与人员设置 ……………… 557

  10.1.2 监理机构安全和风险管控监理工作相关制度 ·················· 558
  10.1.3 监理机构及人员安全和风险管控监理职责 ······················ 558
 10.2 施工安全和风险管控监理工作的方案和细则 ·························· 561
  10.2.1 施工安全和风险管控监理工作方案 ································ 561
  10.2.2 专项监理实施细则 ·· 563
 10.3 施工风险控制中监理的主要工作内容和方法 ························ 564
  10.3.1 风险评估与预控的流程 ·· 565
  10.3.2 风险评估结果的确认与措施 ··· 565
  10.3.3 风险跟踪与监测工作方法 ·· 582
  10.3.4 风险预警与应急工作内容 ·· 583
  10.3.5 主要施工技术风险控制要点及监理措施 ······················· 583
 10.4 安全生产管理的监理工作主要内容和方法 ···························· 589
  10.4.1 事前控制 ··· 589
  10.4.2 事中控制 ··· 594
  10.4.3 事后控制 ··· 615

第 11 章　城市轨道交通工程监理资料管理 ································· 617
 11.1 城市轨道交通工程监理资料管理的特点 ································ 617
 11.2 城市轨道交通工程监理资料管理的体系及人员分工 ············· 618
 11.3 城市轨道交通工程监理资料的主要内容 ······························· 619
 11.4 城市轨道交通工程监理资料管理的基本要求 ························ 622

第 12 章　城市轨道交通工程验收与保修阶段的监理 ··················· 623
 12.1 城市轨道交通工程验收阶段的监理工作 ······························· 623
  12.1.1 监理人员应掌握的工程验收管理要点 ··························· 623
  12.1.2 竣工验收阶段监理人员应当重视的相关问题 ················ 624
 12.2 城市轨道交通工程保修阶段的监理工作 ······························· 625

参考文献 ·· 626

第1章 概 述

在城市轨道交通工程建设中，作为建设主体的一方，监理贯穿于工程建设的全过程，采用事前、事中和事后控制相结合的方式，一方面，可有效地规范各承建单位的建设行为，最大限度地避免不当建设行为的发生，或最大限度地减少其不良后果；另一方面，监理单位可以向建设单位提出适当的建议，从而避免发生建设单位的不当建设行为。在项目实施过程中，监理人员通过审查、巡视、旁站、平行检验、见证、检查验收等工作手段，在质量控制、安全管理、分部分项及单位（子单位）工程验收等方面，都起到了不可或缺的作用，保证了城市轨道交通工程建设的顺利实施。

1.1 城市轨道交通工程监理工作的特点

与其他工程类别的监理工作相比，城市轨道交通工程的监理工作具有以下特点：

1. 城市轨道交通的工程规模与监理合同的金额较大

城市轨道交通工程的建设投资额较大，通常轨道交通一条线路的投资金额达到百亿元级的规模。以土建施工监理标为例，通常每个监理标的合同金额大多在千万元以上。

2. 监理的施工标段和施工工点较多，管理跨度较大

城市轨道交通工程一条线路的建设里程可以达到二三十公里甚至更长，通常将一条线划分为若干个监理标段。以土建施工监理标为例，通常土建每个监理标的监理范围为四站四区间以上，线路里程长达数公里。铺轨工程、机电安装装修工程、系统设备工程监理标的监理范围更大，通常负责全线或二分之一线路的专业工程监理工作。

3. 城轨建设涉及专业和施工工法种类多，差异大，专业性强

对监理人员的专业技术水平和工程实践经验要求高。以土建施工监理标为例，项目监理部需要配备的专业监理工程师至少包括土建（结构、岩土、盾构等）、测量监测、试验检测、安全监理工程师等。通常隧道区间主要工法就有盾构法、矿山法、明挖法、管幕法、顶管法等，盾构法中还有冻结法、深层搅拌法、三重管旋喷工法等配套工法；车站的工法包括明挖顺作法、明挖逆作法、盖挖法、半盖挖法等；隧道区间的矿山法中，又有全断面法、上下台阶法、中隔壁法（CD法）、交叉中隔壁法（CRD法）、双侧壁导洞法、中洞法、洞桩法、拱盖法等施工工法。如果把系统、设备安装、装饰装修、车辆基地（包括停车场和车辆段）、控制中心、绿化景观、轨道铺设等施工全部包括在内，则几乎涵盖了工业与民用建筑及市政工程、铁路工程的所有专业和施工工法，而这些专业和工法技术差异较大。

4. 城轨工程大多是地下工程，地上、地下环境复杂

工程地质（包括水文地质）条件、周边环境及施工环境比较复杂。通常轨道交通的隧道区间要下穿（或侧穿）城市的铁路、河流、桥梁、各类建筑物、各种市政道路、管线

等。盾构施工穿越的地层可能有特软地层（如淤泥质土层）、特硬底层（如花岗岩地层）、富水砂砾层、上软下硬的复合地层等。车站深基坑施工的周边环境通常多是在城市繁华的商业街道交叉口或繁忙的交通主干道交叉口处，基坑周边为城市道路和商业建筑，或居民小区，或城市广场，或会议中心、体育中心、大剧院、商业中心、城市公园等。通常为保证主干道的交通，至少保留双向2车道的车流、人流通行，使得施工空间严重受限（车站施工场地的宽度不足40m，其中深基坑的宽度又占去20m或以上）。除此之外，因其位于城市市区，对施工围挡整洁、扬尘、噪声控制、渣土污染控制等文明施工的要求很高。

5. 城轨工程建设的重大安全风险以及危大工程多，安全管理的压力巨大

通常轨道交通的隧道区间要下穿城市的铁路、河流、桥梁、各类建筑物、各种市政道路、管线等。盾构法本身自带的风险就有盾构吊装、盾构始发、盾构接收、开仓换刀、联络通道开挖等。地下车站施工大多是在城市车流、人流包围下的狭小空间内进行的深基坑施工。因此，稍有不慎，极易发生地面沉降塌陷、基坑失稳、吊车倾翻，危及周边建筑物、管线、桥梁、车辆、人员的安全及公路、铁路、河流等通行的安全，会造成重大人员伤亡和巨大的财产损失。除此之外，轨道交通工程中的危大工程之多，几乎涵盖了《危险性较大的分部分项工程安全管理规定》（建办质〔2018〕31号）中有关危险性较大的分部分项工程范围的全部内容。

因此，巨大的安全风险压力自始至终贯穿轨道交通工程整个建设过程。

1.2 城市轨道交通工程建设监理的现状

轨道交通建设工程监理的发展与城市轨道交通建设的历程是基本同步的，先后经历了从无到有与快速发展的阶段。2000年以前，全国兴建轨道交通的城市不多，大部分人对于这个工程建设领域还比较陌生，轨道交通建设监理行业准入的门槛也比较高，只有少数几家由原铁道部相关科研单位或地铁公司成立的监理单位从事城市轨道交通建设的监理工作。自2005年以后，随着全国城市轨道交通建设规模的快速增长，数十家行业及地方上的监理单位也竞相加入，轨道交通建设工程监理开始进入了大发展与竞争激烈的新时代。

二十多年来，全国广大的城市轨道交通建设监理人员为做好施工质量控制与安全风险管理的工作，与各参建单位一道，夜以继日、艰苦奋战、呕心沥血，为中国城市轨道交通建设的快速发展做出了巨大的贡献。

但是，我们也要看到，城市轨道交通建设工程监理在取得很大进步和成绩的同时，自身还存在着很多的问题，需要不断地改进和完善：

1. 人员配备不能完全满足城市轨道交通建设的需要

随着地铁建设的全面铺开，地铁建设项目数量呈现几何倍增长，地铁配套专项人才紧缺趋势加剧。很多单位存在人才梯队建设跟不上、人员素质参差不齐、专业配置不合理等现象，而地铁项目的总监既要具有丰富的轨道交通建设监理经验并有执业资格，还要有更高的技术水平和管理水平，所以数量更加缺乏。

2. 部分监理单位项目监理部的技术力量薄弱、工程经验不足

受地铁监理行业市场人才紧缺的影响，部分监理单位难以召集具有丰富轨道交通工程经验的技术团队，对工程管理难以发挥应有的作用。

3. 监理在PPP项目中角色尴尬，无法真正发挥应有的作用

部分PPP项目业主和施工单位为同一母体，存在一定的利益关系。项目监理受PPP项目公司监管，施工单位受监理单位监管，项目监理工作势必受到PPP方的约束，在这种状况下监理如何开展工作，也考验到每个监理人员的智慧。

4. 监理企业履约率影响执行效果

业主为了能够把工程监理任务委托给服务较好的监理单位，在监理招标文件中，把监理人员要求提的标准很高，监理单位为了能够中标获取工程监理项目，也只能将最好的人力资源上报。但开工后，监理单位均无法按合同承诺配备相应的人力资源。既影响了监理单位的形象，也增加了业主的管理难度。

5. 项目监理团队的协调管理存在较多的问题

由于项目监理团队涉及专业多，项目监理机构组建多为临时性，项目监理部的统一协调势必存在困难。

6. 部分项目监理部的内部管理存在业务不熟练、工作不规范的情况

部分监理人员缺少地铁施工的管理经验，对相关业务程序不熟悉，监理部的内部管理与地铁施工的复杂性不相适应，为工程质量、安全管理埋下隐患，造成工程质量和安全事故频发。

7. 监理企业继续教育机制不完善

监理企业继续教育机制不完善，部分监理单位及项目监理部对于监理人员的内部培训与继续教育不足，效果欠佳。

8. 轨道监理工作缺乏针对性行为标准

目前，《建设工程监理规范》GB/T 50319中明确了监理工作的要求，但在城市轨道交通工程上对重难点的把控以及相关工作制度方面缺少针对性的工作标准。

1.3 城市轨道交通工程建设监理的发展趋势

展望未来，城市轨道交通建设工程在线路规划方面呈现出"轨道交通网络化、城际化"的发展趋势。地下车站与城市核心区、商业区、机场、高铁车站、客运站等的地下空间综合利用、停车场（车辆段）上盖物业、双线共享停车场（车辆段）等新颖的建筑设计形式，不断涌现。在施工工法及工艺方面，装配式地下车站、异形断面盾构施工、明挖＋暗挖、机械开挖＋爆破等新工法、新工艺层出不穷，为监理行业的发展提供了更广阔的发展空间。

1. 随着技术经验的积累，行业发展日趋稳定

大浪淘沙，工程经验的积累塑造了一个行业，成就了一批优秀监理企业，新一轮轨道交通建设也让新兴轨道交通监理企业得到壮大的空间，同时也会淘汰一批管理松散的监理企业。

2. 随着国家制度的完善，更加强调监理执业责任

《建筑工程五方责任主体项目负责人质量终身责任追究暂行办法》（建质〔2014〕124号），强调了项目总监的终身负责制。2019年住房城乡建设部再次下发了关于五方责任主体处罚细则，对总监的责任更加严格、严厉，督促监理企业尤其是总监必须规范管理，确

保工程的质量和安全。

3. 随着技术的发展，质量安全风险日趋平稳

技术革新会淘汰一批风险较大的工法，采取更加安全可靠的工法替代，增加了智能化成本，减少了人为操作的偏差风险。如机械设备的智能化、检测方法的智能化、风险控制及监控技术的智能化等，都有力地化解了多项较大风险。盾构机等重要施工装备的智能化程度将会显著提高，或许不久的将来，它将能够全程"阅读"隧道区间的工程地质剖面图及相关信息，合理地确定盾构掘进施工参数，减少人工操作的工作强度和人为操作的失误，能够及时识别、发出各种警示信息，降低盾构施工的安全风险。

4. 随着BIM技术的应用，监理工作也日趋智能化

BIM技术的开发、应用，将能够把工程施工全过程、立体化地展示给工程管理者、建设者，能够有效识别各类工程风险，形成包括质量、安全、进度、投资等管理在内的完整的电子化、网络化的管理体系。人工智能（AI）技术、5G技术、互联网技术等的发展，使得轨道交通建设领域最新的管理制度与管理技术、专家经验、工程案例等能够被快速地传播，得到应用与推广，从而快速地提升轨道交通建设监理人员的技术管理水平，提高管理的工作效率，推进监理工作的程序化、规范化，将大大减少管理上的漏洞和失误；轨道交通建设施工现场的场景及施工全过程将能够实现24小时的实时远程电子监控，如果引进人工智能（AI）技术、专家远程咨询等系统，预测未来可能会带来工程管理方法与模式上的重大变革。

在工程管理精细化、人工智能技术、BIM技术、大数据分析、5G技术、互联网技术、创新驱动、创优驱动等新思想、新技术潮流的推动下，城市轨道交通建设技术和建设监理服务的方法、管理模式与管理水平也将在实践中不断得到创新和发展。

5. 全过程咨询服务将会出现在城市轨道交通监理行业

轨道交通工程建设监理在新一轮建设中的发展壮大，专业不断完善，在不久的将来，部分优秀的监理单位会将轨道交通建设各类管理制度、成熟的技术、专家经验等快速地消化吸收，形成标准化的监理服务指导文件，实现电子软件化、网络化的应用，强化监理单位的内部培训、教育、考核体制，从而快速提升建设监理人员的质量安全管理知识和技术水平，提高管理效率，实现监理工作的程序化、规范化，减少管理漏洞和人为疏忽失误。少数优秀的监理企业会脱颖而出，成长为全面掌握城市轨道交通建设监理先进管理技术、能够提供城市轨道交通建设全过程咨询服务的大型工程咨询（服务顾问）公司。

第 2 章　城市轨道交通工程监理机构及工作制度

对于城市轨道交通工程项目，其特点是战线长、工点多、专业性强，一些新技术、新材料、新工艺、新设备的应用，加大了工程管理的难度。城市轨道交通工程项目包含有土建工程、轨道工程、机电安装工程、装饰工程、供电及电力牵引工程、通信与信号工程、综合监控系统工程、乘客售检票系统工程等，在工程管理中，通常会把整个工程划分为多个施工标段及监理标段，一个监理标段通常包含几个施工标段，因此监理机构的设置较为复杂。

为了保证监理工作各项目标的顺利实现，有必要建立一系列的监理工作制度，用制度的约束来保证监理工作的有效进行。

2.1　项目监理组织机构

在城市轨道交通工程监理中，监理部的建立应遵循适应、精简、高效的原则，有利于建设工程监理职责的明确划分和监理人员的分工协作，有利于监理机构的科学决策和信息沟通，并根据分管标段的特点、工程复杂程度以及监理人员的情况确定项目监理机构的组织模式。

2.1.1　监理机构的组织模式

1. 直线制

在城市轨道交通工程中，一般要求每个施工标段配置一名总监代表，由总监代表直接管理相应施工标段的现场具体监理工作。直线制监理组织模式的特征是机构简单、命令统一、信息传递快，如图 2-1 所示，因此该种组织模式被很多监理机构采用。但由于每个监

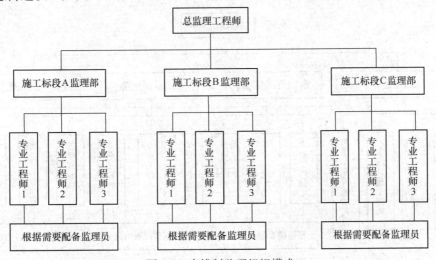

图 2-1　直线制监理组织模式

理部都需要配备相对全面的专业监理工程师，所需监理人员数量较多。

2. 职能制

职能制组织模式是按专业分工设置监理职能部门，各职能部门在其业务范围内有权向下级发布命令，每一级组织既服从上级的指挥，也听从职能部门的指挥，如图2-2所示。该模式可能会因多头领导，导致指令混乱，下级无所适从，降低组织的指挥效率，且需要监理部配置人员较多，在城市轨道交通工程施工监理中，该种模式相对较少采用。

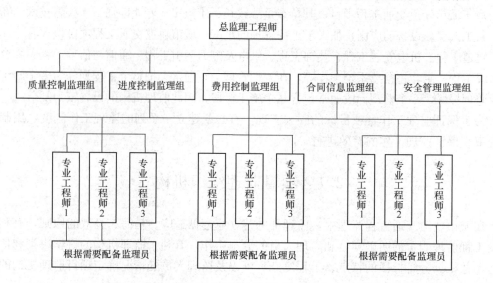

图2-2 职能制监理组织模式

3. 直线职能制

直线职能制模式中，除了各监理部的专业人员外，还需要职能人员，如测量、试验、造价、地质、安全等专业人员以及资料、后勤服务等辅助人员，相应的监理人员由总监调度，服务于每个监理部，共同为组织目标的实现提供支持，如图2-3所示。轨道交通监理项目工点分散，为了合理配置监理人员，该种模式也采用较多。

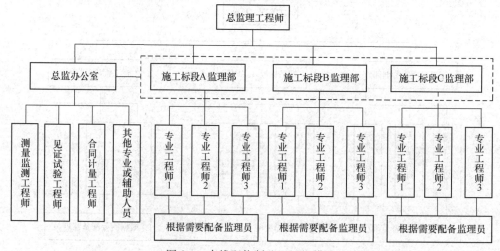

图2-3 直线职能制监理组织模式

4. 矩阵制

矩阵制监理组织模式是在直线职能制的基础上发展起来，适用于大型或复杂项目的监理任务，如图2-4所示。以项目总监为核心，由监理机构内部的专业监理工程师和总监代表组成监理小组。在矩阵组织结构中，专业监理工程师组织上服从总监代表的领导；业务上服从专业组长的领导，体现了很好的专业管理和协同工作，有助于提高工作效率和专业化水平。但由于令出多处，有时也会影响决策的时效性，且需要人员数量较多。该种模式较少采用。

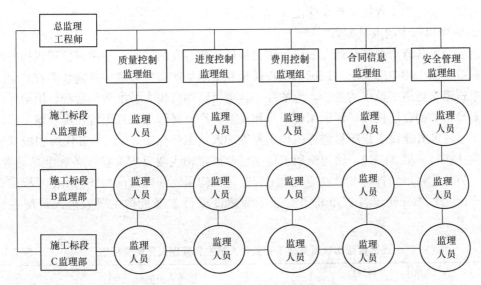

图2-4 矩阵制监理组织模式

2.1.2 监理机构内部岗位设置及人员配备

1. 监理机构内部岗位的设置

监理项目实行总监负责制，监理机构中监理人员的岗位及任职条件需满足当地政府、行政主管部门以及监理合同的要求。监理机构中监理人员的基本岗位有总监理工程师、总监理工程师代表、专业监理工程师、监理员等。

（1）总监理工程师

总监理工程师由监理单位法定代表人书面授权，全面负责监理合同的履行、全面主持项目监理机构的监理工作。

（2）总监理工程师代表

由于城市轨道交通工程监理项目大部分包含多个施工标段，且工点分散，因此需要根据施工标段数量设置足够的总监理工程师代表。

总监理工程师代表由总监理工程师书面授权，在项目监理机构中代表总监理工程师行使其授权的职责和权力（建设监理规范规定不允许授权的工作除外）。

（3）专业监理工程师

专业监理工程师根据总监理工程师的任命和项目职责分工，负责某一专业或某一方面的监理工作。专业监理工程师应由具有一年以上同类工程监理工作经验的人员担任。

专业监理工程师岗位除了按照监理对象的施工专业对应设置外，如土建、水暖、机电、设备、装修、轨道、通信、信号、系统等专业监理工程师，还需按照职能要求设置，如测量、试验、造价、安全等专业监理工程师。

（4）监理员

监理员是经过监理业务培训，具有同类工程相关专业知识，从事具体监理工作的监理人员，是专业监理工程师的助手。

监理员一般根据监理项目规模的大小、涉及专业的多少、旁站监理任务多寡来配备。一般每位专业监理工程师，至少应配1～2名监理员。

2. 监理机构中的人员配备

目前全国各省市轨道交通工程建设项目根据地域自身的特点，对项目监理机构各岗位人员配备提出了相应的要求，以确保工程质量和安全生产监督管理。目前江苏省是全国开建城市轨道交通最多城市的省份，为加强工程项目监理机构人员配备和管理，维护建设工程主要参与方的合法权益，保证工程质量和安全生产监督管理，江苏省住房和城乡建设厅印发了《江苏省建设工程项目监理机构主要管理人员配备标准》（江苏省住房和城乡建设厅公告〔2017〕第35号），轨道交通工程项目监理机构主要管理人员配备标准详见表2-1配置，另外北京市和青岛市对轨道交通工程监理机构主要管理人员配备也给出了标准，详见表2-2、表2-3。建议各省市轨道交通工程建设项目监理机构主要管理人员配备参照执行。

江苏省城市轨道交通工程监理人员主要管理人员配备标准   表2-1

工程类别		工程规模 N—工程造价 （亿元）	配备人员数量（人）			
			总监理工程师	专业监理工程师	监理员	合计
地铁轻轨工程	土建工程	N≤5	1	5	8	14
		5<N≤10	1	7	11	19
		10<N≤15	1	11	17	29
		N>15	以15亿元为基数，工程造价每增加1亿元以内，监理人员增加2人			
	机电安装及装修工程	N≤3	1	4	6	11
		3<N≤6	1	6	9	16
		6<N≤9	1	8	12	21
		N>9	以9亿元为基数，工程造价每增加5000万元以内，监理人员增加2人			
	轨道工程	N≤3	1	4	6	11
		3<N≤6	1	6	8	15
		6<N≤9	1	8	11	20
		N>9	以9亿元为基数，工程造价每增加1亿元以内，监理人员增加2人			

注：1. 此标准为江苏省城市轨道交通工程监理人员主要管理人员配备推荐标准，原则上不宜低于本标准配备，适用于工程项目实施阶段；
2. 表中总监理工程师、专业监理工程师、监理员从业要求，应符合《建设工程监理规范》GB/T 50319和江苏省住房城乡建设主管部门有关规定；
3. 监理人员专业搭配应合理，配备的监理员的数量不宜超过专业监理工程师的2倍；超过本标准配备的监理人员，不受比例限制；
4. 根据工程复杂程度、工程投资强度、工期安排和形象进度分阶段配备监理人员，工程前期和收尾整改期间，监理人数可适当减少，以投标承诺、合同约定为主，应满足项目监理工作需要；
5. 地铁轻轨工程的停车场及车辆段工程可按房屋建筑工程类别配备监理人员。

北京市轨道交通工程监理机构主要管理人员配备标准　　　　　　表 2-2

表 2-2（a）　　监理单位项目机构总监办主要安全质量人员配备

岗　位	职　称	执业资格	工程经验
总监理工程师	高工以上	注册监理人员	5 年以上轨道交通工程经验
总监代表（或副总监）	工程师以上	注册监理人员	3 年以上轨道交通工程经验或 5 年以上类似工程经验
安全监理人员	工程师以上	注册监理人员或注册安全工程师，同时具有安全 B 本或安全 C 本	5 年以上类似工程经验

注：1. 如总监办只负责一个标段或未设置总监办，监理员配备标准执行表 2-2（b）的相关配备标准；
　　2. 安全 B 本是指"建筑施工企业项目负责人安全生产考核合格证书"，安全 C 本是指"建筑施工企业专职安全员安全生产考核合格证书"。

表 2-2（b）　　监理单位项目机构驻地组主要安全质量人员配备

	单位工程		监理工程师	监理员
人数	车站（1 座计）	明（盖）挖	不少于 1 人	不少于 2 人
		矿山		不少于 4 人
		高架		不少于 2 人
	区间（按设 2 个竖井计）	明（盖）挖	不少于 1 人	不少于 2 人
		矿山		不少于 4 人
		盾构		不少于 1 人
		高架		不少于 2 人
	人员资格资历		工程师以上，注册监理人员，8 年以上类似工程经验	助理工程师以上，3 年以上类似工程经验

注：1. 矿山法区间超过 2 个施工竖井时，每增加 2 个竖井增加监理员 1 人；
　　2. 超过 2km 高架区间，每增加 1km 增加监理员 1 人；
　　3. 当监理员为 3 人及以上时，应按专业配备；
　　4. 混合工法工程（如明暗结合）可参照相关单位工程配备标准合理配备人员；
　　5. 多个单位工程组成的项目，相关人员配备数量按单位工程累加。

青岛市轨道交通工程监理机构主要管理人员配备标准　　　　　　表 2-3

表 2-3（a）　　监理单位项目机构总监办主要安全质量人员配备

岗　位	职　称	执业资格	工程经验
总监理工程师	高工以上	注册监理人员	具有 5 年以上城市轨道交通工程、铁路工程或市政工程工作经验
总监代表（或副总监）	高工以上	具有工程类注册执业资格或具有中级及以上专业技术职称	具有 3 年以上城市轨道交通工程、铁路工程或市政工程工作经验
安全监理人员	工程师以上	监理人员培训证	具有 5 年以上城市轨道交通工程、铁路工程或市政工程工作经验

表 2-3（b） 监理单位项目机构驻地组主要安全质量人员配备

	单位工程		监理工程师	监理员
人数	标准车站	明（盖）挖（独头开挖）	1人	2人
		矿山（每个竖井计）	1人	1人
		高架	1人	2人
	区间	明（盖）挖	1人	2人
		矿山（按设1个竖井计）	1人	2人
		盾构（每台）	2人	2人
		高架（2km之内）	2人	2人
		路基工程（每公里）	1人	1人
	轨道机电工程		各专业1人	各专业1人
人员资格资历			工程师以上，5年以上类似工程经验	初级技术职称以上，监理上岗证，3年以上类似工程经验

注：1. 明（盖）挖车站采取两端开挖时，增加监理员1人；
2. 大型换乘车站、综合枢纽等大型单体工程应根据工程规模和施工工法等相应增加人员；
3. 高架区间超过2km时，每增加1km增加监理员1人；
4. 高架区间采取特殊结构（钢构、悬臂、挂篮等）时，特殊结构段按高架车站配置监理人员；
5. 对混合工法工程（如明暗结合）可参照相关单位工程配备标准合理配备人员。

2.1.3 监理人员职责分工

1. 总监理工程师职责

（1）确定监理人员及其岗位职责；

（2）组织编制监理规划，审批监理实施细则；

（3）根据工程进展情况安排监理人员进场，检查监理人员工作，调换不称职监理人员；

（4）组织召开监理例会、重大风险节点条件验收会、首件验收会、预警分析会等；

（5）组织审核分包单位资格；

（6）组织审查施工组织设计、（专项）施工方案、应急救援预案，参与施工组织设计及专项方案的专家论证会；

（7）审查开复工报审表，签发开工令、工程暂停令和复工令；

（8）组织检查承包商现场质量、安全生产管理体系的建立及运行情况；

（9）组织审核承包商的付款申请，签发工程款支付证书，组织审核竣工结算；

（10）组织审查和处理工程变更；

（11）调解业主与承包商的合同争议，处理费用与工期索赔；

（12）组织验收分部工程，组织审查单位工程质量检验资料；

（13）组织工程竣工预验收，组织编写工程质量评估报告；

（14）参与工程竣工验收；

（15）参与或配合工程质量安全事故的调查和处理；

（16）组织编写监理月报、监理工作总结，组织整理监理文件资料。

2. 总监理工程师代表

经总监理工程师授权后，总监理工程师代表可以部分行使总监理工程师的职责。但总监理工程师不得将下列工作委托给总监理工程师代表：

（1）组织编制监理规划，审批监理实施细则；
（2）根据工程进展情况安排监理人员进场，调换不称职监理人员；
（3）组织审查施工组织设计、（专项）施工方案、应急救援预案；
（4）签发开工令、工程暂停令和复工令；
（5）签发工程款支付证书，组织审核竣工结算；
（6）调解业主与承包商的合同争议，处理费用与工期索赔；
（7）审查承包商的竣工申请，组织工程竣工预验收，组织编写工程质量评估报告，参与工程竣工验收；
（8）参与或配合工程质量安全事故的调查和处理。

3. 专业监理工程师职责

（1）参与编制监理规划，负责编制监理实施细则；
（2）审查承包商提交的涉及本专业的报审文件，并向总监理工程师报告；
（3）参与审核分包单位资格；
（4）指导、检查监理员工作，定期向总监理工程师报告本专业监理工作实施情况；
（5）检查进场的工程材料、设备、构配件的质量；
（6）验收检验批、隐蔽工程、分项工程；
（7）处置发现的质量问题和安全事故隐患；
（8）进行工程计量；
（9）参与工程变更的审查和处理；
（10）填写监理日志，参与编写监理月报；
（11）收集、汇总、参与整理监理文件资料；
（12）参与工程竣工预验收和竣工验收。

4. 监理员职责

（1）检查承包商投入工程的人力、主要设备的使用及运行状况；
（2）进行见证取样；
（3）复核工程计量有关数据；
（4）检查和记录工艺过程或施工工序；
（5）处置发现的施工作业问题；
（6）记录施工现场监理工作情况。

2.2 监理工作制度

监理工作制度主要以现场施工监督管理为主，代表监理企业为业主服务，确保实现"三控、二管、一协调"和履行监理安全责任的管控目标。

2.2.1 施工图会审及设计交底制度

项目监理部和承包商在施工图设计交底前，组织有关人员熟悉施工图纸，了解工程特点，以及工程关键部位的质量要求，并对施工设计图纸进行会审，协助承包商将图纸中影响施工的质量问题及图纸差错等汇总，填写图纸会审记录提交设计单位，在设计交底前，协商研究统一意见。图纸会审后由承包商整理填写会议纪要，经设计单位、监理单位、业主各方会签后，作为施工的依据。具体程序为：

施工图纸会审由业主方负责，业主方在取得设计部门的施工图纸后交监理方、承包方做会审准备。

监理方在接到施工图纸后由总监办组织项目监理部人员对图纸中的如下内容进行会审准备：

（1）图纸是否经设计单位正式签署，是否符合制图标准；
（2）依据是否充分（包括地质资料）；
（3）设计图纸与说明是否齐全；
（4）平立剖面之间、建筑图与结构图之间、各专业设计图之间（如土建图与设备水电安装图、轨道图与机电安装及系统设备图、土建及机电安装图与装饰图等）有无矛盾，标准有无遗漏；
（5）总图与分部图的几何尺寸、平面位置、标高是否一致，预埋件是否表示清楚；
（6）是否符合国家有关技术政策；
（7）施工图中所列各种标准图册，承包商是否具备；
（8）材料来源有无保证，能否代换；图中所要求的条件能否满足；新材料、新技术的应用有无问题；
（9）地基处理是否合理，是否存在不能施工、不便于施工的技术问题，或者易导致质量、安全、工程费用增加等方面的问题；
（10）管线间、管线与设备间、设备与建筑间有无矛盾或错、漏、碰、缺等问题；
（11）施工安全、环保要求有无保证；
（12）危大工程是否在图纸中明确。

由业主方约同设计单位组织施工图纸会审会议，先由设计单位介绍设计意图、结构特点、施工要求、技术措施和有关注意事项，然后由承包商和监理提出图纸中存在的问题和需要解决的技术难题，通过业主、设计、施工、监理单位四方研究协商，拟订解决办法，写出会议纪要。

2.2.2 施工组织设计审核制度

监理人员应审查承包商报审的施工组织设计、综合应急预案、专项施工方案，并提出修改完善意见。监理审查合格后，按照各地管理办法，召开专家评审会，并根据专家意见修改完善。

1. 施工组织设计审核内容
（1）施工方案和施工方法；
（2）施工总进度计划；

（3）施工管理人员组成；
（4）施工机具、设备计划；
（5）原材料、半成品需用计划；
（6）各工种劳动力组织计划；
（7）临时供水、供电措施；
（8）运输计划；
（9）施工准备计划；
（10）施工流水段的划分；
（11）施工场地总平面布置图；
（12）施工安全保证措施；
（13）工程质量保证措施；
（14）文明工地管理措施；
（15）经济技术指标（包括技术节约措施）。

2. 专项施工方案审查的基本内容
（1）编审程序应符合相关规定；
（2）安全技术措施应符合工程建设强制性标准。

施工组织设计、专项施工方案报审表应符合规定的格式。

监理人员应要求承包商按照已批准的施工组织设计、专项施工方案组织施工。施工组织设计、专项施工方案需要调整的，监理人员应按程序重新审查。

结合工程实际情况，项目监理部应细化施工组织设计审核制度，具体如下：

施工组织设计、施工方案的审批是在承包商自审手续齐全的基础上（即有编制人、承包商技术负责人的签名和承包商公章），由承包商填写施工组织设计报审表交项目监理部审核。项目监理部将组织各有关专业监理工程师进行审查，同意后由总监批准，填写审批意见后，返回承包商。凡涉及增加工程措施费的项目要征得业主的同意，并将已审批的资料建档备案。

施工前，承包商必须编制施工组织设计或施工方案。

项目监理部总监组织全体监理人员审查施工组织设计或施工方案。

未经监理单位审核，单位工程不能开工，分项工程不能施工。

监理单位对承包商的施工组织设计，必须结合施工现场和工程要求，从组织管理、安全技术、经济等方面进行全面分析、综合考虑，确保施工方案在安全上和技术上可行、经济上合理，有利于保证施工安全、提高工程质量，施工总进度计划要满足合同对进度的要求。

2.2.3 工程开工申请制度

单位（子单位）工程及分部工程开工前，总监理工程师应组织专业监理工程师审查承包商报送的开工报审表及相关资料，同时具备以下条件的，由总监理工程师签署审查意见，报业主批准后，总监理工程师签发开工令。工程开工应具备的条件如下：
（1）有完备的施工图纸或按施工组织设计规定分阶段所必须具备的施工图纸；
（2）有建设主管部门签发的施工许可证；

(3) 有规划部门签发的规划许可证；
(4) 已签署施工合同；
(5) 已签署监理合同；
(6) 施工组织设计已经批准；
(7) 已完成施工准备，现场已达到"四通一平"；
(8) 主要管理人员到岗履责；
(9) 明确机械进场数量清单，使用的机械已经进场并验收。

2.2.4 分包单位审查制度

承包商应向项目监理部申报其选择的分包单位的资质资料（包括资质等级、能力、经历、信誉、技术力量、施工人员人数及技术级别、施工机具、管理系统、财务情况、持证上岗人员证件等），分包合同，并填报"分包单位资格报审表"报请项目监理部审核，业主审批。

如发现所报的分包单位资质资料有伪造不实情况，或在实际工作中认为分包单位不具备承担分包工程的能力，可提出辞退分包单位，不得进入施工现场。

2.2.5 工程材料、半成品质量检验制度

工程需要的主要原材料、构配件等应由项目监理部进行质量认定。项目监理部应审核其出厂证明、质量保证书或质量认证文件等，并按有关规定的要求进行抽检或试验。

(1) 对用于工程的主要材料、设备进场必须具备正式的出厂合格证和材料化验单，承包商必须做检验。所有材料检验合格证，均须经监理人员验证，否则一律不准用于工程。

(2) 工程中所用的半成品必须有厂家批号和出厂合格证。

(3) 凡标志不清或怀疑质量有问题的材料，对质量保证资料有怀疑或与合同不符的一般材料，及重要工程或关键施工部分的材料，应进行全部检验。

(4) 材料质量抽样和检验方法，应符合国家及地方的相关标准。

(5) 在现场配置的材料，如混凝土、砂浆、防水材料、防腐蚀材料、绝缘材料、保温材料等配合比，应先根据性能要求提出试配比例，经试验合格后才能使用。

(6) 检查工程上所采用的主要设备是否符合设计文件所规定的型号、规格和标准。

2.2.6 隐蔽工程、分部（项）、检验批工程质量验收制度

凡隐蔽工程，施工单位在自检、交检、专检合格后，填写工序（检验批）报验单报项目监理部，项目监理部严格按要求进行检查。分项工程（检验批）施工过程中，应对关键部位随时进行抽检，抽检不合格的要通知施工单位整改，项目监理部做好复查和记录。所有分项工程（检验批）施工，施工单位在自检合格后，填写分项工程（检验批）报验申请表，并附上分项工程（检验批）评定表，经项目监理部检查合格的，签发分项工程（检验批）认可书；不合格的，下达监理通知单，给施工单位指明整改项目。分部工程验收，施工单位要填写相应的分部工程验收申请表，并附上有关技术资料，报监理单位审查，合格后，和建设单位、设计单位、勘察单位、施工单位履行正式验收手续。

2.2.7 技术复核与安全监督制度

项目监理部要经常检查施工技术措施的落实情况，复核措施是否有效，并提出建议。

项目监理部要审查并经常检查承包商的安全措施和设施，通过安全生产、文明施工来实现高速度、高质量、低成本的项目总目标。

2.2.8 （子）单位工程质量验收制度

（1）（子）单位工程竣工验收

在承包商自检合格的基础上，项目监理部组织业主、承包商和设计（勘察）单位对工程进行竣工预验收；验收合格，业主组织相关单位进行竣工验收，验收通过后由监理单位签发竣工移交证书，并按有关规定进入保修阶段，期满及时办理终止监理合同手续。

（2）单位工程中间验收

1）单位工程或分部工程完工后转交安装工程施工之前或其他中间过程，监理均需中间验收，验收制度同分部工程；

2）承包商未经监理单位中间验收认可，不得继续施工。

2.2.9 工程变更处理制度

工程变更可能由设计单位、业主、承包商或监理提出，经由设计单位发出变更通知书，由监理人员审查会签后交承包商执行。无论哪方提出的变更，均需经总监理工程师审查批准。审查的原则是变更后的工程不能降低使用标准，在技术上可行、使用上可靠、费用合理、工艺简单、不影响工期。属于方案性的变更由业主审批。如变更后费用增加较多，或变更后的工程对使用或工期带来影响，必须与业主及承包商进行充分协商，在征得业主同意后，才能予以批准。

根据业主工程变更洽商管理办法规定，严格按照工程变更分类及审批权限以及工程变更工作程序进行处理。监理组织相关各方（承包商、设计单位、业主代表及其他相关单位）进行工程变更预审，正确核定变更类别；审核变更的金额，且应对准确性负责，总监签署预审意见，上报业主。

2.2.10 工程洽商处理制度

根据各地业主工程变更洽商管理办法规定，严格按照工程洽商分类及审批权限以及工程洽商工作程序进行处理。监理组织相关各方（承包商、设计单位、业主代表及其他相关单位）进行工程洽商预审，正确核定洽商类别；审核洽商的金额，且应对准确性负责，总监签署预审意见，上报业主；严格按照相关时限要求进行申报和审批。

工程洽商未经监理人员签证不得施工。承包商提出的工程变更洽商申请，如属重大问题认可，需与总监洽商，并报告业主同意后才能与设计单位办理洽商审查认可。取得认可的洽商，由承包商进行费用及工期变更洽商的估算，并向监理方申报，监理根据承包合同条款核定费用、工期变更。

2.2.11 现场协调会、工地例会及会议纪要签发制度

工地例会由项目总监或总监代表主持，参加人员为有关监理人员、业主代表、承包商项目经理、技术负责人、质检员、安全员等有关人员；业主代表及监理单位等有关人员认为需要时，还可邀请设计、勘察等单位有关人员参加。

会议内容主要有：

（1）协调承包商不能解决的问题；上次会议决定问题的执行结果检查；
（2）检查上周质量、安全、进度、文明施工现场情况，落实本周的计划和要求；
（3）研究工地出现的包括计划、进度、质量及工程款支付等问题；
（4）现场重大事宜。

会后项目总监将会议讨论的问题和决定记录下来，并整理形成会议纪要，供与会者确认和落实，会议纪要需办理签收发手续。

2.2.12 工程款支付签审制度

项目监理部审核承包商编制的工程项目各阶段及各年、季、月度资金使用计划，并控制其执行，严格执行付款审核签认制度，及时进行工程投资实际值与计划值的比较、分析，严格履行计量与支付程序，并及时对质量合格的工程进行计量，及时审核签发付款证书。

2.2.13 工程索赔签审制度

监理人员要预测工程风险及可能发生索赔的诱因，制定防范性对策，要及时纠正违约行为，对合同变更进行处理，落实变更措施，做好变更记录，利用合同及时进行索赔处理。监理人员公平地处理施工方或业主方所提出的有关工期和费用索赔申请，并及时办理签审手续。

1. 费用索赔审核
（1）索赔的审核程序
1）承包商填写索赔报审表，并提供详细的原因和依据；
2）专业监理工程师经审查后提出审查意见，交项目总监审核，并由业主审定。
（2）审核要点
1）索赔成立的条件：与合同相比已经造成实际的额外费用增加或工期损失；造成费用增加或工期损失的原因不是由于承包商的过失；按合同规定不应由承包商承担的风险；承包商在事件发生后的规定时间内（一般为28d）提出了书面的索赔意向通知。
2）索赔证据：必须具备真实性；必须具备全面性；必须符合特定条件；必须具备及时性。
3）分清索赔事件的责任。
4）工期索赔必须发生在网络计划的关键线路上。
5）注意区分指定分包和一般分包的违约。
6）核算经济索赔应注意：取费的合理性；计算的准确性。
（3）审核时效

根据合同规定或视具体情况与承包商商定的审核时间内完成。

（4）审核负责人

1）审核索赔经专业监理工程师审查提出意见后由项目总监审核并签署意见；

2）监理人员仅有权审核或批准承包商提出的合同约定内的索赔要求。

2．工期索赔审核

（1）审核程序

1）承包商填写延长工期申报表，并按表中要求提供延长工期原因、计算方式及有关资料；

2）项目总监组织专业监理工程师审阅材料，必要时可组织业主、设计单位进行会审，提出意见；

3）项目总监审核后签署意见（必要时另附书面材料），报业主。

（2）审核要点

1）分析出现进度偏差的原因；

2）分析各种偏差对后续施工产生的影响；

3）工程延期给后续承包商造成的损失；

4）对材料物资供应的影响；

5）劳动力供应情况；

6）对投资的影响；

7）外界自然条件的影响；

8）后续施工活动及总工期允许拖期幅度。

（3）审核时效

监理人员根据合同规定或在一周内完成审核工作。

（4）审核负责人

审核延长工期报审表由项目总监负责。

2.2.14 施工现场紧急情况处理制度

施工现场出现紧急情况，如多个承包商同时施工时发生纠纷，发现质量问题和质量事故，随机性的不利事件（诸如气候反常，突然停电等），监理方要及时召集各有关方面人员研究处理，及时提出对策，以免影响工程进度和造成大的损失。

2.2.15 工程质量事故报告和配合调查处理制度

对施工过程中出现的质量缺陷，专业监理工程师应及时下达监理工程师通知单。如构成质量事故，需要返工处理或加固补强的事故工程，监理单位应督促施工单位在规定的时间内将质量事故性质、类别及事故工程情况报告建设单位、设计单位、监理单位。

监理工程师发现施工中存在重大质量隐患，可能造成质量事故或已经成质量事故时，应立即报告总监理工程师，总监理工程师应及时下达工程暂停令，要求承包商整改，经监理人员复查符合规定后，由总监下发复工令。总监理工程师下达暂停令和复工令应事前向业主报告。

项目监理部根据经设计单位出具的处理方案或变更设计对质量事故的处理过程和处理

结果进行跟踪检查和验收。关键部位实行旁站监理。

出现工程重大质量事故后，承包商应立即向现场监理机构、业主和本单位上级公司报告，采取有效抢救措施，保护事故现场，并按如下程序处理：

(1) 总监理工程师应要求承包商尽快进行质量事故的调查，写出调查报告；

(2) 总监理工程师应参加质量事故调查和质量事故处理方案的研究；

(3) 总监理工程师组织研究审定处理方案，报业主批准后，指令承包商实施处理；

(4) 总监理工程师组织有关人员对处理结果进行严格检查、鉴定和验收，合格后写出《质量事故处理报告》，提交业主；

(5) 发生质量事故的工程，施工单位隐瞒不报，或拖延处理，或处理不当，或处理结果未经监理工程师同意的，应视为不合格工程，监理不予验工计价。

2.2.16 工程质量专题报告制度

(1) 工程监理周报

各监理组每周向监理部上报辖内承包商一周工程施工动态及监理工作情况，监理部汇总后于每周分别向公司和业主报送工程监理周报。

(2) 工程监理月报

各监理组每月底向监理部上报辖内承包商本月工程施工动态及监理工作情况，监理部汇总后于本月25日前将工程概况及动态、上月工程形象进度、主要实物工程量、投资完成及设计变更情况、隐蔽工程检查、单位工程验评、控制工程和重点工程简况、质量事故、停（开）工情况、环保水保情况、施工中发生的其他主要问题和建议上报公司和业主。

2.2.17 监理工作行文签发制度

在施工阶段，项目监理部与业主及承包商的工作配合中，各种报表、报验单等，监理方有关工作联系单、监理备忘录、监理通知单、监理指令单等文函，均需办理签收发手续。

2.2.18 监理旁站制度

监理部根据项目特点，对关键工序和关键部位及时编制旁站监理实施细则，内容包含旁站的依据、范围、内容、要求等。

旁站监理工作在总监理工程师和各专业监理工程师的指导下，由现场监理员负责具体实施。

(1) 旁站监理人员的主要职责如下：

1) 检查施工企业现场质检人员到岗、特殊工种人员持证上岗以及施工机械、建筑材料准备情况；

2) 在现场跟班监督关键部位、关键工序执行施工方案以及工程建设强制性标准情况；

3) 核查进场建筑材料、建筑构配件、设备和预拌混凝土的质量检验报告等，并在现场监督施工企业进行检验或委托具有资质的第三方进行复验；

4) 做好旁站监理记录，保存旁站监理原始资料。

（2）旁站监理人员实施旁站监理时，发现施工企业有违反工程建设强制性标准行为的，应责令承包商立即整改；发现其施工活动已经或者可能危及工程质量的，应及时向专业工程师或者总监报告，由总监下达局部暂停施工指令或采取其他应急措施。

（3）各分部分项工程具体旁站的部位和内容详见本指南各章节的相关要求。

2.2.19 安全管理工作制度

项目监理部设专职安全监理人员，每天督促承包商的安全员对重大危险源及场容场貌进行巡视检查，发现问题督促承包商进行整改。对于重大危险源的关键工序如施工临时用电、深基坑土方开挖、桩机的安拆、钢筋笼和盾构机的吊放、深沟槽开挖等在现场督促检查承包商的准备工作及预防措施是否到位。

2.2.20 文明施工及扬尘降噪管理制度

制定文明施工及扬尘降噪管理实施细则，定期或不定期对现场施工作业面进行巡视，发现问题及时督促承包商对其进行整改。

对新开工的工点，严格按照方案对现场场布进行验收，施工、监理、业主三方对其验收合格后方可进行开工。

对裸露土方要求承包商及时对其进行覆盖；对易产生扬尘的工序作业，作业前制定扬尘管控措施，符合要求后方可进行作业；对离居民较近且产生较大噪声的工序作业，督促承包商制定作业时间段或采取降噪的措施，符合要求后方可进行作业。

对材料、设备堆放位置制定区域划分，设置醒目标识标牌，并码放整齐。

2.2.21 见证取样制度

根据现场实际情况，项目监理部应配置相应数量的试验员（试验工程师），以满足现场工程试验检测见证工作的要求，试验员（试验工程师）应经过培训考核合格，有类似工程监理工作经验。其主要职责是对原材料取样并见证送样、混凝土试件制作和见证送样等工作，对试验检测进行监督检查。同时做好材料抽检工作及其台账，满足地铁工程的相关要求，确保原材料的质量处于受控状态。

2.2.22 平行检验制度

平行检查是指监理人员利用一定的检查或检测手段，在承包商自检的基础上，按照一定的比例独立进行的工程质量检测活动。平行检查体现工程监理的独立性，工作的科学性，也是管理专业化的要求。

（1）对进场工程材料、构配件、设备的检查、检测和复验按照各专业施工质量验收规范规定的抽样方案和合同约定的方式进行，并依据检测实况及数据编制报告归入监理档案。

（2）对分项工程检验批的检查、检测应按各专业施工质量验收规范的内容和标准对工程质量控制的各个环节实施必要的平行检测，并记录归入监理档案。

（3）对分部工程、单位工程有关结构安全及功能的检测抽检、工程观感质量的检查、评定等应按《建筑工程施工质量验收统一标准》GB 50300 及合同约定的要求进行。检测结果形成记录，并归入监理档案。

（4）对隐蔽工程的验收应按有关施工图纸及各专业施工质量验收规范的有关条款进行必要的检查、检测，并依实记录，归入监理档案。

（5）在平行检验中发现有质量不合格的工程部位，监理人员不得对承包商相应工程部位的质量控制资料进行审核签字，并通知承包商不得继续进行下道工序施工。

（6）监理人员必须在平行检验记录上签字，并对其真实性负责。

2.2.23 巡视检查制度

巡视是监理人员对正在施工的部位或工序在现场进行的定期或不定期的监督活动，是监理工作的日常程序。

施工过程的质量检查与控制中，监理人员必须做到对正在施工的作业区每日进行巡视检查。总监理工程师必须按计划定期组织各专业监理工程师进行全面的拉网式巡视检查，形成制度化。

现场巡视检查的主要内容如下：

（1）是否按照设计文件、施工规范和批准的施工方案施工。

（2）是否使用合格的材料、构配件和设备。

（3）施工现场管理人员，尤其是质检人员是否到岗到位。

（4）施工操作人员的技术水平、操作条件是否满足工艺操作要求、特种操作人员是否持证上岗。

（5）施工环境是否对工程质量产生不利影响。

（6）已施工部位是否存在质量缺陷。

监理人员要将每日的巡视检查情况按实记入当天的监理日记中，不得缺、漏。对较大质量问题或质量隐患，宜采用照相、摄影等手段予以记录。

对检查出的工程质量或施工安全问题除做记录外，要及时签发《监理通知单》至承包商签收处理，并要求承包商及时回复。对重要问题应同时抄报业主。

对检查出的重要问题按有关规定处理，并跟踪监控，记录备案。

2.2.24 "新三大策划"推行制度

严格按照各地业主的要求，工程开工前督促承包商制定"场布策划、工程质量策划、工程安全策划"方案上报审核，并签订质量、安全责任状。实施过程中严格按照其策划方案执行，以"系统化、规范化、标准化、信息化"为手段，正确处理好生产过程中的四大关系（文明施工与工程内在品质、工程内在品质与先进生产工具、先进生产工具与深入管理、普遍控制与重点突破），最终实现"安全地铁、品质地铁、幸福地铁"的终极目标。

2.2.25 危大工程管理制度

（1）施工前，辨识工程风险源以及梳理危险性较大的分部分项工程清单，哪些是一般风险源，哪些是重大危险源，要识别清楚，制定相关管理措施并进行分级管理。

（2）严格审查专项施工方案，包括方案的编制、审批流程、专家论证流程等行为是否符合住房城乡建设部及各地管理要求。

(3) 审查特种作业人员持证上岗情况是否符合要求。

(4) 审查承包商班前安全教育培训及安全技术交底是否到位。

(5) 危大工程实施过程中是否按方案要求落实，完工后是否按照规定进行验收，包括验收人员、验收标准、验收内容、验收程序等是否符合规定等的严格审查。验收合格后进行挂牌公示。

(6) 危大工程实施过程中加强巡视检查，发现问题及时督促承包商整改落实。

(7) 巡视施工现场危大工程告知情况，包括每日作业危险源动态告知情况等。

(8) 定期检查承包商的质保、安保体系是否健全有效运行。

(9) 建立危大工程安全管理档案，包括：危险性较大（超过一定规模）的分部分项工程清单、每个单项危大工程的管理档案。

2.2.26 关键节点风险管控制度

1. 总体要求

(1) 明确关键节点风险管控原则。关键节点是指轨道交通工程开（复）工或施工过程中风险较大、风险集中或工序转换时容易发生事故和险情的关键工序和重要部位。关键节点风险管控要坚持全面识别、重点管控、各负其责、强化落实的原则。要将开展关键节点施工前条件核查验收作为关键节点风险管控的重要手段。

(2) 规范开展关键节点风险管控。应严格依据《城市轨道交通工程安全质量管理暂行办法》（建质〔2010〕5号）、《城市轨道交通地下工程建设风险管理规范》GB 50652和《城市轨道交通建设项目管理规范》GB 50722等制度规定和标准规范，对轨道交通工程施工关键工序和重要部位实施风险管控。

(3) 强化关键节点风险管控责任落实。要求参建各方要高度重视关键节点风险管控工作，全面落实企业主体责任，不断加强关键节点施工前条件核查，严格控制施工风险。

2. 明确关键节点风险管控内容

按照城市轨道交通工程自身风险和周边环境特点及危险程度确定关键节点风险管控的具体内容。关键节点风险管控内容主要包括：勘察和设计交底的完成情况；专项施工方案编制、审批和专家论证情况；监测方案编制审批及落实情况；施工安全技术交底情况；安全技术措施落实情况；周边环境核查和保护措施落实情况；材料、施工机械准备情况；项目管理、技术人员和劳动力组织情况；应急预案编制审批和救援物资储备情况；相关工程质量检测资料；法规、标准及合同约定的其他情况。

3. 严格执行关键节点风险管控程序

关键节点风险管控由建设、监理、施工、勘察、设计、第三方监测等单位相关负责人参加，按以下程序进行：

(1) 承包商根据《关键节点分类清单》（建办质〔2017〕68号文附件要求）编制《关键节点识别清单》，报监理单位审批。

(2) 承包商对照经监理单位批准的《关键节点识别清单》，对关键节点施工前条件自检自评，符合要求的报监理单位。

(3) 监理单位对关键节点施工前条件进行预核查，通过后报业主。

(4) 业主（或委托监理单位）依据相关制度规定和标准规范组织开展关键节点施工前

条件核查。

（5）通过核查和验收的，方可进行关键节点施工；未通过核查和验收的，相关单位按照核查意见进行整改，整改完成后重新组织核查和验收。

（6）对于超过一定规模危险性较大的分部分项工程，参加核查和验收的人员应增加三名专家，其中一位专家应参加过相应的专项施工方案评审。

4. 风险管控保障措施

（1）明确核查人员工作职责。参加关键节点施工前条件核查的人员应具备相应职业资格，按照建质〔2010〕5号文件和相关标准规范对涉及的施工条件逐项进行核查，形成明确核查意见和书面核查记录（包括影像资料），并对签署的核查意见负责。

（2）加强督促检查。督促各参建单位做好关键节点风险管控工作，对因关键节点风险管控不到位而引发事故的责任单位和责任人，要依法进行处理、处罚。

建立完善的关键节点风险管控相关制度，进一步明确关键节点施工前条件核查标准、程序、内容和组织方式，确保关键节点风险管控落实到位，有效防范生产安全事故发生。

2.2.27 项目监理部内部管理工作制度

1. 监理日报（日志）制度

（1）监理日报（日志）是项目监理部和监理人员必备的专用手册，是监理工作的重要资料。在现场监理人员均应逐日填写监理日报（日志）。日报（日志）要做到记录事件真实，数据准确，条理清晰，语句简练。项目总监理工程师每月检查一次，以此作为考核监理人员业绩的内容之一。

（2）监理日报（日志）应记录以下内容：气候记录；施工中发生的重要事项；巡视检查中发现的问题及处理结果；工程试验记录；产生索赔、争议及合同纠纷时承包商实际情形及处理方法；向承包商发出的通知单或口头指示。

（3）监理人员离开岗位时必须将监理日报（日志）交给总监理工程师检查登记后归档。

2. 监理内部工作会议制度

项目监理部定期召开监理工作碰头会，监理部成员及各驻地监理组长参加；每月召开全体监理人员会议，主要议题为：

（1）驻地监理组长汇报各标段近期工程进展情况及存在问题，研究处理方案；

（2）总结前一阶段的监理部工作情况，布置下一步工作安排；

（3）分析监理部内部管理体系运行情况，提出改进意见和建议；

（4）传达监理公司管理文件及业主对本工程监理工作的要求；

（5）总监认为有必要通过监理工作会议处理的其他事项。

3. 监理人员考核制度

项目监理部在总监的主持下，每月根据各岗位监理人员职责，对其工作完成情况进行考核，并对本月质量、进度、投资、安全、环保等控制分类打分，评出本月监理人员的考核分数，按照分数高低给予奖励和批评。监理公司总工办、人资部配合工程部定期下工地考核检查现场监理人员工作、生活情况，了解思想，以最大努力确保现场监理人员和项目部设置满足工程实际需要。

4. 监理人员考勤及值班制度

严格执行监理公司劳动纪律，由总监指定专人实行考勤制度，并在每月 25 日报告监理公司。特定假日如春节或个人原因，监理人员请假或放假，总监应根据施工情况安排足够监理人员值班或轮班。值班表以书面形式上墙。

5. 监理人员廉政制度

（1）在工程的监理过程中，项目监理部应严格按照 ISO 9000 质量体系和质量手册进行监理工作，以使所监理的工程达到 100% 处于受控状态。

（2）从整个监理公司管理制度上，应采取切实可行的控制措施，如监理公司级管理深入到项目监理部，对现场监理人员的职业道德、服务质量进行检查。

（3）在项目监理过程中，监理公司应在项目现场公布监理公司纪律检查小组举报电话，并将监理公司纪律检查小组联系人和联系方式告知业主和承包人。

（4）若在项目监理过程中，业主或承包人提出现场监理人员违反公司上述廉政承诺，一经查实，对发生此类人员立即开除，严重的将移交司法机关处理。

（5）若在项目监理过程中，现场监理人员由于违反监理公司上述廉政承诺，给工程或业主造成损失的，监理公司按监理合同约定作相应赔偿。

（6）监理公司对派驻现场的项目监理部实行严格管理，要求每一位监理人员恪守职业道德，遵守监理工作纪律，并认真执行监理行为准则。

6. 监理人员自律制度

（1）监理人员职业道德守则：

1）维护国家的荣誉和利益，按照"公平、独立、诚信、科学"的准则执业。

2）执行有关工程建设的法律、法规、规范、标准和制度，履行监理合同规定的义务和职责。

3）努力学习专业技术和建设监理知识，不断提高业务能力和监理水平。

4）不以个人名义承揽监理业务。

5）不同时在两个或两个以上监理单位注册和从事监理活动，不在政府部门和施工材料设备的生产供应等单位兼职。

6）不为所监理项目指定承建商、建筑构配件、设备、材料和施工方法。

7）不收受被监理单位的任何礼金。

8）不泄露所监理工程各方认为需要保密的事项。

9）坚持独立自主地开展工作。

（2）监理人员工作纪律：

1）遵守国家的法律和政府的有关条例、规定和办法等。

2）认真履行工程建设监理合同所承诺的义务和承担约定的责任。

3）坚持公正的立场、公平地处理有关各方争议。

4）坚持科学的态度和实事求是的原则。

5）在坚持按监理合同规定向业主提供技术服务的同时，帮助被监理者完成其担负的建设任务。

6）不以个人的名义在报刊承揽监理业务的广告。

7）不得损害他人的名誉。

8) 不泄露所监理工程需保密的事项。
9) 不在任何承建商或材料设备供应商中兼职。
10) 不接受业主额外的津贴，也不接受被监理单位的任何津贴，不接受可能导致判断不公的报酬。

7. 监理人员教育培训制度

（1）新员工必须经过多级安全教育（公司、项目部），并必须经考试合格、登记入卡，方可参加现场监理工作。

（2）项目总监和安全管理人员要定期轮训，每年至少一至二次，不断提高安全意识、技术素质，提高政策业务水平。

（3）现场监理人员分批定期组织参与监理公司组织的相关培训及业主相关学习班的继续教育培训，提高业务水平和责任心。

8. 文档管理制度

监理资料文档管理的基本要求是"及时整理、真实齐全、分类有序"。

（1）项目总监理工程师为总负责人，并指定专职或兼职资料员具体管理。

（2）监理人员应建立监理管理台账，应尽量利用计算机建立台账、图、表等系统文件。

（3）各专业监理工程师负责审核、整理本专业的监理资料，不得接受经涂改的报验资料，按时交与资料管理员，资料管理员依据本规定的基本内容进行分类、编目、登记与保管工作。

（4）在监理过程中，监理资料按（子）单位工程组卷，并随着工程的进展，按照资料形成的时间顺序不断地积累并及时整理，不得拖延和后补。监理资料应按车站、区间建立案卷（夹），分专业存放保管，并编目，以便于跟踪检索。

（5）监理部应专门建立危大工程资料及台账，包含对危大工程专项方案审批、监理细则及交底记录、监理验收记录及监理巡查记录等。

监理资料的收发、借阅必须通过资料管理人员履行手续。

第 3 章 监理机构工作流程及方法

通过对各阶段监理工作流程的梳理和工作流程网络信息化,实现工作条理的规范性及增加透明度,提高工作效率,完善管理体制。工作流程涉及所有现场的监理人员,由流程的书面化、电子系统化,实现监理工作的规范有序。好的管理在于好的流程,好的流程在于好的执行。

3.1 施工准备阶段监理工作流程与方法

施工准备阶段是轨道交通工程项目建设的一项重要程序,该阶段的监理工作质量对工程项目的工期、质量、安全等起着举足轻重的重要作用。这一阶段的工作,是能否实现工程项目各项控制目标的关键。然而,在现实工作中,这一阶段的监理工作往往未能引起一些监理单位的足够重视和投入,而使整个施工阶段的监理工作处于被动状态。

3.1.1 施工准备监理工作流程

本阶段的监理工作流程如图 3-1 所示。

3.1.2 施工准备中的监理工作方法

1. 监理工作准备

(1) 熟悉合同文件

监理机构进场后,将根据监理项目的实际情况配齐有关的技术标准、规范等资料,并及时组织监理人员熟悉相关法律、法规、文件。主要如下:

1) 国家和地方法律、法规。
2) 国家和行业、地方有关标准、规范、规程。
3) 监理合同。
4) 施工合同。
5) 工程前期有关文件。
6) 工程设计文件和图纸。
7) 工程实施过程中有关的函件。

总监组织承包商对施工图纸进行详细审查,并提出图纸审查意见。对合同文件和图纸中存在的差错、遗漏或含糊不清等问题,查证处理。

(2) 调查施工环境条件

监理人员进场后,踏勘施工项目沿线环境条件,对施工合同约定的施工条件进行调查,掌握有关情况。调查的主要内容:

1) 现场地形地貌以及地质水文情况,是否与设计图纸相符。

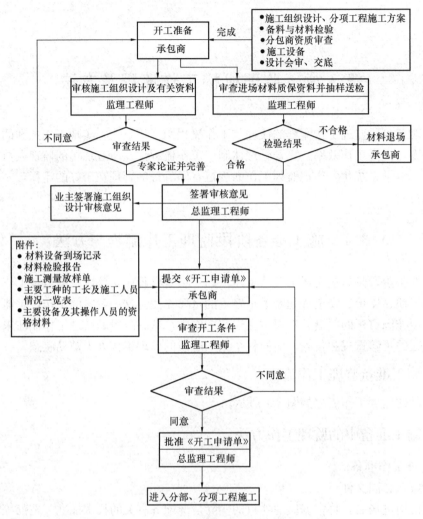

图 3-1 施工准备阶段的监理工作流程

2) 现场拆迁、管线迁改及征地情况,现场施工与当地生产生活相干扰的情况。
3) 当地材料源情况。
(3) 编制监理规划

总监在合同规定的期限内主持编制监理规划,按合同规定报批后执行。项目监理规划的编制时间,满足合同规定的期限要求,如合同中未明确规定,一般在第一次工地会议和合同工程开工令下达之前完成。监理规划必须明确监理目的、依据、范围和内容,监理机构各部门及岗位职责、监理人员和设备及进退场计划、监理方案、监理制度、监理程序及表格、监理设施等。

(4) 编制监理细则

总监理工程师在相应工程开工前(一般为 7d 内)根据监理规划主持编制监理细则,明确监理的重点、难点、具体措施及方法、步骤,经总监批准后实施。

2. 施工准备阶段的监理工作方法

(1) 参加设计交底

参加由业主主持的设计交底,掌握本工程的设计意图、设计标准和要点;熟悉对材料与工艺的要求,施工中应特别注意的事项,以及对施工安全、环保工作的要求等;澄清有关问题,收集资料并记录。

(2) 审批施工组织设计

总监在合同规定的期限内及时审批承包商提交的施工组织设计,重点包括:

1) 施工组织设计的审批手续是否齐全有效。
2) 施工质量、安全、环保、进度、费用目标是否与合同一致。
3) 质量、安全和环保等保证体系是否健全有效。
4) 安全技术措施、施工现场临时用电方案及工程项目应急救援抢险方案是否符合要求。
5) 施工总体部署与施工方案和安全、环保等应急预案是否合理可行。

危险性较大的分部分项工程,要求承包商编制专项施工方案。施工组织设计及超过一定规模的危大工程专项方案应由监理人员和总监审核后,由承包商组织召开专家论证会,并按照专家意见修改完善,再次报监理审核。

(3) 检查保证体系

检查承包商质量、安全和环保等保证体系是否落实,重点检查项目经理、技术负责人、工地试验室负责人的资格及质量、安全、环保人员的履约情况。

(4) 审核工地试验室

审核承包商工地试验室的人员、设备和试验检测能力是否满足合同要求,管理制度是否齐全。

(5) 审批复测结果

对承包商提交的原始基准点、基准线和基准高程的复测结果进行审核和平行复测。当双方复测结果一致并满足规范要求时,监理人员在合同规定的期限内批复。

(6) 审核危险性较大的工程清单

督促承包商及时辨识拟建工程中存在的重大风险源及危险性较大的分部分项工程,并提交清单,应特别注明超过一定规模的危险性较大工程内容。监理人员和总监审核通过后报业主。

(7) 审批单位(子)工程、分部工程、分项工程和检验批划分计划

总监于总体工程开工前对承包商提交的分项、分部、单位工程划分予以批复并报业主备案。工程划分的标准和编号按业主要求或按照当地住房城乡建设部门要求执行。

(8) 确认场地占用计划

监理人员对承包商提交的场地占用计划及临时增减的用地计划予以确认,并及时提交业主。

(9) 核算工程量清单

监理人员对工程量清单复核结果进行核算。核算准确的工程量清单报总监审核,业主审批,审批后建立的工程量清单,作为计量支付的依据。

(10) 签发开工预付款支付证书

总监在承包商提交了开工预付款担保后,按合同规定的金额签发开工预付款支付证书,报业主审批。

(11) 召开监理交底会

合同工程开工前,总监主持召开由承包商项目经理、技术负责人及相关人员参加的监理交底会,介绍监理规划的有关内容。监理交底会可在开工前单独举行,也可与第一次工地会议一并召开。交底会的内容可归纳如下:

1) 业主委托监理的范围和内容。

2) 监理的工作依据。

3) 项目监理组织机构情况。将项目监理组织机构中的总监、专业监理工程师的职责范围和权限作明确介绍,并对人员分工情况进行说明。

4) 监理规划和监理细则的主要内容。

5) 监理工作制度。

(12) 召开第一次工地会议

第一次工地会议,在工程正式开工前召开,会议由业主代表主持,监理部派人记录整理并签发工地会议纪要。总监办事先将会议议程及有关事项通知业主、承包商及有关单位。

(13) 签发合同工程开工令

监理人员收到承包商提交的开工申请后,对开工条件进行核查。具备开工条件的,由总监签发工程开工令,并报业主备案。某项条件因客观原因未完成,且其对开工后的正常进行无明显影响时,经业主同意后,可签发工程开工令。

3.2 施工阶段监理工作流程与方法

3.2.1 施工质量控制的监理工作流程

施工质量控制的监理工作流程如图 3-2 所示。

3.2.2 施工质量控制的监理工作方法

1. 质量的事前控制

(1) 监理机构进场后,首先要督促承包商建立和完善质量保证体系,审查承包商的质量管理系统是否完整,有关管理人员的资质,向承包商提出改进意见,并督促限期改进。

(2) 掌握和熟悉质量控制的技术依据。监理人员应掌握和熟悉设计图纸和说明书、套用标准、地质资料、验收规范、规程、工程质量验收标准。总监应组织监理人员阅读施工图,发现并汇总图纸问题,列出重点控制内容及控制措施。

(3) 督促承包商做好施工组织设计的编制工作。承包商提交施工组织设计和施工方案应有对保证工程质量可靠的技术和组织措施。现场总平面布置应结合施工现场实际情况,布置合理方案。现场水电线路布置应同时满足使用的安全要求,场地排水应设置三级沉淀池,经沉淀池处理后排入预定的市政排水系统。同时应审查噪声影响,确保工程的顺利进行。

(4) 施工场地的控制。组织监理部人员踏勘现场,了解地下、地面及空中障碍物及现场用电的情况,了解各种障碍物和红线的关系,针对现场实际情况,对承包商提交的施工组织设计提出合理的改进措施,特别是安全防范措施。

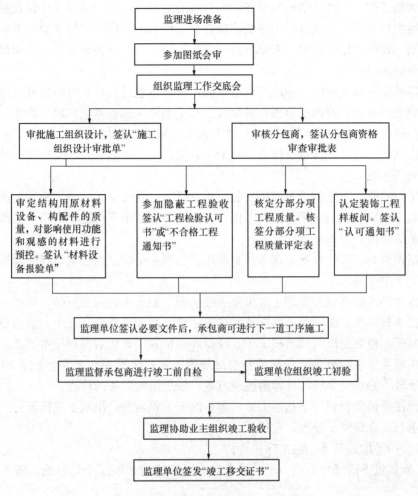

图 3-2 施工质量控制的监理工作流程图

(5) 工程所需原材料、半成品、成品的质量控制。对重要建筑材料，水泥、钢材、砌体用砖、预制构件、防水材料、水电安装材料等的合格证、质量证明文件进行检查验收，并按规定督促承包商见证抽样检验，合格后才能使用。

(6) 施工机械的质量。进场的各型施工机械应有准用证，并验收质保书，对于老设备除验收合格证外，尚应验收保养合格证明单。检查性能是否达到施工要求并有详细安装、使用及拆除的具体措施，经监理审查同意后方准安装。汽车吊、龙门吊、成槽机等各类施工机械必须经监理审查同意后才能进场。凡直接关系到工程质量及安全的施工机具，应按技术说明书查验其相应的技术性能，提供年检证明，并在正式使用前进行校验、校正达到要求后才能使用。

2. 质量的事中控制

(1) 施工工艺过程质量控制。针对监理项目的具体情况，组织施工工艺的质量控制。重要工序：如现浇混凝土、盾构吊装及掘进、矿山法开挖、地连墙钢筋笼吊装、回填土方、防水等重要工序，实行旁站监理。通过对工艺过程的监控，确保工序的质量。

(2) 督促承包商执行首件验收制度。对采用同一施工方案和施工工艺在同类工程或工序的第一次施工产品，涉及结构安全和使用功能的分部分项工程执行首件验收制度。

（3）组织现场监理人员进行工序交接检查。坚持上道工序不经检查验收不准进行下道工序的原则。每道工序完成后，先由承包商进行自检、专职检查合格后，通知现场监理人员或其代表到现场检验。

（4）隐蔽工程检查验收。隐蔽工程隐蔽前，先由承包商自检、专职检查合格后，填报隐蔽工程验收报审表，报现场监理人员验收。对于钢筋工程、基坑回填、防水工程，现场监理必须坚持先验收后隐蔽的原则，不得边施工边验收。现场验收时监理要求对特殊部位、容易出问题的部位进行重点检查，对于一般部位实行普遍检查，发现问题及时开具整改通知单限期整改。

（5）平行检验。对于钢筋及模板安装、土方开挖、管线安装、装饰施工、轨道铺设等工序，监理人员应单独进行平行检验工作。为完成各项预定平行检验工作，监理机构应配备必要数量的仪器、设备。

（6）巡视检查。实行现场巡视工作制度化，监理人员的现场巡视工作应保持一定的频率，原则上不少于每天1次。

（7）技术核定单变更的处理。对由业主提出的，要求承包商变更的，属于一般使用要求的变更技术核定单，由承包商办理技术核定手续，经设计单位、业主、承包商签字盖章后报审。对于承包商提出的技术核定单，经设计单位签字盖章后办理报审手续。

（8）工程质量事故处理。包括质量事故原因、责任的分析、质量事故处理措施的商定；批准处理工程质量事故的技术措施或方案，处理措施效果的检查。

（9）行使质量监督权，下达停工令。为了保证工程质量，出现下述情况之一者，总监有权指令承包商立即停工整改，包括：

1）未经检验即进行下一道工序作业；

2）工程质量下降经提出后，未采取有效改正措施或采取了一定措施，效果不好而继续作业；

3）擅自采用未经认可或批准的材料；

4）擅自变更设计图纸的要求；

5）擅自将工程转包者；

6）擅自让未经同意的分包商进场作业者；

7）没有可靠的质保措施贸然施工，已出现质量下降征兆者。

（10）严格执行单项工程开工报告和复工报告审批制度。凡单项工程开工及停工后工程复工，均应遵照规定的监理流程来实施。

3. 质量的事后控制

（1）分项工程完成后及时组织专业监理工程师进行质量目测检查及实测工作，发现问题及时责令承包商整改，未经整改不得进入下一道工序施工。

（2）各（子）分部工程完成后，组织各专业监理工程师以实测为主，检查是否存在重大质量问题（如：高程、轴线、平整度、垂直度等），对于主要质量问题列出整改通知单限期整改，否则不得进入下一道工序施工。

（3）分阶段收集承包商的施工资料，组织监理人员复查承包商整改情况，提出适当的工程质量评估报告。

(4)（子）单位工程验收前，监理部组织初验，对存在的问题汇总后，提出整改通知单，要求承包商限期整改完成，并提交工程初验报告。

(5) 做好竣工验收前各项准备工作，提出监理评估报告。

(6) 做好档案资料工作。

(7) 做好收尾和有关竣工资料交接工作。

3.2.3 施工进度控制的监理工作流程

施工进度控制的监理工作流程如图 3-3 所示。

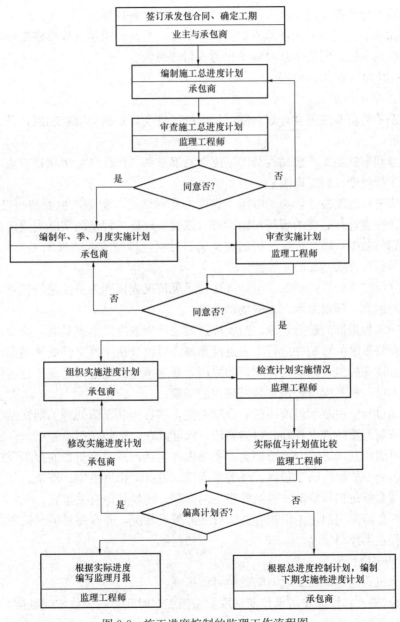

图 3-3 施工进度控制的监理工作流程图

3.2.4 施工进度控制的监理工作方法

1. 进度的事前控制

（1）督促承包商编制项目实施总进度计划。

（2）审核承包商提交的施工方案、进度计划、施工总平面图，主要审查施工进度计划、施工方案是否符合总工期控制目标的要求、与施工方案的协调性和合理性，以及是否提出了充分利用时间、空间、保证"全天候"施工的合理、可行的技术组织措施，审核承包方提交的施工总平面图，建立总平面管理制度，与施工方案、施工进度计划具有协调性和合理性。

（3）审核承包商提交的下月人员、材料、机械、设备计划。

（4）协助业主按期完成现场障碍物的拆除工作，及时向承包方提供施工场地。

（5）协助业主按合同规定及时向承包方支付预付款。

（6）制定进度控制工作流程。

2. 进度的事中控制

（1）协助承包商实施进度计划，随时检查施工进度计划的关键控制点，动态了解进度计划实施情况。

（2）检查和审核施工承包商提交的季度、月度及周工作计划，由项目总监审核施工承包商填写《工程进度计划报审表》。

（3）严格进行进度检查，为了解施工进度的实际状况，避免承包商超报已完工作量，专业监理工程师需进行必要的现场跟踪检查，以检查现场工程量的实际完成情况，为进度分析提供可靠的数据资料。进度分析的重点为：计划进度与实际进度的差异；形象进度、实物工程量与指标完成情况的一致性。

（4）建立反映工程进度状况的统计办法，进度情况表以周为单位进行核查，并记录影响施工的各种因素，延误原因，采取的措施等。

（5）进行工程进度的动态控制。当实际进度与计划进度发生差异时，应分析产生的原因及进度偏差将带来的影响并进行工程进度预测，以监理指令性文件或管理函件的形式向承包商指出进度实际值无法满足计划值的原因，要求承包商相应调整施工进度计划，采取调整工时、人员、机具配备等措施弥补延误的工期。

（6）可通过与业主及承包商协调，合理调整工期目标并正确处理工期索赔事宜，要求承包商制定重新调整的进度计划并付诸实施，保证其在合理的状态下施工。

（7）也可组织现场进度专题协调会，主要内容包括：及时分析、通报工程施工进度情况；协调承包商不能解决的工程内、外关系问题（设计、物资供应、资金、外界干扰等）；检查上次协调会结论执行情况；总结管理上的问题；现场其他有关事宜。

（8）项目总监定期向业主汇报有关工程实际进展状况，并在每月的《监理月报》中向业主报告工程进度控制情况。

3. 进度的事后控制

（1）与承包商制定保证工期不突破的对策措施：

1）技术措施：建议或要求承包商采取如缩短工艺时间，减少技术间歇期，实行平行、流水和立体交叉作业等施工组织形式；

2）组织措施：建议或要求承包商采取如增加作业队数，增加工作人员数，增加工作班次等措施；

3）经济措施：建议或要求承包商采取如实行包干奖金、提高计价单价、提高奖金水平等措施；

4）合同措施：利用合同文件所赋予的权力督促承包商按期完成工程项目；

5）其他配套措施：建议或要求承包商采取如改善外部配套条件，改善劳动条件，实施强有力的调度等措施。

（2）因进度差异导致原计划不能如期完成，则项目总监应书面向业主提出报告，提出补救措施的建议，要求施工承包商调整相应的施工计划、材料计划、资金计划等，提出新的进度计划，填写《工程进度计划报审表》报项目总监审核，保证进度计划处于合理的状况下施工。

（3）处理工程索赔与反索赔及延期审核工作。

（4）根据实际施工进度，及时修改和调整监理工作计划，以保证下一阶段工作顺利开展。

（5）工程项目进度资料的收集整理。

3.2.5　工程造价控制的监理工作流程

工程造价控制的监理工作流程如图3-4所示。

3.2.6　工程造价控制的监理工作方法

1. 工程计量

工程计量是造价控制的基础环节，也是约束承包商履行合同义务的重要手段。业主对承包商的付款是以监理人员批准的工程款支付证书为凭据的，因此，监理人员对计量支付行使批准权和否决权责任重大。工程量确定原则为：

（1）工程质量必须符合验收标准并经监理认可。

（2）工程计量必须符合事实，符合计算规则，有依据，有凭证。

（3）工程计量的几何尺寸应以设计图纸为依据，避免加大尺寸。

2. 工程款支付

工程款支付是造价控制的重要工作，是调节工程质量进度的重要杠杆；同意支付的工程量，是对承包商工作的肯定，也涉及业主的现金流出，必须谨慎处理。

（1）承包商申报工程款支付申请表；表中工程量应以监理认可的工程计量报审表为依据；承包商项目负责人、造价编审人员签字、盖章应符合要求。

（2）监理审核工程款支付申请表，重点注意工程量计算、工程定额套用、工程费用的选用应符合相关合同、定额标准、费用估算办法、设计图纸等文件；并注意约定优惠条款的执行。

（3）付款方法（付款比例、付款时间等）合同有规定的，按合同条款执行；合同文件无规定的，按协议约定和政府有关文件执行；注意工程预付款（或备料款）的起扣。

（4）严格进行总量控制，防止超付；注意及时扣除甲供材料款；注意留足工程保修阶段的维修保证金。

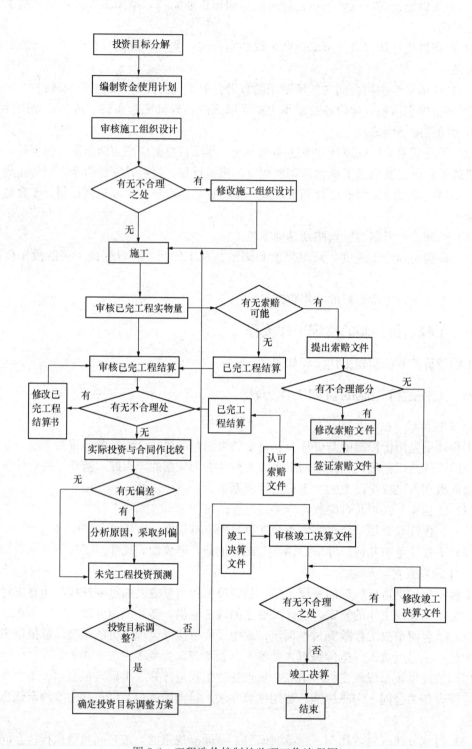

图 3-4 工程造价控制的监理工作流程图

(5) 定期向业主报告工程款支付情况；预测下期可能发生的费用，以利业主筹备工程款。

3. 工程变更处理

工程变更流程及要求应按照各地轨道交通业主的相关文件执行。

变更价款确定的原则为：

(1) 合同中有适用于变更工程的价格，按合同已有的价格计算变更价款。

(2) 合同中只有类似于变更情况的价格，可以此价格为基础，确定变更价格，计算变更价款。

(3) 合同中没有类似和适合的价格，可由承包商提出适当的变更价格，经监理人员及业主批准后执行。若达不成一致，可通过工程造价管理部门裁定。

在招标投标阶段，凡属施工方应报未报价的缺项、漏项而又无合理文字进行说明的，均被视为投标策略或报价优惠，此部分价款不属于变更的范畴，监理不予签认。

4. 索赔控制

监理人员处理索赔的一般原则为：

(1) 监理人员处理承包商所提出的索赔必须以合同为依据，根据国家工商行政管理局、住房城乡建设部《建设工程施工合同示范文本》规定，合同文件应能互相解释、互为说明，除合同另有约定外，其组成和解释顺序如下①协议条款；②合同条件；③洽商、变更等明确双方权利义务的纪要、协议；④招标承包工程的中标通知书、投标书和招标文件；⑤工程量清单或确定工程造价的工程预算书和图纸；⑥标准、规范和其他有关技术资料、技术要求。

(2) 监理人员应注意施工过程中相关文字、数据资料的积累，为公平客观地处理索赔提供事实依据和数据。

(3) 及时、合理、公平地处理索赔，缩小矛盾和分歧，确保项目综合效益和各方合理权益的实现。

(4) 加强主动监理，减少工程索赔事件，提倡事前控制。监理人员在项目实施过程中，应就可能引起的索赔进行预测，事先尽量采取预防措施，事后采取补救措施，避免不必要的索赔事件发生。

(5) 监理以独立的身份站在客观、公平的立场上，根据合同及事实依据确定索赔是否成立，分清责任；若索赔成立，是费用索赔，或是工期索赔，还是费用、工期索赔兼有之，这是处理索赔事件的重点和难点，应特别予以注意。

3.2.7 安全文明管理的监理工作流程

安全文明管理的监理工作流程如图3-5所示。

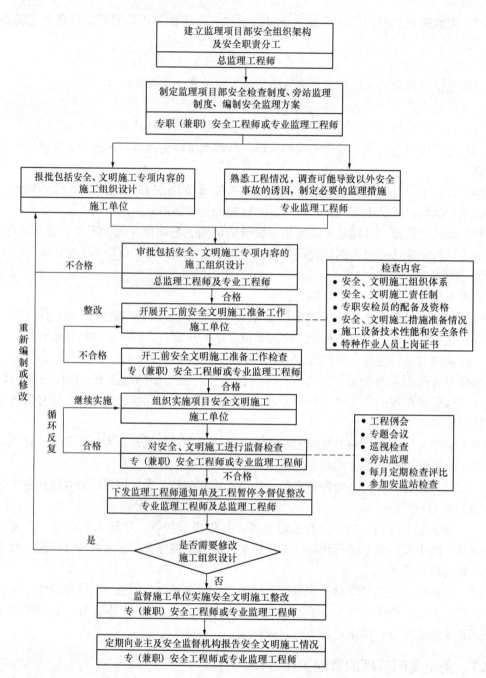

图 3-5 安全文明施工现场管理中的监理工作流程图

第4章 监理规划与监理实施细则编制

监理规划应当是在项目监理部详细调查和充分研究建设工程的目标、技术、管理、环境以及工程参建各方等情况后制定的指导建设工程监理工作的实施方案,监理规划应起到指导项目监理部实施监理工作的作用。

监理实施细则是指导项目监理部具体开展专项监理工作的操作性文件,应体现项目监理部在专业技术、目标控制方面的工作要点、方法和措施,做到详细、具体、明确。

4.1 监理规划编制

监理规划的编制由总监主持,监理工程师参加。在监理规划中,结合所监理项目的特点和合同要求,体现总监的组织管理思想、工作思路和总体安排。

监理规划在编制完成后需要经监理单位的技术负责人审核签认后,由现场监理机构提交业主批准后执行。在监理规划的实施过程中,根据现场实际变化需要进行补充、修改和完善时,须经总监及监理公司技术负责人审查批准并报业主备案。

4.1.1 监理规划编写的常见问题

1. 对监理规划重要性认识不够

《建设工程监理规范》GB/T 50319—2013 规定,监理规划可在签订建设工程监理合同及收到工程设计文件后,由总监理工程师组织编制,并应在召开第一次工地会议前报送业主。监理规划编审应遵循下列程序:

(1) 总监理工程师组织专业监理工程师编制。

(2) 总监理工程师签字后由监理单位技术负责人审批。

但是,在实际监理工作中,监理规划编制工作的重要性往往没有得到项目监理部和监理单位的高度重视,再加上设计文件不齐全、现场监理工作繁重、部分专业监理工程师文字编写能力不足、编制时间仓促等因素的干扰。监理规划编制工作往往演变为总监理工程师越俎代庖,在投标监理大纲的基础上略加修改而成。在建设主管部门组织的检查中,甚至发现,有的监理规划直接是引用某工程的监理大纲或者监理单位的监理规划通用版,只是工程名称修改一下而已。

监理单位技术负责人的审批环节,由于种种原因,缺少对监理规划内容、质量的实质性审核,往往是流于形式的签认。

这样造成的后果是,监理规划不是经过项目监理部详细调查和充分、深入研究建设工程目标、技术、管理、环境以及工程参建各方等情况后制定的实施方案,其可行性、针对性、指导性及监理规划整体的编制质量都是难以保证的。

2. 监理规划编制的内容针对性不强

在建设主管部门组织的检查中发现，有的轨道交通项目监理规划中，居然找不到其监理项目相关车站、区间的名称，这样的监理规划显然是不具有针对性的。

不少的轨道交通项目监理规划中，没有抓住轨道交通工程项目监理的车站、区间质量、安全监理的两大主线，没有根据勘察、设计文件，针对所监理项目的相关车站、区间的重大安全风险源、质量控制的重点、涉及的危大工程等内容进行系统的梳理与分析。导致监理规划的内容比较空泛，与实际工程情况脱节，缺乏针对性。

许多特殊地质条件区域的盾构掘进施工、盾构下穿、侧穿建（构）筑物或河道、市政管线等重大安全风险源被忽视。

对于轨道交通工程车站主体结构防止渗漏、开裂等重要质量问题的控制措施等内容，大多监理规划中也很少涉及。

3. 监理规划编制的内容不全面、深度不够

有的监理规划仅是按照建设监理规范要求的主要内容，进行了监理规划目录章节的划分，从目录上看，内容似乎是齐全的，但是仔细看，就觉得很多章节的内容存在不全面、深度不够的情况。

比如，在许多监理规划中，通篇看不到与工程安全风险与工程质量息息相关的工程地质概况、水文地质概况、工程周边环境状况（包括建筑物、铁路、江河、湖泊、桥梁、市政道路、市政管线等）等方面情况的描述。

在安全管理章节中，许多监理规划没有分类将其监理的轨道交通工程中存在着哪些重大风险源（地质风险、周边环境风险、工法本身自带风险、环境风险等）、危险性较大的分部分项工程、常规安全风险等进行认真的梳理分析。对于轨道交通工程中的盾构始发、接收、联络通道施工、盾构穿越复杂地质区域、复杂环境（包括建筑物、铁路、江河、湖泊、桥梁、市政道路、市政管线等）等重大风险源的情况，许多监理规划都是一带而过，没有根据项目监理的车站、区间的具体情况，进行数量上的统计和进行监理控制对策的分析。

在工程质量控制章节，许多监理规划没有针对轨道交通工程常见且影响结构使用寿命的钢筋混凝土结构渗漏、开裂、全包防水效果不理想等质量问题及其监理控制措施进行有针对性和系统性的分析。

4. 监理规划没有根据工程实施情况的变化及时进行修订

《建设工程监理规范》GB/T 50319—2013 第 5.2.4 条明确规定，在实施建设工程监理过程中，实际情况或条件发生变化而需要调整监理规划时，应由总监理工程师组织专业监理工程师修改，并应经监理单位技术负责人批准后报业主。

在轨道交通工程实施过程中，往往会发生设计方案有重大修改、施工方式变化、工期、质量标准变化、监理机构人员有较大调整等情况。但是，在检查中发现，大多数的监理规划没有及时进行修订报批。

4.1.2 监理规划编写要点

监理规划应该包含工程概况、监理工作的范围、内容、目标、监理工作依据、监理组织形式、人员配备及进退场计划、监理人员岗位职责、监理工作制度、工程质量控制、工

程造价控制、工程进度控制、安全生产管理的监理工作、合同与信息管理、组织协调、监理工作设施等内容。

1. 工程概况
(1) 名称、地点，业主。
(2) 建设规模、项目构成、结构类型。
(3) 工程造价。
(4) 计划工期及建设进度安排。
(5) 项目特点、难点及建设要求。
(6) 项目的结构分解图。
(7) 设计单位、承包商。
(8) 主要的施工方案。

2. 监理工作的范围、内容、目标
(1) 监理工作范围是指监理合同约定的监理项目，可能是车站，也可能是区间段，或者是车站和区间段；可以是全部工作（如地下车站的支护、开挖、主体结构、轨道、系统，通信消防、采暖通风、装饰装修等全部施工的监理），也可能是其中的一部分工作（如隧道土建工程施工监理）。
(2) 施工阶段的监理工作的内容主要是指监理的造价控制、进度控制、质量控制、合同管理、信息管理、安全管理及协调工作，当然包括施工前的准备、施工完成后的竣工验收以及工程质量保修期的监理。
(3) 监理工作的目标，一般与业主和承包商签署的承包合同确定的工程目标相一致，监理工作就是要帮助业主实现目标，其中，主要的是造价、进度和质量目标。

3. 监理工作依据
监理工作依据，主要是委托监理合同和业主与承包商签订的承包合同，以及相关的技术规范、规程、与工程建设相关的法律法规、政策规定等。

4. 监理组织形式、人员配备及进退场计划、监理人员岗位职责
(1) 监理组织形式
监理人员根据监理项目规模的大小、复杂程度、空间距离、施工标段划分等情况决定机构内部监理组织架构，无论采用直线制、直线职能制，或是矩阵制，应画出组织结构框图，明晰边界与联系。

(2) 人员配备及进退场计划
人员配备及进场计划依据施工进度计划确定，根据施工的进展和施工强度，及时配足相应的专业监理工程师，当该部分施工完成，则撤出或减少相关的监理人员，如工程进入机电及控制系统安装阶段，土建监理人员就应该适当减少。

(3) 监理人员岗位职责
监理规划中的监理人员岗位职责，首先要和监理规范的规定相对应，再就是要考虑监理组织架构和监理项目的实际情况，确定监理人员的岗位职责。岗位上有人负责，责任明确，人尽其才，物尽其用，将每个监理人员都放在合适的岗位上，赋予相应的职责，发挥起作用。

总监理工程师岗位职责是确定的，监理人员实施总监负责制，是由监理规范规定，委

托监理合同约定，承包合同载明的。如果对监理规范规定的职责有变化，则应该在这里写明，如监理单位给总监工程师赋予了监理人员的奖励与处罚权，这对于提高总监工程师权威性是很有帮助的。

总监理工程师代表的岗位职责在监理规范中规定了总监理工程师可以和不可以的授权，总监不能将"不得"委托给总监代表的工作委托给总监代表，但有权减少规范中允许委托给总监代表的工作。因此，在监理规划中必须结合监理的工程对总监理工程师代表的授权写明确。如在给负责 A 施工标段的总监代表制定岗位职责时，就必须明确其仅在 A 施工标段上可以代表总监行使部分权力，而不能在其他施工标段上行使权力。

专业监理工程师的岗位职责，应根据监理机构的组织架构和工作分工，明确其负责的工点及工作内容。

监理员的岗位职责，可以分类确定，一是按专业领域（如土建、水电、安装、装修……），二是按工作性质（如现场施工监督、材料验收、见证取样、计量、测量、信息管理……），使监理员有岗有责，职责明确。

5．监理工作制度

监理规划中应对监理会议制度、内部议事制度、行文制度、计量审核制度、审核审批制度、工作报告制度、文档管理制度、旁站与巡视及并行检验制度、质量验收制度等作出规划。

6．工程质量控制

监理规划中需要写明监理项目的质量控制要点、难点、目标和标准，提出针对性强、可行性好的对工程材料与构件、工艺与工序的质量控制方法、手段与措施，包括对承包商质量保证体系的要求；要针对监理项目，结合监理机构的组织架构和人员安排，建立监理的质量监控责任体系。

另外，按照部分省市人防办要求，监理对人防工程的管理方法也应在监理规划中体现。

7．工程造价控制

在监理规划中要对工程造价形成过程、工程变更、工程索赔等主要环节的造价控制，提出针对性强且切实可行的目标和措施；要针对监理项目，结合监理机构的组织架构和人员安排，建立监理的工程造价控制责任体系。

8．工程进度控制

监理规划要对影响监理项目进度的关键环节和关键工序有明确的判断，并提出进度控制的预案和措施；同时，针对监理项目，结合监理机构的组织架构和人员安排，建立监理的工程进度控制责任体系和信息网络。

9．安全生产管理的监理工作

监理规划中要对监理项目施工过程的安全风险及容易发生安全事故的工序和部位有所预判，提出对承包商建立安全生产管理的体系、提供安全生产保障措施的要求，明确专业监理审核安全生产管理体系及保障措施的要点和重点。同时，监理规划还要就监理的安全生产管理工作提出方案，如在日常监理工作中，尤其是巡检过程中监理人员的安全管理任务。

另外，在监理规划中，应列出危大工程和超过一定规模的危大工程清单，并明确控制方法和措施。

10. 合同与信息管理

(1) 合同管理

监理的合同管理任务主要是帮助业主签订有利的工程合同,跟踪并诊断工程合同的履行效果,保证工程承包合同顺利而正确地履行。处理工程变更和工程索赔则是监理合同管理中两项重要工作,对于造价控制尤为关键。所以,在监理规划中要对合同管理作出计划安排,包括合同管理组织体系,管理流程、控制重点,责任主体等。

(2) 信息管理

在监理规划中要确定信息管理的目标和管理的重点,建立本工程项目的信息管理体系,建立工程建设过程中(包括施工、材料及设备供应者)产生的信息及文档的生成、传递、收集、整理与保存的管理制度。

11. 组织协调

在监理规划中要对监理项目可能存在的管理界面及矛盾焦点有所预判,特别是机电安装和装修阶段、系统设备安装、铺轨阶段等,要制定协调工作责任体系和协调机制,并根据预判的结果,提出相应的协调方式、协调手段、协调方法。

12. 监理工作设施

监理规划对现场监理装备要有计划,主要包括四大类:

(1) 仪器设备,如水准仪、经纬仪、激光测距仪、回弹仪、探测仪等。

(2) 办公设备,如计算机、复印机、打印机、通信工具、桌柜等。

(3) 交通工具,如工具车、小汽车。

(4) 生活设施,如家具、冰箱、空调等。

4.2 监理实施细则编制

监理实施细则根据已批准的监理规划由专业监理工程师编制,并结合工程项目的专业特点,明确监理的重点、难点、具体措施及方法、步骤,做到详细、具体、具有可操作性。

对采用新技术、新材料、新工艺、新方法或在特殊季节施工的分项、分部工程,针对承包商编写的专项施工方案,编制相应的监理细则。

监理细则编制完成并经总监批准后,编制人员应对相关监理人员进行交底。

4.2.1 监理实施细则编写常见问题

1. 监理实施细则编制不认真、审批不严格

《建设工程监理规范》GB/T 50319—2013 第 5.3.1 条文说明中阐述了编制监理实施细则的目的,监理人员应结合工程特点、施工环境、施工工艺等编制监理实施细则,明确监理要点、监理工作流程和监理工作方法及措施,达到规范和指导监理工作的目的。

但是,在实际监理工作中,许多项目监理部纯属出于应付检查而仓促编制监理实施细则,检查的时候,凡是该编的监理实施细则都编了,编写的质量如何则无人把关。专业监理工程师往往没有按照监理规范的要求,将专业工程特点、监理工作流程、监理工作要

点、监理工作方法及措施等研究透彻之后，再进行编写，而是东抄西抄、照葫芦画瓢，最后，如果总监理工程师在审批环节再没有把好关，就会导致监理实施细则只有数量，而没有质量。

2. 监理实施细则编制的针对性和可操作性不强

《建设工程监理规范》GB/T 50319—2013 第 5.3.3 条明确指出，监理实施细则应符合监理规划的要求，并应具有可操作性。监理实施细则是指导监理人员具体开展专项监理工作的操作性文件，应体现监理人员对于建设工程在专业技术、目标控制方面的工作要点、方法和措施，做到详细、具体、明确。

但是，在建设主管部门组织的检查中经常可以看到这样的情况，在有关盾构区间下穿河道及桥梁等重大风险源的监理实施细则中，居然没有拟穿越河道的起始、终止里程、桥梁的结构形式、河道及桥梁与盾构隧道的相对空间关系数据、图示与分析都没有，相关的工程地质特征、水文地质情况等也没有相应的描述与分析，更别说，对于盾构下穿施工全过程将可能发生哪些方面的风险事件，有哪些关键的里程点、特殊区域要引起高度重视，需要采取哪些监理方法、措施来预防等内容了。如果对工程的特点、风险、重点难点等没有深入的认识与分析，就不能提炼出有针对性的、具有可操作性的监理要点、方法、措施，那只能是泛泛而谈。

导致监理实施细则可操作性差的另外一个主要因素，就是有的监理实施细则中大量引用承包商编制的施工方案的内容，其方法、措施都是从承包商的角度来写的，而不是从监理的角度来写监理的方法与措施。在监理专项检查中发现，这种情况是非常多的。

3. 监理实施细则编制的内容不全面、深度不够

在检查中，经常可以看到，许多监理实施细则中的安全、质量控制内容存在不全面、漏项较多的情况。

比如，在有关盾构掘进的监理实施细则中，关于盾构施工质量的控制往往只有管片拼装、同步注浆、出土量、掘进速度等内容，但是，管片防水粘贴、注浆浆液的质量控制、管片进场质量检查验收、盾构姿态控制等环节经常被遗漏。关于盾构施工安全风险的控制方面，往往只关注盾构的土仓压力、地面沉降（隆起）情况，而对于盾构设备出现重大故障（包括主轴承密封、盾尾密封、铰接密封、注浆系统、出渣系统等）的风险控制、对盾构掘进沿线地面、周边环境的巡查（尤其是盾构下穿河流期间，对于河堤、河面、河床、桥梁结构等方面的巡查）、领导带班制度、发生预警报警情况的处置、应急抢险、对盾构掘进沿线地铁保护区范围的其他在建工程施工是否存在安全隐患等方面均很少涉及。

另外，许多监理实施细则中，未明确主要风险源、重点工序/环节控制点、关键部位及其控制措施或旁站要求；存在违反规范标准或其他明显错误的。

4.2.2　专项工程监理实施细则清单

不同的城市轨道交通工程监理标段，需要编写的监理实施细则是不同的，一般在监理规划中列出本监理项目需要编写监理实施细则的清单。对于专业性较强，需要编制专项施工方案或需要进行施工方案论证的专项工程、危险性较大的分部分项工程等均要求编制监理实施细则。原则上，每一个施工方案均应对应一个监理细则。

例如，对于地下车站土建施工监理，需编写的监理实施细则主要有：

围护结构施工监理实施细则（包括地下连续墙、SMW工法桩、排桩等）；地下连续墙钢筋笼吊装施工监理实施细则；深基坑支护与土方开挖施工监理实施细则；地下车站防水施工监理实施细则；主体结构高大模板施工监理实施细则；地下车站主体结构施工监理实施细则；土方回填施工监理实施细则等。

4.2.3 监理实施细则编写要点

1. 专业工程的特点

编制监理实施细则的对象——某分部分项工程所具有的特点，主要与施工质量、安全直接相关的特征、特性，这也是监理关注的重点。例如，地铁隧道盾构施工所关注的工程特点，应该是隧道穿越的周边环境风险（如穿越江河、湖泊、高速铁路、高速公路等、重要市政管线、重点保护文物等）、开挖直径大小、地质风险特点（如穿越地层有无溶洞、大尺寸孤石等），直接影响到监理控制的重点和方法。

2. 监理工作的流程

针对该专业中监理工作的流程是指监理从施工方案审批到施工成果验收的全过程工作，但核心是监理控制点。以深基坑土方开挖为例，监理工作流程如图4-1所示。

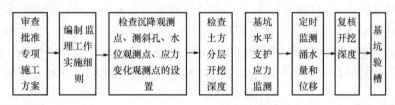

图4-1 基坑土方开挖施工监理工作流程图

3. 监理工作的要点

监理工作要点是基于监理工作流程归纳出来的质量和进度控制点，如深基坑土方开挖，监理工作要点是审查专项施工方案有没有经过专家论证；施工人员有没有严格按专项施工方案执行，分层开挖的深度，每层开挖的时间，水平支撑的应力、水平位移、涌水量监测等，并写明相应的控制值。监理员照此即可在现场执行旁站监理任务。

4. 监理工作的方法及措施

监理工作的方法与措施，是针对监理工作要点，通过检查、抽检、检测、测量等手段，运用旁站、巡视、平行检验、拍照摄像等监督方法，采用组织、经济、合同、技术等措施有效地开展监理工作，保障分部专项工程按质、按量、按时并安全地完成。如地铁车站深基坑土方开挖，监理的主要工作就是检查分层开挖及其深度，通过测斜孔观测基坑的水平位移，通过集水井计量涌水量，通过预埋的应变仪测量监控水平支撑的应力，通过水准仪测量控制开挖深度。

第5章 城市轨道交通工程土建施工监理

城市轨道交通土建工程主要包含车站、区间、出入段（场）线及车辆段（停车场）等单位工程，而每个单位工程的施工工法种类繁多，主要依据工程水文地质、周边环境安全要求、工程造价、地面交通组织、设计要求等综合因素来确定。在实施过程中，各种工法都存在相应的施工风险，需要从业人员具有较高的技术能力和管理水平。本章介绍了常用的施工工法工艺特点和监理工作方法。

5.1 明挖法车站

明挖法车站施工方法简单，技术成熟，工程进度快，根据需要可以分段同时作业；浅埋时工程造价和运营费用均较低，且能耗较少。明挖法车站施工受环境和气象条件影响较大，对城市地面交通和居民的正常生活有较大的影响，且易造成噪声、粉尘及废弃泥浆等污染；需要拆除工程影响范围内的建筑物和地下管线；在饱和的软土地层中，深基坑开挖引起的地面沉降较难控制，且坑内土坡的纵向稳定常常会成为威胁工程安全的重大问题。

5.1.1 基坑支护

明挖法车站基坑支护结构形式应依据工程水文地质、开挖深度、周边环境［建（构）筑物］安全要求、地面交通组织、技术经济等条件确定。目前常用的基坑支护结构形式主要有以下几种：①钻孔灌注桩＋内支撑；②地下连续墙＋内支撑；③钻孔灌注桩＋搅拌（旋喷）桩止水＋内支撑；④咬合桩＋内支撑；⑤SMW工法桩＋内支撑；⑥土钉墙＋网喷混凝土。

1. 地下连续墙施工监理

地下连续墙具有结构刚度大、整体性、抗渗性、耐久性和位移控制效果好等特点，可作为永久性的挡土、挡水和承重结构；能适应各种复杂的施工环境和水文地质条件，施工时基本无噪声、无振动，对邻近建（构）筑物和地下管线影响较小，在轨道交通工程中得到越来越广泛的应用。地下连续墙施工监理工作流程如图5-1所示。

地下连续墙施工中导墙的位置、宽度、深度、泥浆的配置、泥浆的循环质量、开挖垂直度、钢筋笼的质量、混凝土的性能指标、混凝土浇筑速度、导管埋深等是监理控制的重点。

（1）地下连续墙施工准备阶段的监理工作

1）总监理工程师组织监理人员熟悉施工图纸、工程地质勘察报告和工程环境要求。分析工程特点、难点、重点，了解工程关键部位的施工方法、质量要求，以督促承包商按图施工。

2）总监理工程师组织监理人员参加设计交底、图纸会审会议。

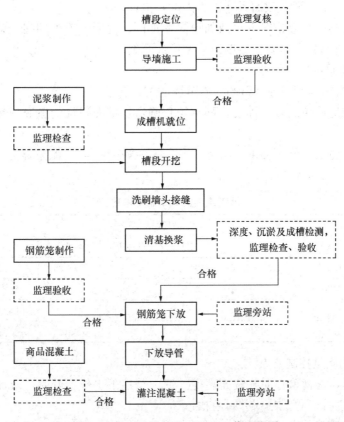

图 5-1 地下连续墙施工监理工作流程图

3) 审核分包商资质。

4) 审查承包商的质量、安全及文明施工保证体系。

5) 审查施工组织设计、施工方案和施工进度计划，应包括工艺设计、场地平面布置，关键部位、关键工序的质量保证措施、安全文明施工措施等。

6) 审核交桩测量成果、承包商加密复测成果以及对控制点保护措施的有效性。

7) 检查施工现场的场地条件及建筑物、管线分布等周围环境条件，特别是地表、地下障碍物的清理情况。

8) 检查钢筋原材料出厂证明书、质保书、复试报告；商品混凝土配合比报告及试验报告。

9) 检查大型施工机械设备的型号、性能、完好性（合格证、检测报告、进场检验报告）；检查小型施工机具的合格证、检测报告。

10) 检查电工、电焊工、机械操作工、起重工等特殊工种的上岗证书。

（2）地下连续墙施工过程中的监理工作

1) 导墙质量控制要点

① 导墙位置，导墙外放尺寸复核。导墙的外放尺寸应根据围护结构深度、地质条件、周边环境及施工队伍水平综合确定，一般外放 5~20cm。

② 导墙钢筋绑扎质量（钢筋品种、规格、数量、间距、绑扎搭接长度）、导墙模板安

装质量（平直度、垂直度、截面尺寸、牢固性）检查。

③ 导墙模板拆除后应督促承包商加设对撑加固，混凝土养护期间，禁止重型设备在导墙附近停置或进行作业，防止导墙位移变形或开裂。

2）护壁泥浆质量控制要点

① 检查膨润土、CMC 等材料产品质量证明书、合格证。

② 根据不同地质情况（砂性土、黏土等）确定护壁泥浆性能参数，督促承包商完成试配。

③ 检查护壁泥浆性能（黏度、密度、pH 值、含砂率等）。泥浆性能应符合表 5-1 地下连续墙成槽泥浆参数要求。

地下连续墙成槽泥浆参数　　　　　表 5-1

泥浆性能	新配置		循环泥浆		废弃泥浆		检验方法
	黏性土	砂性土	黏性土	砂性土	黏性土	砂性土	
密度（g/cm³）	1.04~1.05	1.06~1.08	<1.10	<1.15	>1.25	>1.35	密度计
黏度（s）	20~24	25~30	<25	<35	>50	>60	漏斗计
含砂率（%）	<3	<4	<4	<7	>8	>11	洗砂瓶
pH 值	8~9	8~9	>8	>8	>14	>14	试纸

3）槽壁开挖质量控制要点

① 挖槽期间，巡视检查泥浆液面高度。遇雨季地下水位上升时，应加大泥浆密度和黏度，雨量较大时应暂停成槽，并封盖槽口。

② 巡视检查槽壁垂直度和变形，如发现坍塌时，应及时将抓斗提出，分析原因，妥善处理。

③ 单元槽段长度检查，采用间隔式开挖。

④ 槽段挖至设计高程后，应及时检查槽位、槽深和垂直度，检查承包商记录，审核其真实性。

⑤ 相邻槽段开挖完成后应采用超声波检测是否存在绕流。使用专用刷壁器对槽壁接头进行清刷。当采用橡胶止水接头时，无须对接头进行处理。

⑥ 督促承包商进行清孔，清孔后循环泥浆各项性能参数应满足规范要求。

4）钢筋笼制作质量控制要点

① 检查钢筋的规格、数量、间距、长度、钢筋连接形式。

② 钢筋笼纵向应预留导管位置，并上下贯通。

③ 钢筋笼两侧应设定位垫块，检查垫块纵、横向间距。

④ 检查桁架筋加工质量、焊接质量，吊点焊接应牢固，并应保证钢筋笼起吊刚度。

⑤ 分节制作钢筋笼应进行试拼装，其主筋接头搭接长度应符合设计要求，如采用焊接或机械连接时，应按相应的技术规定执行；钢筋笼分段沉放入槽时，上下钢筋笼平面位置应正确并临时固定于导墙上，上下节主筋对正连接牢固，并经检查合格后，方可继续下沉。

⑥ 预埋件（钢板、接驳器、声测管、测斜管）位置、固定牢固性、保护措施检查。

5）常用的接头形式

① 接头管，也称锁口管接头。一期单元槽段完成后，在槽段的端头吊放入接头管，槽内吊放钢筋笼、浇筑混凝土。在混凝土浇筑后3～5h逐步提拔接头管，拔管速度应与混凝土浇筑速度及混凝土强度增长速度相适应。该类型接头的优点是：构造简单；施工方便、工艺成熟；刷壁方便，易清除先期槽段侧壁泥皮；后期槽段下放钢筋笼方便；造价较低。其缺点是：属柔性接头，接头刚度差，整体性差；抗剪能力差，受力后易变形；接头呈光滑圆弧面，无折点，易产生接头渗水；接头管的拔除与墙体混凝土浇筑配合要十分默契，否则极易产生埋管或坍塌事故。

② 接头箱接头。与接头管接头相仿。但接头箱在浇筑混凝土的一侧是敞开的，故可将钢筋笼端头的水平钢筋插入接头箱内。浇筑混凝土时，由于接头箱的敞开口被焊在钢筋笼上的钢板所遮蔽，因而可阻挡混凝土进入接头内。接头箱拔出后再开挖二期单元槽段，可使两相邻单元墙段的水平钢筋交错搭接。该类型接头的优点是：整体性好，刚度大；受力后变形小，防渗效果较好。其缺点是：接头构造复杂，施工工序多，施工麻烦；刷壁困难；伸出接头钢筋易碰弯，给刷壁和安放后期槽段钢筋笼带来一定的困难。

③ 十字钢板接头。由十字钢板和滑板式接头箱组成。当对地下连续墙的整体刚度和防渗有特殊要求时采用。其优点是：增长了渗水途径，防渗漏性能好；抗剪性能较好。其缺点是：工序多，施工复杂；刷壁困难；抗弯性能不理想；接头处钢板用量较多，造价较高。

④ 工字钢板接头。工字钢板接头施工方便，防水效果优于接头管接头，但用钢量较大。其优点是：增长了接头渗水途径，且折点多，有效提高了防渗漏性能；墙段之间增设了一定深度的钢筋混凝土凹凸榫，提高了刚度；施工操作方便，接头质量易保证。其缺点是：抗弯性能不理想；接头用钢量增加，造价较高。该类型接头应用比较广泛。

6) 锁口管（接头箱）、导管质量控制要点

① 锁口管（接头箱）垂直度应满足要求。

② 导管使用前水密性试验见证。

③ 检查导管布置间距，导管下端距槽底距离。

7) 混凝土浇筑质量控制要点

地下连续墙混凝土施工隐蔽性强，很容易产生质量问题，是地下连续墙施工质量监控的关键环节。在浇灌混凝土前必须做好各项准备，监理应全过程旁站监理，关键环节如混凝土初灌量、中间过程提管拆管的高度等要现场及时核定，混凝土灌注应连续施工，中途的停工将对墙体质量产生极大的隐患。

① 检查商品混凝土合格证。

② 检查混凝土初灌量、混凝土浇筑连续性。

③ 混凝土坍落度平行检验。

④ 见证混凝土（抗压、抗渗）试件留置。

⑤ 检查混凝土浇筑液面标高。

⑥ 检查混凝土浇筑记录，审核其真实性。

⑦ 检查混凝土浇筑充盈系数，初步判定地下连续墙混凝土浇筑质量。

⑧ 锁扣管（接头箱）拔出时间控制。

(3) 地下连续墙施工质量验收的监理工作

1) 按照程序对地下连续墙各道工序、检验批、分项工程进行质量验收。地下连续墙允许偏差和检验方法见表 5-2。

地下连续墙允许偏差和检验方法　　　　表 5-2

项目		允许偏差（mm）	检验方法
导墙尺寸	宽度	+40	钢尺量测
	墙面平整度	≤5	2m靠尺、塞尺量测
	导墙平面位置	±10	钢尺量测
沉渣厚度		≤100	重锤测或沉积物测定仪
槽深		+100	重锤测
钢筋笼尺寸	长度	±50	钢尺量测
	宽度	±20	
	厚度	0—10	
	主筋间距	±10	钢尺量测，任取一断面，连续量取间距，取平均值作为一点
	分布筋间距	±20	
	预埋件中心位置	±10	钢尺量测
地下连续墙表面平整度		≤100	此为均匀黏土层，松散及易坍土层由设计单位确定
预埋件的位置	水平向	≤10	钢尺量测
	垂直向	≤20	水准仪测量

2) 审查地下连续墙施工质量报验资料真实性、完整性。

3) 审查地下连续墙施工质量保证资料，含钢筋原材料质保资料、进场检测报告；钢筋连接接头检测报告（含型式检验）；接头型钢质保资料、型钢焊缝探伤检测报告；焊条质保资料；商品混凝土合格证、混凝土试件检测报告。

4) 墙身完整性检测现场见证。

5) 对于不符合设计要求的地下连续墙，与设计单位会商或组织专家咨询会制定处理方案。

6) 督促地下连续墙处理方案实施。

（4）地下连续墙施工安全控制的监理工作

地下连续墙施工主要危险源有：施工临边坠落、成槽机/起重机旋转半径或吊臂下站人、钢筋加工机械伤害、钢筋笼吊装事故、电气伤害等。针对以上危险源，采取以下控制措施：

1) 督促承包商对全体施工人员进行安全教育。

2) 检查起重工、信号司索工、电焊工等特殊工种持证上岗情况，杜绝无证操作。

3) 严格按照经评审完善的钢筋笼吊装方案，对钢筋笼吊装实施旁站监理。重点检查吊具、吊索等关键部位的完好性、牢固性，检查钢筋笼吊装是否由专业人员指挥、吊装作业区域是否有非作业人员进入、机械旋转半径及吊臂下是否站人等。

4) 钢筋笼起吊前，检查钢筋笼内杂物是否清理干净，防止坠物伤人。

5) 检查进入施工现场的人员是否按要求佩戴安全帽。

6）检查现场电缆线架设或埋设情况，检查各类电器是否按照规范要求设置漏电保护装置。

7）检查施工现场是否粘贴悬挂醒目的安全警示标语、标牌；泥浆池边安全栏杆设立是否规范；地下连续墙成槽后是否及时采用钢筋网片等材料进行覆盖，防止坠落；夜间施工照明是否充足。

8）检查机械设备防护措施是否到位。

2. 钻孔灌注桩

钻孔灌注桩支护施工时无振动、无噪声等环境公害，无挤土现象，对周围环境影响小，墙身强度高，刚度大，桩与桩之间主要通过桩顶冠梁和围檩连成整体，因而相对整体性较差。当工程桩也为灌注桩时，可以同步施工，从而施工有利于组织。在高水位软黏土质地区，桩间缝隙易造成水土流失，需根据工程条件采取水泥搅拌桩、旋喷桩等施工措施以解决止水问题。钻孔灌注桩施工监理工作流程如图 5-2 所示。

钻孔灌注桩施工中桩位、泥浆的配置、钻孔垂直度、钢筋笼的质量、混凝土的性能指标、导管埋深等是监理控制的重点。

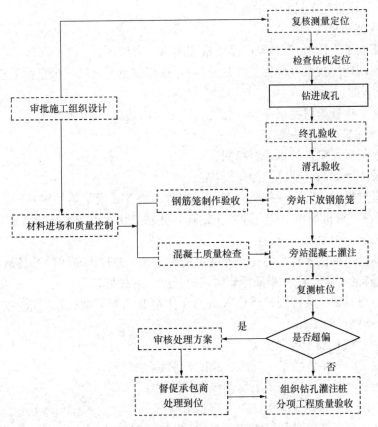

图 5-2 钻孔灌注桩施工监理工作流程图

（1）钻孔灌注桩施工准备阶段的监理工作

1）总监理工程师组织监理人员熟悉施工图纸、工程地质勘察报告和工程环境要求。分析工程特点、难点、重点，了解工程关键部位的施工方法、质量要求，以督促承包商按图施工。

2) 总监理工程师组织监理人员参加设计交底、图纸会审会议。

3) 审核分包商资质。

4) 审查承包商的质量、安全及文明施工保证体系。

5) 审查施工组织设计、施工方案和施工进度计划，应包括工艺设计、场地平面布置、关键部位、关键工序的质量保证措施、安全文明施工措施等。

6) 审核交桩测量成果、承包商加密复测成果以及对控制点保护措施的有效性。

7) 检查施工现场的场地条件及建筑物、管线分布等周围环境条件，特别是地表、地下障碍物的清理情况。

8) 检查钢筋原材料出厂证明书、质保书、复试报告；商品混凝土配合比报告及试验报告。

9) 检查大型施工机械设备的型号、性能、完好性（合格证、检测报告、进场检验报告）；检查小型施工机具的合格证、检测报告。

10) 检查电工、电焊工、机械操作工、起重工等特殊工种的上岗证书。

(2) 钻孔灌注桩施工过程中的监理工作

1) 护壁泥浆质量控制要点

① 检查膨润土、CMC 等材料产品质量证明书、合格证。

② 根据不同地质情况（砂性土、黏土等），按照规范要求确定护壁泥浆性能参数，督促承包商完成试配。

③ 开孔前，检查护壁泥浆性能（黏度、密度、pH 值、含砂率等）。

2) 钻孔灌注桩成孔控制要点

① 桩机就位后，检查桩机是否稳固。

② 桩位及原始地面（护筒）标高复核。

③ 在钻进过程中，若出现斜孔、弯孔、缩颈、坍孔或沿护筒周围地面沉陷以及遭遇地下障碍等情况，桩机操作工应立即停止钻孔，并制订切实可行的补救措施，监理工程师应对补救措施进行确认。

④ 终孔确认：桩机入岩和终孔深度确定是否正确。监理人员要熟悉场地各土层性能，把握持力层土样的特点，认真测量每节钻杆的长度，并做好记录。

⑤ 随时检查现场人员特别是质检人员的在岗情况及有无做成孔记录，监理人员要及时做好工序的检测验收工作。

3) 钻孔灌注桩钢筋笼控制要点

① 检查钢筋的规格、数量、间距、长度、钢筋连接形式。

② 检查钢筋笼垫块环向布置数量及竖向间距。

③ 吊点焊接应牢固，并应保证钢筋笼起吊刚度。

④ 分节制作钢筋笼应进行试拼装，其主筋接头搭接长度应符合设计要求，如采用焊接或机械连接时，应按相应的技术规定执行；钢筋笼分段沉放入槽时，上下节主筋对正连接牢固，并经检查合格后，方可继续下沉。

⑤ 检查声测管、测斜管位置、固定牢固性、保护措施。

4) 钻孔灌注桩混凝土浇筑控制要点

钻孔灌注桩混凝土施工隐蔽性强，很容易产生质量问题，是钻孔灌注桩施工质量监控的关键环节。在混凝土浇筑前必须做好各项准备，监理工程师应全过程旁站监理，关键环节如混凝土首灌量、中间过程提管拆管的高度等要现场及时核定，混凝土灌注应连续施工，中途的停工将对桩质量产生极大的隐患。

① 检查商品混凝土合格证。
② 检查混凝土初灌量、混凝土浇筑连续性。
③ 混凝土坍落度平行检验。
④ 见证混凝土（抗压、抗渗）试件留置。
⑤ 检查混凝土浇筑记录，审核其真实性。
⑥ 检查混凝土浇筑液面标高。
⑦ 检查混凝土浇筑充盈系数，初步判定钻孔灌注桩混凝土浇筑质量。

（3）钻孔灌注桩施工质量验收的监理工作

1）按照程序对钻孔灌注桩各道工序、检验批、分项工程进行质量验收。灌注桩允许偏差和检验方法见表5-3。

灌注桩允许偏差和检验方法　　　　表5-3

项目		允许偏差（mm）	检验方法
桩径		−20	开挖后钢尺量测
孔深		±20	测绳量测
沉渣厚度	端承桩	≤50	沉渣仪或重锤量测
	摩擦桩	≤100	
	围护结构桩	≤300	
混凝土充盈系数		>1	检查施工记录
套管的顺直度		10	挂线钢尺量测

2）审查钻孔灌注桩施工质量报验资料真实性、完整性。

3）审查钻孔灌注桩施工质量保证资料，含钢筋原材料质保资料、进场检测报告；钢筋连接接头检测报告（含型式检验）；钢筋焊条质保资料；商品混凝土合格证、混凝土试件检测报告。

4）桩身完整性检测（超声波、低应变）现场见证。

5）对于不符合设计要求的钻孔灌注桩，与设计单位会商或组织专家咨询会制定处理方案。

6）督促钻孔灌注桩处理方案实施。

（4）钻孔灌注桩施工安全控制的监理工作

钻孔灌注桩施工主要危险源有：施工临边坠落、施工机械旋转半径或吊臂下站人、钢筋加工机械伤害、电气伤害等。针对以上危险源，采取以下控制措施：

1）督促承包商对全体施工人员进行安全教育。

2）检查起重工、信号司索工、电焊工等特殊工种持证上岗情况，杜绝无证操作。

3）钢筋笼加工过程中，不得出现随意抛掷钢筋现象，制作完成的节段钢筋笼滚动前检查滚动方向上是否有人；氧气与乙炔瓶在室外的安全距离不小于5m。

4）混凝土浇筑过程中，混凝土搅拌运输车倒车时，指挥人员必须站在司机能够看到的固定位置，防止指挥人员走动过程中栽倒而发生机械伤人事故。轮胎下必须垫有枕木。倒车过程中，车后不得有人。同时，吊车提升拆除导管过程中，各现场人员必须注意吊钩位置，以免将头砸伤。

5）检查进入施工现场人员是否按要求佩戴安全帽。

6）检查现场电缆线架设或埋设情况，检查各类电器是否按照规范要求设置漏电保护装置。

7）检查施工现场是否粘贴悬挂醒目的安全警示标语、标牌；泥浆池边安全栏杆设立是否规范；成孔后是否及时采用钢筋网片等材料进行覆盖，防止坠落；夜间施工照明是否充足。

8）检查机械设备防护措施是否到位。

3. 咬合桩

咬合桩是桩与桩之间相互咬合排列的一种基坑支护结构。施工时，通常采用钢筋混凝土桩与素混凝土桩交叉排列的形式。素混凝土桩采用超缓凝混凝土先期浇筑；在素混凝土桩的混凝土初凝前利用钻机的切割能力切割相邻素混凝土桩相交部分的混凝土，然后浇筑钢筋混凝土桩，实现相邻桩的咬合。咬合桩施工监理工作流程如图5-3所示。

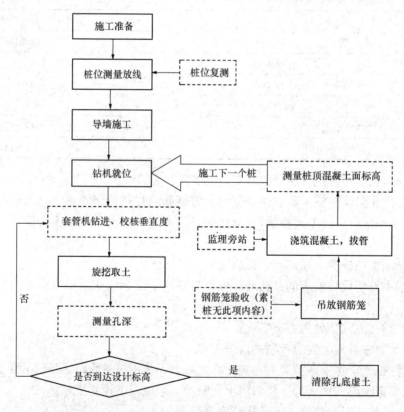

图5-3 咬合桩施工监理工作流程

咬合桩施工中垂直度、素混凝土缓凝时间控制、钢筋笼的质量、钢筋笼抗浮等是监理控制的重点。

(1) 咬合桩施工准备阶段的监理工作

1）总监理工程师组织监理人员熟悉施工图纸、工程地质勘察报告和工程环境要求。分析工程特点、难点、重点，了解工程关键部位的施工方法、质量要求，以督促承包商按图施工。

2）总监理工程师组织监理人员参加设计交底、图纸会审会议。

3）审核分包商资质。

4）审查承包商的质量、安全及文明施工保证体系。

5）审查施工组织设计、施工方案和施工进度计划，应包括工艺设计、场地平面布置，关键部位、关键工序的质量保证措施、安全文明施工措施等。

6）审核交桩测量成果、承包商加密复测成果以及对控制点保护措施的有效性。

7）检查施工现场的场地条件及建筑物、管线分布等周围环境条件，特别是地表、地下障碍物的清理情况。

8）检查钢筋原材料出厂证明书、质保书、复试报告；商品混凝土配合比报告及试验报告。

9）检查大型施工机械设备的型号、性能、完好性（合格证、检测报告、进场检验报告）；检查小型施工机具的合格证、检测报告。

10）检查电工、电焊工、机械操作工、起重工等特殊工种的上岗证书。

(2) 咬合桩施工过程中的监理工作

咬合桩施工中的钢筋笼制作及混凝土浇筑质量控制参照钻孔灌注桩。本小节重点介绍咬合桩施工超缓凝混凝土质量控制、钻孔质量控制及咬合桩施工常见问题处理、事故桩处理。

1）超缓凝混凝土质量控制

素桩混凝土缓凝时间根据单桩成桩时间来确定，单桩成桩时间与地质条件、桩长、桩径和钻机能力等有直接联系，因此素桩混凝土缓凝时间可以根据以下方法来确定。

首先测定单桩成桩所需时间 t，然后根据下式计算得出：$T=3t+K$

式中　T——素桩混凝土的缓凝时间；

t——单桩成桩所需时间；

K——储备时间，一般取 $10\sim15h$。

超缓凝混凝土各项性能指标满足设计施工要求是钻孔咬合桩施工工艺成功的前提，因此对混凝土生产质量控制及现场组织管理要求较高。各种原材料的质量应保持稳定，各车混凝土运抵工地后按规定留置试块。

2）钻、成孔控制要点

① 检查钢套管外形尺寸、设置状况、就位情况。

② 督促承包商在钻进过程中用两台经纬仪从垂直方向进行检测套管垂直度。

③ 不定期检查套管垂直度。

④ 检查承包商钻孔原始记录，包括：孔径、孔深、缩颈、坍孔等，并对钻进过程，特别是地层变化处的钻进过程进行描述。

⑤ 检查清孔后泥浆指标和沉渣厚度；检查成孔记录，签署验收意见。

3）钻孔咬合桩常见问题处理措施

① 桩孔偏斜：发现钢套管有倾斜趋势时，立即通过反复摇动，微量扭、挪套管支座等方法将套管倾斜消除在初始状态；如垂直度偏斜超过3‰，无法靠桩机本身调整时，采取向孔内填砂，向上拔出套管，重新校正精度和成孔；无法利用套管钻机重新成孔时，在待处理桩位的两侧注浆，形成隔渗帷幕拦截地下水。

② 克服"管涌"的措施

发生管涌有两种情况：随着钻孔深度增加和套管的摇动，淤泥质黏土在饱和压力水作用下，软化呈流塑状，引起管涌；在B桩成孔过程中，由于A桩混凝土尚未凝固，还处于流动状态，A桩混凝土有可能从A、B桩相交处涌入B桩孔内，也可能发生管涌。

克服"管涌"有以下几个方法：在成孔过程中缓冲轻抓，减小对孔底土层的扰动；A桩（素混凝土桩）混凝土的坍落度应尽量小一些，以便于降低混凝土的流动性；加长桩机套管，套管底口始终保持超前于开挖面一定距离，孔内留足一定厚度的反压土层，形成"瓶颈"达到瓶塞效果，阻止混凝土流动。如果钻机能力许可，这个距离越大越好，但至少不应小于1.0m；如果遇地下障碍物套管无法超前时，可向套管内注入一定量的水，使其保持一定的反压力来平衡A桩混凝土的压力，以阻止"管涌"的发生；B桩成孔过程中应注意观察相邻两侧A桩混凝土顶面，如发现A桩混凝土下陷，则应立即停止B桩开挖，并一边将套管尽量下压，一边向B桩内填土或注水，直到完全制止住"管涌"为止。

③ 遇地下障碍物的处理

钻孔咬合桩A桩超缓凝混凝土要受到时间的限制，遇到地下障碍物处理起来比较困难，因此它一般适用于软土地层的地质环境中，而不宜在岩层中施工。施工前必须对地质情况十分清楚，对一些比较小的障碍物，如卵石层，体积小的孤石等，可以先抽干套管内积水，然后再吊放作业人员下去将其清除。当需进行桩端嵌岩时，可采用十字冲锤进行冲击钻进至设计标高处。

4）事故桩的处理

在钻孔咬合桩施工过程中，因A桩超缓凝混凝土的质量不稳定出现早凝现象或机械设备故障等原因，造成钻孔咬合桩的施工未能按正常要求进行而形成事故桩，处理办法有以下3种：

平移桩位单侧咬合：B桩成孔施工时，其一侧A1桩的混凝土已经凝固，使套管钻机不能按正常要求切割咬合A1、A2桩，处理方法是向A2桩方向平移B桩位，使套管钻机单侧切割A2桩施工B桩，并在A1桩和B桩外侧另增加一根旋喷桩作为防水处理。

背桩补强：B1桩成孔施工时，其两侧A1、A2混凝土均已凝固，处理方法是放弃B桩的施工，调整桩序继续后面咬合桩的施工，以后在B1桩外侧增加3根咬合桩及两根旋喷桩作为补强防水处理，并在基坑开挖过程中将A1和A2桩之间的夹土清除，喷上混凝土即可。

预留咬合锲口：在B1桩成孔施工中发现A1桩混凝土已有早凝倾向但还未完全凝固时，此时为避免继续按正常顺序施工造成事故桩，可及时在A1桩右侧施工一砂桩以预留出咬合锲口，待调整完成后再继续后面桩的施工。

(3) 咬合桩施工质量验收的监理工作

1）按照程序对咬合桩各道工序、检验批、分项工程进行质量验收。咬合桩允许偏差和检验方法参见表5-3。

2）审查咬合桩施工质量报验资料真实性、完整性。

3）审查咬合桩施工质量保证资料，含钢筋原材料质保资料、进场检测报告；钢筋连接接头检测报告（含型式检验）；钢筋焊条质保资料；商品混凝土合格证、混凝土试件检测报告。

4）桩身完整性检测现场见证。

5）对于不符合设计要求的咬合桩，与设计单位会商或组织专家咨询会制定处理方案。

6）督促咬合桩处理方案实施。

（4）咬合桩施工安全控制的监理工作

钻孔咬合桩施工危险源主要有现场用电、钢筋笼吊装、泥浆池防护、孔口操作等。针对以上危险源，采取的控制措施参考第5.1.1小节"2.钻孔灌注桩"中"（4）钻孔灌注桩施工安全控制的监理工作"。

4. SMW工法桩

SMW工法桩是一种在连续套接的三轴水泥土搅拌桩内插入型钢形成的复合挡土隔水结构。SMW工法桩充分发挥了水泥土混合体和型钢的力学特性，具有经济、工期短、隔水性强、对周围环境影响小等特点。SMW工法桩施工监理工作流程如图5-4所示。

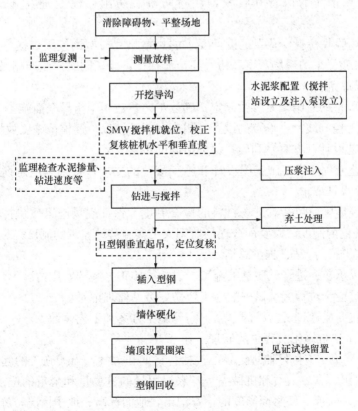

图5-4 SMW工法桩施工监理工作流程

SMW工法桩施工中试成桩确定实际采用的各项技术参数、垂直度、三轴搅拌机钻杆下沉（提升）及注浆、施工工艺参数的控制是监理控制的重点。

（1）SMW工法桩施工准备阶段的监理工作

1）审查施工布置图。特别注意桩数、桩的编号、桩的搭接、施工顺序。

2）审查分包商资质、施工进度计划。

3）核对进场机械的型号、数量和机械性能，特别注意对施工项目的适应情况以及分布的作业面。

① 进场三轴搅拌桩机械的型号和数量应与合同文件中规定的一致。应使用配有水泥用量计量系统和计算机施工控制设备的三轴搅拌桩机，以便进行水泥用量控制和桩的垂直度控制。

② 机械设备应有合格证，其中的计量和自动控制仪表应经过国家计量鉴定部门的鉴定，并附有鉴定证书，关键设备上计量部门的签封应完整。

③ 检查进场三轴搅拌桩机以及配套、附属设备的完好率，保证其在作业期间能保持良好的工作状态，铭牌清晰。动力系统应可靠安全，要有应急系统。

④ 对检查检验合格的三轴搅拌桩机进行编号、挂牌。

4）审查材料进场及复试情况，资料是否完整有效。

① 材料应保证能符合设计要求和技术规范的标准，供应量应能满足施工进度的要求。

② 规范进场水泥的保管和收发，注意防潮、防雨，建立进货和出货的登记制度等。

③ 型钢进场验收检查，是否是设计要求的规格尺寸。型钢接头焊接质量应符合设计要求。型钢焊接质量采用现场观察及检查超声波探伤记录。同时按照产品操作规程在内插型钢表面涂抹减摩剂。

5）审查试验桩的总结以及参数确定，确认工艺参数用于指导全面施工。

6）检查施工控制线、水准点的设置、精度和保护情况，逐桩位施工放样的复核。

7）施工工艺设计（方案）和质量保证措施的审批。

① 施工工艺流程应满足施工图设计和施工规范的要求，特别是注意搅拌深度的控制方法是否能满足设计要求。

② 质量保证措施应包括对进场材料的检查制度、保证现场施工质量控制和施工记录真实、及时、规范的制度，以及配合现场监理人员实施旁站监理的制度等。

8）试验桩的施工旁站、施工总结。

① 督促施工承包商进行试验桩的施工，以检验施工方案的实用情况。

② 监理人员应全过程旁站试桩的施工，做好旁站监理记录。

③ 施工承包商应通过试验桩的总结，完善施工方案和工艺设计。

（2）SMW工法桩施工过程中的监理工作

SMW工法桩施工应做好监理记录，包括：日期和天气，当天施工的起讫里程和范围及图示，作业班组、主要人员和机械编号，水泥用量的进场量和余量的记录，设计深度、实际搅拌深度、垂直度、停浆面高度的检查记录，地面标高、地质情况，施工过程中的特殊情况以及机械故障问题。SMW工法桩过程施工控制要点如下：

1）机架就位及垂直度控制检查。

2）水泥浆制备，水泥应采用新鲜、不受潮、无结块的合格水泥，拌制时应注意控制搅拌时间、水灰比的掺量，严格称量下料。搅拌浆液使用前须在施工场地内钻取不同层次的地基土，进行配合比试验。

3）成桩施工：

① 控制下沉、提升喷浆搅拌速度。

② 严格控制喷浆速率与喷浆提升（或下沉）的速度关系。确保在提升开始时同时注浆，在提升至桩顶时，该桩全部浆液喷注完毕，控制好喷浆速率与提升（下沉）速度的关系是十分重要的。喷浆和搅拌提升速度的误差不得大于±0.1m/min。

③ 型钢的插入宜在搅拌桩施工结束后30min内进行，插入前必须检查其直线度、接头焊缝质量并确保满足设计要求。

4）防止断桩。施工中发生意外中断注浆或提升过快现象，应立即暂停施工，重新下钻至停浆面或少浆段以下0.5m的位置，重新注浆提升，保证桩身完整，防止断桩。

5）邻桩施工。连续的水泥土墙中相邻施工的时间间隔一般不应超过24h。因故停歇时间超过规定时间，应采取补桩或在后施工桩中增加水泥掺量（可增加20%~30%）及注浆等措施。前后排桩施工应错位成踏步式，以便发生停歇时，前后施工桩体成错位搭接形式，有利于墙体稳定及止水效果。

6）钻头及搅拌叶检查。经常性地检查搅拌叶磨损情况，当发生过大磨损时，应及时更换或修补钻头。对叶片注浆式搅拌头，应经常检查注浆孔是否阻塞；对中心注浆管的搅拌头应检查球阀工作状态，使其正常喷浆。

7）型钢回收：

① 型钢回收应在主体地下结构施工完成后方可进行。在拆除支撑和围檩时，应将型钢表面留有的围檩限位或支撑抗滑构件、电焊等清除干净，型钢起拔宜采用专用液压起拔机。

② 型钢拔除回收时，应根据环境保护要求对型钢拔除后形成的空隙填充注浆（根据地层情况和设计要求采用压力或无压力注浆）。

(3) SMW工法桩施工质量验收的监理工作

1）按照程序对SMW工法桩各道工序、检验批、分项工程进行质量验收。SMW工法桩允许偏差和检验方法见表5-4。

2）审查SMW工法桩施工质量报验资料真实性、完整性。

3）审查SMW工法桩施工质量保证资料，含水泥质保资料、进场检测报告；型钢质保资料；型钢焊条质保资料。

4）无侧限抗压强度检测现场见证。

SMW工法桩允许偏差和检验方法   表5-4

项目	允许偏差	检验方法
桩位偏差	≤50mm	测量检查
桩墙厚度	大于设计文件规定厚度	钢尺量测
孔深	±20mm	测绳量测
垂直度	≤1%	经纬仪测钻杆或开挖后实测

5）对于不符合设计要求的SMW工法桩，与设计单位会商或组织专家咨询会制定处理方案。

6）督促SMW工法桩处理方案实施。

（4）SMW工法桩施工安全控制的监理工作

SMW工法桩施工危险源主要是型钢下沉、拔除施工。针对以上危险源，采取以下控制措施：

1）审查承包商型钢下沉安装施工方案。

2）检查起重吊装设备的规格、型号等技术指标是否满足施工方案要求。

3）起重吊装环境检查以下主要内容：

① 起重机行走区域地基稳定情况。

② 周边建（构）筑物、电线等干扰物的清理。

③ 夜间施工照明环境是否满足安全要求。

4）特种作业人员的操作资格证书（起重机械操作人员、指挥人员）。

5. 土钉墙

土钉墙是一种用来加固或同时锚固现场原位土体的细长杆件。通常采取土中钻孔、植入带肋钢筋并沿孔全长注浆的方法施工而成。土钉依靠与土体之间的界面粘结力或摩擦力，在土体发生变形条件下被动受力，并主要承受拉力作用。土钉也可以用钢管、角钢等作为钉体，采用直接击入的方法置入土中。土钉墙支护适用于可塑、硬塑或坚硬的黏性土，胶结或弱胶结的粉土、砂土或角砾、填土、风化岩层等。土钉墙施工监理工作流程如图5-5所示。

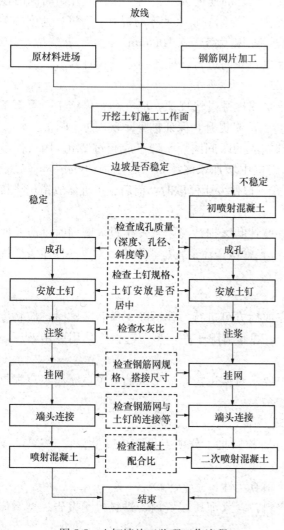

图5-5 土钉墙施工监理工作流程

土钉墙施工中原材料质量、上下层施工衔接、注浆质量的控制是监理控制的重点。

（1）土钉墙施工准备阶段的监理工作

1）总监理工程师组织监理人员熟悉施工图纸、工程地质勘察报告和工程环境要求。分析工程特点、难点、重点，了解工程关键部位的施工方法、质量要求，以督促承包商按图施工。

2）总监理工程师组织监理人员参加设计交底、图纸会审会议。

3）审核分包商资质。

4）审查承包商的质量、安全及文明施工保证体系。

5）审查施工组织设计、施工方案和施工进度计划，应包括工艺设计、场地平面布置、关键部位、关键工序的质量保证措施、安全文明施工措施等。

6）审核交桩测量成果、承包商加密复测成果以及对控制点保护措施的有效性。

7）检查施工现场的场地条件及建筑物、管线分布等周围环境条件，特别是地表、地下障碍物的清理情况。

8）检查原材料出厂证明书、质保书、复试报告；喷射混凝土的性能必须满足设计要求，应进行配合比试验。灌浆浆液配合比（包括外加剂和掺合料的品种和掺量）均应通过试验确定。

9）检查施工机械设备的型号、性能、完好性（合格证、检测报告、进场检验报告）；对压力表及各配件进行检查，并审查合格证、进场检验报告等。

10）检查电工、电焊工等特殊工种的上岗证书。

（2）土钉墙施工过程中的监理工作

1）监理巡视检查土钉支护的基坑开挖是否按设计要求分段分层进行，在未完成上层作业面的土钉与喷射混凝土支护以前，不得进行下一层深度的开挖。

2）巡视检查土钉施工顺序是否符合要求：

① 按设计要求开挖工作面，人工修整边坡，埋设喷射混凝土厚度控制标志。

② 喷射第一层混凝土。

③ 钻孔安设土钉。

④ 注浆，安设垫板。

⑤ 绑扎钢筋网，喷射第二层混凝土。

⑥ 设置坡顶、坡面和坡脚的排水系统。

3）巡视检查边坡稳定性，对于易塌的土体可采用以下措施：

① 对修整后的边壁立即喷上一层薄的砂浆或混凝土，待凝结后再进行钻孔。

② 在作业面上先构筑钢筋网喷混凝土面层，而后进行钻孔并设置土钉。

③ 在水平方向上分小段间隔开挖。

④ 先将作业深度上的边壁做成斜坡保持稳定，待钻孔并设置土钉后再清坡。

⑤ 在开挖前，沿开挖面垂直击入钢筋或钢管，或注浆加固土体。

4）土钉墙顶的地面应做混凝土护面，在坡顶和坡脚应做排水措施，坡面可根据具体情况做浅部排水系统，如泄水孔。

5）检查成孔质量（深度、孔径、斜度等）。

6）喷射混凝土作业监理检查内容：

① 喷射作业应分段分片进行，同一分段内喷射顺序自下而上。

② 喷射时，喷头与受喷面保持垂直。

③ 喷射混凝土终凝 2h 后，应进行养护。

7）喷射混凝土中的钢筋网铺设检查：

① 钢筋使用前应调直、除锈，检查钢筋网规格。

② 钢筋网宜在喷射一层混凝土后铺设，钢筋与坡面的间隙按设计要求设置保护层

垫块。

③ 采用双层钢筋网时,第二层钢筋网应在第一层钢筋网被混凝土覆盖后铺设。

④ 钢筋网与土钉或其他锚定装置连接牢固。

⑤ 坡面上的钢筋网在每边的搭接长度应大于300mm并不小于一个网格边长,如为搭接焊则焊长不小于钢筋直径的10倍,锚头加强钢筋应采用焊接连接。

8）注浆配合比应符合设计要求,检查水灰比。

(3) 土钉墙施工质量验收的监理工作

1）按照程序对土钉墙各道工序、检验批、分项工程进行质量验收。土钉墙允许偏差和检验方法见表5-5。

土钉墙允许偏差和检验方法　　　　　　　　表5-5

项目	允许偏差（mm）	检验方法
孔深	不小于设计文件规定	钢尺量测成孔工具外露尺寸
孔距	±50	钢尺量测
孔径	±5	钢尺量测
长度	±50	钢尺量测钢筋外露长度
钻杆倾斜度偏差	<50	量钻杆角度

2）审查土钉墙施工质量报验资料真实性、完整性。

3）审查土钉墙施工质量保证资料,含水泥质保资料、进场检测报告；钢筋质保资料、进场检测报告。

4）对于不符合设计要求的土钉墙,与设计单位会商或组织专家咨询会制定处理方案。

5）督促土钉墙处理方案实施。

(4) 土钉墙施工安全控制的监理工作

土钉墙施工危险源主要是电气伤害、喷射混凝土施工伤人及干法喷射混凝土时的粉尘污染伤害。针对以上危险源,采取以下控制措施：

1）监督承包商加强对施工人员的安全教育及安全管理。要求施工人员严格按照安全操作规程作业。

2）特种作业人员必须持证上岗。

3）施工中,应定期检查电源线路和设备,确保用电安全。

4）喷射机、水箱、空压机储气罐、注浆罐等应进行密封性能和耐压试验,合格后方可使用。喷射混凝土施工作业中,要经常检查出料弯头、输料管和管路接头等有无磨薄、击穿或松脱现象,发现问题及时处理。

5）处理机械故障时,必须使设备断电、停风。向施工设备送电、送风前,应通知相关人员。

6）喷射作业中处理堵管时,应将输料管顺直,必须紧按喷头。

7）注浆时,注浆罐内应保持一定数量的浆液,以防罐体放空,浆液喷出伤人。注浆嘴严禁对人。

8）非操作人员不得进入施工作业区。施工中，喷头和注浆管前方严禁站人。

9）喷射混凝土作业人员，应使用防尘工具。

6. 冠梁、混凝土支撑及钢支撑

冠梁施工前监理应对桩头破除的质量进行验收，包括钢筋根部松动的混凝土剔除、桩头界面渣土清理、桩头顶标高（一般预留5cm实体混凝土不凿除，以确保桩头顶部钢筋混凝土一起锚入到冠梁中，以确保围护结构受力整体均衡）等。冠梁及混凝土支撑应首先进行施工分区和流程的划分，支撑的分区一般结合土方开挖方案，按照"分区、分层、对称"的原则确定。随着土方开挖的进度及时跟进支撑的施工，尽可能减少围护体开挖段无支撑暴露的时间，以控制基坑工程的变形和稳定性。根据施工顺序，可分为施工测量、钢筋工程、模板工程以及混凝土工程。以上工序（分项工程）的质量控制参照主体结构施工质量控制相关要求和标准。冠梁及混凝土支撑施工监理工作流程如图5-6所示。

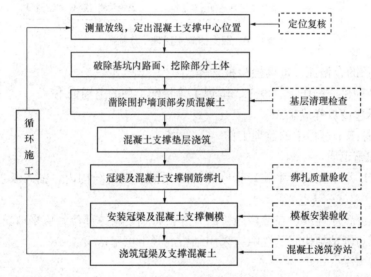

图5-6 冠梁及混凝土支撑施工监理工作流程

钢支撑架设完毕后不需等待强度即可开挖下层土方，且支撑材料可重复循环使用。适用于开挖深度一般、平面形状规则、狭长形的基坑工程。钢支撑施工监理工作流程如图5-7所示。

钢支撑施工中钢支撑、焊条、膨胀螺丝等材料质量、钢支撑架设的时效性、钢支撑的数量、位置、预应力施加的控制是监理控制的重点。

(1) 钢支撑施工准备阶段的监理工作

1）总监理工程师组织监理人员参加设计交底、图纸会审会议。

2）总监理工程师组织对钢支撑架设旁站人员、监理工程师进行质量、安全交底。

3）审查承包商的质量、安全及文明施工保证体系。

4）钢支撑、焊条、膨胀螺栓、钢板等材料应符合国家现行标准的规定。检查材料质量证明书、检验报告。

5）检查施工机械设备的型号、性能、完好性（合格证、检测报告、进场检验报告）；

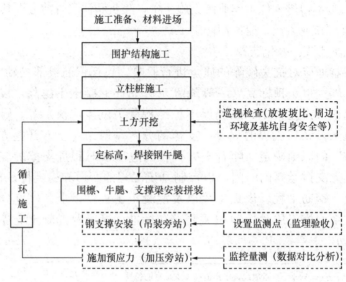

图 5-7 钢支撑施工监理工作流程

审查液压千斤顶的合格证、进场检验报告等。

6）检查特种机械操作工、电工、电焊工等特殊工种的上岗证书。

7）复核承包商放样成果。

（2）钢支撑施工过程中的监理工作

1）钢围檩施工质量控制

① 钢围檩以及下托架（牛腿）膨胀螺栓必须锚入围护结构内，锚入长度应符合设计及规范要求。

② 钢围檩设置应连续。在分段施工断开处，特别是斜撑部位，应采取抗滑移措施。

③ 钢围檩与围护结构间的缝隙应采用细石混凝土填塞密实。

2）钢支撑安装

① 钢围檩安装完成后，用尺量出钢支撑中心点之间的实际长度，根据实际长度下料和拼装钢管。检查钢支撑对接处高强度螺栓是否拧紧，螺栓外露不得少于二牙。

② 钢支撑与围檩的连接挂板焊接焊缝应饱满，焊渣应及时清除。

③ 钢支撑端头不能与钢围檩紧密接触处，须在围檩面与支撑端头之间加设钢板垫块，确保支撑轴向受力。按照施工监测专项方案做好轴力计的安装工作。

④ 钢支撑安装完成后，为防止钢支撑因轴力变化而产生不稳定现象，可利用钢丝绳和 U 形卡拴住钢支撑两端头，并将钢丝绳一端固定在打入围护结构的膨胀螺栓上，防止支撑掉落或倾覆。

3）预应力施加

① 预应力施加前应对千斤顶等设备进行标定。

② 随着新安装的支撑预应力的施加，相邻的已经安装的支撑预应力可能会减少，应根据设计要求复加预应力。根据监测数据，当墙体水平位移超过警戒值时，可适量增加预应力以控制变形。

③ 施加预应力时，应及时检查每个节点的连接情况，做好预应力施加记录。严禁支

撑在施加预应力后由于和预埋件不能均匀接触而导致偏心受压。在支撑受力后，必须严格检查并杜绝因支撑和受压面不垂直而发生渐变，从而导致基坑围护结构水平位移持续增大乃至支撑失稳等现象发生。

④ 严格按照设计图纸上提供的轴力分级施压。

（3）钢或混凝土支撑施工质量验收的监理工作

1）钢或混凝土支撑安装允许偏差和检验方法见表5-6。

钢或混凝土支撑安装允许偏差和检验方法　　　　表5-6

项目		允许偏差（mm）	检验方法
围檩标高		±30	测量检查
立柱位置	标高	±30	
	平面	±50	
开挖超深（开槽安设支撑不在此范围）		<200	水准仪测量
支撑安装时间		符合设计文件要求	
混凝土支撑截面尺寸		±5	钢尺量测

2）检查钢支撑架设及时性、钢支撑架设平面位置、标高。

3）见证支撑轴力施加，审查钢支撑施工质量报验资料真实性、完整性。

4）审查钢支撑施工质量保证资料，含钢支撑质保资料、钢支撑焊缝探伤检测报告；立柱型钢质保资料。

（4）钢支撑施工安全控制的监理工作

钢支撑施工危险源主要是机械伤害、电气伤害、物体打击等。针对以上危险源，采取以下控制措施：

1）吊装钢支撑作业必须有指挥人员指挥，严禁违章指挥、违章作业及违反安全生产纪律的行为，做到安全生产、文明施工。

2）钢支撑安装危险性较大，作业人员严禁酒后作业，应合理安排作息时间，严禁疲劳作业。

3）钢支撑架设必须严格按照钢支撑技术交底进行。

4）钢支撑架设时需要汽车吊配合转移、拼装、吊放钢支撑，因此地面指挥要及时提醒汽车吊周围的作业和非作业人员，确保汽车吊的作业范围内无人员滞留。汽车吊支腿支撑点地面位置要平整，地面承载力满足要求，支腿垫木要符合安全要求，要有防倾覆的安全措施。

5）在地面分段拼装好的钢支撑下放至基坑内时，汽车吊地面指挥需要与基坑内的指挥人员相互配合好，及时将信息反馈给汽车吊司机，同时钢支撑上应该系牵引绳索以配合汽车吊共同控制支撑下放时的方向，使钢支撑下放过程中不碰撞混凝土支撑梁及基坑内的立柱桩和降水管井等，以确保基坑安全。

6）钢管支撑活络端用短钢丝绳与腰梁连接，防止千斤顶作业时将对撑钢管顶到支托之外，掉落基坑之内。千斤顶安装应放在钢支撑的固定端，不得放在钢支撑的活络端，以确保受力稳定。

7) 千斤顶预加轴力必须分级加载。不得在支撑上施加荷载，以防支撑失稳，造成事故。

8) 架设钢支撑时，钢支撑下严禁人员施工作业。

9) 所有支撑连接处，均应垫紧贴密，防止钢管支撑偏心受压。

10) 端头斜撑处钢围檩及支撑头，必须严格按设计尺寸和角度加工焊接、安装，保证支撑为轴心受力且焊接牢实。

11) 钢围檩下托架膨胀螺栓和钢支撑防脱落连接螺栓锚入混凝土围护桩内长度必须符合设计及规范要求，确保钢支撑和钢围檩的安全。

12) 钢围檩架设前，该位置围护桩须凿平，确保钢围檩与围护桩紧密接触。

13) 施工现场的临时用电严格按照施工现场临时用电安全技术规范的规定执行，由专人定期检查，操作人员严格按操作规程操作。

14) 氧气乙炔瓶必须分开摆放，最小安全距离不小于5m。

15) 坑上人员不得向坑内扔抛物品，避免物体打击事故，施工现场内人员不得赤膊、赤脚，不准穿拖鞋、高跟鞋。

16) 施工中若发现支撑松动、滑移、变形时。应及时查找原因，采取核正、加固措施，重新施加预应力；施工时加强监测，支撑竖向挠曲变形在接近允许值时，必须及时采取措施，防止支撑挠曲变形过大，保证钢支撑受力稳定，以确保基坑安全。

7. 锚杆（索）

锚杆支护技术就是在土层或岩层中钻孔，埋入锚杆后灌注水泥（或水泥砂浆、锚固剂），依靠锚固体与岩层之间的摩擦力、拉杆与锚固体的握裹力以及拉杆强度共同作用，来承受作用于支护结构上的荷载。通过锚杆的轴向作用力，将杆体周围围岩中一定范围岩体的应力状态由单向（或双向）受压转变为三向受压，从而提高其环向抗压强度，使压缩带既有承受其自身重量，又可承受一定的外部荷载，使其有效地控制围岩变形。锚杆、锚索施工监理工作流程如图5-8、图5-9所示。

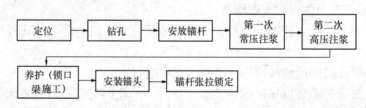

图5-8 锚杆施工监理工作流程

锚杆施工中锚杆孔的钻凿质量、上下层施工衔接、注浆质量、预应力张拉的控制是监理控制的重点。

(1) 锚杆（索）施工准备阶段的监理工作

1) 总监理工程师组织监理人员熟悉施工图纸、工程地质勘察报告和工程环境要求。分析工程特点、难点、重点，了解工程关键部位的施工方法、质量要求，以督促承包商按图施工。

2) 总监理工程师组织监理人员参加设计交底、图纸会审会议。

3）审核分包商资质。

4）审查承包商的质量、安全及文明施工保证体系。

5）审查施工组织设计、施工方案和施工进度计划，应包括工艺设计、场地平面布置，关键部位、关键工序的质量保证措施、安全文明施工措施等。

6）审核交桩测量成果、承包商加密复测成果以及对控制点保护措施的有效性。

7）检查施工现场的场地条件及建筑物、管线分布等周围环境条件，特别是地表、地下障碍物的清理情况。

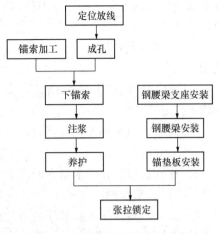

图 5-9　锚索施工监理工作流程

8）检查原材料出厂证明书、质保书、复试报告；灌浆浆液配合比（包括外加剂和掺合料的品种和掺量）均应通过试验确定。

9）检查施工机械设备的型号、性能、完好性（合格证、检测报告、进场检验报告）；对压力表及各配件进行检查，并审查合格证、进场检验报告等。

10）检查电工、电焊工等特殊工种的上岗证书。

（2）锚杆（索）施工过程中的监理工作

1）检查钻孔的孔深、孔径及角度偏差。

2）检查孔口承压垫质量，承压垫的几何尺寸、结构强度必须满足设计要求。钻孔孔口必须平整，承压面应与锚孔轴线垂直。

3）锚杆、预应力锚索的安装与灌浆质量控制：

①锚杆、锚索放入锚孔前应清除钻孔内的石屑与岩粉，检查注浆管、排气管是否畅通，止浆器是否完好。

②灌浆料应按照经审批的配合比进行配置。

③当使用自由段带套管的预应力筋时，宜在锚固段长度和自由段长度内采取同步灌浆。

④当采用自由段无套管的预应力筋时，应进行二次灌浆。第一次灌浆时，必须保证锚固段长度内灌满但浆液不得流入自由段。预应力筋张拉锚固后，应对自由段进行第二次灌浆。

⑤永久性预应力锚杆应采用封孔灌浆，应用浆液灌满自由段长度顶部的孔隙。

⑥灌浆后，浆体强度未达到设计要求前，预应力筋不得受扰动。

4）锚杆张拉与锁定质量控制：

①预应力筋张拉前，应对张拉设备进行标定。

②预应力筋张拉应按规定程序进行，在编排张拉程序时，应考虑相邻钻孔预应力的相互影响。

③预应力筋正式张拉前，应取20%的设计张拉荷载，对其预张拉1~2次，使其各部位接触紧密，钢丝或钢绞线完全平直。

④压力分散型或拉力分散型锚杆应按张拉设计要求先分别对单元锚杆进行张拉，当

各单元锚杆在同等荷载条件下因自由段长度不等而引起的弹性伸长得到补偿后,再同时张拉各单元锚杆。

⑤ 预应力筋正式张拉时,应张拉至设计荷载的105%～110%,再按规定值进行锁定。

⑥ 预应力筋锁定后48h内,若发现预应力损失大于锚杆拉力设计值的10%,应进行补偿张拉。

5) 灌浆材料达到设计强度时,方可切除外露的预应力筋,切口位置至外锚具的距离不应小于100mm。

6) 在软弱破碎和渗水量大的围岩中施作永久性预应力锚杆,施工前应根据需要对围岩进行固结灌浆处理。

7) 锚杆、锚索作业应分序进行,相邻孔灌浆作业间隔时间控制在12～72h范围。灌浆参数应符合设计要求。

8) 灌浆作业过程中,拆卸灌浆管节后,重新进行灌浆作业的搭接长度不小于0.3m。

(3) 锚杆(索)施工质量验收

1) 按照程序对土钉墙各道工序、检验批、分项工程进行质量验收。锚杆允许偏差和检验方法见表5-7。

锚杆允许偏差和检验方法 表5-7

项目	允许偏差	检验方法
锚杆位置	±100mm	测量检查
钻孔倾斜度	3%	测量钻杆角度
钻孔深度	0～100mm	钢尺量测钻杆外露长度
孔位高程	±50mm	水准仪

2) 审查锚杆(索)施工质量报验资料真实性、完整性。

3) 审查锚杆(索)施工质量保证资料,含锚杆(索)质保资料;水泥质保资料、进场检测报告;喷锚面钢筋网片质保资料、进场检测报告。

4) 见证锚杆(索)抗拉强度检测。

(4) 锚杆(索)施工安全控制要点

锚杆(索)施工危险源主要是电气伤害、注浆施工伤人及预应力张拉伤人。针对以上危险源,采取以下控制措施:

1) 监督承包商加强对施工人员的安全教育及安全管理。要求施工人员严格按照安全操作规程作业。

2) 施工现场的临时用电应严格执行《施工现场临时用电安全技术规范》JGJ 46。夜间施工时,现场应设有保证施工安全要求的照明设施。

3) 遇雨天应做好防雨准备,设置安全警示标志,防止坍塌事故发生。

4) 施工机具应设置在安全地带各种设备应处于完好状态。张拉设备应可靠,张拉时应采取保护措施,防止夹具飞出伤人,机械设备的运转部位应用安全防护装置。操作人员必须佩戴防护眼镜,防止浆液射入眼睛内。

5) 高压液体和压缩机管道的连接应牢固可靠,防止软管破裂、接头断开,导致浆液飞溅和软管甩出伤人。

6）锚杆钻机应设安全可靠的反力装置。在有地下承压水地层中钻进，孔口必须安设可靠的防喷装置，一旦发生漏水、漏砂时能及时堵住孔口。

7）电动机运转正常后，方可开动钻机，钻机操作必须专人负责。处理机械故障时，必须使设备断电、停风，向施工设备送电、送风前，应通知相关人员。

8）注浆时，注浆罐内应保持一定数量的浆液，以防罐体放空，浆液喷出伤人。注浆嘴严禁对人。

9）拉拔锚杆时，拉力计前方和下方严禁站人。锚杆杆端一旦出现缩颈时，应及时卸荷。

10）张拉锚索时，孔口前方和下方严禁站人。不得在锚索端部悬挂重物或碰撞锚具。

5.1.2 地基处理

地基处理或加固的方法较多，包括自密法、置换法、复合地基法、加筋法、灌浆法。自密法包括排水固结法、碾压法、动力夯实法，其中排水固结法又包括预压法和降水法。置换法包括粗粒或细粒垫层法。复合地基法包括碎石桩法、砂桩法、灰土桩法、水泥土桩法。其中水泥土桩法包括深层搅拌和旋喷桩等工法。

地基采取搅拌桩及旋喷桩工法加固处理属地下隐蔽工程，施工质量的控制十分重要。施工过程中应对工序操作、工艺参数和浆液配比等影响质量的因素进行严格控制。本小节主要介绍城市轨道交通常用的搅拌桩、旋喷桩、袖阀管注浆、MJS工法桩、预制桩施工及砂或砂石换填施工。

1. 搅拌桩

水泥搅拌桩是软基处理的一种有效形式，将水泥作为固化剂的主剂，利用搅拌机将水泥喷入土体并充分搅拌，使水泥与土发生一系列物理化学反应，使软土硬结而提高地基强度。搅拌桩施工监理工作流程如图5-10所示。

搅拌桩施工中试成桩、垂直度、三轴搅拌机钻杆下沉（提升）及注浆、施工工艺参数的控制是监理控制的重点。

（1）搅拌桩施工准备阶段的监理工作

1）审查施工布置图。特别注意桩数、桩的编号、桩的搭接、施工顺序。

2）审查分包商资质、施工进度计划。

3）核对进场机械的型号、数量和机械性能。

① 进场搅拌桩机械的型号和数量应与合同文件、方案中规定的一致。应使用配有水泥用量计量系统和计算机施工控制设备的搅拌桩机，以便进行水泥用量控制和桩的垂直度控制。

② 机械设备应有合格证，其中的计量和自动控制仪表应经过国家计量鉴定部门的鉴定，并附有鉴定证书，关键设备上计量部门的签封应完整。

③ 检查进场搅拌桩机以及配套、附属设备的完好率，保证其在作业期间能保持良好的工作状态，铭牌清晰。动力系统应可靠安全，要有应急系统。

④ 对检查检验合格的搅拌桩机进行编号、挂牌。

4）审查材料进场及复试情况，资料是否完整有效。

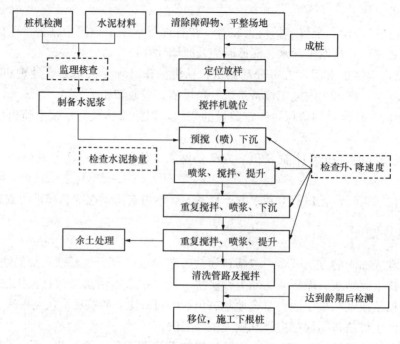

图 5-10 搅拌桩施工监理工作流程

① 材料应保证能符合设计要求和技术规范的标准，供应量应能满足施工进度的要求。

② 规范进场水泥的保管和收发，注意防潮、防雨，建立进货和出货的登记制度等。

5) 审查试验桩的总结以及参数确定，确认工艺参数用于指导全面施工。

6) 检查施工控制线、水准点的设置、精度和保护情况，逐桩位施工放样的复核。

7) 施工工艺设计（方案）和质量保证措施的审批。

① 施工工艺流程应满足施工图设计和施工规范的要求，特别是注意搅拌深度的控制方法是否能满足设计要求。

② 质量保证措施应包括对进场材料的检查制度、保证现场施工质量控制和施工记录真实、及时、规范的制度，以及配合现场监理人员实施旁站监理的制度等。

8) 试验桩的施工旁站、施工总结。

① 督促施工承包商进行试验桩的施工，以检验施工方案的实用情况。

② 监理人员应全过程旁站试桩的施工，做好旁站监理记录。

③ 施工承包商应通过试验桩的总结，完善施工方案和工艺参数设计。

(2) 搅拌桩施工过程中的监理工作

1) 机架就位及垂直度控制检查。

2) 水泥浆制备，水泥应采用新鲜、不受潮、无结块的合格水泥，拌制时应注意控制搅拌时间、水灰比的掺量，严格称量下料。搅拌浆液使用前须在施工场地内钻取不同层次的地基土，进行配合比试验。

3) 成桩施工：

① 控制下沉、提升喷浆搅拌速度。

② 严格控制喷浆速率与喷浆提升（或下沉）的速度关系。确保在提升开始时同时注浆，在提升至桩顶时，该桩全部浆液喷注完毕，控制好喷浆速率与提升（下沉）速度的关系是十分重要的。喷浆和搅拌提升速度的误差不得大于±0.1m/min。

4) 防止断桩。施工中发生意外中断注浆或提升过快现象，应立即暂停施工，重新下钻至停浆面或少浆段以下0.5m的位置，重新注浆提升，保证桩身完整，防止断桩。

5) 邻桩施工。连续的水泥土墙中相邻施工的时间间隔一般不应超过24h。因故停歇时间超过规定时间，应采取补桩或在后施工桩中增加水泥掺量（可增加20%～30%）及注浆等措施。前后排桩施工应错位成踏步式，以便发生停歇时，前后施工桩体成错位搭接形式，有利于墙体稳定及止水效果。

6) 钻头及搅拌叶检查。经常性地检查搅拌叶磨损情况，当发生过大磨损时，应及时更换或修补钻头。对叶片注浆式搅拌头，应经常检查注浆孔是否阻塞；对中心注浆管的搅拌头应检查球阀工作状态，使其正常喷浆。

(3) 搅拌桩施工质量验收的监理工作

1) 按照程序对搅拌桩检验批、分项工程进行质量验收。搅拌桩允许偏差和检验方法参见表5-4。

2) 审查搅拌桩施工质量报验资料真实性、完整性。

3) 审查搅拌桩施工水泥质保资料、进场检测报告。

4) 抗压强度取芯检测、地基承载力检测现场见证。

5) 对于不符合设计要求的搅拌桩，与设计单位会商或组织专家咨询会制定处理方案。

6) 督促搅拌桩处理方案实施。

(4) 搅拌桩施工安全控制的监理工作

搅拌桩施工危险源主要是电气伤害、机械施工半径内人员随意走动、桩机倾倒、桩机顶部物体掉落、夜间施工照明差等。针对以上危险源，采取以下控制措施：

1) 监督承包商加强对施工人员的安全教育及安全管理。要求施工人员严格按照安全操作规程作业。

2) 施工现场的临时用电应严格执行《施工现场临时用电安全技术规范》JGJ 46。夜间施工时，现场应设有保证施工安全要求的照明设施。

3) 施工前须明确地下管线位置，并且在施工时注意保护。

4) 施工机械操作人员严格遵守安全操作规程，严禁机械带病运转、超负荷作业。工作视线不清楚时不得作业。机械设备使用前应检查各部位零配件是否齐全有效，并进行试运转，确认安全后方可使用。

5) 搅拌桩机座落的地基应坚实可靠。

2. 旋喷桩

旋喷桩是利用高压经过旋转的喷嘴将水泥浆喷入土层与土体混合形成水泥加固体。施工中有大量泥浆排出，容易引起污染，施工过程中应及时对泥浆进行处理，以免造成周边环境污染。旋喷桩施工监理工作流程如图5-11所示。

旋喷桩施工中试成桩、水泥掺量、施工工艺参数的控制是监理控制的重点。

(1) 旋喷桩施工准备阶段的监理工作

1) 审查承包商的质量、技术、安全保证体系。

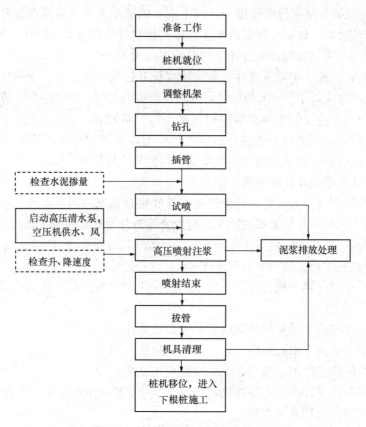

图 5-11 旋喷桩施工监理工作流程

2）审查分包商资格，施工进度计划。

3）审查承包商上报的旋喷桩施工方案。

4）审查承包商的施工技术、安全交底。

5）审核承包商上报的施工机械设备资料，并经现场核实，进行机械设备进场验收，机械设备需经现场检验合格后方可使用。承包商进入现场的施工机械设备种类、规格、数量是否与合同、方案中承诺的一致，检查确认其是否满足现场施工需求。检查空压机、高压泵压力表、流量表的精度和灵敏度以及标定情况。

6）材料应保证能符合设计要求和技术规范的标准，供应量应能满足施工进度的要求。对进场水泥进行见证取样，送指定检测单位复试，复试合格后方可使用。

7）试验桩的施工旁站、施工总结。

① 督促施工承包商进行试验桩的施工，以检验施工方案的实用情况。

② 监理人员应全过程旁站试桩的施工，做好旁站监理记录。

③ 施工承包商应通过试验桩的总结，完善施工方案和工艺参数设计。

（2）旋喷桩施工过程中的监理工作

1）检查承包商现场管理人员是否在施工现场进行施工质量、安全文明施工管理。

2）复核桩位。钻机就位后检查钻头对中，使钻机的垂直度精度控制在 1/200 以内并检查钻孔的位置与设计桩位的偏差不得大于 50mm；检查桩机的垂直度偏差不超过

1.5%。

3）检查各施工参数（注浆压力、水泥浆量、提升速度、旋转速度等）是否与施工前标定值相符。

4）核实施工现场的浆液配合比，应满足设计配合比要求。控制浆液的搅拌时间不少于5min。

5）检查成孔深度是否满足设计要求。成孔后立即将注浆管插入孔中，待喷嘴达到设计标高方可喷射注浆，当喷射注浆参数达到规定值后即可随喷随转随提升。

6）施工过程中随时检查施工参数：喷射注浆参数（压力、水泥浆量）、注浆管的转速和提升速度是否满足设计及规范要求。

7）施工中应做好泥浆处理，及时将泥浆运出，确保不对周边环境造成污染；泥浆不外运的，应加强现场浆液处置，防止肆意外流，加强文明施工管理。

(3) 旋喷桩施工质量验收的监理工作

1）按照程序对旋喷桩检验批、分项工程进行质量验收。旋喷桩允许偏差和检验方法见表5-8。

旋喷桩允许偏差和检验方法　　　　　表 5-8

项目	允许偏差（mm）	检验方法
钻孔位置	≤50	钢尺量测
钻孔垂直度	≤1.5	经纬仪测钻杆或实测
孔深	±20	检验钻杆标记
注浆压力	按设计文件要求	检查注浆压力记录表
桩体搭接	≥200	钢尺量测
桩体直径	≤50	开挖后钢尺量测
桩中心允许偏差	≤0.2D	开挖后桩顶下500mm处钢尺量测，D为直径

2）审查旋喷桩施工质量报验资料真实性、完整性。

3）审查旋喷桩施工水泥质保资料、进场检测报告。

4）抗压强度取芯检测、地基承载力检测现场见证。

5）对于不符合设计要求的旋喷桩，与设计单位会商或组织专家咨询会制定处理方案。

6）督促旋喷桩处理方案实施。

(4) 旋喷桩施工安全控制要点

旋喷桩施工危险源主要是电气伤害、桩机架不稳、桩机顶部物体掉落、夜间施工照明差等。针对以上危险源，采取以下控制措施：

1）监督承包商加强对施工人员的安全教育及安全管理。要求施工人员严格按照安全操作规程作业。

2）施工现场的临时用电应严格执行《施工现场临时用电安全技术规范》JGJ 46。夜间施工时，现场应设有保证施工安全要求的照明设施。

3）桩施工前，对邻近施工范围内的原有建筑物、构筑物、地下管线等进行调查，对有影响的工程，应采取有效的加固防护措施或隔振措施，并加强观测，确保施工安全。

4）桩施工前先全面检查机械各个部分及润滑情况，发现有问题及时解决。检查后要进行试运转，严禁带病作业。桩机设备应由专人操作，并经常检查机架部分有无脱焊、螺栓松动，注意机械的运转情况，加强机械的保养，以保证机械正常使用。

5）桩机机架安设铺垫平稳、牢固，防止桩机倾倒造成人员伤亡和设备损坏。

6）近地面喷射时，应控制压力和流量，防止伤人。

7）作业后清洗机具时，喷头严禁对人。

3. 袖阀管注浆

袖阀管注浆由于能较好地控制注浆范围和注浆压力，可进行重复注浆，且发生冒浆与串浆的可能性较小。袖阀管注浆适用于砂土、黏土、淤泥质黏土等软弱地基土层。袖阀管注浆施工监理工作流程如图 5-12 所示。

袖阀管施工中孔深、高压泥浆泵及空气压力、浆液配合比、注浆量的控制是监理控制的重点。

（1）袖阀管注浆施工准备阶段的监理工作

参照第 5.1.2 小节"2. 旋喷桩"中"（1）旋喷桩施工准备阶段的监理工作"。

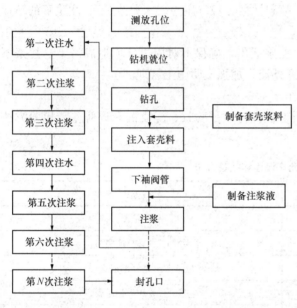

图 5-12　袖阀管注浆施工监理工作流程

（2）袖阀管注浆施工过程中的监理工作

1）督促承包商严格按图纸、施工方案施工，不得随意更改施工方案及施工工艺，如情况特殊确需更改方案时，方案经修改审批后方可继续施工。检查承包商专职管理人员是否到场进行监督管理。

2）检查施工机械设备是否进行保养，运转是否正常。

3）检查钻孔机对准孔位，调整好成孔角度。

4）严格掌握好水泥用量，注浆施工时，应尽量保证各孔注浆量均衡。

5）检查水泥浆液的配置是否满足设计配合比的要求，浆液拌制是否均匀。

6）施工过程中随时对高压泥浆泵、空压机、流量表等设备仪器读数进行检查，发现问题及时要求承包商调整。

7）注浆速度控制，注浆由孔底向上分段进行。

（3）袖阀管注浆施工质量验收的监理工作

1）按照程序对袖阀管注浆检验批、分项工程进行质量验收。

2）审查袖阀管注浆施工质量报验资料真实性、完整性。

3）审查袖阀管注浆施工水泥质保资料、进场检测报告。

4）抗压强度检测、地基承载力检测现场见证。

5）对于不符合设计要求的袖阀管注浆加固体，与设计单位会商或组织专家咨询会制定处理方案。

6）督促袖阀管注浆处理方案实施。

（4）袖阀管注浆施工安全控制的监理工作

袖阀管注浆施工危险源主要是电气伤害、高压浆液伤害、机械伤害、夜间施工照明差等。针对以上危险源，采取以下控制措施：

1）监督承包商加强对施工人员的安全教育及安全管理。要求施工人员严格按照安全操作规程作业。

2）施工现场的临时用电应严格执行《施工现场临时用电安全技术规范》JGJ 46。夜间施工时，现场应设有保证施工安全要求的照明设施。

3）施工前，对邻近施工范围内的原有建筑物、构筑物、地下管线等进行调查，对有影响的工程，应采取有效的加固防护措施或隔振措施，并加强观测，确保施工安全。

4）施工机械试运转，严禁带病作业。桩机设备应由专人操作，注意机械的运转情况，加强机械的保养，以保证机械正常使用。

5）注浆泵、空压机压力表应按要求进行标定。

6）施工前检查高压设备和管路系统，其压力和流量需满足设计要求，检查管道的耐久性以及管道连接是否可靠，泵体、注浆管及喷嘴内不得有任何杂物，各类密封圈必须良好，无渗漏现象。

7）水泥浆进到眼睛里时，必须立即进行充分清洗，并及时到医院治疗。

4. MJS工法桩

MJS工法桩在传统高压喷射注浆工艺的基础上，采用了独特的多孔管和前端造成装置，实现了孔内强制排浆和地内力监测，并通过调整强制排浆量来控制地内压力，大幅度减少对环境的影响。MJS工法桩施工监理工作流程如图5-13所示。

MJS工法桩施工中孔深、外套管深度、钻杆深度、地内压力、高压泥浆泵及空气压力、浆液配比、注浆量、喷射注浆时提升速度的控制是监理控制的重点。

（1）MJS工法桩施工准备阶段的监理工作

参照第5.1.2小节"2. 旋喷桩"中"（1）旋喷桩施工准备阶段的监理工作"。

（2）MJS工法桩施工过程中的监理工作

1）检查承包商现场管理人员是否在施工现场进行施工质量、安全文明施工管理。

2）复核桩位。检查终孔深度、外套管插入深度、钻杆钻入深度。

3）严密监测地内压力，发现异常，及时要求承包商调整。

4）每段外套管拔出需进行量测，保证钻杆每次提升高度符合方案要求。

5）检查水泥浆液的配置是否满足设计配合比的要求，浆液拌制是否均匀。

6）施工过程中随时对高压泥浆泵、空压机、流量表等设备仪器读数进行检查，发现问题及时要求承包商调整。

7）喷射注浆结束，量测桩顶标高，计算是否达到设计标高加水泥浆液凝固收缩值，达到要求时，方可同意停止喷射注浆。

（3）MJS工法桩施工质量验收的监理工作

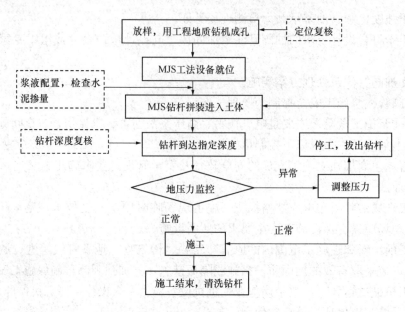

图 5-13 MJS工法桩施工监理工作流程

1）按照程序对MJS工法桩检验批、分项工程进行质量验收。MJS工法桩质量验收参照SMWI法桩允许偏差和检验方法，见表5-4。

2）审查MJS工法桩施工质量报验资料真实性、完整性。

3）审查MJS工法桩施工水泥质保资料、进场检测报告。

4）桩体强度、完整性取芯检测现场见证。

5）对于不符合设计要求的MJS工法桩，与设计单位会商或组织专家咨询会制定处理方案。

6）督促MJS工法桩处理方案实施。

（4）MJS工法桩施工安全控制的监理工作

MJS工法桩施工危险源主要是电气伤害、桩机机架不稳、高压喷浆伤害、夜间施工照明差等。针对以上危险源，采取以下控制措施：

1）监督承包商加强对施工人员的安全教育及安全管理。要求施工人员严格按照安全操作规程作业。

2）施工现场的临时用电应严格执行《施工现场临时用电安全技术规范》JGJ 46。夜间施工时，现场应设有保证施工安全要求的照明设施。

3）桩施工前，对邻近施工范围内的原有建筑物、构筑物、地下管线等进行调查，对有影响的工程，应采取有效的加固防护措施或隔振措施，并加强观测，确保施工安全。

4）桩施工前先全面检查机械各个部分及润滑情况，发现有问题及时解决。检查后要进行试运转，严禁带病作业。桩机设备应由专人操作，并经常检查机架部分有无脱焊、螺栓松动，注意机械的运转情况，加强机械的保养，以保证机械正常使用。

5）桩机机架安设铺垫平稳、牢固，防止桩机倾倒造成人员伤亡和设备损坏。

6）近地面喷射时，应控制压力和流量，防止伤人。

7）作业后清洗机具时，喷头严禁对人。

5. 预制桩

桩基础是一种能适应各种地质条件、各类建（构）筑物荷载要求的深基础。它具有承载力高、稳定性好、变形量小、收敛快等工程特性。

预制桩施工流程：定桩位（测量、编号、复合）→压桩机到位（确定型号、标定技术参数）→吊桩、对中（检查控制吊点、垂直度）→焊桩尖（查焊接）→压第一节桩（确保桩垂直度）→焊接接桩（查电焊工资质、焊条、焊序、焊接层数、质量、自然冷却时间等）→压第 N 节桩（进行全过程测量、调控）→送桩、终桩（对送桩压力与标高进行双控）→移机（地压耐力、压桩顺序）→截桩（锯桩器截割）→记录、核查压桩及桩基检测相关资料。

预制桩施工中预制桩质量保证资料核查、机械设备性能核查、试桩、桩位复核、桩深及施工顺序的控制是监理控制的重点。

（1）预制桩施工准备阶段的监理工作

1）参加设计交底，掌握质量标准，分析桩的设计入土深度和打入的可能性。

2）分析地质资料，预估打桩难度以及需采取的保证措施。

3）审查承包商上报的施工方案。审查重点有：

① 保证工程质量和安全的技术措施。

② 施工机械、设备的配备。

③ 测量放样的方法及保证桩位精确的措施。

④ 打桩施工流程的安排。

⑤ 施工计划安排和保证工期的措施。

⑥ 打桩质量标准。

4）检查现场桩位放样精度。

5）了解打桩场地附件的地下管线情况，审查环境保护措施及施工监测方案。

6）检查预制桩的质量，审查制桩质保资料和混凝土强度报告。外观质量重点检查桩身垂直度、多节桩的钢桩帽、顶板面的水平度等。

（2）预制桩施工过程中的监理工作

1）严格控制打桩施工流水，尤其是在建筑群密集和地下管线密布的区域打桩，必须按照方案确定的流水进行施工。

2）打桩场地要平整，桩架要垂直，在打入过程中督促操作人员始终保持锤、桩帽、桩三点一线，不得有偏心锤击。

3）观察桩的入土情况，一旦出现异常，如贯入度突然增大或减小，桩身发生倾斜和移位，桩顶桩身出现严重裂缝或破碎等要暂停打入，待查明原因后方能继续打入。

4）多节桩接桩完成后，做外观检查，合格后办理隐蔽工程验收。

5）桩打到设计标高后进行中间验收。

6）督促承包商做好打桩原始记录，精确测量桩顶标高。按贯入度控制的桩，在符合规范规定的条件下准确量测最后贯入度，现场监理人员需见证并抽测校核。

7）发生质量事故或对有较大疑问的桩，须及时汇报并协助进行处理。

8）对打不到标高的桩，须正确判断停打与否。

(3) 预制桩施工质量验收的监理工作

1) 审查承包商上报的施工技术资料。

2) 对有问题的桩说明情况，分析原因，提出处理意见。

3) 基坑开挖至设计标高后，督促承包商对桩位和桩顶标高进行实测，监理人员进行复核。

4) 按照有关桩基工程质量评定标准和办法进行验收。

(4) 预制桩施工安全控制的监理工作

预制桩施工危险源主要是电气伤害、打桩机机架不稳、夜间施工照明差等。针对以上危险源，采取以下控制措施：

1) 监督承包商加强对施工人员的安全教育及安全管理。要求施工人员严格按照安全操作规程作业。

2) 施工现场的临时用电应严格执行《施工现场临时用电安全技术规范》JGJ 46。夜间施工时，现场应设有保证施工安全要求的照明设施。

3) 桩施工前，对邻近施工范围内的原有建筑物、构筑物、地下管线等进行调查，对有影响的工程，应采取有效的加固防护措施或隔振措施，并加强观测，确保施工安全。

4) 桩机设备应由专人操作，加强机械的保养，以保证机械正常使用。

5) 桩机机架安设铺垫平稳、牢固，防止桩机倾倒造成人员伤亡和设备损坏。

6. 砂或砂石换填施工

当建（构）筑物基础下的持力层比较软弱、不能满足上部荷载对地基的要求时，通常采用换填垫层法来处理软弱土地基。

换填施工流程：将基础底面下一定范围内的软弱土层挖去→分层换填强度较大的砂、碎石或砂、石→夯（压）至设计要求的密实度。

砂或砂石换填施工中砂、砂石级配、夯（压）密实度、分层厚度等的控制是监理控制的重点。

(1) 砂或砂石换填施工准备阶段的监理工作

1) 砂或砂石垫层方案确定：选择砂垫层或砂石垫层方案时，应查清场地的工程地质条件，暗浜、明浜、冲填区域和低洼区域的分布范围及其规律性，地下水的流向与流动速度。同时还应考虑材料的来源。砂垫层或砂石垫层一般仅用于局部地基处理，起换填土和横向排水作用，不宜用于大面积堆料、密集基础和动力基础。

2) 对技术资料的要求：在砂垫层或砂石垫层施工之前，应具备完整的垫层设计技术资料、工程地质勘察报告和施工方案等。监理人员应对这些技术资料，如碾压机具能否进场施工，其压实功能能否使砂垫层或砂石垫层密实度达到设计要求等明确了解和掌握。

3) 对材料的要求：砂、砂石垫层的材料，宜采用级配良好、质地坚硬的粒料，其颗粒的不均匀系数最好不小于10，以中砂、粗砂为好，可掺入一定数量的碎石，但要分布均匀。细砂也可作为垫层材料，但不易压实，且强度不高，使用时也宜掺入一定数量的碎石。砂垫层的含泥量应符合设计及规范要求，不得含有植物根、茎和垃圾等有机杂物，不应有过大的石块或碎石。

4) 砂垫层或砂石垫层施工碾压参数和设计干密度的确定。

(2) 砂或砂石换填施工过程中的监理工作

1) 砂垫层或砂石垫层施工中的关键是将砂、砂石加密到设计要求的密实度。加密方法常用的有振动法、碾压法、水撼法等。这些方法要求在基坑内分层铺砂，然后逐层振密或压实，分层的厚度视振动力的大小而定，一般为15～20cm。施工时，应待下层的密实度检验合格后再进行上层的施工。

2) 铺筑前，应先行验槽。浮土应清除，边坡必须稳定，防止塌土。基坑（槽）两侧附件如有低于地基的孔洞、沟、井等，则应在未做垫层前加以填实。

3) 开挖基坑铺设垫层时，必须避免扰动软弱土层的表面，否则坑底土的结构在施工时遭到破坏后，其强度就会显著降低，以致在建筑物荷重的作用下，会产生很大的附加沉降。因此，基坑开挖后应及时回填，不应暴露过久或浸水。

4) 砂垫层或砂石垫层底面宜铺设在同一标高上，如深度不同时，基坑地基土面应挖成踏步或斜坡搭接，各分层搭接位置应错开0.5～1.0m距离，搭接处应注意捣实，施工应按先深后浅的顺序进行。

5) 人工级配的砂石垫层，应将砂石拌和均匀后，再进行分层摊铺碾压或夯压密实。

6) 捣实砂石垫层时，应注意不要破坏基坑底面和侧面土的强度。因此对基坑下灵敏度大的地基上，在垫层最下层宜先铺设一层15～20cm的松砂，只用木夯夯实，不得使用振捣器，以免破坏基底土的结构。

7) 采用细砂作为垫层的填料时，应注意地下水的影响，且不宜使用平振法、插振法和水撼法。

8) 在地下水位高于基坑（槽）底面时，应采取排水或降水的措施，使基坑（槽）保持无积水状态。如用水撼法或插振法施工时，应控制好注水和排水以及铺砂厚度，注水宜与砂面齐平施工。

(3) 砂或砂石换填施工质量验收的监理工作

具体内容参考《城市轨道交通工程质量验收资料实施指南》。

1) 审查承包商上报的施工技术资料。
2) 静载荷试验法。检验垫层的地基承载力和垫层施工质量。
3) 标准贯入试验法。检验垫层的承载力、填筑均匀性等施工质量。
4) 轻便触探贯入试验法。检验垫层的密实性和均匀性等施工质量。
5) 静力触探试验法。对垫层填筑厚度、地基承载力、均匀性、密实性等施工质量进行检验。

(4) 砂或砂石换填施工安全控制的监理工作

砂或砂石换填施工危险源主要是机械伤害、基坑（槽）坍塌。针对以上危险源，采取以下控制措施：

1) 监督承包商加强对施工人员的安全教育及安全管理。要求施工人员严格按照安全操作规程作业。

2) 按照设计方案严格控制基坑（槽）放坡坡比。

5.1.3 降排水

基坑施工中，为避免产生流砂、管涌、坑底突涌，防止坑壁土体的坍塌，保证施工安全和减少基坑开挖对周边环境的影响，当基坑开挖深度内存在饱和软土层和含水层及坑底以下存在承压水时，需制定合理的降排水方案，一般需降至开挖面以下 0.5~1.0m。降排水不仅可以改善工人劳动作业条件，同时也能避免基底土体泡水软化，增加土体固结强度，减少回弹、减小基坑变形，从而起到稳定基坑的重要作用，但是不合理的基坑降排水，不仅造成基坑难于开挖，作业效率低下，也可能造成周边的地面、道路、管线、建（构）筑物沉降过大，甚至开裂、坍塌等。

降排水的基本要求：

（1）当地下水位高于基坑开挖面，需要采用降低地下水方法疏干坑内土层中水。疏干水有增加坑内土体强度的作用，有利于控制基坑围护结构变形。在软土地区基坑开挖深度超过 3m，一般就要用井点降水。开挖深度浅时，也可边开挖边用排水沟和集水井进行集水明排。

（2）当基坑底为隔水层且层底作用有承压水时，应进行坑底突涌验算，必要时可采取水平封底隔渗或钻孔减压措施，保证坑底土层稳定。当坑底含承压水层上部土体压重不足以抵抗承压水水头时，应布置降压井降低承压水水头压力，防止承压水突涌，确保基坑开挖施工安全。

（3）当因降水而危及基坑及周边环境安全时，宜采用截水或回灌方法。

降排水方法主要有轻型井点降水、喷射井点降水、管井降水、电渗井点降水等几种形式。电渗井点降水一般用于淤泥或淤泥质黏土等渗透系数非常小的地层；喷射井点降水深度大，但需要双层井点管，安装工艺比较复杂，造价较高；轻型井点设备简单，安装方便，但降水速度慢，影响半径小；管井降水深度大，降水速度快，影响半径大，但费用较高。其中管井降水为目前使用最多的。常用的降排水适用条件见表 5-9。

常用的降排水适用条件　　　　　　表 5-9

降水方式\适用范围	降水深度（m）	渗透参数（cm/s）	适用地层
集水明排	<5	$10^{-3} \sim 10^{-1}$	人工填土、砂土、粉土、黏性土
轻型井点	3~6	$10^{-4} \sim 10^{-3}$	人工填土、粉土、粉质黏土、砂土
多级轻型井点	6~12		
喷射井点	8~20	$10^{-4} \sim 10^{-3}$	细砂
电渗井点	宜配合其他形式降水使用	$10^{-6} \sim 10^{-4}$	淤泥、淤泥质黏土、粉质黏土
深井井管	>10	$10^{-3} \sim 10^{-1}$	人工填土、粉土、砂土、砂黏土

监理工程师须重点做好以下几方面的审核和检查工作。

（1）降水井形式选择是否符合本工程的特点，是否遵循"按需抽水""抽水量最小化"的原则，以保证工程需求基本前提下，达到节约、保护地下水资源的目的。

（2）根据含水层的类别及其渗透参数、要求降水深度、施工设备条件和施工期限等因素进行技术、经济比较，审查降水井的数量、布置方式是否满足基坑开挖的要求。

(3) 水文地质条件或周边环境复杂时,是否按需要做抽水试验,根据抽水试验资料研判试验结果,研究是否需要调整、优化降水设计参数。

(4) 审查降水井的施工方式及风险控制措施。

(5) 检查成井质量(包括孔径、孔深、滤料质量)。

(6) 检查降水效果。

(7) 判别降水对周边环境的影响,包括建(构)筑物的沉降、倾斜,地表、地下管线的沉降控制情况。

(8) 管井降水还应注意以下问题的处置:

1) 当基坑水位下降缓慢或下降至一定深度后不再下降时,应检测是否存在抽水设备类型不当、降水井较少或止水帷幕漏水。

2) 当基坑水位下降不均匀时,应检查分析含水层渗漏性差别、井点出水能力差别、井点布设不合理并作出调整。

3) 当井点出水量小时,应加强洗井强度,改变洗井方法,调整抽水机械安装,当发现井管内淤塞含水层中较粗颗粒时,应修补滤网,调整反滤部分设计或重新成井。

4) 当长时间出水混浊,调整滤网、滤料设计,延长洗井时间。

1. 降排水监理工作要点

(1) 轻型井点降水

1) 确定集水总管、滤管和泵的位置及标高。

2) 检查井点系统各部件是否安装严密,回填滤料施工完成后,在距地表1m深度内,采用黏土封口捣实以防止漏气。

3) 成孔孔径不应小于250mm,深度应比滤管深500mm以上,井点孔口到地下面500~1000mm范围内应用黏性土填实。

4) 隔膜泵底应平整稳固,出水的接管应平接,不得上弯,皮碗应安装准确、对称,使工作时受力平衡。

5) 降水过程中,应定时观测水流量、真空度和水位观测井内的水位。

(2) 喷射井点降水

1) 井点管组装前,应检验喷嘴混合室、支座环和滤网等,井点管应在地面做泵水试验和真空度测量,其测定真空度不宜小于93.3kPa。

2) 准确控制进水总管和滤管位置和标高。

3) 高压水泵的出水管应装有压力表和调压回水管路,以控制水压。

4) 为防止喷射器磨损,应用套管冲抢成孔,加水及压缩空气排泥,套管内含泥量应小于5%。

5) 冲水直径不应小于400mm,深度应比滤管底深1m以上。

6) 工作水应保持清洁,全面试抽2d后,应用清水更换,视水质浑浊程度定期更换清水,减轻对喷嘴及水泵叶轮的磨损。

7) 观测孔孔口标高应在抽水前测量一次,以后则定期观测,以计算实际降深。

8) 在降水过程中,应定时观测工作水压力、地下水流量、井点的真空度和水位观测井的水位。

9) 测定井点管真空度,检查井点工作是否正常。出现故障的现象包括:

① 真空管内无真空，主要原因是井点芯管被泥砂填住，其次是异物堵住喷嘴。

② 真空管内无真空，但井点抽水通畅，是由于真空管本身堵塞和地下水位高于喷射器。

③ 真空管内出现正压（即工作水流出），或井管周围翻砂，这表明工作水倒灌，应立即关闭阀门，进行维修。

(3) 管井井点降水

1) 根据钻进地层的岩性和钻进设备等因素，选择适宜的降水管井钻进方式，钻进过程中为防止井壁坍塌、掉块、漏失以及钻进高压含水、气层时可能产生的喷涌等井壁失稳事故，需采取井孔护壁措施。

2) 管井井点成孔直径应比井管直径大 200mm，井口应高出地面 300~500mm。

3) 井管与孔壁间应用 5~15mm 的砾石填充作过滤层，地下 500mm 内应用黏土填充密实，必要时，填砾粒径必须按抽水含水层的颗粒分析资料确定。填砾进场后，应经筛分试验确定是否合格。

4) 井的中心距基坑（槽）边缘的距离，当采用泥浆护壁钻孔法成孔时，不小于 3.0m；当用泥浆护壁冲击钻成孔时，为 0.5~1.5m。

5) 应定时观测水位和流量，降压井在条件许可时，可采用自动监测。井管内沉淀物的高度应小于井深的 5‰。

(4) 深井井点降水

1) 深井井管直径一般为 300mm，其内径一般宜大于水泵外径 50mm。

2) 深井井点成孔直径应比深井管直径大 300mm 以上。

3) 深井孔应设置护套。

4) 孔位附近不得大量抽水。

5) 设置泥浆坑，防止泥浆水漫流。

6) 孔位应取土，核定含水层的范围和土的颗粒组成设置。

7) 各管段及抽水设备的连接，必须紧密、牢固、严禁漏水。

8) 排水管的连接、深埋、坡度、排水口均应符合施工组织设计的规定。

9) 排水过程中，应定时观测水位下降情况和排水流量。

(5) 电渗井点降水

1) 用金属材料制成的阳极应考虑电蚀量。

2) 阴阳极的数量应相等，阳极数量可多于阴极数量，阳极的深度应较阴极深约 500mm，以露出地面 200~400mm 为宜。

3) 阳极埋设应垂直，严禁与阴极相碰，阳极表面可涂绝缘沥青或涂料。

4) 工作电流不宜大于 60A，土中通电时的电流密度宜为 0.5~1.0A/m²。

5) 降水期间为消除由于电解作用产生的气体积聚于电极附近、土体电能增大、增加电能消耗，一般为工作通电 24h 后，应停电 2~3h，再通电作业；通电时工作电压不宜大于 60V。土中通电的电流密度宜为 0.5~1.0A/m²。为避免大部分电流从地表通过、降低电渗效果，通电前应清除井点管与金属棒间地面上的导电物质，使地面保持干燥。

6) 降水过程中，应对电压、电流密度、耗电量和预设观察孔水位等进行量测记录。

2. 降排水施工质量验收的监理工作

降排水施工质量检验方法、验收标准见表5-10。

降排水施工检查项目检验方法及验收标准　　　　表5-10

		检查项目		设计要求及规范规定（允许偏差）	检验方法
主控项目	1	降水与排水设置		设计要求	观察检查
	2	井管和滤料		设计要求	观察检查
	3	降水施工应有防止降水区域内建（构）筑物产生沉降和水平位移及临近地面塌陷的措施		设计要求或施工方案	观察检查
	4	降水系统停泵、封井		设计要求	观察检查
一般项目	1	排水沟坡度		1‰~2‰	水准仪
	2	井管（点）垂直度允许偏差		<1%	全站仪
	3	井管（点）间距（与设计相比）允许偏差		≤150%	钢尺量
	4	井管（点）插入深度（与设计相比）允许偏差		≤200mm	钢尺量
	5	过滤砂砾料填灌（与计算值相比）允许偏差		≤5mm	钢尺量
	6	井点真空度	轻型井点	>60kPa	查看真空度表
			喷射井点	>93kPa	
	7	电渗井点阴阳极距离	轻型井点	80~100mm	钢尺量
			喷射井点	120~150mm	

3. 降排水施工安全控制的监理工作

在施工过程中，由于场地工程地质、水文条件和周边环境的复杂性，以及基坑开挖规模与深度的不断增加，对基坑降水的要求也越来越高，因此，对降水的安全管理也要引起高度重视。

（1）降水前，应考虑在降水影响范围内的已有建（构）筑物、管线可能产生的附加沉降、位移和供水水位下降，以及在熔岩土间发育地区可能引起的地面坍塌，做好应急预案，必要时事先采取适当的防护措施。

（2）在降水期间，应定期进行沉降和水位观测并做好记录，基坑四周地面应做截水沟，基坑壁如有阴沟或局部渗水时，应在渗水处设过滤层，防止土粒流失，并设法注浆堵截或引出坡外，防止边坡受冲刷而坍塌。

（3）为减小施工过程中降水对周边环境的影响，应在降水井管与建筑物、管线、路面之间设置回灌井点，补充该处地下水，使地下水位基本保持不变。

（4）回灌宜采用清水，以免阻塞井点，回灌量和压力大小须通过计算，并通过对观察井的观测加以调整，既要保证隔水屏幕的隔水效果，又要防止回灌井外溢而影响基坑内正常作业。回灌井与降水井之间距离一般不小于6m，防止降水回灌相通，回灌与降水的起动和停止应同步。

(5) 基坑内出现流砂时,应增大降水能力,放慢开挖进度。

(6) 基坑内水位持续下降,并超过设计降深时,表明井点过多,须间断关闭井点。

5.1.4 土方开挖

深基坑土方开挖是城市轨道交通的一个关键环节,是工程初期的关键工序,优化土方开挖的方法对保证施工进度起到了积极的促进作用。土方开挖方法的选择要充分考虑施工地段的地质条件,例如地下水位、渗水情况、地面承载负荷的能力以及基坑的深度等多个方面的因素。土方开挖施工监理工作流程如图5-14所示。

土方开挖施工中开挖条件审核、开挖分层开挖深度、开挖坡比、支撑架设质量及时效、基底开挖标高、地基验槽是监理控制的重点。

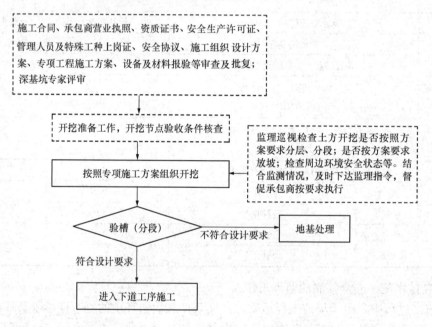

图 5-14 土方开挖施工监理工作流程

1. 土方开挖施工准备阶段的监理工作

(1) 施工合同、承包商营业执照、资质证书、安全生产许可证、管理人员及特殊工种上岗证、安全协议、施工组织设计方案、专项工程施工方案、设备及材料报验等审查及批复。

(2) 督促承包商组织《深基坑开挖方案》专家评审。

(3) 组织相关单位进行关键节点核查。监理核查内容如下:

1) 已完成设计、勘察交底。

2) 开挖、支护方案通过专家评审,评审意见已落实或整改。

3) 围护结构缺陷处理方案已审批,已向管理层和作业层进行交底,监理细则已通过审批和交底。

4) 围护及冠梁(及立柱桩)已完成,围护墙、冠梁及支撑混凝土强度满足设计要求。

5) 地基处理已完成,已有检测报告并达到设计要求。

6）降水（降压）已按设计要求完成并通过专家评审，现场运行，满足开挖要求。

7）施工现场坑外排水措施已落实。

8）调查基坑周围的保护建（构）筑物、管线等现有状况，并且根据实际情况制订好切实可行的保护措施。

9）周围环境及基坑监测控制按批准监测方案已布点，且已测取初始值。

10）围护结构施工阶段遗留问题已按要求解决或已制定相应的方案。

11）对本工程潜在的风险进行辨识和分析，有针对性、可操作性的应急预案编制完成并落实抢险设备、物资、人员。

12）人员、设备、支撑都已到位。

13）分包队伍资质、安全生产许可证等资料齐全，安全生产协议已签订，人员资格满足要求。

14）相应质量保证资料齐全。

15）设计及规范规定的其他要求。

2. 土方开挖施工过程中的监理工作

土方开挖必须遵循"分层、分段、分块、对称、平衡、限时"和"先撑后挖、限时支撑、严禁超挖"的原则。

（1）基坑土方开挖必须按经评审并审批通过的土方开挖施工专项方案严格执行，不允许随意改变。若情况变化确需变动，必须重新编制（或补充），经审查批准后实施。

（2）监理部应对基坑土方开挖关键节点条件进行核查，并组织参建各方召开的基坑土方开挖前条件验收专题会议，通过后签发开挖令。基坑开挖过程中监理人员应对分层厚度、分段长度、分段坡度、及时锚喷支护、是否超挖等进行严格监控。

（3）采用土钉支护或土层锚杆支护的基坑，应提供成孔施工的工作面宽度，其开挖应与土钉或土层锚杆施工相协调，开挖和支护施工应交替作业。喷锚支护必须严格按设计规定的土钉间距分层开挖深度、作业顺序施工。上层土钉抗拔强度及喷射混凝土面层强度达到设计及规范要求后，方可开挖下层土方。

（4）放坡坡脚位于地下水位以下时，应采取降水或止水的措施。放坡坡顶、放坡平台和放坡坡脚位置应设置截水沟等明排措施，保证排水系统畅通。基坑土质较差或施工周期较长时，放坡面及放坡平台表面应采取护坡措施。护坡可采用钢丝网水泥砂浆、钢丝网细石混凝土、钢丝网喷射混凝土等方式。

（5）放坡开挖如开挖面暴露时间过长或遇雨天应采取必要的保护措施。如：对坡面进行雨布覆盖。

（6）放坡开挖的边坡和平台在每层开挖时应随挖随修整。

（7）采用钢支撑时，钢支撑施工完毕并施加预应力后，才能进行下层土方的开挖。

（8）岩石范围的开挖，按专项方案分层进行爆破作业，主要督促承包商：

1）严格按批准的爆破方案实施，做好警戒，确保安全。

2）按设计的标高要求预留1m进行水平爆破，做好基底标高控制。

（9）若施工中发现地质情况与图纸中所示地质资料不符，应停止施工并及时通知业主及设计、勘察单位，待施工方案确定之后再行施工。

（10）在基坑开挖过程中，不得在基坑附近堆土。

(11) 在开挖过程中地下水位至少控制在开挖面 1m 以下，雨期施工期间保持坑内无积水。基坑内按方案要求设排水明沟及集水井，积水应及时抽排。

(12) 土方开挖过程中，挖掘机不得碰撞支撑及立柱。立柱桩周边土方应采用人工开挖、清除。

(13) 当开挖至坑底时，监理人员应督促承包商预留 20～30cm 厚土用人工修挖，防止超挖。若超挖，监理监督承包商不得回填松土，必须用粗砂或碎石回填整平。

(14) 基坑开挖应根据监测信息进行动态监控，监理人员应对比、分析监测信息，特别关注围护结构的位移、坑外建筑物及管线的沉降、地表裂缝及沉降、支撑轴力等情况。

(15) 基坑开挖完成后，总监理工程师及时组织勘察、设计单位、业主、承包商对基坑进行验槽，验收合格后及时进行垫层混凝土浇筑。地基土不符合设计要求，按设计处理方案及时进行处理，复验合格后及时封底，减少基坑暴露时间。

3. 土方开挖施工质量验收的监理工作

土方开挖施工质量检验方法、验收标准见表 5-11。

土方开挖施工检查项目检验方法及验收标准　　　表 5-11

	检查项目		设计要求及规范规定（允许偏差）	检验方法
主控项目	1	基底标高允许偏差（mm） 明挖	+10，-20	水准仪
		基底标高允许偏差（mm） 盖挖	+10，0	
	2	基坑土方开挖宽度、长度	设计要求	钢尺量
	3	放坡基坑的边坡坡度	放坡开挖基坑应随基坑开挖及时刷坡，边坡应平顺并符合设计规定	观察检查
	4	基坑开挖顺序及要求	基坑必须自上而下分层、分段依次开挖，严禁掏底施工；地下连续墙或混凝土灌注桩支护的基坑，应在混凝土或锚杆浆液达到设计强度后方可开挖	观察检查，查看支护结构混凝土强度检验报告
	5	基底开挖要求	基坑开挖接近基底 200mm 时，应配合人工清底，不得超挖或扰动基底土	观察检查，水准仪
一般项目	1	基底平整度允许偏差（mm） 明挖	20	2m 靠尺和塞尺
		基底平整度允许偏差（mm） 盖挖	10	
	2	基底土性	设计要求	观察检查
	3	基底异常情况检查	基底超挖、扰动、受冻、水浸或发现异物、杂土、淤泥、土质松软及软弱不均等现象时，应做好记录，并会同有关单位研究处理	观察检查

4. 土方开挖施工安全控制的监理工作

土方开挖施工危险源主要有：大雨天开挖基坑；切割坡脚开挖基坑；基坑开挖时，一次开挖深坑，掏底开挖；支护开挖时，支护不及时；挖土机械碰撞支撑体系；边坡不稳，有坍塌危险征兆时，施工人员未及时撤离现场；挖土过程中遇有管线或其他不能辨认的异物和液体、气体时，仍继续挖土；人机混合作业；夜间作业指挥人员未穿戴好反光衣等。

针对以上危险源，采取以下控制措施：

（1）基坑土方应根据地质、环境条件和支护类型等确定开挖方法，当机械在基坑内开挖并利用通风道或车站出入口作运输通道时，不得损坏地基原状土。

（2）基坑必须自上而下分层、分段依次开挖，严禁掏底施工。支护桩支护的基坑，应随基坑开挖及时支撑与网喷混凝土；地下连续墙或钻孔灌注桩支护的基坑，应在混凝土或锚杆浆液达到设计强度后方可开挖；土钉墙支护要随挖土随做土钉，严禁挖到底再做土钉；桩（墙）围护的基坑应在土方开挖至设计位置后严格按设计要求及时施作横撑或锚杆索。

（3）基坑施工期间应有专人负责基坑周围地面变化情况的巡查，如发现裂缝或坍陷，应及时处理。

（4）挖土时应严格按照施工技术交底进行。开挖坑（槽）沟深度超过1.5m时，必须根据土质和深度情况，按规定进行放坡或加可靠支撑，并设置人员上下专用坡道或爬梯；开挖深度超过2m时，必须在周边设置两道牢固的护身栏杆，并立挂密目安全网。在危险处，夜间应设红色标志灯。

（5）根据交底内开挖尺寸，土方开挖到各层钢管支撑底部指定位置时，及时施作钢管支撑并施加预应力。支撑完成后才能进行下一层土方开挖。

（6）机械开挖的同时应辅以人工，为减少对围护结构钻孔灌注桩的影响，基坑内靠近桩体部分（1m范围）土方采用人工开挖；基底以上30cm的土层应采用人工开挖，严禁超挖，以免扰动土体；基坑纵向放坡不得大于安全坡度。

（7）严格按照管线保护交底内尺寸进行管线周边土体开挖，在管线保护措施未完成之前不得随时开挖管线附近土体。

（8）对于不能及时施作钢支撑的区段应注意抽槽开挖、留土护壁；由于天气原因，需较长时间停止开挖，要及时留土护壁。

（9）在基坑边缘设置安全防护栏并架设密目网，且高度不低于1.2m，并稳固可靠。

（10）基坑周围应悬挂醒目的安全警示牌。夜间施工必须有充足的灯光照明。

（11）基坑开挖过程中要防止挖土机械碰撞支撑体系，以防支撑失稳。

（12）开挖至要求高程后立即进行基底检查，及时进行封底垫层施工。

（13）在开挖时要求注意观察，并且备好应急物资、水泵、沙袋等。

（14）挖土过程中，如遇边坡不稳，有坍塌危险征兆时，作业人员必须立即撤离现场，并及时报告施工负责人，采取安全可靠排险措施后，方可继续挖土。

（15）挖土过程中遇有管线或其他不能辨认的异物和液体、气体时，应立即停止作业，并报告施工负责人，待查明处理后，再继续挖土。

（16）坑（槽）沟边1m以内不得堆土、堆料、停置机具。坑（槽）沟边与建筑物、构筑物的距离不得小于1.5m。特殊情况时，必须采取有效措施。

（17）用挖掘机进行施工时，挖掘机的工作范围内不得有人员进行其他作业。

（18）基坑开挖应严格按照要求进行放坡，操作时应注意边坡的稳定性，如发现有裂纹或部分塌落现象，要及时进行支撑或改缓放坡，并注意支撑的稳固和边坡的变化。

（19）机械挖土，启动前应检查离合器、液压系统等，经空车试运转正常后再开始作业。

(20) 机械操作中进铲不得过深，提升不应过猛。

(21) 配合基坑修坡、清底的人员，不准在挖掘机的工作范围内工作。现场指挥挖掘机的指挥人员不得站在挖机铲斗回转半径范围内对挖掘机进行指挥。

(22) 人工修基坑壁时，两人操作间距至少应保持2~3m。随着开挖深度的增加，操作人员在操作时应随时注意沟槽边坡稳定情况，如发现有裂纹或坍塌现象，要及时进行支撑，并注意支撑的稳固和沟槽边的变化。

(23) 夜间指挥车辆、冲洗车辆及指挥挖土机人员必须穿戴好反光衣，防止车辆伤人。

(24) 雨天开挖后，必须随即采取支撑措施，以免土壁坍塌或滑移。并采用塑料布或聚丙烯编织物等不透水薄膜加以覆盖，防止地表水或渗漏水冲刷。

(25) 设置专人对出入车辆的轮胎进行冲洗清理，并且每天安排专人打扫场地内遗撒的渣土。如遇雨季施工，更要做好冲洗清理工作，尽量减小对周围道路的环境影响。

(26) 夜间施工，施工现场、大门口冲洗车辆地段必须配备足够的照明。

(27) 机械在危险地段作业时，必须设明显的安全警告标志，并应设专人站在操作人员能看清的地方指挥。驾机人员只能接受指挥人员发出的规定信号。

(28) 机械在边坡、边沟作业时，应与边缘保持必要的安全距离，使轮胎（履带）压存坚实的地面上。

(29) 配合机械作业的清底、平地、修坡等辅助工作应与机械作业交替进行。

5.1.5 主体结构

地下明挖车站主体结构是承担和传递荷载，支撑建设工程，使建设工程能正常发挥使用功能的部分。主体结构施工过程包括钢筋工程、模板工程、混凝土工程及砌体工程等施工。地下车站主体混凝土结构体积较大，如何有效控制混凝土裂缝的产生是重点。

车站主体各工序施工质量管理推荐执行《首件工程样板验收制度》和《重要节点验收制度》。

1. 钢筋工程

钢筋工程的监理工作流程：施工准备（监理检查钢筋原材质量、钢筋原材进场见证取样送检）→钢筋下料→钢筋加工（监理检查钢筋加工质量）→测量放线（监理复核）→钢筋绑扎（监理巡视检查钢筋绑扎质量、钢筋绑扎质量验收、隐蔽工程验收）。

其中，钢筋的型号、规格、数量、排距、间距、位置、保护层厚度、接头质量是钢筋工程质量控制的重点。

(1) 钢筋工程施工准备中的监理工作

1) 认真熟悉图纸，内容包括设计说明、图纸、尺寸、等级、规格、位置，校核钢筋详图尺寸位置与结构物构造图尺寸位置是否一致，保护层厚度是否满足规范要求。

2) 审查承包商的质量保证体系是否完善，对试验取样人员的资质进行审查，以确保质量和安全，并进行抽检复试。

3) 审核承包商的钢筋工程施工方案，重点对钢筋的加工、绑扎、梁柱节点的控制措施及钢筋接头质量的控制措施进行审查。

4）施工前，监理工程师对承包人有关人员进行技术交底。交底内容主要是钢筋加工、验收、有关操作工艺和监理工作内容及要求，并对内业填写进行指导，监理工程师应做好交底记录。

5）检查现场钢筋堆放和保护措施是否落实，现场标识是否清楚准确。

6）检查承包商对施工人员的安全教育培训资料及技术交底资料。

进场的施工人员必须经过三级安全教育，且要经过施工安全、技术交底后才能上岗。施工前，监理要对承包商的安全教育及接受交底情况进行检查。

7）进场的钢筋应有出厂合格证和试验报告单，同时要对钢筋外观进行检查，并按规定现场取样进行机械性能试验（监理见证），合格后才能使用。钢筋按批检查验收，每批由同牌号、同炉号、同加工方法、同交货状态的钢筋组成，每批重量不大于60t。

8）焊条的型号必须符合设计及相关规范要求。

(2) 钢筋工程施工过程的监理工作

1）钢筋的储存、运输、加工、安装应满足设计和规范要求。

2）从事钢筋加工和焊（连）接的操作人员必须经考试合格，持证上岗。

3）钢筋宜在钢筋加工场加工成型后运至现场安装。钢筋加工（包括下料长度、尺寸等）满足设计及规范要求，钢筋下料过程中同时应综合考虑接头位置的布置、钢筋连接（搭接、焊接、机械连接）所需长度、箍筋弯钩长度等，以保证钢筋安装质量符合设计及规范要求。

4）钢筋在使用前应调直、除锈。钢筋在加工直螺纹时，保证截面平整；焊接接头焊缝要求饱满、平顺，无烧筋、夹渣现象。

5）钢筋加工成品挂牌堆放并标注钢筋编号、规格、根数、加工尺寸、使用部位，经检验合格后，方准使用。

6）绑扎钢筋时应事先考虑支模和绑扎的先后次序，并注意钢筋的型号、规格、间距、搭接长度等符合设计及规范要求，钢筋连接质量良好，钢筋安装位置准确，能满足结构受力需要和钢筋保护层厚度要求。

7）受力钢筋接头宜设置在受力较小处，避开有抗震设计要求的框架的梁端和柱端的箍筋加密区；当无法避开时，接头的百分率不应超过50%，受拉钢筋宜采用套筒机械连接方式，其他钢筋可采用绑扎搭接。

8）钢筋连接接头（焊接连接、机械连接）在浇筑混凝土前均应经试验监理工程师现场见证取样送检测中心检测，合格后才能浇筑混凝土。

9）滚压直螺纹接头控制要点：

直螺纹套筒连接质量控制监理工作流程：准备工作（监理检查接头是否进行工艺检验）→钢筋下料检查（钢筋接头是否打磨）→剥丝加工（监理检查丝扣长度、是否存在断丝、毛刺）→现场连接（检查力矩、丝头外露长度）。

丝头的加工（包括切头、套丝）在加工场地制作完成，施工现场仅需用套筒将丝头连接。

① 下料时，必须保证钢筋端头切口与钢筋轴线垂直，不允许有马蹄形或挠曲，端头部分不直应调直后下料。

② 加工钢筋丝头时应采用水溶性切削润滑液，当气温低于0℃时应有防冻措施，不得在无润滑液的情况下套丝。钢筋丝头的螺纹应与连接套筒的螺纹相匹配。

③ 外观质量要求：

丝头：牙形饱满，牙顶宽度超过0.6mm，秃牙部分累计长度不应超过一个螺纹周长。外形尺寸含螺纹直径及丝头长度应满足图纸要求。

套筒：套筒表面无裂纹和其他缺陷。外形尺寸包括套筒内螺纹直径及套筒长度应满足产品设计要求。

④ 检验要求：加工人员应逐个目测丝头的加工质量。每加工10个丝头应用螺纹环检查1次，并剔出不合格产品。自检合格的丝头，再由承包商质检人员随机抽样检验，以一个工作班生产的丝头为一个检验批，随机抽检10%。当合格率小于95%时，应加倍抽检，复检的合格率仍小于95%时，应再对全部钢筋丝头逐个检验，并切去不合格的丝头，重新加工螺纹。丝头检验合格后用塑料帽或连接套筒和保护塞加以保护。

⑤ 现场连接施工：连接钢筋时，钢筋规格和套筒的规格必须一致，钢筋和套筒的丝扣应干净、完好无损；采用预埋接头时，连接套的位置、规格和数量应符合设计要求。带连接套筒的钢筋应固定牢，连接套筒的外露端应有保护盖；滚轧直螺纹接头的连接，应用管钳或工作扳手进行施工；经拧紧后的滚压直螺纹接头应做出标记，允许完整丝扣外露为1~2扣。

10）钢筋绑扎搭接长度应满足设计要求，并符合下列规定：

① 钢筋搭接时，中间和两端共绑扎三处，并必须单独绑扎后，再和交叉钢筋绑扎。

② 主筋和分布筋，除变形缝处2~3列钢筋骨架全部绑扎外，其他可交叉绑扎。

③ 钢筋绑扎搭接长度、接头位置、同一断面接头的截面面积最大占比应符合设计及规范要求。

11）施工中如需要钢筋代换时，必须充分了解设计意图和代换材料性能，严格遵守现行钢筋混凝土设计规范的各种规定，并不得以等面积的高强度钢筋代换低强度的钢筋。凡重要部位的钢筋代换，须征得甲方、设计单位同意，并有书面通知时方可代换。钢筋替代需符合以下要求：

① 钢筋级别与设计相同时，代用钢筋总面积不应小于设计钢筋总截面积。

② 钢筋级别与设计不同时，可按设计钢筋与代用钢筋屈服点强度的比例关系，换算出代用钢筋所需的截面面积。

③ 代用钢筋间距要满足设计规定某些钢筋最大间距的要求，同时考虑满足混凝土骨料最大粒径。

④ 预制构件的吊环，必须采用未经冷拉的Ⅰ级钢筋。

⑤ 不得以多种直径钢筋替代原图纸一种直径钢筋。

⑥ 光圆钢筋不得替代变形钢筋。

⑦ 钢筋层数不得多于原设计钢筋层数。

⑧ 钢筋加工的质量标准及检验方法符合有关规定。

12）防迷流钢筋工程：

按设计要求沿车站纵向，每个诱导缝两侧各设一个框型横向钢筋圈，每分段内顶板、站厅板及内衬侧墙中的1/3纵向筋、底板内1/2纵向筋均与它焊接。缝侧两横向钢筋圈的顶板顶面及站厅板顶面主筋之间再各用两根铜芯绝缘电缆焊接。1/2底板纵向钢筋及顶板、站厅板、内衬侧墙各分段的1/3纵向筋（通过绝缘电缆）沿车站纵向通至端头井的端墙内，与端墙内侧1/3的水平筋焊连，最终与隧道洞门钢环焊接，形成一个空间钢筋笼。在端头井近隧道处的侧墙面，还设有与1/3钢筋相焊接的测试盒，以测试钢筋对地电位的变化，监测迷流。

(3) 钢筋工程施工质量验收的监理工作

钢筋工程属于隐蔽工程，在浇混凝土前应对钢筋及预埋件进行验收，并做好隐蔽工程验收记录。验收内容包括：

1）根据设计图纸检查钢筋的型号、规格、数量、排距、间距、位置是否正确，安装是否牢固。

2）钢筋接头的位置、百分率及搭接长度、接头质量是否符合规定。

3）钢筋保护层是否符合要求。

4）钢筋绑扎是否牢固，有无漏扎、跳扎、松动、变形现象。

5）钢筋表面不允许有油渍、漆污和颗粒状（片状）铁锈。

6）钢筋安装尺寸允许偏差见表5-12。

钢筋安装尺寸允许偏差表　　　　　表5-12

项　目	允许偏差（mm）
钢筋骨架高度	±5
钢筋骨架宽度	±10
主筋间距	±10
箍筋间距	±10
钢筋网片长和宽	±10
钢筋网眼尺寸	±10

2. 模板工程

模板工程是使新浇筑混凝土成型的构造设施。其构造包括模板体系和支撑体系。

模板工程的施工监理工作流程：施工准备（审查模板、支架专项方案，通过专家论证并按专家意见进行修改完善后总监理工程师审批）→控制轴线、标高复核→搭设模板支架（总监理工程师及专项方案专家组成员进行验收）→模板安装（标高及轴线复核）→绑扎钢筋→浇筑混凝土→支架、模板拆除（监理复核是否达到拆模要求）。

其中，面板体系的平面位置、标高、几何尺寸、垂直度、平整度、梁柱节点及支撑体系是模板工程质量控制的重点，高支模工程是重中之重。

(1) 模板工程施工准备中的监理工作

1）审核模板工程施工方案：

① 对模板支架的强度、刚度及其稳定性进行验算，对采用的荷载组合进行校核。属于高大模板支架工程的专项施工方案，应进行专家论证。

模板应尽可能采用大块模板。墙拱曲面结构采用组合钢模时，宜采用双曲可调模板，封口段宜采用变角可调模板；采用平面模板时，与设计曲面的最大差值不应超出设计允许值。预留工作窗模板应专门设计。

② 采用脚手架支架时，宜采用扣件式、碗扣式、盘扣式等钢管脚手支架。施工设计应符合相应的安全技术规范。支架下方需预留门洞通行时，应有可靠的门洞设计方案和安全防护措施。

③ 采用型钢拱架支架，支架钢楞杆件宜为整根杆件，单榀支架杆件间应采用螺栓等可靠连接，各钢架间宜采用拉杆等措施有效连接。

2) 高支模方案审批阶段重视手续完备（公司技术负责人签字和盖公司法人章）及专家论证，应重点审核以下几点：

① 承担项目施工的项目经理和技术负责人编制高支模的专项施工方案，施工方案中要有计算书、安全验算结果和必要的参考资料。除了文字性的方案，必须附有高支模部位的详细而明确搭设方案图。这些图包括：支模架的平面布置图；支模架的立面布置图；局部构造布置图。

② 项目承包商编制形成高支模专项施工方案后，应当组织专家组进行论证审查。监理要参加专家组的论证审查会。施工企业应根据专家组提出书面论证审查报告进行完善，施工企业技术负责人签字后，方可报监理审查。监理接到报批的专项方案后，应重视手续的完备，即有方案，有专家论证，有承包商技术负责人签字。项目总监理工程师在资料完备后方可签字准许实施。

3) 对现场支架和模板材料的控制：

对现场支架和模板的材料进行严格控制。如钢管的壁厚、扣件的质量。支架和模板的材料使用前，应按现行国家标准的规定对钢管和扣件进行机械性能试验以检验其力学性能。

① 对主要使用的钢管材料进场检查：钢管应有产品质量合格证；应有质量检测报告，钢管材质检验方法应符合规范要求；钢管表面应平直光滑，不应有裂缝、结疤、分层、错位、硬弯、毛刺、压痕和深的划道；钢管外径、壁厚、端面等的偏差应分别符合规范要求；钢管必须涂有防锈漆；钢管弯曲变形应符合规范规定；

② 对使用的扣件进场检查：新扣件应有生产许可证、法定检测单位的测试报告和产品质量合格证；旧扣件使用前应进行质量检查，有裂缝、变形的严禁使用，新旧扣件均应进行防锈处理。

4) 检查承包商对施工人员的安全教育培训资料及技术交底资料：

进场的施工人员必须经过三级安全教育，且要经过施工安全、技术交底后才能上岗。施工前，监理要对承包商的安全教育及接收交底情况进行检查。

（2）模板工程施工过程的监理工作

1) 检查承包商高支撑模板系统施工现场安全责任人施工到岗，检查施工过程的安全管理工作是否到位。施工现场安全责任人应在高支模搭设、拆除和混凝土浇筑前必须向作业人员进行质量、安全、技术交底，并将书面交底记录交监理项目部备案。

2) 高支撑模板系统施工必须按经审批的技术方案进行，技术方案未经原审批部门同意，任何人不得修改变更。

3) 支模分段或整体搭设安装完毕，经企业技术和安全负责人或其书面委托人主持分段或整体检查合格，报监理项目部验收合格后方能进行钢筋安装。

4) 监理项目部应指派监理工程师对高支撑模板系统施工技术方案的实施和各安全措

施的落实情况进行抽查，发现问题应及时发出监理通知，通知承包商限期整改；承包商整改完毕后，将整改情况书面报送监理项目部备案。

5）对出现下列情况之一者，监理工程师责令承包商停工整改，复检合格后方可继续施工：

① 承包商未编制高支撑模板技术方案或将未经审批的技术方案交付现场施工。

② 高支撑模板施工存在重大安全隐患。

6）顶板、中板、夹层板可采用九合竹胶板，模板下方满铺方木进行衬垫，提高板模刚度，保证板面平整度要求，并且相邻两块竹胶板无论横向拼缝还是纵向拼缝，必须落在方木上进行搭接，设木钉固定，避免出现错台。

7）模板用于结构施工前，应先进行除锈及清污处理。在模板拼装校正完成后、板梁钢筋绑扎前进行隔离剂涂刷，侧墙模板在支立前涂刷隔离剂，隔离剂宜采用专用水性隔离剂均匀涂刷，保证后期脱模效果。结构混凝土浇筑前，对侧墙、立柱、板梁模板所有拼缝进行一次细致检查，对可能造成漏浆的拼缝采用玻璃胶在模板外侧进行密封，以保证模内混凝土面的光滑平顺。混凝土开盘浇筑前，对模板表面进行彻底清洗润湿，清除焊渣、杂物，保证模板表面清洁干净，以提高混凝土表面颜色一致性，控制好混凝土结构外观质量。

8）模板拆除：模板的拆除顺序应遵循先支后拆、后支先拆的原则。

① 墙柱模板拆除。在混凝土强度达到 2.5MPa 能保证其表面棱角不因拆除模板而受损后方可拆除，拆除顺序为先纵墙后横墙。强度达要求后，先松动穿墙螺栓，再松开地脚螺栓使模板与墙体脱开。脱模困难时，可用撬棍在模板底部撬动，严禁在上口撬动、晃动或用大锤砸模板，拆除下的模板及时清理模板及衬模上的残渣。

② 梁、顶板模板拆除。承重结构顶板和梁，跨度在 2~8m 的强度达到 70%，跨度在 8m 以上的强度达到 100%时方可拆除。后浇带处的梁、板底模板的支撑必须待后浇带混凝土浇筑后，混凝土强度达到设计强度100%后，才能拆除底模及支撑（混凝土强度根据相应部位的同条件养护试块试压确定）。

(3) 模板工程施工质量验收的监理工作

1）支架体系验收。

在支架体系基本成型，周边模板尚未封闭之前对支架体系进行验收。验收的重点内容为：支架搭设间距是否按方案要求执行，支架高度是否符合要求，立杆接头是否错接，支架底部是否牢固，预留的斜撑及对撑钢管数量是否满足要求等。

2）模板体系验收。

在侧墙模板封闭加固完成，顶（中）板模板铺设到位并加固完成后进行验收。验收的重点内容为：模板所用材料是否按照方案执行，模板系统肋带间距是否按照方案执行，模板系统的平面位置、标高、几何尺寸、垂直度、平整度是否满足要求。大跨度模板是否按方案要求进行起拱，各构件是否牢固，模板系统与支架系统连接扣件扭力是否满足要求，侧墙钢筋保护层是否满足要求等。

3）防水混凝土结构内部设置的各种钢筋或绑扎铁丝，不得接触模板；固定模板用的螺栓必须穿过混凝土结构时，可采用工具式螺栓或螺栓加堵头，螺栓上加焊方形止水环，验收时现场监理将对此部位的情况专门检查验收。

4) 混凝土浇筑之前模板工程统一验收。

在混凝土浇筑之前进行验收，验收的重点内容为：预埋件及预留孔洞是否有所遗漏，安装是否牢固，位置是否准确，止水带安装施工满足方案要求，施工缝堵头加固是否满足要求，上翻梁模板加固是否满足要求，模板及支撑系统的整体稳定性是否良好，混凝土浇筑之前的准备工作是否完善等。

5) 检查验收应注意如下几点：

① 支架碗口或扣件应紧密连锁，立杆连接销和扣件拧紧程度要重点检查。

② 支架高度过大时，应分层进行检查和验收。

③ 严格按照支架体系验算书对支架的间距、步距等要求进行验收。

④ 严格按照验算书中的模板规格进行验收，安装模板起拱满足要求。

⑤ 周转使用的模板和脚手架构配件使用前应进行质量检查和验收，合格后方可使用。

⑥ 杆件的设置和连接、扫地杆、支撑、剪力撑等构件是否符合要求。如底层纵、横向扫地杆距地面高度应≤350mm，严禁在施工中拆除扫地杆；立杆上端包括可调螺杆插入立杆内的长度不得小于150mm。为了增加支架体系的整体稳定性，沿结构纵、横向设竖向剪刀撑，剪刀撑的斜杆与地面夹角应控制在45°～60°之间，斜杆要每步与立杆牢固扣接。在剪刀撑部位的顶部、扫地杆处设置水平向剪刀撑。

⑦ 检查地基是否平稳，底座是否松动，并对有隐患部位进行整改。

⑧ 架体和杆件是否有变形的现象，对变形的构配件要及时更换。

(4) 模板工程施工安全的监理工作

1) 大模板施工体量大、重量高，安拆作业必须借助吊装施工机械，大模板吊装作业是模板施工的一个安全风险点，必须严格按照吊装作业操作规程进行施工。

2) 高支撑模板系统施工现场应搭设工作梯，作业人员不得从支撑系统爬上爬下。

3) 支模搭设、拆除和混凝土浇筑期间，无关人员不得进入支模底下，并由安全员在现场监护。

4) 对存在安全隐患的模板支架盲区、洞口部位应安装警示标志和安全防护设施。

5) 模板支撑系统拆除应注意结构混凝土强度是否达到要求强度，必须经单位工程负责人检查验证，必须符合《混凝土结构工程质量验收规范》GB 50204 的规定。

6) 模板支撑系统拆除前承包商将拆除方案对有关人员进行技术交底，在拆除区域内应设置安全警戒线；拆除作业必须自上而下逐层进行，严禁上下层同时进行拆除作业；分段拆除的高差不应大于2步，拆除过程中，承包商应有专人进行监护。

3. 混凝土工程

混凝土工程监理工作流程：作业准备（商品混凝土配合比验证）→混凝土质量检查（检查混凝土合格证、后场检查抄盘记录、混凝土坍落度等）→浇筑过程旁站（关注梁、柱节点混凝土浇筑、记录浇筑过程中存在问题等）→督促承包商做好混凝土养护。

其中，配合比的设计与控制、坍落度（现场）、下料方式、浇筑顺序、梁柱节点及施工缝处混凝土浇筑是混凝土工程质量控制的重点。

(1) 混凝土工程施工准备中的监理工作

1) 审核承包商编制的混凝土施工方案，重点审查商品混凝土的质量控制，大面积/大体积混凝土的浇筑顺序，施工缝、梁柱节点等特殊部位的浇筑措施，混凝土的保温、养护措施等。

2）为确保商品混凝土的质量，应认真进行市场调研，选择商品信誉好、供货及时的商品混凝土供应商，向混凝土供应商索取详细的技术资料，并对混凝土的配合比试配工作进行跟踪监控，加强对原材料和搅拌质量的监控，确保混凝土拌合物的质量。

3）为保证混凝土供应，对搅拌站的地理位置、运输线路、运输和供应能力等详细考察，和搅拌站协商确定运距短、交通方便的最佳运输线路及特殊情况下的应急线路、应急措施，施工场内线路合理安排，各种服务工作力求快速有序，确保混凝土从搅拌至浇筑间隔时间不大于要求时间。每次混凝土浇筑前，准备好足够的混凝土搅拌运输车，保证混凝土供应。

4）检查防水混凝土的配合比是否经过检测中心（第三方检测单位）的配比验证，同时检查防水混凝土的原材料选用等是否符合设计及规范要求。若不满足，则督促承包商要求混凝土供应商进行调整。

5）每次灌注前，均备好一台机况良好的发电机以应付突然断电现象，并准备足够面积的彩条布，防止新浇混凝土雨淋或暴晒；并根据浇灌混凝土时的气温，确定混凝土初始养护时间、养护方式及养护期，养护施工定方案、定人员、定设备、定时间、定措施，确保养护方案在执行过程中不走样。

6）检查承包商对施工人员的安全教育培训资料及技术交底资料。

进场的施工人员必须经过三级安全教育，且要经过施工安全、技术交底后才能上岗。施工前，监理要对承包商的安全教育及接收交底情况进行检查。

（2）混凝土工程施工过程的监理工作

1）查验运至施工现场的商品混凝土的出厂合格证等质量控制资料；按规范要求进行混凝土坍落度的现场检测、混凝土抗压、抗渗试件的现场取样。

2）商品混凝土厂家的混凝土配合比计量进行检查，严格控制防水混凝土配料按配合比准确称量。计量允许偏差应符合相关规定。

3）对混凝土坍落度需严格控制，抽查混凝土的坍落度应满足要求，坍落度过大或过小的混凝土不允许使用。

4）混凝土入模温度应符合相关规定。

5）预拌防水混凝土运至现场后检查拌合物质量情况，若防水混凝土拌合物在运输后如出现离析，需督促用罐车进行二次搅拌。当坍落度损失后不能满足施工要求时，应加入原水灰比的水泥浆或二次掺加减水剂进行搅拌，严禁直接加水搅拌。

6）防水混凝土应采用高频机械振捣密实，振捣完成后目测以混凝土泛浆和不冒气泡为准，重点部位要全程跟踪检查混凝土振捣过程，对振捣顺序、振捣时间进行检查，避免出现漏振、欠振和过振现象。

7）一般情况下，地下车站结构施工留设环向施工缝和水平施工缝，当留设施工缝时，施工缝的位置、施工缝的形式应符合相关规定。为利于混凝土结构自防水，浇筑防水混凝土要求承包商连续浇筑，避免形成施工冷缝。

8）施工缝的施工应符合下列要求：

① 水平施工缝位置浇灌混凝土前，现场监理检查施工缝表面处理情况，督促承包商

对施工缝进行凿毛处理，并将其表面浮浆和杂物清除，先铺净浆或涂刷混凝土界面剂、水泥基渗透结晶型防水涂料，再铺水泥浆，并及时浇灌混凝土；垂直施工缝施工前，现场监理应检查施工缝表面处理情况，督促承包商将其表面清理干净，再涂刷混凝土界面剂或水泥基渗透结晶型防水涂料，并及时浇筑混凝土。

② 一般情况下，施工缝位置应埋设橡胶钢边止水带，在前一段混凝土浇筑前检查中埋式钢边止水带位置是否准确、固定是否牢靠；在后一段混凝土浇筑前应将钢边止水带上水泥浆清理干净。

9）混凝土浇筑前进行清仓处理，并按规范要求对模板、钢筋、预埋件、预留孔洞、防水层、止水带等进行检查修整，特别注意对模板，尤其是挡头板进行检查，防止出现跑模现象。

10）混凝土的浇筑采用泵送入模。控制混凝土的自由倾落高度、浇筑层厚度、间歇时间、振捣方式，以确保混凝土质量。

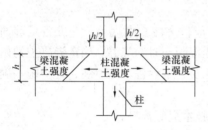

图 5-15 梁柱节点混凝土浇筑示意

① 主体结构柱混凝土强度等级高于梁板，且相差>5MPa，根据要求梁柱节点区混凝土应按图 5-15 梁柱节点混凝土浇筑示意图施工。梁柱分隔处用钢丝网片分隔，先行浇筑柱混凝土，然后浇筑梁混凝土。

② 板梁混凝土的浇筑：纵向由一端向另一端浇筑，横向由中间向两侧浇筑，分层、分条带浇筑，每层的浇筑层厚度在、每条混凝土浇筑带宽度、每条混凝土接茬时间应符合相关要求。梁板的浇筑顺序为先梁后板，在沉降缝端模止水带处分两层浇筑，先浇筑止水带以下部分混凝土，填满捣实后，将止水带理顺找平，防止其出现窝气空鼓现象，然后再浇止水带以上部分。顶板混凝土浇筑完成后对表面进行压光处理。

③ 侧墙混凝土的浇筑：混凝土浇筑方向纵向由新旧的混凝土接触面处向挡头板方向浇筑，竖向分层浇筑，层高应符合相关要求，且两侧对称浇捣，控制好两侧混凝土面的高差。混凝土自由下落的高度差大于 2m 时，采用串筒下料，防止混凝土离析。

11）为确保混凝土施工质量，承包商选配专业熟练工人施工混凝土，合理确定结构施工分段，采用分段分层浇筑的方法，混凝土浇筑连续进行，间歇时间不超过规范规定。若因特殊情况出现混凝土输送中断，则对已浇混凝土部分按施工缝处理，或按有关规定处理。

12）加强对大面积（大体积）混凝土施工过程的检查，严格按照规范及施工方案进行施工，重点加强模板支撑体系在混凝土施工过程监测。

13）在混凝土终凝前要多次收水抹光，确保混凝土表面光滑平整。

14）在混凝土浇筑完成后要及时进行养护，根据结构的不同位置采用洒水养护或薄膜养护，必要时在混凝土表面涂刷养护剂，并保证养护时间，保证混凝土具有足够的强度和耐久性，以减少混凝土结构出现收缩裂缝，可有效防止混凝土结构出现渗漏水现象。

15）结构混凝土未达到设计强度前，禁止结构表面堆重物，对结构不同部位，采取不同的拆模时间，禁止拆模过早；严格控制支架的拆除时间，确保工程质量和施工安全。

(3) 混凝土工程施工质量验收的监理工作

1) 混凝土主体结构强度达到要求拆模后，应及时对混凝土构件的位置、断面尺寸、结构空间及混凝土外观质量进行检查。现浇结构位置、尺寸允许偏差应符合验收规范要求。

2) 如发现混凝土有蜂窝麻面或其他缺陷，禁止承包商私自处理，承包商要对已完成的混凝土结构进行全面排查，根据已审批的混凝土缺陷处理方案进行处理，并对缺陷情况、处理方法及处理结果采用文字及图片记录。

3) 对混凝土开裂、渗漏的处理，必须编写专门的处理方案，并严格按照批准的方案进行堵漏处理。

4) 对结构构件位置偏移、垂直度、结构空间尺寸不符合要求的严重缺陷部位，必须经原设计认可（或专家论证）的处理方案进行处理。

5) 主体结构混凝土施工完成且超过 600 度天后，对现场结构实体混凝土进行检测。

6) 混凝土标养试块和同条件养护试块抗压试验、防水混凝土抗渗试块试验报告全部取回后，及时对混凝土质量进行评定。

(4) 混凝土工程施工安全的监理工作

1) 混凝土泵立管不能和支撑与模板有任何接触，督促施工方科学规划泵送管的布置，控制好泵送混凝土的速度，规划好混凝土的浇筑方向等。

2) 浇筑混凝土要严格按施工方案进行，尤其需分层浇筑的必须分层浇筑。混凝土的浇筑方向原则上应注意对称，避免高支架受不对称荷载，浇筑时宜从周边已浇筑结构逐渐向大跨度的待浇筑结构推进。

3) 混凝土浇筑时，承包商应派安全员及有经验、责任心强的专业木工随浇筑进度检查模板及其支撑系统的变形情况，遇到异响或发现架体立杆局部弯曲等异常情况应立即停止浇筑，迅速疏散人员，对出现异常情况的模板采取相应补救措施，待排除险情并经承包商安全责任人检查，报项目监理部同意后方可继续浇筑。该项工作要坚持到混凝土终凝后才能结束。

4. 砌体工程

砌体工程监理工作流程：轴线复测→砌体材料进场验收（见证取样送检）→砌筑砂浆试配→砌筑质量检查（督促承包商植筋检测、督促留置砂浆试块，检查灰缝厚度、拉结筋、马牙槎留置等）→圈梁（过梁）、构造柱钢筋绑扎质量检查、验收（隐蔽验收）→混凝土浇筑质量检查、验收。

其中，墙体位置、垂直度、平整度，灰缝厚度、平直度，植筋质量、拉结筋长度，构造柱、过梁（圈梁）施工质量是砌体工程施工质量控制的重点。

(1) 砌体工程施工准备中的监理工作

1) 审核砌体施工方案，重点审核墙体垂直度、平整度控制措施，植筋质量控制措施，构造柱混凝土浇筑质量控制措施是否合理。

2) 审查施工工人的安全培训教育、技术交底资料。工人进入施工现场前，应进行岗位培训并对其作安全、技术交底，方能上岗操作。

3) 砌体应在主体结构完成且稳定、混凝土强度符合设计要求后方可施工，并按技术交底及图纸要求组织施工。

4）砌体所用的材料应有产品的合格证书、产品性能检测报告。块材、水泥、钢筋、外加剂等尚应有材料主要性能的进场复验报告。严禁使用国家明令淘汰的材料。砖砌体外观应边角整齐，规格一致，砖的品种、强度等级必须符合设计要求；普通黏土砖的尺寸允许偏差和外观等应符合规范要求。

5）砌体砂浆的水泥，必须有出厂合格证和出厂检测报告，经现场复试合格后方可使用。砂应有物理性能试验使用前必须过筛，水应用生活用水。

6）砌筑砂浆应通过试配确定配合比。当砌筑砂浆的组成材料有变更时，其配合比应重新确定。

7）用于砂浆中的早强、缓凝、防冻剂等，其掺量应通过试验确定。

（2）砌体工程施工过程的监理工作

砌体施工必须先进行样板引路，样板确认后方可大面积施工。

1）弹线：根据图纸，清理需要砌筑的位置。要求清除表面浮灰，铲除浮浆。根据图纸及轴线，弹出墙体宽度及门洞口位置线。

2）植筋：

①植筋施工流程：弹线定位→钻孔→清孔→钢筋处理→注胶→植筋→固化养护→抗拔试验。

②材料要求：锚固胶：锚固胶的性能应通过专门的试验确定。锚固胶要选用合格的植筋专用胶水，产品要有合格证明，要能够满足本工程植筋施工要求。对获准使用的锚固胶，除说明书规定可以掺入定量的掺合剂外，现在施工中不宜随意添加掺料。钢筋：钢筋性能要符合规范要求，钢筋在植筋前要清除表面的铁锈。

③施工过程监理控制：植筋的数量及位置应符合设计及规范要求。钻孔的位置、深度及直径应符合相关要求。清孔是植筋中最重要的一个环节，钻孔清理是否干净，直接影响植筋的质量，所以一定要把孔内杂物清理干净。注胶：清孔完成后应验收合格后方可注胶。钢筋处理：钢筋表面的锈迹及其他污物需清除干净。植筋：植筋应在注胶完毕后立即进行，植筋最小锚固长度应符合相关要求。检测验收：钢筋植筋完毕后，胶体完全固化后方可进行拉拔试验。

3）拌浆：

①砂浆采用机械拌和，不应混有杂物。

②为使砂浆具有良好的保水性，砂浆中应掺入无机塑化剂（如粉煤灰等）或有机塑化剂（如皂化松香等），不应采取增加水泥用量的方法。在水泥砂浆中掺入有机塑化剂时，必须符合下列要求：有机塑化剂掺量应根据使用说明书要求及试验确定，并应有砌体强度的型式检验报告；拌制砂浆时，对有机塑化剂的浓度和用量必须严格控制；砂浆应采用机械搅拌和，搅拌时间（自投料完算起）应符合相关规定。

4）选砖：

①砖块应无弯曲、裂缝、裂纹、颜色均匀，规格基本一致，敲击时声音响亮。

②当砖块需切割时，应采用切割机，确保外观质量。

5）基层处理：砌筑前板面应清理干净，并洒水湿润。

6）当基层表面不平时，应根据需要找平厚度，当厚度小于2cm时，采用水泥砂浆找平，当厚度大于 2cm 时应采用细石混凝土找平，严禁边砌筑边找平。

7）砌筑墙体时应事先准备皮数杆。皮数杆上应划出主要部位的标高位置（如窗台、门洞过梁、预埋件等），砖行数应按砖的实际厚度和水平灰缝的允许厚度来确定。蒸压加气混凝土砌体底部应采用水泥砖（砌块）砌筑，水泥砖（砌块）砌筑高度应符合相关要求，建议根据装修层的厚度适当调高；采用水泥砂浆砌筑时，水平灰缝厚度和竖向灰缝宽度应符合要求。

8）砖砌体应上下错缝、内外搭砌。

9）砌筑顺序应符合下列规定：

① 混凝土板面或梁面高低不同时，应从低处砌起，并应由高处向低处搭砌。

② 砌体的转角处和交接处应同时砌筑。当不能同时砌筑时，应按规定留槎，并做好接槎处理。砌体临时间断处的高度差不得超过一步脚手架的高度。

10）砖墙一次铺浆的长度不超过 750mm，加气块墙一次铺浆的长度不超过 1500mm。铺浆后应立即放置砖块。如砌筑后需移动砖块或砖块松动，均须铲除原有砂浆重新砌筑。

11）水泥砂浆应随拌随用。水泥砂浆使用应在 3h 内用完；当施工期间最高气温超过 30℃时，应在拌成后 2h 内使用完毕。

12）伸缩缝、沉降缝中不得夹有砂浆、碎砖和其他杂物，先砌的变形缝一边应把灰舌刮净后砌的一边应砌缩口灰，避免砂浆堵住变形缝。

13）设计要求的洞口、管道、沟槽应于砌筑时正确留出或预埋，未经设计同意，不得打凿墙体和在墙体上开凿水平沟槽。

14）不得在下列墙体或部位设置脚手眼或施工开洞。

① 120mm 厚墙、料石清水墙和独立柱，加气混凝土填充墙。

② 过梁上与过梁成 60°角的三角形范围及过梁净跨度 1/2 的高度范围内。

③ 宽度小于 1m 的窗间墙。

④ 砌体门窗洞口两侧 200mm 和转角处 450mm。

⑤ 梁或梁垫下及其左右 500mm 范围内。

⑥ 设计不允许设置脚手眼的部位。

15）砌筑过程中要随时检查墙的垂直度、表面平整度、灰缝厚度及墙角、门窗口的里外角，出现偏差及时校正。

16）严禁将砌好的墙体用重物击打、找平、调整垂直度。

17）墙体砌筑时应与构造柱连接处砌成马牙槎，每个马牙槎沿高度方向的尺寸不宜超过五皮砖，马牙槎的砌筑要先退后进。砖墙与构造柱之间沿墙高设水平拉结筋连接，每边伸入墙内不应小于 1m。

18）墙体转角处和纵横交接处应同时砌筑。临时间断处应砌成斜槎，斜槎水平投影长度不应小于高度的 2/3。

19）墙体的临时间断处，如留斜槎确有困难时，除转角处外，也可自墙面引出直槎，但必须砌成阳槎，并按规定设置拉结筋。

20）拉结钢筋的数量、沿墙高间距、埋入长度（从留槎处算起）均应符合相关规范要求。填充墙如不能同时砌筑又不留成斜槎时，也应按规定设置拉结筋。遇有通风道和烟囱时，拉结筋应分成两股沿孔道两侧平行设置。

21) 灰缝应横平竖直，砂浆饱满、均匀密实。砂浆饱满度应符合规范要求，竖直缝采用加浆填灌法，保证砂浆饱满。边砌边勾缝，不得出现暗缝、透亮缝；外墙转角处严禁留直槎，其他临时间断处留槎做法必须符合质量验收规范和规程规定。

22) 砌体施工应错缝搭砌，不应有通缝。转角和交接处的接槎应通顺密实。预埋拉结筋数量、长度均符合设计和规范要求，留置间距偏差不超过1皮砖。过梁位置、高度应正确无误。构造柱留置位置正确，上下顺直，残余砂浆清理干净。

23) 砌体砌筑应控制每天的砌筑高度，以确保砌体的稳定（每天砌筑高度不应超过1.8m）。

24) 构造柱宜采用木模板，模板的表面应清理干净。采用对拉螺杆固定，螺杆应上紧。在模板及气体中放置双面胶，防止漏浆。

25) 构造柱浇筑混凝土前，必须将砌体留槎部位和模板浇水湿润，将模板内的落地灰、砖渣和其他杂物清理干净，并在结合面处注入适量与构造柱混凝土相同的水泥砂浆。振捣时应避免触碰墙体，严禁通过墙体传振。

(3) 砌体工程施工质量验收的监理工作

1) 承包商质量保证资料：

① 砌体材料、水泥、砂、钢筋等施工材料的质量证明书及见证取样试验报告。

② 混凝土及砂浆试块的试验报告和评定结果。

③ 隐蔽验收记录。

④ 承包商的质量评定资料。

2) 监理单位根据对资料和现场质量的检查、审核情况，对砖砌体进行分项验收及评定。

3) 砌体尺寸、位置的允许偏差应符合相关要求。砌体施工检查验收标准见表5-13。

砌体施工检查验收标准　　　　表5-13

项目	允许偏差（mm）	检验方法
轴线位移	10	用经纬仪和尺检查
墙顶面标高	±15	用水准仪和尺检查
墙面垂直度	5	用2m托线板检查
表面平整度	8	用2m靠尺和楔形塞尺检查
水平灰缝平直度	10	拉5m线和尺检查

4) 砌筑砂浆试块强度验收时其强度合格标准必须符合以下规定：砌筑砂浆的验收批，同一类型、强度等级的砂浆试块应不少于3组。当同一验收批只有一组试块时，该组试块抗压强度的平均值必须大于或等于设计强度等级所对应的立方体抗压强度。抽检数量：每一检验批且不超过250m³砌体的各种类型及强度等级的砌筑砂浆，每台搅拌机应至少抽检一次。

检验方法：在砂浆搅拌机出料口随机取样制作砂浆试块（同盘砂浆只应制作一组试块）。

5）砂浆试块强度应以 28d 的试块抗压试验结果为准。

（4）砌体工程施工安全的监理工作

1）在操作前必须检查操作环境是否符合安全要求，道路是否通畅，机具是否完好牢固，安全设施和防护用品是否齐全，符合要求后才可施工。

2）墙体高度超过地坪 1.2m 以上时，应搭设脚手架。脚手架上堆料量不得超过规定荷载，堆砖高度不得超过 3 皮砖，同一块脚手板上操作人员不应超过 2 人。

3）需要不同尺寸断砖时，砖应向内打，注意碎砖崩出伤人。

4）吊车或塔吊吊砌块应用专用工具，吊砂浆的料斗不能装得过满，吊车或塔吊回转范围内不得有人停留。

5）不得私自拆除防护，如需拆除的应征得相关管理人员同意，并应及时恢复。

6）使用塔吊运料时，必须使用对讲机，且说话简洁清楚。快提停稳时方可拉料进料。

7）砌体施工脚手架要搭设牢固，扣件应拧紧。

8）现场搅拌砂浆的机械操作安全和施工用电安全。

5.1.6 防水工程

地下车站为一级防水，防水层的铺设、涂抹、保护、细部处理等工作的好坏，都直接影响车站的防水效果，应加强控制。

防水工程监理工作流程：准备工作（防水材料进场验收、见证取样送检）→侧墙找平层检查→底板垫层施工（检查垫层厚度、平整度等）→底板防水层施工（检查防水层搭接宽度、连接形式等）→底板防水保护层施工→底板混凝土施工（检查防水混凝土合格证、后场抄盘记录、止水带安装等防水细部处理等）→侧墙防水施工（检查防水层搭接宽度、连接形式、与基层是否密贴等）→主体中板、结构柱施工→顶板混凝土施工（检查防水混凝土合格证、后场抄盘记录、止水带安装等防水细部处理等）→顶板防水施工（检查防水材料是否满足设计要求、检查防水层厚度等）→底板防水保护层施工（检查防水保护层厚度）。

其中，防水材料质量、卷材防水的搭接质量、变形缝、施工缝与后浇带等细部防水施工是防水工程施工质量控制的重点。

1. 防水工程施工准备中的监理工作

1）熟练掌握图纸内容，参与设计交底和图纸会审。

2）防水工程属重要部位，必须要由防水专业队伍施工。施工前首先审查防水分包商企业资质、人员上岗证、防水施工方案，监理及有关部门审核同意后，方可实施。

3）原材料的质量预控：严把材料进场检验关，材料进场同时必须申报正式的出厂质量合格证明；材料使用前应由监理人员现场见证取样送指定试验室检验，经检验符合有关要求后，由监理人员审核认可后方可使用；同时建立材料使用跟踪档案，确保每品种、每批材料具有可追溯性。

4）审查承包商的质保体系、安保体系等措施为防水工程顺利进行做好准备。

2. 防水工程施工过程的监理工作

（1）卷材防水层控制要点

1）卷材防水层基层施工质量对防水卷材施工质量有重要影响，因此在基层施工时就要求承包商严格按规范和设计要求施工，保证基层的施工质量。同时在卷材防水层施工前会同承包商相关人员对基层进行验收，基层验收合格后方允许进行防水卷材的铺贴。

卷材防水层的基层应牢固，基面应洁净、平整，不得有空鼓、松动、起砂和脱皮现象，基层阴阳角处应做成圆弧形或钝角。基层面应干燥。

2) 防水卷材接头施工质量对防水卷材的防水效果有重要影响，因此在卷材接头施工时监理人员将予以重点控制，若防水卷材接头采用搭接的连接方式，防水卷材的有效搭接宽度应符合相关要求。

3) 根据设计要求和规范规定防水卷材在以下部位必须铺设附加层，其尺寸应符合下列规定，现场监理在卷材施工巡视和旁站过程中将随时予以检查。

4) 为保证卷材防水层的施工质量，督促承包商在卷材防水层铺贴收头部位、搭接部位、端部等时严格按要求进行密封处理。

5) 卷材铺贴基层应涂刷处理剂，干燥后铺贴附加层，并在基层上测放出基准线后，方可进行卷材铺贴。

6) 督促承包商严格按设计及规范要求进行卷材防水层铺贴施工：

卷材粘贴涂料必须均匀满铺；

卷材铺贴长边应与结构纵向垂直，其两幅搭接长度应符合规定；

卷材铺贴：卷材采用机械固定方法固定于桩或垫层表面，固定点位置、钉距、钉长应符合相关要求，且配合垫片将防水层牢固的固定在基层表面，垫片大小应符合要求。

（2）涂膜防水控制要点

1) 基层处理要求：涂膜防水层的基层应牢固，基面应洁净、平整，不得有空鼓、松动、起砂和脱皮现象，基层阴阳角处应做成圆弧形。

2) 防水层施工顺序及方法：基层处理完毕并经过验收合格后，先在阴、阳角和施工缝等特殊部位涂刷防水涂膜加强层，加强层涂刷完毕后，立即粘贴耐碱玻纤网格布胎体增强层，严禁加强层表干后再粘贴增强层材料。

加强层实干后，开始涂刷大面防水层，防水层采用多道涂刷，上下两道涂层涂刷方向应互相垂直。当涂膜表面完全固化（不粘手）后，才可进行下道涂膜施工。

聚氨酯涂膜防水层施工完毕并经过验收合格后，应及时施作防水层的保护层。

3) 注意事项：

雨雪天气以及五级风以上的天气不得施工。

刚性保护层完工前任何人员不得进入施工现场，以免破坏防水层；涂层的预留搭接部位应由专人看护。

顶板宜采用灰土、黏土或粉质黏土进行回填，厚度不小于50cm，回填土中不得含石块、碎石、灰渣及有机物。夯实每层厚度应符合相关要求。夯实时应防止损伤防水层。只有在回填厚度超过50cm时，才允许采用机械回填碾压。

（3）细部构造部位防水控制要点

细部构造防水包括施工缝、后浇带、变形缝、抗拔桩、穿墙管件等。

1) 中埋式钢边橡胶止水带控制要点

中埋式钢边橡胶止水带，设置在变形缝部位时，宜采用中孔型止水带；用于施工缝部位时，宜采用平铺式止水带。

止水带固定在结构钢筋上，固定点应符合相关要求。要求绑扎固定牢固可靠，避免浇筑和振捣混凝土时固定点脱落导致止水带倒伏、扭曲影响止水效果。

水平设置的止水带均采用盆式安装，盆式开孔向上，保证浇捣混凝土时混凝土内产生的气泡顺利排出。

止水带现场接头宜尽量少，并应采用现场热硫化对接接头。施工缝和变形缝止水带十字交叉部位应做成工厂接头。

止水带应设置在结构中线位置，结构两侧厚度差应符合相关要求。止水带的纵向中心线与变形缝中线应对齐，两者距离误差应符合相关要求。止水带与接缝表面应垂直，误差应符合相关要求。

浇筑和振捣止水带部位的混凝土时，应避免止水带出现扭曲或倒伏。

止水带部位的模板应安装定位准确、牢固，避免跑模、胀模等影响止水带定位的准确性。

止水带部位的混凝土必须振捣充分，保证止水带与混凝土咬合密实，这是止水带发挥止水作用的关键，应确实做好。振捣时严禁振动棒触及止水带。

2）外贴式橡胶止水带控制要点

外贴式橡胶止水带一般用于结构底板和侧墙变形缝部位。

外贴式橡胶止水带设置在防水层表面时，可采用胶粘法等固定，不得采用水泥钉穿过防水层固定。

外贴式橡胶止水带应整根悬吊安装，现场不宜出现接头。

止水带的纵向中心线应与接缝对齐，误差不得大于10mm。

止水带安装完毕后，不得出现翘边、过大的空鼓等部位，以免灌注混凝土时止水带出现过大的扭曲、移位。

转角部位的止水带齿条容易出现倒伏，应采用转角预制件或采取其他防止齿条倒伏的措施。

底板止水带表面严禁施作混凝土保护层，应确保止水带齿条与结构现浇混凝土咬合密实；浇筑混凝土时，平面设置的止水带表面不得有泥污、堆积杂物等，否则必须清理干净，以免影响止水带与现浇混凝土咬合的密实性。

3）聚氨酯密封胶控制要点

变形缝嵌缝用密封胶均采用聚氨酯密封胶；其中迎水面采用低模量密封胶进行嵌缝，背水面应采用高模量密封胶进行嵌缝，具体部位及密封胶尺寸如图中相关节点。

嵌缝前，应按照设计要求的嵌缝深度除掉变形缝内一定深度的变形缝衬垫板，并将缝内表面混凝土面用钢丝刷和高压空气清理干净，确保缝内混凝土表面干净、干燥、坚实、无油污、灰尘、起皮、砂粒等杂物。变形缝衬垫板表面无堆积杂物。

缝内变形缝衬垫板表面应设置隔离膜，隔离膜应定位准确，避免覆盖接缝两侧混凝土基面。

注胶应连续、饱满、均匀、密实。与接缝两侧混凝土面密实粘贴，任何部位均不得出现空鼓、气泡、与两侧基层脱离现象。

密封胶表面应平整，不得突出接缝混凝土表面。

嵌缝完毕后，密封胶未固化前，应做好保护工作。

4）遇水膨胀聚氨酯止水胶控制要点

止水胶均为遇水膨胀聚氨酯止水胶，属非定型产品，采用专用注胶枪挤出后粘贴在施工缝表面，固化成型后的断面应符合相关要求。止水胶应具有缓膨胀作用，其7d的膨胀倍率应不大于最终膨胀倍率的60%，现场可采用在已经固化的止水胶表面涂刷缓膨胀剂的方法进行处理。

施工缝表面必须坚实、相对平整，不得有蜂窝、起砂等部位，否则应予以清除，必要时可用防水水泥砂浆修补。

止水胶任意一侧混凝土的厚度不得小于100mm。

止水胶挤出应连续、均匀、饱满、无气泡和孔洞。

挤出成形后，固化期内应采取临时保护措施，止水胶固化前不得浇筑混凝土。

止水胶与施工缝基面应密贴，中间不得有空鼓、脱离等现象。

止水胶接头部位采用对接法连接，对接应严密。

在止水胶附近进行焊接作业时，应对止水胶进行覆盖保护。

止水胶一旦出现破损部位或提前膨胀的部位，应割除，并在割除部位重新粘贴止水胶。

5）全断面注浆管控制要点

注浆管应采用全断面注浆管，采用专用固定件固定在施工缝表面，并每隔5～6m两端各引出一根注浆导管。

安装注浆管的施工缝表面应坚实、基本平整，不得有浮浆、油污、疏松、空洞、碎石团等，否则应予以清除，必要时可用防水砂浆修补。

注浆导管与注浆管的连接应牢固、严密；导管的末端应临时封堵严密。

注浆管任意一侧混凝土的厚度不得小于100mm。

注浆管与施工缝基层表面应密贴设置，中间不得有悬空部位。注浆管固定应牢固、可靠。

搭接宽度（即有效出浆段长度）符合相关要求，搭接部位必须与基面固定牢固。

注浆管的转弯半径不宜小于150mm，转弯部位应平缓，不得出现折角。

注浆导管埋入混凝土内的部分至少应有两处与结构钢筋绑扎牢固；注浆导管端部应设置在配套的塑料保护罩内并埋入混凝土保护层内；塑料保护罩应设置在方便的、易于接近的位置。

注浆管破损部位应割除，并在割除部位重新设置已经安装好注浆导管的注浆管，并与两端原有注浆管进行过渡搭接。

在注浆管附近绑扎或焊接钢筋作业时，应采用临时遮挡措施对注浆管进行保护。

注浆管的注浆施工应符合下列规定：

注浆前，去掉塑料保护罩封口盖，露出保护罩内预留的两个注浆导管，进行注浆作业。

应优先选用自流平水泥、超细水泥等无机注浆材料，也可选用环氧树脂、聚氨酯、丙烯酸盐等化学注浆材料。注浆应在结构施工完毕、停止降水后进行；所有预埋的注浆管均应进行注浆封堵。

注浆应从最低的注浆端开始，将材料向上挤压；为保证注浆效果宜使注浆液低压缓进。

注浆材料不再流入并且压力计显示没有或者几乎很少压力损失，应维持该压力至少2min。

注浆方案、注浆材料、注浆压力等应由施工、设计、监理单位根据现场具体情况共同制定，并对整个注浆过程进行检查分析，确保注浆效果满足防水要求。

需要重复注浆时，应确保使用经过核准的注浆材料；任何留在注浆通道内的注浆材料必须在其固化之前清除干净。

6) 膨润土橡胶遇水膨胀止水条控制要点

膨润土橡胶遇水膨胀止水条属制品型产品，主要用于非迎水面结构的施工缝部位（楼板施工缝）。

止水条应安装在施工缝表面预留凹槽内，施工缝表面、凹槽底和侧面均应坚实，并确保凹槽平整、干净，无油污、疏松、掉砂、起皮等部位。

止水条采用专用胶粘剂粘贴在施工缝凹槽内，粘贴应牢固，与基层地面密贴。粘贴不牢、空鼓部位用水泥钉固定。

止水条采用对接连接，对接部位应密贴，不得出现翘边现象。

已经遇水膨胀的部分应割除，并重新安装止水条。

7) 水泥基渗透结晶型防水材料控制要点

水泥基渗透结晶型防水材料涂刷在施工缝和桩头混凝土表面。采用双层涂刷，两层之间的时间间隔根据选用材料的养护要求确定。

基层处理：

基层表面应坚实、干净，无浮灰、浮浆、油污、反碱、起皮、疏松部位；施工缝表面应按照规范要求进行凿毛并清理干净，混凝土表面的隔离剂应清理干净。

基层过于光滑时，应打磨毛糙。

基层表面应无积水，涂刷前，基层表面应保持湿润。

3. 防水工程施工质量验收的监理工作

（1）卷材防水

1) 卷材防水层的搭接缝应粘（焊）结牢固，密封严实，不得有褶皱、翘边和鼓泡等缺陷。

2) 侧墙卷材防水层的保护层与防水层应粘结牢固，结合紧密、厚度均匀一致。

3) 卷材搭接宽度均不得小于100mm。

（2）涂膜防水

1) 涂膜防水层应与基层粘结牢固，表面平整、涂刷均匀，不得有露底、开裂、孔洞等缺陷以及脱皮、鼓泡、露胎体、砂眼、流淌和皱皮等现象。

2) 涂膜收口部位应连续、牢固。不得出现翘边、空鼓部位。

3) 涂膜防水层厚度的平均厚度应符合设计要求，最小厚度不得小于设计厚度的95%。

4. 防水工程施工安全的监理工作

（1）防水材料应采用符合施工安全和环保要求的材料。

（2）防水材料堆放和施工场地，要配备足够的灭火器材，焊接、切割作业要远离防水材料，近距离作业要有防火隔离措施。

（3）在封闭、半封闭或狭小空间内进行防水施工作业时，要保持通风良好，作业人员要佩戴有效的防护面具，作业时间不宜过长，防止中毒。

（4）六级以上大风天气应停止室外作业。

（5）垂直墙面的卷材防水铺贴施工，高度超过1.5m应搭设牢固的脚手架。

5.1.7 监测

轨道交通工程监测为验证设计、施工和环境保护方案的安全性与合理性，优化设计和施工参数，判定并预测工程结构和周边环境的安全状态及发展趋势，为实现信息化施工起到了必不可少的作用。

1. 监测工作流程

监控量测控制网布设→基准点及监测点（监测元件）埋设→初始值采集→监控量测和巡视→监测数据对比分析→信息反馈→采取措施。

2. 监测工作监理控制要点

（1）审查监测机构资质、监测人员资格、监测仪器设备；

（2）监测方案的审查须包含以下几个方面：

1）监测方案的编制依据是否实时、准确、适宜。

2）监测方案的内容体系是否符合招标文件及施工监测设计图纸的要求。

3）监测方法是否先进、科学、合理。

4）仪器、仪表精度是否满足相关规范要求。

5）测点的布置位置、范围、监测频率等是否符合技术标准、设计及施工生产平面布置的要求。

6）监测数据记录、分析与处理方法是否及时、准确、恰当。

7）监测控制指标设置是否符合监测规范、设计文件等要求。

8）监测报表上报机制和监测信息反馈系统是否可靠、顺畅、到位。

9）应急响应机制是否快速、完备、高效；是否具有相应的质量及安全保障措施等。

10）监测方案审批流程：监测方案由监测单位技术负责人（施工监测分包商）、总包单位技术负责人审核签字并加盖单位公章，报监理部审查后组织专家论证，论证通过并经总监理工程师签字、加盖执业注册章后方可组织实施。

（3）监控量测点位验收：

1）验收流程：根据现场具体施工进度，承包商及时跟进更新测点布设进度，在监测点布设完成后由承包商向监理单位提出验收申请，由监理单位通知第三方监测单位参加监测点验收，验收不合格时，直接将验收结果、不合格原因及要求经监理、第三方监测单位签字确认后返回承包商，由承包商重新施作监测点，之后重复以上流程，直至验收合格；经监理、第三方监测单位验收合格的监测点，经各方签字盖章后方可实施监测。

2）验收内容：工作基点、监测点布设位置、数量是否与方案相符；测点是否严格按照设计及方案要求埋设，比如道路地表监测点埋设时是否打穿地面硬壳打至原状土、测点有无保护盖、测点成孔深度是否达到当地冻土层深度等；现场测点标识、保护措施是否到位。

（4）现场监测重点关注以下几个方面内容：

1）基准点应设置在工程施工影响范围之外的稳定区域，并应定期复测。

2）基准点与所监测工程相距较远时，可设置工作基点。工作基点应定期与基准点联测，保证监测数据的可靠性。

3）基准点、工作基点和监测点应按规范和监测方案要求进行埋设，并清晰标识类别、编号，采取相应保护措施。

4）土体、支护结构监测需关注监测对象处的位移、内力最大部位，布设监测点时，应设置反映监测对象或监测项目内在变化规律的监测断面，监测断面位置宜根据工程条件及规模在关键部位进行设置。

5）周边环境监测点的布设应根据环境对象类型和特征、环境风险等级、所处工程影响分区、地质条件、监测项目及监测方法等综合确定布设位置和数量，并应满足反映环境对象变化规律和分析环境对象安全状态的要求。

6）监测控制值的确定应符合下列要求：支护结构体系监测项目的控制值，应在保证支护结构和周边环境安全的条件下，根据工程监测等级、施工工法、周围土体特征、支护结构特点，结合当地类似工程经验综合确定。

周边环境监测项目的控制值，应根据监测对象的类型和特点、结构形式、变形特征、正常使用要求及相关技术规范要求，并结合当地类似工程经验和相关单位的要求综合确定。对重要的、特殊的或风险等级较高的环境对象应进行现状调查与检测，通过分析计算或专项评估确定。

7）监测频率和周期应根据施工工法、施工进度等情况，结合监测对象和监测项目的特点、工程地质水文条件等确定。监测频率应满足监测信息及时、准确、系统地反映施工工况及关键过程对监测对象的影响、监测对象随时间的变化规律以及各监测项目或对象之间内在联系的要求。

8）监测数据的采集应根据施工进度，按照监测方案中的监测频率要求及时采集，保证监测数据真实、连续、准确、完整。

9）监测过程中应保证监测仪器设备的精度和可靠性。

10）满足规范条文规定的停测条件。

（5）高度重视现场巡视检查：

遇到下列情况时，适当提高监测和现场巡视频率

1）监测数据异常或变化速率较大。

2）存在勘察未发现的不良地质条件，并影响到工程施工安全。

3）地表、建（构）筑物等周边环境发生较大沉降、不均匀沉降。

4）拆、换支撑期间。

5）工程出现异常。

6）工程事故后重新组织施工。

7）长时间连续降雨。

8）出现警情需要报警的情况。

（6）认真做好监测信息处理、分析及反馈：

监测信息的处理、分析和反馈是监测的重要环节。应及时处理监测数据和巡视记录信

息，进行分析评价。按图 5-16 监测数据对比、分析、反馈流程进行信息反馈。

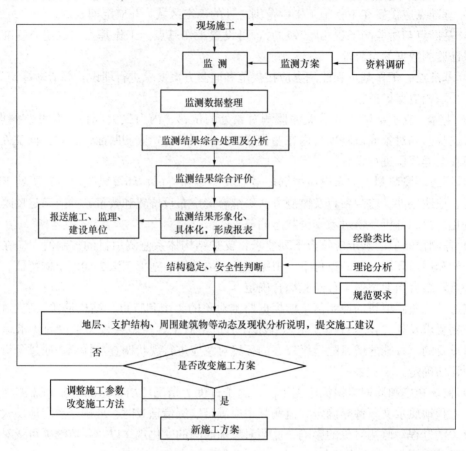

图 5-16 监测数据对比、分析、反馈流程

应密切关注以下监测点位的变形情况，及时对第三方监测数据及施工监测数据进行对比、分析，双方监测数据偏差超过监测仪器自身精度误差及操作误差累加值的，应重新监测、纠偏。

1）重要建（构）筑物（如既有运营铁路、地铁、公路及高压线塔等）周边监测点位。
2）累计变形量及日变化率预警监测点位。
3）施工组织不当，易造成数据报警的监测点位。如土方超挖，未及时架设钢支撑区域周边监测点位。

（7）监测报告应包括以下内容：

轨道交通工程监测报告。轨道交通工程报表主要内容见表 5-14。

轨道交通工程报表主要内容　　　　表 5-14

监测报告	主要内容
日报	工程概况及施工进度；监测巡视信息，包括巡视照片、记录等；各类监测项目日报表，包括仪器型号、监测日期、观测时间、天气情况、累计变化量、变化速率、控制值等；监测数据与巡视信息的分析与说明；监测测点布置图；监测结论与建议

续表

监测报告	主要内容
周（月）报	工程概况及施工进度；监测工作简述；监测成果统计及分析；监测结论与建议；监测数据汇总表；安全巡视汇总表；变形曲线图；监测测点布置图
警情快报	警情发生时间、地点、情况描述、严重程度、施工工况等；监测数据及巡视信息汇总，包括监测值、累计变化值、变化速率、巡视照片、记录等；警情原因初步分析；处理措施建议等
阶段性报告	工程概况及施工进度；监测巡视信息，包括巡视照片、记录等；监测数据汇总，包括监测值、变形速率、变形曲线、时程曲线、必要的断面曲线、等值线图等；监测数据与巡视信息的分析与说明；监测结论与建议
总结报告	工程概况；监测目的、监测项目和技术标准；监测点布设；采用仪器型号、规格和元器件标定资料；监测数据采集和观测方法；监测巡视信息，包括巡视照片、记录等；监测数据汇总，包括监测值、累计变形值、变形速率及曲线、时程曲线、必要的断面曲线、等值线图等；监测数据与巡视信息的分析与说明；监测结论与建议

（8）监理应对比分析施工监测和第三方监测的数据及安全巡视信息，对于安全状态进行评价。发现数据变化异常时，监理单位应及时组织各参建单位对现场进行核查，分析原因，并采取相应处置措施。

（9）监测预警及响应：

在分析监测数据和巡视信息的基础上，对工程安全状况进行评价，并根据需要采取加密监测布点、加大监测频率等相应措施。

1）预警情况判断分析：根据对比监测数据与控制标准，并结合巡查结果进行判断分析。

2）预警等级分级标准及应对措施：预警分为监测数据预警、巡视预警和综合预警三类，其中巡视预警又包括结构施工巡视预警、周边环境巡视预警。施工过程中每一类预警按照严重程度由小到大分为三个等级：黄色预警、橙色预警和红色预警。

3）综合预警：通过进一步分析监测预警和巡视预警的等级、数量、分布范围及风险状况评价等情况，综合判定出风险工程总体不安全状态而进行的预警，综合预警宜通过现场核查、会商或专家论证等确定。

4）落实预警应对措施。预警应对措施见表5-15。

预警应对措施 表5-15

预警等级	应对措施
黄色预警	应加密监测频率，加强对地面和建（构）筑物沉降动态的观察，尤其应加强预警点附近的雨污水管和有压管线的监测和巡视
橙色预警	加强观测、分析原因、增加监测频率、监测量测仪器设备，除继续加强上述监测、观察、检查和处理外，承包商应根据预警状态的特点进一步完善针对该状态达到预警方案。应对施工方案、开挖进度、支护参数、工艺方法等进行检查和完善，在获得设计单位、建设单位、监理单位同意后执行
红色预警	加强现状检查、观察、增加监测频率、增加测点，必要时承包商应停止施工作业。承包商应采取特殊措施，并经设计单位、建设单位、监理单位分析和认定或组织专家咨询会，改变施工程序或设计参数

3. 工后沉降监测监理控制要点

(1) 督促承包商将工后沉降点预埋件设在不易破坏的部位，即底板侧墙处或底板腋角处。

(2) 沿车站长度方向左、右线侧每30m布设一个工后沉降测点。

(3) 在工后沉降监测时，以地面一等水准点作为基点按《城市轨道交通工程测量规范》GB 50308—2017（以现行最新规范标准为准）中Ⅱ级沉降监测控制网技术要求进行测量作业。

(4) 首次测量初始值为连续测量3次取其平均值作为初始值；测量完成后对数据进行平差计算，形成监测测量报告上报监理及第三方测量单位（业主委托的测量机构）。

(5) 工后监测点根据底板浇筑顺序及时埋设，待埋设点位底板混凝土浇筑完成后及时采集初始值；主体结构全部施工完成后，监测频率为1次/月。

(6) 监测时间段内，最后100d沉降速率小于0.01～0.04mm/d，即为结构处于稳定状态，符合《建筑变形测量规范》JGJ 8的相关要求。

5.2 暗挖法车站

当车站位于交通繁忙地段，或因其他因素不允许封闭路面交通，车站处于较完整的岩石地层且地下水不发育时，可采用暗挖法施工，暗挖法包括盾构法、顶管法、矿山法等。由于盾构法、顶管法与区间盾构法、顶管法施工类似，故本节仅介绍矿山法。

矿山法车站的优点是除工作井外，占用道路面积小，同时对地面交通、地下管线、地表建筑物等周围环境影响较小，随着主体结构埋深增大，其优点更加突出。

监理在矿山法车站施工时应做好以下工作：

(1) 熟悉工程勘察和设计文件，参加地质勘察报告交底，熟悉地质情况；参加图纸会审和设计交底，理解设计意图。

(2) 复核并审查承包商提交的《周边环境调查报告复核》。

(3) 审查《施工组织设计》，编制《监理规划》和相关专业监理实施细则及旁站方案，并督促承包商按已批准的《施工组织设计》组织施工。

(4) 审查各类专项施工方案，参加各类专项方案专家评审会，审批按照专家意见修改的专项施工方案，编制危大工程监理实施细则和旁站方案。

(5) 审查质量安全管理体系和管理制度的建立情况，以及管理人员和特种作业人员的资质。

(6) 参加安全技术交底，并监督执行。

(7) 检查测量控制点的埋设和保护措施，复核施工测量成果，在施工过程中对施工测量放线成果进行查验。

(8) 审查承包商报送的材料、构配件、设备的质量证明文件，并按有关规定和建设工程监理合同约定，对于工程的材料进行见证取样和平行检验。对已进场经检验不合格的工程材料、构配件、设备，要求承包商限期退场。

(9) 参加或组织关键节点施工前条件核查，重点核查人员、环境、设备、技术准备条件等是否满足工程质量和安全生产要求。

(10) 对质量安全进行巡视检查。巡视内容应包括：承包商是否按设计文件、工程建设标准和批准的施工组织设计、专项施工方案进行施工；使用的工程材料、构配件和设备是否经检测合格；施工现场质量安全管理人员是否按合同要求到位；特种作业人员是否持证上岗。

(11) 检查监测点埋设和保护措施，对施工监测和第三方监测单位的监测数据进行比对分析，对工程安全状态进行评价。

(12) 组织相关人员对承包商报验的隐蔽工程、检验批、分项工程和分部工程进行验收，对验收合格的予以签认；对验收不合格的应拒绝签认，同时要求承包商在规定的时间内整改并重新报验。矿山法车站施工中还应对下列项目进行中间检查验收：

1) 竖井开挖、结构和支撑施工以及提升设备安装；
2) 超前支护、注浆加固；
3) 开挖方法及每一循环进尺，开挖断面尺寸及地质描述；
4) 锚杆安装；
5) 钢筋原材、钢筋格栅与钢筋网片的加工及安装，喷射混凝土质量，初期支护结构净空尺寸；
6) 混凝土原材料质量、配合比、实体质量；
7) 孔桩的成孔、钢筋笼加工及安装和成桩质量；
8) 钢管柱或钢结构的原材、成品和安装质量；
9) 防水基面，防水材料和施工质量；
10) 二次衬砌钢筋加工和安装、预埋件安装、模板支架安装、混凝土浇筑质量，以及结构净空尺寸。

(13) 审批结构质量缺陷处理方案，完成对应的监理细则，并监督执行。

(14) 审查承包商提交的工程单位（子单位）工程竣工验收报审表，组织工程竣工预验收。验收中存在的问题，要求承包商组织整改。

(15) 车站工程竣工预验收合格后，编写工程质量评估报告，按要求报业主，参加车站工程竣工验收。

(16) 整理并移交监理归档资料。

5.2.1 竖井

(1) 工艺流程

竖井施工专项方案审批→锁口圈及龙门吊基础施工→龙门吊安装并检测→竖井开挖及初期支护→竖井人行梯道及管线布设→竖井验收。

(2) 监理控制要点

1) 审查竖井开挖专项施工方案，参加方案专家评审，审批按专家意见修改后的专项施工方案。编制竖井工程监理实施细则及监理旁站方案。
2) 参加竖井施工安全技术交底。
3) 复核锁口圈测量放样成果。
4) 锁口圈和龙门吊基础施工应控制：平面位置和标高，钢筋原材、加工、安装质量，混凝土质量和结构尺寸。

5) 龙门吊进场检查和安装验收，应符合下列规定：轨道安装质量符合设计要求；提升架必须经过荷载验算，使用中应经常检查、维修和保养；提升设备不得超负荷作业，运输速度符合设备技术要求；竖井上下应设联络信号。

6) 严格控制竖井土方开挖进尺，遵循"随挖随撑、先撑后挖"，并要求及时封闭成环。竖井开挖至底标高后及时封底。

7) 按设计和规范要求检查锚杆安装和钢筋格栅架设质量。

8) 检查喷射混凝土原材料、喷射工艺、混凝土质量、外观质量及净空尺寸。

9) 马头门开挖施工前必须按规定进行关键节点条件核查，核查内容应包括表5-16的内容。

10) 竖井应设防雨棚，周围设防护栏杆，竖井施工时，按方案搭设好临时爬梯或笼梯。

马头门开挖施工前条件核查内容　　　　表 5-16

序号	验收条件	内容	验收要点
1	主控条件	设计、勘察交底	施工现场已完成设计、勘察交底
2		审批手续	竖井及横通道施工方案已编制完成，并经过审批
3		地质勘察	竖井马头门段开挖地质状况与地质详勘吻合
4		超前支护	开挖区域超前支护已按设计要求完成，各项指标已经达到设计要求
5		测量、监测	测量、监测方案已审批，监测控制点已按监测方案布置，且已测取初始值
6		潜在风险分析	对本工程潜在的风险进行辨识和分析，编制完成具有针对性、可操作性的应急预案，并落实抢险设备、材料、人员等
7	一般条件	质量保证资料	相应质量保证资料齐全
8		材料及构配件	质量证明文件齐全，复试合格
9		设备机具	进场验收记录齐全有效，特种设备安全技术档案齐全。安装稳固，防护到位
10		分包管理	分包队伍资质、许可证等资料齐全，安全生产协议已签署，人员资格满足要求
11		作业人员	拟上岗人员安全培训资料齐全，考核合格；特种作业人员类别和数量满足作业要求，操作证齐全。施工和安全技术交底已完成
12		风水电	风、水、电满足施工需求

5.2.2　横通道

施工顺序：测量放样复核→超前支护及加固→开挖及初期支护→堵头墙施工→验收。

1. 超前支护及加固

(1) 超前支护

掌子面超前支护一般采用管棚、小导管。

1) 工艺流程

孔位放样→钻机就位→钻孔（管棚、小导管加工）→清孔→小导管、管棚安装→封孔

→注浆。

2）监理控制要点

① 超前小导管及管棚安装前应复核孔位，成孔外插角、孔深、孔径应在允许偏差范围内。

② 制作超前小导管及管棚所用钢管原材、规格、型号、数量和纵向搭接长度必须符合设计要求。

③ 超前小导管或管棚施工应符合：钻孔的外插角允许偏差为5‰；钻孔时应由高孔位向低孔位进行；钻孔孔径应比钢管直径大30~40mm；钻孔合格后应及时安装钢管，其接长时连接必须牢固。

④ 注浆浆液必须充满钢管及周围的空隙并密实，不同地层的注浆量和压力应根据试验确定。

（2）注浆加固

1）施工工艺

掌子面封闭→孔位放样→钻孔及注浆管安装→注浆→加固效果检查。

2）监理控制要点

① 监理在注浆过程中必须进行严格的质量控制和质量检验，检查内容应包括原材料检验、注浆施工工序、注浆材料称量误差、注浆孔位、注浆孔深、注浆压力、注浆流量等；在有特殊要求时，还应包括浆液初凝时间和终凝时间。

② 检查承包商是否根据注浆加固厚度和注浆扩散半径经计算确定注浆孔的孔距、排距，现场应通过实际试验确定注浆参数。

③ 注浆材料应符合：具有良好的可注性；固结后收缩小，具有良好的粘结力和一定的强度、抗渗、耐久性和稳定性，当地下水有侵蚀作用时，应采用耐侵蚀性的材料；材料应无毒并对环境污染小。

④ 注浆过程中应根据地质情况、注浆目的等控制注浆压力。监理对注浆施工进行旁站检查时，必须如实记录注浆压力和流量，现场宜采用自动压力计和流量记录仪。过程中要对资料及时进行整理分析，以便指导注浆工程的顺利进行，并为验收和计量做好准备。

⑤ 注浆施工期间应要求承包商定期对地下水取样检查，如有污染应采取措施。

⑥ 监理在注浆过程中应经常巡视检查，浆液不得溢出地面或超出有效注浆范围，地面注浆结束后，注浆孔应封填密实。

⑦ 注浆结束后监理应检查注浆效果，不合格则应补浆，注浆达到设计强度后方可进行开挖。督促承包商根据设计要求进行注浆效果检验，检验时间一般在注浆结束28d后。可选用标准贯入或开挖取样等方法对加固地层进行检测。

2. 开挖

横通道开挖施工方式有：爆破、机械或人工开挖。

（1）爆破开挖

1）工艺流程

施工准备→测量复核→布孔→成孔→装药→爆破→排烟、通风、降尘→查炮→出渣。

2）监理控制要点

① 监理人员必须参加《爆破开挖专项施工方案》评审会，评审通过后，方可审批该

方案。

② 审查爆破单位分包资质，管理和技术人员配备，爆破人员资质。

③ 参加安全技术交底。

④ 监理施工过程中应督促承包商根据爆破效果及时修正有关参数。

⑤ 隧道钻爆开挖，在硬岩中宜采用光面爆破，软岩中宜采用预裂爆破。

⑥ 爆破后监理应对开挖断面进行检查，并符合规定：开挖断面不得欠挖，允许超挖值应符合规范要求；爆破眼的眼痕率：硬岩应大于80%，中硬岩应大于70%，软岩应大于50%，并在轮廓面上均匀分布。

⑦ 复核断面净空尺寸。

(2) 机械或人工开挖

1) 工艺流程

超前支护→测量放样→人工或机械开挖→出渣→断面检查。

2) 监理控制要点

① 审查横通道开挖专项施工方案并参加方案评审，审批根据专家评审意见修改后的专项施工方案。

② 参加安全技术交底。

③ 开挖前按相关文件要求进行开挖前条件核查，核查通过后方可组织施工。

④ 督促承包商在隧道开挖前编制防坍塌等应急预案，备好抢险物资。

⑤ 台阶法可采用长、短或超短台阶施工，下台阶应在拱部初期支护结构基本稳定后开挖。

⑥ 采用环形预留核心土法施工时，监理应要求先开挖上台阶的环形拱部，并及时施工初期支护后再开挖核心土。核心土应留坡度，并不得出现反坡。

⑦ 初期支护的"挖、支、喷"三环节必须紧跟，如出现工序衔接滞后现象，监理应立即要求承包商进行调整，当开挖面稳定时间满足不了初期支护施工时，应采取超前支护或注浆加固措施。

⑧ 监理应严格控制隧道开挖循环进尺，在土层和不稳定岩体中为0.5~1.2m。

⑨ 严格控制隧道开挖断面，不得欠挖，其允许超挖值应符合规范的规定。

3. 初期支护

(1) 锚杆

1) 工艺流程

锚杆原材进场验收→孔位放样复核→钻机就位→钻孔→清孔→验孔→安装锚杆→锚杆安装质量验收。

2) 监理控制要点

① 锚杆安装前监理应检查：锚杆原材料型号、规格，以及锚杆各部件质量和技术性能符合设计要求；锚杆孔位、孔径、孔深及布置形式符合设计及规范要求。

② 杆体插入孔内长度不应小于设计规定的95%。锚杆安装后，不得随意敲击。

③ 锚杆杆体露出岩面的长度不应大于喷射混凝土的厚度。

④ 监理应现场见证锚杆的安装质量拉拔试验，并审查检测频率，每300根锚杆抽样一组，每组锚杆不得少于3根；设计变更或材料变更时应另做一组。

⑤ 锚杆质量合格条件为：同批试件抗拔力的平均值大于等于锚杆设计锚固力，且同批试件抗拔力最小值大于等于0.9倍锚杆设计锚固力。

⑥ 锚杆抗拔力不符合要求时，监理应要求承包商采用加密锚杆的方法予以补强。

(2) 钢筋格栅、钢筋网片

1) 工艺流程

钢筋格栅（试拼）、钢筋网片、连接筋加工→测量定位复核→钢筋格栅及钢筋网片安装→锁脚锚杆（管）安装→焊接纵向连接筋→验收。

2) 监理控制要点

① 按设计及规范要求检查钢筋格栅、纵向连接筋、钢筋网片所用材料及配件的规格、型号等。

② 监理应组织第一榀钢筋格栅试拼检查和验收，合格后方可进行批量生产。

③ 现场检查钢筋格栅安装质量，架立中线、标高、半径符合设计及规范要求，节点连接板密贴对正，连接螺栓必须拧紧，螺栓数量符合设计要求。

④ 钢筋格栅组装后应在同一平面内。钢筋格栅应垂直线路中线，允许偏差为：横向±30mm，纵向±50mm，高程±30mm，垂直度5‰。

⑤ 钢筋格栅安装完成后，纵向必须连接牢固，并与锁脚锚杆焊接成一体。

⑥ 钢筋网片所采用的钢筋型号和网格尺寸应符合设计要求。

⑦ 现场检查钢筋网片与其他固定装置是否连接牢固，网片搭接长度不少于20cm，允许偏差±15mm。

(3) 喷射混凝土

1) 工艺流程

施工准备→清理受喷面→喷射混凝土→养护→验收及缺陷处理。

2) 监理控制要点

① 检查喷射混凝土的原材料质量。速凝剂在使用前应做水泥相容性和水泥浆凝结效果试验，初凝时间不超过5min，终凝时间不超过10min。

② 严格控制混凝土施工配合比，配合比应根据原材料性能、混凝土的技术条件和设计要求经试验确定，混凝土各项指标必须满足设计及规范要求。

③ 空压机、拌料机等小型机具进场后应进行验收。

④ 喷射混凝土前应检查开挖断面尺寸，清除开挖面、拱脚处的土块、杂物等，并设置标志标尺以控制喷射层厚度。

⑤ 喷射混凝土设备应具有良好的密封性，喷射混凝土施工中确定合理的风压，保证喷料连续、均匀。

⑥ 严格控制喷射混凝土施工顺序，应自下而上进行，每次喷射厚度应符合规定要求。

⑦ 现场检查混凝土喷射厚度，每个断面喷射厚度检查点数60%以上不小于设计厚度，最小值不小于设计厚度的50%，同时，厚度平均值不小于设计厚度。

⑧ 混凝土的强度必须符合设计要求。

⑨ 喷射混凝土应密实、平整，无裂缝、漏筋、渗漏水等。存在质量缺陷时，监理应要求承包商按照缺陷修补方案处理，并对质量缺陷处理过程进行跟踪检查，同时对处理结果进行验收。

5.2.3 车站主体

矿山法车站主体工程主要包括：主体开挖、初期支护、防水、二次衬砌。根据开挖和支护方式不同，有中洞法、侧洞法、洞桩法（PBA法）等工法。洞桩法（PBA法）在矿山法的基础上吸收了盖挖法的特点，将明挖框架结构施工方法和矿山法进行结合，适用范围较广，具有代表性。且洞桩法基本涵盖了其他工法的开挖和支护方式。本小节主要介绍洞桩法（PBA法）施工监理控制要点，其他工法施工的矿山法车站可做参考。

1. 洞桩法（PBA法）

PBA工法优点是按照施工顺序，可施作多层多跨结构，采用PBA法比侧洞法、中洞法对地表沉降影响小，因此适应于一拱两柱等拱顶较平缓的断面，关键是要安全有序地将顶部大拱施工完成。

具体施工工艺流程如下：1—上下导坑错开距离开挖（包括初期支护）；2—孔桩开挖、底纵桩、中柱边桩、顶纵梁；3—中洞上台阶开挖（包括初期支护）；4—左右洞上台阶开挖（包括初期支护）；5—中洞拱部衬砌；6—侧洞拱部衬砌；7—中板以上土体开挖；8—中板浇筑混凝土；9—剩余部分土体开挖；10—底板及底部边墙衬砌；11—站台板浇筑。施工步序示意如图5-17所示。

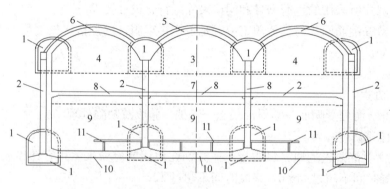

图 5-17 洞桩法施工横断面示意图

（1）小导洞施工

1）工艺流程

拱顶小导管或管棚超前支护→破除横通道侧墙初期支护→导洞洞门施工→导洞开挖及支护。

2）监理控制要点

① 采用PBA工法施工时，一般小导洞数量较多，在多导洞工况下施工，必然存在较为明显的群洞效应，应督促承包商严格按照设计和施工方案要求的开挖顺序进行开挖，一般情况下，小导洞采用"先下后上、先边后中"的开挖原则，相邻导洞之间纵向错开并保持安全距离。小导洞施工宜采取正台阶法。

② 监理应加强施工监测管理，严格控制地表沉降、严防坍塌，在导洞施工时，必须严格遵循"管超前、严注浆、短进尺、强支护、早封闭、勤量测"的浅埋暗挖"十八字方针"，将地表沉降控制在允许范围以内（一般为30mm，应根据车站和周围环境等具体情

况的不同而定）。

③ 严格控制小导管施工质量，控制插入角，保证小导管不侵入结构净空，又能减少超挖。

④ 小导洞超前注浆加固作业，监理重点检查小导管数量、间距、长度、角度、注浆设备、浆液制备、注浆压力、注浆量符合设计和方案要求。

⑤ 小导洞洞门处初期支护破除前先复核放样，监理应对放样成果进行复测，严禁超范围破除。

⑥ 监理在洞门施工中应重点检查小导洞开口及门式刚架型号、外形尺寸、焊接和安装质量。

⑦ 严格控制开挖步距，分台阶开挖，预留核心土。及时架设钢筋格栅，并封闭成环，格栅架设要注意预留后续工程的接口，主要控制钢筋格栅架设间距。检查锁脚锚管长度、角度、与钢筋格栅焊接质量以及连接筋的安装质量。检查节点安装质量，做到等强度连接。钢筋格栅净空、拱脚标高、中线架设误差符合规范要求。

⑧ 上、下导洞轴线位置偏差应满足设计中桩钢管柱施工垂直度要求。可在每根钢管柱中线相应的导洞钢拱架处做必要的预留环，以减少后期破除初期支护施工量。

⑨ 检查喷射混凝土原材料、喷射工艺、喷射混凝土厚度、强度。喷射混凝土必须自下而上施作，先仰拱、再边墙，或先边墙、再拱部。

(2) 洞内灌注桩

1) 工艺流程

施工准备→测量放线→初期支护破除→护筒埋设→钻孔定位→钻进成孔→清孔→分节吊放钢筋笼→二次清孔→浇筑水下混凝土至设计标高→凿除桩头→验收。

2) 监理控制要点

① 监理工程师应审查浇筑桩施工方案。孔桩施工时导洞空间狭小、成孔困难，成孔质量保证措施必须有可操作性。

② 在导洞内钻孔灌注桩施工中，监理人员应重点控制：施工准备、钻孔放样、初期支护破除、钢护筒安装、泥浆护壁、成孔检查、钢筋笼检查与吊放、钢筋笼连接检查、混凝土质量的检测与浇筑、成桩质量检测等。

③ 钻孔施工前，测量监理应对桩位和轴线放样进行复核。桩位可根据施工进展分批复核。边桩定位应准确，施工过程中垂直度应满足设计和规范要求，桩体不得侵占主体结构净空。

④ 洞桩施工顺序应严格按照施工方案进行，宜跳孔（隔二或隔三打一）施工，避免对临桩造成扰动，洞桩施工应尽量避免或减少对下层扰动，同时注意洞内场地合理布置，确保文明施工。

(3) 洞内钢管混凝土柱

1) 工艺流程

测量放线→钢管柱加工验收→底纵梁施工→钢管柱基础中心定位→预埋钢管柱定位杆→安装调平基板→钢管柱分节吊装→高强度螺栓连接→下端与底纵梁调平基板连接→上端定位检查垂直度→钢管内浇筑微膨胀混凝土。

2) 监理控制要点

钢管混凝土柱作为PBA工法施工车站的核心承载结构之一，其受力情况容易受到中柱与边桩的不均匀沉降、柱的偶然偏心等原因影响而经常变化，且由于导洞净空限制，钢管柱需分节安装，节点数较多，因此监理应严格控制钢管柱的制作和钢管柱连接节点的质量。

① 检查钢管柱原材料（钢管或钢板、连接件）的质量。

② 钢管的端平面与轴线相垂直，当钢管对接时竖向焊缝要错位，焊缝质量应达到设计及规范要求，并应达到与母材等强。钢管柱加工制作偏差应满足设计和相关规范要求。

③ 钢管柱表面应干净光洁，无焊疤、油污和泥沙，保证钢管内壁与核心混凝土紧密粘结。肋板、螺栓无锈迹。

④ 现场监理对钢管柱进行试拼装检查，确保每根钢管柱的顶标高和柱长符合设计要求。

⑤ 加强施工测量管理，严格控制底纵梁上预埋的钢管柱底部法兰的标高和中心位置，在浇筑底纵梁混凝土前要求固定牢固。底部法兰预埋螺栓要采用定位钢圈（双法兰）精确固定，以利于钢管柱与预埋法兰连接，避免出现割螺栓孔的现象，影响钢管柱安装质量。钢管柱安装前应对底纵梁上预埋的定位器进行复核。钢管柱安装允许偏差应满足规范要求。

⑥ 钢管柱安装完成后监理对钢管柱的垂直度及中心位置进行复核，并要求及时做防锈处理。

⑦ 钢管柱安装完毕后，要在孔桩内用型钢进行初步固定，回填砂石料或低强度混凝土，保证回填密实性，防止钢管柱在浇筑混凝土、后续顶纵梁和扣拱施工中发生桩身位移。

⑧ 钢管内浇筑混凝土宜为微膨胀混凝土，混凝土浇筑应连续进行。混凝土的配合比、和易性应经试验确定。混凝土强度必须满足设计要求。管内混凝土质量可用敲击钢管的方法进行初步检查，如有异常，则应用超声波检测，对于不密实的部位，督促承包商按缺陷修补方案进行处理。

⑨ 在初期支护和二次衬砌扣拱施工过程中，督促承包商左右对称施工，防止偏压过大造成钢管柱和顶纵梁移位。

（4）纵梁、冠梁

1) 工艺流程

凿桩头→施工放样→梁底垫层找平→防水层施工→钢筋安装→预埋件和预留钢筋安装→模板安装→浇筑混凝土→验收。

2) 监理控制要点

① 凿桩头过程应进行巡视检查，注意保护钢筋笼，桩头清理无残余松散混凝土，保证梁与桩的连接质量。

② 桩位复核、桩身无损检测应符合设计和规范要求，监理应对检测过程进行见证。

③ 施工垫层，监理需对垫层标高进行抽查和复核。

④ 按设计图纸复核冠梁、纵梁测量放样成果。

⑤ 监理应加强梁钢筋安装的过程检查，当梁钢筋与桩锚入钢筋有冲突时，可适当调整梁钢筋位置，并重点检查钢筋规格、连接质量、间距、保护层厚度等。

⑥ 纵梁、冠梁施工时，监理重点检查上下接口预留位置的设置和施工质量。

⑦ 检查梁预埋法兰、钢筋格栅、型钢质量。预埋的钢筋格栅、扣拱钢筋格栅是初期支护重要部分，如果预埋的位置不准确，一方面影响到大弧拱部间距，另一方面降低了大弧初期支护结构受压能力。应采取有效措施控制钢筋格栅、扣拱钢筋格栅位置并固定可靠。

⑧ 检查冠梁、纵梁模板安装几何尺寸、线型，模板支护是否牢固。

⑨ 旁站检查混凝土浇筑，检查商品混凝土合格证、混凝土和易性、浇筑顺序、施工振捣等。

2. 开挖

1）工艺流程

开挖专项方案审批→开挖条件验收→开挖、支护→验收及超欠挖处理。

2）监理控制要点

① 审批车站开挖、支护专项施工方案，参加方案评审。

② 参加专项施工方案交底和安全技术交底。

③ 按相关文件要求参加或组织开挖施工前条件核查，核查内容见表5-17。

矿山法开挖施工前条件核查　　　　表5-17

序号	验收条件	内容	验收要点
1	主控条件	设计、勘察交底	施工现场已完成设计、勘察交底
2		技术措施	竖井、横通道各项指标满足设计要求（洞门开挖工程，洞门上方刷坡、排水、加固等技术措施满足设计要求）
3		超前支护	开挖区域超前支护已按设计要求完成，各项指标已经达到设计要求，横通道与隧道正线之间的超前支护也已完成，并达到设计要求
4		地质勘察	竖井、横通道开挖地质状况与地质详勘吻合，承包商已建立了"超前地质预报机制"，首段隧道已完成超前地质预报工作
5		专项施工方案	开挖、初期支护方案通过专家评审并已审批（若采用爆破开挖，已通过爆破专项审查），监理细则已编制审批
6		测量、监测	测量、监测方案已审批，监测控制点已按监测方案布置，且已测取初始值
7		潜在风险分析	对本工程潜在的风险进行辨识和分析，编制具有针对性、可操作性的应急预案，并落实抢险设备、材料、人员、方案
8		质量保证资料	相应质量保证资料齐全
9	一般条件	材料及构配件	质量证明文件齐全，复试合格
10		设备机具	进场验收记录齐全有效，特种设备安全技术档案齐全。安装稳固，防护到位
11		分包管理	分包队伍资质、安全生产许可证等资料齐全，安全生产协议已签署，人员资格满足要求
12		作业人员	拟上岗人员安全培训资料齐全，考核合格；特种作业人员类别和数量满足作业要求，操作证齐全。施工和安全技术交底已完成
13		风水电	施工风、水、电满足施工需求

④ 要求承包商在开挖前确定实际开挖断面尺寸,设计已充分考虑合理的施工误差、变形等因素,承包商还应在此基础上,根据初期支护的功能和承包商自身施工技术能力,对设计断面给予适当的外放,确定拟开挖断面的实际尺寸。

⑤ 洞桩法施工,其导洞跨度不宜大于 0.3 倍车站宽度,施工时相邻洞前后错开距离不应小于 15m。梁柱导洞断面尺寸应满足梁柱施工要求。如隧道设置底梁时,则上、下导洞中心线应在同一垂直面内。施工应先开挖导洞,做好桩、梁柱结构,上台阶拱部初期支护结构完成后,方可按逆筑法施工下台阶至封底。

⑥ 开挖前要求承包商制定防坍塌方案,备好抢险物资,并在现场堆码整齐。

⑦ 监理在开挖前应巡视检查掌子面围岩情况,必须确保掌子面稳定。

⑧ 督促承包商严格按专项施工方案进行开挖,并对施工方案执行情况进行巡视检查,要求开挖时需严格执行"管超前、严注浆、短进尺、强支护、早封闭、勤测量"的方针。在土层和不稳定的岩体中,初期支护的"挖、支、喷"三环节必须紧跟,当开挖面稳定时间满足不了初期支护施工时,应采取超前支护或注浆加固措施。

⑨ 监理应重点控制隧道开挖循环进尺,在土层和不稳定岩体中为 0.5~1.2m。

⑩ 应按设计尺寸严格控制开挖断面,不得欠挖,超挖应控制在规范允许范围内。

⑪ 两个工作面相对开挖时,当相距 20m 时应停挖一端,另一端继续开挖,并督促承包商做好测量工作,及时纠偏。其中线贯通允许偏差为:平面位置±30mm,高程±20mm。

⑫ 采用分步开挖时,监理人员应检查各开挖阶段围岩及支护结构的稳定性。

⑬ 开挖过程中应要求承包商进行地质描述并做好记录,必要时应进行超前地质预报。

⑭ 开挖过程中一旦发生坍塌、流沙、涌水、地下管线损坏、洞体裂纹、异常的超值下沉和变形等现象,应要求立即停止开挖,封闭掌子面,查明原因采取有效措施,减少损失,保证安全。

3. 初期支护

初期支护质量控制要点与本节横通道初期支护内容相同,监理过程中应特别注意的是桩顶纵梁大弧钢筋格栅架设,为保证扣拱与导洞连接顺利,在导洞开挖过程中严格控制每榀格栅的里程,后行导洞格栅必须与先行导洞格栅保持同一平面,同时应做好预留接头格栅的保护,扣拱一端的脚板与小导洞一端的预留钢板采用螺栓连接。

4. 扣拱

扣拱是 PBA 工法关键的施工环节,主要分为初期支护扣拱施工和二次衬砌扣拱施工两个过程。

(1) 初期支护扣拱

1) 工艺流程

冠梁、顶纵梁验收合格→导洞内施工边拱格栅→挂网喷射混凝土→边拱背后回填→拱部超前加固→主拱下土体开挖→初期支护施工→拆除导洞结构→初期支护扣拱验收。

2) 初期支护扣拱

初期支护扣拱如图 5-18 所示。

3) 监理控制要点

① 初期支护扣拱开挖半径大,弧顶较平;拱顶覆土浅,受地面交通动载扰动,自稳

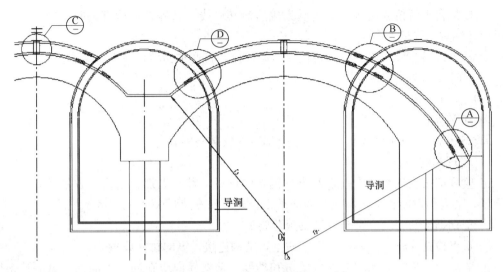

图 5-18 初期支护扣拱

性差,开挖易坍塌。施工过程中需经过多次受力转换,其中最主要的受力转换发生在初期支护扣拱阶段,监理必须督促承包商,严格按照批准的施工方案组织现场施工,并加强现场巡视检查。

② 监理应按设计要求检查冠梁、顶纵梁预埋件和钢筋格栅的安装位置是否准确。

③ 检查初期支护扣拱在横通道侧墙开口处的加固措施,在冠梁、顶纵梁及横通道门式框架完成后进行初期支护扣拱施工,确保横通道初期支护结构稳定。

④ 现场检查钢筋格栅连接节点位置,应离开拱顶处 1m,避开拱部变形最大处。

⑤ 导洞初期支护应随开挖进尺进行拆除,不得大面积拆除,拆除过程中督促承包商加强监测。

⑥ 导洞格栅破除部位,上部格栅与初期支护扣拱格栅连为一体时,下部格栅方可拆除。

⑦ 其他质量控制内容同初期支护质量控制。

(2) 二次衬砌扣拱

1) 工艺流程

冠梁、中纵梁与扣拱连接处防水验收合格→冠梁、中纵梁与扣拱连接处混凝土凿毛→拱部防水验收→扣拱钢筋安装验收→模板支架搭设(模板台车就位)验收→浇筑混凝土。

2) 质量控制要点

① 审查施工工序合理性,先施工中跨的二次衬砌,对称施工边跨的二次衬砌,使得顶纵梁和钢管柱受力均匀。拆除临时支撑过程中及时将拱顶沉降点、收敛点转移到钢管柱上,并加强监控量测和巡视,掌握沉降及收敛动态,指导现场作业。同时加强对顶纵梁的水平位移监测,稍有变形立即要求停止施工,在采取可靠措施后再施工。

② 应对顶纵梁预留的防水接头进行检查,破损部位及时修补,必要时采取预埋注浆管、增设止水胶等多道防水措施。

③ 二次衬砌扣拱钢筋绑扎前要对顶纵梁处的混凝土面进行凿毛处理,注意保护预埋钢筋接头。

④ 模板台车就位或模板支架搭设完成后对其中线、高程进行检查,确保中线、高程满足设计和规范要求。

⑤ 检查边拱与墙接口部位是否预留斜向坡口,且迎水面坡口应低于背水面。

5. 临时支撑架立和拆除

(1) 临时支撑加工及安装

1) 工艺流程

原材进场验收→临时支撑成型验收→运输→安装→验收。

2) 监理控制要点

① 监理应按设计要求检查临时支撑钢架的钢材品种、级别、规格、数量及焊条、焊丝质量。其力学性能和工艺性能试验必须符合规范和设计要求。

② 型钢钢架的弯制应符合设计及规范要求。

③ 重点检查临时支撑钢架的安装质量,结构连接、纵向拉杆设置等。

④ 监理应严格控制钢架的连接质量和精度。钢架横向应在同一平面内,纵向连接应符合规范要求。

⑤ 现场检查拱脚部分钢筋格栅与冠梁连接处的安装位置和连接质量。

⑥ 拱顶处钢筋格栅,连接节点宜离开拱顶受力最大处。

(2) 临时支护拆除

1) 工艺流程

布置变形观测点→搭设拆除作业平台→拆除试验→按方案进行拆除→监控量测结果分析。

2) 监理控制要点

① 拆除应严格执行批准的专项施工方案,并督促承包商做好施工监测工作,先布设监测点,及时进行监测初始值采集,再跳拆,必须用监测数据指导拆除施工。

② 拆除时间必须满足拱顶沉降、水平收敛、仰拱上浮速率控制要求。

③ 检查承包商是否按设计规定进行拆除试验,根据试验结果确定初期支护拆除长度,设计无规定时,每次拆除长度应根据监控量测沉降、收敛数据变化决定。一般先采取隔3拆1的方法,在支撑钢架底部切开20~30mm,观测隧道变形量和变形速率。再采取隔1拆1的方法,切开支撑钢架底部,观测隧道变形量和变形速率。

④ 监理应重点巡查初期支护及掌子面的变化,并做好巡视记录。

⑤ 认真审核施工监测数据,必须真实可靠,上报及时,并能指导初期支护拆除施工。

⑥ 拆除作业点离最近的中部开挖掌子面距离不得小于50m,临时支撑拆除后及时施工二次衬砌。

⑦ 拆除临时支撑时,采用逐环拆除的方法,一次性拆除长度应控制在衬砌模板台车的长度内。

⑧ 监理应严格控制每环临时支撑拆除顺序:上部中隔壁钢架→临时仰拱钢架→下部中隔壁钢架→下一环钢架的拆除→循环。

6. 防水工程

矿山法车站防水是以结构自防水为根本,通过控制结构混凝土裂缝的发展,增加混凝土的抗渗性能;以变形缝、施工缝等接缝防水为重点,辅以柔性外包防水层加强防水。采用复合式衬砌结构，即在隧道开挖后施工喷射混凝土初期支护，经监控量测确认初期支护基本稳定后，铺设防水层，然后浇筑二次衬砌防水混凝土。复合式衬砌防水构成三道防线，一是初期支护，二是防水层，三是衬砌模筑防水混凝土，三者相辅相成。矿山法车站设计防水等级通常为一级，不允许出现渗水现象，结构表面无湿渍。

(1) 防水板铺贴

1) 工艺流程

施工准备→防水基面处理→缓冲层铺设固定（土工布缓冲层→塑料圆垫片→铁垫片→射钉）→防水板悬挂铺粘（卷材裁剪→大幅预焊→点粘固定）→防水板搭接→焊缝补强→验收。

2) 监理控制要点

① 防水基面检查验收

a. 防水基面应无明水流，否则应进行初期支护背后的注浆或表面刚性封堵处理，待基面上无明水流后才能进行下道工序。

b. 检查防水基面的平整度，铺设防水板前应要求对基面进行找平处理，一般宜采用水泥砂浆抹面的处理方法。

c. 要求对基面上尖锐的毛刺部位进行处理，如喷射混凝土表面经常出现较大的尖锐的石子等硬物，避免浇筑混凝土时刺破防水板。锚杆有凸出部位时，螺头顶预留5mm切断后，用塑料帽处理。

d. 变形缝两侧的基面应全部采用水泥砂浆找平，便于外贴式止水带的安装以及保证分区效果。

e. 仰拱表面水量较大时，应避免积水将铺设的防水板浮起，宜在仰拱初衬表面设置临时排水沟和集水井，及时抽排积水。

f. 对个别点位侵限情况或者区域侵限小于5cm的部位，进行凿除处理，但不得破坏钢筋格栅。凿除过后对该处用同强度的水泥砂浆进行抹平至圆滑，确保在施工防水时不会将防水层刺破。

g. 对于大面积或者整个拱架侵限并且大于5cm的情况，要求采取换拱方案进行处理，将该榀钢筋格栅分段凿除换拱，处理好开挖断面后重新架设拱架并喷射混凝土。确保断面尺寸符合设计要求。

② 防水缓冲层检查

a. 铺设防水板前应先铺设缓冲层；用水泥钉或膨胀螺栓和与防水板配套的圆垫片将缓冲层固定在基面上，固定点之间呈正梅花形布设。仰拱、侧墙、顶拱上固定间距符合规范要求；仰拱与侧墙连接部位的固定间距应适当加密。在基面凹坑处应加设圆垫片，避免凹坑部位的防水板吊空。

b. 缓冲层采用搭接法连接，检查搭接宽度。并要求缓冲层铺设时应尽量与基面密贴，不得拉得过紧或出现过大的皱褶，以免影响防水板的铺设。

③ 防水板铺设检查

a. 铺设防水板时，顶、底纵梁部位以及仰拱防水板宜采用沿隧道纵向铺设的方法，以减少十字焊缝的数量，减少手工焊接，保证防水效果。

b. 采用热熔法手工焊接在塑料圆垫片上，焊接应牢固可靠，避免浇筑和振捣混凝土时脱落。

c. 防水板固定时应注意不得拉得过紧或出现大的鼓包，铺设好的防水板应与基面凹凸起伏一致，保持自然、平整、伏贴。

d. 防水板之间接缝采用双焊缝进行热熔焊接，接缝处必须擦洗干净，且焊缝接头应平整，不得有气泡褶皱、空隙。

e. 在焊缝搭接的部位焊缝必须错开，不允许有三层以上的接缝重叠。焊缝搭接处必须用刀刮成缓角后拼接，使其不出现错台。

f. 监理现场检查搭接宽度、焊缝强度，若有漏焊、假焊应予补焊；若有烤焦、焊穿以及外露的固定点，必须用塑料片焊接覆盖。

g. 防水板铺设完毕后应对其表面进行全面的检查，发现破损部位及时进行补焊。补丁应剪成圆角，不得出现三角形或四边形等尖角。补丁应满焊，不得有翘边空鼓部位。

h. 检查施工缝部位的防水板预留长度，也可将预留部分卷起后固定，并注意后期的保护。

i. 纵向搭接与环向搭接处，除按正常施工外，应再覆盖一层同类材料的防水板材，用热焊接。

④ 防水板施工质量验收

a. 目测检验，用手将已固定好的塑料板上托或挤压，检查其与喷射混凝土面的密贴程度及预留量，检查塑料板有无烤焦、焊穿、假焊和漏焊，焊缝宽度是否符合设计要求，焊缝表面是否平整光滑，有无波形断面。

b. 充气检查，检查采取随机抽样的原则，环向焊缝每衬砌循环抽试2条，纵向焊缝每衬砌循环抽试1条。防水板的接缝焊接质量应按充气法检查，并要求对漏气部位进行全面的手工补焊。

c. 督促现场做好防水板的保护，破损应及时修复。

(2) 防水细部构造

1) 施工缝

① 按设计要求检查施工缝用止水带、遇水膨胀止水条或止水胶、水泥基渗透结晶型防水涂料和预埋注浆管等质量合格证明文件和检测报告。

② 施工缝防水构造形式必须符合设计要求。

③ 监理应重点检查施工缝的留设位置：墙体水平施工缝应留设在高出底板表面不小于300mm的墙体上；拱、板与墙结合的水平施工缝，宜留在拱、板与墙交接处以下150~300mm处；垂直施工缝应避开地下水和裂隙较多的地段，并与变形缝相结合。

④ 在施工缝处继续浇筑混凝土时，已浇筑的混凝土抗压强度不应小于1.2MPa。

⑤ 水平施工缝浇筑混凝土前，应要求将其表面浮浆和杂物清除，然后铺设净浆、涂刷混凝土界面处理剂或水泥基渗透性结晶型防水涂料，再铺30~50mm厚的1:1水泥砂浆，并及时浇筑混凝土。

⑥ 垂直施工缝浇筑混凝土前应将其表面清理干净，再涂刷混凝土界面处理剂或水泥基渗透结晶型防水涂料，并及时浇筑混凝土。

⑦ 现场检查中埋式止水带及外贴式止水带埋设位置是否准确，固定是否牢靠。

⑧ 遇水膨胀止水条应具有缓胀性能；止水条与基面应密贴，中间不得有空鼓、脱离

等现象；止水条应牢固的安装在施工缝表面或预留凹槽内；止水条采用搭接时，搭接宽度不小于30mm。

⑨ 预埋注浆管应设置在施工缝断面中部，注浆管与施工缝基面应密贴并固定牢固，固定间距宜为200~300mm；注浆导管与注浆管的连接应牢固、严密，导管埋入混凝土内的部分应与结构钢筋绑扎牢固，导管的末端应临时封堵严密。

⑩ 检查逆筑结构边墙和板接缝部位施工缝做法：结构逆作至中板，板及下部1.2m墙体同时浇筑；下部边墙混凝土浇筑前所有施工缝面应凿毛，将疏松、起皮、浮灰等清除干净，使施工缝表面基本平整、干燥、无污染物，并设置双道膨胀橡胶止水条。施工缝设置遇水膨胀橡胶止水条时，要使用胶粘剂和射钉（或水泥钉）固定牢固，并避免施工中提前遇水。浇筑混凝土面要高出施工缝200mm以上，强度达到50%后凿除。如在检查过程中发现防水板破损，应要求及时补焊，补丁剪成圆角，补丁边缘距破损边缘距离不得小于7cm，补丁满焊不得有翘边空鼓。

2）变形缝

① 暗挖结构在顶拱、侧墙结构内表面预留凹槽，设置镀锌钢板接水盒，接水盒应与混凝土表面密贴。

② 当变形缝所处的位置需要进行调整时，应检查其调整方案是否满足设计和规范要求：一是顶板存在下翻梁的所有变形缝均取消结构内侧的预留凹槽；二是底板和侧墙变形缝两侧的结构厚度不同时，需要将变形缝两侧的结构作等厚度处理，在距变形缝不小于30cm以外的部位进行变断面处理，这样不但利于柔性防水层的铺设质量，而且可设置背贴式止水带，确保变形缝部位的防水效果。

3）后浇带

① 重点检查后浇带施工时间，需待主体结构完成、沉降稳定后再进行施工，且浇筑时间不得小于设计要求时间周期。

② 监理应认真检查后浇带的遇水膨胀止水条或止水胶、预埋注浆管、外贴式止水带是否符合设计要求，并核对产品合格证、产品性能检测报告和材料进场材料。

③ 监理应检查补偿收缩混凝土的原材料及配合比等，必须符合设计要求。

④ 对后浇带防水构造按设计要求进行隐蔽工程验收，做好验收记录。

⑤ 采用掺膨胀剂的补偿收缩混凝土，其抗压强度、抗渗性能和限制膨胀率必须符合设计要求。监理应重点检查混凝土抗压强度、抗渗性能和水中养护14d后限制膨胀率检验报告。

⑥ 混凝土浇筑前，后浇带部位和外贴式止水带应采取保护措施。

⑦ 后浇带应一次浇筑，不得留施工缝；混凝土浇筑后应及时养护，养护时间不得少于28d。

4）穿墙管

① 穿墙管（盒）应在浇筑混凝土前预埋。

② 穿墙管与内墙角、凹凸部位的距离应大于250mm，管与管之间的距离应大于300mm。

③ 结构变形或管道伸缩量较小时，穿墙管可采用主管直接埋入混凝土内的固定式防水法，并应预留凹槽，槽内用嵌缝材料嵌填密实。

④ 结构变形或管道伸缩量较大或有更换要求时，应采用套管式防水法，套管应加焊止水环。

⑤ 穿墙管止水环与主管、翼环与套管均应连续满焊密实，并做好防腐处理，止水环宜采用方形，避免管道安装时外力引起管道转动。

⑥ 采用套管式穿墙管防水构造时，在施工前，应将套管内表面清理干净。

⑦ 套管内的管道安装完毕后，应在两管间嵌入内衬填料，端部用密封材料填缝；柔性穿墙时，穿墙内侧应用法兰压紧。

⑧ 采用遇水膨胀止水圈的穿墙管，管径应大于50mm，止水圈应用胶粘剂满粘固定于主管上，并应涂缓胀剂。

⑨ 穿墙管线较多时，宜相对集中，采用穿墙盒方法；穿墙盒的封口钢板应与墙上的预埋角钢焊严，并从钢板上的预留浇筑孔注入改性沥青密封材料或细石混凝土处理。

⑩ 穿墙管外侧防水层应铺设严密；增铺附加层时，应符合卷材防水施工的要求；当工程有防护要求时，穿墙管除应采取有效防水措施外，尚应采取措施满足防护要求；穿墙管伸出墙外的部位，应采取有效措施防止回填时将管损坏。

5）埋设件

① 埋设件端部或预留孔（槽）底部的混凝土厚度不得小于250mm，当厚度小于250m时，必须局部加厚或采取其他防水措施。

② 预留地坑、孔洞、沟槽内的防水层，应与孔（槽）外的结构防水层保持连续。

③ 固定模板用的螺栓必须穿过混凝土结构时，螺栓或套管应满焊止水环或翼环；采用工具式螺栓或螺栓加堵头的做法，拆模后应采取加强防水措施将留下的凹槽封堵密实。

6）中埋式注浆止水带

① 中埋式注浆止水带可采用合成树脂类PVC止水带，止水带的宽度为30～35cm。

② 注浆止水带采用热熔对接法连接，同时应保证对接部位注浆管的畅通。对接部位的抗拉强度应不小于母材强度的80%，要求对接部位接缝严密、不透水。

③ 注浆导管应进行临时封堵，避免后期施工过程中异物进入堵塞注浆管。

④ 注浆导管宜在结构内穿行一段距离后再引出，即注浆导管引出位置应距变形缝30～40cm。

⑤ 施工缝钢边橡胶止水带在变形缝止水带的侧面应断开，保证其端头与注浆止水带侧面贴住，然后在钢边橡胶止水带的端头缠绕一圈10mm×30mm的膨润土橡胶遇水膨胀止水条。

⑥ 注浆止水带的安装方法和注意事项参见施工缝钢边橡胶止水带部分。

7）背贴式止水带

① 背贴式止水带采用宽度为30～35cm的塑料止水带（PVC、EVA、PE类），如图5-19所示。当无现场接头时，也可采用橡胶类材料。

② 止水带采用热熔对接焊接接头，接头部位的拉伸强度不小于母材强度的80%。

③ 当侧墙采用膨润土防水毯时，可将背贴式止水带直接用水泥钉穿过防水层固定在基面上。

④ 为保证背贴式止水带与混凝土咬合密实，在止水带两侧齿条之间设置注浆花管。

8）钢边橡胶止水带

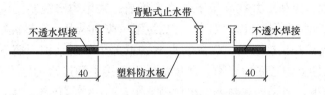

图 5-19 背贴式止水带

① 车站结构施工缝，采用钢边橡胶止水带进行防水处理，材料应经检测合格方可使用。

② 钢边橡胶止水带用固定夹具或钢筋固定，检查固定间距，要求固定牢固可靠，线型顺直。

③ 水平设置的止水带在结构平面部位均采用盆式安装（仰拱部位除外），盆式开孔向上，保证浇捣混凝土时混凝土内产生的气泡顺利排出。

④ 钢边橡胶止水带除对接外，其他接头部位（T字形、十字形等）均采用工厂接头，不得在现场进行接头处理。接头部位的抗拉强度不得小于母材强度的80%。

⑤ 结构厚度不大于50cm时，止水带设置在结构中线位置，结构两侧厚度差均不得大于5cm。钢边橡胶止水带的纵向中线与施工缝表面的距离差不得大于3cm。具体如图5-20所示。

⑥ 浇筑和振捣施工缝部位（尤其是侧墙水平施工缝）的混凝土时，注意保护钢边止水带，振捣时严禁振动棒触及止水带，避免止水带出现过大的蛇形和倒伏。

⑦ 水平施工缝由于止水带的阻挡、止水带与围护结构之间的杂物清理比较困难。需要督促现场对施工缝表面进行认真的凿毛并清理干净。

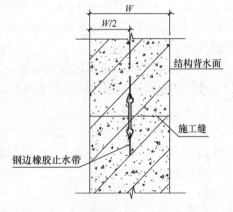

图 5-20 钢边橡胶止水带埋设

⑧ 止水带部位的混凝土必须振捣充分，保证止水带与混凝土咬合密实。

(3) 防水混凝土

防水混凝土监理控制要点与第5.1节中防水混凝土要求相同。

(4) 底纵梁、中纵梁、冠梁防水

1) 工艺流程

检查基面（不平整、尖锐部位、渗漏水、阴阳角）→缓冲层施工检查→防水板施工（焊缝充气检验）→注浆系统施工→施工缝及变形缝施工检查→浇筑冠梁、纵梁及部分顶拱结构→防水层成品保护。

2) 监理控制要点

① 在导洞顶部首先铺设土工布缓冲层及防水板，然后施作钢管柱，浇筑顶纵梁及部分拱顶结构（在顶纵梁顶部空间内浇筑顶纵梁并振捣混凝土）。注意在小导洞与顶拱相接处后期需要凿除部位小导洞初期支护内侧（缓冲层外侧）预埋保护钢板，待后期小导洞初期支护凿除后拆除保护钢板。

② 待结构达到一定强度并在浇筑下一段顶梁前，采用防水混凝土将顶纵梁以上、防水板以下空间全部回填密实，完成以后方可浇筑下一段顶纵梁、冠梁混凝土。

③ 顶部初期支护扣拱连通后，破除初期支护下部小导洞结构，摘除保护钢板，去除二次衬砌与导洞初期支护之间填充物，把预留防水板接头翻过来固定在初期支护结构上，连接其余拱部防水板，浇筑拱部剩余二次衬砌结构，两次浇筑拱部二次衬砌之间施工缝按后面要求进行防水处理。

④ 钢筋的两端应设置塑料套，避免钢筋就位时刺破防水板。绑扎和焊接钢筋时应注意对防水层进行有效的保护。特别是焊接钢筋时，应在防水层和钢筋之间设置石棉橡胶遮挡板，避免火花烧穿防水层。结构钢筋安装过程中，现场应由专人看守，发现破损部位应及时做好记号，待钢筋安装完毕后，再进行全面的补焊及验收。

⑤ 在割除钢筋格栅时，除用石棉水泥板进行遮挡外，还应用水淋洒受热区，防止温度过高使防水板焦化。

⑥ 钢筋连接采用冷挤压技术，避免烧伤、烧破防水层。

⑦ 混凝土浇筑时振动棒不得离防水层太近，严禁触及防水层。

⑧ 需要破除临时喷射混凝土支撑和围护桩的部位，必须在预留防水板两侧设置钢板保护层，避免破洞时对防水板造成机械破坏。烧断支撑部位的钢筋时，在防水板与钢板之间设置软木橡胶隔离板。

⑨ 当破除预留防水层部位的导洞时，应采用人工凿除，尽量避免采用风镐等机械破洞。预留防水层一旦被破坏，会直接影响防水层的后续搭接，无法保证防水板的连续性。

7. 二次衬砌

矿山法车站采用 PBA 工法施工，二次衬砌在拱盖完成后和明挖车站主体结构施工基本相同，可采用顺作或逆作法，监理控制要点可参照第 5.1 节中相关内容。

（1）钢筋工程

1）工艺流程

钢筋原材料进场检验→钢筋加工→钢筋连接→钢筋安装→验收。

2）监理控制要点

① 按设计和规范要求检查钢筋原材、加工、连接、安装质量。

② 拱部主筋加工应采用弯弧机对其弧度进行控制，钢筋应预加工成型后运至现场安装。

③ 钢筋加工胎模，钢筋安装台车必须经过监理现场验收合格后方可使用。

④ 钢筋绑扎前应清点数量、类别、型号、直径，锈蚀严重的钢筋应除锈，弯曲变形钢筋应矫正，清理结构内杂物，施工缝处预留钢筋调直，检查结构位置，测量放样后方可进行绑扎作业。

⑤ 钢筋绑扎搭接长度应满足设计和规范要求，绑扎点应符合下列规定：

a. 钢筋搭接时，中间和两端共绑扎三处，并必须单独绑扎后，再和交叉钢筋绑扎；

b. 主筋和分布筋，除变形缝处 2~3 列骨架全部绑扎外，其他可交叉绑扎；

c. 主筋之间或双向受力钢筋交叉点应全部绑扎；

d. 单肢箍筋和双肢箍筋拐角处与主筋交叉点应全部绑扎，双肢箍筋平直部分与主筋交叉点可交叉绑扎；

e. 墙、柱立筋与底板水平主筋交叉点必须绑扎牢固，如悬臂较长时，交叉点必须焊牢，必要时应加支撑。

⑥ 钢筋绑扎必须牢固稳定，不得变形松脱和开焊。变形缝处主筋和分布筋均不得触及止水带和填缝板，混凝土保护层、钢筋级别、直径、数量、间距、位置等应符合设计要求。预埋件固定应牢固、位置正确。钢筋绑扎位置允许偏差应符合设计和规范要求。

⑦ 拱部大断面钢筋安装，应按设计和方案要求对钢筋进行固定，特别是第一模钢筋安装后确保其纵向稳定。结构不在同一高程或坡度较大时，必须自下而上进行绑扎，必要时增设适当的固定点或加设支撑，大断面施工缝两侧采用定位锚杆将其定位钢筋焊接牢固。

⑧ 现场监理应严格控制主筋排距，可设置定位钢筋以保证钢筋排距符合设计和规范要求。

⑨ 二次衬砌钢筋均为双排双向布置，一般环向钢筋在外，纵向钢筋在内，双排钢筋之间用拉结筋连接，拉结筋设置应符合设计要求。

⑩ 检查钢筋的基本锚固长度；墙上孔洞必须预留时，洞口尺寸≤300mm 时，可不设附加钢筋，墙内钢筋由墙边绕过，不得截断；当洞口尺寸≥300mm，且<800mm 时，设置洞口加强筋。

⑪ 检查砂浆垫块设置，钢筋绑扎应采用同强度砂浆垫块支垫，支垫间距 1m 左右，并按行列式或交错式摆放，垫块与钢筋应固定牢固，保证保护层厚度。

⑫ 钢筋的接头宜设置在受力较小处，同一纵向受力钢筋不宜设置 2 个或 2 个以上的接头。接头末端至钢筋弯起点的距离不应小于钢筋直径的 10 倍。

⑬ 检查钢筋焊接质量是否符合现行标准的规定：单面焊接搭接长度 $10d$（d 为钢筋直径）。双面焊接搭接长度为 $5d$。帮焊接头或搭接焊接头的焊缝厚度 s 不应小于 $0.3d$，焊缝宽度不应小于 $0.8d$。

⑭ 核查同一连接区段内接头数量，纵向受力钢筋的接头面积百分率在受拉区不宜超过 50%。拱部钢筋安装应预留钢筋下落沉降量。

⑮ 重点检查梁柱节点钢筋安装质量，主筋位置必须符合设计要求，箍筋可提前安装。

⑯ 检查杂散电流钢筋定位及焊接质量，防雷接地电阻必须满足设计要求，注意接地端子成品保护。

(2) 模板支架工程

1) 模板支架

① 审核模板支架专项施工方案，方案审批流程符合相关文件要求。参加安全技术交底，按危险性较大的分部分项工程安全管理办法实施。

② 支架搭设完成后监理对支架扫地杆，立杆纵向、横向间距，横杆间距，步距，斜杆，剪刀撑等按方案和规范要求进行验收。

③ 隧道二次衬砌模板施工应符合下列规定：

a. 拱部模板应预留沉落量 10～30mm，其高程允许偏差为设计高程+预留沉落量+10mm；

b. 变形缝端头模板处的填缝板中心应与初期支护结构变形缝重合；

c. 变形缝及垂直施工缝端头模板应与初期支护结构间的缝隙嵌堵严密，安装必须垂直、牢固；

  d. 边墙与拱部模板应预留混凝土浇筑及振捣孔口。

  ④ 模板安装前应清理干净并涂刷隔离剂，铺设应牢固、平整、接缝严密不漏浆，相邻两块模板接缝高低差不应大于2mm。支架系统连接应牢固稳定。

  ⑤ 墙体结构应根据放线位置分层安装模板，内模板与顶模板连接好并调整净空，经监理验收合格后固定；外侧模板应在钢筋绑扎完后安装。模板安装允许偏差为：垂直度2‰；平面位置±10mm。

  ⑥ 钢筋混凝土柱的模板应自下而上分层安装，支撑应牢固，允许偏差为：垂直度1‰；平面位置：顺线路方向±20mm，垂直线路方向±10mm。钢管柱垂直度、平面位置除符合以上规定外，柱顶高程允许偏差为+10/0mm。

  ⑦ 结构变形缝处的端头模板应钉填缝板，填缝板与嵌入式止水带中心线应和变形缝中心线重合，并用模板固定牢固。止水带不得穿孔或用铁钉固定。端头模板安装允许偏差为：平面位置±10mm，垂直度2‰。

  ⑧ 模板支架应在结构达到设计强度后方可拆除，拆除顺序应严格按照施工方案进行，过程中应观察架体稳定性。

  2）模板台车

  ① 模板台车进场时，检查其合格证书，进场报审表以及荷载验算书。检查模板台车强度、刚度及稳定性验算书，验算结果是否合格。对组装完成后的模板台车督促承包商组织专家进行验收。

  ② 模板台车监理验收主要检查：主要钢构件的焊接质量是否符合规范要求，机械动力装置是否有限位销，保证在行走过程中平直稳定，不脱轨；操作平台临边防护是否到位，护栏及托架是否牢固；爬梯是否安装牢靠；对所有的螺栓进行检查，检查是否拧紧并加设垫片；加固支撑体系、液压、抗浮装置是否按照设计方案组装。

  ③ 模板台车经验收合格后可进行模板台车定位，定位过程中对其标高净空严格控制，保证二次衬砌内净空，按照设计图纸外放；在模板台车环向布设收敛、沉降及位移点，在施工前监督承包商进行监测初始值采集。

  ④ 监理应按下列要求检查模板台车堵头模板的封堵及环向止水带的处理：

  a. 堵头采用整体封堵方式，堵头模板一侧与台车预留钢筋之间固定牢固，另一侧采用钢筋与预留出的纵向分布筋焊接牢固，堵头外侧采用方木斜向支撑顶紧；

  b. 施工缝处按要求进行凿毛，凿毛要露出新鲜混凝土面为准，浇筑前用清水对施工缝进行湿润并清洗干净；

  c. 由于大断面浇筑混凝土方量比较大，堵头处将止水带进行预埋处理，将止水带呈90°握进去，在后期拆除堵头时再进行拉直处理。

  ⑤ 按专项方案检查模板台车加固情况，保证下沉量、抗浮和稳定性。

  ⑥ 模板台车应开设混凝土浇筑振捣口，保证拱墙、拱顶混凝土浇筑密实。

（3）混凝土工程

  1）混凝土浇筑前应对模板、钢筋、预埋件、端头止水带等进行检查，清除模内杂物，隐蔽工程验收合格后，方可浇筑混凝土。

  2）墙体混凝土左右对称、水平、分层连续浇筑，浇筑时严格控制浇筑速度，浇筑高度不得大于1m/h，每次浇筑高度不得大于50cm，两边浇筑高度差在50cm以内。浇筑混凝土下落高度不得大于2m，大于2m时接导管处理。

3）结构柱可单独施工，并应水平、分层浇筑。如和墙、顶板结构同时施工而混凝土标号不同时，必须采取措施，不得混用。

4）结构变形缝设置嵌入式止水带时，混凝土浇筑应符合下列规定：

① 浇筑前应校正止水带位置，表面清理干净，止水带损坏处应修补。

② 拱顶、底板结构止水带的下侧混凝土应振捣密实，将止水带压紧后方可继续浇筑混凝土。

③ 边墙处止水带必须固定牢固，内外侧混凝土应均匀、水平浇筑，保持止水带位置正确、平直、无卷曲现象。

④ 混凝土浇筑过程中应随时观测模板、支架、钢筋、预埋件和预留孔洞等情况，发现问题及时处理。

⑤ 混凝土终凝后应及时养护，垫层混凝土养护期不得少于7d，结构混凝土养护期不得少于14d。

⑥ 混凝土抗压、抗渗试件制作、留置符合设计和规范要求。

⑦ 旁站过程中做好混凝土浇筑记录表，其内容包括左右侧分层浇筑高度、浇筑时间以及初凝时间、试件留置情况等。

⑧ 浇筑过程中加强监控量测，并通过监控量测成果指导现场施工，如沉降速率、收敛速率异常，应立即放慢混凝土浇筑速度。

(4) 回填注浆

1）工艺流程

孔位放样→钻孔→下管→封孔→连接注浆管→搅拌浆液→注浆→封孔。

2）质量控制要点

① 注浆材料及其配合比符合设计、规范和技术方案要求。

② 浆液强度应符合设计要求，双液浆胶凝时间根据实际情况现场试验确定。

③ 拱顶处注浆孔间距宜为5～6m，注浆管用钢管，长度为二次衬砌厚度＋200mm（外露），外露段应有连接管路的装置，防止钻破防水层。

④ 注浆顺序应从先边墙再拱顶，从车站线路一端向另一端注浆。

⑤ 注浆前检查管路是否畅通，压力计、流量表是否经过校定。注浆时严格控制注浆压力和流量。按方案要求选择注浆终止，注浆结束后应对注浆管封闭、切除。

⑥ 对注浆效果进行检查，主要使用分析法、钻孔检查法和无损检测法。

⑦ 对不符合要求的地段必须进行补孔注浆。

(5) 缺陷处理

二次衬砌质量缺陷主要有：现浇结构外观质量缺陷（漏筋、蜂窝、孔洞、夹渣、疏松、裂缝、连接部位缺陷、外形缺陷、外表缺陷），位置和尺寸偏差，二次衬砌渗漏水等。

1）缺陷处理流程

质量缺陷排查→质量缺陷原因分析→必要部位质量缺陷检测（如需要）→承包商编制质量缺陷处理方案→按要求审核缺陷处理方案→缺陷处理情况跟踪检查验收→资料整理。

2）监理控制要点

① 二次衬砌质量验收应在拆模后、混凝土表面未做修改和装饰前进行，并按部位做好记录。修整或返修的结构构件或部位应有实施前后的文字及影像记录。

② 二次衬砌外观质量缺陷应由监理单位、承包商等各方根据其对结构性能和使用功能影响程度按《混凝土结构工程施工质量验收规范》GB 50204 的规定进行确定。

③ 对已经出现的一般缺陷，应由承包商按技术处理方案进行处理。监理重新检查验收，同时应做好一般缺陷检查、处理及验收记录。对已经出现的严重缺陷，应由承包商提出技术处理方案，并经监理（建设）单位认可后进行处理。对经处理的部位，应重新检查验收，同时应做好缺陷部位检查、处理及验收记录。

④ 缺陷处理方案应针对出现的质量缺陷逐一进行原因分析，制定处理措施，并按规范和相关文件要求进行审批。监理单位应编制相应的缺陷处理监理实施细则。

⑤ 二次衬砌不应有影响结构性能或使用功能的尺寸偏差。对于超过允许偏差且影响结构性能或安装、使用功能的部位，应由承包商提出技术处理方案，并经监理、设计单位认可后进行处理。对经处理的部位重新进行验收，同时做好检查处理记录。

⑥ 二次衬砌结构出现渗漏水时，应按规范要求编制渗漏点展开图和渗漏水缺陷处理方案，经监理、设计单位认可后进行处理。监理对处理过程进行跟踪检查和过程验收，符合设计防水标准等级要求时方可进行防水分部工程验收。

5.2.4 监测

（1）矿山法车站施工监测内容主要包括：初期支护拱顶沉降、初期支护结构净空收敛、隧道拱脚沉降、中柱结构沉降、中柱结构倾斜、中柱结构应力、初期支护结构应力、二次衬砌结构应力、围岩压力、支护间接触应力、地下水位监测、地表沉降变形监测、建（构）筑物变形监测等。监理应审查施工监测方案，检查监测点的埋设和保护，对承包商按照方案实施情况进行巡视检查及监管。

（2）初期支护拱顶沉降、净空收敛、拱底沉降、初期支护结构应力、二次衬砌结构应力、围岩压力、支护间接触应力监测点的布设应符合设计、规范和施工监测方案要求。

（3）中柱结构沉降、中柱结构倾斜及中柱结构应力监测点布设应符合下列规定

1）监测点应选择地质条件复杂、受力较大或具有代表性部位的中柱进行沉降、倾斜监测。

2）中柱结构沉降及中柱结构倾斜的监测数量不应少于中柱总数的 10%，且不少于 3 根。

3）根据工程需要，需进行中柱结构应力监测时，应选择有代表性的中柱进行监测，每柱布设 4 个监测点，并在同一水平面内均匀布设。

（4）当矿山法施工遇到下列情况时监理应要求增加监测项目

1）围岩的地质条件复杂，岩土易产生较大变形、空洞、坍塌的部位或区域，应增加初期支护结构、二次衬砌应力及围岩压力监测。

2）根据物探或超前地质钻探探明有岩溶、断裂带等不良地质条件时，应增加初期支护结构、二次衬砌应力、围岩压力、土体深层水平位移及土体分层沉降监测。

（5）采用钻眼爆破法时，必须对爆破振动影响范围内的建（构）筑物、既有轨道交

通、铁路、桥梁、设备、设施等进行爆破振动监测。

(6) 在矿山法车站土体开挖时每一开挖环要求承包商都要目测观察掌子面围岩状态、支护状态及地表状态,并详细记录。

其他监测工作管理如流程、控制要点等详见第5.1.7小节。

5.2.5 附属工程

车站附属工程通常包含出入口、消防通道(疏散口)、风亭风道等,其结构形式与车站主体结构内容基本相同,区别在于使用功能不同,其监理控制要点参见本章前面部分。

5.3 盖挖法车站

盖挖法车站施工通常在建筑物比较密集、路面交通流量大、场地条件比较狭窄、覆土埋深较浅,明挖、暗挖法实施比较困难的情况下采用。

盖挖车站根据基坑开挖与结构浇筑顺序的不同,可分为盖挖逆作法、盖挖顺作法、盖挖半逆作法、半盖挖法(局部盖挖法)。

盖挖法施工的优点:围护结构变形小,能够有效控制周围土体的变形和地表沉降,有利于保护邻近建筑物和构筑物;基坑底部土体稳定,隆起小,施工安全;盖挖逆作法施工基坑暴露时间短,拆迁量小,可尽快恢复路面,对道路交通和环境影响较小。其缺点:作业面少,相互干扰大,施工速度较慢,施工难度大,因此造价相对较高。此外,混凝土结构的施工缝较多,处理比较复杂,防水难度大。

盖挖法车站与明挖法车站一样多采用矩形框架结构,其与明挖法车站结构主要区别在于施工方法和顺序不同。

土方开挖是盖挖法施工的重要环节,不仅是影响工期的关键因素,而且是产生变形的主要原因,也是施工安全的关键。采用盖挖法施工时,在盖板施工完成后整个地下部分处于封闭状态,挖土难度大、周期长,出土也极为不利,而且还为顶板以下的材料入场、施工中的通风、照明等带来诸多的不便。在这种情况下就得事前进行周密的商讨和规划,确定出土孔洞的尺寸大小、位置和数量,优化挖土顺序,保证基坑的安全和施工工期。

对地下工程而言,水文地质情况的多变性,作用在土体上荷载的不确定性,次生应力的复杂性,都使得地下工程施工风险存在很大的不确定性。因此在施工阶段对周边的地表沉降和隆起、周边建筑物的变形、土体位移等数据需不间断地进行采集和分析,准确判断地层的稳定性和主体结构的安全状态,调整设计和施工方案,确保盖挖施工的安全进行。

5.3.1 盖挖逆作法

盖挖逆作法是由地面向下开挖至一定深度后,先施作围护结构、中间桩和柱、主体结构顶板,然后在顶板的保护下从上向下开挖土体,并从上至下施作主体结构的侧墙、中板、横梁、纵梁、底板等。在地质条件较差的密集建筑区修建深、大基坑时,为了减少施工对地面交通和环境的影响可选用盖挖逆作法。盖挖逆作法的主要优点：临时支撑架设少，墙体水平位移小，地层沉降小，基坑隆起小，土压力和水压力小，主体结构稳定性好。

盖挖逆作法车站主要施工步骤：施工准备→测量放线→围护结构施工→中间柱施工→架设临时路面→顶板施工→自上而下挖土→自上而下施工主体结构→拆除临时路面系统→恢复路面。盖挖逆作法施工步骤如图 5-21 所示。

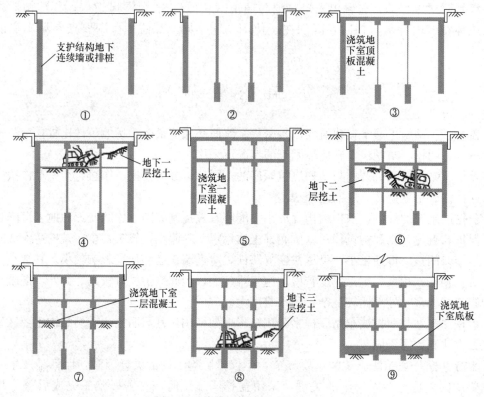

图 5-21　盖挖逆作法施工步骤示意

1. 盖挖逆作法施工准备阶段的监理工作

（1）调查车站开挖范围及施工区域的各类地下管线，拟定改移动、改迁或临时悬吊保护方案。

（2）根据地质情况，基坑大小，施工工期，交通状况等布置出土口。

（3）考虑好上下人员出入口，还应安装步梯，根据上下人的多少，确定步梯宽度，一般不宜小于 3m。

（4）应考虑好消防口、通风口、排水口等设施的需要。

2. 盖挖逆作法施工过程中的监理工作

（1）采用盖挖逆作法施工，围护结构和中间桩、柱、梁、板在主体结构完成之前是重要的承载构件，关系到施工安全，必须严格控制施工精度，尽量减小施工误差。

（2）自上而下的施工过程中，地层产生的不均匀沉降对围护结构和主体结构的不利影响要比顺作法大，开挖过程中应严格控制地层失水、管涌和围护结构渗漏及侧向位移，因此，每层结构开挖到设计高程后，应尽快施工纵横梁和层板，严格控制地层沉降，防止上部结构拉裂。

（3）主体结构自上而下施作，施工缝比较多，且由于混凝土硬化过程中的收缩与下沉的影响，可能出现裂缝，对结构的强度、刚度、承载能力、防水性、耐久性均产生不利影响；多数交汇于同一节点的构件非同步施工，其连接精度控制难度较大，层板土模施工，混凝土的质量控制难度亦较大，因此必须重点检查墙、梁、板、柱节点的连接精度和施工质量。

（4）立柱桩之间以及立柱桩与围护墙之间的不均匀沉降是逆作法施工中常遇的问题，会导致楼板结构开裂。严控立柱桩及围护墙施工质量，减少立柱桩之间以及立柱桩与围护墙之间的沉降差。

（5）盖挖法施工对位移控制要求比较严格，第三方监测单位（业主委托的监测机构）、施工监测单位应及时反馈监测信息，监理工程师认真对比、分析，发现异常应立即组织召开专题会议，制定处理措施方案。

5.3.2 盖挖顺作法

盖挖顺作法施工是由地面向下开挖至一定深度后，先施工围护结构、中间柱、临时路面，然后在临时路面覆盖板的保护下自上而下开挖土体，架设临时支撑，开挖到底后，自下而上施作主体结构的底板、侧墙、中板、纵横梁、立柱、顶板等。如覆盖板为永久结构的顶板，则在回填土施工完成后，才能恢复交通和开始基坑内部施工。

施工准备→测量放线→围护结构施工→中间桩、柱结构施工→架设临时路面→施工顶板→架设第一道水平支撑→自上而下挖土→依次架设水平支撑→主体结构自下而上施工→结构施作完毕→拆除临时路面系统→恢复路面。

盖挖顺作法施工步骤示意图如图 5-22 所示。

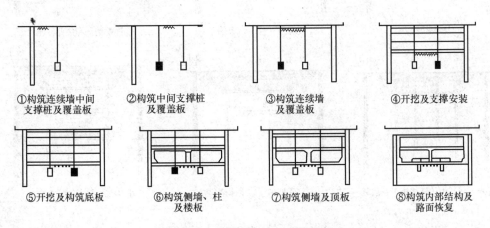

图 5-22 盖挖顺作施工步骤示意

1. 盖挖顺作法施工准备阶段的监理工作

盖挖逆作法施工准备阶段的监理工作参考"5.3.1 盖挖逆作法"。

2. 盖挖顺作法施工过程中的监理工作

（1）临时路面系统施工是盖挖逆作法施工的关键步骤，须严控临时路面系统施工质量。临时路面系统应具有设计承载能力，满足强度、刚度和稳定性要求；满足快速安装、拆卸要求，减小对地面交通影响的时间。

（2）随着基坑的开挖，中间柱自由段长度会增加，侧向变形会增大。为增加立柱的稳定性，在基坑向下开挖过程中，在每一道支撑高程处，应设置纵向连系梁，减少开挖阶段立柱的长细比，以保持立柱稳定。监理工程师应检查支撑架设的及时性、预应力施加、立柱与连系梁、支撑连接构造。

（3）盖挖法施工对位移控制要求比较严格，第三方监测单位（业主委托的监测机构）、施工监测单位应及时反馈监测信息，监理工程师认真对比、分析，发现异常应立即组织召开专题会议，制定处理措施方案。

5.3.3 盖挖半逆作法

盖挖半逆作法与逆作法的区别仅在于，盖挖半逆作法在结构的第一层或第二层顺作完成后，再采用逆作法施工下部结构。该方法可上、下部同时施工，施工效率高。

在半逆作法施工中，上部基坑开挖顺作时，一般要求需要设置临时横撑并施加预应力。盖挖半逆作典型施工步骤如图 5-23 所示。

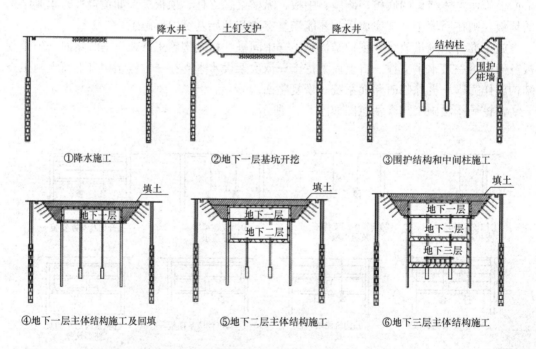

图 5-23 盖挖半逆作法施工步骤示意

盖挖逆作法除采用上面顺作、下部逆作的方式外，还包括中间逆作、四周顺作或四周逆作、中间顺作及其他顺作和结合的形式。需要注意的是，必须严格控制下部施工对上部结构的影响。

(1) 盖挖半逆作法施工准备阶段的监理工作

参考第5.3.1小节中"1.盖挖逆作法施工准备阶段的监理工作"。

(2) 盖挖半逆作法施工过程中的监理工作

参考第5.3.1小节中"2.盖挖逆作法施工过程中的监理工作",和第5.3.2小节中"2.盖挖顺作法施工过程中的监理工作"。

5.3.4 半盖挖法（局部盖挖法）

针对目前城市轨道交通施工区域一般位于建筑物密集的城区现状,因此深基坑工程的主要技术难点在于对基坑周围原状土的保护,防止地表沉降,减少对既有建筑物的影响。明挖法的优点是施工技术简单、快速、经济,常被作为首选方案。但其缺点也是明显的,如阻断交通时间较长,噪声与振动等对环境的影响。因此在某些特定条件下,盖挖法施工便成为一种有效的替代方案。在实施过程中,某些车站位于两条及以上的交通要道相交位置,交通流量非常大,有的路口还有重载车辆通行,且此处的交通组织非常复杂,当地交管部门是绝对不允许长时间中断交通,这就需要综合考虑各方的因素,拿出几个比选的施工交通组织方案,此时半盖挖法（局部盖挖法）便成为施工交通组织方案的首选。

半盖挖法（局部盖挖法）的监理控制参照第5.3.1~5.3.3小节。

5.4 高架车站和高架区间

基于高架线的造价较低,又能节省空间,施工速度快,国内外的城市轨道交通中高架桥被广泛地采用。轨道交通高架桥长且平,短的几百米,长的达二三十公里,处于城市之中,除了与地下的交接过渡段起伏较大外,其他的区段都比较平顺。与市政桥梁不同,市政桥梁动辄十几米二十几米宽,而轨道交通高架桥单线桥5m左右宽,双线也不超过9.5m宽。设计要求高,多数高架桥的设计都是为了使乘客舒适,桥墩要求的线刚度较大,一般桥墩体量上比市政桥梁大。

高架桥的结构形式应根据周边环境,按照桥梁美学理念,在造型上应以简洁为基本原则,采用合理的线形和高宽比、高跨比,提高高架桥与城市景观的协调性。

上部梁结构有箱梁、槽型梁（U型梁）、下承式脊梁、板梁、T梁、悬臂浇筑梁、悬臂拼装梁、钢桁梁、钢梁、叠合梁、钢管混凝土拱、钢拱、顶推梁、索塔、斜拉索等,目前采用U型梁的较多;下部桥墩结构类型有单柱墩（方柱式T墩、板式T墩）、双柱墩和刚架墩等。

高架车站一般分为岛式车站和侧式车站,结构形式主要有"桥-建"分离和"桥-建"结合,目前国内高架车站结构以"桥-建"结合为主。"桥-建"分离结构形式比较单一,受力分析也比较清晰,主要是车站主体结构的行车梁部分承担车辆荷载,而车站结构其他部分承担除车辆荷载之外的一切荷载;"桥-建"结合结构根据主体结构横向墩柱受力表现形式（单柱或者双柱、三柱或三柱以上）以及轨道结构与主体结构连接方式（刚接、支座铰接）等形式分为4类:第一种是纯桥支承式"桥-建"结合结构体系,特点是横向墩柱数量少于3个,轨道结构连接方式为铰接;第二种是以桥为主式"桥-建"结合结构体系,特点是横向墩柱数量少于3个，轨道结构连接方式为刚接；第三种是以建为主式"桥-建"结合结构体系，特点是横向墩柱数量大于3个，轨道结构连接方式为铰接，此类车站应用较多；第四种是纯建支承式"桥-建"结合结构体系，特点是横向墩柱数量3个及以上，轨道结构连接方式为刚接。

高架车站屋面目前采用钢结构形式的较多，具有民用建筑的一般特性和建筑要求；高架车站地基及基础通常采用灌注桩与承台施工，与高架区间地基及基础施工基本相同。

5.4.1 地基及基础

城市轨道交通高架区间地基及基础控制重点为灌注桩与承台施工。

1. 灌注桩施工监理

详见第5.1节的相应内容。

2. 承台施工监理

承台施工工艺流程：测量放样→基坑开挖→钢筋绑扎→立模→混凝土浇筑。

其中承台的位置，钢筋连接方式，大体积混凝土养护是本工程施工质量控制的重点。

（1）承台施工准备中的监理工作

1) 审查施工方案：重点审查基坑开挖支护方案、大体积混凝土施工方案。

2) 审查进场原材料（钢筋）合格证、检测报告、复检报告等质量证明文件。

3) 对承台模板放样进行测量复核，满足规范及设计要求后进行承台模板工序施工。

4) 检查桩基础的桩头破除情况，对不符合要求的桩头及时处理。

（2）承台施工过程中的监理工作

1) 检查基坑放坡、支护是否满足安全施工要求，如图5-24所示。

2) 检查钢筋规格、数量、间距、保护层以及预埋件是否符合设计及规范要求，做好钢筋平行检查记录。

3) 检查模板拼装的平整度、错台、垂直度，模板支撑系统是否满足要求。

4) 检查进场混凝土配合比通知单、出厂合格证明，现场检测混凝土坍落度并见证混凝土试块。

图5-24 基坑围护检查

5) 旁站混凝土浇筑，做好监理旁站记录。

6) 检查承台混凝土的养护工作。

（3）承台施工质量验收的监理工作

1) 承台完成28d后，检查混凝土试块强度检测报告是否符合设计要求。

2) 检查拆模后的承台外观质量，结构表面应无孔洞、露筋、缺棱掉角、蜂窝、麻面以及宽度超过0.15mm裂缝，见表5-18。

表 5-18

项目		允许偏差（mm）	检验频率		检验方法
			范围	点数	
断面尺寸	长、宽	±20	每座	4	用钢尺量，长、宽各 2 点
承台厚度		0 +10	每座	4	用钢尺量
顶面高程		±10	每座	4	用水准仪测量四角
轴线偏位		15	每座	4	用经纬仪、全站仪测量，纵横各 2 点
预埋件位置		10	每件	2	用经纬仪放线，钢尺量

5.4.2 下部结构

下部结构控制重点为立柱、盖梁及支座安装施工。

1. 立柱、盖梁施工监理

立柱、盖梁施工工艺流程：测量放样→钢筋绑扎→立模→混凝土浇筑，其中立柱的位置、垂直度，模板的拼装，模板支撑系统是本工程施工质量控制的重点。

（1）立柱、盖梁施工准备中的监理工作

1）审查模板的选材。钢模应检查模板背面的支撑系统，主肋、次肋满足立柱施工荷载强度要求，检查模板表面平整度、光洁度、厚度（刚度），钢模应预拼检查。

2）审查进场原材料（钢筋）合格证、检测报告、复检报告等质量证明文件。

3）测量放样复核。

4）检查承台与立柱接茬部位混凝土是否凿毛。

（2）立柱、盖梁施工过程中的监理工作

1）检查钢筋规格、数量、间距、保护层以及预埋件数量和位置是否符合设计及规范要求，做好钢筋平行检查记录。

2）检查模板拼装平整度、垂直度、错台情况。

3）模板支撑系统、立柱施工上下人行通道应满足安全施工要求，如图 5-25 所示。

图 5-25 立柱施工通道

4）检查进场混凝土配合比通知单、出厂合格证明，现场检测混凝土坍落度并见证制作混凝土标样及同条件试块。

5）旁站混凝土浇筑，做好监理旁站记录。

6）检查混凝土的养护工作，养护时间不得少于7d，夏季高温养护时间不得少于14d，如图5-26所示。

图5-26 混凝土养护

(3) 立柱、盖梁施工质量验收的监理工作

1）浇筑完成28d后，检查混凝土试块强度检测报告是否符合设计要求。

2）检查同条件试块强度是否符合设计要求。

图5-27 立柱成品

3）检查平整度、垂直度、错台情况，如图5-27所示。

2. 支座安装

支座安装工艺流程：盖梁（台帽）凿毛→支模→浇筑混凝土→支座安装。

(1) 支座垫石施工监理要点

1）支座垫石施工前监理人员应检查各项前期准备工作。应重点检查其平面位置放样是否准确，模板安装是否合格。

2）支座垫石施工前现场监理应对盖梁或台帽进行凿毛、洒水湿润进行检查。

3）对支座垫石顶面标高、顶面平整度应严格控制。

(2) 支座安装监理要点

1）检查支座的材料、规格和质量必须满足设计和有关规范的要求，经验收合格后方可安装。

2）复核支座垫石标高。

3）检查支座安装方向，确保支座安装正确。

5.4.3 上部结构

高架区间上部结构通常采用支架现浇和预制吊装两种施工工艺。

支架现浇施工工艺，涉及高支模重大风险，一般采用碗扣式钢管脚手架或承插型盘扣式钢管支架；预制施工工艺涉及起重吊装重大风险。

1. 高架区间上部结构支架施工中的监理工作

（1）审核高支模施工专项方案，并根据要求督促承包商组织专家论证方案，受力计算时，立杆的壁厚应采用现场见证取样送检的实测值。

（2）支架搭设前，应对地基验收。地基应坚实、平整，场地应有排水措施，不应有积水；对承载力不足的地基应进行加固处理。

（3）支架进场进行外观检查并见证取样送检，做相关检测。

（4）检查架子工的特种作业操作证。

（5）满堂支架搭设验收检查要点如下

1）检查立杆纵横距与水平杆步距是否与方案一致。

2）检查支架顶端可调托撑，升出顶层水平杆的悬臂长度不应超过650mm，可调托座插入立杆的长度不得小于150mm（以盘扣式钢管支架为例）。

3）检查高支模支架的扫地杆。碗扣式钢管脚手架扫地杆可由水平杆代替，距离地面高度不应超过350mm；盘扣式钢管支架扫地杆可由水平杆代替，距离地面高度不应大于550mm。

4）检查剪刀撑设置。剪刀撑可分为水平剪刀撑与竖向剪刀撑（纵横向），有采用专用斜杆和钢管扣件设置两种，各自根据规范有不同的要求。

5）检查扣件的扭紧力矩，规范为40~65N·m。根据在以往的施工经验，工人在扣件的螺栓扭紧操作中习惯采用较短手柄的固定扳手，方便操作，但较短手柄的固定扳手拧紧螺丝，往往造成扣件的扭紧力矩不够。现已逐渐推广采用扭力扳手拧紧螺丝，操作方便，效率高，如图5-28所示。

（6）满堂支架的拆除要点如下：

1）满堂支架不得擅自拆除，必须报请工程项目技术负责人以及总监理工程师同意，确定防控措施后方可实施。

2）应设置安全警戒线，拆除的支架构件应安全地传递至地面，严禁抛掷。

图5-28 采用带读数的扭力扳手检查扣件扭紧力矩

2. 高架区间上部结构钢筋工程施工中的监理工作

（1）对进场的钢筋进行外观检查并见证取样送检，做复试检测。

（2）对现场采用的钢筋连接方式，要求做工艺试验，工艺试验合格后，允许该种连接方式施工。对采用焊接连接的，在钢筋工程焊接开工之前，检查焊接人员的上岗操作证，参与该项工程施焊的焊工必须进行现场条件下的焊接工艺试验，试验合格后，方允许焊接生产。

（3）对钢筋加工半成品保护检查，应有序堆放，下垫方木，直螺纹丝扣应端头打磨并套保护帽。

（4）对照图纸及规范、图集等，对钢筋加工、绑扎安装进行验收。对钢筋连接按批次见证取样送检，检查钢筋保护层厚度。

3. 高架区间上部结构模板工程施工中的监理工作

（1）对进场的模板验收。检查模板表面平整度、光洁度、厚度（刚度）。

（2）箱梁底模安装好后，应对底模进行冲洗，清除模板本身的一些粘在模板上的杂物、垢，如图5-29所示。

（3）验收模板安装。检查模板的线型、平整度、错台，模板拼缝应规则，不得杂乱无章。

（4）复核模板的平面位置及标高。

（5）对用于行走通道的模板应采取保护措施，如图5-30所示。

图 5-29　底模安装好后，清洗模板

图 5-30　用于行走通道的底模板采取加铺一层小红板保护

（6）检查箱梁内模。箱梁内模的施工质量施工往往是现场比较忽视的地方，内模的成型质量不光影响内侧混凝土表观质量，也影响混凝土的实体质量。内模错台严重会导致混凝土漏浆而进一步影响混凝土实体质量。

4. 高架区间上部结构混凝土工程施工中的监理工作

（1）检查混凝土配合比验证，混凝土进场抽查坍落度。

（2）检查人员、振动棒等设备配备情况，浇筑顺序。

（3）检查试块留置，根据不同检测需要留置试块，标准抗压试块、同条件养护试块、拆模试块、弹性模量试块等。

（4）二次浇筑混凝土，检查施工缝凿毛。

（5）检查混凝土养护情况，箱梁混凝土的养护应为14d，如图5-31所示。

5. 高架区间上部结构预应力工程施工中的监理工作

（1）对进场的波纹管、预应力筋、锚具、夹片进行外观检查并见证取样送检，配套使用的预应力筋、锚具还应做静载锚固性能试验。

(2) 检查张拉千斤顶及压力表配套标定、配套使用情况。

(3) 检查预应力管道定位，防崩钢筋，锚垫板与相接处预应力管道是否垂直，锚垫板后螺旋筋位置是否准确。

(4) 检查管道的排气孔和排水孔。所有管道均应在每个顶点设置排气孔及需要时在每个低点设排水孔。

(5) 预应力张拉前，检查混凝土的强度、弹性模量，是否满足设计及规范要求。

(6) 检查张拉顺序，设计若给张拉顺序则按设计要求张拉，设计未给张拉顺序宜按"先长束、后短束，先中间、后上下或左右，对称张拉"。

(7) 检查孔道压浆、封锚。预应力筋张拉锚固后，孔道应尽早压浆结束，且应在48h内完成，否则应采取避免预应力筋锈蚀的措施。

图5-31 混凝土覆盖土工布养护

5.4.4 桥面系及附属设施

桥面系及附属设施施工的主要内容包括电缆槽、防撞墙、防水层、伸缩装置、暗埋落水管等施工。电缆槽盖板采用集中预制；防水层采用改性沥青防水卷材和无需卷材的聚氨酯防水涂料型防水层施工工艺；防水保护层采用现浇C40细石聚丙烯纤维网或聚丙烯腈纤维混凝土；伸缩装置采用厂购成品伸缩装置按照设计施工工艺现场安装；防撞墙在桥上进行现场浇筑。

1. 电缆槽施工监理

电缆槽由竖墙和盖板组成。竖墙兼作分割电缆槽、连接遮板和支撑电缆槽盖板的作用，竖墙在梁体现浇完成后在桥面上进行现场浇筑。电缆槽竖墙施工时各竖墙的高度必须保持一致，确保电缆槽盖板受力均匀。电缆槽盖板为预制结构，分为通信、信号电缆槽盖板和电力电缆槽盖板两大类。电缆槽盖板采用集中预制，振捣成型的工艺，安装时确保盖板受力均匀，必要时用砂浆找平。

电缆槽施工中钢筋规格型号、钢筋搭接长度、钢筋结构尺寸及保护层厚度、断面尺寸、轴线偏位和顶面高程是监理控制的重点。

电缆槽施工流程：测量放线→钢筋加工及绑扎→模板加工及安装→浇筑混凝土→拆模→养护。

(1) 电缆槽施工准备阶段的监理工作

1) 审查进场原材料（钢筋）合格证、检测报告、复检报告等质量证明文件。

2) 测量放样复核。

3) 检查电缆槽与桥面接茬部位混凝土是否凿毛。

(2) 电缆槽施工过程中的监理工作

1) 检查钢筋规格、数量、间距以及保护层是否符合设计及规范要求，做好钢筋平行检查记录。

2) 检查模板拼装平整度、垂直度、错台情况。

3) 检查进场混凝土配合比通知单、出厂合格证明，现场检测混凝土坍落度并见证制作混凝土标样及同条件试块。

4) 旁站混凝土浇筑,做好监理旁站记录。

5) 检查电缆槽混凝土的养护工作。

(3) 电缆槽施工质量验收的监理工作

具体内容参考《城市轨道交通工程质量验收资料实施指南》。

1) 按照程序对电缆槽各道工序、检验批、分项工程进行质量验收。

2) 审查电缆槽施工质量报验资料真实性、完整性。

3) 审查电缆槽施工质量保证资料,含钢筋原材料质保资料、进场检测报告;钢筋连接接头检测报告(含型式检验);钢筋焊条质保资料;商品混凝土合格证、混凝土试件检测报告等。

4) 竖墙混凝土观感质量检查。

5) 对于不符合设计要求的电缆槽,与设计单位会商或组织专家咨询会制定处理方案。

6) 督促电缆槽处理方案实施。

2. 防撞墙施工监理

防撞墙作为桥梁的附属结构物,它不单是桥梁重要的安全防护物,同时它的线型和表面光洁度也直接影响到桥梁的美观和质量。但由于它的结构往往不大,思想上容易忽视;且防撞墙预埋件众多、空间狭小,而目前的防撞墙设计越来越趋向于外观优美,使得防撞墙外观由许多曲线组成,从施工角度来讲,精细化施工有一定困难,造成施工质量往往不尽如人意。根据实际情况来看,一般的防撞墙必须在箱梁现浇段浇筑完成后才可以施工,施工时左右防撞护栏需对称浇筑。

防撞墙施工中钢筋结构尺寸及保护层厚度、清水混凝土施工质量、预埋件位置和预埋件的保护是监理控制的重点。

防撞墙施工适用的规范及标准:《混凝土结构工程施工质量验收规范》GB 50204。

防撞墙施工流程:测量放线→钢筋加工及绑扎→模板加工及安装→浇筑混凝土→拆模→养护。

防撞墙试件制作实景如图 5-32 所示。

图 5-32 试件制作

(1) 防撞墙施工准备阶段的监理工作

1）检查原材料质量及数量是否符合要求。

2）检查混凝土配合比设计是否符合要求。

3）检查设备的生产能力及性能。

4）检查钢筋加工质量及数量是否符合要求。

5）复核护栏底箱梁顶平面位置与高程。

6）检查承包商施工组织准备。

7）检查承包商质量检查准备。

（2）防撞墙施工过程中的监理工作

1）模板与钢筋检查：防撞墙为清水混凝土，外观质量要求较高，模板质量和支撑对外观质量至关重要，模板质量应注意检查以下内容：

①底模与箱梁翼缘板的连接是否密实，有无漏浆现象。

②模板的固定是否能满足施工要求。

③模板的隔离剂是否均匀，一般情况下防撞墙的隔离剂不宜涂太厚，应薄薄的一层。同时要注意隔离剂涂刷不得沾污钢筋、预埋件和混凝土接槎处。

④模板的内侧及外侧是否线型圆滑，有无折角部分。

⑤防撞墙模板应严格控制拼缝和止浆。

⑥防撞墙模板安装完毕后，应对其平面位置、顶部标高、节点联系及纵横向稳定进行检查验收，合格后方可浇筑混凝土，如图 5-33 所示。

图 5-33　模板验收

⑦对钢筋的检查应注意对钢筋的间距、钢筋的数量的控制，要注意钢筋保护层的厚度应符合设计要求。对各种预埋件位置、标高及平整度应严格控制，必须保证预埋件的位置符合图纸设计要求。

2）混凝土浇筑控制：

①防撞墙对混凝土要求较高，所以混凝土的坍落度、水灰比及和易性要满足设计要求。按一定频率对坍落度进行试验，并在浇筑现场进行坍落度校核。

②混凝土的运输：应采用能保证混凝土坍落度的搅拌车进行运输。

③为防止浇筑过程中因混凝土中断而造成不当的施工缝，要求承包商准备备用泵车和动力源，并提醒承包商提前准备好易损部件的备用件。

④在浇筑混凝土时，如混凝土表面泌水较多，应查明原因，采取措施，须在不扰动

已浇筑混凝土的条件下，采取措施将水排除。继续浇筑混凝土时应减少泌水。

⑤ 混凝土浇筑期间，应设专人检查模板支撑，钢筋和预埋件等稳固情况，当发现有松动、变形、位移时应及时处理。

3）混凝土的养护：

① 一般混凝土在浇筑完成后，在有条件的情况下应尽快予以覆盖和洒水养护。覆盖时不应损伤或污染混凝土的表面；混凝土表面有模板覆盖时，应在养护期间经常使模板保持湿润。

② 当气温低于5℃时，应覆盖保温，不得向混凝土表面洒水。

③ 混凝土的养护用水条件和拌和用水的条件相同。

④ 混凝土的洒水养护时间一般为7d，可根据空气的湿度，温度和水泥品种及掺用的外加剂等情况酌情延长或缩短。

4）沉降缝和假缝的设置必须符合设计图纸要求。

5）防撞墙施工保证外观质量和防止开裂措施：

① 严格控制模板的拼缝顺直度及漏浆现象。

② 严格控制混凝土坍落度及和易性。

③ 严格控制混凝土下料高度、厚度和振捣时间，防止有蜂窝、麻面现象产生。

④ 模板拆除后应立即切割假缝，防止混凝土收缩产生裂缝。

(3) 防撞墙施工质量验收的监理工作

具体内容参考《城市轨道交通工程质量验收资料实施指南》。

1）按照程序对防撞墙各道工序、检验批、分项工程进行质量验收。

2）审查防撞墙施工质量报验资料真实性、完整性。

3）审查防撞墙施工质量保证资料，含钢筋原材料质保资料、进场检测报告；钢筋连接接头检测报告（含型式检验）；钢筋焊条质保资料；商品混凝土合格证、混凝土试件检测报告。

4）防撞墙混凝土观感质量检查。

5）对于不符合设计要求的防撞墙，与设计单位会商或组织专家咨询会制定处理方案。

6）督促防撞墙处理方案实施。

3. 桥面防水施工监理

由于混凝土桥面板在经受车辆重复荷载的振动、冲击、拉伸、剪切等力学性能的影响从而产生细微裂缝而引起桥面渗水或漏水，致使钢筋锈断，严重影响着桥梁的耐久性、安全性。因此需要在桥面混凝土基层上铺设防水层，以杜绝桥面水的渗透危害。

桥面防水施工中桥面表层处置、防水材料、防水卷材铺装是监理控制的要点。

桥面防水施工适用的规范及标准：《铁路桥梁混凝土桥面防水层》TB/T 2965、《聚氨酯防水涂料》GB/T 19250。

高架桥梁桥面防水施工工艺流程：施工准备→桥面表层处置→防水材料铺装→浇筑混凝土保护层→养护。

(1) 桥面防水施工准备阶段的监理工作

1）审核施工组织设计、施工方案和作业指导书，重点检查施工组织设计的合理性、可行性以及施工方案和作业指导书的针对性、可操作性。

2) 检查现浇桥面结构混凝土的强度符合设计要求,验收合格后方可施工。

3) 检查原材料及保护层纤维混凝土配合比准备情况:重点控制各种进场原材料检验和保护层纤维混凝土配合比拌制,各种进场原材料的品种、规格、质量、运输、储存应符合设计图纸和《铁路桥梁混凝土桥面防水层》TB/T 2965 的规定;纤维混凝土配合比应符合"三低一高"要求,性能稳定,保坍性好、不返大,各项检测指标符合设计及规范要求。试验监理人员督促承包商按照进场检验批次检验;审核承包商每批进场材料的出厂合格证、出厂报告、进场试验报告、试验记录,并按规定进行平行、见证检验,建立台账,留下影像资料,对原材料质量不满足要求的坚决不允许进场。

4) 检查桥面缺陷整治情况:桥面防水层施工前,桥面的掉块、空响、起层、裂纹、露筋等质量缺陷必须整改完成,验收合格,问题必须销号。桥面应平整、清洁、干燥、不得有浮渣、浮土和油污等杂物,满足防水层铺设有关技术标准的要求。

5) 审查专业队伍资质是否满足施工要求。

6) 检查承包商施工机械、设备、人员进场情况。重点检查承包商是否配齐施工现场技术、安质、试验、管理、作业人员;是否配齐卷材铺设、保护层混凝土倒运、平板振捣器、抹面平台、遮阳防风板、防风保湿节水养护膜、粗骨料整形设备、检测工具等。

7) 检查承包商人员培训,审核并参与技术交底:重点检查承包商是否按要求做好管理人员、技术人员和施工人员岗前培训,审核并按规定参加承包商各级技术交底。

(2) 桥面防水施工过程中的监理工作

1) 防水层基面处理监理控制内容

① 基面应做到平整、无尖锐异物及无凹凸不平现象,清洁、干燥,不起砂、不起皮;桥面基层无浮渣、浮灰、油污等,底座板根部混凝土无蜂窝、麻面、毛刺及无凹凸不平现象等;平整度用 1m 长靠尺测量,空隙不大于 3mm,空隙应平缓变化,每米不超过 1 处。泄水管处打磨满足设计要求。监理人员全部检查。

平整度检测:每孔梁承包商检测 10 个点,其中线间 4 个点、两侧防护墙与轨道板间各 3 个点,监理人员进行见证。

② 桥面防水层施工前,轨道板与防护墙、轨道板与轨道板间桥面的掉块、空饷、起层、钻孔、裂纹、蜂窝、麻面、露筋、毛刺、错台等质量缺陷,承包商要编制专项修补方案报监理审批,并严格按照方案完成整改,验收合格,问题必须销号。监理人员全部检查。

③ 下雨或基层表面有积水、潮湿时禁止进行防水层施工。对于潮湿基面,应晾干或烘干后再进行后续施工。

2) 高聚物改性沥青防水卷材防水层施工监理控制内容

① 检查天气情况是否符合现场施工要求,严禁在雨天、雪天和 5 级(含)以上大风天气及基面积水、潮湿时铺设卷材和薄涂型聚氨酯防水层施工,气温低于 $-5℃$ 时不宜施工。监理人员严格控制。

② 涂刷高聚物改性沥青基层处理剂,用量为每平方米不少于 0.4kg,要求涂刷均匀,不露底面、不堆积,边角处涂刷到位,待处理剂达到干燥程度而不粘手时,再进行防水卷材的铺贴。

③ 卷材铺贴从一端开始,桥面横向由低到高顺序进行。基层处理剂干燥后,点燃喷

灯，烘烤卷材底面的沥青层和基层上的处理剂，烘烤喷灯以距离卷材辊30cm左右为宜，烘烤要均匀，将卷材底面沥青层融化后，即可向前滚铺。卷材底面熔化以沥青接近流淌，呈黑亮为度，不得过分加热或烧穿卷材。为保证卷材与基层的粘结，卷材热熔铺贴过程中，边铺贴边滚压排气粘合，以保证搭接处粘贴牢固，不得因流溅或其他原因污染梁体。

④必须严格做好边角处高聚物改性沥青防水卷材铺设施工，防水卷材的铺设应平整、无破损、无空鼓，搭接处及周边均不得翘起。监理人员全部检查。

3）薄涂型聚氨酯附加层、聚氨酯防水涂料封边及泄水孔处附加层施工监理控制内容

①按设计要求在两线间底座板和梁面上测量弹线放出薄涂型聚氨酯附加层高度、宽度，必须严格做好边角处薄涂型聚氨酯附加层施工。检查薄涂型聚氨酯附加层厚度、高度、宽度是否满足设计要求，是否有气泡，薄涂型聚氨酯附加层总厚度应不小于0.6mm，不宜大于0.8mm，总厚度小于设计技术要求0.6mm时，应补涂表面漆。如果有气泡，则须将气泡剔除，并补涂表面漆。监理人员全部检查。

②按设计要求在两线间底座板和梁面及两线外侧防护墙和梁面上测量弹线放出聚氨酯防水涂料高度、宽度，必须严格做好边角处聚氨酯防水涂料涂刷施工。检查聚氨酯防水涂料封边的厚度、高度、宽度是否满足设计要求，是否有气泡，厚度应不小于2.0mm，厚度不足时，应补涂，如果有气泡，则须将气泡剔除，并补涂。监理人员全部检查。

③必须严格做好泄水孔处附加层施工。检查泄水管处附加层粘贴是否密贴、牢固，应无破损、无空鼓、无翘起。监理人员全部检查。

④用涂层测厚仪检查薄涂型聚氨酯附加层厚度及聚氨酯防水涂料封边厚度，每10孔梁承包商检测1孔，每孔分别检测3个点，监理人员进行见证，其中线间1个点、防护墙内侧各1个点。

4）保护层混凝土施工监理控制内容

①混凝土严禁泵送浇筑。

②气温超过35℃、雨天时严禁施工。监理人员严格控制。

③混凝土入模前必须对轨道板底座板侧面、挡水堰进行湿润。

④混凝土摊铺后必须采用平板振捣器，混凝土周边处及泄水管四周要用手持式振捣器振捣，用铁抹子捣实并压面。必须保证混凝土边缘振捣充分，不得与轨道板底座板、挡水堰离缝。监理人员全部检查。

⑤必须严格按照施工图要求做好保护层混凝土横向、纵向排水坡，且严禁积水。桥面防水保护层厚度不小于4cm，桥面防水层线间横向排水坡不得小于4‰，同时还应根据排水管位置设置不小于3‰的纵向汇水坡，当线路坡度大于或等于3‰时，可以利用线路纵坡排水，必须在下坡端梁端处设反坡排水，泄水管处的保护层设置1:3的收水坡，以便使积水快速留到泄水孔。监理人员全部检查控制。

⑥混凝土振捣后，压实抹面必须及时跟进，抹面次数必须大于4次，严禁洒水抹面。

⑦混凝土振捣后及抹面过程中必须及时遮盖，防止表面失水开裂。

⑧混凝土初凝前严禁接触明水，必须采用防风保湿节水养护膜养护，养护时间必须大于28d。养护膜内缺水干燥时必须及时补水，补水温度必须与当时混凝土的表面温度接近。

⑨节水养护膜必须宽于混凝土表面，两侧各留有不小于150mm的富余量，边角处采

用沙袋条等压实，必须保证混凝土边缘养护良好。监理人员全部检查。

⑩ 当防护墙泄水孔位置保护层高于电缆槽保护层时，必须在保护层混凝土压槽，保证电缆槽排水顺畅、无积水。监理人员全部检查。

⑪ 防水保护层混凝土引导缝设置满足设计要求。当保护层混凝土强度达到设计强度50%以上时，断缝底部填塞直径为10mm聚乙烯泡沫棒，泡沫棒以上采用硅酮嵌缝胶填注。硅酮嵌缝胶填注前必须采用吹风机清理施工断缝，清除灰渣，并涂刷好界面剂，界面剂应厚薄均匀，嵌缝胶应填实、填满，不得污染保护层及梁体。

(3) 桥面防水施工质量验收的监理工作

具体内容参考《城市轨道交通工程质量验收资料实施指南》。

1) 按照程序对桥面防水各道工序、检验批、分项工程进行质量验收。

2) 审查桥面防水工质量报验资料真实性、完整性。

3) 审查桥面防水施工质量保证资料，含防水卷材出厂合格证、质保资料、进场检测报告；商品混凝土合格证、混凝土试件检测报告。

4) 对防水施工进行全过程旁站，桥面防水整理验收，按频率进行撕裂检查。

5) 对于不符合设计要求的桥面防水，与设计单位会商或组织专家咨询会制定处理方案。

6) 督促桥面防水处理方案实施。

4. 伸缩装置施工监理

桥梁伸缩装置指为满足桥面变形的要求，通常在两梁端之间、梁端与桥台之间或桥梁的铰接位置上设置伸缩装置。要求伸缩装置在平行、垂直于桥梁轴线的两个方向，均能自由伸缩，牢固可靠，车辆行驶过时应平顺、无突跳与噪声；要能防止雨水和垃圾泥土渗阻塞；安装、检查、养护、消除污物都要简易方便。在设置伸缩缝处，栏杆与桥面铺装都要断开。伸缩缝的施工，应根据伸缩缝的构造和特点进行。

伸缩装置施工中伸缩装置的安装质量、混凝土浇筑质量是监理控制的重点。

伸缩装置施工工艺流程：施工准备→预埋钢筋整平→伸缩装置安装→混凝土浇筑→养护。

(1) 伸缩装置施工准备阶段的监理工作

1) 现场监理应全面熟悉设计文件，以及相关的设计变更。

2) 对进场的各种原材料必须进行抽检试验，尤其是对伸缩装置成品和胶粘剂的验收，必须要求承包人提供产品合格证、使用说明书、生产厂家的生产许可证以及承包人的购货单等资料。批复《进场材料报验单》，不合格材料不得用于配合比试验及施工中。

3) 对承包人的配合比试验，监理应要求承包人提前一个月通知监理工程师，并必须进行独立的对比试验。

4) 监理工程师必须检查两梁板间以及梁板与桥台间的缝隙是否符合设计，若梁端不齐或缝隙宽度超出允许误差，必须采取调整梁位等措施进行处理，缝宽满足要求后方可安装伸缩装置。

(2) 伸缩装置施工过程中的监理工作

1) 检查预留槽内混凝土是否凿平并清洗干净，检查预留槽尺寸是否符合设计要求。

2) 监理必须首先控制在规定温度时进行伸缩装置安装，施工温度不能保证与设计温度一致时，应根据有关规定调整当时施工温度下的缝隙宽度。

3) 现浇过渡段混凝土前，监理必须对伸缩装置与预埋锚固筋的焊接进行检查，特别注意伸缩缝间隙必须用聚乙烯泡沫板填塞严密，避免混凝土漏浆堵塞梁端缝隙。

4) 检查伸缩装置的定位，高程必须与两端铰接处的桥面高程平顺过渡。

5) 浇筑混凝土前，监理应对钢筋、伸缩装置与预埋锚固筋的焊接进行验收，同时检查预留槽表面的清洁、凿平、修整以及伸缩缝间隙是否已用聚乙烯泡沫板填塞封闭，避免漏浆堵塞梁端缝隙。

6) 浇筑混凝土时，监理工程师应用 3m 直尺严格控制伸缩缝周围混凝土顶面高程与铰接处混凝土顶面高程一致，浇筑混凝土必须全过程旁站，不允许将混凝土溅到密封橡胶带缝内及表面上，一旦发生此现象，应立即要求清除，应严格控制角隅周围的混凝土浇筑，保证捣固密实。

(3) 伸缩装置施工质量验收的监理工作

具体内容参考《城市轨道交通工程质量验收资料实施指南》。

1) 按照程序对伸缩装置各道工序、检验批、分项工程进行质量验收。

2) 审查伸缩装置工质量报验资料真实性、完整性。

3) 审查伸缩装置施工质量保证资料，含伸缩装置、钢筋原材料质保资料、进场检测报告；钢筋连接接头检测报告（含型式检验）；焊条质保资料；商品混凝土合格证、混凝土试件检测报告。

4) 对于不符合设计要求的伸缩装置，与设计单位会商或组织专家咨询会制定处理方案。

5) 督促伸缩装置处理方案实施。

5. 暗埋泄水管施工监理

经过多年的实际施工积累，我们将现浇箱梁的桥面排水系统之一的泄水管，改为暗埋式泄水管，即与箱梁顶面雨水口相接的 PVC 管，在箱梁及立柱体内经过多个三通管、弯头管和橡胶连接管后，再同地面的雨水支管相连，通入道路雨水主管排水系统。应用此工艺后，使箱梁、立柱的整体外观得到了极大的美化，也不存在外露 PVC 管随着时间或者人为的因素被破坏的现象，同时也免去了检修的问题，具有较高的社会、经济效益。

暗埋泄水管施工中预埋 PVC 管的位置、PVC 管接头处置、对安装完成的 PVC 管的保护是监理控制的重点。

暗埋泄水管施工流程：

1) 立柱内 PVC 管埋设施工阶段：立柱钢筋绑扎完成→竖向 PVC 管埋设→直角三通及弯头与 PVC 管对接→立柱混凝土浇筑。

2) 结合段及箱梁内 PVC 管埋设施工阶段：现浇箱梁底模完成→与立柱上预留的 PVC 管对应埋设箱梁 PVC 管→箱梁钢筋绑扎→非标准弯头与竖直方向 PVC 管连接→管道三通与通长 PVC 管对接→管道三通接入铸铁篦子→箱梁混凝土浇筑。

(1) 暗埋泄水管施工准备阶段的监理工作

1) 审核施工组织设计、施工方案和作业指导书，重点检查施工组织设计的合理性、可行性以及施工方案和作业指导书的针对性、可操作性。

2) 重点控制各种进场原材料检验，进场 PVC 管、接头、止水条等材料的品种、规格、质量、运输、储存应符合设计图纸及规范的要求，各项检测指标符合设计及规范要求。试验监理人员督促承包商按照进场检验批次检验；审核承包商每批进场材料的出厂合格证、出厂报告、进场试验报告、试验记录，并按规定进行平行、见证检验，建立台账，留下影像资料，对原材料质量不满足要求的坚决不允许进场。

（2）暗埋泄水管施工过程中的监理工作

1）在埋设立柱 PVC 管时，监理要检查每根 PVC 管的长度以及 PVC 管至预留孔及检查孔之间的长度是否符合设计及规范要求；在箱梁内埋设 PVC 管时，监理要检查 PVC 管从翼缘接至立柱顶预留孔的埋设情况以、弯头角度和每段之间的长度是否符合设计及规范要求。

2）检查管道接头，连接必须紧密、无渗漏，遇水膨胀条绑扎牢固。

3）检查各部位 PVC 管道埋设避让情况，穿过箱梁腹板、底板时是否避开应力管道，竖直 PVC 管在立柱内是否避开支座垫块和限位装置，检查安全距离是否符合要求。

4）检查立柱与箱梁之间的预留结合段的 PVC 管的处理，检查预留的 PVC 管是否破损，有位移偏差。

5）检查 PVC 管安装完后的保护措施，箱梁电焊或切割时要有保护 PVC 管的措施，对破损的 PVC 管要求承包商及时更换。

6）立柱、箱梁混凝土浇筑时，监理人员要注意观察 PVC 管的保护问题，要求施工人员避免振动棒触碰 PVC 管，泵车泵送时避免直接喷射到 PVC 管上。

（3）暗埋泄水管施工质量验收的监理工作

具体内容参考《城市轨道交通工程质量验收资料实施指南》。

1）按照程序对暗埋泄水管各道工序、检验批、分项工程进行质量验收。

2）审查暗埋泄水管施工质量报验资料真实性、完整性。

3）审查暗埋泄水管施工质量保证资料，含 PVC 管、接头、止水条等原材料质保资料、进场检测报告。

4）对于不符合设计要求的暗埋泄水管，与设计单位会商或组织专家咨询会制定处理方案。

5）督促暗埋泄水管处理方案实施。

5.4.5 高架车站结构

1. 地基及基础

城市轨道交通高架车站地基及基础通常采用灌注桩与承台施工，与高架区间路基及基础施工基本相同。

2. 主体结构

高架车站主体结构施工包括框架柱、框架梁、站厅层及站台层，逐层向上施工。

高架车站的框架柱、框架梁、站厅层与高架桥梁施工方法基本相同，一般均采用钢筋混凝土结构。监理控制要点可参照高架桥梁部分。

（1）高架车站站台层可采用钢筋混凝土、钢结构等结构形式。

采用钢筋混凝土施工，其监理控制要点可参照高架桥梁部分。

（2）钢结构站台层施工监理要点

1) 检查工程中使用的钢材、焊接材料、螺栓、栓钉等材料的外观质量及其质量证明材料。

2) 对型钢母材、代表性的焊接试件、螺栓等按要求进行见证取样、送检,并由试验单位出具有见证取样的合格试验报告。

3) 检查连接用紧固件、标准件产品质量合格证明文件及检验报告,应符合现行国家产品标准和设计要求。

4) 检查钢结构防腐涂装用材料和防火涂料的质量合格证明文件及检验报告,应符合现行国家产品标准和设计要求。

5) 钢构件预拼装、组装时,应检查预拼装所用的支撑凳或钢平台稳固可靠,检查预拼装单元拼装尺寸。

6) 应严格检查地脚螺栓和钢板预埋设的精度,检查螺栓的标高和预留尺寸。

7) 旁站钢结构吊装。要求承包商严格按吊装方案实施。

5.4.6 高架车站屋面施工

高架车站屋面多种多样,一般可分为以下几种:直立缝锁边板屋面、双层彩钢板屋面、蜂窝铝板屋面。车站钢结构雨棚如图 5-34 所示。

图 5-34 车站钢结构雨棚

屋面施工工艺流程:屋面找平层→屋面保温层→卷材防水层→涂膜防水层→密封材料嵌缝→金属板材屋面→细部构造。

其中,保温层施工、防水施工、屋面排水施工及细部施工是屋面工程施工质量控制的重点。

1. 屋面施工准备过程监理工作

(1) 熟悉设计文件、有关施工规范及质量验收规范。

(2) 审核施工方案,重点审核施工方法、工艺及施工材料。

(3) 审查防水作业队伍资质及有关特种作业工人的上岗证书。

(4) 审核场内施工机械设备各项证书。

(5) 检查承包商的室外检测设备、仪器设备等是否经过有关计量部门标定。

(6) 编写监理实施细则。

2. 屋面施工质量控制监理工作

(1) 检查屋面找平层排水坡度必须符合设计要求。

(2) 检查屋面工程所用的防水、保温材料产品合格证和性能检测报告应符合方案及设计要求。

(3) 检查卷材防水层、涂膜防水层严禁有渗漏或积水现象，各个防水构造必须符合设计要求。

(4) 检查密封材料嵌填是否密实、连续、饱满、粘结牢固，无气泡、开裂、脱落等缺陷。

(5) 检查屋面金属板材的连接和密封处理是否符合设计要求，不得有渗漏现象。

(6) 检查各个细部防水构造（天沟、檐口、女儿墙、水落口、变形缝、伸出屋面管道）是否符合设计及规范要求。

(7) 对质量验收不合格的地基处理段要求承包商按要求整改或返工，并进行二次验收。

5.5 明挖法区间

明挖法区间隧道工程通常采用矩形断面，一般为整体浇筑或装配式结构，其优点是内轮廓与地铁限界接近，内部净空可充分得到利用，结构受力合理，顶板上部便于敷设城市地下管网和设施。明挖区间适用于车辆段和停车场出入线、暗挖区间与高架区间过渡段或周边无建（构）筑物场地空旷的区域。

整体式结构断面分单跨、双跨等形式，该结构整体性好，防水性能容易得到保证，适用于各种工程地质和水文地质条件，但施工工序较多，速度较慢。

预制装配式衬砌结构可根据工业化水平、施工方法、起重运输条件、场地条件等因地制宜选择，目前以单跨和双跨较为通用，装配式衬砌整体性较差，对于存在特殊防护及抗震要求的地段一般不宜选用。

明挖法区间有三种基本类型：先墙后拱法、先拱后墙法和墙拱交替法。

(1) 先墙后拱法。是最常用的一种方法，适用于地形有利、地质条件较好的各种浅埋隧道和地下工程。其施工步骤是：先开挖基坑或堑壕，再以先边墙后拱圈（或顶板）的顺序施作衬砌和敷设防水层，最后进行洞顶回填。当地形和施工场地条件许可，边坡开挖后又能暂时稳定时，可采用带边坡的基坑或堑壕，如图 5-35（a）所示。如施工场地受限制，或边坡不稳定时，可采用直壁的基坑或堑壕，此时坑壁必须进行支护。

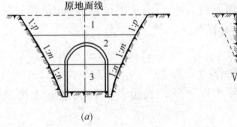

图 5-35 施工工艺方法
(a) 先墙后拱法；(b) 先拱后墙法

(2) 先拱后墙法。适用于破碎岩层和土层。其施工步骤是：从地面先开挖起拱线以上部分。按地质条件可开挖成敞开式基坑，或支撑的直壁式基坑 1，接着修筑顶拱 Ⅱ，然后在顶拱掩护下挖中槽 3，分段交错开挖马口 4 和 6，修筑边墙 Ⅴ 和 Ⅶ，如图 5-36（b）所示。

(3) 墙拱交替法。是上述两种方法的混合使用，边墙和顶拱的修筑相互交替进行，它适用于不能单独采用先墙后拱或先拱后墙法的特殊情况。其施工步骤是：先开挖外侧边墙部位土石方，修筑外侧边墙；开挖部分堑壕至起拱线，修筑顶拱；分段交错开挖余下的堑壕，筑内侧边墙。

明挖区间监理控制要点

1. 基坑开挖、支护监理控制要点

(1) 施工方案检查要点

1) 施工前必须进行地质勘探和了解地下管线情况，根据土质情况和基础深度编制专项施工方案。施工方案应与施工现场实际相符，能指导实际施工。其内容包括：放坡要求或支护结构设计、机械类型选择、开挖顺序和分层开挖深度、坡道位置、坑边荷载、车辆进出道路、降水排水措施及监测要求等。对重要的地下管线应采取可靠保护措施。

2) 施工方案必须经企业技术负责人审批，签字盖章后方可实施。

(2) 临边防护检查要点

1) 基坑施工必须进行临边防护。基坑深度超过 2m 的基坑施工，必须采用密目式安全网（标准化防护栏杆）做封闭式防护。

2) 临边防护栏杆离基坑边口的距离不得小于 50cm。

(3) 坑壁支护检查要点

1) 坑槽开挖时设置的边坡符合安全要求。坑壁支护的做法以及对重要地下管线的加固措施必须符合专项施工方案和基坑支护结构设计方案的要求。

2) 支护设施产生局部变形，应会同设计人员提出方案并及时采取相应措施进行调整加固。

(4) 排水措施检查要点

1) 基坑施工应根据施工方案设置有效的排水、降水措施。

2) 深基坑施工采用坑外降水的，必须有防止邻近建筑物危险沉降的措施。

(5) 坑边荷载检查要点

1) 基坑边堆土、料具堆放的数量和距基坑边距离等应符合有关规定和施工方案的要求。

2) 机械设备施工与基坑边距离不符合有关要求的，应根据施工方案对机械施工作业范围内的基坑支护、地面等采取有效措施。

(6) 上下通道检查要点

1) 基坑施工必须有专用通道供作业人员上下。

2) 设置的通道，在结构上必须牢固可靠，数量、位置满足施工要求并符合有关安全防护规定。

(7) 土方开挖检查要点

1) 施工机械应由企业安全管理部门检查验收后进场作业，核查承包商的验收记录。

2）施工机械操作人员应按规定进行培训考核，持证上岗，熟悉本工种安全技术操作规程。

3）作业时，应按施工方案和规程挖土，不得超挖、破坏基底土层结构。

4）机械作业位置应稳定、安全，在挖机作业半径范围内严禁人员进入。

（8）基坑支护变形监测检查要点

按照施工监测方案，对施工监测点位埋设位置、数量进行确认、验收，及时收集施工监测、第三方监测数据，及时进行监测数据对比、分析。

（9）作业环境检查要点

1）基坑内作业人员应有稳定、安全的立足处。

2）垂直、交叉作业时应设置安全隔离防护措施。

3）夜间或光线较暗的施工应设置足够的照明。

2. 主体结构施工监理控制要点

详见第 5.1 节的相关内容。

本章节未尽事宜详见第 5.1 节中基坑支护、地基处理、降排水、土方开挖、主体结构、防水工程监理要点。

5.6 矿山法区间

矿山法是一种相对传统的施工方法，将开挖面按分部顺序采取分割式开挖，并要求边挖边撑以保证整体结构安全。新奥法在支护的方式上采用喷射混凝土和锚杆为衬砌，把衬砌和围岩看作是一个相互作用的整体，既发挥围岩的自承能力，又使锚喷衬砌起到加固围岩的作用。浅埋暗挖法是依据新奥法的基本原理，在施工中采用多种辅助施工措施加固围岩，充分调动围岩的自承能力，隧道开挖后及时支护、封闭成环，使其与围岩共同作用形成联合支护体系，有效地抑制围岩过大变形的一种综合配套施工技术，适用于第四系无水土质或软弱无胶结的砂、卵石等地层中修建覆跨比大于 0.5 的隧道；对于较高地下水位的类似地层，采取灌浆堵水或降水等措施后仍能适用。

监理在矿山法区间施工时应做好以下工作：

（1）熟悉工程勘察和设计文件，参加地质勘察报告交底，熟悉地质情况；参加图纸会审和设计交底，理解设计意图。

（2）复核并审查承包商提交的《周边环境调查报告复核》。

（3）审查《施工组织设计》，并督促承包商按已批准的施工组织设计组织施工。

（4）审查各类专项施工方案，编制危大工程监理实施细则、相关专业监理实施细则和旁站方案。

（5）审查质量安全管理体系和管理制度的建立情况，专职管理人员和特种作业人员的资格。

（6）参加专项施工方案评审和安全技术交底，并监督执行。

（7）检查测量控制点的埋设和保护措施，复核施工测量成果，在施工过程中对施工测量放线成果进行查验。

（8）审查承包商报送的材料、构配件、设备的质量证明文件，并按有关规定和建设工程监理合同约定,对于工程的材料进行见证取样和平行检验。对进场检验不合格的材料、构配件、设备,要求承包商限期退场。

(9) 参加或组织关键节点施工前条件核查。

(10) 对质量安全进行巡视检查。巡视内容应包括:承包商是否按设计文件、工程建设标准和批准的施工组织设计、专项施工方案进行施工;使用的工程材料、构配件和设备是否经检测合格;施工现场质量安全管理人员是否按合同要求到位;特种作业人员是否持证上岗。

(11) 对监测成果进行比对分析,对工程安全状态进行评价。发现问题时进行现场核查,分析原因,并督促承包商采取相应处置措施。

(12) 组织相关人员对承包商报验的隐蔽工程、检验批、分项工程和分部工程进行验收,对验收合格的予以签认;对验收不合格的应拒绝签认,同时要求承包商在规定的时间内整改并重新报验。矿山法区间施工中还应对下列项目进行中间检查验收:

1) 竖井开挖、结构和支撑施工以及提升设备安装;
2) 超前支护、注浆加固;
3) 开挖方法及每一循环进尺、支护距离开挖面的距离、开挖断面尺寸及地质描述;
4) 锚杆安装;
5) 钢筋加工、钢筋格栅安装、喷射混凝土质量、初期支护结构净空尺寸;
6) 防水基面处理,防水材料和安装质量;
7) 二次衬砌钢筋加工和安装、预埋件安装、模板支架(台车)安装、混凝土浇筑质量,结构表观质量及净空。

(13) 审核结构质量缺陷处理方案,并监督执行。

(14) 审查承包商提交的区间工程竣工验收报审表,组织工程竣工预验收,验收中存在的问题,督促承包商组织整改。

(15) 区间工程竣工预验收合格后,编写工程质量评估报告,按要求报业主,参加区间工程竣工验收。

(16) 整理移交监理归档资料。

5.6.1 竖井

竖井结构在矿山法施工的隧道中,使用较为普遍,竖井按照其功能可以分为施工竖井和通风竖井,施工竖井一般为临时结构,用于施工过程中的通行、出碴、进料、通风、供电、供水等,在主体结构施工完成后进行回填,通风竖井一般作为永久结构使用。按照施工竖井与隧道主体结构的位置关系可分为边井(旁井)和骑马井,边井位于隧道结构断面的外侧,需通过横通道到达隧道断面内,骑马井多位于隧道结构正上方,井身包含了部分隧道结构,此类竖井在施工完成后需部分回填处理。施工竖井按照其形式和用途又可分为单竖井和组合竖井,单竖井即人、渣、料混合井,组合竖井即是把出碴、进料井作为主井,另外单独设置行人和通风、供电、供水等两个副井。

矿山法区间竖井施工监理工作同第 5.2.1 小节。

5.6.2 横通道

矿山法区间横通道施工监理工作同第 5.2.2 小节。

5.6.3 洞口工程

隧道洞口工程一般指山岭隧道明洞洞门修筑工程。常见的隧道洞门结构在城市轨道交通隧道中使用较少，城市轨道交通隧道中出现洞门结构的情况一般有：

(1) 以山地、岗地、丘陵为主要形式的城市轨道交通隧道中，暗挖与地面结构连接段。

(2) 地下隧道与地面车站、高架结构的过渡段。

(3) 地下隧道与车辆基地连接段。

(4) 明挖与暗挖连接处。

1. 洞口段开挖及防护

(1) 施工流程

施工准备→处理危石、地表清理→洞口截、排水系统施工→按设计要求进行地表预加固→分层开挖→锚喷支护边坡、仰坡面→支护施工→安装进洞钢架或预支护→按正常工序进洞。

(2) 监理控制要点

1) 按照设计文件进行洞门处开挖放样，确定开挖边界桩，截水沟中心线桩、洞口位置桩，监理对放样数据进行复核。

2) 洞口段开挖宜避开雨季，并尽早按方案要求做好场地布置统筹规划。

3) 洞口段开挖前应要求承包商先检查洞口开挖范围内的树木、危石等清除情况，检查边坡、仰坡的稳定情况。

4) 洞口段开挖至隧道底标高后，监理应现场检查排水沟及出水口和洞外排水系统是否畅通。

5) 偏压洞口支挡、反压回填等是否按设计要求施作。

6) 监理应加强洞口土方过程中的巡视检查，采用机械开挖时，边、仰坡应预留 30cm 的整修层，用人工刷坡并及时夯实整平成型，防止超挖，保证边、仰坡平顺，坡度比符合设计要求。

7) 洞口土方应自上而下分层开挖，严禁掏底开挖或上下重叠开挖，结合正洞开挖方法，预留进洞台阶，形成进洞面及边、仰坡。洞口土石方开挖宜采用光面爆破成型，施工中应严格要求承包商按批准的爆破设计组织施工，严禁超量装药。开挖后坡面应稳定、平整、美观。

8) 检查洞顶边、仰坡周围排水是否畅通，坡顶是否采取措施防止地表水下渗。

9) 当洞口位于软弱、松散地层或堆积层时，应按"先加固、预支护、后开挖"的原则施工，对永久性防护应按照设计在隧道施工的初期及早完成。

10) 洞口浅埋、软弱破碎段应按设计和施工方案施作小导管、管棚、锚杆等超前支护措施。

2. 明洞

(1) 工艺流程

施工准备→洞口段及基槽开挖支护→承载力检测→仰拱混凝土→填充混凝土→模板台车就位检查→钢筋安装检查→外模板安装→浇筑二次衬砌混凝土→防水层施工验收→拱顶回填。

(2) 监理控制要点

1) 当明洞位于破碎、松软地层时，宜先施工明洞衬砌轮廓外的护拱，必要时还应在外侧施做挡墙，然后在套拱护顶下暗挖明洞土石方，并及时支护边墙，成形后按暗挖隧道施工明洞衬砌。

2) 明洞宜及早施作，当采用非爆破开挖时，宜先做明洞和洞门，然后开挖隧道。

3) 监理应重点检查明洞基础施工质量，明洞基础应设置在稳固的地基上，当两侧墙体地基松软或软硬不均时，应采取措施加以处理，防止不均匀沉降。

4) 明洞衬砌结构施工过程监理：混凝土浇筑前测量监理应对中线、高程放样成果进行复核，检查模板外轮廓尺寸，不得侵限。明洞混凝土达到设计强度70%，且拱顶回填土高度达到0.7m时，方可拆除明洞内模板。

5) 检查明洞防、排水措施是否符合设计要求。

6) 监理在明洞回填时应检查：混凝土强度（达到设计强度的70%以上）、回填料粒径、回填方式（对称分层）、回填高度、压实度等。

3. 洞门

(1) 工艺流程

施工准备→截排水沟施工→洞口段及洞门基础开挖→地基承载力检测→钢筋、模板安装，预埋件检查验收→浇筑混凝土→拆模→衔接排水设施→洞门铭牌。

(2) 监理控制要点

1) 按设计及规范要求检查混凝土端墙钢筋绑扎、模板拼装、支撑架立等施工质量。

2) 模板支架（拱架）达到"危大工程"规模时，应编制高支模专项施工方案，并按"危大工程"管理规定实施。

3) 检查洞门基础下部土层是否稳定，虚渣、杂物、积水和泥化的软层是否清理干净。如基底岩层软硬不均，应预加固处理，以防止不均匀沉陷引起端墙开裂。

4) 见证地基承载力检测情况，符合设计要求后方可进行洞门混凝土结构施工。

5) 端墙式洞门：端墙应在土石方开挖后及时完成，基础超挖部分应用与基础同等级混凝土和基础同步浇筑，端墙及挡墙、翼墙的开挖轮廓面应符合设计要求；端墙与洞口衬砌连接方式应符合设计；端墙和挡墙、翼墙，挡土墙的反滤层、泄水孔、施工缝设置应符合设计要求。

6) 斜切式洞门：模板及支架（拱架）应根据洞门的结构形式、荷载大小、地基土类别、施工设备和材料供应等条件进行方案设计；洞门斜面、坡面内外模板和挡头板应专门设计制作，配套使用；钢筋、模板、混凝土施工符合设计和规范要求。

5.6.4 区间隧道

1. 超前地质预报

超前地质预报是指利用钻探和现代物探等手段，探测隧道岩体和土体开挖面前方的地质情况，力图在施工前掌握前方的岩体和土体结构、性质、状态，以及地下水、瓦斯等地质信息，及时发现异常情况，预报掌子面前方不良地质体的位置、产状及其结构的完整性与含水的可能性，为正确选择开挖方法和优化施工方案提供依据，并指导后续施工，以避免施工过程中发生涌水、塌方、瓦斯突出、岩爆、大变形等地质灾害，保证施工的安全和顺利进行。

超前地质预报的方法有直接预报法、地质分析法、物探法、地质物探综合分析法。直接预报法有水平钻孔、超前导坑法等；地质分析法有断层参数预测法、地质体投射法、正洞地质编录与预报等；物探法有弹性波法、地质雷达技术、红外探水法 BEAM 法等。

城市轨道交通工程中常使用的是直接预报法，而水平钻孔法因其成本相对较低、操作方便、技术成熟，结合地质观察情况判断后基本能够满足开挖安全控制的需要。

（1）超前地质预报流程

施工准备→超前地质预报方案审批→地质分析（物探法、深孔水平钻探法）→地质综合判断→施工建议→施工方案选择→隧道施工→地质素描→下一循环预报。

（2）监理控制要点

1）审查超前地质预报专项方案，并按照方案和合同约定检查所配备的专业人员、仪器设备是否满足施工需要，是否建立可操作的管理制度。

2）监理应检查超前地质预报信息的管理流程是否合理，当超前地质预报与地质勘察资料出现不一致，或者出现地质突变情况时，应及时与地勘单位、设计单位协商，采取对应的处理措施。

3）监理人员应经常性的核对超前预报成果报告和施工现场实际情况。

4）隧道超前地质预报应进行地质复杂程度分级，确定重点预报地段，并应遵循动态设计原则，根据预报实施工作中已经掌握的工程地质、水文情况，及时调整隧道区段的地质复杂程度分级、预报方法和技术要求。

5）核查隧道超前地质预报的完整性、真实性、及时性，要求应能够达到下列目的：①进一步查清隧道开挖工作面前方的工程地质与水文地质条件，指导工程施工顺利进行。②降低地质灾害发生的概率和危害程度。③为优化工程设计提供地质依据。

6）进行动态化管理，利用地质信息系统，通过各种方法收集地质信息，进行综合分析、判断。通过地质信息系统的及时、准确预报，为施工提供决策依据，及时调整施工方法和支护参数。采用新施工方法和支护参数后，从施工过程中获取新的地质信息更新地质信息系统，经处理后，再一次反馈给施工，如此往复，形成地质信息系统化。

2. 超前支护及加固

在暗挖隧道中，当地质情况较差，开挖作业风险较大时，应按设计要求采用地质超前加固法对开挖面前方的地层进行预加固处理，一般采用注浆加固和冻结加固法。

（1）超前支护

矿山法区间超前支护监理工作要点参见第 5.2.2 小节中"1. 超前支护及加固"。

（2）注浆加固

在矿山法开挖的隧道中，当地质情况较差，开挖作业风险较大时，可以采用地质超前加固法对开挖面前方的地层进行预加固处理，主要有注浆法、冻结法。注浆法包括渗入注浆法、劈裂注浆法、高压喷射注浆法、水平旋喷注浆法等。在砂卵石地层中宜采用渗入注浆法；在砂层中宜采用劈裂注浆法；在黏土层中宜采用劈裂或电动硅化注浆法；在淤泥质软土层中，宜采用高压喷射注浆法；在稳定性极差的软流塑地层中可采用冻结法加固。水平旋喷注浆法因其加固成本较高，且加固施工工艺本身对地层扰动较大，一般很少采用。

1) 劈裂注浆法

劈裂注浆法属于静压注浆法，常用的施工工艺有 WSS 注浆、袖阀管注浆等，常用于隧道施工时的洞内径向注浆加固，注浆材料有水泥净浆、黏土水泥浆、双液浆（水泥一水玻璃）等颗粒浆液，也可根据不同的地质情况使用化学浆液。

① 工艺流程

劈裂注浆法工艺流程：施工止浆墙→孔位放样→钻机就位→钻孔→安装注浆管（制浆）→注浆→拔管→分段循环注浆→封孔。

② 监理控制要点

a. 应选择设计要求的注浆材料，一般采用水泥或水泥砂浆，注浆浆液材料具有良好的可注性。

b. 注浆浆液配合比应经现场试验确定，监理应对配制过程进行见证。

c. 检查注浆设备性能、数量及辅助设备，以保证注浆质量。

d. 检查注浆作业人员的技术交底记录，要求了解注浆的目的和技术要求。

e. 注浆浆液材料、注浆量、注浆压力要结合工程地质、水文地质和地表监测数据确定。

f. 监理应对注浆过程进行旁站检查，并认真做好注浆记录，浆液必须充满钢管及周围的空隙并密实，其注浆量和压力应根据试验确定，确保预期注浆加固范围和加固效果。

g. 注浆结束后监理工程师应检查其浆脉和注浆效果，不合格者应补浆。注浆浆液达到设计强度后方可进行开挖。

h. 使用化学浆液加固时，应注意废浆的处理，避免对环境造成污染。

2) 高压喷射注浆法

高压喷射注浆法的基本工艺类别有：单管法、二重管法、三重管法和多重管法等。多重管法首先需要在地面钻一个导孔，然后置入多重管，用逐渐向下运动的旋转超高压力水射流（压力约 40MPa），切削破坏四周的土体，经高压水冲击下来的土和石成为泥浆后，立即用真空泵从多重管中抽出。如此反复地冲和抽，便在地层中形成一个较大的空间，装在喷嘴附近的超声波传感器及时测出空间的直径和形状，最后根据工程要求选用不同种类的充填浆液、砾石等材料进行填充，在地层中形成一个大直径的柱状固结体。

① 工艺流程

高压喷射注浆法工艺流程（单管法）：测量放样→钻机就位→钻孔→插管（制浆）→喷射作业→冲洗→钻机移位。

② 监理质量控制要点

a. 审核高压喷射注浆专项施工方案，检查使用的注浆设备、注浆材料、工艺性能是否符合加固要求。

b. 应通过现场试验情况确定注浆参数和浆液配合比，监理应对试验过程进行见证。

c. 施工前，监理人员应检查设备性能是否完好、各功能部件是否运转正常。

d. 督促承包商按照施工方案对作业人员进行技术交底，明确质量控制指标和控制措施。

e. 监理人员应在过程中对注浆浆液指标进行抽测，重点检查压力、流量、提升速度、返浆量等各项工艺参数和质量控制指标。

f. 通过取芯对加固效果进行检测，监理工程师应对取芯过程进行见证。

（3）冻结加固

1）工艺流程

① 冻结孔施工工艺流程：冻结孔测量定位→开孔→安装密封装置→钻机安装就位→钻进→测斜、检漏→单孔完成→循环下一孔位→钻孔结束。

② 冻结施工工艺流程：冻结站基础施工→冻结站安装（冷冻机组，清、盐水泵，冷却塔）→设备试压→冻结器安装→管路安装→试压、保温→冻结孔验收→冷却水供给→充氟、试运转→积极冻结→维护冻结→解冻→冻结结束→冻结站拆除→冻结孔回填→融沉注浆。

2）冻结孔施工监理质量控制要点

① 监理工程师应复核冻结孔的孔位偏差及钻孔施工质量，保证冻结壁设计的厚度。

② 过程中检查冻结孔钻进深度、偏斜是否符合规范要求。

③ 冻结孔终孔超出最大允许间距的，督促承包商进行补孔或作延长冻结时间进行处理。

④ 冻结管长度和偏斜验收合格后，还应进行打压试漏检测；试压不合格的，要求拔出冻结管进行重新钻孔，或下套管进行处置。

⑤ 检查冻结孔施工时的土体流失量，要求不得大于冻结孔体积，否则应及时注浆控制地层沉降。

3）冻结施工监理质量控制要点

① 检查设备、管路等出厂合格证明材料，是否按照专项施工方案和产品说明书进行安装，安装完成后监理工程师进行安装质量检查和试压、检漏、试运转检查。

② 在试运转时，要随时调节压力、温度等各状态参数，使机组在有关工艺规程和设备要求的技术参数条件下运行，冻结系统运转正常后方可进入积极冻结。

③ 在积极冻结过程中，监理工程师应根据实测温度资料判断冻结帷幕是否交圈和达到设计厚度，满足要求后才能进入维护冻结阶段。

④ 维护冻结期应定期对温度进行检测，监理应抽查相应检测记录。

⑤ 解冻过程中，必须督促承包商加强地面和隧道变形监测、冻土融化温度监测。

⑥ 监理工程师应根据地面变形稳定情况判断融沉注浆效果，稳定后方可结束融沉注浆。

⑦ 停冻后进行施工设备的拆除工作时，应检查承包商是否按方案的要求进行跟踪注浆。

⑧ 冻结施工过程中，应督促现场做好拱顶、地表沉降监测工作，并审核监测报表。

3. 洞身开挖

隧道开挖应根据地质、覆盖层厚度、结构断面形式及地面环境条件等，按照经济、适用、技术成熟、扰动小的原则进行选用。主要工法有全断面法、环形预留核心土法、台阶法、中隔壁法（CD、CRD）、导洞法（单/双侧壁导洞法、中导洞-正洞法），以及在导洞法基础上发展而来的双侧壁梁柱导洞法（洞柱法）、双侧壁桩、梁、柱导洞法（洞桩法/PBA工法）。

1) 工艺流程

超前支护及加固→开挖前条件验收→开挖→初期支护→开挖完成。

2) 监理控制要点

① 开挖前，监理工程师应按要求组织开挖前关键节点条件核查，重点核查人员、设备、环境、技术等各项准备工作落实情况。

② 监理应加强对隧道开挖面的巡查，必须保持在无水条件下施工，采用降水施工时，应按规范相关规定执行。

③ 隧道暗挖喷锚施工应充分利用围岩自稳作用，开挖后及时施工初期支护结构并适当闭合，当开挖面围岩稳定时间不能满足初期支护结构施工时，应采取预加固措施。

④ 测量工程师应认真审查施工测量报验资料，经常对隧道开挖断面的中线、高程、轮廓线测量成果进行复核，复核时应以衬砌设计轮廓线为基准，考虑预留变形量、测量贯通误差和施工误差等因素做适当外放。

⑤ 隧道开挖过程中，重点加强对施工监测工作的管理，要求按照监控量测方案进行围岩变形监测，反馈量测信息指导现场施工，量测项目和量测频率应符合设计要求，监理工程师还应定期对隧道围岩稳定性情况进行巡视检查。

⑥ 在浅埋条件下有邻近建筑物、既有线隧道等特殊情况地段爆破时，应采用仪器监测围岩爆破扰动范围和振动速率，并采取措施控制爆破对围岩的扰动程度。

⑦ 监理工程师应督促现场严格按照施工方案组织洞门处开挖施工，严禁相邻或相对的两个洞门同时开挖施工。

⑧ 隧道施工中，应对地面、地层和支护结构的动态进行监测，并及时反馈信息。

⑨ 初期支护的挖、支、喷三环节必须紧跟，严禁开挖二步或多步后再施工初期支护的现象。当开挖面稳定时间满足不了初期支护施工时，应要求及时采取超前支护或注浆加固措施。

⑩ 加强隧道开挖断面检查，应严格按设计尺寸控制开挖，不得欠挖。

⑪ 两条平行隧道（包括导洞）开挖时，检查其前后开挖面错开距离是否符合方案要求。

⑫ 当同一条隧道相对开挖，两个开挖工作面相距20m时必须停挖一端，另一端继续开挖，并做好测量控制工作，及时纠偏。

⑬ 隧道分部开挖施工时，重点检查开挖时间和顺序，应在先开挖部分初期支护结构基本稳定且喷射混凝土达到设计强度的70%以上时，方可进行下部开挖，并应符合下列规定：

a. 边墙应采用单侧或双侧交错开挖，不得使上部结构同时悬空；

b. 严格控制每循环开挖长度；

c. 边墙挖至设计高程后，必须立即安装钢筋格栅并喷射混凝土；

d. 仰拱应根据监控量测结果及时施工。

⑭ 通风道、出入口等横洞与正洞相连或变断面、交叉点等部位开挖作业前，监理应检查是否按设计及专项施工方案采取相应的加强措施。

⑮ 隧道采用分步开挖时，必须保持各开挖阶段围岩及支护结构的稳定性，监理工程师应严格控制各个分部之间的开挖步距。

⑯ 当隧道开挖断面通过砂层或其他富水地层时，监理工程师应重点检查地下水处理措施，应先降水后开挖，在作业面附近设置集水井安装降水设备进行抽排，抽水设备必须满足施工要求。抽水管路随开挖进尺进行加长固定，管径应满足排水要求，抽水到竖井集水坑，再由竖井抽水设备抽排至沉淀池进行三级沉淀后，排流市政管网。

（1）全断面法

全断面开挖法就是按照设计轮廓一次爆破成形，然后修建衬砌的施工方法。在用于Ⅳ级围岩时，围岩应具备从全断面开挖到初期支护前这段时间内，保持其自身稳定的条件。全断面开挖法如图 5-36 所示。

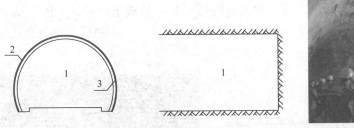

图 5-36　全断面法施工横断面及纵断面示意图
1—开挖面；2—初期支护；3—二次衬砌

1）工艺流程：测量放样→布孔→成孔→装药→爆破→排烟、通风→查炮→出渣。

2）监理控制要点：严格按照方案要求控制循环进尺；开挖面处理后，初期支护及时封闭成环。

（2）台阶法

台阶法是先开挖上半断面，待开挖至一定长度后同时开挖下半断面，上、下半断面同时并进的施工方法；按台阶长短有长台阶、短台阶和超短台阶三种，在轨道交通施工过程中，由于隧道覆盖层较薄，一般采用短台阶法和超短台阶。台阶法施工如图 5-37 所示。

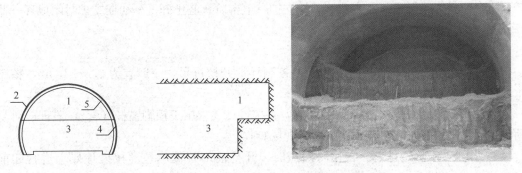

图 5-37　台阶法施工工序示意图
1—上台阶；2—上台阶初期支护；3—下台阶；4—下台阶初期支护；5—二次衬砌

施工中具体方法选择，要根据以下两个条件来决定：

① 初期支护形成闭合断面的时间要求，围岩越差，闭合时间要求越短。
② 上断面施工所用的开挖、支护、出碴等机械设备和施工场地大小的要求。
1) 工艺流程：上台阶开挖→上台阶初期支护→下台阶开挖→下台阶初期支护。
2) 监理控制要点：
① 要求现场处理好上、下断面作业的相互干扰问题。微台阶基本上是合为一个工作面进行同步掘进；短台阶干扰相对较大，监理应要求现场结合实际情况组织各工序施工。
② 下部开挖时，应确保上部土体的稳定。若围岩稳定性较好，则可以分段顺序开挖；若围岩稳定性较差，则应缩短下部掘进循环进尺；必要时应增加临时仰拱进行开挖。
③ 监理工程师必须及时比对分析监控量测数据和巡视检查情况，获取拱顶沉降，隧道收敛情况，当发现速率增大应督查现场立即采取相应的施工措施。

(3) 环形开挖留核心土法

环形开挖留核心土法，适用于地层较差，跨度≤10m的隧道工程。一般将断面分成环形拱部、上部核心土、下部台阶三部分。根据断面的大小，环形拱部又可分成几块交替开挖。如图5-38所示。

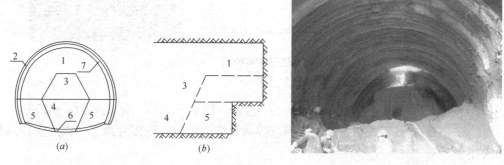

图 5-38 环形开挖留核心土法施工工序示意图
1—上台阶开挖面；2—上台阶初期支护；3—预留核心土；4—下台阶开挖面；
5—下台阶初期支护；6—仰拱；7—二次衬砌

1) 工艺流程：施工准备→测量放样→拱部超前支护→弧形导坑开挖→拱部初期支护→上台阶核心土开挖→左右侧墙开挖支护→下台阶核心土开挖→初期支护封闭成环→监控量测→下一循环。
2) 监理控制要点：
① 监理工程师应根据设计要求严格控制环形开挖进尺，一般宜为0.5~1.0m，核心土面积应不小于整个断面面积的50%。
② 开挖后应及时施工初期支护结构，并按设计要求施工锁脚锚杆（管），监理应对初期支护和锁脚锚杆（管）施工质量进行现场验收。
③ 当围岩地质条件差，自稳时间短时，开挖前应督促承包商按设计要求进行超前支护。
④ 监理必须严格控制开挖顺序，核心土与下台阶应在上台阶支护完成后方可开挖。

(4) 中隔壁法（CD法）

中隔壁法（CD法）主要适用于地层较差和不稳定岩体，且地面沉降要求严格的地下工程施工。先开挖隧道的一侧，并施作中隔壁，然后再开挖另一侧的施工方法，其施工步骤如图 5-39 所示。

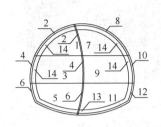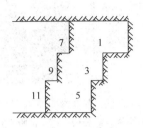

图 5-39 中隔壁法（CD 法）施工工序横断面及纵断面示意图
1—先行导洞；2—导洞初期支护、中隔壁；3—中导洞；4—中导洞初期支护、中隔壁；
5—下导洞；6—下导洞初期支护、中隔壁；7—后行上导洞；8—上导洞初期支护；9—中导洞；
10—中导洞初期支护；11—下导洞；12—下导洞初期支护；13—仰拱；14—二次衬砌

1）工艺流程：先行导坑上部开挖→先行导坑上部初期支护→先行导坑中部开挖→先行导坑中部初期支护→先行导坑下部开挖→先行导坑下部初期支护→后行导坑上部开挖→后行导坑上部初期支护→后行导坑中部开挖→后行导坑中部初期支护→后行导坑下部开挖→后行导坑下部开挖→仰拱超前浇筑→全断面二次衬砌。

2）监理控制要点：

① 监理应重点加强上部导坑的开挖循环进尺控制，一般为 1 榀钢筋格栅的间距（0.75～0.8m），下部导坑的开挖进尺可依据地质情况适当加大，到达快速封闭效果。

② 中隔壁法或交叉中隔壁法施工时，初期支护完成后方可进行下一分部开挖，地质较差时，每个台阶底部均应按设计要求设临时钢架或临时仰拱；各部开挖时，周边轮廓应尽量圆顺；应在先开挖侧喷射混凝土强度达到设计要求后再进行另一侧开挖；左右两侧导坑开挖工作面的纵向间距不宜小于 15m；当开挖形成全断面时，应及时完成全断面初期支护闭合。

③ 导坑开挖孔径及台阶高度可根据施工机具、人员等安排进行适当调整。应配备适合导坑开挖的小型机械设备，提高导坑开挖效率。

④ 监理应严格控制中隔壁的拆除时间和顺序，中隔壁的拆除应滞后于仰拱，并应在围岩变形稳定后才能进行，一次拆除长度应根据量测数据慎重确定，拆除后应立即施作二次衬砌。

（5）交叉中隔壁法（CRD 法）

当中隔壁法（CD 法）仍不能满足要求时，可在中隔壁法（CD 法）的基础上加设临时仰拱，即所谓的交叉中隔壁法（CRD 法）。在中隔壁法（CD 法）或交叉中隔壁法（CRD 法）中，一个关键问题是拆除中壁。一般说，中壁拆除时期应在全断面闭合后，各断面的位移充分稳定后，才能拆除。其施工步骤如图 5-40 所示。

1）工艺流程：左侧上部开挖→左侧上部初期支护→左侧中部开挖→左侧中部初期支护→右侧上部开挖→右侧上部初期支护→右侧中部开挖→右侧中部初期支护→左侧下部开挖→左侧下部初期支护→右侧下部开挖→右侧下部初期支护→仰拱超前浇筑→全断面二次

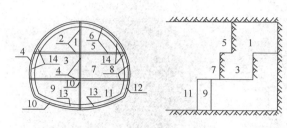

图 5-40　交叉中隔壁法（CRD 法）施工横断面及纵断面示意图

1—左侧上导洞；2—临时支撑；3—中导洞；4—临时支撑、初期支护；5—右侧上导洞；
6—临时支撑、初期支护；7—中导洞；8—临时支撑、初期支护；9—下导洞；10—临时支撑、初期支护；
11—下导洞；12—初期支护；13—仰拱；14—二次衬砌

衬砌。

2) 监理控制要点：

① 为确保施工安全，监理应重点控制上部导坑开挖循环进尺，一般控制为 1 榀钢筋格栅间距（0.6~0.75m），下部开挖可依据地质情况适当加大，仰拱一次开挖长度依据监控量测结果、地质情况综合确定，一般不宜大于 6m。

② 中间支护系统的拆除时间应考虑其对后续工序的影响，当围岩变形达到设计允许的范围之内，并在严格考证拆除的安全性之后，方可拆除。中隔壁混凝土拆除时，要防止对初期支护系统形成大的振动和扰动，拆除过程中，监理人员应要求做好沉降和变形监测，并加强巡视检查。

③ 中隔壁的拆除应滞后于仰拱。

④ 应配备适合导坑开挖的小型机械设备，提高导坑开挖效率。

(6) 双侧壁导坑法

双侧壁导坑法一般将断面分成多块：左、右侧壁导坑、中央断面。其原理是利用两个中隔壁把整个隧道大断面分成左、中、右 3 个小断面施工，左、右导洞先行，中央断面紧跟其后。如图 5-41 所示。

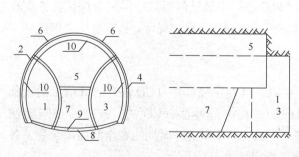

图 5-41　双侧壁导坑法施工横断面及纵断面示意图

1—左侧导坑；2—左侧导坑初期支护；3—右侧导坑；4—右侧导坑初期支护；5—上台阶；
6—上台阶初期支护；7—下台阶；8—仰拱初期支护；9—仰拱；10—二次衬砌

当隧道跨度很大，地表沉陷要求严格，围岩条件特别差，单侧壁导坑法难以控制围岩变形时，可采用双侧壁导坑法。现场实测表明，双侧壁导坑法所引起的地表沉陷仅为短台阶法的1/2。双侧壁导坑法虽然开挖断面分块多，扰动大，初次支护全断面闭合的时间长，但每个分块都是在开挖后立即各自闭合的，所以在施工中间变形几乎不发展。双侧壁导坑法施工安全，但速度较慢，成本较高。该方法主要适用于黏性土层、砂层、卵砾石层等地层。

1) 工艺流程：左（右）导坑开挖→左（右）导坑初期支护→右（左）导坑开挖→右（左）导坑初期支护→上台阶开挖→上台阶初期支护、导坑隔壁拆除→下台阶开挖→仰拱初期支护→仰拱超前浇筑→全断面二次衬砌。

2) 监理控制要点：

在双侧壁导坑法中，监理工程师一方面必须重点控制左右导坑钢筋格栅位置是否准确，否则中央断面钢筋格栅施工时整体钢筋格栅不在同一断面上，会影响结构整体受力；另一方面是拆除临时仰拱、中隔壁拆除时间和顺序，临时仰拱、中隔壁拆除一般在全断面闭合，各断面拱顶沉降、收敛趋于稳定后，才能拆除。

① 围岩开挖应尽量采用挖掘机和人工配合无爆破施工，局部需爆破施工时，宜弱爆破施工，以尽量减少对地层的扰动。

② 监理工程师应加强监控量测管理，加强现场巡视检查频次，随时掌握围岩及支护结构的变形情况，以便及时修正支护参数，改变施工方法；同时，应认真核查超前地质预报，及时采取风险预控措施。

③ 监理应督促承包商做好开挖面的排水工作，在保证排水畅通的同时，重点要对两侧临时排水沟铺砌抹面，防止钢支撑基底软化。

④ 侧壁导坑开挖后，应及时施工初期支护并尽早形成封闭环；侧壁导坑形状应近于椭圆形断面，导坑跨度宜为整个隧道跨度的1/3；左右导坑施工时，前后拉开距离不宜小于15m；导坑与中间土体同时施工时，导坑应超前30~50m。

(7) 中洞法

中洞法是先开挖施工中间导洞，完成中墙（柱）和第一期结构底板后，再进行左右两边洞开挖，并完成边洞衬砌结构的施工方法，主要优点：一是进行边洞开挖时可将临时支撑和拱架都支撑于中间导洞内的中墙（柱）及第一期底板上，提高边洞开挖支护施工过程中的整体稳定性；二是出土效率高，开挖上部断面时的大量石渣可通过上下导坑间一系列漏渣孔装车后从下导坑运出；三是工序间干扰较少，完成中间导洞后，可左右侧同时施工边洞。中洞法适用于土类—软岩类的地质条件较好且施工受地下水影响较小的隧道工程。施工工艺如图5-42所示。

1) 工艺流程：用CRD法开挖中洞（包括初期支护和施工支护）→中洞底板底纵梁→钢管柱、墙、板→（柱）顶纵梁和中洞拱部→用台阶法开挖左、右洞→左、右洞底板→左、右洞部分边墙和板→左右洞其余边墙和拱部结构。

2) 监理控制要点：

① 监理应严格按设计要求控制中洞临时支护参数和施工质量，合理控制上、下导坑距离，一般保持为60~80m为宜。

② 必须在中洞二次衬砌结构混凝土强度达到设计强度的70%后，才能进行两侧边洞

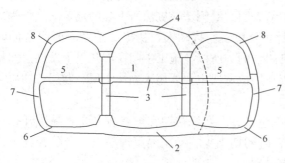

图 5-42 中洞法施工横断面示意图

1—CRD法中洞初期支护、临时支撑；2—中洞底板底纵梁；3—钢管柱、板；4—柱顶纵梁和中洞拱部；
5—台阶法开挖左、右洞；6—左右洞仰拱（底板）；7—左右洞部分边墙和板；8—左右洞拱墙

的开挖施工。

③ 监理应重点加强中洞和边洞施工缝位置的细部施工质量控制。

④ 隧道初期支护及二次衬砌背后均应进行回填注浆处理，监理工程师应检查注浆管预埋位置和数量，注浆工艺参数应根据试验确定。

⑤ 隧道底板的回填层混凝土与仰拱混凝土一起施工。

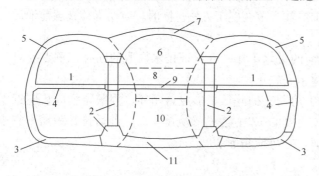

图 5-43 侧洞法施工横断面示意图

1—CRD法开挖左右洞和初期支护；2—柱底纵梁和钢管柱；
3—左右洞底板；4—部分边墙和左右洞板；5—左右洞
其余边墙和拱部；6—中洞上台阶；7—中洞拱部；8—中洞
中导洞开挖；9—中洞板；10—中洞下导洞开挖；11—中洞底板

（8）侧洞法

侧洞法施工原理与中洞法相似，区别在于先行导洞的选择不同，侧洞法是先采用CRD法开挖两个侧洞，待侧洞初期支护封闭后，在侧洞内自下而上施作二次衬砌的底板、立柱、侧墙，再在中部用台阶法自上而下开挖并完成中拱、中板、底板。常用于地下暗挖车站结构施工。施工工序如图5-43所示。

1）工艺流程：CRD法开挖左、右洞和初期支护→柱底纵梁和钢管柱→左右洞底板→分边墙和左、右洞板→左、右洞其余边墙和拱部→中洞上台阶环形开挖→中洞拱部→中洞板以上土方开挖→中洞板→中洞其余部分开挖→中洞底板。

2）监理控制要点：

① 监理工程师应严格控制两侧边洞开挖进尺和进度。

② 重点检查边洞各分部之间钢筋格栅安装质量，固定前应进行位置复核。

③ 边洞二次衬砌结构强度达到设计要求后，方可进行中间导洞开挖，监理应重点加强中洞和边洞施工缝位置的细部施工质量控制。

④ 临时支撑、钢筋格栅拆除和喷射混凝土凿除，要分阶段分部位进行，根据监控量测情况判断，监测指标稳定后方可拆除（凿除），拆除过程中还应加强巡视检查。

（9）特殊部位开挖

在隧道变断面等特殊部位施工时，由于结构形式转换，细部施工质量控制难度大；同时受土体和初期支护结构内的应力变化影响，也是施工中安全管理的薄弱环节。监理工程师必须督促承包商严格按照设计和施工方案组织施工，同时加大日常巡视检查力度。

1）隧道变断面处开挖

① 大断面向小断面转换施工时，大断面开挖至堵头墙设计里程，进行初期支护施工，并在初期支护内套小断面初期支护，对变断面处掌子面进行全封闭加固，及时施作堵头墙，放样小断面超前支护系统，然后进行小断面开挖支护施工。监理工程师应严格按照设计要求和施工方案进行检查，小断面进洞开挖时初期支护钢筋格栅应联拼。

② 小断面向大断面开挖支护施工时，采用扩拱渐变的方法逐渐挑高、加宽，过渡到大断面，如图 5-44 所示。超挖过渡的方式避免了过渡段初期支护的欠挖处理对围岩的二次扰动，超挖部分采用与二次衬砌同等级的混凝土进行回填。扩拱时，每延米扩挖宽度和高度要满足钢筋格栅连接和超前支护施工要求。扩挖过渡段应按大断面支护参数加强支护，确保结构安全。同时应加强施工监测管理，及时反馈监测信息，用以指导施工。

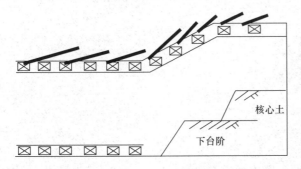

图 5-44 小断面变大断面示意图

2）横通道与正线隧道接口处开挖

① 接口处临时加固

由横通道组织正线隧道开挖时需要破除接口处通道初期支护结构并将拱架割除，所以在破除前必须完成横通道初期支护结构的临时加固。

采用门式框架梁，底部坐落于横通道临时仰拱上，采用膨胀螺栓固定。顶部横梁背部与通道钢筋格栅焊接连接，并打设锁脚锚管与通道初期支护结构钉锚固定。

② 套拱进洞

因正线隧道拱顶开挖轮廓高度处于横通道拱墙段，须采用套拱进洞的方式确保通道初期支护结构破除后拱顶承载力的托换。具体施工步序及支护参数如下：

a. 套拱施工前正线隧道拱部大管棚及超前小导管全部施工完成。

b. 正式进洞前须联立两榀套拱，套拱拱架上半部采用正线隧道拱架（大跨以上部分），下部改为直拱，拱脚落于横通道仰拱填充层表面，采用膨胀螺栓固定后喷射混凝土封闭。

c. 套拱钢架架设完成后，采用边墙锚管将套拱钢架与横通道初期支护结构钉锚连接，并喷射混凝土封闭整环套拱。

d. 套拱施工完成后视监测情况适时进行正线隧道正式洞门破除。

e. 正线洞门分上、下断面分别破除和架设格栅，进洞处两榀拱架紧靠联立并要求封闭成环。

f. 洞门初期支护完成后，对下台阶掌子面进行素喷封闭，按照设计参数进行上台阶开挖支护，前 6m 要求临时仰拱紧跟并喷混凝土封闭，以加强洞口段支护强度。

g. 上台阶开挖支护完成 6m 后，施工下台阶作业面，采用台阶法正常开挖。

3）区间隧道与车站接口段开挖

车站端头井主体结构封顶并达到设计强度后方可破除车站围护结构。隧道拱部最后一循环超前支护必须锚入车站围护结构内并进行注浆加固，保证施工安全，监理工程师应根据设计和施工方案检查出洞密排钢筋格栅安装质量。

4. 初期支护

参见第 5.2.2 小节中"3. 初期支护"。

5. 防水工程

参见第 5.2.3 小节中"6. 防水工程"。

6. 二次衬砌

参见第 5.2.3 小节中"7. 二次衬砌"。

5.6.5 监测

参见第 5.2.4 小节。

5.6.6 附属工程

区间附属工程一般包含风机房、风井、联络通道及泵房、中隔墙等，其中风机房、风井结构多采用明挖法施工，具体工法与明挖车站相同；联络通道及泵房结构多采用暗挖法施工；中隔墙一般见于断面较大的隧道内，其主要作用在于规避相邻列车运营过程中产生的风力干扰，结构类型为普通的钢筋混凝土结构，中隔墙底部和顶部分别与隧道仰拱填充层和拱顶结构层连接，钢筋多采用预留接头或二次植筋方法施工，监理应重点控制钢筋安装、混凝土浇筑和模板支架搭设施工质量。

5.7 盾 构 区 间

本节主要针对盾构选型、盾构始发到达与掘进风险控制、管片生产、联络通道施工等与盾构有关的各分部分项工程的监理要点进行梳理，作为指导开展盾构质量安全监理工作的基础。

5.7.1 盾构机选型

盾构选型应遵循适用性、可靠性、先进性、经济性相统一的原则。

盾构机的选型评审考虑到制造、维保、改造、拆解、运输等周期较长，既有盾构一般至少在盾构进场节点前 3 个月，新造盾构一般需要提前 6 个月进行。

1. 盾构选型的流程

盾构机选型资料收集→盾构机的来源选择→盾构选型方案编制→项目部内部审核→企业技术负责人审核→提交监理单位审核→选取盾构专家→召开专家评审会（→修改后通过）专家意见回复→企业负责人二次审核签字确认→总监二次签字确认。

2. 盾构选型的要点

(1) 方案评审

选型方案评审按 2018 年住房城乡建设部《危险性较大的分部分项工程安全管理规定》（住房城乡建设部令第 37 号）以及《住房城乡建设部办公厅关于实施〈危险性较大的分部分项工程安全管理规定〉有关问题的通知》（建质办〔2018〕31 号文）执行，评审前总监应进行初步审核、审批，评审意见为修改后通过的，需要总监重新审批。监理人员应参加方案评审会议。

(2) 盾构项目工程概况

盾构机选型需要提供的详细资料包括以下几类：

1) 周边环境调查情况。
2) 地质勘察资料。
3) 地质水文报告。
4) 隧道设计资料。
5) 管片设计参数。
6) 业主的要求等。

(3) 盾构机模式的选型

盾构机模式的选型可以根据土体的稳定性、泥土粒径、筛分通过率（或级配）、含水量等因素选择模式。

盾构机性能选择的重点有：

1) 扭矩、推力应与地层强度相适应。
2) 管片拼装性能应与管片的型号相适应。
3) 盾构机的最大速度与工期要求相匹配。
4) 盾构机导航系统配置。
5) 盾构机超前注浆及地质勘查的功能。
6) 盾构机进仓设备配置情况。
7) 盾构机有害气体的检测及警报功能。
8) 盾构机复杂地层施工的适应性能。
9) 渣土改良应与地层的性质相匹配。
10) 掘进速度应与注浆能力相匹配。
11) 开挖直径以及铰接形式应与隧道最小半径相适应。
12) 盾构机尺寸应与车站端头相适应。

(4) 刀盘选型的内容

复合刀盘/软土刀盘的确定（是否预留滚刀刀箱）；刀盘的结构形式（幅条式、面板式或幅条面板式）、开口率的大小分析；开挖直径；面板耐磨措施、刀盘的支撑形式、刀盘材料、主被动搅拌棒的数量高度、刀盘磨损检测装置、刀盘超挖刀装置、刀盘防结泥饼的装置、刀盘开口部分渣土进入土仓是否流畅、刀盘面添加剂注入口数量应能够满足渣土改良和刀盘防结泥饼的需要等。

（5）刀具选型的内容

软土刀盘刀具的配备应包括破除加固体的撕裂刀或贝壳刀、超挖刀、刮刀、切刀、保径刀的组合；刀具还应考虑合理的高度和轨迹线的均匀度。

硬岩刀盘或复合刀盘应充分综合考虑岩石的强度，复合地层中岩层强度的差异、岩石的石英含量，合理确定刀具的直径、启动扭矩、刀刃宽度、滚刮刀的高差、耐磨性能。

泥水复合盾构还应充分考虑背后换刀的条件，复合地层应考虑滚齿互换刀具，满足不同地层的要求。超大直径刀盘应考虑常压更换刀具的功能。

（6）盾构机主轴承密封、盾尾密封、铰接密封

主轴承密封应在其寿命范围内，既有盾构再次投入使用前应进行主轴承齿轮油检测，对区间较长的建议对主轴承齿轮油进行全部更换，主轴承的密封装置应确保有效。

铰接分主动铰接和被动铰接，其中主动铰接适应范围更广，在转弯半径较小（一般在500m以内），建议优先选用主动铰接，以更好保证拼装管片。

盾尾密封一般每次掘进均进行更换，盾尾刷一般设三道两仓，盾体为复合盾构的，还应增设一道止浆板或钢板刷。

对配置滚刀的泥水复合盾构和岩石掘进盾构还应考虑到刀具刀轴的密封，滚刀的启动扭矩也应充分考虑岩石的强度，避免偏磨。

3. 盾构机的进场前验收

盾构进场前应由监理单位组织进场前的验收，验收重点如下：

（1）盾构的各系统是否按选型方案落实。盾构机出厂合格证，所用材料采购合同等。

（2）盾构质保及维保资料是否完整。

（3）盾构各系统调试无异常。

5.7.2 管片制作

1. 管片制作监理流程

图纸会审→管片生产厂家选择→方案审查→生产线验收→模具验收→混凝土试配或配比验证→钢筋笼验收→试生产→三环试拼、检漏试验、抗弯试验→正式生产→养护→验收。

监理工作如下：

（1）监理在管片生产前应对管理生产（分包）单位的资质进行审查。

（2）监理单位应派驻监理驻厂监造管片生产全过程。

（3）监理单位应组织并参与模具验收以及管片的三环试拼、检漏试验、抗弯试验首次验收。

2. 准备阶段监理控制要点

（1）方案审查

在管片生产前先督促承包商上报管片生产方案，监理部根据施工合同、相关图纸及进度计划进行审核。主要审核管片生产质量、管片供应与区间掘进计划是否相适应，保证措施是否可行等。

(2) 资质审查

在准备阶段还应审查管片生产单位相关资质、人员组织构架、特种作业人员数量及证件。实地考察生产设施、生产能力、管片养护堆放场地是否满足要求。

(3) 试生产

承包商应在管片试生产前两个月，递交管片生产施工组织设计和管片生产的质量保证计划报监理工程师批准。

管片试生产阶段，监理部要组织管片样板工序验收，对管片制作工序、第一次三环拼装、管片抗弯、抗拔及管片检漏一起验收，按规范和图纸检查和检测合格后方可进入管片正式生产阶段。

3. 管片施工质量过程监理要点

(1) 钢模质量控制

模具在使用前应进行检测，并在周转100次时、模具受到撞击、成型管片尺寸不满足要求或停用3个月以上重新进行检验。在管片生产过程中除了采用测量设备测量模具精度偏差外，其弧长、弦长靠样板配合塞尺测量仍难以准确判断尺寸精度偏差。因此每套钢模通过试生产管片，分别进行三环完整的预制混凝土管片拼装测量，包括螺母、螺栓和其他附件。

(2) 钢筋质量控制

1) 钢筋原材的验收和物理性能试验

① 钢筋原材应分批验收，以同一炉批号、同一截面尺寸的钢筋为一批，每批重量不应大于60t。监理部要更新试验台账，跟踪试验结果。

② 根据出场质量证明书或验收报告单检查每批钢筋的外观质量，并抽查本批钢筋的代表性直径，填写平行检验记录。

③ 每批钢筋中，选取经表面检查和尺寸测量合格的五组钢筋，监理见证取样进行常规性试验合格后同意投入工程使用。

2) 钢筋骨架制作

① 对照图纸下料，核对钢筋级别、规格、长度、根数及胎具型号。

② 钢筋经过调直、切断及弯曲加工，其精度要满足规范要求。

③ 在固定模具里焊接钢筋骨架，要严格控制间距、位置及骨架精度偏差。

④ 钢筋骨架加工好后，要分类标识堆放，避免堆放过高造成骨架变形。

⑤ 入模后，各部位保护层要符合要求，预埋件安装位置要正确，连接固定可靠。

(3) 混凝土控制

1) 混凝土原材料的控制

① 现场监理员对管片混凝土用料（水泥、骨料、水、添加剂）等材料按批进行见证取样，合格后才允许使用。并及时建立台账，跟踪试验结果。

② 现场监理人员要见证混凝土试配情况，分别按夏、冬两种工况进行配合比试验，符合要求后由承包商上报混凝土配合比报告至监理部备案。

③ 现场监理人员要督促管片厂定期对电子称量系统进行校验，并进行标定。

2) 混凝土浇筑现场控制

① 浇筑前现场监理人员要实测混凝土坍落度及坍落度，并制作抗压及抗渗试块。

② 浇筑前监理工程师应检查模具的连接和紧密性，保证管片精度和防止漏浆。

③ 混凝土应连续浇筑，并根据生产条件选择合适的振捣方式。

④ 管片浇筑成型后在初凝前应再次进行压面收光。

(4) 混凝土养护质量控制

1) 浇筑成型后至拆模前，应覆盖保湿，可采取蒸汽养护或自然养护，试块达到设计强度，才允许拆模。

2) 脱模后要及时进入水池养护，入池养护的温差控制在15℃，要保证水全部覆盖管片，如采用喷淋养护要保持管片表面一直处于湿润状态。

4. 管片生产验收的监理

(1) 应按设计要求进行成品的结构性能检验，检验结果应符合设计要求。

(2) 混凝土强度等级和抗渗等级等性能应符合设计要求。

(3) 中心注浆孔预埋件应进行抗拉拔试验，试验结果应符合设计要求；当设计无要求时，抗拉拔力不得低于管片自重的7倍。

(4) 管片外观质量不得有严重缺陷，出现一般缺陷时，应采取技术措施进行处理。管片外观质量缺陷等级应符合规范的规定。

5.7.3 盾构机始发与到达

盾构始发阶段是指盾构自开始掘进至100环掘进完成阶段；盾构到达阶段是指盾构自区间剩余最后100环掘进阶段。

1. 盾构始发/到达监理流程

方案审查→盾构机设备验收→盾构始发验收→旁站洞门凿除→旁站第一次进行注浆封盾尾→100环试掘进验收。

2. 盾构始发/到达节点准备阶段监理控制要求

(1) 盾构始发/到达实行节点验收制

1) 常规盾构节点验收的主要内容

① 工作井已按设计要求完成并通过验收，其标高、轴线、结构强度等各项技术参数符合设计和规范要求并能满足盾构施工各阶段受力要求（端头井结构尺寸和洞门中心已复核且符合设计要求）。

② 盾构推进、始发/到达方案（含端头加固）通过专家评审并已审批，监理细则已编制审批。

③ 测量、监测方案已审批，监测控制点已按监测方案布置好，且已测取初始值。

④ 井下控制点已布设且固定，通过测量中心验收及测量数据复核。

⑤ 要求的各项技术措施（端头加固、降水、冷冻等）已经完成，各项指标已经达到设计要求并有检测报告。

⑥ 洞门探孔已打，未发现异常情况并满足始发/到达要求。

⑦ 洞门帘布安装完成并无损坏、洞门帘布固定螺栓复紧完成。

⑧ 盾构始发反力架已经设计验算，满足盾构始发反力要求，反力架焊缝无损探伤合格。

⑨ 盾构防扭转装置安装到位。始发/接收架已经设计验算，结构强度满足要求。

⑩ 始发托架前部导轨焊接制作，并满足要求。
⑪ 施工现场技术交底（含各施工工艺和步骤）已按要求完成。
⑫ 人员、机械、材料按要求到位（盾构以及大型起重设备拼装就位，并通过政府监督部门验收），冷冻法施工第二套电源安装到位，试运转状况良好。
⑬ 对本工程潜在的风险进行辨识和分析，有针对性、可操作性的应急预案编制完成并落实抢险设备、材料、人员、方案等。
⑭ 已落实设计、专项施工方案及规范规定的其他要求。
2）冷冻法始发接收专项验收要点
① 冷冻法洞门冻结已经交圈，冷冻厚度、温度满足设计要求。
② 冷冻评估报告、专项应急措施及物资已到位。
3）套筒接收或始发专项验收要点
① 套筒已经安装到位。
② 密封性能压力测试（水压测试）已经合格。
③ 专项监测装置已经安装并取得初值。
④ 洞门破除清理完成。
⑤ 套筒内填料（在套筒底部约60°圆弧范围内回填碎石或粗砂厚度约20cm）已经完成。
⑥ 反力架安装符合要求。
4）始发/接收专项验收要点
① 始发/到达洞室强度达到设计要求。
② 填土高度与深度满足方案要求。
（2）监理人员编制相应监理细则
《盾构监理细则》已经编制完成，并对相关监理人员完成交底工作。
（3）审核承包商的盾构施工相关专项方案
盾构施工相关专项方案的主要内容见表5-19。

盾构施工相关专项方案的主要内容 表5-19

序号	审核的方案	审核的主要内容
1	盾构始发/到达专项施工方案	是否有针对性，能否正确指导施工，安全技术措施是否满足强制性要求和项目安全管理要求，方案是否经过承包商技术负责人、项目负责人签名，是否组织并通过专家评审
2	盾构施工测量方案	是否满足盾构施工测量规范的要求
3	盾构施工监测方案	是否满足盾构施工监测规范的要求
4	盾构始发应急救援预案	是否包括消防、地面坍塌、地面隆起、洞门涌水、涌砂、机械伤害、高空坠落、人员触电、应急发电、气体中毒等内容，有没有进行预先演练
5	盾构临时用电组织设计	是否满足安全及盾构掘进需要，电柜、电缆等安装是否满足规范要求

（4）工作井已按设计要求完成并通过验收
其标高、轴线、结构强度等各技术参数符合设计和规范要求并能满足盾构施工各阶段

受力要求，要求提交的资料包括但不限于以下方面：

1）洞门中心位置复测资料。

2）洞门钢环安装精度检查资料。

(5) 盾构始发测量及监测方面的工作要点

1）始发架、反力架定位测量资料。

2）第三方测量单位的控制点复测资料。

3）要求承包商做盾构始发前的联系测量。

4）要求承包商对洞门中心进行复核，并通知第三方测量单位（业主委托）进行洞门复测。

5）组织测量工程师对始发托架定位进行复核，确定位置是否满足始发要求。

6）对盾构机的初始姿态进行复测（人工复测）。

7）施工、监理、第三方测量成果对比及校对修正。

8）要求承包商做好监测点埋设、保护及初始值采集工作。

(6) 始发架、反力架安装检查监理要点

1）始发台应安设在预定的位置上，并由测量组进行复核是否符合设计要求。

2）始发架高程应高于设计高程 3cm 左右。

3）始发架上应盾构上台前涂满润滑油脂。

4）检查车站施工时预埋件埋设情况，数量及位置是否符合设计要求。

5）检查反力架刚度、斜撑安装焊接质量。

6）检查基准环安装位置是否满足要求。

(7) 盾构机组装调试已完成阶段性验收并提交报告，经监理部组织的盾构机验收

1）盾构机吊装、组装

① 起重吊装作业应编制安全专项方案。

② 进场设备必须严格履行报验手续，确保设备工况良好，安全装置完备有效。

③ 吊装前，应对盾构的吊耳焊接质量委托检测，并出具检测报告。

④ 吊装前，应对地基承载力进行验算、对端头加固效果进行检测、对周围环境进行预判，再进行试吊。

⑤ 现场必须设置警戒线，非作业人员严禁进入吊装作业区域。

⑥ 吊装过程中应有专职安全员全程监控，发现异常应及时停止吊装作业。

⑦ 吊装作业必须严格遵守"十不吊"规定，并按起重吊装安全操作规程进行吊装作业。

⑧ 多台吊车联合作业时，应制定防撞措施，并服从统一指挥。

2）盾构机调试

① 参加盾构机调试的技术人员、修理人员在调试前应经过培训、交底，熟悉盾构机的图纸，了解机器的性能及调试的技术要求，以确保盾构机调试能顺利进行。

② 每调试一个部位、系统，应有专人负责检查、验收，并有专人进行记录。

③ 针对调试验收中存在问题归类整理出相关资料。针对调试验收没有达到标准的项目，应及时与盾构机生产厂家进行沟通交涉，确保所有项目均达到出厂标准。

(8) 始发或到达控制技术措施已到位

1) 防止始发或到达栽头的导轨安装。
2) 始发防扭转装置安装。
3) 盾构到达前的管片纵向连接装置已安装。
4) 洞门密封装置已初步安装。
5) 要求的各项端头措施（端头加固、降水、冷冻等）已经完成。

各项指标已经到达设计要求并有合格的检测报告，对于搅拌、旋喷加固的，要求提交探孔的无明显渗漏水的报告。

6) 始发/接收架已经设计验算，结构强度满足要求，且现场固定牢靠。

（9）施工现场技术交底（含各施工工艺和步骤）已按要求完成

要求提交的技术交底包括但不限于以下方面：
1) 洞门凿除技术交底。
2) 测量、监测方案技术交底。
3) 始发或到达掘进参数技术交底。
4) 注浆技术交底。
5) 安全交底，交底资料中应有交底人、被交底人、专职安全员签字。

（10）人员、机械、材料按要求到位

盾构以及大型起重设备拼装到位，并通过监理组织的设备验收。

（11）对本工程潜在的风险进行辨识和分析，且应急物资到位

有针对性、可操作性的应急预案编制完成并落实抢险设备、材料、人员、方案等。

3. 盾构始发过程监理要点

盾构始发是轨道交通工程中施工风险最大之一，过程中如果控制不好可能引发洞门涌水涌砂涌泥，造成地面沉陷，严重时可危及周边管线及建（构）筑物安全。所以盾构始发是监理工作的重要工作内容。

（1）盾构始发程序

根据盾构始发的施工顺序：端头加固→洞门密封装置安装→始发架安装→反力架安装→盾构机吊装→盾构机组装调试→洞门破除→负环拼装→盾构机前移→始发推进→注浆加固等内容。为保证盾构能顺利安全始发，监理必须对施工过程中每道工序进行仔细的检查和核实。

（2）洞门破除监理要点

1) 盾构始发条件/到达条件验收完成。
2) 始发/到达应急物资准备到位。
3) 检查洞门钢环、帘布板、扇形折板的安装位置是否准确，螺栓是否拧紧，帘布板是否连续。
4) 洞门破除前必须对洞门进行水平探孔检测，数量不少于9个，深度以超出止水帷幕1m为宜。
5) 洞门破除前检查施工操作平台是否搭设牢固，有无安全防护措施。
6) 洞门破除必须分层分块从上到下进行凿除。
7) 破除完成后检查洞门是否破除干净，特别注意车站围护结构的钢筋必须割除干净。
8) 认真检查洞门导向轨的安装位置及紧固程度。

(3) 负环安装监理要点

1) 在拼装第一环负环管片前，在盾尾管片拼装区下部 180°范围内应安设数根支撑（如木条或角钢、圆钢，长度一般较管片长度略长，在盾尾刷和推进千斤顶之间，厚度较盾尾间隙稍小即可）。

2) 负环管片上部每块管片焊接 L 钩，挂住管片，待下一环推进完成后割除拼装。

3) 在盾构机内拼装好整环后利用盾构机推进千斤顶将管片缓慢推出盾尾，此时利用管片门吊将拼装好的整环钢管片吊至盾尾，并将钢管片同推出盾尾的负环管片用螺栓连接。

4) 由于始发基座轨道与管片外侧有一定的空隙，为了避免负环管片全部推出盾尾后下沉，应在始发台导轨上点焊圆钢或打木楔，使圆钢将负环钢管片和负环混凝土管片托起。第一环跟反力架接触处焊接三角块，防止管片下沉，每环管片外部拿钢丝绳、葫芦拉紧。

(4) 盾构推进注意事项监理要点

1) 刀盘到达橡胶止水环 40cm 前需调整方向，防止刀具碰到导向轨，刀盘通过导向轨前，严禁旋转刀盘。当刀盘越过导轨后，必须确认盾体防扭转块已安装完成方可旋转刀盘。

2) 当盾构机刀盘进入洞门后应将扇形压板置于外侧并用螺栓固定；当盾构机主机全部通过洞门后将扇形压板置于内侧靠在负环管片的外表面，以防止泥水、浆液流失，盾构机在抵达止水环前需确定所有扇形压板朝向隧道中心。

3) 在始发阶段应使刀盘慢速旋转，且要左右转向相结合，使盾构扭转角较小，盾构机轴线偏离设计轴线不得大于 50mm。始发后，盾构在保持总推力不大于 10000kN 的情况下宜尽快切割完素混凝土桩（墙），以尽快建立土压。在切割完素混凝土桩（墙）后须采用土压平衡模式掘进，保持土仓内泥土压与作业面的土压和水压平衡。在掘进过程中，严格控制出土量，若出土量超出正常范围，则应立即汇报上级领导；掘进过程中对土仓压力、刀盘转速、油缸推力、掘进速度、注浆压力以及注浆量等诸项分别做好记录，通过对隧道管片姿态、地表沉降反馈的数据，对上述参数进行改进。

4) 负环管片在脱出盾尾后采用两侧支撑或垫木及钢丝绳逐环进行加固，减小椭变引起管片下沉、受压后变形错位。

5) 盾尾油脂在盾尾进入洞门前应注满充填密实。

(5) 盾尾注浆监理要点

洞口段注浆在拼装完第三环永久管片后开始，双液浆初凝时间控制在 10～15s，注浆过程中发现在帘幕板处有水泥浆漏出时则停止注入，让其凝固，待初步凝固后继续小流量注入，如此反复，直到不能注入为止。

盾构始发前准备工作内容较多，工序繁琐，监理人员应提前督促承包商切实做好每个工序的各项工作。盾构始发推进过程中不可预料的因素时有发生，监理应做到事前预控、过程监督、及时上报、快速控制、事后总结，以保证盾构安全顺利始发。

4. 盾构到达监理要点

盾构到达是地铁工程施工风险最大之一，过程中如果控制不好可能引发洞门涌水涌砂涌泥，造成地面沉陷，严重时可危及周边管线及建（构）筑物安全。所以盾构到达是盾构监理工作的重要内容。节点验收内容同始发节点验收内容。

根据盾构到达的施工顺序：端头加固→洞门密封系统安装→接收架安装→洞门破除→推进出洞→注浆加固→上架接收等内容。

为保证盾构能顺利安全到达，监理必须对施工过程中每道工序进行仔细的检查，在盾构洞门破除前务必做好盾尾封堵注浆工作。土压盾构机进入加固体内，逐步降压，推到地下连续墙时，观察土压变化，确保安全后，开仓观察土仓情况。

（1）盾构到达测量及监测方面的工作要点

详见第5.7.3小节第2条"（5）盾构始发测量及监测方面的工作要点"。

（2）接收架安装检查要点

1）检查接收架反力装置是否满足到达要求；

2）检查接收架刚度、焊接质量、安装位置能否满足要求。

（3）洞门检查要点

详见第5.7.3小节第3条"（2）洞门破除监理要点"。

（4）盾构推进监理要点

1）接近端头段时提醒承包商尽量让盾构姿态靠近设计轴线（出洞盾构姿态控制目标：水平姿态：±50mm；垂直姿态：±50mm），另为了确保盾构有足够的铰接余量来控制刀盘出洞，需要注意回缩铰接。

2）掘进参数控制以刀盘扭矩为主，采用小推力、低扭矩、慢速度，立足于磨的原则，严禁速度过快造成注浆不饱满及后方来水封堵不严。

3）当盾构刀盘将要进站前，应加快拼装前一环管片，以保证盾体能顶出帘布板且能收紧钢丝绳。

（5）盾体注浆控制监理要点

1）盾体上的注入孔进入加固体后就应开始注聚氨酯或低强度的水泥浆。

2）盾尾每环同步注浆要充足，同时后方管片应做好二次补浆工作。

3）当盾构机盾体注入孔进入连续墙内后，应进行同步注浆。同时在后排孔应进行盾体注浆，注浆材料可采用聚氨酯或膨润土，注浆压力0.3～0.5MPa。盾尾也应进行同步注浆，方量不应少于6m³，后方管片应做好二次补浆工作。

（6）刀盘推出土体控制监理要点

1）盾构刀盘推出土体时，站内技术人员与机手必须保持联系，并且详细观察刀盘圆周运动各点与洞门结构的位置关系，并同步反馈给机手，机手根据前方信息利用铰接调整盾构姿态及刀盘方向，让刀盘以较理想的姿态顺利推出土体。刀盘进入钢圈后，将刀盘转正，停止转刀盘，继续用拼装模式千斤顶顶推，掘进过程中铰接行程尽可能地调均匀。

2）盾尾脱出洞门前应做好管片连接，通过复紧螺栓或槽钢拉紧以防止管片因盾构刀盘推出土体后反力骤减造成后段管片拉脱。

（7）洞门防喷砂喷水控制监理要点

若洞门出现喷砂、水现象，则及时采用地面水泥浆旋喷和盾体注入孔对土体进行注聚氨酯，对喷砂、水有效封堵，同时做好沙袋封堵工作。

盾构到达前准备工作内容较多，工序繁琐，监理人员应提前督促承包商切实做好每个工序的各项工作。盾构出洞推进过程中不可预料的因素时有发生，监理应做到事前预控、过程监督、及时上报、快速控制、事后总结,以保证盾构安全顺利到达。

5. 盾构百环验收

盾构掘进完成100环时,应由监理组织百环验收,作为区间首件质量控制的标准。验收内容包括:

(1) 百环的掘进参数控制情况。

(2) 百环成型管片质量。

(3) 百环测量数据情况。

5.7.4 盾构掘进

1. 盾构掘进施工监理控制要点

工程在盾构掘进方案中,监理部要督促承包商对盾构始发、到达、过重要建(构)筑物、过江河堤坝、砂层、硬岩地层及软硬不均等不良地层制订专项方案,结合不同地层制订有针对性掘进参数,经监理审核后把详细的盾构掘进参数以施工技术交底的形式指导施工。

(1) 地质及环境调查

1) 监理工程师每天在平面图、纵面图相应位置上标注盾构机机头和机尾的位置,查清设计图的地质和地面建(构)筑物。

2) 监理工程师每天在螺旋输送机口进行渣土取样,一部分渣样用袋装好,并标注位置;另一部分渣土对照勘察结果,判断出渣的颜色、黏土、洗渣中沙、岩石的含量是否与勘察吻合,不吻合的要判断地质对盾构施工的影响。

3) 对不良地层,如液化的砂层、中粗砂、流塑的淤泥层、溶洞、软硬不断地层、全断面花岗岩都要在施工中预警。

4) 厘清线路上建筑物、构筑物的平面关系、垂直距离,以指导盾构掘进模式、土压力设置。

(2) 盾构推力、铰接压力、刀盘扭矩、刀盘转速及掘进速度

1) 监理工程师检查时,每天密切注意盾构推力(主动铰接压力要叠加计算)、刀盘扭矩、刀盘转速及掘进速的参数变化,结合地质、土压及掘进速度的变化,判断掘进参数是否正常,同类地层、掘进速度一定和土压变化小前提下,盾构掘进参数变化相应较小,否则视为异常。

2) 始发阶段的推力控制原则,应该是以保障反力架不发生变形、位移为控制指标,盾构推力控制在10000kN;由于盾构在始发托架上,不宜纠集,分区推力不宜相对过大。

3) 盾构推力不断变大,速度不断下降,扭矩不断增大或变小都视为异常,要分析原因,找到对策。

4) 监理部要判断盾构掘进的"有效推力"的参数。同时盾构掘进中,要关注分区推力,避免偏压或压力集中损坏成型隧道管片。同时盾构推力有滞后性,不宜快速提高某区的推力,要分阶段进行增加。

5) 盾构掘进和纠偏过程中,要对千斤顶行程参数检查,对于上下左右四组千斤顶行程记录并分析,至少要有三组自动测量的完好,如果发现千斤顶行程差过大时,要根据姿态情况和盾尾间隙、线路情况来综合分析。

(3) 注浆量及注浆压力控制

1) 盾构隧道注浆时,要保证壁后空隙应全部充填密实,注浆量充填系数宜为 1.3~2.5。盾构掘进采用注浆量和注浆压力两个参数控制环形间隙填充效果。

2) 浆中容易出现如下几方面异常情况:

① 注浆量很大,压力很小,要检查地面盾尾和土仓是否存在"跑浆"的异常现象,要立即停止注浆,采取对策,尤其要预防水泥凝结卡住刀盘。

② 注浆量很大,压力很小,分析该地段地层有溶洞发育现象,要放慢掘进速度,增加注浆量,直到注浆压力能达到设定压力恒压为止。

③ 注浆压力不断上升,但注浆量很少,该情况很可能已堵管,需及时清理管道,更换已沉降初凝的砂浆。

④ 要控制最大注浆压力,注浆压力不宜大于理论隧道埋深水土压力的 1.2 倍,否则注浆压力容易击穿盾尾密封,破坏隧道永久结构。

3) 盾构工程既可以采用盾构自带的注浆系统进行同步注浆,也可以在盾构机上增加一套补充注浆的设备,利用管片上的注浆孔进行注浆工作。当盾构掘进中发现非地层透水因素导致喷涌时,可能是由于隧道四周的间隙汇集后方过多的水源所致,通过补充双液注浆,可以隔断后方的水源,保证盾构顺利掘进。在容易发生喷涌和上浮的隧道中施工,宜 3~5 环进行一次整环补充双液注浆,能有效控制盾构掘进的常见喷涌和上浮问题。

(4) 土压平衡盾构掘进出土量的控制

1) 每环理论出渣量 $=Q_{虚}=K \cdot Q_{实}=K \cdot \pi R^2 \cdot L$,开挖半径选用刀盘半径,开挖出来的渣土松散,并且加入泡沫和水,体积变大,黏土层、全风化、强风化地层的体积增大,但是沙层、淤泥软土地层土方体积不大。

2) 监理部应针对每种地层统计出理论土渣量,出渣量应控制在地层松散系数及外加剂体积之和范围内,一般软土地层控制在理论体系 100% 以内,黏土及硬岩控制在 130%~150%。

(5) 盾构土仓压力控制

盾构土仓压力控制是盾构掘进过程中对周边环境影响的最直接的关键工作。

盾构土仓压力控制公式

$$P = K_0 \gamma H$$

式中　P——土仓压力值;
　　　γ——土仓压力计以上至地面土体的平均容重;
　　　H——土仓压力计以上至地面土体的高度;
　　　K_0——侧向静止土压力系数。

(6) 盾构掘进线路轴线和姿态控制

盾构掘进过程中轴线控制偏离设计轴线不得大于 50mm;盾构垂直和水平偏差相邻环变化应控制在 5mm 范围内为宜,可以确保成型隧道的平整度。盾构前体、中体及盾尾之间趋势控制在 0.4% 范围内,否则纠偏非常困难。

(7) 盾构掘进测量与监测

隧道贯通前的联系测量工作不应少于 3 次,宜在隧道掘进到约 100m、300m 及距贯通面 100~200m 时分别进行一次。当隧道单向贯通距离大于 1500m 时应采用增加联系测量次数和陀螺仪定向辅助等方法，提高测量精度。

区间监测点需按照已审批的监测方案进行布设。监理人员应检查监测点埋设深度、位置等。盾构掘进中，对盾构刀盘前后 50m 线路范围内的测点进行监测。盾构正上方的测点在施工过程中沉降控制在黄色警戒值以下为宜。监理部应根据监测频率把施工监测数据和第三方监测数据进行对比，并定期进行监测点巡视以防监测点被破坏。

2. 隧道管片拼装质量控制要点

监理工程师每天巡查隧道，重点要控制隧道成型管片质量，填报《盾构施工监理工程师日报表》，对于在高风险段盾构掘进需要监理在工作面旁站时，要填写《盾构施工记录表》。检查管片运输中是否发生碰撞损坏，管片临时摆放对质量是否有影响，最常见的质量问题是管片外弧混凝土破损，已影响止水条固定导致永久隧道防水缺陷的管片要报废处理。要测量和记录盾尾间隙和盾构千斤顶行程，管片选型位置根据尾间隙和盾构千斤顶行程差两个参数确定管片选型，楔形量最大（纠偏环宽度最宽位置）宜对应千斤顶行程最大或盾尾间隙最小位置。监理工程要详细记录每环隧道管片错台、破损、裂纹及渗漏的位置和状况，并在日报表中对质量问题进行分析，提出预防的对策。

5.7.5 特殊地段盾构掘进

盾构特殊地段掘进主要有盾构侧穿附近建（构）筑物，盾构下穿既有铁路、高速公路、高架桥、高压敏感管线、河流、障碍物等，监理主要负责督促相关专项措施落实。

1. 前期准备工作

在开工之前需要做好工程前期的各项准备工作，对工程所面临的风险和困难做出全面评估，为施工期间各项技术管理措施的制定和实施提供依据和保障。

2. 技术准备和设备管理

为确保工程顺利开展，在开工前应督促承包商对所有施工人员进行技术交底。使每一个参加施工的工作人员清楚了解盾构与建（构）筑物之间的相对位置关系以及盾构穿越流程。在盾构机操作室张贴相关技术交底、盾构穿越流程及重点控制措施。

对盾构机、行车、电机车、补压浆和拌浆设备等进行彻底检修清理，排除故障隐患，保证穿越期间设备正常运转。

3. 盾构穿越建（构）筑物、既有高速公路、高架桥、普铁和高铁线、障碍物等监理控制措施

（1）要求在穿越前进行试推进

在盾构过重大风险点前，选取与风险地段地层相类似的地段，进行掘进参数试验。盾构试推进过程中，需要对各类数据进行收集，包括：正面平衡土压力设定、出土量控制、推进速度控制、管片拼装、同步注浆和二次注浆等参数，地面沉降、建筑物沉降数据，然后进行分析，指导后期盾构穿越阶段的施工。

（2）盾构穿越推进主控项目

1）正面平衡土压力设定：在盾构穿越建筑物前，要根据相应的埋深、土质特点及建筑物附加荷载计算切口土压力设定值，作为切口土压力调整的参考依据。

2）出土量控制：根据盾构及管片之间的建筑间隙及各土层特性合理控制出土量，大约为开挖断面的 98%～100%，并通过分析调整，寻找最合理的数值。

3）推进速度控制：在穿越过程中，盾构推进速度岩土复合地层宜控制在10～20mm/min，软土地层或粉砂层宜控制在30～40mm/min，尽量保持推进速度稳定，尽量减小土压力的波动幅度，以减少对周边土体的扰动影响。

4）管片拼装：在盾构进行拼装时，由于千斤顶的回缩，会引起盾构机的后退，因此在拼装时尽量减少同时回缩千斤顶的数量，以满足管片拼装即可。拼装过程中，应派专人监控切口土压力，必要时通过反转螺旋机维持盾构前方土体平衡。

5）及时做好同步注浆和二次注浆并严格控制注浆量和浆液质量。

（3）监测措施

穿越的建（构）筑物时主要以人工进行监测，取得建筑物沉降数据，及时指导盾构推进。盾构穿越期间监测频率2～3次/d，特殊情况时监测频率再进行增加。

（4）特殊注浆加固

根据监测结果，必要时可通过地面对建（构）筑物地基周围土体进行袖阀管补偿注浆加固，以确保建（构）筑物的安全。

根据设计情况对管片外进行二次注浆加固，稳定管片。

4. 盾构下穿河流、敏感管线等监理控制措施

（1）要求承包商在盾构推进至河道前30环开始进行试穿越施工参数控制，同时加强地面监测。在盾构过河时，及时调整设定土压力，盾构进入河道后，设定土压力需考虑覆土厚度变化、水位。

（2）在螺旋机外加设一道闸门，与原有闸门组成双保险，在河中段施工时，一旦发生喷涌现象，立即关闭闸门。

5. 防冒顶监理控制措施

穿越河道段由于覆土突然变浅，盾构机在到达河道前应对拼装压力进行调整，防止由于拼装油压过大导致产生河道闷推现象，带来河道贯穿。

（1）在穿越前需督促承包商对河道穿越段每环的土压值进行计算，在盾构由陆域推进至水域时根据监测数据及出土量逐步放低土压，由水域推进至陆域时逐步调高土压值。

（2）河道段推进结合理论计算土压值，以控制出土量98%为原则。

（3）在进入河道段调整好盾构姿态，尽量减少河道段纠偏。河道段盾构姿态控制应采取勤纠少纠的原则，单环坡度纠偏不宜超过1‰，平面纠偏不宜超过5mm。

（4）同步注浆以控制压力为主，控制同步注浆压力≤0.2MPa。

6. 盾尾防渗漏措施控制

（1）穿越河道段采用优质盾尾油脂，定量足量压注，提高盾尾密封性。

（2）提前控制好管片楔形量，确保管片拼装与推进轴线的同心度，保证四周间隙均匀，减少应盾尾间隙不均带来的盾尾渗漏。

（3）如若发生渗漏情况，用漏点两侧的盾尾油脂压注点压注盾尾油脂，再进行漏点处盾尾油脂压注点压注。

（4）在盾尾油脂堵漏无效情况下，采用海绵条垫放于管片下方，减少盾尾间隙。必要时，对盾尾处进行聚氨酯环箍封堵。

7. 施工监测措施

（1）合理设置监测点，针对驳岸设置沉降监测断面，对驳岸周边设置地表深层土体监

测点，有效反映土体变形情况。

(2) 合理设定监测频率，对于沉降变化量大的点，根据实际情况加密监测频率，必要时进行跟踪监测。

5.7.6 嵌缝及手孔封堵

1. 手孔嵌缝施工前监理控制要点

(1) 监理工程师应审核承包商上报的手孔嵌缝施工专项方案。

(2) 对所有施工原材料，如膨胀橡胶条、硫铝酸盐超早强（微膨胀）水泥、氯丁胶乳、界面处理剂、聚氨酯密封胶、塑料保护罩等进行材料复试，所有复试报告必须满足设计要求方可使用。

2. 手孔、嵌缝施工监理控制要点

(1) 基层处理

1) 在进行嵌缝施工前，要进行修补管片，尤其是管片的嵌缝槽。

2) 清缝：刷去缝内泥沙杂物，用清水冲洗干净。

3) 堵漏：嵌缝槽内不得有渗漏水部位，否则应先进行堵漏处理。

(2) 变形缝嵌缝处理

1) 变形缝、盾构进出洞、联络通道邻近20环范围内采用聚硫密封胶作整环环、纵缝嵌缝时，需设置PE海绵条。

2) 若缝槽过宽，应调整泡沫条的宽度，使其嵌入后能达到预定深度并紧密贴合。

3) PE海绵条嵌好后，表面应平整，无翘曲。

4) 接头处应相接，无间断。

5) 放入PE海绵条后，嵌入聚硫密封胶封填。

(3) 一般衬砌环嵌缝处理

1) 整条隧道留设嵌缝槽，在洞口20环范围及联络通道两侧各10环范围全环施作嵌缝。其余地段不做嵌缝处理。

2) 环缝、纵缝嵌缝里5mmPE薄膜填充，外25mm采用聚硫密封胶填充。

(4) 隧道上部管片手孔处理

塑料保护罩内螺纹线间距为12mm，保护罩的厚度应均匀，厚度允差<0.1mm。保护罩内螺纹线中间两段内壁面加工成不规则三角麻点，以加强硫铝酸盐超早强（微膨胀）水泥与保护罩的紧密咬合。

3. 验收工作

(1) 手孔封堵实体表面平顺，嵌缝密实，无遗漏明显裂缝或脱落的现象。

(2) 质保资料齐全。

5.7.7 洞门工程

1. 监理流程

盾构洞门注浆封堵→盾构机吊出→拆除帘布板→钢筋加工→钢筋与端环焊接→预埋注浆管→安放止水条→立模→混凝土浇筑。

2. 洞门防水施工控制要点

洞口环梁与管片、与各结构内衬之间设置缓膨型遇水膨胀橡胶止水条。

（1）在粘贴止水条处用高压水枪清洗干净，待表面干燥后，再均匀涂刷单组分氯丁-酚醛粘结剂。

（2）粘结剂涂刷后，晾置一段时间（一般 10～15min），待手指接触不粘时，再将橡胶条粘结压实。

（3）止水条延伸使用时，接头处采用重叠的方法进行搭接，要求搭接长度 100mm 并用高强钉加以固定，安装路径闭合成环，其间不得留断点。

3. 钢筋绑扎和模板施工监理控制要点

（1）恢复洞口环向预埋的连接筋，或者在洞门预留钢板上焊接连接钢筋。要保证钢筋焊接质量。

（2）钢筋安装由下至上进行，钢筋安装位置要准确，牢固，钢筋搭接长度单面焊≥10d（双面焊≥5d）。

（3）在绑扎钢筋过程中，割除预埋环板侵入洞门结构并影响钢筋绑扎的部分。

（4）注浆小导管（如设计有）沿洞门环向布置，间距 500mm。

（5）模板安装尺寸应准确，接缝应平齐、无间隙，确保不漏浆，并支撑牢固。

（6）洞门腰部与顶部预留混凝土浇灌、振捣口。

4. 浇筑混凝土和养护监理控制要点

（1）进行混凝土浇筑前应清除一切杂物，模板要用隔离剂清刷。

（2）混凝土浇筑应由下而上进行。浇筑混凝土首先从洞门两个腰部预留的浇灌口浇灌，然后封闭腰部浇灌口，从顶部预留口继续浇灌。

（3）确保振捣密实，混凝土面不冒气、泛泡，且均匀起伏。整个洞门浇筑混凝土须一次完成，不可产生施工冷缝。

（4）洞门上的导水沟槽沿洞门施作至道床边沟处。

（5）洞门进行喷淋湿润养护，5d 后拆除模板，继续养护。

（6）拆除洞门模板时，注意防止撞坏已成型的洞门混凝土。

（7）混凝土浇筑时应按规范要求现场制作混凝土块，并将试验结果上报工程师。

5. 验收监理控制要点

（1）防水等级应达到 B 级（有少量漏水点，不得有线流和漏泥沙，实际渗漏量 $<0.1L/m^2 \cdot d$）。

（2）现浇混凝土应与隧道和车站端墙密贴、稳固联结。

（3）竣工验收时，对不符合质量要求的部分要进行修补，应要求承包商将修补方案报工程师审查和批准，并对工程实体进行修补。

5.7.8　冷冻法施工联络通道及泵房

1. 监理流程

联络通道处前 10 环、后 10 环二次注浆→方案评审→场地布置→管片加固装置安装→打探孔→打透孔定位隧道方向→打冻结孔→验孔→积极冷冻→安装防护门→节点验收→切除（拆除）洞口范围的混凝土管片→开挖通道→通道初支施工→通道防水施工→通道二衬施工→集水坑开挖→集水坑初支→集水坑二衬→注浆。

2. 联络通道方案的审定

施工方案应按照建办质〔2018〕31号文要求的内容和程序执行。监理工程师应审查承包商实施的施工方案是否符合技术规范的规定，同时督促承包商组织召开专项方案专家评审会。

3. 打孔阶段控制要点

（1）钻进过程中严格监测孔斜情况，发现偏斜要及时纠偏，下好冻结管后，进行冻结管长度的监测，然后要求承包商用灯光测斜仪进行测斜并绘制出钻孔偏斜图。

（2）冻结孔的开孔位置误差不大于100mm，同时需避开管片接缝、螺栓、主筋和钢管片肋板；冻结孔终孔最大允许偏斜值为150mm，且最大允许间距为1300mm，集水井处冻结孔终孔最大允许间距为1400mm，超出最大允许间距的，必须进行补孔或作延长冻结时间进行处理。

（3）冻结孔有效深度不得小于冻结孔设计深度，且冻结管管头不得碰到冻结站对侧管片的冻结孔，不能循环盐水的管头长度不得大于150mm。

（4）冻结管必须是低碳钢无缝钢管，在冻结管长度和偏斜合格后进行打压试漏，压力控制在0.8MPa，前15min压力损失小于0.05MPa，后30min压力稳定无变化者为试压合格。如试压不合格的，需拔出冻结管进行重新钻孔，或下套管进行处理。

（5）冻结管接头采用丝扣加焊接，并确保其同心度和焊接强度（抗拉强度不低于母管的75%）。

（6）施工冻结孔时的土体流失量不得大于冻结孔体积，否则应及时注浆控制地层沉降。

（7）施工透孔以复核对侧隧道预留口位置的偏差及钻孔施工质量，如误差大于100mm应按保证冻结壁设计的厚度的原则对冻结孔布置进行调整。

（8）冻结站对侧隧道上沿冻结壁敷设冷冻排管，冷冻排管须采用无缝钢管。

4. 冻结阶段控制要点

（1）为避免因供电、供水中断、冷冻机组或其他辅助设备的机械故障引发的停车，而中断冷冻施工，使冻结帷幕温度回升或融化，强度降低。监理应要求现场变电所上源供电采取双电源供电模式，且从现场变电所引到联络通道冻结机组处采取双回路供电；冷冻站必须安装有两套冷冻机组，正常情况下一台正常运转，一旦发生机械故障，可利用另一台继续维持冻结。

（2）为避免冻结管串联支路的供冷不平衡而引起的冻结帷幕发展速度不均衡，导致冻结帷幕易出现薄弱环节。监理应对施工方在冻结过程中，各个支路的盐水温差情况进行全方位监控，要求各支路的温度差控制在±2℃范围内。

（3）由于混凝土及钢管片相对土层容易散热，会影响隧道管片附近土层的冻结速度，使冻结帷幕与管片接合处胶结不好，出现薄弱点。监理应要求施工方加强对联络通道加固土体区域内的管片进行保温。同时，在管片与冻结帷幕接合处，布置测温点，同步监测冻土发展情况。

（4）为避免冻结盐水浓度过小而结晶发生堵管，造成盐水循环中断，甚至发生盐水管胀裂事故。现场监理应加强冻结过程中对盐水浓度的监控，其相对密度控制不小于1.26（其结晶温度在−38.6℃），一旦浓度偏小，及时要求承包商补充$CaCl_2$。

（5）冻结过程中，为避免发生断管事故而造成盐水泄漏入加固土体内，使土体不易冻结，强度降低，出现薄弱环节，甚至造成冻结失败，导致在开挖阶段发生透水、涌泥、涌砂事故。故现场监理应加强冻结过程中对盐水箱液面的监测，一旦发现盐水泄漏，及时要求施工方对现场所有盐水管路进行排查，直至确定到具体的冻结管，采取可行措施后，再恢复冻结。

5. 联络通道开挖及支护阶段工作要点

（1）联络通道开挖节点准备工作要点

1）施工图纸已经通过会审，施工现场已完成设计、勘察交底。

2）设计要求的开挖加固措施已经完成，各项加固指标已经达到设计要求并有检测报告。

① 已探测加固体范围内强度的均匀性。

② 冷冻法加固已估算冰壁厚度和交圈情况。

3）开挖前对联络通道周边建筑物、管线等调查。

4）根据周边环境调查报告和采取措施，形成风险评估报告。

5）探孔已打，未发现异常情况并满足开挖条件。

6）预应力支架安装完成。

7）防护门已经安装并启闭灵活。

8）联络通道结构开挖、冻融变形控制方案已审批，监理细则已编制审批。

9）监测控制点已按监测方案布置，且已测取初始值。

10）人员、机械、材料按要求到位。

11）相应质量保证资料齐全。

12）对本工程潜在的风险进行辨识和分析，编制完成针对性、可操作性的应急预案，并落实抢险设备、人员、方案。组织安全教育，进行安全演练，应急物资到位。

13）已落实设计及规范规定的其他要求。

（2）开挖阶段控制

1）监理人员应全程旁站值班。

2）应督促承包商按设计要求的步距开挖，严禁超挖。

3）应督促承包商及时安装格栅钢架。

（3）格栅钢架施工控制

1）格栅钢架的加工焊接应符合钢架焊接规定。

2）应检查加工成型的格栅钢架；允许偏差为+20mm；拱架矢高及弧长+20mm，扭曲度为20mm。

3）检查格栅钢架组装后应在同一个平面内，断面尺寸允许偏差为±20mm，扭曲度为20mm。

4）格栅钢架的钢筋与箍筋之间采用点焊；钢筋与角钢间采用双面焊，焊接长度为90mm，焊缝高度为8mm，焊缝质量应符合国家有关标准的要求。

6. 联络通道二衬结构施工阶段

（1）模板工程质量控制

1）模板体系：监理工程师应检查模板体系、材料使用及杆件搭接等关键部位与专家评审后的方案是否一致，安装完成后及时进行验收。

2) 模板安装：安装拱顶模板时，要求承包商必须预留注浆管，以利二衬混凝土拱顶浇筑不饱满时进行二次注浆。

(2) 钢筋工程质量控制

1) 钢筋加工

① 钢筋应有质保书或试验报告单。

② 钢筋进场时应分批抽样做物理力学试验，使用中发生异常（如脆断、焊接性能不良或机械性能显著不正常时），尚应补充化学成分分析试验。

③ 钢筋的类别和直径如需调换、替代时，必须征得设计单位的同意，并得到监理工程师认可。

2) 钢筋安装

钢筋安装由下至上进行，侧、顶部钢筋安装后，可先通过木枋支撑在脚手架上暂时固定其位置，安装模板时再把木枋拆除。

钢筋安装位置要准确，牢固，搭接长度及绑扎应符合设计和规范要求。受力钢筋接头的位置应相互错开，在任一搭接长度的区段内，有接头的受力钢筋截面面积占受力钢筋总截面面积的百分率，在受拉区不得超出25%，在受压区不得超过50%。

当采用焊接接头时，在焊接接头处的 $35d$ 且不小于500mm区段内，有接头的受力钢筋截面面积占受力钢筋总截面面积的百分率，在受压区不限制，在受拉区不得超过50%。

(3) 混凝土工程质量控制

1) 混凝土浇筑

混凝土浇筑应由下而上进行。在浇筑过程中，可把已安装好的特制钢模板拆除一部分，以作为灌注混凝土的入口和振捣混凝土的操作窗口，当混凝土灌满时，应立即把拆除出来的特制钢模板安上，再拆除下一件特制钢模板作为下一段混凝土灌注的窗口，如此循环，直至把整个洞门混凝土浇筑完毕为止。

进行混凝土浇筑前应清除一切杂物，模板要用水淋透。混凝土浇筑间歇时间最长不应超过4h，监理人员在浇筑前应先进行坍落度检测，合格后方可进行使用。每一振点的振捣延续时间，应使表面呈现浮浆和不再浮落。

2) 混凝土养护

混凝土应在浇筑前完毕后的12h以内对其进行覆盖和浇水养护，浇水养护时间不少于7d。

7. 融沉注浆监理控制要点

(1) 监测基准点在联络通道50m以外的稳定区域布设不少于3个；地面沉降监测点在通道两侧20m范围内对隧道水平及垂直方向的收敛变形及施工影响范围内的隧道整体进行监测；隧道位移监测点应布设在隧道两侧的管片上，测点间距为2m，用道钉牢固打入管片内；隧道收敛监测点应布设上、下、左、右隧道壁上。监测点均应做好保护，避免被破坏。

(2) 注浆采用单液水泥浆（水泥∶水＝1∶1），二次补压浆应采用双液浆（水泥∶水玻璃＝1∶1）。注浆压力不超过2倍的静水压力，具体可根据隧道变形和地面变形监测情况做适当调整（一般控制在 0.2~0.5MPa）。

（3）注浆以少量多次为原则，单孔一次注浆量控制在约 0.5m³ 左右。注浆前，将待注浆的注浆管和其相邻的注浆管阀门全部打开，注浆过程中，当相邻孔连续出浆时关闭邻孔阀门，定量压入惰性浆后即可停止本孔注浆，关闭阀门，然后接着对邻孔注浆。现场监理可根据地面变形情况，要求施工方适时进行反复注浆，直至地面变形稳定。

（4）注浆顺序先由管片底部，再注通道，最后泵站；先注深层，后注浅层。每一注浆段应遵循先下部后上部、先底部后两侧再顶部的原则，使浆液逐渐向上扩展，避免死角。土层沉降和周围土层相对稳定后，可以结束融沉注浆。

（5）冻结站拆除后，放出盐水，应割去露出隧道管片的孔口管与冻结管，现场监理应要求施工方在孔口管口焊接 δ10mm 厚的封口板以封闭管口。直至通道混凝土结构达到设计强度，方可拆除隧道内的预应力支架，并再次对称拧紧特殊衬砌环内的连接螺栓。

8. 联络通道施工监测

联络通道采用矿山法施工，对周围的土体扰动较大，且埋设较深，因此，在该结构的施工过程中须进行同步监测工作，以确保施工及地表建筑物的安全。

监理工程师在管理过程中要及时关注监测情况，及时做好监测数据对比，发现异常根据监测方案处理程序及时进行处理。

5.8 路 基 工 程

路基工程是地铁停车场、车辆段工程的重要组成部分。因其直接承受轨道和车辆的荷载，路基作为土工结构物，必须具有足够的强度、稳定性和耐久性。

5.8.1 路基处理

（1）路基施工中经常会碰到不良土质路基，一般可分为以下几种：

软土：淤泥、淤泥质土及天然强度低、压缩性高、透水性小的黏土；

湿陷性黄土：结构疏松、孔隙发育、受水浸湿土体结构迅速破坏；

膨胀土：具有吸水膨胀或失水收缩特性；

冻土：冻结状态强度较高，融化后承载力急剧下降，易产生融沉。

（2）不良土质路基的处理方法：

软土常用处理方法：有表层处理法、换填法、重压法、垂直排水固结法等；

湿陷性黄土常用处理方法：换土法、强夯法、挤密法、预浸法、化学加固法等；

膨胀土常用处理方法：灰土桩、水泥桩、换填法、堆载预压法、排水沟法、设置不透水面层、在路基中设不透水层、路基裸露边坡植草植树等；

冻土常用处理方法：路基加厚、采用防冻面层、采用隔温材料、增加房东层厚度。

（3）道路工程中不良土质路基需解决的主要问题是提高地基承载力、土坡稳定性等，处理方法选择应经技术经济比较，因地制宜确定。一般地基处理常用方法为换填法。

换填法工艺流程：后场拌和换填土料→挖除不良路基→回填摊铺→翻拌、粉碎→碾压→养护。

其中，换填土的压实度、换填厚度、顶面高程、横坡等是施工质量控制的重点。

1. 路基处理施工准备中的监理工作

（1）熟悉设计文件、有关施工规范及质量验收规范；

（2）审核施工方案，重点审核施工方法、工艺及施工材料；

（3）审核有关特种作业工人的上岗证书；

（4）审核场内施工机械设备各项证书；

（5）检查承包商的室外检测设备、仪器设备等是否经过有关计量部门标定；

（6）编写完善监理实施细则。

2. 路基处理施工过程的监理工作

（1）路基换填施工前应对换填的范围和深度进行核实；

（2）控制开挖边坡坡度、台阶宽度，采用机械挖除换填土时应预留300～500mm的保护层由人工清理；

（3）检查换填所用填料应符合方案及设计要求；

（4）检查现场机械设备维修保养记录；

（5）控制施工过程中换填所用填料的施工配合比；

（6）检查分层压实虚铺厚度。

3. 路基处理施工质量验收的监理工作

（1）检查填料最终掺料剂量、压实度；

（2）检查分层回填的厚度、顶面高程、横坡；

（3）对质量验收不合格的地基处理段要求承包商按要求整改或返工，并进行二次验收。

4. 路基处理施工安全的监理工作

（1）控制淤泥软土开挖时机械设备的安全，防止机械倾覆；

（2）控制回填碾压时机械设备的安全；

（3）控制施工过程中人员的安全，机械回转半径内严禁站人。

5. 路基处理施工造价控制的监理工作

对地基处理的范围进行实测实量，做好书面记录文件并签字存档。

5.8.2 路堤

路堤是指路基顶面高于原地面的填方路基，当原地面标高低于设计路基标高时，需要填筑土方。路堤必须在严格按设计文件进行地基处理并经检验满足设计要求后开始填筑。在进行大面积填筑前，不同填料应选取有代表性的地段作为试验段，进行摊铺压实工艺试验，确定施工工艺参数。路堤填料多种多样，常见的为无机结合料稳定土填料。

无机结合料稳定土施工工艺流程：清表→测量放样→拌和填料→分层填土、分层压实→养护。

其中，掺料剂量、压实度、每层厚度、宽度、平整度、横坡、中线偏位、路堤边坡等是施工质量控制的重点。

路基实际施工过程，如图5-45～图5-48所示。

图 5-45 拌和填料

图 5-46 压实填料

图 5-47 灌砂法测压实度

图 5-48 养护

1. 路堤施工准备中的监理工作
（1）熟悉设计文件、有关施工规范及质量验收规范；
（2）审核施工方案，重点审核施工方法、工艺及施工材料；
（3）审核有关特种作业工人的上岗证书；
（4）审核场内施工机械设备各项证书；
（5）检查承包商的室外检测设备、仪器设备等是否经过有关计量部门标定；
（6）编写完善监理实施细则。

2. 路堤施工过程的监理工作
（1）检查施工人员、机具到位情况，应满足施工需求；
（2）审查进场原材料的质量证明文件；
（3）填方段内应事先找平，当坡面陡于 1∶5 时，需修成台阶形式，每层台阶高度不宜大于 300mm，宽度不应小于 1.0m；
（4）检查路堤两侧排水施工情况是否良好；
（5）检查铺筑土层的宽度、虚铺厚度、填料均匀度，合格后方可碾压，碾压应遵循"先轻后重、先慢后快、先低后高、先静后振、轮迹重叠"的原则；
（6）检查碾压时各区段交界处应互相重叠压实，两工作段的纵向搭接长度不应小于 2m；

(7) 控制压路机的碾压速度、碾压遍数、碾压方式；
(8) 填料为化学改良土时应检查掺料剂量含量在允许偏差范围内；
(9) 督促承包商进行路堤养护。

3. 路堤施工质量验收的监理工作
(1) 检查填料最终掺料剂量、压实度；
(2) 检查分层回填的厚度、顶面高程、横坡、中线偏位；
(3) 对质量验收不合格的路堤段要求承包商按要求整改或返工，并进行二次验收。

4. 路堤施工安全的监理工作
(1) 控制路堤边坡，检查路堤边坡稳定性；
(2) 控制回填碾压时压路机轮外边缘距路基边的安全距离；
(3) 控制施工过程中人员的安全，机械回转半径内严禁站人。

5.8.3 路床

路床是指路基顶面以下 0～80cm 范围内的路基部分，路床是路面的基础，其中，路床顶面的施工质量尤为关键。

路床顶面施工工艺流程：

测量放样→填料拌和→填料摊铺→翻拌粉碎→压实→养护。

其中，掺料剂量、压实度、弯沉值、厚度、宽度、平整度、横坡、中线偏位等是路床顶面施工质量控制的重点。

1. 路床顶面施工准备中的监理工作
(1) 熟悉设计文件、有关施工规范及质量验收规范；
(2) 审核施工方案，重点审核施工方法、工艺及施工材料；
(3) 审核有关特种作业工人的上岗证书；
(4) 审核场内施工机械设备各项证书；
(5) 检查承包商的室外检测设备、仪器设备等是否经过有关计量部门标定；
(6) 编写完善监理实施细则。

2. 路床顶面施工过程的监理工作
(1) 检查施工人员、机具到位情况，应满足施工需求；
(2) 审查进场原材料的质量证明文件；
(3) 检查铺筑土层的宽度、虚铺厚度、填料均匀度，合格后方可碾压，碾压应遵循"先轻后重、先慢后快、先低后高、先静后振、轮迹重叠"的原则；
(4) 控制压路机的碾压速度、碾压遍数、碾压方式；
(5) 填料为化学改良土时应检查掺料剂量含量在允许偏差范围内；
(6) 督促承包商对路床进行养护。

3. 路床顶面施工质量验收的监理工作
(1) 检查填料最终掺料剂量、压实度；
(2) 检查路床顶面厚度、高程、横坡、中线偏位；
(3) 检查路床顶面弯沉值；
(4) 对质量验收不合格的路堤段要求承包商按要求整改或返工，并进行二次验收。

5.8.4 路堑

路堑是指路基设计标高低于原地面标高的路基，这种路基需要挖土成型，俗称挖方路基。

路堑施工工艺流程：测量放样→开挖至设计标高→拌和填料→分层填土、分层压实→养护。

其中，掺料剂量、压实度、每层厚度、宽度、平整度、横坡、中线偏位等是施工质量控制的重点。

1. 路堑施工准备中的监理工作
(1) 熟悉设计文件、有关施工规范及质量验收规范；
(2) 审核施工方案，重点审核施工方法、工艺及施工材料；
(3) 审核有关特种作业工人的上岗证书；
(4) 审核场内施工机械设备各项证书；
(5) 检查承包商的室外检测设备、仪器设备等是否经过有关计量部门标定；
(6) 编写完善监理实施细则。

2. 路堑施工过程的监理工作
(1) 检查是否完善排水系统，是否做好堑顶截、排水工作；
(2) 检查承包商挖土情况，挖土应自上而下分层开挖，严禁掏洞开挖，严禁超挖，应留有碾压到设计标高的压实量；
(3) 检查地下是否有管线、构筑物，机械开挖时，必须避开构筑物、管线，在距管道边 1m 范围内应采用人工开挖；在距直埋线缆 2m 范围内必须采用人工开挖；
(4) 摊铺、碾压、养护等施工过程监理控制均同路堤。

3. 路堑施工质量验收的监理工作
(1) 检查填料最终掺料剂量、压实度；
(2) 检查分层回填的厚度、顶面高程、横坡、中线偏位；
(3) 对质量验收不合格的路堑段要求承包商按要求整改或返工，并进行二次验收。

4. 路堑施工安全的监理工作
(1) 若路堑开挖深度过深，控制开挖边坡，防止边坡失稳造成危害；
(2) 控制施工过程中人员的安全，机械回转半径内严禁站人。

5. 路堑施工造价控制的监理工作
对路堑施工范围进行实测实量，做好书面记录文件并签字存档。

5.8.5 路基支挡

常用的轨道交通路基支挡工程主要有以下几种：重力式挡土墙、短卸荷板式挡土墙、悬臂式和扶臂式挡土墙、锚杆挡土墙、锚定板挡土墙、加筋挡土墙、土钉墙、抗滑桩、桩板式挡土墙、预应力锚索。

其中支挡结构的位置、顶面高程、尺寸偏差等是施工过程质量控制的重点。

1. 路基支挡施工准备中的监理工作
(1) 熟悉设计文件、有关施工规范及质量验收规范；

(2) 审核施工方案，重点审核施工方法、工艺；

(3) 审核有关人员、机械、主要材料等是否符合要求；

(4) 编写完善监理实施细则。

2. 路基支挡施工过程的监理工作

(1) 检查承包商是否对于支挡的边坡进行修整，根据现场实际情况在边坡坡顶和支挡结构的上方设置截水沟和防渗设施和周围排水沟等；

(2) 应分段随开挖、随下基、随施工墙身，施工中必须保证支挡结构各部分的几何尺寸符合设计要求。避免基础开挖后长时间暴露并不应长段拉开挖基，防止影响边坡稳定；

(3) 支挡结构施工过程中，同时做好排水设施例如反滤层、泄水孔（管）、排水层以及沉降缝等的设置和安装。泄水孔（管）一般呈梅花形设置，向外墙面成一定的倾斜流水坡度，并防止堵塞，最下面一排应设置在基础回填土顶面高程略高的位置。沉降缝的设置一定要从基础底至墙身顶部贯通、竖直、平齐，其宽度和填缝料等符合要求，基础和墙身沉降缝要同时设置并设置要在同一个断面位置；

(4) 支挡基坑和墙背后的回填：应及时进行，墙背后进行回填时，挡墙混凝土强度或浆砌片石强度要达到设计要求。墙背后的填料、填筑和压实要符合设计要求。墙背后在填筑过程中及时设置反滤层，保证反滤层施工质量，防止填筑过程中漏设或将其破坏、堵塞等。临近墙身一定范围内不得采用大型机械设备回填，回填时避免碰伤或损坏挡墙身。

3. 路基支挡施工质量验收的监理工作

(1) 检查支挡结构基础、墙身、沉降缝、预制钢筋混凝土（板、柱、块）的位置、顶面高程、结构尺寸是否符合要求；

(2) 对质量验收不合格的地基处理段要求承包商按要求整改或返工，并进行二次验收。

4. 路基支挡施工安全的监理工作

(1) 基坑开挖时控制开挖边坡，防止边坡失稳造成危害；

(2) 若支挡结构为预应力锚索支挡，应检查张拉设备检定期限和张拉次数，检定期限不得超过半年，且不得超过200次张拉作业，张拉施工时要求承包商做到六不张拉（没有预应力筋出厂材料合格证、预应力筋规格不符合设计要求、配套件不符合设计要求、张拉前交底不清、准备工作不充分安全设施未做好、结构强度达不到设计要求，不张拉）；

(3) 控制施工过程中人员的安全，机械回转半径内严禁站人；

(4) 要求承包商按要求做基坑临边围护。

5. 路基支挡施工造价控制的监理工作

对路基支挡施工范围进行实测实量，做好书面记录文件并签字存档。

5.8.6 路基防护

路基防护作用与路基支挡相同，主要由边坡坡面防护与沿河河堤河岸冲刷防护两部分构成。具体又可分为浆砌片石防护、干砌片石防护、骨架边坡防护、混凝土预制块防护、边坡固土网垫植草防护、喷射混凝土防护等。

路基防护施工监理控制要点同路基支挡施工监理控制要点。

5.8.7 路基排水

路基排水指的是为保证路基稳定而采取的汇集、排除地表或地下水的措施。路基排水主要由地表排水和地下排水两大部分构成。

路基排水监理控制要点：

(1) 施工前，审核承包商排水与降水方案；

(2) 施工期间督促承包商及时维修、清理排水设施，保证排水畅通；

(3) 施工排水与降水过程中，应检查周边天然结构与附近建筑物和构筑物的安全，保证其不受扰动；

(4) 在细砂、粉砂土中降水时，应要求承包商采取防止流砂的措施；

(5) 改河（沟）工程应在枯水期施工，若旱季不能完成，应要求承包商妥善做好渡洪措施；

(6) 地下排水施工中沟槽开挖应自上而下进行，应随挖随支撑并迅速回填，必须保证沟槽两壁平顺，基础表面应平整，严禁出现反坡或凹凸不平现象；

(7) 地下排水施工时应检查是否设置伸缩缝、沉降缝，检查地下排水设施的砌体砂浆强度、土工合成材料搭接宽度等指标。

5.8.8 路基填料

路基填料分为普通填料、改良土填料、级配碎石填料，不同填料在大面积填筑前均应进行现场填筑工艺试验，取得的试验参数及成果监理工程师应审核确认。

改良土填料分为化学改良土填料和物理改良土填料，化学改良土填料有多种改良外掺材料，主要外掺料为水泥等胶材、石灰、粉煤灰或同类外掺料等材料。

普通填料、物理改良土填料中，填料的粒径、颗粒级配、细粒含量、出场前最大干密度、出场前含水率等是质量控制的重点。

化学改良土填料中，填料的粒径、颗粒级配、细粒含量、出场前最大干密度、出场前含水率、外掺料含量、外掺料质量、无侧限抗压强度等是质量控制的重点。其中，外掺料质量根据掺料不同应检验不同的项目：水泥等胶材应检验凝结时间、安定性、胶砂强度；石灰应检验细度、未消化残渣含量、（CaO＋MgO）含量；粉煤灰或同类掺加料应检查细度、烧失量及各种矿物成分含量。

级配碎石填料中，填料的级配、针片状含量、质软和易破碎碎石含量、混合料含水率、外掺料质量及掺量。级配碎石填料施工如图 5-49 所示。

1. 试验检测方法

颗粒级配：筛分试验；

最大干密度：标准击实试验；

含水率：酒精灯法、烘干法；

无侧限抗压强度：无侧限抗压强度试验；

外掺料含量：灼矢量法、重铬酸钾法、硫酸钡质量法、EDTA 滴定法；

所有试验均采用料场抽样。

2. 路基填料监理控制要点

图 5-49 级配碎石填料

（1）熟悉设计文件、有关施工规范及质量验收规范；

（2）检查现场使用填料粗细颗粒含量、掺料剂量、出场含水率、干密度、级配碎石填料的碎石级配；

（3）检查承包商的室外检测设备、仪器设备等是否经过有关计量部门标定；

（4）编写完善监理实施细则。

5.9 车辆段土建工程

在《城市轨道交通工程基本术语标准》GB/T 50833 中，将通常所说的地铁停车场或车辆段划分为车辆基地、车辆段、停车场 3 种形式。

车辆基地：以车辆停放、检修和日常维修为主体，集中车辆段（停车场）、综合维修中心、物资总库、培训中心及相关的生活设施等组成的综合性生产单位。

车辆段：承担车辆停放、运用管理、整备保养、检查和较高或高级别的车辆检修的基本生产单位。

停车场：承担所辖车辆停放和日常维护的基本生产单位。

车辆基地、车辆段、停车场土建工程的特点是：总体工程建设规模较大，包含的单体建筑数量多，包括综合楼、列检库（运用库）、工程车库、洗车库、物资总库、不落轮镟库、试车机具间、检修中心、牵引混合变电所、危险品仓库、污水处理站、垃圾站、门卫室、公安用房等；各类专业性工程多，综合了房建工程（其中有钢结构、框架结构、砖混结构等多种结构形式）、地铁轨道路基工程、场区道路工程、管道工程、甚至包括桥梁、涵洞、挡墙等工程，除此之外，还有绿化、围墙、车棚、园林建筑小品工程等。车辆基地、车辆段、停车场土建工程还具有占地面积大，原始地形地貌及地质情况复杂，征地拆迁难度大，施工工期短等特点。

车辆基地、车辆段、停车场未来可能的发展趋势有以下几个方向：建设地下的车辆基地、车辆段、停车场；车辆基地、车辆段、停车场上盖建筑物；多线共享一个车辆基地、车辆段、停车场等。

车辆基地、车辆段、停车场土建工程质量控制的重点是如何保证各单体建筑的地基不发生不均匀沉降；如何保证轨行区铁路路基及场区道路路基工程的压实度，确保路基不发生不均匀沉降；如何保证房屋建筑的屋面防水施工质量，确保不发生渗漏。

由于车辆基地、车辆段、停车场土建工程专业类别的综合性以及与场地地形地貌、地质情况、施工工法设计的多样性，我们只选取其中具有代表性的、在其他章节没有涉及的工程监理内容进行论述，以避免同质性的重复和不必要的赘述。比如：路基工程选取了路堤路基，基层工程选取了石灰、粉煤灰、碎石（简称二灰碎石）基层，路面工程选取了热拌沥青混合料路面，挡土墙工程选取了浆砌片石挡土墙，房建工程选取了浅层软弱地基换填法、预应力管桩、钢结构、运用库检查坑短柱、屋面工程，室外环境选取了园林绿化工程等。其他有关地基与基础工程的施工监理参见第5.1节的相关内容。其他有关装饰装修及安装工程的施工监理，参见第7章和第9章的相关内容。

5.9.1 道路工程

1. 路基工程施工监理

路基工程的施工工序主要包括填筑路堤、路基压实等。

其中，路基填料的选择（铁路路基设计规范中，将路基填料分为A、B、C、D、E组4类，其中A组为优质填料、B组为良好填料、C组为可用填料、D组为限制使用的填料、E组有机土为禁止使用的填料）、压实土的最优含水量的试验确定、压实作业的过程控制、压实质量控制指标检测等是施工监理质量控制的重点。

（1）施工准备中的监理工作

1）审核施工方案，重点是路基填料的选择是否符合设计与规范的要求，压实土最佳含水量的确定、压实施工作业的原则、压路机的选用、铺层厚度、压实质量控制指标等。

2）对车辆基地、车辆段、停车场原始地形地貌（高程）的测量复核。

3）专业分包承包商的资质审核。

4）试验检测单位的资质审核。

5）路基填料的试验检测见证。

6）最佳含水量的试验见证。

7）进场路基施工机械、相关驾驶人员证件的查验，包括机械的性能、状况及配套、组合是否适用、合理。

（2）施工过程的监理控制流程

1）对路基施工放样的边界桩、控制桩、中心线桩等进行复核。

2）先做试验路段的施工，实行样板引路制度。试验路段的路基施工质量通过监理（业主）组织的验收后，方可开展大规模施工。

3）对路堤基底的清表施工（清除草皮、树根等杂物）质量进行验收。

4）对基床表层范围内的天然地基的承载力或路堤基床以下部位填料的压实质量进行验收。对于Ⅱ级铁路而言，基床表层范围内的天然地基的承载力不小于150kPa或者静力触探比贯入阻力P_s不小于1.2MPa。路堤基床以下部位填料的压实标准应符合相关设计、规范的要求。

5）路基压实前监理见证填料含水量的测定。含水量应控制在最佳含水量的2%范围之内，方可同意进行压实施工。路基压实施工和路基施工质量检测，如图5-50、图5-51所示。

图 5-50　路基压实施工

图 5-51　路基施工质量检测

6）检查碾压的分层厚度是否符合相关设计、规范要求或根据试验确定的厚度。

7）检查压实作业过程是否遵循"先轻后重、先快后慢、先边后中"的原则。初压：1~2遍碾压；复压：5~8遍碾压；终压：1~2遍碾压。

8）碾压过程中如出现"弹簧"现象、表层出现起皮、松散、裂纹现象，监理应指令停止碾压。要求查明原因，采取相应的技术措施后，方可再施工。

9）路基填筑施工路基标高、宽度、边坡坡度等的复核。

(3) 路基施工质量验收的监理控制标准

1）对于轨行区（铁路）路基，需要采用双指标控制方法检测路基压实质量，监理要进行现场见证，并保存相关检测照片、记录等。即根据不同填料（细粒土、粉砂、改良土或砂类土或砾石类、碎石类、级配碎石、级配砂砾石）的性质，分别选取地基系数 K_{30}、压实系数 k、孔隙率 n 和相对密度 D_r 中的 2 项指标，是否达到相关设计、规范的压实标准。具体控制指标的选取及压实标准，详见《铁路路基设计规范》TB 10001 的相关规定。

2）对于场区道路，则分别检测路面底面以下不同深度的路基压实度（以重型击实方法求得）是否达到相关设计、规范的压实标准要求。监理要进行现场见证，并保存相关检测照片、记录等。

3）对承包商的竣工测量成果进行复核。

(4) 路基施工安全的监理工作

1）清除的丛草、树木禁止放火焚烧，以防引起火灾。

2）施工机械在路堤边缘作业时，应保持必要的安全距离。

3）推土机上下坡时，坡度不得大于30°。

4）车辆装卸施工，应有专人指挥。

5）多机作业时，应保持一定的安全距离。

6）督促承包商做好临时用电的安全管理工作。

(5) 路基施工造价控制的监理工作

1）熟悉掌握施工合同关于土石方工程、路基施工的工程量计算规则。

2）熟悉掌握车辆基地、车辆段、停车场的原始地面的高程测量数据，掌握路基设计的横断面、边坡坡度、设计高程、设计边界、填料类别要求等数据。

3）掌握施工合同关于工程变更的相关规定。

2. 基层工程施工监理

石灰、粉煤灰、碎石（简称二灰碎石）基层的施工工序主要是：混合料配合比试验、备料、拌和、摊铺、碾压。

其中原材料、配合比、最佳含水量、每层压实厚度、压实度是监理质量控制的重点。

(1) 施工准备中的监理工作

1）审核施工方案，重点是石灰、粉煤灰、碎石的相关质量指标，是否符合设计与规范的要求；混合料的配合比是否参照常用配合比范围，通过试验确定；压实土最优含水量的确定、压实施工作业的原则、压路机的选用、铺层厚度、压实质量控制指标等。

2）对下承层高程等的测量复核。

3）对新完成的底基层进行验收。

4）试验检测单位的资质审核。

5）混合料配合比、最佳含水量、试件无侧限抗压强度等的试验检测见证。

6）进场施工机械、相关驾驶人员证件的查验，包括机械的性能、状况及配套、组合是否适用、合理。

(2) 施工过程的监理控制流程

1）对进场的石灰、粉煤灰、碎石等的质量，是否符合设计与规范的要求等进行复核与验证。

2）实行样板引路制度，先做试验段的基层施工。试验路段的基层施工质量通过监理（业主）组织的验收后，方可开展大规模施工。

3）对混合料的拌和质量进行验收。

4）基层碾压施工前，监理要见证混合料含水量的测定。含水量应控制在最佳含水量的允许偏差范围之内，方可同意进行摊铺、碾压施工。

5）检查碾压的每层压实厚度是否根据压路机械的压实功能确定，并不得大于20cm，且不得小于10cm。

6）检查压实作业过程中，碾压的顺序、速度等是否符合相关规定。

7）监理见证压实度的检测。

8）碾压过程中如出现"弹簧"现象，监理应指令停止碾压。要求查明原因，采取相应的技术措施后，方可再进行施工。

9）监理对基层的厚度、宽度、横坡、标高、平整度等进行检查、验收。

10）验收通过后，监理应督促承包商按照相关规定，对基层进行养护。

基层碾压施工、基层摊铺施工，如图5-52、图5-53所示。

(3) 基层施工质量验收的监理控制标准

1）对于基层压实度的检测，监理要进行现场见证，并保存相关检测照片、记录、检测报告等。根据相关设计、规范的压实标准规定与实际检测报告比对，判定压实度是否合格。

2）监理对基层的厚度、宽度、横坡、标高、平整度等进行复核、验收。

(4) 基层施工安全的监理工作

1）施工机械在路堤边缘作业时，应保持必要的安全距离。

图 5-52 基层碾压施工

图 5-53 基层摊铺施工

2）多机作业时，应保持一定的安全距离。

3）督促承包商做好临时用电的安全管理工作。

3．路面工程施工监理

热拌沥青混合料路面工程的施工工序主要包括混合料拌制、摊铺、碾压等。

其中，沥青及集料的选择、施工温度、碾压速度的控制等是本工程施工监理质量控制的重点。

（1）施工准备中的监理工作

1）审核施工方案，重点是沥青及集料的选择是否符合设计与规范的要求，搅拌、摊铺与压实施工机械的选择、沥青混合料出厂温度、摊铺温度、碾压温度、压路机碾压速度等是否符合设计与规范的要求。

2）对专业分包承包商的资质审核。

3）对进场施工机械、相关驾驶人员证件的查验，包括机械的性能、状况及配套、组合是否适用、合理。

4）对沥青及集料的见证取样、送检等。

（2）施工过程的监理控制流程

1）对下层的质量进行检查和确认。

2）检查沥青混合料的出厂合格证明，并见证取样送检。

3）检查摊铺厚度、摊铺温度、碾压温度、碾压速度等。

4）对沥青面层的外形尺寸等进行检查。

沥青摊铺施工如图 5-54、图 5-55 所示。

（3）路面工程施工质量验收的监理控制标准

1）根据相关设计与规范要求，监理组织对路面的压实度、厚度、弯沉值、平整度、宽度、中线高程、横坡高、井框与路面的高差、外观等进行检验。

2）检验合格后，监理组织进行验收。

（4）路面工程施工安全的监理工作

图 5-54　沥青摊铺施工（一）　　　　　图 5-55　沥青摊铺施工（二）

1）督促承包商对施工区域设置警戒线，派专人值守，防止人员进入发生烫伤等事故。
2）对混合料拌制、运输、装卸、摊铺、碾压、加温、动火等环节要加强安全管理。
3）督促承包商做好临时用电的安全管理工作。

4．挡土墙工程施工监理

挡土墙是用来支撑山体边坡或填土路基边坡，防止其变形坍塌的构筑物。其形式种类很多。本节以浆砌片石挡土墙为例。浆砌片石挡土墙工程的施工工序主要包括基础施工、浆砌片石、勾缝、墙背填料等。

其中，基础验收、砌筑、墙背回填的控制等是本工程施工监理质量控制的重点。

浆砌片石挡土墙示例和挡土墙效果如图 5-56、图 5-57 所示。

 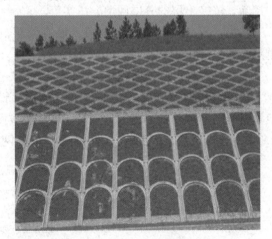

图 5-56　浆砌片石挡土墙　　　　　　　图 5-57　挡土墙效果图

(1) 施工准备中的监理工作

1）审核施工方案，重点是基础开挖施工方法、顺序、石料要求、砌筑砂浆配合比等是否符合设计与规范的要求。

2）挡土墙轴线、起止点等的测量复核。

3) 现场排水措施、边坡稳定性等方面的检查。

(2) 施工过程的监理控制流程

1) 对基础开挖完成的质量进行检查和验收。

2) 对砌筑砂浆进行见证取样送检。

3) 检查是否分层砌筑、砂浆饱满度、水平缝平齐、竖缝错开、勾缝深浅一致、墙背分层回填等。

4) 沉降缝、泄水孔数量是否按照设计要求布设等。

(3) 挡土墙工程施工质量验收的监理控制标准

1) 监理组织对挡土墙的平面位置、顶面位置、断面尺寸、表面平整度、砂浆强度、观感质量等进行检验。

2) 检验合格后，监理组织进行验收。

(4) 挡土墙工程施工安全的监理工作

1) 督促承包商加强对石料装卸、石料搬运等环节的安全管理，防止发生石料滚落砸人等事故。

2) 对边坡稳定性、雨期施工、防汛等方面加强管理。

3) 督促承包商做好临时用电的安全管理工作。

5.9.2 房建工程

1. 浅层软弱地基换填法施工监理

换填法适用于淤泥、淤泥质土、湿陷性黄土、素填土、杂填土地基及暗沟、暗塘等浅层软弱地基及不均匀地基的处理。浅层软弱地基换填法施工的施工工序主要包括不良土层的挖除、置换土层的分层回填、压实等。

其中，不良土层的挖除范围、置换土层的压实度等是本工程施工监理质量控制的重点。

(1) 施工准备中的监理工作

1) 审核施工方案，重点是工程地质勘察情况、需要进行换填施工的范围、工程量、换填材料的要求、施工机械、分层回填、压实度等是否符合设计与规范的要求。

2) 进行换填施工区域原始地面高程方格网等的测量复核。

3) 核对工程地质勘察报告。

4) 对拟换填的材料进行见证取样送检。

5) 见证最佳含水量的试验情况。

(2) 浅层软弱地基换填施工过程的监理控制流程

1) 对软弱地基土层开挖的高程、范围进行现场复核和验收。

2) 对换填材料的含水量进行检查。

3) 对分层铺填厚度、每层压实遍数、碾压速度、每层的压实系数等进行检查。

4) 换填层的施工质量检验必须分层进行，应在每层的压实系数符合设计要求后铺填上层土。

软弱地基清淤施工、软弱地基换填施工如图 5-58、图 5-59 所示。

图 5-58 软弱地基清淤施工

图 5-59 软弱地基换填施工

（3）浅层软弱地基换填施工质量验收的监理控制标准

1）监理现场见证检测单位对换填施工质量的检验全过程。采用环刀法检验时，取样点应位于每层厚度的 2/3 深度处。检验点数量，对基槽每 10～20m 不应少于 1 个点；每个独立柱基不应少于 1 个点；对大基坑每 50～100m² 不应少于 1 个点。采用贯入仪或动力触探检验时，每分层检验点的间距应小于 4m。

2）检验合格后，监理组织进行验收。

（4）浅层软弱地基换填施工安全的监理工作

1）督促承包商加强对挖掘机、土方运输车辆、碾压机械施工等环节的安全管理，防止发生车辆倾翻等安全事故。

2）督促承包商做好临时用电的安全管理工作。

2．预应力管桩施工监理

预应力管桩是由工厂化生产的采用先张法，并利用离心技术生产的高强预应力管桩。静压法施工现场的施工工序主要有：

桩机就位→吊桩→桩定位→施压→接桩→施压→接桩→终压→桩基检测。

其中，桩身质量、位置、垂直度，接桩质量、桩长和终压力是管桩施工监理控制的重点。

（1）施工准备中的监理工作

1）审核施工组织设计，重点是行走路线，尤其是群桩的打桩顺序；回填场地的桩机行走安全。

2）桩机驾驶员、吊车驾驶员的上岗证。

3）查验打桩机年检证书、油压表标定证书。

4）桩位复核。

5）进场工程桩桩身完好性检查。

6）试验性打桩。为正式施工积累经验，确定控制参数，施工方修正、细化施工组织设计，监理部则据此进一步完善监理实施细则。

（2）预制管桩施工过程的监理控制流程

1) 桩身完好性查验。
2) 桩头定位及垂直度检查（工程若有特殊要求，应写明）。
3) 接桩质量检查及接桩节数核定（针对具体工程，应写明桩的节数）。
4) 终压桩长及（或）终压力核定（针对具体工程，应写明桩的总长和终压力的数值）。
5) 超压、欠压（桩端低于或高于设计桩顶标高）桩长度记录及原因分析，如果连续出现，应及时调整桩长。
6) 检查打桩记录，审核其真实性。

桩基工程监理的装备（可以使用施工方的设备和仪器，但要检查仪器的标定证书）如下：

1) 核查桩垂直度的经纬仪或激光测距仪或线坠。
2) 检查焊缝质量的 X 射线探伤仪。

静压法管桩施工及成桩效果，如图 5-60、图 5-61 所示。

图 5-60　静压法管桩施工　　　　　图 5-61　成桩效果

(3) 预应力管桩施工质量验收的监理控制标准

1) 打桩完成的 28d 后，根据设计要求做静载试验（与设计单位商定静载试验时机、桩数，或指定测试的桩号），以测定桩的实际承载力。

① 审核静载试验方案。
② 检查千斤顶的标定证书。
③ 检查静压试验加载速度和记录的真实性。
④ 核验终止加载时的位移和载荷。

2) 承包商在基础土方开挖完成并做好素混凝土垫层后测量放线，监理会同承包商进行桩位复核，找出位置偏差超过规范的桩。

① 低应变测试桩身的完整性和长度。
② 对于不符合设计要求的桩，与设计单位会商处理（整改）方案。
③ 监督桩基处理（整改）方案的实施。

(4) 预应力管桩施工安全的监理工作

1) 桩基移动中的稳定性。
2) 桩基施压中的失稳。

3) 吊桩就位时的脱落。

3. 钢结构工程施工监理

钢结构工程常用于车辆基地、车辆段、停车场的运用库、工程车库等建筑中，以单层钢结构厂房的形式居多。

钢结构工程的施工工序主要有：钢结构制作→钢结构安装→钢结构涂装。其中，钢材质量、钢结构焊接及螺栓连接质量、钢结构安装质量、钢结构涂装质量等，是本工程施工监理质量控制的重点。

(1) 钢结构工程施工准备中的监理工作

1) 审核钢结构工程施工组织设计，审核钢结构安装专项施工方案（对于跨度大于36m及以上的钢结构安装工程的专项施工方案，需要由承包商组织进行专家论证）。

2) 审查钢结构施工专业分包商的资质。

3) 审查特殊工种人员（焊工、无损检测人员等）的资质证书。

4) 编制钢结构施工监理实施细则等。

5) 对钢结构制作厂家构件加工、组装、焊接、涂装等工艺流程设计、工艺方案编制、工艺设备配置、人员资质、质量安全管理体系等情况进行实地考察。

(2) 钢结构工程制作施工过程的监理控制流程

1) 钢材及焊接材料、涂料、高强度螺栓连接副等的材料质量控制。对进场的钢材及辅材，要核对质量证明书并进行外观检查，确认符合设计要求方可同意使用。对规范规定应进行抽样复验的钢材要见证取样送检。

2) 焊条、焊剂等焊接材料使用前应按照产品说明书规定的温度和时间进行烘焙。

3) 做好结构焊接、高强度螺栓摩擦面抗滑移系数的工艺评定。

4) 审查构件制作大样图、构件加工、组装、焊接、涂装等工艺的编制等情况。审查板材料，H型钢切割，H型钢端部坡口、锁口加工，H型钢及节点板、连接板的钻孔，柱端铣等加工工艺的编制情况。

5) 审查钢支撑、牛腿柱、牛腿梁的加工、组装、焊接、变形校正、组合预拼装等工艺的编制情况。

6) 焊缝超声探伤、磁粉探伤工艺及焊缝返修工艺的编制情况。

7) 涂装、喷丸、除锈和高强度螺栓摩擦面的喷丸加工工艺的编制情况。

8) 构件防腐涂装、坡口及焊接边保护、构件标记的涂写、包装运输工艺等的编制情况。

9) 对上述各个质量环节的施工过程进行检查。

(3) 钢结构工程安装施工过程的监理控制流程

1) 检查施工场内道路、水电供应、构件堆场、施工机械的布置等情况能否满足施工要求。

2) 核对吊车的型号是否与专项方案一致。检查吊车的各项安全性能及状态。检查吊车司机的操作岗位证书。检查起重指挥、司索工等的操作岗位证书。

3) 见证高强度螺栓连接副施工前紧固轴力复验和高强度螺栓摩擦面的抗滑移系数的现场试验。

4) 柱、梁工地接头的焊接工艺审查。

5) 现场焊接质量、高强度螺栓临时固定、初拧、终拧等环节的检查。

6) 吊装时,应使一批构件逐一连接,逐次形成固定的、刚性的空间结构。如果停止当天安装作业时,还有个别或少数构件缺少刚性的固定,则必须对它们加设缆风绳,防止发生倒塌的安全事故。

7) 吊装完毕并经测量认可的构件,应及时施作二次灌浆。

钢结构安装施工及停车库钢结构安装效果,如图 5-62、图 5-63 所示。

图 5-62　钢结构安装施工

图 5-63　钢结构安装效果

(4) 钢结构施工验收的监理控制标准

1) 见证焊缝无损检测情况,审核焊缝无损检测报告,探伤比例。

2) 使用测厚仪复核钢结构涂层厚度是否达到设计要求。

3) 测量复核钢结构安装的轴线、标高、垂直度等是否符合设计及规范要求。

4) 检查审核钢结构制作及安装施工的各检验批、分项、分部工程的质量验收资料等。

(5) 钢结构施工安全的监理工作

1) 钢材、钢构件起吊、运输的安全管理(包括吊车支腿打开到位,地面地基承载力足够、钢构件的包装与固定、吊车设备的完好性、吊车司机、起重指挥、司索工等持证上岗等)。

2) 钢结构安装施工高空作业人员及满堂支撑体系等的安全管理。

3) 涂装材料等易燃危险品的安全管理等。

4. 运用库检查坑短柱施工

车辆基地、车辆段、停车场的运用库检查坑短柱施工是其土建工程中的一个难点。其主要特点:一是短柱定位精度要求高(因为短柱顶部是要铺设地铁列车轨道的,涉及轨道的安装和行车安全);二是短柱的数量巨大,往往有数千根之多(与运用库的轨道股数有关);三是混凝土浇筑空间受钢轨扣件系统影响,浇筑困难。运用库检查坑短柱的施工方法目前常用的主要有架轨法、预埋套管法等。在此介绍的是架轨法施工。

架轨法施工工序为:基标测设→检查坑基础施工→检查坑短柱施工→钢轨及扣件安装施工(一般由铺轨承包商完成)。

其中,基标测设、模板质量、短柱模板定位(一条检查坑的短柱,整体一次测量定位)、混凝土浇筑等是本工程桩施工监理质量控制的重点。

(1) 检查坑短柱施工准备中的监理工作

1）审核施工方案，重点是基标的测设、模板的形式、模板的定位、整条检查坑的架轨整体联调、检查坑短柱混凝土浇筑质量、观感质量的保证措施等。

2）审查检查坑短柱混凝土的配合比，控制粗骨料的粒径、级配，保证有较好的和易性。必要时，要求承包商事先进行混凝土的试配和做样板短柱的成型工艺试验。

3）检查短柱模板的质量，要求使用刚度好、平整度好、能够多次周转使用的钢模板，模板数量要满足多条检查坑进行流水施工的要求；要求使用优质隔离剂。

4）监理要见证土建承包商与铺轨承包商进行控制网的联测，在车辆基地、车辆段、停车场的范围内设置基标点，确保库外轨道线路与土建结构中线同轴。基标点及加密基标点须经过监理复核。基标点的坐标由设计单位提供。

5）编制监理实施细则。

（2）检查坑短柱施工过程的监理控制流程

1）组织进行检查坑基底验槽工作。

2）检查是否按照设计要求完成基底处理，并根据设计与规范要求完成相应检测。

3）对检查坑底板、矮墙、短柱的钢筋绑扎进行检查、验收。

4）对浇筑底板混凝土进行旁站监理。

5）检查钢轨架设在短柱钢筋上方的质量。主要是轨距及高程的调整。直线轨道方向允许偏差2mm，轨顶标高允许偏差±2mm，钢轨左右股水平差≤2mm，轨顶前后高低差≤1mm，轨距允许偏差±2mm，轨底坡按1/40设置。重要的是，每条检查坑要整条坑的短柱、钢轨一起进行测量定位的检查、复核。完成轨排限位。

6）对浇筑矮墙、短柱混凝土进行旁站监理。

7）正式25m钢轨及扣件安装施工质量的检查。

8）线路调整的允许偏差检查等。

停车场检查坑短柱施工、停车场检查坑短柱成型效果，如图5-64、图5-65所示。

（3）检查坑短柱施工质量验收的监理控制标准

1）实行样板引路制度，组织业主、设计单位、第三方相关单位、承包商等对首条检查坑进行首件验收。

图5-64 停车场检查坑短柱施工

图5-65 停车场检查坑短柱成形效果

2）对结构强度、允许偏差项目、观感质量等进行检查验收。

（4）检查坑短柱施工安全的监理工作

1）钢轨起吊、运输、架设的安全管理。

2）检查坑临边、行走通道等的安全防护。

5. 建筑屋面施工监理

建筑屋面工程的施工工序主要包括基层、保温层、防水层、细部构造等施工。

其中，防水层及细部构造（包括女儿墙、立墙、变形缝、伸出屋面管道、水落口等）施工、蓄水或淋水试验等是本工程施工监理质量控制的重点。

(1) 施工准备中的监理工作

1) 审核施工方案，重点是屋面基层、保温层、防水层、细部构造等的做法是否符合设计及规范要求等。

2) 防水专业分包承包商的资质审核。

3) 防水施工作业人员的上岗证审核。

4) 审查防水材料的产品合格证和性能检测报告，并根据相关规定，进行取样复检。

(2) 屋面工程施工过程的监理控制流程

1) 对找坡层和找平层的施工质量进行检验批的检查验收，平整度的允许偏差应符合规范要求。

2) 对隔汽层、隔离层、保温层、防水层、保护层、细部构造等施工质量进行检验批的检查验收等。

(3) 屋面工程施工质量验收的监理控制标准

1) 监理应对完工的屋面工程进行观感质量检查。尤其是对檐口、檐沟、天沟、女儿墙、立墙、变形缝、伸出屋面管道、水落口、反梁过水孔、设备基座、屋顶窗等细部构造做重点检查验收。管道出屋面的处理方法、落水口及地漏的处理方法，如图5-66、图5-67所示。

图 5-66　管道出屋面的处理方法

图 5-67　落水口及地漏的处理方法

2) 对于平屋顶应做不小于24h的蓄水检验。对于坡屋面应做不小于2h的淋水检验。

3) 通过蓄水或淋水检验无渗漏，监理方可同意通过验收。

(4) 屋面工程施工安全的监理工作

1) 督促承包商做好防水材料的堆放与防护等方面的安全管理工作，防止发生火灾或发生高空、临边坠物事故。

2) 督促承包商做好屋面防水施工的临边安全防护、高处作业人员的安全防护工作。

3) 督促承包商做好临时用电的安全管理工作。

5.9.3 室外建筑环境

1. 室外附属建筑（车棚、围墙、门卫室、垃圾站等）

车棚施工监理可参照第 5.1 节的相关内容。

围墙、门卫室、垃圾站施工监理可参照第 5.1 节和第 9 章的相关内容。

2. 室外环境（建筑小品、花坛、亭台、绿化等）

建筑小品、花坛、亭台等施工监理可参照第 5.1 节和第 9 章的相关内容。

（1）园林绿化工程施工监理

园林绿化工程的施工工序主要包括种植植物的定点放线、种植穴（槽）施工、种植、整地等。

其中，植物材料、种植土和肥料的规格、质量、种植穴（槽）施工质量、成活率等是本工程施工监理质量控制的重点。

（2）园林绿化工程施工准备中的监理工作

1）审核施工方案，重点审核植物材料、种植土和肥料的规格、质量等、种植穴（槽）施工等是否符合设计及规范要求等。

2）园林绿化专业分包承包商的资质审核等。

3）审核苗木检验、检疫报告、土壤、水质化验报告等。

4）审核附属设施用材合格证、检测试验报告。

（3）园林绿化施工过程的监理控制流程

1）种植植物的定点放线进行检查验收。

2）对种植穴（槽）施工质量进行检查验收。

3）对拟种植的植物品种、规格、质量进行检查验收。

4）对种植土和肥料的质量进行检查验收。

5）对植物材料的整形修剪质量进行检查验收。

6）对附属设施的施工质量进行检查验收。

种植穴（槽）施工、高大乔木的辅助支撑，如图 5-68、图 5-69 所示。

图 5-68　种植穴（槽）　　　　　图 5-69　高大乔木的辅助支撑

(4) 园林绿化工程质量验收的监理控制标准
1) 监理应对乔灌木、花卉的成活率（应达到 95% 以上）进行检查验收。
2) 监理应对草坪的覆盖率（应达到 95% 以上）进行检查验收。
3) 监理要求的植物补种完成，并且成活后，方可同意验收。
(5) 园林绿化工程施工安全的监理工作
1) 督促承包商做好大型植物的装卸、运输、吊装的安全管理工作。
2) 督促承包商做好施工人员的高温防暑预防工作。
3) 督促承包商做好临时用电的安全管理工作。

第6章 城市轨道交通轨道工程施工监理

城市轨道交通工程轨道施工的标准和质量是决定线路运营的主要因素之一，随着地铁建设速度的提高，轨道工程在城市轨道交通中的重要性日益显示出来，轨道设计标准和施工质量发生了很大的变化，轨道朝着安全性、平顺性、可靠性、耐久性的方向迈进。

6.1 概　　述

轨道工程是由钢轨、轨枕、道床、道岔、联结零件及防爬设备组成，用来引导机车车辆运行，承受车轮传来荷载，并把它传布给下部结构的建筑。按照道床形式来划分，轨道工程可分为有砟道床轨道和无砟道床轨道；按照钢轨接缝来划分，可分为无缝线路和有缝线路。

地铁工程正线多为无缝线路无砟道床，车场线多为有缝线路有砟道床，库内线为整体道床有缝线路。

常用的标准钢轨长度有 12.5m、25m、50m、100m 等几种；按重量可分为 43kg/m、50kg/m、60kg/m、70kg/m。目前地铁使用的钢轨多为 50kg/m、60kg/m 的 12.5m 和 25m 的标准轨。

6.1.1 轨道工程技术标准

轨道类型根据《地铁设计规范》GB 50157 按线路运量等级和车辆类型确定。参照《铁路线路设计规范》GB 50090 的次重型轨道进行设计。

轨道系统的主要技术标准及参数如下（以××省××市轨道交通×号线轨道工程为例）：

（1）钢轨：60kg/m。

（2）轨底坡：正线钢轨设 1/40～1/30 轨底坡，道岔和两道岔间不足 50m 的地段不设轨底坡，超过 50m 在道岔两端设轨底坡过渡。

（3）列车最高运行速度：80km/h。

（4）车辆轴重：14t。

（5）采用接触轨（上部）供电，走行轨兼做回流轨。

（6）道岔间最小平行线间距：单渡线 4.5m（预留结构段 4.2m）、交叉渡线 5.0m。

（7）最小曲线半径及轨距：正线最小曲线半径为 350m，轨距为 1435mm 标准轨距，所有曲线不设轨距加宽。出入段线、辅助线、联络线最小曲线半径为 150m，对曲线半径等于及小于 250m 的曲线地段，轨距按《地铁设计规范》GB 50157 的规定加宽。曲线半径 200≥R>150m，轨距加宽值为 5mm，轨距为 1440mm；曲线半径 150≥R>100m，轨距加宽值为 10mm，轨距为 1445mm。轨距加宽值应在缓和曲线内递减，无缓和曲线或长度不足时，应在直线地段递减，递减率不大于 2‰。

（8）超高：曲线超高按列车通过各曲线的平均速度计算确定，最大超高为 120mm，未被平衡超高小于等于61mm，困难时不大于75mm，车站站台有效长度范围内曲线超高不大于15mm。曲线超高值应在缓和曲线范围内递减，无缓和曲线时在直线地段递减，超高顺坡率一般不大于2‰，困难条件下不得大于2.5‰。

(9) 最大线路纵坡：正线最大坡度宜采用30‰，困难情况下可采用35‰，在山地城市有充分依据和经济技术比较时可采用40‰。

(10) 铺枕根数：正线、地下辅助线（含开口段出入段线及联络线）短枕铺设数为：直线及半径$R>400m$的曲线地段1600对/km；半径$R\leq400m$的曲线地段及坡度$i\geq20‰$的大坡道地段1680对/km（即每千米增加80对）；当增加条件重合时，只增加一次。

(11) 道床：全线（车场除外）采用钢筋混凝土整体道床，长枕埋入式整体道床采用两侧水沟，短枕式整体道床采用中心水沟。

(12) 扣件：普通整体道床地段采用DTⅥ2型弹条扣件；弹性整体道床、钢弹簧浮置板地段采用弹条Ⅱ型分开式扣件；梯形轨枕减振段采用弹条Ⅱ-1型分开式扣件。

(13) 道岔：正线采用60kg/m钢轨9号单开道岔及单渡线、交叉渡线；车场线采用50km/m钢轨7号单开道岔及单渡线、交叉渡线。

(14) 无缝线路：全线正线、试车线铺设温度应力式无缝线路。

6.1.2 轨道工程监理工作流程

轨道工程监理工作流程如图6-1所示。

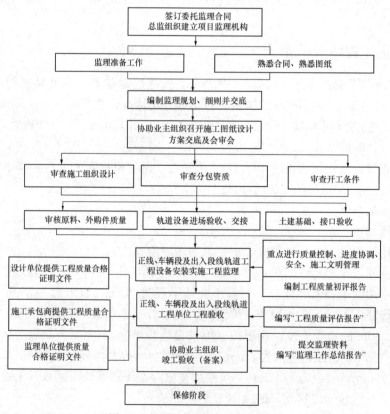

图6-1 轨道工程监理工作流程图

6.2 监理工作内容、重点、控制措施

6.2.1 轨道工程监理工作内容

轨道工程监理工作内容包括全线正线、正线岔渡线、折返线、存车线、联络线等。车辆段和停车场按停车列检线、联检线、出入段线、试车线、洗车线、不落轮镟库线、备用停车线等。

包括但不限于以下内容：

（1）全部标段内铺设线路（包括道岔、伸缩调节器、车挡等轨道附属设施、各项标志、道床排流工程等），并通过测量验收。

（2）轨道工程附属设备安装及现场测试完成（或接触轨）。

（3）移除所有轨道区间内的施工设备、施工中的废弃物和垃圾，区间通道及材料运输路线畅通。

（4）为机电系统承包商提供的各项预埋过轨管线预留完成。

（5）负责在轨道施工完工时，按运营接收方的要求，将线路抢修物资放在区间指定地点。

（6）各相关专业的工作接口。

轨道施工过程中需要编制的监理细则主要有有砟道床、有砟道岔铺设监理细则；整体道床、无砟道岔监理细则；特殊道床监理细则（钢弹簧浮置板、减振垫、梯形轨枕等）；无缝线路（钢轨焊接、应力放散及锁定）监理细则；轨道精调监理细则；旁站监理细则；测量监理细则；试验检测监理细则；安全、文明、进度控制施工等监理细则。

轨道工程单位工程划分，参见《城市轨道交通工程质量验收资料实施指南》或《地下铁道工程施工质量验收标准》GB/T 50299。正线单位工程与站线及出入线段单位工程共性的监理内容（工序）包括钢筋绑扎、模板安装、混凝土浇筑；特性的监理内容包括：轨排组装与架设、道岔的组装架设、无缝线路焊接、放散、锁定等。

需要专家评审的施工方案有施工组织设计、综合应急预案、起重吊装工程以及业主要求的工作内容。

6.2.2 轨道工程监理质量控制重点

根据监理规范的要求，为使监理工作有序地进行，做到工程质量、安全达到标准化、规范化、精细化管理，总监理工程师组织编制的监理规划报监理公司及业主审批并按此严格执行。

（1）监理依据编制的监理规划、承包合同、图纸文件及业主要求等，编制相应的轨道施工监理细则，定期召开工地例会，不定期召开专题会，整理编写例会纪要，按要求完成监理月报，根据现场检查签署监理通知单和联系单等文件，使地铁工程建设的全生产周期过程处于可控状态。

（2）根据工程设计要求，以及国家有关的质量安全管理的有关规定，审查承包商编制的施工组织设计，包括施工组织机构、质量保证体系、管理制度、专项技术方案、安全管

理、应急预案等有关施工质量、安全控制措施的全过程，保证编制的施工组织设计及方案具有可操作性。

（3）监理参加业主组织设计单位与轨道工程承包商之间的设计交底工作，协助业主组织设计单位、承包商等进行施工图图纸会审及施工图设计交底。根据合同，监理配合承包商、材料供应厂家对产品进行优化，监理人员应全程参与轨道工程项目的施工图审核，使轨道施工满足设计要求。

（4）监理应对轨道工程材料供应商提供的资质、业绩、材料的质量合格证明文件，按照业主的有关要求规定进行审核，报业主有关部门备案及批准。

（5）对轨道工程所需要的进场材料进行检查和验收。监理人员应在承包商自检合格的基础上，对进场材料、构配件进行检查验收及平行检测，并按照承包合同及有关规范要求对有关材料见证取样送检。

（6）铺轨前期，监理应组织承包商全面核查现场铺轨条件是否具备，如上道工序工作界面是否办理交接手续，路基、横通道、隧道沉降观测评估是否完成，结构断面、高程是否满足轨道工程设计要求等。

（7）监理应对施工进、退场机械报验进行核实，并留记录。轨道车、平板车等重要运输设备进场要按照业主有关要求单独检查审核。

（8）审核轨道工程检测人员的资质和资格，对测量人员资质、测量仪器精度和标定记录、测量方法、技术规程的采用等进行审核。对承包商上报的测量成果进行内业审核，并按规定频率进行平检测量。

（9）监理负责对轨道施工的关键工序、隐蔽工程进行检查和验收，对有关的轨道施工质量控制等全过程行使监督权和否决权。

（10）建立轨道工程施工阶段监理组织机构，配备各阶段的监理人员，加强调试现场的协调工作。协调承包商与业主之间、承包商与承包商之间的有关争议和纠纷，进行各土建、系统接口的协调以及轨行区承包商的协调，及时协调处理施工过程中的各类问题。

（11）监理应了解轨道施工的环境要求，轨条、道岔运输及散放按规程操作，要求承包商加强道床、轨道、道岔等成品、半成品保护措施。

（12）对合同款项的支付及工程计量进行严格审核，对工程变更严格把关。

（13）监理应收集或编制各基标测量、轨道施工、验收的质量标准，以便监理工作有章可循。组织分部分项工程验收、单位工程预验收，参加业主组织的单位工程、项目验收及竣工验收，对相关施工质量进行评估。

6.2.3 轨道工程监理质量控制措施

监理严格控制应该从设备、材料进场、关键部位、关键工序、关键环节质量及验收抓起。均基于协同工作机制和信息化技术管理，采取深化产品及工程设计、数字化加工、虚拟试验平台、配合项目管理的流程，建立专业数据库及动态管理的电子施工台账；按照技术规格书及专业作业指导书的要求，采用BIM管理的可视化技术交底和二维码现场展示及查询，坚持首件报验、样板先行原则，规范操作过程，加强施工过程记录。

轨道工程施工安装检测、验收资料过程管理，根据实时数据产生、数据使用、流程审批的动态统计，以保证工程质量具有可追溯性，提升项目综合管理能力和管理效率。

针对项目部的管理能力，监理要配合承包商对项目人员精心交底，监督项目部的技术交底到位，定期培训专业人员。同时对设计文件进行系统分析，确认监理验收依据，与设计人员、业主保持充分的信息沟通和技术交流，协调参与各方，促进工程进度、提高工程质量。

监理应严格审查特殊人员的职业资格证书。策划运输通道和运输机械，检查施工和检测所用的各种检测仪器仪表、工器具，尤其是掌握专用测试用仪器仪表的使用方法。

加强首件报验、工艺水平达标，按要求完成样板过程和创优计划的检查。对调试过程中存在的技术问题提供技术支持，召开专题技术协调会进行技术分析，解决施工过程中存在的技术问题，保证轨道施工过程的质量、投资、进度满足地铁整体工程的需要。

6.3 轨道工程主要监理工作

6.3.1 施工前监理准备工作

1. 正线轨道工程

线路（铺轨）基标施工准备中，监理要审核施工测量方案，重点是控制基标及加密基标测设方法。检查测量人员资格证书，检查测量仪器鉴定报告是否符合要求。审查交接桩报告、线路平面设计图、线路铺轨综合图、导线点复测报告等。

道床及轨道施工准备中，监理要审核轨道工程承包商施工组织设计，对门式起重机、轨道车及其他设备进行验收，检查特种设备操作人员资格证书、人员进场教育及交底相关资料，轨道材料合格证、质量证明文件及焊轨前型式试验报告，检查混凝土配合比验证资料。

线路附属施工前，监理要审批线路附属工程施工方案。检查线路、信号标志的材质、规格、图案字样是否符合设计要求。

2. 站场及出入段线轨道工程

碎石道床施工前，监理要审核轨道工程施工组织设计，检查特种设备操作人员资格证书、人员进场教育及交底相关资料，查验轨道材料（道砟）合格证、质量证明文件。

线路附属施工前，监理要审批线路附属工程施工方案。检查线路、信号标志的材质、规格、图案字样是否符合设计要求。检查轨距杆产品合格证。

6.3.2 主要进场材料、设备质量控制要点

工程开工前，监理人员应审查承包商提供的材料、设备清单，并审阅进场材料、构配件及设备的产品合格证、质量保证资料等。严格按照要求进行验收，并采用平行检验或见证取样方式进行抽验。对有疑问的材料进行抽样，在监理人员的监督下，进行复查。

未经监理人员验收或验收不合格的工程材料、构配件、设备，监理人员应拒绝签认，并应签发监理通知单，书面通知承包商限期将不合格的工程材料、构配件、设备撤出现场，并做好台账登记。

轨道工程主要材料报验，进场材料检查内容如下：

1. 钢轨

监理人员检查产品合格证、质量证明文件，并对实物进行观察检查。钢轨的类型、规

格、质量应符合设计要求和产品标准的规定，待焊钢轨轨端不钻孔、不淬火。

2. 轨枕

监理人员检查全部产品合格证、质量证明文件，对实物进行观察检查。对其类型、规格、外观进行验收，质量及标示符合规定。双块式轨枕钢筋外漏部分、桁架钢筋符合规范要求。

碎石道床用的轨枕应见证轨枕锚固螺栓抗拔试验，检查试验报告。

3. 钢轨扣件及联结配件

查验产品合格证、质量证明文件。其类型、规格、数量、外观符合设计要求和产品标准规定。

4. 护轨及其配件

监理人员检查承包商检查记录，并对实物进行观察检查。护轨及其配件规格、型号、质量应符合设计要求。

5. 道岔、岔枕

道岔及岔枕的类型、规格和质量应符合设计要求和产品标准规定。监理人员查验产品合格证、质量证明文件，并对实物进行观察检查。道岔及岔枕的类型、规格和质量应符合设计要求和产品标准规定。

钢轨伸缩调节器规格、型号、质量符合设计要求及《客货共线铁路钢轨伸缩调节器》TB/T 3518 的规定。

6. 道口铺面板、轨距杆、轨撑、防护设施及标志

道口铺面板及其结构件材质应符合设计规定及产品质量标准。承包商全部检查，监理人员查验检查记录。

轨距杆的类型、规格、质量均应符合设计规定及产品质量标准。承包商查验产品合格证、观察检查、点数抽检10%；监理人员查验产品合格证，平行检验次数为承包商检验次数的10%。

防护设施及标志的规格、尺寸、质量等均应符合设计要求。

7. 轨排组装

轨排组装施工前，承包商应将配轨计算书报监理人员审核。

正线轨排组装应按设计要求正确安装轨距调整块和轨距挡板，轨距控制＋2mm和－1mm范围内。各种螺栓应达到规定的扭力矩，螺栓应涂抹专用长效油脂。

碎石道床用轨枕硫磺锚固施工之前，承包商应做硫磺砂浆配合比。锚固用硫磺、砂、石蜡材料应符合规范要求。

螺旋道钉锚固抗拔力不得小于60kN。承包商每千米抽检3个螺纹道钉进行抗拔试验，监理人员现场旁站检测并检查抗拔试验报告，见证检测次数为承包商检验次数的10%。抗拔力有一个以上不合格的，再加倍抽检，若还有不合格，该批道钉锚固质量为不合格。

6.3.3 主要过程检验（试验）与检测质量控制

为保证轨道工程监理工作的独立开展，必须配备必要和必需的检测仪器或设备，主要用于现场旁站监理、设备试验和预埋件测试等需要，如坍落度桶、万能道尺、支距尺、方尺、弦线、1m钢靠尺、1m凹槽钢靠尺、塞尺、钢卷尺、钢尺、轨温计等。

1. 现场配备检测设备应加强管理

(1) 检测设备由专人负责保管、使用、维护、存放，按规定操作和保养。

(2) 使用的检测设备必须是经法定机构鉴定有效且有合格标识的。

(3) 由专业监理工程师持证上岗操作使用、保管和维护检测设备，并对测量结果负责。

2. 试验检测质量保证措施

(1) 应严格按照国家现行的技术标准和有关试验检测标准、规范进行各项试验检测工作。

(2) 根据有关规定定期检查、维护和鉴定检测工具，确保设备状态良好和准确可靠，实行检测设备专人负责制，未经同意，他人不得动用。

(3) 检测工作人员要努力提高业务水平，熟练掌握试验检验的有关标准、规定和方法，并学习有关计量知识、计量法规，了解所用仪器设备性能。新参加试验的工作人员必须进行业务学习，经考核合格后，才能上岗工作。

(4) 试验检测人员要认真填写原始记录，做到正确、清楚，不得涂改，并签字负责。

(5) 检测人员要实事求是，必须根据检测数据和有关标准编写检测报告，不受外界压力的干扰和影响。

6.3.4 关键部位及隐蔽工程验收的质量控制

对关键工序、关键部位必须派旁站人员跟踪监理，旁站人员必须按时填写旁站监理日志，专业监理工程师需定时查验。

隐蔽工程在隐蔽前，承包商自检合格，并备齐自检表格和隐蔽工程记录表，报请监理人员检查签认。监理人员在规定的时间内对隐蔽工程进行检查，确认合格后方可隐蔽。未经监理人员检查签认的，承包商不得擅自隐蔽。

1. 正线轨道工程

(1) 线路（铺轨）基标监理质量控制

线路（铺轨）基标是轨道铺设平面和高程的基准，基标测设质量的好坏，将直接影响轨道铺设质量，为此，基标测设必须准确，以确保轨道铺设的质量，为列车平稳安全运行奠定基础。精确测设铺轨基标是保证轨道施工质量及后期运营的关键。

(2) 线路基桩测设主要工序

准备工作：导线点复测、基标放样、精度检查。

其中基桩的测设精度（中线、高程）是线路基桩施工的控制重点。

轨道工程施工前应进行线路贯通测量，并测设线路基桩。基桩的设置位置及数量应符合设计要求，测设精度应满足铁路工程测量规范中线和高程测量精度的要求。

基桩所用材料进场时，应对其规格、形式、外观进行验收，其质量应符合设计要求。监理人员查验产品合格证，全部检查，见证试验次数为承包商检验次数的20%。

基桩标志应设置牢固，标示应设置齐全，色泽鲜明、清晰完整。监理人员全部检查。

(3) 线路基桩施工准备中监理工作

审核施工测量方案，重点是加密基标及控制基标测设方法。检查测量人员资格证书，检查测量仪器鉴定报告是否符合要求。审查交接桩报告、线路平面设计图、线路铺轨综合图、导线点复测报告。

(4) 线路基桩施工过程中监理工作

基桩所用材料进场时，对其规格、形式、外观进行验收，查验产品合格证。对基桩的设置位置及数量进行见证抽查。通过检查测量资料对基桩的测设精度进行检查。基桩标志应设置牢固。

利用调整好的线路中线点或施工控制导线点和施工控制水准点测设基标，由监理人员审核签字，向监理部申请复测，经测量监理100%的复核，合格后进行加密基标测量，加密基标测量由现场监理旁站和检核。

（5）线路基桩施工验收监理工作

督促承包商按规定要求进行线路基桩恢复，并移交相关单位。轨道工程竣工后，承包商应向地铁公司交桩和移交控制基标的坐标和高程资料。控制基标埋设永久标志，加密基标埋设临时基标，以满足轨道铺设施工的需求。

（6）轨道控制网CPIII测设及复测

CPIII轨道控制网平面及高程测量方法及精度应符合《铁路工程测量规范》TB 10101的规定。轨道控制网CPIII测设前，施工单位应将测量方案报监理及测量中心审批。方案中应包括：CPIII点的埋设及编号，与上一级控制网的联测情况，CPIIII观测网的网形、测量方法与精度，所需仪器及内业数据处理方法，人员组织等。完成测量后应向监理及测量中心提交测量成果报告，供监理单位及测量中心进行审核和复测。

（7）道床及轨道监理质量控制

目前城市轨道交通铺轨工程一般整体道床施工主要工艺方法为"轨排法"和"散铺法"两种，钢弹簧浮置板道床有"钢筋笼轨排法"和"轨排法"，一般采用"钢筋笼轨排法"。有砟道岔道床采用"散铺法"施工，道岔整体道床采用"散铺法"施工。

（8）道床及轨道

其中关键工序有：道床钢筋、道床模板、轨排组装架设、道床混凝土、隔离层铺设、保护层及伸缩缝、道岔铺设、钢轨焊接、线路锁定。

隐蔽工程有：基底清理、防迷流焊接、过轨管线安装。

施工准备中监理工作：审核施工组织设计，验收门式起重机、轨道车及其他设备，检查特种设备操作人员资格证书，检查人员进场教育及交底相关资料，查验轨道材料取样送检或质量证明文件，检查焊轨前型式试验报告，检查混凝土配合比验证资料。

道床施工样板工程如图6-2所示。

图6-2 道床施工样板工程

（9）道床施工过程中监理工作

1）轨排组装架设

轨排组装时，除按规定的轨距挡板、轨距调整块号码控制轨距外，尚应使用万能道尺验证，并按轨距调整挡板和轨距块，如图 6-3～图 6-6 所示。轨端相错量应在铺轨前进方向一端量测，直线两轨端取齐，曲线相错量按计算确定。

图 6-3　轨排组装完毕

图 6-4　轨排吊装

图 6-5　轨排架设

图 6-6　轨排定位

支承块、长枕进场时，对型号、外观进行验收，四周边角无破损、掉块，外观无可见裂纹，质量符合设计要求。

扣件进场时，对型号、外观进行验收，质量应符合产品标准规定。

轨排组装架设允许偏差应符合设计和施工验收规范要求。

2）道床钢筋

钢筋进场时，必须对其质量指标进行全面检查，按批检查其直径、每延米重量并抽取试件做屈服强度、抗拉强度、伸长率和冷弯试验，其质量应符合设计要求和国家现行标准

《钢筋混凝土用钢》GB/T 1499.1～1499.3、《混凝土结构工程施工质量验收规范》GB 50204 等的规定，如图 6-7～图 6-10 所示。

图 6-7　道床钢筋

图 6-8　精调轨道几何尺寸

图 6-9　道床模板

图 6-10　钢筋焊接

钢筋的加工应符合设计要求。当设计无要求时，应符合《混凝土结构工程施工质量验收规范》GB 50204 规定。

检查钢筋网的焊接、端子的安装位置及焊接质量，杂散电流钢筋焊接情况，应符合设计防排流要求。

检查钢筋网的绝缘设置，见证绝缘电阻测试并留存影像资料。

3）道床模板、水沟模板

模板材料、加工、安装质量检验必须符合现行《地下铁道工程施工质量验收标准》GB/T 50299 规定。

PVC 管、PVC 蓖、伸缩缝板等预埋件的规格、质量、数量应符合设计要求。

道床板模板安装允许偏差应符合设计规定。

4）道床混凝土

混凝土结构表面应密实平整、颜色均匀，不得有露筋、蜂窝、孔洞、疏松、麻面和缺棱掉角等缺陷，如图6-11、图6-12所示。

图6-11 一般道床混凝土浇筑

图6-12 道床混凝土养护

道床板中线、外形尺寸允许偏差应符合设计规定。

检查混凝土的运输记录，对照委托单检查质量证明文件。见证混凝土试件取样，检查强度试验报告。旁站混凝土浇筑。

5）钢弹簧浮置板道床隔离层铺设

隔离层材料进场时，对其规格、尺寸、品种、外观进行验收，其质量应符合设计要求。

隔离层的基底应平整清洁、干燥，不得有空鼓、空洞、蜂窝、麻面、浮渣、浮土和油污。

隔离层应铺贴平整，无破损，接缝处搭接应严密不漏浆，两侧应高出设计道床20cm，并应固定在结构边墙上，无翘起、空鼓、褶皱、脱层或封口不严等缺陷，搭接量及搭接顺序符合要求。

6）防水层、保护层及伸缩缝

防水层、保护层及伸缩缝所用材料进场时，对其规格、品种、外观、尺寸进行验收。

保护层混凝土强度应符合设计要求。保护层混凝土施工应符合现行《铁路混凝土工程施工质量验收标准》TB 10424规定。

梁端接缝处应设置不透水的伸缩缝，防水层应连续过渡。

防水层基底处理应符合现行《铁路混凝土工程施工质量验收标准》TB 10424规定。

防水层铺贴平整，搭接处及周边无翘起、空鼓、褶皱、脱层或封口不严等缺陷，搭接量符合要求。

保护层厚度不得小于40mm，排水坡度、伸缩缝间隔及嵌缝应符合设计，排水畅通。

梁端伸缩缝预埋钢板位置应准确，边压块榫口密贴，橡胶止水带与边压块无缝隙，橡胶止水带外形尺寸符合设计要求，盖板平整。

防水层的允许偏差和检验方法应符合设计规定，保护层表面平整度允许偏差不超过3mm/m。

7）道岔铺设

碎石道床道岔采用汽车拉运，吊车配合人工预铺的方式完成。

道岔及岔枕的类型、规格和质量应符合设计要求和产品标准规定。

混凝土岔枕螺旋道钉位置、高度应符合规范要求，锚固抗拔力不得小于60kN。

查照间隔（辙叉心作用面至护轨头部外侧的距离）不得小于1391mm；护背距离（翼轨作用面至护轨头部外侧的距离）不得大于1348mm。

绝缘接头轨缝不得小于6mm。

道岔紧固螺栓扭矩应为100~120N·m。

道岔各类螺栓丝扣均应涂有效期不少于2年的油脂。

8）钢轨焊接

基本工序：钢轨焊前检查→矫直钢轨→焊前除锈→焊接和推凸→粗磨→焊接后热处理→焊接接头矫直→外形精整及平直度检验→超声波探伤。

工地钢轨焊接应按照现行《钢轨焊接》TB/T 1632.1~1632.4的规定进行型式检验，未经型式检验合格，严禁施焊。

在下列情况下应进行型式检验：

① 焊轨组织初次焊接铁路钢轨；

② 正常生产，改变焊接工艺；

③ 更换焊机，或焊机停用1年后恢复生产前；

④ 取得型式检验报告的时间满5年；

⑤ 生产检验结果不合格；

⑥ 钢轨钢种、钢轨生产厂、钢轨交货状态、轨型之一改变，首次焊接时；

⑦ 如果钢种相同但生产厂不同，或钢种相同但交货状态不同的两种钢轨以及各自通过了焊接型式检验，这两种钢轨之间的焊接。

批量生产过程中每焊接200个钢轨焊头；焊机工况发生变化，对某一参数进行修正后；焊机出现故障，记录曲线异常，故障排除之后；焊机停焊钢轨1个月以上，开始焊接生产前；需要进行5根落锤试验。每隔3个月或生产600个接头需进行硬度2个，宏观1个的生产检验。调整热处理工艺参数之后；更换热处理设备之后；加热器的供方或加热器的结构、尺寸改变之后需进行宏观、显微组织和粒晶度的生产检验。生产检验抽样检查，经落锤检验合格后方可继续生产。若检验结果有1根及以上试件不合格时，应按现行《钢轨焊接》TB/T 1632.1~1632.4规定的办法进行复验。

钢轨焊接接头的型式检验和周期性生产检验应符合现行《钢轨焊接》TB/T 1632.1~1632.4的有关规定。承包商按《钢轨焊接》TB/T 1632.1~1632.4规定的数量检验。监理人员全部见证取样检测。

焊接前应严格挑选待焊钢轨并对钢轨端头进行处理，焊接施工应严格按照施工工艺进行。

钢轨焊缝两侧各100mm范围内不得有明显压痕、碰痕、划伤等缺陷，焊头不得有电击伤。轨底上表面焊缝两侧各150mm范围内及距两侧轨底角边缘各35mm范围内应打磨平整，不得打亏。钢轨焊接接头应纵向打磨平顺，不得有低接头，钢轨焊头平直度应符合《铁路轨道工程施工质量验收标准》TB 10413 规定。承包商全部检查，监理人员检查承包商检验记录，平行检验次数为承包商检验次数的 10%。

监理人员检查承包商探伤检查记录，并进行见证检验。

钢轨焊头应进行探伤检查。焊头不得有未焊透、过烧、裂纹、气孔夹砟等有害缺陷。承包商全部检查、超声波探伤仪检查，监理工程师检查承包商探伤检查记录。对于不合格焊缝，应在监理见证下切锯重焊，并重新进行探伤，直至合格。

钢轨胶接绝缘接头焊接前应按规定测定电绝缘性能，并符合现行《钢轨胶接绝缘接头》TB/T 2975 规定。承包商全部检查，监理工程师查验产品合格证。

钢轨焊接接头的型式检验和周期性生产检验、钢轨焊头探伤检查、钢轨焊头外观检查应符合《钢轨焊接》TB/T 1632.1～1632.4 规定。

焊接接头平直度应符合设计规定。工地焊接、焊头编号标记齐全，字迹清楚，记录完整。

9）线路锁定

线路锁定之前应进行应力放散。

单元轨节锁定前应按设计要求设置好钢轨位移观测桩，位移观测桩应设置齐全、牢固、不易损坏并易于观测。

线路锁定时，实际锁定轨温必须在设计锁定轨温范围内。低于锁定温度时，可进行拉伸锁定。

左右两股钢轨及相邻单元轨节的锁定轨温差均不得大于 5℃。同一区间内各单元轨条的最高与最低锁定轨温差不得大于 10℃。

线路锁定后，应及时在钢轨上设置纵向位移观测的"零点"。定期观测钢轨位移量并做好记录。位移观测桩处换算 200m 范围内相对位移量不得大于 10mm，任何一个位移观测桩处位移量不得超过 20mm。

位移观测桩应编号，每对位移观测桩基准点连线与线路中线应垂直。

缓冲区钢轨接头螺栓扭矩应达 900N·m，接头处钢轨面高低差及轨距线错牙偏差不超过 1mm。接头轨缝应按设计预留。

监理检查位移观测桩的设置，旁站无缝线路的锁定，做好旁站记录，并留存影像资料。检查承包商的位移观测记录。

（10）道床施工验收监理工作

现场道床实体验收，原材料、构配件和设备等检验，道床混凝土强度抽样检验，轨道状态检验。资料检查，包括原材料、构配件和设备等质量证明文件和检验报告、施工过程中重要工序的自检和交接检记录、平行检验报告、见证取样检测报告、隐蔽工程验收记录等。

（11）线路附属监理质量控制工作

线路附属施工包括线路、信号标志标牌施工，主要根据设计结合运营单位要求施工完成。

线路附属主要施工工序：标志标牌设计优化→加工制作→现场安装→检查验收。

线路附属施工前监理工作：审批线路附属工程施工方案。线路、信号标志的材质、规格、图案字样均检查是否符合设计要求。

线路附属施工过程中监理工作：标志的数量、位置、高度应符合设计要求，标志设置牢固，标示方向正确。各种标志应设置端正，涂料均匀、色泽鲜明，图像字迹清晰完整。

线路附属施工验收监理工作：同过程中监理检查工作。

2. 停车场及出入段线轨道工程

基标测设：铺轨基标是轨道铺设平面和高程的基准，基标测设质量的好坏，将直接影响轨道铺设质量，为此，基标测设必须准确，以确保轨道铺设的质量，为列车平稳安全运行奠定基础。

施工准备中监理工作：审核施工测量方案，重点是加密基标及控制基标测设方法。检查测量人员资格证书，检查测量仪器鉴定报告是否符合要求。审查交接桩报告、线路平面设计图、线路铺轨综合图、导线点复测报告。

（1）道床及轨道监理质量控制工作

道床分为整体道床和碎石道床两种。碎石按相关技术标准采用一级道砟。车辆段库外碎石道床及库内整体道床均采用人工散铺法进行铺设，出入段线整体道床同正线采用"轨排法"机铺施工。

严格按库外碎石道床施工工序流程，碎石道岔道床施工工序流程操作。

其中车辆段道床施工重点工序：预铺道砟、道床钢筋、道床模板、道床混凝土、轨排组装架设、防水层、保护层及伸缩缝、铺砟整道、钢轨焊接、线路锁定、有砟轨道整理、有缝线路轨排组装、有缝线路铺轨、道岔铺设、有缝道岔铺砟整道、道口铺设。其中道床模板、道床混凝土、轨排组装架设、防水层、保护层及伸缩缝、钢轨焊接、线路锁定同正线轨道施工。

（2）碎石道床施工前监理工作

审核车辆段施工组织设计、特种设备操作人员资格证书检查，轨道材料（道砟）取样送检或质量证明文件查验，人员进场教育及交底相关资料检查。

碎石道床施工过程中监理工作：

1）预铺道砟、铺底砟

道砟进场时对其品种、级别、外观等进行验收，并检查生产检验证书和产品合格证。

道砟进场时对其粒径级配、颗粒形状及清洁度进行检验。道砟粒径级配应符合设计规定。

道砟针状指数和片状指数按现行《铁路碎石道砟 第 2 部分：试验方法》TB/T 2140.2 进行试验，针状指数、片状指数均不得大于 50%；其材质符合《铁路碎石道砟》TB/T 2140 的规定。监理见证取样检测。

杂质含量按现行《铁路碎石道碴粘土团及其他杂质含量试验方法》TB/T 2328.17 进行试验，其含量的质量百分率不得大于 0.5%。

砟面平整度用 3m 直尺检查不得大于 30mm。预留起道量不得大于 50mm。道岔前后各 30m 范围应做好顺坡并碾压。

监理见证压实密度试验。

2）铺砟整道

接头螺栓及扣件应涂刷有效期不少于 2 年的油脂。

碎石道床线路质量要求、施工允许偏差应符合设计规定。

碎石道床曲线 20m 弦量正矢要求应符合验收标准的规定。

3）有缝线路轨排组装

观察轨道扣件及连接配件的规格、型号、铺设数量应符合设计规定。

见证承包商检验每千米轨枕铺设数量及规格、型号。

见证螺旋道钉硫磺锚固抗拔力试验并检查试验报告。

4）有缝线路铺轨

轨缝质量检验。当轨温未超过 $t\pm C/0.0118L$ 时，应按预留轨缝公式计算的值为准。

轨道上个别插入的短轨，正线轨道不得小于 6m，站线不得小于 4.5m。道岔间插入的短轨应符合设计规定。调整桥上钢轨接头位置时，短轨应铺在距桥台尾 10m 外。

信号机处的两钢轨绝缘接头应为相对式，轨缝不得小于 6mm。位置应符合设计规定。

检查承包商的轨缝检查记录并观察检查。

道口范围内不得有钢轨接头。

铺轨时轨道中线允许偏差为：普通轨枕 50mm。

铺轨时接头处的轨面高差和轨距线错牙：正线和到发线不得大于 1mm，其他站线、次要站线不得大于 2mm。

接头螺栓扭矩应符合设计规定，接头螺栓丝杆应涂油。

5）道岔铺设

道岔及岔枕的类型、规格和质量应符合设计要求和产品标准规定。

混凝土岔枕螺旋道钉锚固抗拔力不得小于 60kN。

查照间隔（辙叉心作用面至护轨头部外侧的距离）不得小于 1391mm；护背距离（翼轨作用面至护轨头部外侧的距离）不得大于 1348mm。

绝缘接头轨缝不得小于 6mm。

混凝土岔枕螺旋道钉位置、高度应符合规范要求。

有缝道岔铺设允许偏差应符合设计规定。

道岔紧固螺栓扭矩应为 100~120N·m。

道岔各类螺栓丝扣均应涂有效期不少于 2 年的油脂。

6）有缝道岔铺砟整道

道岔铺设前道床应达到初期稳定状态。

整道后的道岔应道床饱满，捣固密实。

导曲线不得有反超高。

钢轨接头、尖轨尖端、跟部、辙叉心等部位不得有空吊板；其他部位不得有连续空吊板，空吊板率不得大于 8%。

道岔转辙器及尖轨安装应符合下列规定：

① 转辙器应扳动灵活；

② 尖轨无损伤，尖轨顶面宽 50mm 及以上断面处，不低于基本轨顶面 2mm；

③ 在静止状态下，尖轨尖端至第一牵引点应与基本轨密贴，间隙小于 0.2mm；其他地段小于 1mm。

道岔整道后允许偏差及检验数量与方法应符合设计规定。

道岔整理后，结构尺寸允许偏差应符合设计要求。

道床整理顶面宽度允许偏差＋50，0mm，厚度允许偏差±50mm。

7）道口铺设

道口铺面板及其结构件材质应符合设计规定及产品质量标准。

道口位置应符合设计规定。

道口范围内不得有钢轨接头，不能避免时，应予以焊接。

道口铺面板在钢轨头部外侧50mm范围内应低于轨面5mm。其余面板应与轨面一致，允许偏差为±5mm。道口铺设几何尺寸允许偏差应符合设计规定。

道口轮缘槽宽度应为70～100mm，曲线里股应为90～100mm，深度应为45～60mm。

道口铺设橡胶道口板，应按设计文件施工。

库内整体道床采用钢轨扣件与混凝土整体道床直接联接方式。扣件与整体道床和检查坑之间采用双头螺柱与螺纹套管的联接方式。

采用在整体道床（或检查坑）上预留螺纹套管的方式。施工时先确定螺纹套管的绝缘电阻不小于10Ω后预埋施工，螺纹套管和螺栓连接的屈服拉力应大于75kN。预埋螺纹套管的施工应在结构施工时同时进行。库内1.2m宽普通检查坑、低地面架空股道检查坑（柱式检查坑）的钢轨铺设也采用预留螺纹套管方式，钢轨扣件与整体道床相同。

整体道床一般间隔12.5m设置道床伸缩缝，结构沉降缝处设道床沉降缝，特殊地段伸缩缝间隔按设计要求施工。

碎石道床验收监理工作：现场道床实体验收，原材料、构配件和设备等检验，道床混凝土强度抽样检验，轨道状态检验。资料检查，包括原材料、构配件和设备等质量证明文件和检验报告、施工过程中重要工序的自检和交接检记录、平行检验报告、见证取样检测报告、隐蔽工程验收记录等。

（3）线路附属施工监理质量控制工作

线路附属施工包括线路、信号标志、设备轨距杆、道口铺设、车挡施工。主要根据设计结合运营单位要求施工完成。

线路信号标志主要施工工序为：标志标牌设计优化、加工制作、现场安装、检查验收。轨距杆施工根据设计要求进行安装。

线路附属施工前监理工作：审批线路附属工程施工方案，检查线路、信号标志的材质、规格、图案字样是否符合设计要求，检查轨距杆产品合格证。

线路附属施工过程中监理工作：

1）道口铺设

防护设施设置显示方向正确。监理人员全部检查。

防护设施及标志应设置准确、齐全、无损伤、涂料均匀、图案完整清晰，预留高度符合要求。承包商全部检查，监理人员抽查。

道口铺面板及其结构件材质应符合设计规定及产品质量标准。

道口位置应符合设计规定。

道口范围内不得有钢轨接头，不能避免时，应予以焊接。

道口铺面板在钢轨头部外侧50mm范围内应低于轨面5mm。其余面板应与轨面一致，允许偏差为±5mm。道口铺设几何尺寸允许偏差应符合设计规定。

道口轮缘槽宽度应为 70~100mm，曲线里股应为 90~100mm，深度应为 45~60mm。道口铺设橡胶道口板，应按设计文件要求检查。

2）防护栅栏

栅栏立柱、格栅材质及各部联结件应符合设计规定。承包商全部检查，监理人员检查承包商检验记录，平行检验次数为承包商检验次数的 10%。

栅栏埋设位置正确、齐全，预留高度应符合设计要求。栅栏涂料均匀，涂层应符合设计规定。承包商全部检查，监理人员抽查。

3）护轨

护轨铺设地段、护轨作用面与钢轨作用面间距应符合设计规定。

4）线路、信号标志

标志的数量、位置、高度应符合设计要求。承包商对照设计文件，全部点数、观察检查、尺量。监理人员检查承包商检验记录，平行检验次数为承包商检验次数的 10%。

线路、信号标志的材质、规格、图案字样均应符合设计要求。各种标志应设置端正，涂料均匀、色泽鲜明，图像字迹清晰完整。标志设置牢固，标示方向正确。监理人员全部检查。

5）轨距杆

查验轨距杆、轨撑的产品合格证、质量证明文件。

轨距杆的安装位置、数量应符合设计规定，轨道电路区段的轨距杆应绝缘。监理人员见证检验 10%。

轨距杆无失效，丝杆应涂油。

线路附属施工验收监理工作：同过程中监理检查工作。

6）车挡

车挡规格、型号、外观符合设计要求；质量符合设计及产品标准规定。监理人员查验质量证明文件。

安装位置符合设计要求，安装牢固，紧固螺栓扭矩合格设计要求。

6.3.5 主要施工工艺

1. 正线轨道施工

（1）钢轨焊接工法

地铁正线在地下，因限界的限制，铁路专用长轨列车不能进入隧道，购买厂焊长钢轨受到限制。一般方法为：铺设 25m 标准轨排，采用移动式焊机进行接头焊接，形成无缝线路。

（2）普通短枕式整体道床施工

整体道床施工前应清理基础底面杂物，矩形、暗挖地段将其凿毛为粗糙表面，并用高压水或高压风清洁其表面。

1）普通短枕式整体道床施工、长枕埋入式整体道床施工

采用轨排法施工，依据铺轨综合图测设铺轨基标，绑扎钢筋（含防迷流钢筋）。在铺轨基地将标准轨、扣件、短轨枕及钢轨支撑架身（去掉立柱丝杠）组成轨排，用专用平板车将轨排运到施工地点。用门吊将轨排初步吊装就位，然后用施工机具、钢轨支撑架架设

轨排，按铺轨基标调整钢轨方向水平及轨距，最后浇筑道床混凝土，形成普通轨道。

2）轨道减振器道床施工

轨道减振器道床的施工与普通短枕式整体道床施工基本相同，不同点在于组装轨排时不用短轨枕，而是以减振器替代短轨枕。

3）弹性短轨枕式整体道床施工

弹性短轨枕式整体道床的施工基本与普通短枕式整体道床施工相同，不同点是在组装轨排前，须先将套靴、减振垫板与短轨抗组装好，浇筑道床混凝土前，需在弹性短轨枕外包一层塑料薄膜，使弹性短轨枕与道床混凝土隔开。

4）梯形轨枕道床施工

梯形轨枕道床的施工采用架轨法施工，依据铺轨综合图测设铺轨基标，然后绑扎道床钢筋（含防迷流钢筋），用专用平板车将梯形轨枕运送到施工地点，用门吊初步吊装就位，安装标准轨和扣件，用施工机具、钢轨支撑架架设轨排。按铺轨基标调整钢轨方向及轨距，最后浇筑道床混凝土。

5）浮置板轨道道床施工

钢弹簧浮置板道床采用钢筋笼法施工，首先进行道床基础的浇筑，中心水沟处铺设钢板，在基础面上铺一层隔离膜，在基地将钢筋笼、外套筒和轨排拼装好，用专用平板车将梯形轨枕运送到施工地点，用门吊初步吊装就位（轨顶标高满足后期顶升需要），最后浇筑混凝土并养护。待道床混凝土达到设计强度后，顶升道床至设计高度，使减振器承受载荷，道床浮置，并压好密封条。

减振垫式浮置板道床施工采用轨排法施工，首先做好基础和侧墙的混凝土浇筑，铺设减振垫，后续施工与一般整体道床相同。

6）铺设道岔

采用架轨法施工，先在道岔的铺设位置将道岔组装好，用支架将整组道岔架起，依据铺轨基标，调好道岔的方向、轨距、水平，各部位按设计位置检查无误后，最后灌注整组道岔混凝土。

7）地面线整体道床施工

采用架轨法施工，依据铺轨综合图测设铺轨基标，绑扎钢筋（含防迷流钢筋）。在钢轨上安装扣件、垫板、套管后将其固定在设计位置组成轨排，用施工机具、钢轨支撑架架设轨排，按铺轨基标调整钢轨方向水平及轨距，最后浇筑C40混凝土道床及承轨台，当混凝土道床达到7d强度后，精确确定线路中心线位置，调整轨道轨距、方向，形成60kg/m钢轨道床。

8）CRTS双块式无砟轨道

首先进行底座施工，铺设隔离层，在隔离层上测量出轨道板的位置，轨道板定位粗调、精调、复测，灌注自密实混凝土，铺设钢轨。

(3) 铺轨基地及铺轨方案

根据对沿线现场勘察，考虑钢轨及轨枕的大件运输和轨通后的设备安装对运输要求，及对车辆基地的平面位置及基地内轨道布置综合考虑。

2. 车辆基地轨道施工（包括车辆段和停车场）

(1) 碎石道床施工

车辆段和停车场库外线采用50kg/m钢轨轨枕碎石道床普通轨道,轨道的施工方法采用铁路碎石道床碾压施工工法施工,具体施工程序如下:

检查路基面的成型标准。包括中线、标高、路基面宽、路拱;测量定位,直线和圆曲线每25m设一组中线桩、边桩,缓和曲线,并测定松散道砟的铺设高度。

按设计的枕底标高并考虑松散系数算出的预留高度一次铺足道砟,然后用推土机推平。

用压路机压实轨下及两侧各50cm范围内的道砟,并配以人工局部整平,直到达到设计标准。

整道、完成铺轨施工后采用一次上足道砟方法,道床一次成型,与铺轨排无干扰。只需少量的抬道、整道、拨道,枕底下部道砟不需要捣固、不需要压道,可以大大提高整道的速度。道床平整,密实,轨枕一次铺设到位,铺轨质量高,施工完成后轨道即可正常使用。

(2) 库内外整体道床施工

库内整体道床采用短枕式,库外整体道床采用长枕式,采用架轨法施工。检查坑整体道床施工与建筑结构专业施工相配合进行。

3. 轨道附属设备

(1) 线路标志及信号标志

正线线路标志有百米标、坡度标、曲线要素标、桥号标、水准基标、道岔编号标等,信号标志有限速标、停车标、终点停车标、警冲标、车挡表示器等。

(2) 地面线路及信号标志

地面线所设各种标志形式尺寸采用地面铁路标准。

(3) 地下线路及信号标志

整体道床地段用标志与已运营地铁的标志统一。为确保行车安全、增加标志的显示距离,行车用标志均采用反光材料作为标志面,反光材料为Ⅰ级逆反射材料,底板可采用薄铝板(厚度为2mm)。标志为白底,边框、字、箭头等为黑色。

跨渠桥整体道床地段行车用标志,安装在司机易见的行车方向右侧电缆挂架上。

地下隧道整体道床地段行车用标志安装在隧道边墙上,底边距轨顶面1.3~1.85m,只有警冲标置于整体道床上。

警冲标设在两会合线路的后方,两线间距大于等于3.6m的中点处,具体位置见线路图。

(4) 车挡

正线在正线起、终点、停车线设缓冲滑动式车挡,车辆受撞点为车钩,车挡允许撞击速度不大于15km/h,车挡占用线路长度不大于15m。均采用厂制定型设备,且需与线路采用车辆的相关参数相统一。

4. 铺轨

(1) 原则上整体道床地段全部铺设无缝线路。

(2) 一般情况下,隧道内、U形结构的曲线超高采取外股钢轨抬高一半超高值、内股钢轨降低一半超高值的办法设置。地面线超高采取外轨抬高超高值的办法设置。

5. 过轨管线及轨连线

(1) 过轨管线

信号、供电、给排水等设备专业有很多管线从轨道结构中穿过，过轨管线由相关专业设计提供具体位置、管径、材质、长度、数量、具体要求给轨道设计，轨道设计编制过轨管线图表，正式下发给轨道承包商施工。

穿越轨道道床的预埋管线最大内径一般不大于100mm，若需预埋下大管线，需特别协商。

横穿管只能从相邻的轨枕空档之间穿过道床，对于φ50～70mm的横穿管，每处空档最多只能穿2根；对于φ75～100mm的横穿管，每处空档只能穿1根。特殊情况需与设计单位另行协商。

(2) 轨连线

信号、供电等专业如有连线需与钢轨进行连接，应尽量采用塞钉法，在钢轨轨腰钻孔的直径不大于28mm，孔中心间距不得小于150mm。若采用焊接方法，则必须满足以下技术要求：

只能在轨腰中部实施焊接。

在钢轨上实施焊接的方法及工艺，必须保证施焊后钢轨机械性能损失在一定范围内：抗拉强度及屈服强度不小于母材80％，硬度不低于母材90％，冲击韧性不低于母材60％。

每一处焊点均应进行超声波探伤，探伤前需将施焊处温度冷却到50℃以下，浇水冷却时钢轨温度不得高于240℃，施焊处不得产生过烧、裂纹等有害缺陷。

施焊处钢轨的金相组织应为珠光体，允许有少量铁素体，但不允许出现马氏体或明显的贝氏体组织。

焊接热影响区的晶粒度与母体相比，差值不得大于一级。

6.3.6 接口关系及协调

1. 与土建管理界面

(1) 与高架车站及区间土建施工单位界面管理

主要涉及场地移交、施工面的交接工作，临时便道使用、临水临电移交．交接手续办理后，属地管理责任为轨道承包商。

(2) 与地下车站及区间土建施工单位界面管理

同高架段。因地下车站及区间工期长，情况复杂，可能出现分段分期移交情况，需要土建承包商大力配合，尤其是下料口及端头井使用等问题。另外土建承包商车站主体施工完毕后，进行站台板、OTE风道的施工，可能与轨道施工冲突，需从全线角度统筹考虑，宜优先满足轨道施工的需要。

(3) 与车辆段、停车场施工单位界面管理

根据目前管理模式，临水临电由土建施工单位提供到主要工作面，场地移交同上。另外库内整体道床及平交道存在接口，柱式检查坑和壁式检查坑轨顶下500mm范围的整体道床为轨道专业施工，一般整体道床为混凝土垫层面以上为轨道专业施工，试车线和与地面连接的过渡段钢筋混凝土层由轨道专业施工，库前平过道最外侧线路的中心线外侧1.25m的道路由土建施工单位施工，股道之间的道路由轨道专业施工、库外线路基顶面

以上为轨道专业施工。

2. 轨道承包商自身接口

当一条线路的铺轨单位为两个标段时,主要是分界点里程应在招标文件及合同中明确。另外也应在招标文件及合同中约定,为满足总工期要求,根据现场情况,业主有权对分界里程调整,两个轨道施工标段应服从业主统一调整,采用综合单价、按实计量方式解决矛盾。

3. 与供电(接触轨)专业接口

(1) 此界面在走行轨牵引回流点与走行轨的外引接的连接点,轨道专业负责配合供电专业进行连接板与走行轨的焊接。

(2) 提供过轨电缆防护要求,由轨道专业负责提供并负担有关费用,并负责组织相关专业共同隐检确认。

(3) 如接触轨与供电的界面在接触轨的外引接的连接点,轨道专业按照相关图纸的电缆安装要求在接触轨提供安装条件。

(4) 轨道专业与接触轨专业应是全线轨行区属地管理承包商,在铺轨阶段为轨道专业,长轨施工完成后应交由接触轨专业作为属地管理方。

(5) 正线接触轨支架固定在道床上,支架间距为5m,车辆段、停车场区内接触轨支架固定在混凝土轨枕上,支架间距为7个轨枕间距,木枕区段采用螺纹道钉固定。因此轨道专业的安装精度等显得尤为重要,相互间配合也多,在招标文件中应将该要求列至技术要求中。

(6) 根据供电专业图纸,轨道专业需在道床内相应位置埋设电缆过管及预埋件。施工整体道床时,需要满足防迷流专业要求。

4. 与通信、信号等系统专业接口

通信、信号等系统专业有过轨管线需求,应由各设计单位提供给轨道设计统一下发给轨道承包商施工。

(1) 与通信专业接口时,通信专业提供过轨电缆防护要求,由轨道专业负责组织相关专业共同隐检确认。

(2) 与信号专业接口时,信号专业提供过轨电缆防护要求,由轨道专业负责提供并负担有关费用,并负责组织相关专业共同隐检确认。

(3) 轨旁信号设备的安装由信号全部负责。轨道专业负责按道床施工图纸要求建设设备基础、预留安装条件。

(4) 根据信号图纸,在轨道相应位置留置绝缘缝,轨缝的大小与绝缘板厚度相一致。在信号系统承包商安装绝缘节时,积极进行配合。

(5) 轨道专业在后期应配合信号专业,进行道岔转辙机的安装及调试,配合内容包括转辙机安装前、转辙机坑的预留、转辙机拉杆槽的预留、转辙机机架的固定及道岔基本轨的钻眼、道岔尖轨阻力及尖轨与基本轨密贴的调整等。轨道专业应配合信号专业进行回流线的焊接以及轨旁电路焊接。

5. 与给水排水专业接口

轨道专业应按照设计图纸预留横向排水沟槽。另外给水排水专业与轨道专业在区间也存在交叉作业,应统一按轨行区管理办法执行。

6. 与屏蔽门专业接口

屏蔽门专业基本采用铺轨基标作为屏蔽门安装的标高及限界控制，必要时需直接测量钢轨面作为安装依据，与轨道专业在测量控制点上存在配合问题。

7. 与人防专业接口

人防门预埋件及门槛由人防门承包商提供图纸，土建主体承包商负责预埋和浇筑，包括连接两侧水沟的预埋管等，轨道承包商给予配合。

8. 与防灾报警系统接口

防灾报警系统提供过轨电缆防护要求，并负责组织相关专业共同隐检确认。

9. 与综合监控系统（含 BAS、SPS）接口

综合监控系统（含 BAS、SPS）提供过轨电缆防护要求，并负责组织相关专业共同隐检确认。

6.4 轨道工程验收及竣工资料

单位工程验收分预验收和正式验收。总监理工程师组织单位工程预验收、参与业主组织的单位工程验收、质量验收、竣工验收。

6.4.1 单位工程预验收

单位工程预验收在所含分部工程质量通过验收的基础上进行，因特殊原因也可将个别分部工程甩项进行验收。

总监理工程师应组织专业监理工程师，依据有关法律、法规、工程建设强制性标准、设计文件及施工合同，对承包商报送的竣工资料进行审查，并对工程质量进行竣工预验收。对存在的问题，应及时要求承包商整改。整改完毕由总监理工程师签署工程竣工报验单，并应在此基础上提出工程质量评估报告。工程质量评估报告应经总监理工程师和监理单位技术负责人审核签字。

1. 预验收条件及验收准备

（1）承包商已完成设计及合同约定的各项工作内容，自检合格；所含各分部工程的质量均验收合格；对各分部验收中存在的问题已整改完成，并报监理复查确认；有完整的质量控制资料；有关安全和功能的检测、测试和必要的认证资料完整；主要功能项目的检测结果符合质量验收规范的规定；观感质量符合验收要求；建设过程中监理、建设、质监部门提出的问题均整改完毕。

（2）对承包商提供材料进行审核并确认。对质监部门、建设、监理单位历次会议、检查、验收中提出的问题进行闭合检查。

（3）针对工程实体和资料编制《质量评估报告》，整理完整的监理档案资料。

（4）在验收前提前通知参建单位各方，筹备预验收会议的召开。

2. 预验收工作具体内容：

（1）依据有关法律、法规、工程建设标准、设计文件及合同等，审查承包商的竣工资料。

（2）负责组织准备监理竣工验收资料。

（3）按验收要求对现场工程实体外观质量、功能进行检查，并形成记录，对不符合项通知承包商进行整改，并复查签认。

（4）组织召开单位工程预验收会议，并作质量评估报告。

（5）分组对工程实体进行检查，主要复查验收前检查时提出问题的整改情况，并进行观感质量检查，必要时进行实测实量。对施工、监理的技术文件资料进行检查验收。

（6）对存在的问题进行汇总并确定整改期限，完成验收资料。督促整改验收存在的问题，并对整改回复进行逐条确认，由总监审批。

（7）协助业主做好竣工验收准备工作，编写竣工验收方案。

（8）对工程质量缺陷进行检查和记录，对修复后的工程质量进行验收和签认。对工程质量缺陷的检查和记录，以及修复后的工程质量进行的验收和签认，均应以监理报告的形式上报业主。

（9）按规定审查承包商的竣工图纸及相关资料，并对工程质量进行工程预验收。

（10）协助业主组织设计单位、施工承包商、设备供货单位和有关部门对工程进行施工验收。

6.4.2 单位工程竣工验收

竣工验收程序及监理工作详见第 12 章。

第 7 章　城市轨道交通工程机电安装施工监理

地铁机电安装工程一般在土建主体结构完成之后进行。在施工前，需要对车站、隧道进行实地勘察、复核及分析，对施工过程中可能出现的位置偏差进行测量复核，以确保安装工程的尺寸、位置符合设计要求。一般地铁机电安装工程与装修工程同时进行，需要时刻与装修配合或交叉作业施工。机电系统在地铁建设之中担负着中枢的作用，犹如人体的血液、神经及消化系统，因此保证机电系统良好运作，就意味着地铁能够安全、稳定、高效的运作。为了确保机电系统在日后工作中良好的运作，不仅需要相关工作人员对地铁机电系统有着深刻的了解，还应对施工管理以及现场作业做到规范化、标准化、精细化。因此，应该在施工准备阶段良好、有效地执行样板先行制度，通过对样板的验收和评价将施工样板作为工程的质量标杆，在质量管理中起到良好的示范作用，避免正式施工阶段因大面积返工造成工期、品质和成本等各方面的损失。同时也可以将样板质量作为工程质量验收的标准和依据之一。安装工程样板墙实例如图 7-1 所示。

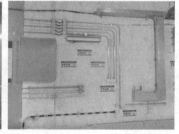

图 7-1　安装工程样板墙实例

7.1　给水排水工程

给水排水工程主要包括车站的生产、生活给水系统、排水系统、消防系统、灭火器设置、系统之间接口以及与其他相关专业的接口配合。给水系统包括生产、生活和消防给水系统，并采用生产、生活给水和消防给水分设的系统。排水系统主要包括污水系统、废水系统、雨水系统。排水采用分流制。其中污、废水排入城市污水管道，雨水排入城市雨水管道。

7.1.1　施工准备中的监理工作

1. 承包商资质与施工组织设计或施工方案审查

给水排水专业监理工程师进驻项目现场后，须参加对承包商资质与施工组织设计、专项施工方案的审查。

（1）对承包商资质着重审查以下内容：

1）有效的施工承包合同。

2）承包范围与其企业资质等级是否相符，了解其相关工程实际，特殊专业是否有专用的施工许可证件，如压力容器的专业施工，消防系统的专业施工与调试等。

3）主要管理人员的资质与业绩，特殊工种操作人员上岗证等。如焊工等工种。

（2）对承包商提交的施工设计或方案着重审查以下内容：

1）实时性（承包商应在施工前提出）。

2）针对性（针对工程环境、工艺技术、设计要求的特异性提出有效的质量保证措施）。

3）技术保证（方案中提出的施工工艺技术符合本工程设计及工程技术难点的施工要求）。

4）人力资源（工程进度）保证（施工企业的人力资源、物力资源配置、投入满足合同规定的工期及质量要求）。

5）施工质量保证体系，工程质量目标明确，质量管理组织机构健全；质量管理三级（企业、项目部、施工班组）网络完整，质量管理人员资质及数量符合要求；质量管理人员岗位职责明确；原始记录表格齐全，所用仪器、仪表合格有效；过程质量控制计划严密；质量反馈及时到位。

2. 材料、设备进场核验

（1）对承包商提交的有关材料、设备供应计划进行审核，审查其规格、型号、数量及技术要求是否与设计相符，进场时间与工程进度计划是否相符。

（2）凡进场的主要材料，设备必须在进场核验时，向监理提交符合要求的有关质保书、合格证及设备供应商的资质，并先由承包商检验合格后，填写报验申请单，报监理核验。

（3）监理接到有关材料、设备进场报验单后，先核对质保文件是否符合要求、规格、参数等是否与设计图纸相符，并按以下方法核验：

1）设备主要是检查外观是否完好无损，辅助设备、附件等是否与开箱清单相符。

2）主要材料作常规性检查，如钢管、铸铁管、UPVC等管材按标准和规范核查，其中钢管、型钢、钢板等材料，须重点检查壁厚、椭圆度、镀锌层完好性及外观（管材）弯曲变形（程度），表面锈蚀，裂纹等情况；铸铁管等材料，重点检查壁厚、内壁清渣光洁情况，有无裂缝、砂眼及其他缺陷；UPVC等管材，重点检查壁厚、弯曲变形、裂纹、光洁、色差等。并根据《建筑给水排水及采暖工程施工质量验收规范》GB 50242和当地地铁公司的要求对需要取样复试的材料进行见证取样，对监理需要平行检验和进场试验的材料进行现场测量和试验旁站，并记录数据（按规范要求对需要进行现场试验检测的实施旁站工作；无需试验检测的应做好平行检验工作）。

3）核验后，监理方与承包商、供货商在核验申请单或开箱检验单上共同签字认可，三方保存归档。

7.1.2 施工过程中的监理工作

1. 预备验收

（1）墙体（墙、板等结构）预留洞的位置核对验收。原有土建工程预留洞口应提请业主及时组织原土建施工企业与安装施工企业现场复核办理交接手续，并形成程序文件由各与会方共同签字归档。

(2) 验收程序为先施工班组自检，再由承包商质检员检验，合格后报监理核验，并附自检合格记录，监理核验合格并签字认可后方可封模。

(3) 监理核验主要核对规格、尺寸、轴线、标高等是否符合设计与规范要求，预留验收时还须注意以下几点：

1) 给水排水施工一般应以水施图为准，当遇有与土建相关图纸矛盾或不一致时，应提请业主与设计院协调（业主安排设计院到场确认）。

2) 预留时，不得切断梁、柱主筋，如发生矛盾，应及时提请（业主安排设计到场确认）设计协调。

3) 凡属安装工程但施工中明确有土建分工预留的孔洞和埋件，应由土建与安装人员互相交验后方许进入下道工序。

(4) 《隐蔽工程验收记录》经承包商与监理签字认可后，由监理与承包商分别留档保存。

2. 管道安装检查与验收

管道安装过程中，监理应经常到现场巡视检查，了解工程进展，检查安装质量情况，在巡视中可重点检查以下几方面内容：

1) 管道的材质，接口形式以及各种附件，是否符合设计与规范要求。

2) 管道的支、吊架的形式、间距、数量、材质及制作安装质量、固定方式、外观等是否符合设计和规范要求。

3) 管道安装时不得乱敲乱凿，破坏土建结构，如必须在承重剪力墙上开凿洞，须经土建专业协商，必要时可请设计院解决。

4) 施工中，施工方应有防止杂物落入管内的相应措施，并做好成品保护及交底工作。

5) 各种管道配件的使用应符合设计和施工规范的规定（如排水系统中45°弯与90°门弯，以及顺水三通、四通的使用，以及水泵吸水管和偏心大小头的使用等）。

6) 室外管道的沟槽、地基及管道基础、垫层等应符合设计和施工规范要求。

7) 管道系统中的各种阀门、水表等，管道附件安装完毕后，应按班组自检、专职质检员检验、监理核验的顺序进行分项验收，监理重点核查型号、规格、安装位置、安装方式是否符合要求，操作是否方便，外观是否整洁平整，附件的严密性在管道系统试验时是否符合要求。

(1) 室内给水管道安装

1) 管道安装施工工艺流程：配合土建预留预埋→管位与支架确定→管道连接→干、支管安装→阀件安装→管道试压→防腐、刷油和保温→系统冲洗和消毒。

2) 督促承包商按上述工艺流程有序进行施工和管理，并监督施工方建立严格的管材阀件等器材进场质量验收制度，防止劣质器材用于工程。

3) 对管线比较复杂的工程，可以采用BIM建模技术里的管线碰撞发现图纸上的各类矛盾，在图纸会审时，及时解决各类矛盾，并督促承包商各工种之间加强协调配合，及时解决施工中出现的有关问题。

4) 对给水管道安装过程中易出现的套丝、填料、垫片、焊接等方面的质量通病，应督促承包商及时采取相应预防措施。

(2) 室内排水管道安装

1) 管道施工工艺流程：

±0.000 以下排水管道施工工艺流程：配合土建预留预埋→管道定位与管沟开挖及处理→管道对接→施工灌水试验与防腐刷油→回填管沟、分层夯实。

±0.000 以上排水管道施工工艺流程：配合土建预留预埋→管道支架定位、放样→预制管段立管安装→横、支管安装→系统通水与立管通球试验及管道刷油。

2) 督促承包商按上述工艺流程有序进行施工和管理，并监督施工方建立严格的器材进场质量验收制度，核对质保文件和作外观检查。

3) 埋地和暗装管道的坡度检查和灌水试验，必须在隐蔽前进行，并办理验收手续。

4) 排水横管施工时坡度不得小于最小坡度要求，也不宜过大。管件应尽可能选用阻力小、水流条件好的顺水三通、四通、45°弯等。

5) 雨水管道不得与生活污水管道相连接，雨水漏斗连接管应固定在承重结构上。

(3) 室外给水、排水管道的安装

1) 管道施工工艺流程：

测量定位与打桩放线→开挖沟槽与工作坑及排水管道基础施工→管道对口、坡度调整→接口安装施工→管道试压或试水→回填管沟→给水管冲洗消毒。

2) 督促承包商按上述工艺流程有序进行施工和管理，并监督施工方建立严格的材料进场质量验收制度，凡用于工程的器材和辅助材料必须符合设计要求和有关产品质量标准。

3) 开挖沟槽应确保槽底土层自然结构不被破坏，严禁超挖，如沟底土质松散或遇有块石障碍，应按要求进行适当处理（提出适当处理方案），经监理认可后，方可继续施工。

4) 在地下水位较高，雨季或冬季安装管道，应根据实际情况采取降水、排水或防冻等措施。

5) 有防腐要求的管道，下管与回填管沟前应对防腐层进行检查验收，合格后方能下管与回填隐蔽。下管前，施工方应先自检管道基础尺寸、坡度标高和中心线位置是否符合设计要求，合格后，报监理验收。

6) 各种形式的管道接口，其材料与结构应符合设计要求和施工规范规定，接口完毕后，应采取措施加强养护，承插管道的承插口应与水流方向相反。

7) 给水管道水压试验前，试压所用压力表应经核验，水压试验经监理认可后，应及时回填管沟，并按施工规范要求分层夯实。

8) 排水管道闭水试验验收合格后，应及时回填管沟，严禁晾沟，管顶上部 500mm 以内，不得回填直径大于 100mm 的块石和冻土块，回填土应分层夯实。

9) 阀门井、检查井等井口标高应与地坪或路面施工配合，符合施工规范要求，排水检查井应按规范要求做流槽。

(4) 管道的验收

管道安装完毕后，应分系统、分区段进行分项验收，其程序为承包商班组自检并经专职质检员检验合格后，方可报监理核验，并附自检记录，监理核验时重点注意以下几个方面：

1）各种管道试验应在管道安装已经检查验收，符合要求后再进行。

2）各种管道的水压、灌水、通水、通球等试验应按设计要求进行，不明确的按施工规范进行。

3）所有隐蔽管道（如墙、板、柱内、吊顶内、埋地、防腐保温等）的水压、灌水试验和验收须在隐蔽之前进行，未经验收不得隐蔽。

4）管道试验时，要有相应的防止漏水污损各种成品的保护措施，试完的水要集中排放。

（5）管道的水压试验（强度试验、严密性试验）

1）管道试压一般分单项试压和系统试压两种，单项试压是在干管敷设完后或须隐蔽部位的管道安装完毕后，按设计或施工规范要求进行水压试验，系统试压是在全部干、立、支管安装完毕后，按设计和规范要求进行水压试验。

2）系统试压前，应做好试压前的有关各项准备工作，对系统作一次检查，暂拆去与试压无关的阀件、仪表，用堵件堵严各预留口，并隔离与试压无关的设备，调整好管路中各处阀门开关状态及考虑好系统排气和泄水需要。

3）联接的试压泵宜放在管道系统最低点，或室外管道入口处。可根据系统分区、分段情况试压。系统试压时，压力表应设两个，一个在试压泵出水阀后作测定试验压力用；另一个安装于系统末端或顶部，作核对试验压力用，压力表应经校验合格，精度不低于1.5级，压力表量程满足规范要求。

4）管道试压时，当压力升到试验压力时，停止加压，检查全部系统渗漏处，做好标记，并进行修理后，重新进水试压和复查，如管道不漏，并持续到规定时间，压力降在允许范围内，视为试验合格。施工方试验时应及时填写试压记录，并在监理见证下办理验收记录。

5）管道试压合格结束后，应对系统作妥善恢复，拆除试压泵和水源及无关临时管件，冬季应把系统内存水泄净，以防冻坏管道和设备。

（6）灌水试验

1）室内排水管道埋地及吊顶、管井内隐蔽工程在封闭、回土前，都应进行灌水试验，室内排水雨水管，安装完毕亦应作灌水试验。

2）灌水试验前，应将各预留口采取措施堵严，在系统最高点留出灌水口，楼层吊顶内管道灌水试验时应在下一层立管检查口用橡皮球塞或胶囊充气堵严，由本层预留口处灌水试验。

3）试验时，由灌水口将水灌满，按设计或规范要求的规定时间对管道系统的管材及接口进行检查，如有渗漏现象应及时修理后，重新进行灌水试验，直至无渗漏现象后，视为试验合格，施工方试验时应及时填写试验记录，并在监理见证下办理验收记录。

（7）管道系统冲洗

1）管道系统冲洗应在管道试压合格后，调试运行前进行，冲洗前应做好相关准备工作和检查，并暂时拆去阻碍水流通过的相关阀件、仪表等。

2）管道冲洗进出水口位置应选择适当，确保管道系统内杂物冲洗干净，排水应接至排水井或沟内。

3）冲洗时，以系统内可能达到的最大压力和流量进行，直到出口处水色与透明度与入口处目测一致为合格，各种管道经冲洗合格后，应恢复管道系统原状态。

3. 卫生器具的安装检查与验收

卫生器具安装施工工艺流程：

预埋支架（或木砖）→器具定位→安装支架→安装器具→安装上下连接管道及五金配件→盛水与通水试验→配件调整、调试。

（1）督促承包商按上述工艺流程进行施工和管理，并督促施工方对卫生器具进场时加强质量验收，核对规格、型号、品牌和质保文件，做详细外观检查。

（2）卫生器具安装时应督促安装单位与土建、装饰单位紧密配合，除蹲式大便器和浴盆及地漏外，其余卫生器具均应待抹灰、喷白、镶贴瓷砖等作业完毕后再安装。

（3）卫生器具的安装宜采用预埋螺栓或膨胀螺栓固定，如用木螺钉固定，预埋的木砖须作防腐处理，并应深入墙面10mm，器具支托架安装须平整、牢固。

（4）瓷质器具安装时，应防止损伤瓷面，用螺栓固定时，应用软垫片，拧紧时不得用力过猛。

（5）有饰面的浴盆，应在排水口部位留有检修门。

（6）卫生器具安装完毕后须经自检合格后，报监理核验。监理重点核查安装的位置及安装方式是否符合有关设计与规范要求，安装是否平整、稳固、美观，有无污损，启闭是否灵活，进排水是否畅通，有无渗漏现象等。

4. 设备的安装检查与验收

（1）水泵、气压罐等设备安装施工工艺流程：

基础验收→设备验收→水泵、气压罐等设备必要的解体清洗→水泵、气压罐等设备就位找正→水泵联轴器调整→灌浆固定、校正→单机试运转→系统联动试运转。

（2）督促承包商按上述工艺流程有序进行施工和管理，并监督施工方对水泵、气压罐等设备进场时加强质量验收，重点核查型号、规格及质保书和安装使用说明书等。

（3）设备混凝土基础施工时应加强与土建专业的配合，进行中间交接检查，主要复核设备基础的标高、位置及预留预埋孔洞（预留孔洞、预埋螺栓）数量与大小等是否与设计图纸相符，以及基础混凝土强度是否符合要求。

（4）设备的就位吊装应有施工方案，并提交监理审查其方案的可行性及安全性。设备安装完毕后应及时填写设备安装记录。

（5）泵、气压罐等设备安装完毕并经承包商检验合格后，报监理核验，并附安装记录，监理核验的重点是轴线、标高、水平与垂直度、地脚螺栓与垫块、二次灌浆及各种附件的连接安装以及水泵联轴器间隙、同心度等是否符合设计与施工规范要求。

（6）各种设备在安装验收通过后方可进行单机试车，单机试车由承包商负责进行（由厂家负责安装的厂家进行），并应通知监理和业主代表参加，试车前应做好各项检查和准备工作，试车按施工规范要求进行。试车结束后，由承包商填写试车记录，报监理认可。

5. 系统联动试车

（1）系统联动试车应在系统内所有设备安装验收和单机试车合格，以及系统内所有管线安装、试验验收合格后进行。

（2）系统联动试车由监理单位组织，并视情况由业主通知设备生产厂家和设计单位参加。

（3）系统联动试车前应明确试车要求，检测项目以及时间、步骤、人员分工、应急措施等，试车结束后，应整理出试车记录，由参加单位代表签字。

6. 竣工及竣工图资料审查

单位工程的竣工验收应在分项、分部工程验收合格的基础上进行，由业主组织施工、设计、监理及有关单位联合验收，并应做好验收记录。

工程竣工验收时，应具有下列资料
（1）施工图，竣工图及设计变更文件。
（2）设备和主要材料的合格证或试验记录。
（3）隐蔽工程验收记录、中间试验记录及工程质量事故处理报告。
（4）设备试运转记录，系统试压、冲洗、调试和联动试验记录。
（5）分项、分部和单位工程质量检验评定记录。
（6）系统调试报告。

工程竣工后，监理应按施工验收规范规定和各地档案管理要求，对承包商提交的竣工资料进行审查。

7.1.3 监理检查要点

1. 强制性条文
（1）地下结构外墙有管道穿过的，应采取防水措施；对有严格防水要求的建筑物，必须采用柔性防水套管。
（2）各种承压管道系统和设备应做水压试验，非承压管道系统和设备应做灌水试验。
（3）给水管道必须采用与管材相适应的管件，生活给水系统所涉及的材料必须达到饮用水卫生标准。
（4）生活给水系统管道在交付使用前必须冲洗和消毒，并经有关部门取样检验，符合《生活饮用水卫生标准》GB 5749 方可使用。
（5）室内消火栓系统安装完成后，应取顶层（或水箱间内）试验消火栓和首层取两处消火栓做试射试验，达到设计要求为合格。
（6）隐蔽或埋地的排水管道在隐蔽前必须做灌水试验，其灌水高度应不低于底层卫生器具的上边缘或底层地面高度。
（7）室外排水管道的坡度必须符合设计要求，严禁无坡或倒坡。

2. 基本规定
（1）管道穿过结构伸缩缝、抗震缝及沉降缝时，应根据情况采取保护措施。
（2）管道支、吊、托架的安装及间距应符合规范要求。
（3）卡箍（套）式连接两管口端应平整、无缝隙，沟槽应均匀，卡紧螺栓后管道应平直，卡箍（套）安装方向应一致。

3. 对地下站给水排水的专门要求
（1）给水排水管道穿越隧道外墙结构时，必须设置防水套管，穿越内部结构时，可预留孔洞或预埋套管。
（2）给水排水管道及附件应按设计要求进行防腐、保温和防杂散电流的绝缘处理。
（3）管道采用法兰连接、丝扣连接、承插连接时应符合规范要求。
（4）给水管道阀门安装完毕，应及时设置支座并固定牢固。

（5）水泵的管口与管道连接应严密，无渗漏水现象。

（6）水泵试运转时，电动机电流不超过额定值，电机转动方向正确，无卡阻现象和异常声响，仪表指示正确，水泵填料处滴水正常，各密封部位无渗漏水现象。

4. 对室内给水及消火栓安装的要求

（1）管道连接方式应符合设计要求，如无设计要求时，管径小于或等于100mm的镀锌钢管应采用螺纹连接，套丝扣时破坏的镀锌层表面及外露螺纹部分应作防腐处理；管径大于100mm的镀锌钢管应采用法兰或卡套式专用管件连接，镀锌钢管与法兰的焊接处应二次镀锌。

（2）给水引入管与排水排出管的水平净距不得小于1m。室内给水与排水管道平行敷设时，两管间的最小水平净距不得小于0.5m；交叉铺设时，垂直净距不得小于0.15m。给水管应铺在排水管上面，若给水管必须铺在排水管的下面时，给水管应加套管，其长度不得小于排水管管径的3倍。

（3）水表应安装在便于检修，不受曝晒、污染和冻结的地方。螺翼式水表的表前与阀门应有不小于8倍水表接口直径的直线管段，表外壳距墙表面净距为10～30mm。

（4）箱式消火栓的安装应符合规范要求。

（5）立式水泵的减振装置不应采用弹簧减振器。

5. 对室内排水安装的要求

（1）生活污水塑料管道的坡度必须符合规范的规定。

（2）排水塑料管必须按设计要求及位置装设伸缩节。如设计无要求时，伸缩节间距不得大于4m。

（3）金属排水管道上的吊钩或卡箍应固定在承重结构上。固定件间距：横管不大于2m；立管不大于3m。楼层高度小于或等于4m，立管可安装1个固定件。立管底部的弯管处应设支墩或采取固定措施。

（4）通向室外的排水管，穿过墙壁或基础必须下翻时，应采用45°三通和45°弯头连接，并应在垂直管段顶部设置清扫口。

（5）由室内通向室外排水检查井的排水管，井内引入管应高于排出管或两管顶相平，并有不小于90°的水流转角，如跌落差大于300mm可不受角度限制。

（6）用于室内排水的水平管道与水平管道、水平管道与立管的连接，应采用45°三通或45°四通和90°斜三通或90°斜四通。立管与排出管端部的连接，应采用两个45°弯头或曲率半径不小于4倍管径的90°弯头。

（7）雨水管道如采用塑料管，伸缩节安装应符合设计要求。

6. 对卫生器具安装的要求

（1）排水栓和地漏的安装应平正、牢固，低于排水表面，周边无渗漏。地漏水封高度不得小于50mm。

（2）卫生器具交工前应做满水和通水试验。

（3）卫生器具的支、托架必须防腐良好，安装平整、牢固，与器具接触紧密、平稳。

（4）与排水横管连接的各卫生器具的受水口和立管均应采取妥善可靠的固定措施。管道与楼板的接合部位应采取牢固可靠的防渗、防漏措施。

（5）连接卫生器具的排水管道接口应紧密不漏，其固定支架、管卡等支撑位置应正确、牢固，与管道的接触应平整。

7. 对室外给水管网安装的要求

（1）在无冰冻地区，埋地敷设时，管顶的覆土埋深不得小于500mm，穿越道路部位的埋深不得小于700mm；如无法满足要求时，应提请业主安排设计提供加固保护措施。

（2）管道接口法兰、卡扣、卡箍等应安装在检查井或地沟内，不应埋在土壤中。

（3）镀锌钢管、钢管的埋地防腐必须符合设计要求，如设计无规定时，可按规范要求执行。

8. 对室外排水管网安装的要求

（1）沟基的处理和井池的底板强度必须符合设计要求。

（2）排水检查井、化粪池的底板及进、出水管的标高，必须符合设计，其允许偏差为±15mm。

7.2 通风与空调工程

车站通风与空调安装工程主要包括车站两端区间隧道活塞通风系统、机械通风系统兼排烟系统（简称TVF系统）、车站站台门外轨道排热系统兼排烟系统（简称TEF系统）、车站站厅和站台公共区通风空调兼排烟系统（简称大系统）、车站设备管理用房通风空调兼排烟系统（简称小系统）、车站空调冷冻及冷却水系统（简称水系统）等。

7.2.1 施工准备中的监理工作

1. 承包商资质与施工组织设计或方案审查

（1）对承包商、分包商的资质审查着重以下内容：

1）了解其承包范围与其企业资质等级是否相符、相关工程业绩，特殊专业是否有专用施工证件；

2）主要管理人员的资质与业绩，特殊工种操作人员上岗证，如焊工等。

（2）对承包商提交的施工组织设计或方案着重审查以下内容：

1）在总体上对现场施工的人力和物力、技术和组织、时间和空间、环境和场地等各方面是否做出了相对的合理安排，是否能达到指导现场施工的重要作用；

2）对有关施工的流向和顺序的安排是否正确，施工方法是否正确；

3）有无应用流水作业原理和网络计划技术编制施工进度计划，人力、物力的配备计划安排是否合理；

4）主要施工技术及组织措施是否适用；

5）是否建有有效的质量保证体系和安全保证体系。

2. 材料、设备进场核验

（1）对承包商提交的有关材料、设备供应计划进行审核，审查其规格、型号、数量及技术要求是否与设计相符，进场时间与工程进度计划是否相符。

（2）凡进场的主要材料、设备必须在进场核验时，由承包商或供货商向监理提交符合要求的质保书、合格证、生产许可证以及有关安装调试和使用说明书等技术资料，并先由承包商检验合格后，填写报验申请单，报监理核验。

(3) 核验后，检验各方在核验申请单或开箱单上共同签字认可并保存归档。

7.2.2 施工过程中的监理工作

1. 预留、预埋验收

(1) 钢筋混凝土中的有关暖通空调预留孔洞及预埋管件等，在隐蔽之前均须办理隐蔽工程验收手续。

(2) 验收程序为先施工班组自检，再由承包商质检员检验，合格后报监理人员核验，并附自检记录，监理核验合格后方可隐蔽。

(3) 对主体工程基面外形尺寸、标高、坐标、坡度以及预留洞、预留件、预埋管道等，对照图纸进行核验，防止遗漏。

(4) 《隐蔽工程验收单》经承包商与监理签字后，由监理与承包商分别留档保存。

2. 金属风管与配件制作

(1) 金属风管的制作尺寸应符合图纸要求。

(2) 风管制作过程中，督促承包商严格按照施工工艺标准进行施工，按规范要求做工序检验。监理应检验风管咬口缝，咬口缝必须连续、紧密、均匀，无孔洞、无半咬口和胀裂现象，不得出现一边宽一边窄的现象，直管拼接的纵向咬缝必须错开。

(3) 风管和配件表面应平整，圆弧均匀，两端面平行，无明显翘角，表面凸凹不大于10mm，风管与法兰连接应牢固，翻边平整，宽度不小于6mm，紧贴法兰。风口转动调节件应灵活，叶片应平直，不和边框碰撞。

(4) 制作金属风管和配件，外径或外边长的允许偏差：小于或等于300mm时，允许偏差不大于2mm；大于300mm时，允许偏差不大于3mm。其中制作法兰，圆形法兰内径或矩形法兰内边尺寸允许偏差不应大于2mm，不平度不应大于3mm。

(5) 风管和配件的钢板厚度应符合设计要求，具体规定见《通风与空调工程施工质量验收规范》GB 50243。

(6) 风管法兰用料：圆形风管 $DN \leqslant 280$mm 的用扁钢，其余的用角钢制作，具体规定见《通风与空调工程施工质量验收规范》GB 50243。法兰的螺栓孔距不得大于150mm，矩形风管法兰的四角部位应设有螺孔。

(7) 矩形风管边长大于或等于630mm和保温风管边长大于800mm，其管段长度在1.2m以上均应采取加固措施。

(8) 风管加工质量应通过工艺性检测或验证，强度和严密性应符合《通风与空调工程施工质量验收规范》GB 50243 要求，风管做风压试验和漏风量试验时，监理要进行旁站（微压风管不用进行漏风量验证）。

(9) 风管部件与消声器制作：

1) 风管首先要达到制作的要求，对圆形风管的圆度差、矩形风管的表面不平整要进行修整。

2) 矩形风管的插板一定要平整，圆形风管的插板要与风管本身的弧度一致。

3) 滑槽是插板式风口的关键部位，滑槽的外形尺寸、上下平行度要严格控制，板边要平整，不得凹凸不平，以确保插板拉动的灵活性。

4) 在制作插板式风口时，应先将滑槽铆接在风管上，然后根据滑槽的外形尺寸，给插板留一定的间隙，插板要实测下料。

5) 散流器的螺杆、方螺母、花螺母等零件要加工到设计要求的公差和粗糙度，并将螺纹表面进行氧化处理。

6) 散流片一般采用氧—乙炔焊接、模压等加工方法制作成型，要保证散流片成型后满足标准图的各项要求，并用样板进行检查，表面不允许有凹凸不平现象，装配后的散流片的周向间隙要分布均匀，不能歪斜。

7) 采用模压制作散流片时，模具各部位的几何尺寸，必须符合设计要求。

8) 消声弯管的平面边长大于 800mm 时，应加设吸声导流片；消声器内的织物覆面层应有保护措施；净化空调系统消声器内的覆面应为尼龙布等不易产尘的材料。

3. 风管系统安装

(1) 材料、设备质量监理

风管系统安装材料、设备质量要求及进场验收监理控制要点见表 7-1。

风管系统安装材料、设备质量要求及进场验收监理控制要点　　表 7-1

项目	监理控制要点
质量要求	1. 风管法兰垫料的材质、规格、厚度符合设计要求，弹性良好，厚度均匀。 2. 风口的尺寸、规格、形式符合设计要求，表面平整、无变形，自带调节部分应灵活、无卡涩和松动。表面喷涂的风口应颜色均匀、无色差，表面无划痕。 3. 风管无法兰连接时，采用法兰插条和弹簧夹的规格、厚度、强度应能满足设计和使用要求。 4. 风阀、柔性短管、风帽和消声器采用法兰连接时，其法兰规格应与风管法兰规格相匹配
进场验收	1. 各种安装材料产品应具有出厂合格证书或质量鉴定文件。 2. 型钢应按照国家现行有关标准进行验收。 3. 螺栓、螺母、垫圈、膨胀螺栓、铆钉、拉铆钉、石棉绳、橡胶板、密封胶条、电焊焊条等应符合产品质量要求，不得存在影响安装质量的缺陷

(2) 施工监理巡视内容

1) 支、吊架安装

① 风管支、吊架宜按国标图集与规范选用强度和刚度相适应的形式和规格。

② 支、吊架的预埋件或膨胀螺栓，位置应正确、牢固可靠，埋入部分不得涂漆，并应除去油污。

③ 悬吊风管应在适当处设置防止摆动的固定点。

④ 支、吊架的标高必须正确，如圆形风管管径由大变小，为保证风管中心线水平，支架型钢上表面应作相应提高。对于有坡度要求的风管，托架的标高也应按风管的坡度要求安装。

⑤ 支、吊架不得设置在风口、阀门、检视门处；吊架不得直接吊在法兰上。

⑥ 安装在支架上的圆形风管宜设托座和抱箍。

⑦ 矩形风管，有保温层时的支、吊及托架宜设在保温层外部，不得损坏保温层。

⑧ 保温风管不能直接与支、吊及托架接触，应垫上坚固的隔热材料，其厚度与保温层相同，防止产生"冷桥"。

2) 风管安装

① 风管安装的位置、标高、走向应符合设计要求。现场风管接口的配置，不得缩小其有效截面。

② 风管安装前,先对安装好的支、吊（托）架进一步检查其位置是否正确,是否牢固可靠。

③ 水平安装的风管,可以用吊架的调节螺栓或在支架上用调整垫块的方法来调整水平。风管安装就位后,可以用拉线、水平尺和吊线的方法来检查风管是否横平竖直。

④ 对于不便悬挂滑车或地势限制,不能进行整体吊装时,可将风管分节用麻绳拉到脚手架上,然后再抬到支架上对正法兰逐节进行安装。

⑤ 非金属风管的安装应符合下列规定:

风管连接法兰两侧必须加镀锌垫圈,安装时应适当增加支、吊架与水平风管的接触面积。

硬聚氯乙烯风管的直段连接长度大于20m时,应按设计要求设置伸缩节。支管的重量不得由干管来承受,必须自行设置支、吊架。

⑥ 复合材料风管安装应符合下列规定:

复合材料风管的连接处,接缝应牢固,无孔洞和开裂。采用插接连接时,接口应匹配、无松动,端口缝隙不应大于5mm。

采用法兰连接时,应有防止"冷桥"的措施。

3）风口安装

① 对于矩形风口要控制两对角线之差不应大于3mm,以保证四角方正;对于圆形风口则控制其直径,一般取其中任意两互相垂直的直径,使两者的偏差不应大于2mm。

② 风口安装表面应平整、美观,与设计尺寸的允许偏差不应大于2mm。在整个空调系统中,风口是唯一外露于室内的部件,故对它的外形要求要高一些。

③ 多数风口是可调节的,有的甚至是可旋转的。凡是有调节、旋转部分的风口都要保证活动件轻便灵活,叶片应平直,同边框不应有碰撞。

④ 在安装风口时,应注意风口与所在房间内线条的协调一致,尤其当风管暗装时,风口应服从房间的线条。吸顶的散流器与平顶平齐,散流器的扩散圈应保持等距,散流器与总管的接口应牢固可靠。

⑤ 明装无吊顶的风口,安装位置和标高偏差不应大于10mm；风口水平安装,水平度的偏差不应大于3‰；风口垂直安装,垂直度的偏差不应大于2‰。

4. 通风与空调设备安装

(1) 材料、设备质量监理

通风与空调设备安装材料、设备质量要求及进场验收监理控制要点见表7-2。

通风与空调设备安装材料、设备质量要求及进场验收监理控制要点　　　表7-2

项目	监理控制要点
质量要求	1. 设备应有装箱清单、设备说明书、产品质量合格证书和产品性能检测报告等随机文件,进口设备还应具有商检部门检验合格的证明文件。 2. 安装过程中所使用的各类型材、垫料、五金用品应有出厂合格证或有关证明文件。外观检查无严重损伤和锈蚀等缺陷。法兰连接使用的垫料应按照设计要求选用,并满足防火、防潮、耐腐蚀性能的要求。 3. 设备的地脚螺栓的规格、长度以及平、斜垫铁的厚度、材质和精度应满足设备安装要求。 4. 设备安装所采用的减振器或减振垫的规格、材质和单位面积的承载率应符合设计和设备安装要求。 5. 通风机的型号、规格应符合设计规定和要求,其出口方向应正确

续表

项目	监理控制要点
进场验收	1. 应按装箱清单核对设备的型号、规格及附件数量。 2. 设备的外形应规则、平直，圆弧形表面应平整，无明显偏差，结构应完整，焊缝应饱满，无缺损和孔洞。 3. 金属设备的构件表面应做防锈和防腐处理，外表面的色调应一致，且无明显的划伤、锈斑、伤痕、气泡和剥落现象。 4. 非金属设备的构件材质应符合使用场所的环境要求，表面保护涂层应完整。 5. 通风机运抵现场应进行开箱检查，必须有装箱清单、设备说明书、产品质量合格证书和产品性能检测报告等随机文件，进口设备还应具有商检部门检验合格的证明文件。 6. 设备的进出口应封闭良好，随机的零部件应齐全无缺损

(2) 施工监理巡视内容

1) 通风机安装

① 风机安装

固定风机的地脚螺栓应拧紧，并应有防松动措施。

通风机叶轮旋转应平稳，停转后不应每次停留在同一位置上。

通风机直接放在基础上时，应用成对斜垫铁找平，垫铁放在地脚螺栓的两侧，并进行固定。

通风机的机轴应保持水平，通风机与电动机若采用联轴器连接时，两轴中心线应在同一直线上。

② 轴流风机安装

轴流风机叶片安装角度应一致，达到在同一平面内运转，叶轮与筒体之间的间隙应均匀，水平度允许偏差为 1/1000。

轴流风机安装在墙内时，应在土建施工时配合留好预留孔洞和预埋件，墙外应装带钢丝网的 45°弯头，或在墙外安装铝制活动百叶窗。

轴流风机悬吊安装时，应设双吊架，并有防止摆动的固定点。

2) 空调器安装

① 分体单元式空调器的室外机和风冷整体单元式空调器的安装，固定应牢固可靠，应无明显振动。遮阳、防雨措施不得影响冷凝器排风。

② 分体单元式空调器室内机的位置应正确，并保持水平。冷凝水排放应畅通，管道穿墙处必须密封，不得有雨水渗入。

③ 整体单元式空调器管道的连接应严密、无渗漏，四周应留有相应的检修空间。

3) 空气处理室及洁净室安装

消声器、消声弯管应单独设置吊架，不得由风管来支撑，其支、吊架的设置应位置正确、牢固可靠。

消声器支、吊架的横托板穿吊杆的螺孔距离，应比消声器宽 40~50mm。为了便于调节标高，可在吊杆端部套 50~80mm 的丝扣，以便找平、找正，加双螺母固定。

消声器的安装方向必须正确，与风管或管件的法兰连接应保证严密、牢固。

当通风、空调系统有恒温、恒湿要求时，消声设备外壳应做保温处理。

消声器等安装就位后,可用拉线或吊线尺量的方法进行检查,对位置不正、扭曲、接口不齐等不符合要求部位进行修整,达到设计和使用的要求。

5. 空调制冷系统安装

(1) 材料设备质量监理

空调制冷系统安装材料、设备质量要求及进场验收监理控制要点见表 7-3。

空调制冷系统安装材料、设备质量要求及进场验收监理控制要点　　　表 7-3

项目	监理控制要点
质量要求	1. 制冷设备、制冷附属设备的型号、规格和技术参数,必须符合设计要求,并具有产品合格证书、产品性能检验报告。 2. 所采用的管道和焊接材料应符合设计规定,并具有出厂合格证明或质量鉴定文件。 3. 制冷系统的各类阀门必须采用专用产品,并有出厂合格证。 4. 无缝钢管内外表面应无显著锈蚀、裂纹、重皮及凹凸不平等缺陷。 5. 铜管内外壁均应光洁,无疵孔、裂缝、结疤、层裂或气泡缺陷。管材不应有分层。管子端部应平整无毛刺。铜管在加工、运输、储存过程中,应无划伤、压入物、碰伤等缺陷。 6. 管道法兰密封面应光洁,不得有毛刺及径向沟槽,带有凹凸面的法兰应能自然嵌合,凸面的高度不得小于凹槽的深度。 7. 螺栓及螺母的螺纹应完整,无伤痕、毛刺、残断丝等缺陷。螺栓与螺母应配合良好,无松动或卡涩现象。 8. 非金属垫片,如石棉橡胶板等应质地柔韧,无老化变质或分层现象,表面不应有折损、皱纹等缺陷
进场验收	1. 根据设备装箱单说明书、合格证、检验记录和必要的装配图和其他技术文件,核对型号、规格以及全部零件、部件、附属材料和专用工具。 2. 检查主体和零部件等表面有无缺损和锈蚀等情况。 3. 设备充填的保护气体应无泄漏,油封应完好。开箱检查后,设备应采取保护措施,不宜过早或任意拆除,以免设备受损

(2) 施工监理巡视内容

1) 制冷机组安装

① 活塞式压缩机安装

整体安装的活塞式制冷机,其机身纵、横向水平度允许偏差为 0.2/1000。

用油封的活塞式制冷机,如在技术文件规定期限内,外观完整,机体无损伤和锈蚀等现象,可仅拆卸缸盖、活塞、汽缸内壁、吸排气阀、曲轴箱等,并应清洗干净,油系统应畅通,检查紧固件是否牢固,并更换曲轴箱的润滑油;如在技术文件规定期限外,或机体有损伤和锈蚀等现象,则必须全面检查,并按设备技术文件的规定拆洗装配。

充入保护气体的机组在设备技术文件规定期限内,在外观完整和氮封压力无变化的情况下,不作内部清洗,仅作外部擦洗,如需清洗时,严禁混入水汽。

制冷机的辅助设备,单体安装前必须吹污,并保持内壁清洁,安装位置应正确,各管口必须畅通。

储液器及洗涤式油氮分离器的进液口均应低于冷凝器的出液口。

直接膨胀表面式冷却器,表面应保持清洁、完整,安装时空气与制冷剂应呈逆向流动。冷凝器四周的缝隙应堵严,冷凝水排除应畅通。

卧式及组合冷凝器、储液器在室外露天布置时,应有遮阳与防冻措施。

② 离心式压缩机安装

安装前,机组的内压应符合设备技术文件规定的出厂压力。

制冷机组应在与压缩机底面平行的其他加工平面上找正水平，其纵、横向不水平度均不应超过 0.1/1000。

离心式制冷压缩机应在主轴上找正纵向水平，其不水平度不应超过 0.03/1000；在机壳中分面上找正横向水平，其不水平度不应超过 0.1/1000。

基础底板应平整，底座安装应设置隔振器，隔振器压缩量应均匀一致。

③ 螺杆式制冷压缩机安装

螺杆式制冷压缩机安装时，应对基础进行找平，其纵、横向不水平度不应超过 1/1000。

螺杆式制冷压缩机接管前，应先清洗吸、排气管道；管道应做必要的支承。连接时应注意不要使机组变形，而影响电机和螺杆式制冷压缩机的对中。

2）附属设备安装

冷却器安装

就位前，检查设备基础的平面位置、标高、表面平整度、预埋地脚螺栓孔的尺寸是否符合设备和设计要求，并填写"基础验收记录"。

垂直安装，铅垂度允许偏差不大于 1/1000。但梯子、平台应水平安装，无集油器的不水平度不应超过 1/1000；集油器在一端的以 1/1000 坡向集油器；集油器如在中间时，同水平安装的要求。

冷凝器在安装以前应做严密性试验，合格后才能安装。

基础孔中的杂物应清理干净，在基础上放好纵、横中心线，但应检查冷凝器与储液器基础的相对标高要符合工艺流程的要求。

吊装时，不允许将索具绑扎在连接管上，应绑扎在壳体上，按已放好的中心线进行找平找正。

设备如在两台以上时，应同时放好纵、横中心线，确保排列整齐、标高一致。

6．空调水系统管道与设备安装

（1）材料、设备质量监理

空调水系统管道与设备安装（设备）质量要求及进场验收监理控制要点见表7-4。

空调水系统管道与设备安装（设备）质量要求及进场验收监理控制要点　　表7-4

项目	监理控制要点
质量要求	1. 管道应有出厂合格证，并应对管子进行外观检查，要求其表面无裂纹、缩孔、夹渣、折叠、重皮等缺陷，管壁不能有麻点，不能有超过壁厚负偏差的锈蚀和凹陷。 2. 麻丝应采用纤维长的亚麻，厚白漆应不含杂质和垃圾。聚四氟乙烯生料带应采用经过鉴定的专业生产厂生产的成卷包装的合格产品。 3. 法兰表面应光滑，不得有毛刺和裂纹，法兰垫片一般采用 XB-200 低压橡胶石棉板，无老化变质现象，表面不应有折损、皱纹等缺陷，螺栓及螺母的螺纹应完整，无伤痕毛刺等缺陷。螺栓及螺母应配合良好，无松动或卡涩现象。 4. 焊条、焊剂应有出厂合格证。焊条使用前应按出厂说明书的规定进行烘干，并在使用过程中保持干燥。焊条药皮应无脱落和显著裂纹。 5. 阀门及部件的型号、规格、材质必须符合设计要求，并应有出厂合格证。 6. 冷却塔的型号、规格必须符合设计要求，并应有出厂合格证。设备应进行开箱检查，不应有缺件、损坏和锈蚀等情况。 7. 水泵的型号、规格、必须符合设计要求，并应有出厂合格证书。 8. 水箱及其他附属设备的规格必须符合设计要求，工厂制作的应有出厂合格证，现场加工应做好交接检验记录

续表

项目	监理控制要点
进场验收	1. 空调水系统的设备必须有中文质量合格证明文件，以及设备说明书，规格、型号、性能检测报告应符合国家技术标准或设计要求，进场时应做检查验收，经监理人员核查确认，并应形成相应的检查记录。 2. 所有设备进场时，应对品种、外观、规格进行验收，包装应完好，表面无划痕及外力冲击破损。 3. 设备运到安装现场后，应进行开箱检查，主要是检查外表，初步了解设备的完整程度。零部件、备品是否齐全；而对设备的性能、参数、运转质量标准的全面检测，则根据设备类型的不同进行专项检查和测试。 4. 对于水泵，应确保不缺件、损坏和腐蚀情况，管口保护物和堵盖应完好。盘车应灵活，无阻滞、卡住现象，无异常声音

(2) 施工监理巡视内容

1) 冷却塔安装

安装前应根据施工图纸的要求浇筑基础。基础浇筑前要放线定位，放线定位以建筑物轴线为准，结合屋面场地要和其他设备，冷却进、回水管的排列布置统一考虑。

① 混凝土基础表面要平整，各立柱支腿基础标高在同一水平高度上，高度允差±20mm，分角中心距误差±2mm。

② 冷却塔的各连接部位均应采用热镀锌或不锈钢螺栓。相同部位连接件的紧固程度要一致。

③ 收水器安装后片体不得有变形，集水盘拼缝处要确保严密无渗漏。

④ 冷却塔应设置在通风良好的地方，与高温排风口、烟囱等热源处应保持一定距离。

⑤ 冷却塔出水口及喷嘴方向、位置要正确。布水系统的水平管路安装应保持水平，连接喷嘴的支管要求垂直向下，喷嘴底盘应保持在同一水平面内。

⑥ 检查各部件的连接件、密封件有无松动，如有则应处理。风机安装应严格按风机安装标准进行，对于可调整角度的叶片，角度应一致。叶片顶端与风筒壁圆周的径向间隙应均匀。

⑦ 风机试运转正常后，应将电动机的接线盒用环氧树脂或其他防潮材料密封，以防止电机受潮。

⑧ 在冷却水系统管道时应安装滤网装置。

⑨ 冷却塔本体及附件安装过程中的焊接，要有防火安全措施；尤其是装入填料后，一般禁止再焊接。

⑩ 冷却塔安装后，单台冷却塔的水平度、垂直度允许偏差为2/1000。多台冷却塔水面高度应一致，其高差应不大于30mm。

⑪ 对玻璃钢冷却塔或用塑料制品作回填料的冷却塔安装时，应严格按防火规范进行，一般应采用阻燃材料予以隔离保护。

2) 金属管道及部件安装

① 管道安装

法兰、焊接及其他连接件的设置应便于检修，并不得紧贴墙、楼板或管架。

埋地管道试压、防腐后，应办理隐蔽工程验收，由监理签字确认，形成相应的质量记录后，及时回填土，并分层夯实。

应对法兰密封及密封垫片进行外观检查。法兰连接时应保持平行，不得用强紧螺栓的方法消除歪斜，并保持同轴，保证螺栓自由穿入。

法兰连接应使用同一规格的螺栓，安装方向应一致。紧固螺栓应对称均匀，松紧适度。紧固后外露长度不大于2倍螺栓距。螺栓紧固后，应与法兰紧贴，不得有锲缝。需加垫圈时，每个螺栓不应超过一个。

工作温度低于200℃的管道，其螺纹接头密封材料宜用聚四氟乙烯生胶带或密封膏。

穿墙及楼板的管道，一般应加套管，但管道焊缝不得置于套管内，管道与套管之间的缝隙应用不燃材料填塞。

对不允许承受附加外力的传动设备，在管道与法兰连接前，应在自由状态下，检查法兰的平行度和轴度。

② 补偿器安装

补偿器安装监理与控制要点见表7-5。

补偿器安装监理与控制要点　　　　　　　　表7-5

项目	监理控制要点
方形补偿器安装	1. 补偿器预拉伸或压缩值必须符合设计规定，允许偏差为±10mm。 2. 安装补偿器时，把撑拉补偿器用的螺丝撑杆和补偿器一起安装好，在补偿器拉好以后，并把管道紧固到固定支架后再从补偿器取下。 3. 方形补偿器安装距离必须在三个活动支架上。当安装在有坡度的管线上时，补偿器两侧垂直臂应以水平测量安装成水平；补偿器的中间水平臂及与管道段连接的端点允许有坡度。 4. 在设置固定的支架时，还必须考虑到支管的位移，一般不得使支管的位移超过50mm。 5. 安装补偿器应当在两个固定支架之间的管道安装完毕后进行。 6. 补偿器配置好后，将焊接对口予以点焊或将其连接到法兰上，待整个管段装配好并予以调整后，再把焊口满焊或将法兰上的螺栓全部拧紧。 7. 在负温下运行的管道安装时，则补偿器进行压紧以代替拉伸。 8. 补偿器的拉伸值和压缩值须做好记录，其中包括补偿器在拉伸前及拉伸后，压缩前及压缩后的长度值
波形补偿器安装	1. 波形补偿器多用于工作压力不超过0.7MPa，温度为-30～450℃的管道上，在直径较大的碳钢、不锈钢和铝板卷焊管道比较常用。 2. 安装波形补偿器应设临时固定，待管道安装固定后再拆除临时固定。 3. 安装波形补偿器应根据补偿零点温度定位。补偿零点温度就是管道设计考虑达到最高温度和最大温度的中点。在环境温度等于补偿零点温度时安装，补偿器可不进行预拉或预压。若安装时的环境温度高于补偿零点温度，应预先压缩。反之则应预先拉伸。 4. 波形补偿器的预拉或预压，应当在平地上进行。作用力应分2～3次逐渐增加，尽量保证各波节的圆周面受力均匀。拉伸或压缩量的偏差应小于5mm。当拉伸或压缩达到要求数值时，应立即安装固定。 5. 波形补偿器内套有焊缝的一端，水平管道应迎介质流向安装，垂直管道应置于上部，波形补偿器应与管道保持同心，不得偏斜。 6. 吊装波形补偿器时，不能把吊索绑扎在波节上，也不能把支撑件焊接在波节上。 7. 如管道内有凝结水产生时，应在波形补偿器每个波节的下方安装放水阀。并且安装时应将补偿器的导管与外壳焊接的一端朝向坡度的上方，以防凝结水大量流失到波节里

3) 非金属管道安装参照《建筑给水排水及采暖工程施工质量验收规范》GB 50242 验收。

7. 防腐与隔热

(1) 材料、设备质量监理

防腐与绝热工程施工材料、设备质量要求及进场验收监理控制要点见表 7-6。

验收监理控制要点 表 7-6

项目	监理控制要点
质量要求	1. 油漆、涂料应在有效期内，不得使用过期、不合格的伪劣产品。油漆、涂料应具备产品合格证及性能检测报告或厂家的质量证明书。 2. 涂刷在同一部位的底漆和面漆的化学性质要相同，否则涂刷前应做相溶性试验。 3. 绝热层材料应密实，无裂缝、空隙等缺陷。其材质、厚度、密度、含水率、导热系数性能参数应符合设计要求。 4. 玻璃纤维布的径向和纬向密度应满足设计要求，玻璃纤维布的宽度应符合实际施工的需要。 5. 保温钉、胶粘剂等附属材料均应符合防火及环保的相关要求。 6. 防潮层、保护层材料及其制品外形尺寸应符合要求，不得有穿孔、破裂、脱层等缺陷。其材质应符合国家有关标准。 7. 防腐工程所使用的各类油漆，使用前应做质量检验。所用油漆如遇下列质量问题不得使用：油漆成胶冻状；油漆结皮；慢干与反粘的油漆
进场验收	1. 材料进场时，要严格执行验收标准，检查材料出厂合格证、消防检测报告等资料。 2. 现场进行测量的项目如规格、厚度按规定数量进行观察抽检，对可燃性进行点燃试验。 3. 绝热主材应放在干燥的场地妥善保存，材料堆放时下面要垫高，码放要整齐，要有防水、防潮、防挤压变形（成型制品）措施

(2) 施工监理巡视内容

1) 防腐工程

① 涂刷施工

涂刷施工监理控制要点见表 7-7。

监理控制要点 表 7-7

项目	监理控制要点
刷涂法	1. 油漆涂刷前，应检查管道和设备的表面处理是否符合要求，涂刷前，管道或设备表面必须彻底干燥。 2. 涂刷油漆一般要求环境温度不能低于 5℃，相对湿度不大于 85%，以免影响涂刷质量。 3. 涂漆时，涂刷应蘸少许涂料，刷毛进入漆的部分，应为毛长的 1/3～1/2。蘸漆后，要将漆刷在漆桶内的边上轻抹一下，除去多余的漆料，以防产生流坠或滴落。 4. 对干燥较慢的涂料，应按涂敷、抹平和修饰三道工序进行操作。在进行涂刷和抹平时，应尽可能使漆刷垂直，用漆刷的腹部刷涂。在进行修饰时，则应将漆刷放平些，用漆刷的前端轻轻地涂刷。 5. 对干燥较快的涂料，应从被涂物的一边按一定的顺序快速、连续地刷平和修饰，不宜反复刷涂。 6. 刷涂的顺序一般按自上而下，从左到右，先里后外，先斜后直，先难后易的原则，最后用漆刷轻轻地抹平边缘和棱角，使漆膜均匀、致密，光亮、平滑。 7. 刷涂的走向，刷涂垂直表面时，最后一道，应由上而下进行；涂刷水平表面时，最后一道应按光线照射的方向进行

续表

项目	监理控制要点
喷涂法	1. 喷涂装置使用前,应首先检查高压系统的固定螺母及管路接头是否拧紧,如松动则拧紧。 2. 涂料应经过滤后才能使用,在喷涂过程中不得将吸入管拿离涂料液面,以免吸空,造成漆膜流淌。而且涂料容器内涂料不应太少,应经常注意加入涂料。 3. 喷枪嘴与被喷物表面的距离一般应控制在300～380mm为宜。 4. 喷幅宽度:较大的物件以300～500mm为宜,较小的以100～300mm为宜,一般以300mm左右为宜。 5. 喷枪与物面的喷射角度为30°～80°。 6. 喷幅的搭接应为幅宽的1/6～1/4,视幅宽的宽度而定。 7. 喷枪运行速度为60～100cm/s。
部件油漆	1. 漆膜附着牢固、光滑、均匀,无漏涂、剥落、起泡、透锈等缺陷。 2. 带有调节、关闭和转动要求的风口及阀门类部件油漆,涂刷油漆后应开启灵活、调节角度准确、关闭严密。 3. 明露于室外的风管、部件及设备必须颜色一致,最后一道面漆应在该系统安装完毕后喷涂。用黑铁皮制作风管前,应在板材的表面上喷涂防锈漆,这样咬口缝才不易腐蚀
支、吊、托架油漆	1. 暗装风管的支、吊、托架应按规定涂刷防锈漆。 2. 明装风管的支、吊、托架除涂防锈漆外,尚应涂刷面漆。面漆的类别及颜色应与风管一致。 3. 不锈钢板、硬聚氯乙烯玻璃风管的支、吊、托架的防腐或绝缘处理应严格按设计或有关规定执行

② 管道涂色

为了便于运行管理,明装管道的表面和保温层的外表面应涂以颜色不同的涂料、色环和箭头,以表示管道内所输送介质的种类和流动方向,其颜色、色环宽度、间距应符合设计及各地城市轨道交通要求。

用箭头表明管内介质流动方向,如介质有两个方向流动的可能时,应标出两个方向流动的箭头,箭头可涂成白色或黄色。

2) 绝热工程

① 硬质或半硬质绝热管壳的拼接缝隙,保温时不应大于5mm,保冷时不应大于2mm,并用粘接材料勾缝填满;纵缝应错开,外层的水平接缝应设在下方。当绝热层厚度大于100mm时,应分层铺设,层间应压缝。

硬质或半硬质绝热管壳应用金属丝或难腐织带捆扎,其间距为300～350mm,且每节至少捆扎2道。

② 用铝箔玻璃棉毡、玻璃棉或矿棉管壳等松软材料包扎时,应松紧适度、表面平整,压缩量要合理,缝隙处应用铝箔胶带封闭,不得胀裂。

③ 管道阀门、法兰及可拆部件的两端接口隔热层,必须留出螺栓安装的距离,一般为螺栓长度加25～30mm,接缝处应用与前后管道相同的隔热材料填实。

制冷管道的终端、改变口径的大小头、管道检查口等处施工时,应按其形状进行预制,应形状规整、表面贴合,不得出现孔隙。

立式及卧式设备端部的隔热层,应根据圆弧尺寸进行加工。弧度要正确,孔隙应填实，表面平整或圆滑。

④ 管道及设备的保护层

石棉水泥防护层抹面，应分两次抹，第一次为砂浆与铅丝网的结合层，应将砂浆抹进铅丝网内，并要抹平；第二次为覆盖层，应用木直尺刮平、抹圆、抹光。抹面厚度一般为10～15mm。

隔热层外表面缠绕玻璃布，要平直、圆整，玻璃布的搭接宽度宜为30mm左右，间距均匀。玻璃布的始端和终端部位，必须用镀锌铅丝扎牢。玻璃布表面宜刷防水涂料两遍，涂刷时，第一遍干燥后方可涂刷第二遍，涂刷应均匀，颜色一致。

薄金属板保护壳，用作保护壳的薄金属板有镀锌板、铝板及不锈钢板等，板厚为0.3～0.6mm，保护壳的纵向拼接缝可用咬接，纵向及横向搭接缝的边缘应凸鼓。有坡度要求的水平管道应从低处开始施工，逐步向高处；垂直管道应从下向上包起。保护壳的搭接应顺水流方向，表面平整光滑，不得有明显的凹凸和裂纹。自攻螺丝间距均匀，固定可靠。

8. 系统调试

（1）材料、设备质量监理

系统调试所使用的测试仪器和仪表，性能应稳定可靠，精度应高于被测定对象参数的级别，并应按照国家有关计量法规规定，在检定合格有效期内的合格产品。

（2）一般要求

1）系统调试所使用的测试仪器和仪表，性能应稳定可靠，其精度等级及最小分度值应能满足测定的要求，并应符合国家有关计量法规及检定规程的规定。

2）通风与空调工程的系统调试，应由承包商负责、监理单位监督，设计单位与业主参与配合。系统调试的实施可以是施工企业本身或委托给具有调试能力的其他单位。

3）系统调试前，承包商应编制调试方案，报送专业监理工程师审核批准；调试结束后，必须提供完整的调试资料和报告。

4）通风与空调工程系统无生产负荷的联合试运转及调试，应在制冷设备和通风与空调设备单机试运转合格后进行。空调系统带冷（热）源的正常联合试运转不应少于8h，当竣工季节与设计条件相差较大时，仅做不带冷（热）源试运转。通风、除尘系统的连续试运转不应少于2h。

5）净化空调系统运行前应在回风、新风的吸入口处和粗、中效过滤器前设置临时用过滤器（如无纺布等），实行对系统的保护。净化空调系统的检测和调整，应在系统进行全面清扫，且已运行24h及以上达到稳定后进行。

9. 工程竣工验收

（1）综合效能的测定与调整

1）通风与空调工程交工前，应进行系统生产负荷的综合效能试验的测定与调整。

2）通风与空调工程生产负荷的综合效能试验与调整，应在已具备生产试运行的条件下进行，由业主负责，设计、承包商配合。

3）通风、空调系统带生产负荷的综合效能试验与调整的项目，应有业主根据工程性质、工艺和设计的要求进行确定。

4）通风、除尘系统综合效能试验可包括下列项目：

① 室内空气中含尘浓度或有害气体浓度与排放浓度的测定；

② 吸气罩罩口气流特性的测定；

③ 除尘器阻力和除尘效率的测定。

5）空调系统综合效能试验可包括下列项目：

① 送回风口空气状态参数的测定与调整；

② 空气调节机组性能参数的测定与调整；

③ 室内噪声测定；

④ 室内空气温度和相对湿度的测定与调整；

⑤ 对气流有特殊要求的空调区域做气流速度的测定。

6）防排烟系统综合效能试验的相对项目，为模拟状态下安全区正压变化测定及烟雾扩散试验等。

(2) 竣工验收

1）竣工验收组织

通风与空调工程的竣工验收，应由业主负责，组织施工、设计、监理等单位共同进行，合格后即应办理竣工验收手续。

2）竣工验收资料

通风与空调工程竣工验收时，应检查竣工验收的资料，一般包括下列文件记录：

① 图纸会审记录、设计变更通知书和竣工图；

② 主要材料、设备、成品、半成品和仪表的出厂合格证明及进场检（试）验报告；

③ 隐蔽工程检查验收记录；

④ 工程设备、风管系统、管道系统安装及检验记录；

⑤ 管道试验记录；

⑥ 设备单机试运转记录；

⑦ 系统无生产负荷联合试运转与测试记录；

⑧ 分部（子分部）工程质量验收记录；

⑨ 观感质量综合检查记录；

⑩ 安全和功能检验资料的核查记录。

3）观感质量检查

观感质量综合检查应包括以下项目：

① 风管表面应平整、无损坏；接管合理，风管的连接以及风管与设备或调节装置的连接，无明显缺陷。

② 风口表面应平整，颜色一致，安装位置正确，风口可调节部件应能正常动作。

③ 各类调节装置的制作和安装应正确牢固，调节灵活，操作方便。防火及排烟阀等关闭严密，动作可靠。

④ 制冷及水管系统的管道、阀门及仪表安装位置正确，系统无渗漏。

⑤ 风管、部件及管道的支、吊架形式、位置及间距应符合《通风与空调工程施工质量验收规范》GB 50243 要求。

⑥ 风管、管道的软性连接管位置应符合设计要求，接管正确、牢固，自然无强扭。

⑦ 通风机、制冷机、水泵、风机盘管机组的安装应正确牢固。

⑧ 组合式空气调节机组外表面平整光滑、接缝严密、组装顺序正确，室外表面无渗漏。

⑨ 消声器安装正确，外表面应平整无损坏。

⑩ 风管、部件、管道及支架的油漆应附着牢固，漆膜厚度均匀，油漆颜色与标志符合设计要求。

⑪ 绝热层的材质、厚度应符合设计要求，表面平整、无断裂和脱落。

7.2.3 监理检查要点

1. 强制性条文

（1）防火风管的本体、框架与固定材料、密封垫料等必须为不燃材料，防火风管的耐火极限时间应符合系统防火设计的规定。

（2）复合材料风管的覆面材料必须采用不燃材料，内层的绝热材料应采用不燃或难燃且对人体无害的材料。

（3）防排烟系统的柔性短管的制作材料必须为不燃材料。

（4）当风管穿过需要封闭的防火、防爆的墙体或楼板时，必须设置厚度不小于1.6mm钢制防护套管，风管与防护套管之间应采用不燃柔性材料封堵。

（5）风管安装必须符合下列规定：

1）风管内严禁其他管线穿越；

2）输送含有易燃、易爆气体或安装在易燃、易爆环境的风管系统必须设置可靠的防静电接地装置；

3）输送含有易燃、易爆气体的风管系统通过生活区或其他辅助生产房间时不得设置接口；

4）室外风管系统的拉索等金属固定零件严禁与避雷针或避雷网连接。

（6）通风机传动装置的外露部位以及直通大气的进、出口，必须装设防护罩（网）或采取其他安全措施。

（7）静电式空气净化装置的金属外壳必须与PE线可靠连接。

（8）电加热器的安装必须符合下列规定：

1）电加热器与钢构架间的绝热层必须采用不燃材料，外露的接线柱应加设安全防护罩；

2）电加热器的外露可导电部分必须与PE线可靠连接；

3）连接电加热器的风管的法兰垫片，应采用耐热不燃材料。

2. 对地下车站风管材料及制作的专门要求

（1）通风与空调工程所使用的材料应为不燃材料，并应具有防潮、防腐、防蛀的性能，或已达到上述性能要求的防护措施。

（2）通风空调工程的紧固件应采用镀锌件，管道支吊架的紧固螺丝应有防松动措施。

（3）钢板风管的最小板材厚度应按风管的耐压等级及尺寸选用，并符合规范要求。

（4）矩形风管两个管段连接间（或与环状加强筋间）的最大间距应符合规范要求。

3. 对风管安装的要求

（1）防火阀、排烟阀（口）的安装方向、位置应正确，防火分区隔墙两侧的防火阀，距墙表面距离不应大于200mm，且要设置单独的支吊架。

（2）支吊架不宜设在风口、阀门、检查门及自控机构处，离风口或插接管的距离不宜小于200mm；吊架的螺孔应采用机械加工；安装后各副支、吊架的受力应均匀，无明显变形。

（3）风口与风管的连接应严密、牢固，与装饰面相紧邻。表面平整、不变形，调节灵活、可靠。

4. 对地下车站设备安装的专门要求

（1）吊装的管道风机、单体空调器及消声器，宜在预埋钢板上焊接吊杆，如采用膨胀螺栓固定时，每根吊杆顶端应设型钢，并用两个膨胀螺栓固定型钢。

（2）组合式消声器组合后吸声体的顶部、底部及吸声体临近侧壁的一边，皆应与结构面结合牢固，在额定风量下不得出现松动或振颤现象。

5. 对设备安装的要求

（1）设备的搬运和吊装必须符合产品说明书的有关规定，并应做好设备的保护工作，防止因搬运或吊装而造成设备损伤。

（2）现场组装的轴流风机叶片安装角度应一致，达到在同一平面内运转，叶轮与筒体之间的间隙应均匀，水平度允许偏差为 1/1000；安装隔振器的地面应平整，各组隔振器承受荷载的压缩量应均匀，高度误差应小于 2mm。

6. 对制冷机组安装的要求

（1）制冷设备的型号、规格、技术参数必须符合设计要求，并具有产品合格证书、产品性能检验报告；设备的混凝土基础必须进行质量交接验收，合格后方可安装。

（2）整体安装的制冷机组，其机身纵、横向水平度的允许偏差为 1/1000，并应符合设备技术文件的规定；采用隔振措施的制冷设备，其隔振器安装位置应正确，各隔振器的压缩量应均匀一致，偏差不应大于 2mm。

7. 对空调水系统管道与设备安装的要求

（1）管道与设备的连接，应在设备安装完毕后进行，与水泵、制冷机组的接管必须为柔性接口，柔性短管不得强行对口连接，与其连接的管道应设置独立支架；冷媒水及冷却水系统应在系统冲洗、排污合格，再循环试运行 2h 以上，且水质正常后才能与制冷机组、空调设备相贯通；固定在建筑结构上的管道支、吊架，不得影响结构的安全，管道穿越墙体或楼板处应设钢制套管，管道接口不得置于套管内，钢制套管应与墙体饰面或楼板底部平齐，上部应高出楼层地面 20~50mm，并不得将套管作为管道支撑。

（2）阀门的安装位置、高度、进出口方向必须符合设计要求，连接应牢固紧密；安装在保温管道上的各类手动阀门，手柄均不得向下。

（3）金属管道支、吊架的安装应平整牢固，与管道接触紧密，管道与设备连接处应设独立支、吊架；冷媒水、冷却水管道机房内总、干管的支、吊架，应采用承重防晃管架，与设备连接的管道支架宜有减振措施，当水平支管的支架采用单杆吊架时，应在管道起始点、阀门、三通、弯头及长度每隔 15m 设置承重防晃支、吊架；竖井内的立管，每隔 2~3 层应设导向支架，在建筑结构负重允许的情况下，水平安装管道支、吊架的间距应符合规范要求。

（4）冷却塔地脚螺栓与预埋件的连接或固定应牢固，各连接部件应采用热镀锌或不锈钢螺栓，其紧固力应一致、均匀；冷却塔风机叶片端部与塔体四周的径向间隙应均匀，对于手动可调整角度的叶片，角度应一致。

（5）减振器与水泵及水泵基础连接牢固、平稳、接触紧密；垫铁组放置位置正确、平稳，接触紧密，每组不超过 3 块。

8. 对管道和设备的防腐和绝热的要求

(1) 支、吊架的防腐处理应与风管或管道相一致，其明装部分必须涂面漆。

(2) 各类空调设备、部件的油漆喷、涂，不得遮盖铭牌标志和影响部件的功能使用。

(3) 风管绝热层采用粘结方法固定或采用保温钉连接固定时，应符合规范要求。

(4) 管道阀门、过滤器及法兰部位的绝热结构应能单独拆卸。

(5) 管壳的粘结应牢固、铺设应平整，绑扎应紧密，无滑动、松弛与断裂现象；硬质或半硬质绝热管壳的拼接缝隙，保温时不应大于5mm，保冷时不应大于2mm，并用粘结材料勾缝填满，纵缝应错开，外层的水平接缝应设在侧下方，当绝热层的厚度大于100mm时，应分层铺设，层间应压缝。

7.3 动力、照明及接地工程

电气动力、照明及接地工程包括车站及两端相邻各半个区间的动力和照明、备用电源、不间断供电及车站防雷接地与安全，应加强与相关专业的接口配合。

车站动力、照明及两端各半个区间的动力照明由本站降压变电所负荷供电；停车场、车辆段的动力照明由本场或本段降压变电所负荷供电。动力照明负荷按其用途和重要性进行分级配电。动力照明系统采用220/380V配电，接地型式采用TN-S系统。

电气动力、照明及接地工程施工流程如图7-2所示。

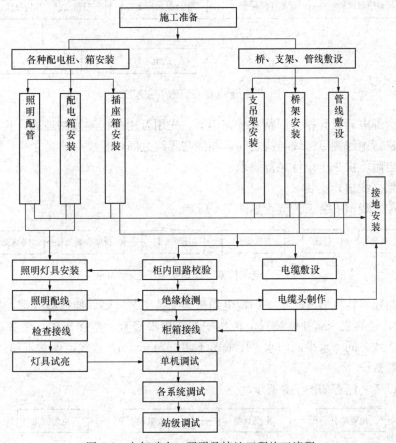

图7-2 电气动力、照明及接地工程施工流程

其中，低压开关柜（屏）、配电箱、控制箱、电缆桥架、电力电缆（控制电缆）、电气配管、配线、各类灯具、接地装置安装是施工监理质量控制的重点。

7.3.1 电气动力

1. 施工流程及关键控制节点

（1）低压配电箱、柜安装

配电箱安装包括照明配电箱、动力配电箱、控制箱、双电源切换箱，均为挂墙安装，箱底距装修完成面1.3m，箱上边沿高距地不得超过2m，箱体高度超过0.6m的安装高度相应降低。安装流程如图7-3所示。

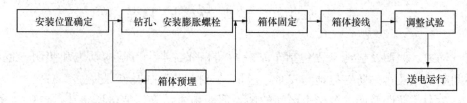

图 7-3 配电箱安装施工流程图

配电柜安装施工流程如图7-4所示。

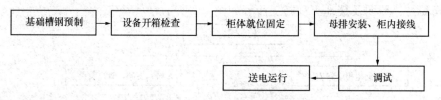

图 7-4 配电柜安装施工流程图

配电箱全部电器及其相关回路安装完毕后，先用万用表检测线路通断，再用500V兆欧表对线路进行绝缘测量。线与线之间，相线与零线之间，相线与地线之间，零线与地线之线，绝缘电阻不得小于设计规范要求。

（2）桥架（线槽）安装

电缆桥架、线槽安装工艺流程如图7-5所示。

图 7-5 电缆桥架、线槽安装工艺流程图

桥架跨越建筑物变形缝时按《钢制电缆桥架安装工艺》做好伸缩缝处理，桥架直线段超过30m时，设热胀冷缩补偿装置。桥架安装要横平竖直、连接牢固、整齐美观，宜与建筑物坡度一致，同一水平面内水平度偏差不超过5mm/m，直线度偏差不超过5mm/m。

（3）电缆敷设

电缆敷设工艺流程如图7-6所示。

图 7-6 电缆敷设工艺流程图

电缆敷设，不应在超过规定的最小弯曲半径下进行弯曲，不应有机械损伤。电缆桥架内的电缆应在首端、尾端及每隔 50m 处设有编号、型号及起止点等标志。敷设电缆应在首末两端留有备用余量，并及时封口、挂牌标示。电缆跨越建筑物变形缝处，应留有伸缩余量。垂直敷设或超过 45°斜敷电缆，在每个支架上必须固定，固定距离按规范要求。在间隔允许情况下采用专用电缆夹具固定。如有单芯电缆，夹具不应构成闭合磁路。电缆及保护管穿越建筑物外墙时应采用防水堵料密封，穿越不同防火分区的墙体或楼板时，应采用防火堵料密封。

区间隧道敷设于列车行驶方向的隧道壁上。隧道、变电所夹层、站台板下电缆沟采用电缆支架；吊顶内采用阻燃桥架或阻燃线槽，桥架或线槽拼装之间应有可靠的电气连接，并单点接地。

(4) 电缆头制作

电缆头制作施工程序如图 7-7 所示。

图 7-7 电缆头施工程序图

由于轨道交通站内湿度较大，电缆不允许有中间接头，电缆终端头制作严格遵守制作工艺规程，由熟悉制作工艺的熟练技术工人制作。对于 50mm^2 以上的电缆终端头宜采用热缩电缆头制作。对于 50mm^2 及以下的电力电缆头采用干包方式。电缆头制作后按设计采用电缆卡牢固地固定在柜、箱的支架或框架上，电缆头带电部分对地净距离应满足室内配电装置的最小安全净距的要求。

2. 监理工作要点

(1) 施工准备阶段监理检查控制点：

1) 监理人员要坚持"上道工序不验收，不得进行下道工序"的原则。熟悉设计图纸，默记供电方案及关键数据，对有关图纸会审记录和设计变更单，应及时标注相应的施工图上。

2) 行使持证上岗制度，电气技术管理人员、操作人员应有相应的技术职务和有效合格的岗位操作证，并登记备案。

3) 落实电气安装施工条件。监理人员要对施工方报来的各工序及隐蔽工程报验单，以施工图纸、规范及工艺设计要求认真审查。

4) 监理人员要严格控制工程洽商。发生设计、工艺、材料、设备变动，都应先办理工程洽商再施工。各项手续以文字为凭，及时填写日志，掌握施工动态。

5) 监理人员要检查、监督承包商质量保证体系是否健全，落实"三检"（自检、互检、交接检）制度、"三按"（按图纸、按工艺、按标准）制度执行情况。

6) 对供电系统、切换系统主要设备的安装调试，监理人员要亲自监督校验，掌握详细的技术资料及真实情况。检查是否满足设计要求和施工验收规范要求，做好记录。

7) 监理人员要定期参加工地例会，根据需要组织召开专业性协调会议，如加工订货会、业主直接分包的项目与总承包商之间的协调会、专业性较强的分包商进场协调会。

8) 在承包商质检人员自检合格的基础上，对承包商报验的部位进行隐蔽工程验收。要及时全面收集相关技术资料及检验记录。做好中间测试和收尾调试，收集完整的技术档案和竣工图资料。

9) 监理人员要在施工全过程中始终督促、检查、协调电气专业与其他专业的配合关系，明确职责分工，加快过程进度，保证工程质量，降低消耗。

(2) 施工阶段监理控制要点见表 7-8。

电气动力工程施工阶段监理控制要点　　　表 7-8

序号	分项工程内容	控制要点	控制手段	备注
1	电缆线路分项工程	耐压、绝缘电阻、弯曲半径、保护管的连接和安装。电缆的敷设、电缆及支托架、保护管的接地，电缆三证	旁站、测量、试验	
2	配管及管内穿线分项工程	绝缘电阻、管子的接地、护口、弯曲半径、管盒连接。材质、管内穿线及管线三证	旁站、量测、测量	
3	开关柜安装分项工程	绝缘电阻、耐压、平整度、柜和柜内设备、器件三证、调整试验记录、线路走向及连接、安装记录、操动机构。底座、柜、支架等的接地连接及防腐	测量、量测、试验	高压由供电局测试
4	成套配电柜、动力开关箱安装分项工程	柜安装、小车推拉、动静触头中心线、绝缘电阻、平整度。相序排列、母线相色、连接、回路编号、出入线及柜内线排列、柜型号、规格及三证、接地	观察、量测	

(3) 施工验收阶段监理控制要点：

1) 原材料、设备符合设计及业主的要求，符合材料有关验收标准及技术规范要求。

2) 施工符合设计相关标准图集及规范及标准的要求。

3) 功能满足设计要求和业主的使用要求；各重要部分的主要技术参数，如接口测试、应急切换等符合要求；尤其是功能的综合集成达到设计要求。

4) 接地电阻、绝缘电阻测试结果符合设计要求。

5) 照明系统、配电柜箱等试运行稳定。

6) 灯具、配电箱柜、桥架等安装以及各明露在外的设备等美观、大方，满足装饰美化问题与装饰效果。

7) 就地控制和远程控制切换便捷可靠。

8) 接口测试、应急切换等测试满足综合监控、消防检测要求等。

7.3.2 电气照明安装

1. 施工流程及关键控制节点

(1) 配管和穿线施工

配管和穿线工艺流程如图 7-8 所示。

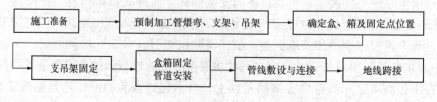

图 7-8　配管和穿线工艺流程图

(2) 照明灯具等末端电器的安装

施工流程图如图 7-9 所示。

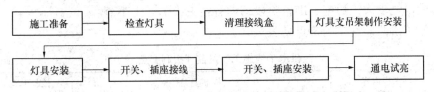

图 7-9 照明灯具等末端电器安装流程图

2. 监理工作要点

(1) 施工准备阶段监理控制要点：

基本同电气动力工程施工准备阶段的内容，见第 7.3.1 小节。

(2) 施工阶段监理控制要点见表 7-9。

电气照明安装施工阶段监理控制要点　　　表 7-9

序号	分项工程内容	控制要点	控制手段	备注
1	灯具、开关插座安装分项工程	灯具、开关、插座型号规格及三证、外观检查。成套灯具的绝缘电阻、内部接线、开关、插座的电气和机械性能。开关、插座、接线盒及其面板等塑料绝缘材料阻燃性。通电照明试运行	旁站、测量、试验	
2	配管及管内穿线分项工程	绝缘电阻、管子的接地、护口、弯曲半径、管盒连接。材质、管内穿线及管线三证	旁站、量测、测量	

(3) 施工验收阶段监理控制要点：

基本同电气动力工程施工验收阶段的内容，见 7.3.1 小节。

7.3.3 供电干线

1. 施工流程及关键控制节点

(1) 电缆头制作

电缆头制作施工程序如图 7-7 所示。

(2) 电缆敷设

电缆敷设工艺流程与控制要点同电气动力工程。

(3) 母线安装

母线安装施工流程如图 7-10 所示。

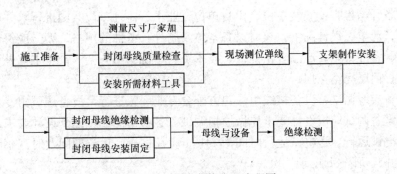

图 7-10 母线安装施工流程图

2. 监理工作要点

(1) 施工准备阶段监理检查控制点：

基本同电气动力工程施工准备阶段的内容，见第 7.3.1 小节。

(2) 施工阶段监理控制要点见表 7-10。

供电干线施工阶段监理控制要点　　　　表 7-10

序号	分项工程内容	控制要点	控制手段	备注
1	电缆线路分项工程	耐压、绝缘电阻、弯曲半径、保护管的连接和安装、电缆的敷设电缆及支托架、保护管的接地、电缆三证	旁站、测量、试验	
2	配管及管内穿线分项工程	绝缘电阻、管子的接地、护口、弯曲半径、管盒连接、材质、横、平、竖、直、管内穿线及管线三证	旁站、量测、测量	
3	插接式母线及硬母线分项工程	绝缘电阻、平直度、拧紧力矩、连接缝间隙、母线三证、相色、绝缘子耐压、支架接地	旁站、量测、测量、试验	

(3) 供电干线工程施工验收阶段监理控制要点：

1) 原材料、设备符合设计及业主的要求，符合材料有关验收标准及技术规范要求。

2) 施工符合设计相关标准图集及规范及标准的要求。

3) 功能满足设计要求和业主的使用要求；各重要部分的主要技术参数，如接口测试、应急切换等符合要求；尤其是功能的综合集成达到设计要求。

4) 接地电阻、绝缘电阻测试结果符合设计要求。

5) 确认母线支架和母线外壳接地完成，母线绝缘电阻测试和工频交流耐压试验合格后，进行通电试运行。

7.3.4 备用电和不间断电源安装

1. 施工流程及关键控制节点

不间断供电 UPS 安装工艺流程如图 7-11 所示。

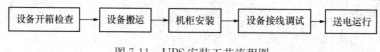

图 7-11　UPS 安装工艺流程图

2. 监理工作要点

(1) 设备开箱检查：安装单位、供货单位、业主、监理单位共同进行，并做好检查记录。按照设备清单、设计图纸，核对设备本体及附件，备件的规格、型号应符合设计图纸要求，附件、备件齐全。产品合格证件、技术资料、说明书齐全。设备本体外观检查应无损伤及变形，面层完整无损。

(2) 设备接线调试：设备接线由总包方配合专业厂家进行，设备调试由专业厂家技术人员进行，设备调试应按设计要求先做模拟调试，各项功能必须达到设计要求。

(3) 送电试运行：送电试运行时间为 24h 全负荷运行，运行期间及时观察电流、电压波型变化，并且每隔 8h 记录一次。

7.3.5 防雷及接地安装

防雷及接地安装施工关键控制节点如下：

施工应严格执行《电气装置安装工程 接地装置施工及验收规范》GB 50169。电力工程中电机、变压器及其他电器的金属外壳和底座、互感器的二次线圈及底座、盘和柜的框架、电力电缆接线盒、终端盒的金属外壳和电缆的金属护层、穿线的钢管电缆桥架、支架等部分结构均应按设计要求接地。

所有焊接处焊缝应饱满并有足够的机械强度，焊接处的药皮敲净后，刷沥青做防腐处理，采用搭接焊时，其焊接长度要求如下：镀锌扁钢不小于其宽度的2倍，且至少3个棱边焊接；镀锌圆钢焊接长度为其直径的6倍，并应双面焊接；镀锌圆钢与镀锌扁钢连接时，其长度为圆钢直径的6倍。

对车站内预留接地引出点接地电阻进行复测。接地母排与接地网接地引出线间应有不少于两点连接。从强电接地母排引至变压器、低压柜的接地连接均可靠连接。

给水、排水、冷冻水管的接地，用扁钢围管道一周，焊实，引出端开孔；用一根铜绞线两端压接铜线鼻分别与扁钢及接地干线扁铜连接。

多层桥架，相邻桥架间、桥架与立柱或支架间、立柱与托臂间用裸铜绞线连接成一连续导体，并就近与接地干线至少有一点相连。

管路跨接：本系统中吊顶内或明敷设的管路，需用铜导线连接成一连续导体，并与接地干线相连。管路的跨接采用2.5mm²以上铜导线，将导线两端剥皮，分别缠绕在两根相接的管子端头处（离管口约100mm），缠绕应不少于7圈，用专用接地卡子将导线紧固于管子上。

7.3.6 室外电气

1. 施工流程及关键控制节点
(1) 根据施工图纸确定电器安装位置、导线敷设途径及导线穿管埋设位置。
(2) 配合土建施工，搞好预埋预留工作，在配线的所有固定点，埋设好支撑或套管构件。
(3) 敷设导线。
(4) 安装灯具和其他电气设备。
(5) 测试导线绝缘电阻，连接导线和安全接地装置。
(6) 校验自检试通电。

2. 监理工作要点
(1) 低压配电箱
检查低压配电箱的结构是否符合相关规范及文件要求，检查配电箱结构用钢的防腐保护是否符合要求。
(2) 电气管线工程
1) 检查电缆及其附件产品的技术文件应齐全。
2) 检查电缆型号、规格、长度，应符合订货要求，附件齐全，电缆外观不应受损。
3) 电缆封端应严密，当外观检查有怀疑时，应进行受潮判断或试验。
4) 电缆敷设，电缆管加工时应检查其尺寸、管口、弯制、防腐等质量是否符合规范要求，敷设时，应检查敷设位置、连接每根电缆管的弯头数量等。

5）电缆管埋地敷设时尚应检查埋深、浸度、边接等质量是否符合设计规范要求。

6）电缆支托架制作时应检查其尺寸、焊接质量、防腐等是否符合要求，安装时应检查其位置、转弯处理、支架高差、盖板安装、接地等是否符合设计和规范要求。

7）电缆敷设时，检查电缆最小弯曲半径是否符合规范要求。

8）直埋电缆敷设时，应检查其开挖路径、开挖深度、回填质量、电缆保护措施及电缆间最小净距是否满足设计要求及符合施工规范的有关规定。

9）管道内敷设电缆应检查管径、内壁质量、埋深、入孔井设置等是否符合设计规定及规范要求。

10）接地应良好。

11）直埋电缆路径标志应与实际路径相符，路径标志应清晰、牢固、间距适当。

(3) 电气照明灯具安装

1）检查所有零部件的出厂合格证是否齐全，材质、尺寸是否符合设计要求。

2）检查采用的电器产品是否符合国家标准的产品，零部件应配套。

3）检查灯杆所使用的金属材料的材质检验报告单，检查金属构件材料的抗拉强度、屈服强度、抗冲出强度、延伸率和硫、磷含量的合格证，以及含碳量和冷弯试验合格证等是否齐全，并符合国家标准的规定。必要时，有特殊要求的材料要求进行复验及补项检验。

4）对钢筋混凝土基础，应按有关钢筋混凝土质量要求进行全过程旁站监理，地脚螺栓的定位应满足垂直度及基础高程的要求。

5）避雷接地装置的安装过程中，应全过程旁站，并检验接地电阻值是否满足设计要求，高杆灯的避雷接地电阻≤10Ω。

6）测量灯、灯柱的受电电压是否符合设计规定。

7）检查照明区内路面照度是否均匀和符合设计要求。

7.4 人 防 工 程

近年来，全国城市轨道交通迅猛发展，作为城市公共交通干线，对缓解地面交通压力，提高城市公共交通整体效率起了非常重要的作用。根据《中华人民共和国人民防空法》的要求，城市地下轨道交通建设应兼顾人民防空需要，统一规划、设计、建设、投入使用，平战结合。平时是以交通运营为主，作为城市交通的主动脉。战时即为人员掩蔽场所及物资运送转移的重要生命线作用，平时和战时使用功能有机结合，综合利用。所以，加强对城市轨道交通人防工程的监理十分重要。本节重点对城市轨道交通人防工程施工准备阶段、施工阶段、工程验收阶段的监理工作进行介绍，对提高城市轨道交通人防工程建设质量具有重要意义。

7.4.1 人防工程施工准备阶段监理

1. 口部防护工程施工准备阶段监理

城市轨道交通人防工程的口部防护是实现地铁的人防工程功能、保障战时工程安全的重中之重，口部通常包括设防地下车站的人员出入口、消防疏散出入口、预留出入（连通）口、进排风道（含区间风井）、正线区间防护段和出入段线防护段。在施工准备阶段监理应着重做好以下工作：

（1）工程开工前，监理人员应审查人防承包商现场的质量管理组织机构、管理制度及专职管理人员和特种作业人员的资格。

（2）总监理工程师应组织专业监理工程师审查承包商报审的专业施工方案，符合要求后应予以签认。

专业施工方案审查应包括下列基本内容：

1）编审程序应符合相关规定；
2）施工进度、施工方案及工程质量保证措施应符合合同要求；
3）资源（资金、劳动力、材料、设备）供应计划应满足工程建设需要；
4）安全技术措施应符合工程建设强制性标准；
5）文明施工、平面布置应科学合理；
6）审查生产安全事故应急预案，重点审查应急组织体系、相关人员职责、预警预防制度、应急救援措施等。

（3）专业监理工程师应审查承包商报送的新材料、新工艺、新技术、新设备的质量认证材料和相关验收标准的适用性，必要时，应要求承包商组织专题论证，审查合格后报总监理工程师签认。

新材料、新工艺、新技术、新设备的应用应符合国家相关规定。专业监理工程师审查时，可根据具体情况要求承包商提供相应的检验、检测、试验、鉴定或评估报告及相应的验收标准。监理人员认为有必要进行专题论证时，承包商应组织专题论证会。

（4）专业监理工程师应检查、复核承包商报送的施工控制测量成果及保护措施，签署意见。专业监理工程师应对承包商在施工过程中报送的施工测量放线成果进行查验。

施工控制测量成果及保护措施的检查、复核，应包括下列内容：

1）承包商测量人员的资格证书及测量设备检定证书；施工平面控制网和临时水准点的测量成果及控制桩的保护措施；
2）应审核承包商的测量依据和测量成果是否符合规范及标准要求，符合要求的，由专业监理工程师予以签认。

（5）监理人员应审查承包商报送的用于工程的材料、构配件、设备的质量证明文件，并应按有关规定、建设工程监理合同约定，对用于工程的材料进行见证取样、平行检验。

监理人员对已进场经检验不合格的工程材料、构配件、设备，应要求承包商限期将其撤出施工现场。

用于工程的材料、构配件、设备的质量证明文件包括出厂合格证、质量检验报告、性能检测报告以及承包商的质量抽检报告等。工程监理单位与业主应在建设工程监理合同中事先约定平行检验的项目、数量、频率、费用等内容。

（6）专业监理工程师应审查承包商定期提交影响工程质量的计量设备的检查和检定报告。

计量设备是施工中使用的衡器、量具、计量装置等设备。承包商应按有关规定定期对计量设备进行检查、检定，确保计量设备的精确性和可靠性。

2. 防护设备与设施施工准备阶段监理

城市轨道交通人防工程防护设备与设施是保障人防工程实现战时防护功能的专用产品，对其质量标准的评定不仅仅指生产工艺质量，还包括人防工程施工安装的质量。为确保施工安装的质量均符合规定要求，应加强以下几方面的监理工作：

（1）核查防护设备安装条件

1）安装单位已将防护设备施工图、有关技术文件及必要的防护设备安装、使用、维护说明书提供给业主、监理单位。

2）防护设备有出厂检测报告和防护设备产品出厂合格证且已经监理人员核查。

3）安装单位在防护设备安装前对其质量进行检查，其变形、缺陷超出允许偏差的已经处理。

4）已经过技术交底和必要的技术培训等技术准备工作。

5）施工现场已具备防护设备安装的施工条件。

对于较复杂的防护设备，工厂加工出厂时应根据设备的设计要求及特点，编写必要的安装使用维护说明书，以便于设备的安装和以后的维护保养；操作及维护较简单的防护设备可以不提供安装使用维护说明书，如较小尺寸的钢筋混凝土门等。设计要求提供主要性能指标、出厂检测报告的应予提供。对安装施工困难、复杂，有特殊技术要求的防护设备，如果安装队没有成熟的经验，应进行技术交底和必要的技术培训。

（2）图纸与现场核对

1）核对防护设备的规格、型号、安装位置、标高和开启方向

防护设备安装前，仔细核对图纸与现场的情况，确保防护设备的规格、型号、安装位置、标高和开启方向，与工程设计要求一致，尤其是对安装顺序、开启方向等有限制的，更要核对无误。

2）检查设备安装处的定位轴线（点）、标高

实际施工中，防护设备的定位轴线（点）、标高等往往是由土建承包商提供，为避免不必要的扯皮等现象，一般防护设备安装单位和土建承包商共同对所提供的定位数据进行核准，并办理交接手续。

（3）现场安装方案审查与要求

1）防护设备的安装，要根据设备的不同特点、设计要求和施工组织设计进行；安装施工中，对隐蔽工程应做记录，并要进行中间或分项检验，合格后方可进行下一工序的施工。

2）防护设备在运输、存放和安装过程中损坏的涂层，必须按设计要求补涂。结构面层的涂装一般在安装完成后进行。

3）杜绝承包商未经设计同意私改图纸、不按图加工安装的现象。要修改设计图纸必须严格按照设计变更程序，经设计单位同意、并出具设计变更文件或修改图纸后才可修改。

4）防护设备的预装配工作非常重要，即使设计未明确要求，只要条件允许，厂家也应做好预装配工作。预装配的质量往往决定防护设备最后的安装质量，而且能及早发现问题并予以解决。

5）防护设备的安装是与土建结构的施工互相交叉、配合进行的。合理地安排交叉作业，根据土建的施工进度制定科学的施组计划、适时地进行防护设备的安装非常重要。

7.4.2 人防工程施工阶段监理工作

1. 人防工程施工阶段监理工作流程

城市轨道交通人防工程施工阶段监理工作流程如图 7-12 所示。

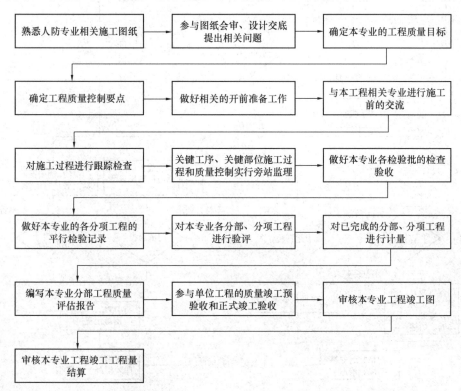

图 7-12 人防工程施工阶段监理工作流程图

2. 口部防护工程施工监理

人防工程的防护通常分为主体防护和口部防护，城市轨道交通工程也不例外，人防工程处于地下，为使之与地面或地面建筑保持必要的联系，如人员、设备的进出，工程通风换气，给水排水及内外联系所必须设置的各种管线等，需要设置一定数量的出入口、通风口、给水排水及内外联系的各种管线孔口。这些孔口统称为工程的口部，它既是工程联系的重要途径，又是容易暴露和遭受敌方攻击破坏的主要目标，同时也是工程防护的最薄弱部位。因此口部防护不仅是人防工程战时防护的关键环节，更是人防工程监理的重点和难点。

3. 出入口施工监理

出入口是人防工程的重要组成部分，是主体通向地面的通道，也是工程中最为薄弱和唯一暴露在地面上的部位，在战时极易受到攻击，同时它又是实现平战功能转换的重点，因此，出入口处理的好坏直接影响到人防工程平时和战时的使用。

出入口防护设备包括防护门、防护密闭门、密闭门、封堵板，是人防工程出入口处非常重要的防护设施，其施工质量与设置的正确与否直接影响着工程的防护密闭特性。

（1）防护门、防护密闭门、密闭门施工监理控制流程

防护门、防护密闭门、密闭门施工阶段监理工作流程如图 7-13 所示。

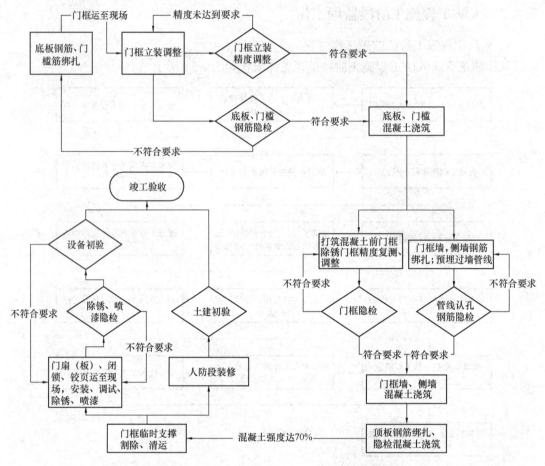

图 7-13 防护门、防护密闭门、密闭门施工控制监理工作流程图

(2) 防护门、防护密闭门、密闭门施工监理

防护门、防护密闭门、密闭门施工监理是保证防护设备能够正常使用的重要环节，防护设备门框的安装精度将直接影响到防护设备的使用，其平整度和垂直度能否控制在规定范围内，将决定门扇能否正常开启，否则，会出现门自开、自关、关不到位或者关不上的现象。因此，防护密闭门、密闭门的安装在轨道交通人防工程中必须引起足够的重视，只有安装过程保证了精度要求，安装调整才易如反掌，使用起来才开关轻便灵活。

1) 监理人员应审查人防门安装是否由取得相应资质的定点生产企业实施。承担人防门安装的定点生产企业应当具有熟悉人防门安装调试的现场安装专业队伍（以下简称"人防安装队"）。鉴于工人流动性较大的现实情况，督促安装单位对新招聘的安装工人，一定要进行安全技术培训，合格后方能上岗。

2) 当人防门安装单位承接到人防工程防护设备安装任务后，监理人员应要求安装单位尽快派人到工地与土建总包单位取得联系，建立畅通的联络渠道。带上必要的企业资质材料，移交相关参建单位备案。了解有关人防安装施工计划，查看工地场区布置情况，为今后的协作和人防施工摸个底，做到心中有数。

3) 督促人防安装队与土建施工总包单位签订施工安全、临水临电等协议，按规定要求办理相关进场手续。特别是安全协议，人防安装队要遵守土建单位制定的安全规章和措施，厘清在人防安装施工中各自要承担的安全责任。

4）监理单位应参与人防门的安装与调试，同时邀请业主、土建承包商及人防安装队共同参与。

5）人防安装前，监理人员应参加由业主组织承包商、人防安装队和相关单位参加的人防门安装技术交底，并形成技术交底记录。

6）人防安装前，监理人员应审查人防安装队的技术准备，制定的施工组织计划、吊装方案；并制定相应的安全技术措施和应急预案。

7）监理人员监督人防安装队应按人防门安装专项施工方案进行施工。主要的专项施工方案有：

① 人防门门框、门扇运输；

② 人防门门框安装；

③ 人防门门扇安装；

④ 人防门调试；

⑤ 喷漆作业；

⑥ 安装零部件、标识、标牌等。

人防门安装作业前，应由班组长依据专项施工方案对班组人员进行班前技术交底。

8）根据人防交底技术配合要求，人防门安装前应有专项土建施工方案。方案由土建承包商组织编制，由监理单位审核。主要专项施工方案有：

① 人防防护段工程测量，提供门框中心线、门口边线、门框标高放线定位以及门框安装后复核测量方案；

② 人防防护段预留后浇施工槽及预留后浇施工槽混凝土浇筑方案；

③ 门框墙钢筋绑扎施工方案，特别提醒应先安门框，后绑扎门框墙钢筋；

④ 人防防护段支模施工方案及混凝土浇筑前应配合封模复检方案。

9）工程现场应提供安全、方便、准确吊装人防门的安装施工条件，包括吊车停放位置和装载门框门扇货车停放位置。

10）按防护设备堆放要求，由业主或土建总包提供堆放场地。

11）防护设备现场存放监理要点：

① 防护设备运输到现场后应存放在土建承包商提供的场地中，不准与工地其他建材和设备混放，且不同类别的防护设备应编号分类存放；

② 防护设备存放场地应平整、坚固、无积水，码放位置和层数应满足设备的搬移、吊装空间的要求，要确保安全，一般不超过4层，且每层中间用方木隔开。

③ 为确保安全，防护设备存放场地距现场基坑边缘的距离应大于5m。

④ 钢结构防护设备不宜露天堆放，码放时间不宜过长，并用苫布盖严，以防设备发生锈蚀。

⑤ 防护设备所配套的密封条、胶管应按要求储存在通风良好的仓库内，室内温度应保持在0~28℃，相对湿度在50%~80%范围内。如果现场不具备存放条件，安装队应根据防护设备调试和油漆施工情况及时进行安装，可不在现场进行储存。

12）防护设备产品质量进场验收监理要点：

① 人防工程防护设备的型号尺寸应符合图纸设计要求，防护设备进场后应逐樘进行全数验收。防护设备进场后应按要求报监理进行验收，验收程序如下：

由人防安装队向监理人员进行申报，监理单位接到申报后，应及时组织专业安装单位等相关人员对防护设备进行逐樘验收。合格后方能进行设备安装，若不合格，应退工厂重新加工，不得用于人防工程。

② 所用检验仪器和量具均应经计量检定合格后方可使用，其精度的选择应与被检部件的技术要求相匹配。

③ 防护设备进场验收的项目包括以下内容：

a. 资料查询，进场的防护设备应资料齐全，包括主要材料或外加工件出厂合格证明、设备产品出质检报告、产品合格证等。

b. 防护设备外观质量验收，防护设备无损坏变形，无锈蚀，其零部件、附件必须齐全，并不得有锈蚀和损坏。

c. 几何尺寸偏差，门框几何尺寸偏差检查的项目包括门框的宽、高偏差和对角线长度偏差。门扇几何尺寸偏差检查的项目包括门扇的宽带、高度、厚度偏差和对角线长度偏差。

13）门扇安装监理要点：

① 门框吊装施工中，若有条件，监理人员应要求人防安装队将配套的门扇同时搬运到位，靠安装位置就近摆放并做好保护。

② 人防门扇吊装应在人防防护段混凝土结构施工完成，其结构强度达到70%以上后进行。当人防防护段混凝土结构存在严重质量缺陷时，应在整修合格后进行人防门扇吊装。

③ 专业监理工程师检查土建承包商将人防段模板拆除清理干净，不影响人防门扇安装。

④ 人防安装队在安装门扇前应对门框垂直度进行量测，监理人员进行复测，人防门门框垂直度合格后方可进行门扇吊装。

⑤ 人防安装队要检查土建承包商是否按设计图纸要求设置吊环。如未设置或设置不符合要求，应及时通知相关单位进行整改，吊环满足要求后方可进行门扇吊装。吊环设置的具体要求如下：

a. 二衬结构预埋门扇安装吊环，应使用HPB300钢筋。

b. 吊环必须伸入结构上层受力钢筋上，吊环大样详见相关规范要求。

⑥ 门扇吊装前，监理人员必须对现场的环境情况进行检查，具备门扇吊装条件后方可同意进行施工，若现场条件不具备，要与相关单位协商，整改完成后方可施工。

⑦ 安装门扇前，监理人员应要求人防安装队熟悉图纸要求的位置、方向，将铰页位置的部件、正确齐备，不同规格型号的设备配件要对号入座，防止混淆装错，为调试门扇打好基础。吊装前应检查吊环、钢丝绳、手动吊链的安全性，可靠性，并进行门扇试吊。

⑧ 门扇安装过程中，监理人员应按照规范要求做好现场旁站监理，门扇吊起来离地前，要在二衬吊环和门扇吊环间加安保险钢丝绳，门扇安装时严禁悬吊翻转，确保门扇吊装安全。在门扇固定牢固前不得卸掉吊钩和保险绳。门扇安装完毕后，用木方把门扇下面垫实，以防门扇自由活动伤人或下垂等现象。

（3）门框墙施工监理

1）监理人员应检查钢筋、水泥、粗细骨料以及人防门、防护密闭门、密闭门材料、设备的质量证书、准用证、生产许可证及有关试验报告。

2）在门框墙定位放样时，监理人员仔细核对尺寸，重点对门框墙门洞尺寸、开启方向的位置尺寸仔细审核。

3）对防护密闭门、密闭门框的钢筋工程的隐蔽工程进行检查验收，重点检查钢筋骨架的尺寸、钢筋直径、间距、垂直度以及预埋件、管件的位置、方向等，均应符合设计要求或有关人防标准图集。

4）钢筋配筋时，检查门槛的钢筋高度是否符合各种形式门的建筑高度，监理人员核对各种形式的门合页侧和闭锁侧的门框宽度能否满足开启的需要。

5）防护密闭门门框钢筋绑扎时，检查门洞四角的内外侧是否按照规范和图纸设计要求配置了斜向钢筋，其长度是否满足要求。

6）门框墙钢筋绑扎、角钢门框固定后，监理人员应检查安装方向和接地（等电位连接）是否正确。

7）当外墙有通风采光窗，设计采用临战时封堵措施的洞口，应严格按设计要求设置钢筋混凝土柱，柱的上、下端主筋应伸入顶、底板，并必须满足锚固长度的要求。设置在洞口四角的构造钢筋，其直径、长度及节点处理必须符合设计要求。

8）门框墙的混凝土浇筑时，监理人员旁站，督促承包商连续浇筑，混凝土浇捣必须密实，并连成整体，门框墙严禁有蜂窝、孔洞、露筋等现象，并做好旁站监理记录表。

9）防护密闭门、密闭门安装前，检查各扇门的平整度、是否在运输贮存过程中受损，如有损坏影响密闭等使用功能的应禁止安装。

10）门框墙施工过程中，监理人员根据设计要求，严格控制门框墙的施工厚度不小于300mm。检查门洞尺寸，其误差符合《人民防空工程质量验收与评价标准》RFJ01的要求。

11）监理人员严格检查门框墙预埋件的质量。预埋件必须无锈蚀，外露部分应油漆，位置准确，固定牢靠。

12）门框墙施工监理控制重点：

① 防护密闭门、密闭门门框墙为悬臂板设计时，监理人员应注意检查水平受力筋的直径、间距、锚固方向及锚固长度；水平受力筋应配置在外侧，且门框墙受力筋宜封闭。同时应注意门洞四角斜向钢筋的布置；上门框设水平梁时，其方向应朝向人防区内，且应锚入两边墙内。

② 门框墙的模板安装，其固定模板的对拉螺栓上严禁采用套管、混凝土预制件等，如图7-14、图7-15所示。

③ 人防门的安装对门框墙的垂直度要求很高，现场监理须要求承包商密切配合，在支模时注意不得使用大模板，门框模板支好后承包商应作复核，复检合格后报监理检查，若有偏差则需由承包商会同相关部门及时对门框墙垂

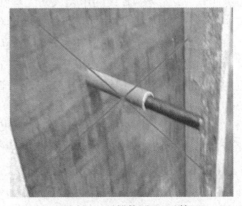

图7-14 严禁使用PVC管

图 7-15 严禁使用混凝土预制件

直、水平做调整，控制在允许偏差以内后再浇筑混凝土。监理应实施旁站并记录。

④ 为保证人防工程施工质量，防护密闭门、密闭门门框墙必须整体浇筑，不留水平施工缝，后浇带及施工缝位置应避开人防通道及人防门部位。

⑤ 涉及人防工程的各种动力配电箱、照明箱、控制箱及消防箱，不得在外墙、临空墙、防护密闭隔墙、密闭隔墙上嵌墙暗装。若必须设置时，应采取挂墙式明装。

(4) 密闭套管施工监理

1) 监理人员应审查给水排水、通风、电气等各专业进出人防工程的管线防密闭处理的措施是否符合要求。

2) 在结构工程施工期间，监理人员审查承包商预埋给水排水、通风、电线电缆穿越防护密闭墙或密闭墙穿墙管的具体位置、标高、尺寸是否与设计相符。

3) 监理人员审查给水排水、通风、电线电缆穿越防护密闭墙或密闭墙的密闭短管形式，是否符合设计要求，其预埋管的各尺寸是否符合要求，重点审查密闭肋材料、厚度、高度，焊接质量、短管露出墙面的尺寸等。

4) 要求预埋短管绑扎在主肋上，检查绑扎牢固。

5) 在混凝土浇筑时监理人员旁站，防止预埋短管移动和浇捣不密实。

6) 水、风、电等专业设备安装时，对穿越防护密闭墙和密闭墙的管线进行旁站，要求按设计要求进行防护密闭处理。在防护密闭的填塞材料和抗力片必须符合设计和规范要求。

7) 监理人员应检查密闭套管的材料，按人民防空工程的有关设计规范要求：穿过人防围护结构的密闭套管应采用钢塑复合管或热镀锌钢管，管道的配件应与所采用的管材相适应。

8) 当管径小于 $DN150mm$ 的管道穿越乙类人防工程临空墙、人防围护结构、密闭隔墙及防护单元之间的防护密闭隔墙或穿越核 5 级、核 6 级、核 6B 级的甲类人防临空墙时，在其穿墙处必须预埋带有密闭翼环的刚性密闭穿墙短管。

9) 当管径大于 $DN150mm$ 的管道穿越人防围护结构时，或管径小于 $DN150mm$ 的管道穿越核 4 级、核 4B 级的甲类人防工程临空墙或防护密闭墙时，必须在其穿墙处预埋带有密闭翼环且外侧加防护挡板（抗力片）的刚性防护密闭穿墙短管。

10) 监理人员应检查预埋密闭穿墙短管的套管内径应比管道外径大 30～40mm，在套管与管道之间应用密封材料填充密实，并在管口两端按设计要求进行密闭处理，填料长度应为管径的 3～5 倍，且不小于 100mm，管道在套管内不得有接口。

11) 密闭套管施工监理控制重点：

① 监理人员应及时复核检查战时给水、供配电以及平时使用的消防、采暖及电气有关预埋套管不能漏埋，管线穿越人防围护结构时应在穿墙处预埋防护密闭套管。

② 战时通风穿墙管道必须预埋到位，预埋管应加止水翼环，该环与预埋管满焊，翼环宽度≥50mm，板材厚≥3mm。平时通风管穿人防墙体（临空墙、密闭墙）时不能预留孔洞，必须在人防墙体有平战转换措施，如图 7-16～图 7-18 所示。

图 7-16　预埋管翼环宽度≥50mm、板材厚≥3mm　　图 7-17　通风预埋管预埋应设洞口加强筋

 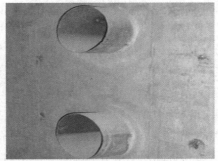

图 7-18　通风管穿人防墙体不应后开洞

4. 通风口进（排）风防护密闭门施工监理

城市轨道交通人防工程通风与民用建筑工程中通风基本相同，工程在和平时期使用或维护管理时的通风，称之为平时通风。战时通风又称为防护通风，战时通风分为三种方式：清洁通风、隔绝通风、滤毒通风。但战时通风口的工作状态与出入口有所不同，空袭警报之后，为了工程内部的安全，出入口的人防门一直处于关闭状态，通风不能间断，因此，在空袭警报后通风口仍应处于开启状态，必须保证在核爆冲击波到来时，通风口能及时关闭，而冲击波过后又能自动开启，以便继续通风。

城市轨道交通工程各设防车站均应有清洁式通风要求。清洁式通风防护密闭门集消波、防护、密闭三种功能于一体，其主要功能是在防护密闭门上安装与防护密闭门设计荷载相同、风量一定的胶管防爆波活门，以及安装满足通风要求的密闭阀门。兼具通风和防护、密闭的功能，设于工程的进（排）风口。

该门由门扇、门框、闭锁、铰页、油网滤尘器、密闭阀门及胶管七部分组成。门扇与门框周边搭接，承受正向压力，冲击波负压通过闭锁头来传递。胶管设于门扇正面上，在冲击波作用下自行关闭，阻止冲击波超压进入门后，达到消波的目的。油网滤尘器置于胶管背后，平时进风时能将较大颗粒的灰尘过滤。密闭阀门可以根据需要开关，满足工程通风的要求。

（1）现场监理人员应认真熟悉图纸、许多平战结合的工程往往存在着两套图纸的现象，即一套图纸为战时图纸由人防设计单位设计，另一套为平时图纸由另一家设计单位设计。因此要仔细检查图纸，两套图纸是否有矛盾的地方，平时通风设计的图纸是否影响防护通风、是否符合相应防护等级的要求和强制性条文的要求，其管线设计是否有漏、碰、错现象。发现问题及时向设计单位和承包商提出。

（2）清洁式进（排）风防护密闭门安装监理控制程序：门框安装→门扇安装→人防门调试→除锈喷漆→设备验收。

其中门框安装是整个防护设备安装过程中的关键点，施工复杂，是一整套防护设备质量的基础，只有确保门框安装质量，才能保证人防设备最终的质量。监理人员应要求人防承包商与土建承包商紧密配合。

（3）清洁式进（排）风防护密闭门门框运输，特别是进入工地后的门框垂直运输和水平运输，现场监理人员要求承包商一定要保护好成品，不得碰撞或野蛮装卸，使其到达安装部位后仍保证具备原工厂检测加工的质量。

（4）门框安装的轴线定位和高程的测量由土建承包商负责提供，监理人员同时做好复测。

（5）门框安装到位后，立即进行支撑。支撑杆的数量根据要求和门的大小确定。用支撑杆固定调整好的门框，确保水平度、垂直度符合规定要求。调整后的门框，注意保护并复测其安装精度。

（6）在浇筑边墙混凝土前要检查模板支撑与门框支撑之间是否有30mm以上的距离，现场监理人员应组织承包商再次复测合格后，方可进行混凝土浇筑。待混凝土达到70%强度后，方可拆除门框本身的临时支撑型钢。

（7）门扇安装和调试若时间允许，可连续进行，以缩短人防门施工周期。调试时，要求承包商先清洗各传动、转动部件，使其运转灵活可靠。调试门轴的垂直度，使其启闭力小于验收标准规定值，门扇与门框贴合面间隙小于规定值。调试闭锁传动系统，使其关锁操作力小于规定值。

（8）除锈要干净彻底，门框、门扇外露的各个面、各种部件，都应清除到位，并接受现场项目监理人员检查认可后，方能进行下一道工序，不合格的要返工整理，直至合格。涂无毒害的环保型底漆（防锈漆）两遍，要求表面均匀、光滑、无流淌。面漆三遍，颜色由业主确定，要求表面光滑、平整、美观。

（9）监理人员现场检查土建承包商是否按照人防结构施工图纸设计的要求，进行钢筋制作绑扎并预留门框墙洞口部位的门槛钢筋，人防承包商应在底板钢筋绑扎的同时，预先在底板部位的门框墙前后预埋门框支撑埋件，其支撑埋件在洞口前后两侧均布预埋。绑扎底板钢筋时土建承包商提前一天通知人防承包商预埋门框支撑铁件。

（10）底板混凝土施工。底板门槛处留出前后各500mm，深200mm的后浇带，边墙混凝土浇筑至高于底板400mm。由土建承包商做好门洞处的混凝土隔离措施，主要是门槛部位和门框墙两侧墙垛的隔离，浇筑底板时，门槛及后浇带部分暂不浇筑。

（11）人防承包商根据土建承包商提供的地坪标高和门洞位置线进行防护设备预埋框体的安装及调试，并做好相应的支撑加强。待安装调试完毕后由土建承包商按人防结构施工图要求对门框墙和顶板钢筋绑扎到位，并根据吊钩安装位置图示的要求，做好顶板处吊钩的预埋，预埋不能反向或遗漏。

（12）土建单位浇筑后浇带部位混凝土，即浇完下门槛的钢筋混凝土和空缺的各500mm空档混凝土。边墙亦打至高于门槛400mm处。

（13）现场监理人员应参加由业主、人防监督机构、设计单位、土建承包商和人防承包商共同对人防防护设备预埋框体及其预埋构件进行安装质量检查，包括安装的标高、安装位置、安装方向、安装垂直度等进行检查校核，并以书面形式做好隐蔽检查记录。

（14）检查校核合格后，监理单位签发混凝土浇筑报审表，土建承包商浇筑墙体和顶板混凝土。

5. 安全出入口施工监理

城市轨道交通工程安全出入口（消防疏散楼梯口），通常采用钢结构活门槛防护密闭门，该类型门是轨道交通安全出入口的主要防护设备，是整个轨道交通人防工程中一个组成部分。其主要作用是使门内外隔绝，达到不漏气、不透毒和防止放射性尘埃进入门内。其特点是：结构简单，平时使用方便，活门槛平时不设，保证通道地面平整无门槛，方便人员与设备通行。

由于安全出入口（消防疏散楼梯口）钢结构活门槛防护密闭门与出入口防护门、防护密闭门施工监理方式基本一致，因此，其施工监理控制方法基本同出入口防护门、防护密闭门控制方法。

6. 人防防护设备施工阶段监理

人民防空工程的防护设备安装，是一项涉及面广、技术复杂、工种繁多的综合性工程，设备安装的质量直接关系到人防工程的平时和战时使用功能，以及人们生命财产的安全。因此，监督安装单位保证防护设备安装工程质量，是监理人员的重要职责。

（1）防护设备产品质量进场验收

防护设备产品质量进场验收要求同7.4.2小节"3. 出入口施工监理"中第（2）条"12）防护设备产品质量进场验收监理要点"。

（2）防护设备安装监理

1）监理人员应首先熟悉设计图纸，将设备安装施工工艺图与土建施工图对照，检查有无矛盾或碰撞，参加图纸会审。

2）审查安装单位提交的设备安装施工组织设计和安装施工方案。

3）检查安装单位和分包商的资质及有关工种操作人员的上岗证书。

4）检查防护设备安装中采用的各种计量和检测器具、仪器、仪表和设备是否符合计量规定（精度等级不得低于被检对象的精度等级）。

5）安装过程中的隐蔽工程，在隐蔽前监理人员必须进行验收，合格后方可进入下一道工序。

6）防护设备安装中要坚持施工人员自检，下道工序的交检，安装单位专职质检人员的专检和监理人员的复检（和抽检），并对每道工序进行检查和记录。

7）安装过程中使用的材料，如各种清洗剂、润滑剂、紧固件等必须符合设计和产品标准的规定，有出厂证明及安装单位自检结果。

8）土建施工中涉及防护设备安装部分，专业监理工程师应组织承包商的土建和安装作业队在现场（包括设备基础、预埋件、管道预留预埋管等）进行认真的中间验收，复核其坐标平面位置、标高、尺寸大小、混凝土强度等是否符合设计图纸要求或施工规范中的有关条文。验收合格，及时签认中间交接验收单。否则，督促土建单位及时整改。

9）防护设备安装就位前，在基础表面的模板、地脚螺栓、固定架及露出基础外的钢筋等必须拆除，基础表面及地脚螺栓预留孔内油污、杂物、积水等应全部清除干净，预埋地脚螺栓的螺栓螺纹和螺母应保护完好，放置垫铁的表面应凿平，所有预埋件数量和位置正确。

10）防护设备就位时，要求安装单位正确找出并划定设备安装的基准线，根据基准线将设备安放在正确位置（即平面的纵、横向位置和标高）上。监理人员对施工安装单位的测量进行复核，检查其测量位置是否符合要求，并要求设备就位平稳，防止摇晃和移位。

11）防护设备找正、调平需要有相应的基准面和测点，监理人员要对安装单位选择的测点进行检查和确认，对设备找正调平使用工具、量具的精度进行审核，以保证精度满足质量要求。

12）设备安装定位、找正调平后，要求安装单位进行复查，使设备的标高、中心和水平及螺旋调整垫铁的精密度完全符合安装技术要求，安装单位自检后，应提请监理人员进行检验，经监理人员检查合格，安装单位方可进行二次灌浆。

13）对系统零、部件制作质量的检查，按设计要求检查零、部件材料和器材，签认零、部件制作质量单。系统各部件和设备安装后，按《人民防空工程质量验收与评价标准》RFJ 01 对系统的分项、分部工程进行质量验收。

（3）防护设备调试和试运行监理

1）系统和设备安装工程完毕后，设备安装单位认为达到调试和设备试运行条件时，向监理人员提出申请，监理人员在审核设备安装单位提交安装检查有关资料同时，会同安装单位及其他有关单位进行全面检查，确认符合设计、施工及验收规范要求，满足系统调试和设备运行条件，由总监理工程师批准设备安装单位进行设备调试设备试运行。调试和试运行时，由承包商负责，监理单位监督，业主和设计单位应派代表参加。设备调试和试运行的实施，可以是具有调试资质的承包商本身，也可委托具有相应资质的其他单位。

2）设备调试和试运行过程质量监理控制方法：

监理人员在系统调试和设备试运行过程中的质量控制，主要是监督安装单位按规定的步骤和内容进行试运行。一般可分为准备阶段、单机试验、联动试验等三个阶段。在试运行中应坚持先无负荷后带负荷、由组件带单机再到联动、分系统进行、先手控后遥控，再到自控原则。

① 监理人员督促安装单位组建系统调试和设备试运行的操作班子。

② 调试和设备试运行前，要求施工安装单位编制试验方案，送专业监理工程师审核批准。

③ 专业监理工程师按施工质量验收规范规定的检查项目进行检查。

④ 调试人员准备好调试所需仪器仪表和必要工具，专业监理工程师检查是否符合要求。

⑤ 专业监理工程师熟悉有关设备的技术性能和系统中的主要技术参数，审查安装单位所有安装工程质量方面的资料和质量检验表，按照试运行项目准备好数据记录的相应表格。

⑥ 监理人员应参加试运行的全过程，督促安装单位做好各种检查及记录，试运行中

如出现异常，应立即进行分析并指令安装单位采取相应措施。

⑦ 单机试运行时，监理人员应检查各项安全措施是否落实，按规定规范的条件、时间内，按规定检查项目进行试运转，试运行应无异常。

⑧ 无负荷试运行、系统联动试运行应在单机试运行合格后进行，各专业及工种必须密切配合，做到水通、电通、风通，满足运行要求。专业监理工程师按规范规定的条件和规定检查项目进行无负荷试运行、系统联动试运行，其检测的参数必须符合质量验收标准。

7. 临空墙防护密闭封堵框、封堵板施工监理

(1) 防护密闭封堵框施工监理

1) 垂直封堵框利用土建承包商的垂直吊装设备进行吊装。吊装时，监理人员应检查钢丝绳要系牢靠，不得有松动现象。钢丝绳与封堵框接触部位要垫橡胶皮，不得损坏门框涂层。

2) 现场施工人员将土建承包商提供的标高引到封堵框安装部位，定出封堵框下边横角钢标高，引用不得有偏差。

3) 现场施工员根据土建承包商放线，画出封堵框安装的定位线。

4) 垂直吊装设备将封堵框吊至安装位置，根据封堵框下边横角钢标高及封堵框定位线确定封堵框左下角位置。再用锚钩将封堵框左下角与墙体钢筋连接，焊牢。

5) 用线坠确定封堵框左下角钢的垂直度，将封堵框左上角位置确定，再用锚钩将封堵框左上角与墙体钢筋连接，保证左下角钢的垂直度。

6) 用锚固钩将封堵框右下角与墙体钢筋连接，保证下横角钢面与墙体外边线保持一致。

7) 用线坠确定封堵框右纵角钢的垂直度，将封堵框右上角位置确定，再用锚钩将封堵框右上角与墙体钢筋连接。

8) 封堵框四角与墙体钢筋连接后，检查两纵向角钢的垂直度、下横角钢的位置及标高，确保偏差在允许范围内后，再在封堵框四边焊接锚固钩，并将锚固钩连接在墙体钢筋上。锚固钩与封堵框焊接、与墙体连接要牢固，锚固钩焊接数量及间距要符合图纸要求。

9) 在锚固钩与墙体连接完毕后，再次对两纵向角钢的垂直度、下横角钢的位置及标高，确保偏差在允许范围。支撑要牢固，不得使封堵框有产生晃动或偏移的现象。

10) 在土建承包商将墙体模板支撑完毕后，浇筑墙体混凝土前，安装人员要检查封堵框两纵向角钢的垂直度、下横角钢的位置及标高，确保偏差在允许范围内。若不在控制范围内，立即进行纠正，否则不允许土建承包商浇筑墙体混凝土。

11) 混凝土浇筑完毕，监理人员应对该工程所有封堵框进行检查，检查垂直度、位置及标高，是否在控制范围内。如发现不合格，必须在第一时间进行处理。

12) 水平封堵框安装。水平封堵框主要位于车站风井顶部，其吊运安装方式与垂直封堵框基本相同，土建承包商绑扎完封堵框部位风井的钢筋后，人防安装单位直接将封堵框吊装至井口处，并将锚固筋与结构钢筋焊接牢固，土建单位即可支模并浇筑混凝土。

13) 临战封堵预埋角钢框施工，平时进（排）风管道穿过临空墙、密闭墙及防护单元隔墙时，应在洞口四周预埋钢板或在洞口内外侧四周预埋角铁框，以便临战封堵。钢板的厚度不得小于10mm，角钢可采用L80mm×80mm×8mm。平时风管穿越临空墙、密闭墙

应双面预埋角钢框；穿过内隔墙时，可预留混凝土孔洞，每边留有约50mm空隙，风管穿过后周边用密封材料填充密实，对于超过300mm的孔洞，结构应采取加强措施。临战封堵预埋角钢应避免缺角、缺段情况，预埋位置应在人防外侧，四周预埋件应在同一平面内。临战封堵埋件之铁件面应与结构面平。

若是供战时使用的风管，应在人防出入口部临空墙、密闭墙上预埋密闭短管。通风穿墙短管处墙体开孔处钢筋须做加固处理。穿墙管与混凝土接触部分不得油漆，因为管道与混凝土接触部分的油漆将影响混凝土与管道之间的粘结力。

（2）防护密闭封堵板施工监理

临空墙防护密闭封堵板用于出入口或风道等非战时使用的孔口。封堵板由堵板、门框及连接螺栓三部分组成。门扇与门框周边搭接，承受正向压力，冲击波负压通过连接螺栓传递。门扇平时不安装，保证地面平整，战时快速将门扇用螺栓固定于门框上，实现防护密闭功能。

1）临空墙防护密闭封堵板施工时均应先立门框，然后绑扎门框四周钢筋。

2）安装门框时必须保证位置准确并固定牢固，应严格控制门框前后、左右的垂直度，其垂直度允许偏差均不大于规范规定要求。

3）门框上的临时支撑型钢，必须待拆模后才能拆除。

4）临空墙防护密闭封堵板的安装应按设计图纸标示的顺序进行。

5）临空墙防护密闭封堵板由数个板、扇组成，安装时应严格挤紧中间的缝隙，同时防止相邻扇之间、前后、左右两个方向的错位。

6）所有临空墙防护密闭封堵板、扇安装后应认真检查质量，确保防护密闭功能。

7）所有临空墙防护密闭封堵板、扇必须按设计图纸要求加工并运至现场。

8）临战时拆掉穿墙部分的风管，清除门框及螺孔上的污物，将橡胶板与所有封堵板四周粘好即可进行安装，安装时，应拧紧螺栓以确保受力。

9）人防工程竣工后，相关单位应将所采用的防护密闭封堵板详细加工图纸和工程资料按规范要求进行妥善存档。

8. 区间防护密闭门施工监理

（1）区间防护密闭隔断门监理

区间防护密闭隔断门安装在防护单元之间的隧道正线上，一般靠近站端设置。区间为盾构法施工时，区间防护密闭隔断门设置于车站端部的盾构端头井内。区间防护密闭隔断门由门扇、门框、闭锁、铰页、升降密封梁、汇流排密封装置、安全定位装置七部分组成，关闭时可不断接触网。门扇与门框周边搭接，承受正向压力，反向压力通过闭锁头来传递。道床平面的密封靠升降密封梁来实现，密封梁与闭锁联动。汇流排密封装置分别设置于门扇上，对汇流排进行密封，达到在不截断汇流排和接触网的情况下，快速关门隔断的作用。安全定位装置确保门扇开到位后安全可靠。平时隔断门门槛顶面与轨顶标高齐平，道床排水沟防护密闭闸板平时妥善放置于门后。

区间防护密闭隔断门安装施工监理工作控制方法和要点通常与防护门、防护密闭门基本一致。

1）施工准备阶段监理工作

监理人员应要求土建承包商提前通知人防承包商进行必要的准备，人防承包商需要提前进入现场。同时，土建承包商需要提前与人防承包商一起对现场进行查看，将运输通道确定，并做好相关的清理工作，建立临时的供电设施、防护设施等。同时，在进场施工中，需要完成调线、调坡等工作，并将人防门的高程、平面坐标等进行确定。

2）区间防护隔断门门框安装节点确定

轨道交通工程的人防区间隔断门，作为划分轨道交通防护单元的重要分割设备，无论在设计过程和施工过程中，都是重中之重的。尤其在施工环节，区间防护门的施工与轨道承包商、其他设备安装队伍存在着互相影响、互相制约的关系。所以，在监理过程中把握好施工节点和各施工队伍间的配合协调，是现场监理应充分考虑和统筹的重点。

通常区间防护门门框施工主要有两种方案：第一种为铺轨完成后，根据轨道承包商及线路中线进行施工；第二种为隧道调线调坡后，先于铺轨前施工。

① 铺轨后施工

a. 铺轨后施工有利于人防门安装，可根据现场轨道的实际标高、线路中心线对门框进行准确定位。能较好地吸收线路中心线与门框中心线的误差，将区间门的中心线与线路中心线重合起来，从而满足行车界限、密封性能的要求，克服轨道专业与人防区间门的施工测量误差。同时免去繁杂的第三方测量、复测等工序，对轨道承包商的铺轨进度影响不大。铺轨后施工方式，可以不需要等待第三方的测量数据，根据现场铺轨的情况即可灵活的指挥安装，且安装准确率高、质量可靠。

b. 当轨道铺通后，施工作业面往往就难以协调，轨行区资源变得相当紧张。隧道照明、供电、机车冷滑、热滑、接触网汇流排及风、水、电、信号、通信等专业承包商在同一时间内进入倒计时抢工期状态。轨道车及吊车进入满负荷运行状态。而每樘区间门的施工都要断开线路并占用最少 7d 以上的时间。若要协调人防区间门施工，开协调会几乎需要所有承包商到场。根据各单位施工时间节点要求，结合现有道岔情况，分段安排人防施工。这样往往就容易出现分段可施工时间较短，施工断断续续，无法进行连续施工，容易产生窝工，打击安装人员的积极性。

② 铺轨前施工

a. 铺轨前施工，可大大减少隧道相关设备承包商的协调难度，施工工作面易于协调，而且时间相对较足。在轨道通了以后，大型设备运输和其他单位施工都能顺利进行。先行施工的区间门可以作为接触网专业施工的控制点，汇流排以区间人防门预留的孔洞作为参照。过人防隔断门时，按照正弦零点向隧道内延伸摆动，降低汇流排与人防门结合防护密闭难度。

b. 区间隔断门门框与轨道结合密切，精度要求较高，误差须控制在 3mm 以内。而人防设备承包商不具备精确测量隧道的能力，安装隔断门所需的线路中线位置及左右轨道高差，无法自行定位。需要土建单位根据轨道专业的基标及第三方测量单位提供准确数据才能进行施工安装。在安装调整完成后，支模前还要由第三方测量单位进行复测确认，才能保证线路中线和门槛标高满足行车要求。

c. 在调线调坡后，轨道施工进场作业，区间隔断门也同时进场安装。轨道专业铺轨龙门架不能通过人防区间隔断门，需要拆除龙门架，对铺轨进度产生影响。这需要成立相应的协调机构，同时协调土建、轨道、三方测量单位及人防承包商，保证提供的数据准确有效，才能保证安装的人防门框满足行车要求。轨道承包商在后期铺轨时要吸收门框在高程、中线上的部分误差。对于设置在线路曲线段的人防区间隔断门,由于有两轨高差需要对门框中心线进行调整,保证线路行车中心线和门框中心线一致,以满足线路行车限界,汇流排和门框的相对关系。

3) 施工阶段监理工作

① 区间防护密闭隔断门施工顺序:

a. 端头井内衬(底板、端墙、侧墙)钢筋绑扎,内衬(底板、端墙、侧墙)预埋钢接驳器、拉结筋,内衬(底板、端墙、侧墙)混凝土浇筑。土建单位浇筑侧墙混凝土前提前通知液压驱动机构安装队埋设件。

b. 端头井中层板钢筋绑扎,预埋中层板吊环,预埋中层板门框墙上端的钢筋接驳器、拉结筋,中层板混凝土浇筑。

c. 进行端头井内正常的其他施工工序(盾构机进出、区间盾构施工、端头井内设备吊运等)。

d. 埋设隔断门缓冲定位装置支座、液压驱动机构底板埋件。在底板施工时,由人防设备安装队、液压驱动机构安装队交底定位,土建单位在底板预留插筋后浇筑底板混凝土,轨道单位搭接钢筋绑扎到位时通知两支安装队,安装支座预埋钢板后浇筑混凝土。

e. 线路专业调线调坡,轨道铺装。下门槛处钢筋接驳、绑扎。缓冲定位装置固定支座钢筋接驳、绑扎,道床混凝土施工。铺轨后隔断门门框及其他附属埋件、门扇运入现场。

f. 端头井内衬(底板、端墙、侧墙)门框墙结合部位凿毛,拉结筋扳出,钢筋接驳、绑扎。

g. 土建单位提供隔断门门框定位数据,隔断门门框立装、精调就位、斜撑固定。

h. 过墙管线预埋、认孔。

i. 浇筑门框墙下门槛处混凝土,浇筑门框侧墙、门框上挡墙混凝土。

j. 隔断门门扇等立装调试,如图 7-19、图 7-20 所示。

图 7-19 区间防护密闭隔断门安装前

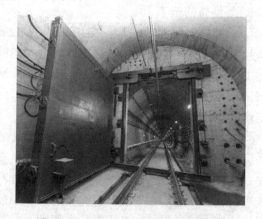

图 7-20 区间防护密闭隔断门安装后

② 土建承包商进行底板钢筋绑扎时,应按设计要求预留出人防隔断门门槛位置钢筋接驳器。承包商应在底板钢筋绑扎的同时,预先在底板部位距门槛前方适当位置预埋门框支撑埋件板,而盾构承包商在盾构施工过程中应距门槛后方适当位置预埋门框支撑埋件

板，每侧至少均布预埋3处，土建承包商提前通知人防承包商预埋支撑件。

③ 底板混凝土施工，土建承包商进行底板混凝土的浇筑，并对预留的钢筋接驳器做好施工保护，配置钢筋接驳器时注意位置正确，切勿错位和反向。特别是作为站台或其他部位，主要是靠近隔断门门框墙附近区域的预埋钢筋以不超出底板表面为宜。

④ 土建承包商进行施工范围内的墙、柱、梁和板的钢筋绑扎，同时在人防隔断门附近的板位置预留吊装孔，孔洞尺寸的要求在满足施工进出料的同时也应结合人防隔断门的相关尺寸进行综合考虑。

⑤ 为不影响盾构施工作业，在不影响结构的情况下，土建承包商在进行板梁的钢筋绑扎时，应在隔断门附近两根中梁下做好吊钩预埋，以便于临时放置门框门扇，其吊钩在每根梁下均匀分布埋设3处，每根梁下的吊钩埋设间距应在1m，而居于中间部位的吊钩应靠近梁的中段位置，所有吊钩中心应铅垂于底板地梁中部位置。

⑥ 承包商在进行板钢筋绑扎的同时，根据人防隔断门吊钩安装位置图示的要求，做好板处吊钩的预埋。

⑦ 在进行板位置盾构孔的钢筋绑扎前或施工现场已经具备吊运施工的情况下，承包商应将人防隔断门门框和门扇吊运至施工现场，利用板梁下吊钩进行吊装固定，采用吊装捆绑和架管扣固方式将门框和门扇固定牢靠，防止发生倾倒事故。并在框扇及隔离管架上采取鲜艳油漆和彩条警示带做好安全示警措施，消除可能的安全隐患。

⑧ 在盾构施工完毕后，安装单位根据土建承包商提供的该隔断门位置准确的地坪标高及轨面标高、线路中心线和门洞位置线，进行防护设备预埋框体和相应预埋配件的安装及调试，并做好对应的支撑加强。待安装调试完毕后由土建承包商按人防结构施工图纸要求进行门框墙四周的钢筋绑扎到位。

⑨ 业主、人防质量监督部门、设计单位、土建单位、监理单位、隧道承包商和人防承包商共同对城市轨道交通隔断门预埋框体及相应配件进行安装质量检查，包括安装的标高、安装位置、安装方向、安装垂直度等进行检查校核，并以书面形式做好隐蔽检查记录。

4) 土建与设备施工精度要求不同的监理处理方法

① 人防设备要求的安装精度高，土建施工要求的精度相对低，确保各自精度的解决方法：联合隐检，支撑独立，间距保证，施工旁站监理。

② 人防部位土建结构施工，除保证钢筋混凝土结构本身的质量外，其中心是确保门框安装的精度。为此，每次浇筑混凝土前，都要进行联合隐检，在检查钢筋绑扎及预埋件、预埋管线安装质量的同时，必须严格检查门框的精度。

③ 在绑扎钢筋、立模过程中，不得损坏门框及支撑，更不能以门框及其支撑作为立模依托。门框及其支撑和模板支撑应为各自独立的系统，互不接触，其受力部位与门框及支撑相距应不小于30mm。

④ 混凝土浇筑时应进行监理旁站，确保混凝土浇筑过程中没有各种破坏设备安装条件、精度的事情发生。

⑤ 监理人员要求承包商对于一线施工的工人，一定要加强标准人防门门框安装精度、保证不破坏人防门门框支撑的重要性教育。

5) 对土建承包商的配合要求

① 工程涉及人防设备预埋的口部，在浇筑好底板，进行绑扎底板钢筋时必须通知人

防承包商到现场进行图纸会审、技术交底，人防承包商及时安排人员在浇筑底板混凝土前配合土建单位进行门框预埋安装工作。

② 人防承包商到各站点进行安装工作时，土建单位需明确交底、提供标高、轴线等数据。

③ 在施工过程中土建施工人员（模板工）不能敲掉门框固定、加固使用的临时支撑，若确因施工通行需要作临时拆除的，则混凝土浇筑前必须通知人防承包商安装人员重新校正水平和垂直度后固定，使门框达到安装合格要求。

④ 因区间隔断门体积及重量较大，都必须从两端端头井运入轨道交通坑道内，所以端头井如需提前封闭，土建人防单位应提前一个月通知人防承包商，并完成端头井内素混凝土的回填，承包商则将区间隔断门吊入坑道内靠墙侧放固定，以免设隔断门以后无法入场施工。

⑤ 轨道交通坑道内区间隔断门门框墙绑扎前一个月通知人防承包商进行门框预埋安装工作，并提供现场轨顶面水平标高、轨顶高差等数据。

⑥ 土建单位提供人防承包商电源接入，工地其他起吊设备辅助吊卸、临时仓库等。提供临时人防设备堆场和必需的现场搬运通道及安装空间。

(2) 防淹防护密闭门监理

防淹防护密闭门用于城市轨道交通区间隧道有水淹可能的防护部位，在满足战时人防防护密闭要求的前提下，兼顾防淹要求，可防止战争或自然灾害破坏隧道过湖（河）段主体结构后漏水淹没整个轨道交通地下段及相邻车站。

平时门扇用安全装置的锁定机构锁定于隧道上层，战时或水灾时下降关门，同时密封门孔及排水沟。启闭机手、电两用，可快速关闭，并可实现远程控制。安全装置托于门扇底部，以确保安全。

防淹防护密闭门安装施工监理工作控制方法和要点通常与防护门、防护密闭门基本一致。

1) 防淹防护密闭门门框、门扇分步安装，门框组件运输到现场组装预埋。组装完毕后保证平面度符合《人民防空工程防护设备试验测试与质量检测标准》RFJ 04 相关技术要求。

2) 门框预埋时保证前后、左右不得倾斜，垂直度符合《人民防空工程防护设备试验测试与质量检测标准》RFJ 04 相关技术要求。预埋完成后做好支撑工作，保证在浇筑混凝土时不发生偏移，如图 7-21 所示。

图 7-21 防淹防护密闭门施工

3) 防淹防护密闭门调试。防淹防护密闭门属于大型防护设备，制作、运输、安装、调试都比较不便。因此在制作过程中监理人员应对加工精度要求比较高，以减少安装后的机械调试工作。防淹防护密闭门拥有智能控制系统，电气部分的调试是调试的重点和难点，监理应重点控制。

① 机械部分调试监理要点

a. 防淹门的机械部分调试主要为门扇垂直度、密闭性能、启闭机构调试。

b. 通过调整门框和门扇的挤压轮系统可以调整门扇下落时的位置偏移以及压紧位置。

c. 通过调整挤压轮的高度来调整密封条的压缩量。底部密封靠门扇的自重来压紧。

d. 防淹防护密闭门调试步骤为：

a) 将门扇放到底部；

b) 断开两个钢丝绳滚筒间的联轴器；

c) 将吊钩挂于门扇吊耳上，观察两滚筒绕绳位置是否一致，调节到一致后一端固定在电动葫芦上；

d) 连接联轴器，进行一次起吊测试，观察门扇有无倾斜，如发现有倾斜继续进行上述调试步骤。

② 电气部分调试监理要点

a. 手动部分调试

a) 手拉链条的灵活性，看有无卡阻现象。

b) 安全小车轨道是否有卡阻现象。下压机构操作是否灵活。

b. 电动部分调试

a) 检查各指示灯工作是否正常，警报系统是否正常；

b) 检查各行程开关工作是否正常，液位指示是否正常；

c) 检查各安全机构工作是否正常；

d) 进入检修状态，通电运行，观察电动葫芦工作是否正常，门扇下落是否顺利；安全小车运行是否正常，下压机构是否能下压到位；

e) 进行流程测试，观察各步骤是否衔接流畅，状态指示是否正常；

f) 测试系统接口工作是否正常，可以进行一次远程模拟测试。

9. 消波系统施工监理

（1）防爆波活门、胶管活门施工监理

1) 监理人员首先应熟悉设计图纸，审查施工组织设计中有关保证胶管活门安装质量所采取的组织措施和技术措施是否合理。

2) 设备进场质量监理检查。主要检查设备在存放、运输和搬运等过程中设备是否有损伤，规格型号是否符合设计和规范要求，零配件是否齐全和有无生产许可证及出厂合格证等，如有损伤和不符合设计及规范规定时，要求承包商必须采取修复、整改等措施，使其达到设计和规范要求，否则不得在工程中使用。

3) 对防爆波活门的土建的中间验收，预埋防爆波活门门框安装到位后，在门框墙混凝土浇筑前，检查门框及铰座板是否变形，相关预埋件（闭锁盒、锚固钩等）的数量、位置、规格，金属件的除锈等。并应按设计要求检查嵌入墙面深度，检查钢门框的前后、左右的位置和方向，门框面必须垂直，核对无误，方允许浇筑。

4) 悬板活门安装时监理人员应要求：安装牢固，开启方向正确，底座与门框贴合紧密，底座与胶板粘贴牢固、平整，基剥离强度不小于规范规定数值；悬板关闭后底座胶垫贴合严密；悬板启闭灵活，能自动开启到限位座；闭锁定位机构灵活可靠。

5) 胶管活门安装时应要求：活门门框与胶板粘贴牢固、平整，其剥离强度不小于规范规定数值；门扇关闭后与门框粘贴严密。在平时胶管活门只安装门框和门扇，不装胶管,胶管应密封保存,胶管、卡箍应配套保管,直立放置。

6) 防爆波活门安装后,监理人员应按照规范要求检查其安装的偏差是否在允许范围内。

7) 监理对胶管活门安装过程进行巡检或平行检查,检查内容:

① 检查设备的各部尺寸和表面平整度是否符合设计和规范要求。

② 检查设备的安装位置、固定牢固程度是否符合设计和规范要求。

③ 检查胶管活门门框与胶板粘贴必须牢固,活门门扇与门框贴合应紧密,均匀一致;胶管、卡箍应配套。

④ 活门门框与胶板粘贴牢固、平整,其剥离强度不应小于0.5MPa。

⑤ 门扇关闭后与门框贴合严密。

⑥ 胶管、卡箍应配套保管,直立放置。

⑦ 胶管应密封保存。

8) 检查悬板活门所有铁件应油漆,但门框上的橡皮板不能油漆。悬板转动部位应上油保养,保证转动灵活。悬板关闭与底座胶垫贴合严密,悬板能自动开启到限位座。

9) 检查胶管活门门扇与门框贴合紧密。所有铁件应油漆,门扇上的闭锁盘应转动灵活,橡皮筒应套在门框上。

10) 监理控制工作重点:

① 人防门槛的施工不符合要求或人防门门槛下没有设置钢筋。门槛箍筋均应闭口,拐角应设置八字加强筋。

活置式门槛应做两根梁,且梁间距通常在20~30mm,门槛高度应以建筑地坪为复核高度。门槛水平筋应设置在竖向钢筋内侧。人防门的门框角钢应在底板浇筑混凝土前安装到位,门框角钢的安装标高应与建筑标高平。当地坪装修面层大于60mm时,门框角钢下部角钢内应按防护密闭门门槛的要求配筋;当地坪装修面层不大于60mm时,门框角钢下部角钢的间距为150mm、φ32孔中穿钢筋锚固到底板中。

② 悬板活门、胶管活门门框的钢筋成型和绑扎,门槛箍筋(手枪箍)应该闭口,箍筋应拉住底板的下层钢筋。

③ 当悬板活门的另一侧没有设置扩散室时,应在门框背侧即连接风管或扩散箱的一侧预埋一圈规格为L50×50×5mm的角钢,以保证连接处达到密闭的要求。如采用胶管活门,也应在该侧预埋同规格的角钢。

④ 人防门的门框角钢预埋的位置方向应准确,防护密闭门、悬板活门和胶管活门的角钢应预埋在安装门扇的一侧(冲击波直接作用方向的一侧),密闭门的角钢应预埋在染毒区一侧,滤毒间的密闭门角钢应预埋在密闭通道内,角钢的闭锁盒开口大头在下,小头在上,门轴位置与设计施工图一致。

(2) 防爆超压排气活门、自动排气活门施工监理

1) 防爆超压排气活门、自动排气活门可以安装在墙上或管道上。如果安装在墙上,土建时应预埋密闭穿墙短管,连接活门的法兰应置于超压墙面一侧,法兰面应垂直,法兰垫圈应采用厚5mm整圈橡胶板,所有螺栓均应均匀旋紧。安装前,监理人员应要求承包商清除密封面的杂物,检查密封面有无受损,不合格不准安装。

2) 安装时监理人员要检查:活门开启方向必须朝向排风方向;墙管法兰和在轴线视线上的杠杆均必须铅垂;活门在设计超压下能自动启闭,关闭后阀盘与密封圈严密。

3) 防爆超压排气活门、自动排气活门安装完毕后，监理人员应检查设备的坐标、标高和平衡锤连杆垂直度偏差是否在允许范围内。

4) 自动排气活门、防爆超压排气活门开启方向必须朝向排风方向，平衡锤连杆应与穿墙管法兰平行，平衡锤应垂直向下。

5) 自动排气活门、防爆超压排气活门应与工程内的通风短管（或密闭阀门）在垂直和水平方向错开布置。

6) 自动排气活门、防爆超压排气活门安装应符合下列规定：排气活门在设计超压下能自动开启，关闭后与风管法兰和无缝橡胶密封圈贴合严密。

7) 防爆超压排气活门、自动排气活门开启方向、位置、标高必须符合设计要求；穿墙管法兰和在轴线视向上的杠杆均必须垂直，阀门在设计超压下能自动启闭，关闭后阀盘与密封圈贴合严密；阀门动作灵活。

（3）防爆地漏施工监理

防爆地漏外形美观、坚固耐用、结构合理、平战两用操作方便，适用于新建或改建各类防空地下室中的扩散室、洗消间、防毒通道等需冲洗房间的排水地漏装置，采用铜或不锈钢等材质制成的防毒防爆装置。轨道交通工程中通常安装于进排风风亭处，安装于通向人防防护区外的排水管上的防护区内端，平时处于关闭状态，将该漏芯放置在阀腔里，并顺时针方向旋转约60°即可完全密闭锁紧（反之逆时针方向旋转60°即可退出），防爆地漏密闭时可防止爆炸冲击波及其他有毒气体由管道进入防护体，起到安全防护作用，战时该地段染毒需进行清洗时，将防爆地漏打开，进行排水，即可冲洗。在人防工程中，防爆地漏不可或缺。

1) 防爆地漏作用原理及用途

防爆地漏安装在人防工程的排水管道处。平时地漏处于开启状态，保证正常排水；战时将地漏盖下降，逆时针旋紧后封闭排水口，防止冲击波、毒气进入人防工程，并可防止污水倒灌。地漏体存水深度为30mm，能有效控制臭气外溢。

① 防爆地漏能够承受爆炸的冲击波，防爆地漏经模拟核爆炸试验，达到五级人防的抗爆要求。普通地漏则不行。

② 防爆地漏的材质为铜或不锈钢，耐腐蚀性强，耐高温、耐冲击，而普通地漏性能没有这么好。

2) 防爆地漏安装时，地漏体与下水管丝扣拧紧后再施工，上盖顶面应低于混凝土水平面5~10mm，如图7-22、图7-23所示。

图7-22 防爆地漏安装示意图

图7-23 防爆地漏成品

3) 防爆地漏安装使用后应定期进行清扫杂物。

4) 防爆地漏密封胶条每隔一年检查一次，长期使用发现地漏体密封面锈蚀，应除锈处理并保养。

5) 防爆地漏监理控制要点：

① 要分析防爆地漏安装的位置是否受到冲击波的作用，以及是否与工程内部连通。如设在围护结构以内的地漏且集水池也在围护结构以内，该地漏宜采用普通地漏。

② 预埋时注意控制防爆地漏的标高，要求使用热镀锌管排水。

③ 合理利用防爆地漏的功能，节约造价。

④ 对于防爆地漏的逆向使用问题，目前的防爆地漏均未提供逆向正压作用的测试报告及数据。但从防爆地漏的结构形式分析，其逆向使用在强度是可行的。上盖板是被压紧在下盖板上的，能保证逆向作用的气密性。

⑤ 若底板后浇垫层在150mm以下，建议承包商将防爆地漏一起与$\phi 80$镀锌钢管接好预埋到设计标高后再浇筑底板混凝土，用胶带将地漏上口密封防止漏浆。

⑥ 防爆地漏与排水管的连接，多采用与镀锌钢管丝扣连接。

(4) 密闭阀门施工监理控制要点

1) 安装前监理人员应检查密闭阀门的型号、规格等质量必须符合设计要求，其密闭性能是否符合产品技术要求，阀门上的密封线是否完好，有无擦伤划痕，不符合要求不得安装。

2) 密闭阀门可以安装在水平或垂直的管道上，但应保证操作、维修方便。位置准确，固定牢靠，垫片与法兰平齐、连接紧密；通风管段上，两个串联密闭阀门中心距不小于阀门内径；阀门安装时手柄端应留有一定的操作距离，阀门距墙或顶板150～200mm。

3) 阀门安装时，应要求承包商注意方向，要求阀体外壳上的压力箭头与受冲击波的方向一致，不是与气流方向一致；阀门应用吊钩或支架固定，吊钩不得吊在手柄及锁紧装置上。

4) 安装后开关指示针的位置与阀门板的实际开关位置相同，启闭手柄的操作位置应准确；阀门安装的坐标和标高偏差应在规范规定的允许范围内。

5) 阀门应用吊钩或支架固定，吊钩不得吊在手柄及锁紧装置上。阀门支（吊、托）架及支墩的安装应构造正确，埋设平正、牢固，支架与阀门接触紧密；吊杆垂直，排列整齐。

6) 所有连接螺栓应均匀旋紧，密闭不漏风。

7) 安装前应存放在室内干燥处，使阀门板处于关闭位置，橡胶密封面上不允许染有任何油脂性物质，以防腐蚀。壳体密封面上必须涂防锈漆。

8) 安装时，应调整开关指针，使指针位置与阀门板的实际开关位置相符合；要清洁内腔和密闭面，不允许有污物附着，未清洁前切不可启闭阀门板。

7.4.3 人防工程验收阶段监理工作

1. 人防工程功能性检测验收

(1) 人防防护设备的检测

1) 对人防防护设备的检测，采取出厂前检测、现场检测和送样检测相结合的方式。

防护设备设施加工完毕,通过承包商自行检测,合格后方能出厂。

2)防护设备设施已运至施工场地的成品存料场(库),而尚未运至安装场地进行吊装施工,承包商进行吊装前检测。

3)防护设备已安装到人防门框墙上,承包商到工程现场,对防护设备进行现场检测。承包商从防护设备生产厂区域或现场成品存料场(库),在建设、监理、设计等参建单位共同见证和人防工程质量监督机构的监督下,随机抽取一定数量的防护设备,进行某些专项检测。

(2)人防门框墙结构检测

对人防门框墙结构的检测,采取现场检测的方式进行。

(3)人防门及防护设备的检测

1)人防检测单位应在检测开展之前,按照人防工程质量监督机构的相关要求,编制检测方案,上报人防工程质量监督机构备案。

2)对人防门使用功能重要分项工程应进行实体检验和检测,实体检验和检测应在监理人员或业主的项目专业负责人见证下,由人防门专业安装队技术负责人组织实施。

3)人防门安装分部工程验收工作应由业主(监理单位)组织,各阶段验收时间、地点及参加验收工作的人员应符合有关规定。

4)承担人防门的检测单位应具有相应的资质。人防门安装工程验收中的质量检验,应使用经计量检定合格的计量器具,并按有关规定操作。

5)人防门安装分部工程验收主要工作:

① 检查人防门安装是否符合设计要求。

② 检查人防门安装质量是否符合本规程和有关技术标准的要求。

③ 对遗留问题提出处理意见。

2.人防工程专项验收

城市轨道交通人防工程专项验收,是城市轨道交通工程项目建设全过程的一个重要程序。

(1)人防工程专项验收程序图

城市轨道交通人防工程专项验收程序如图7-24所示。

(2)人防工程专项验收准备

1)完成收尾工程

城市轨道交通人防收尾工程的特点是零星、分散、工程量小,但是分布面广。如果不及时完成,将会直接影响整个轨道交通项目的竣工验收和投入使用。必须对收尾工程进行一次清查,按设计图纸和合同约定的要求,逐一对照,找出遗漏项目和修补工作,制定作业计划,相互穿插施工。

2)做好验收资料的准备

竣工验收有关资料和文件是竣工验收的重要依据,从施工开始就应完整地积累和保管,建立施工档案。

3)进行竣工预验收

工程完工后,承包商应组织有关人员进行自检。自检合格后,向监理人员提交单位工程竣工验收报审表及竣工资料。总监理工程师应组织各专业监理工程师对工程质量进行竣工预验收。存在工程质量问题时,应由承包商及时整改。合格的,总监理工程师应签发单

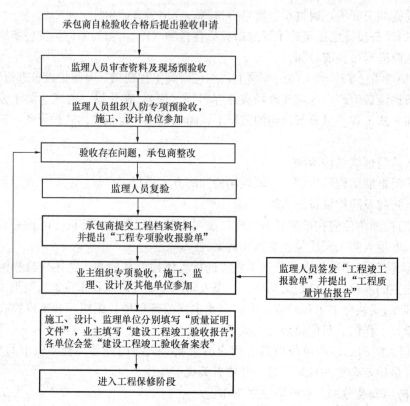

图 7-24 人防工程专项验收监理工作流程图

位工程竣工验收报审表。

总监理工程师签署意见前,必须做到:检查人防工程现场,查实工程是否已完工,并达到国家规定的人防工程质量目标,现场是否已清理完毕,具备验收条件。

(3) 人防工程专项验收的范围、依据和条件

1) 工程验收范围

凡是城市轨道交通工程所涉及人防部位的土建、给水排水、电气、通风工程及防护设备等项目建成后,均应组织竣工验收,验收工作的繁简可因项目大小而异。

2) 工程验收依据

① 上级主管部门批准的设计任务书、初步设计文件、设计变更洽商文件、施工设计图和装备技术说明书;

② 国家颁发的《人民防空工程质量验收与评价标准》RFJ 01、《人民防空工程防护设备选用图集》和各省、市人防工程质量监督站的检验文件等;

③ 工程招标投标文件、施工承包合同及有关协议。

3) 工程验收条件

凡已完成以下各项工作的工程,即认为已达到竣工验收的条件,可以申请进行竣工验收。

① 完成工程设计和合同约定的各项内容;

② 承包商在人防工程完工后对工程质量进行了检查,确认工程质量符合有关法律、法规,符合设计文件及合同要求,并提出工程竣工报告;工程竣工报告应经项目经理和承

包商有关负责人审核签字；

③ 对于委托监理的人防工程项目，监理单位对工程进行了质量评估，具有完整的监理资料，并提出工程质量评估报告；工程质量评估报告应经总监理工程师和监理单位有关负责人审核签字；

④ 有完整的工程技术档案和施工管理资料；

⑤ 有工程使用的主要建筑材料、人防设备的产品质量出厂检验合格证明和技术标准规定的进场试验报告；

⑥ 有设计、施工、工程监理等单位分别签署的质量合格文件；

⑦ 有承包商签署的质量保修书；

⑧ 法律、法规规定的其他条件。

（4）人防工程专项验收程序

人防工程专项验收程序分为承包商自检、建设（监理）单位初步验收（预验收）和人防工程主管部门正式验收等阶段。零星工程，可直接组织竣工验收。

1）承包商自检

由承包商自行组织实施。在每一单项工程竣工时，以至整个项目建成后，承包商都要按照设计和施工要求及时组织自检。自检合格后、报请业主进行初验。

2）初步验收（预验收）

由建设（监理）单位组织实施。接到承包商申请验收的报告后，建设（监理）单位即组织设计、监理、承包商对工程项目进行初验。初验合格后，报请工程主管部门验收。

初步验收的一般程序是：

① 听取承包商的总结汇报；

② 审查、核对竣工文件、图纸等工程技术档案；

③ 对各项人防工程的主要质量指标，按专业进行抽样检查、试验，初步检验评定合格后，由业主向工程质量监督站申报核验认证；对不合格工程应责成承包商限期补救或者返工，并重新报工程质量监督站核验；未经工程质量监督站核验或核验不合格的工程不得申报正式验收；

④ 对验收当中出现的争议或纠纷，提出解决办法；

⑤ 初步验收工作完成后，应及时向上一级单位提出初步验收报告，申请正式验收。

3）正式验收

正式验收按相关规定通常由人防工程主管部门组织实施。

正式验收的程序是：

① 审阅初验报告，并听取业主对建设情况的汇报；

② 查看人防工程施工现场和主要设备运转情况，复验、鉴定工程质量等级；对设计水平、工程质量、经济效益、战备效益等作出评价；

③ 审查、核对竣工文件、图纸、资料等工程技术档案；

④ 针对验收中提出的问题，协商确定处理方案；竣工验收中的争议，验收小组未能解决时，应报请有关部门进行裁决、处理；

⑤ 施工、监理、建设、使用单位办理竣工移交事宜，并签署工程专项验收移交书，同时拟草工程专项验收纪要；

⑥ 遗留问题和收尾项目应按验收小组的决定，交由承包商或业主限期完成，所需经费在工程费中预留，竣工后经工程主管部门组织验收合格，并由工程质量监督部门核验后，方可交付使用；

⑦ 提交工程正式验收报告，经认可后，归档存查。

(5) 人防工程专项验收文件

1) 专项验收文件

正式验收工作结束前，人防工程项目专项验收工作组编制验收鉴定材料，报同级人防办公室审批。经过批准的验收鉴定材料，是工程交付使用单位和正式使用的依据。

专项验收文件一般包括：

① 开工和竣工报告；

② 工程合同（施工承包、工程监理、设备设施等）；

③ 竣工图纸（设备图、竣工图等）；

④ 技术资料（设计变更资料）；

⑤ 质量评定资料（施工记录、工程质量评定等）；

⑥ 工程造价文件；

⑦ 施工及监理总结报告；

⑧ 专项验收书、验收纪要；

⑨ 有关建设依据方面的文件；

⑩ 其他资料、文件等。

2) 工程竣工遗留问题的处理

竣工验收后的工程遗留问题，承包商应根据验收工作组提出的处理意见限期完成，处理情况由业主报上级人防工程主管部门备案。

3) 人防工程质量保修书

人防工程承包商在向业主提交工程竣工验收报告时，应当向业主出具质量保修书。质量保修书中应当明确工程的保修范围、保修期限和保修责任等。

人防工程在保修范围和保修期限内发生质量问题的，承包商应当履行保修义务，并对造成的损失承担赔偿责任。

人防工程的保修范围和保修期限，按国家有关规定执行，保修时间自竣工验收合格之日起算起。

3. 防护设备安装质量验收阶段监理

人防防护设备安装工程的质量验收，是防护设备全面质量管理的一项重要程序，也是发现问题、解决问题的关键环节。防护设备安装工程的施工及验收中的质量检验，监理人员应使用计量检定合格的计量器具，并按有关规定操作。

1) 防护设备安装施工过程中进行验收的隐蔽项目

① 门框安装到位后，在门框墙混凝土浇筑前，监理人员应检查门框及铰座板的变形，相关预埋（闭锁盒、锚固钩等）的数量、位置、规格，门框安装的前后、左右垂直度，金属件的除锈等；

② 安装完成后各部位的除锈；

③ 安装完成后喷底漆、补涂层；

④ 其他设计要求或必要的隐蔽项目检查。

2）防护设备安装工程验收划分

防护设备安装工程为人防工程中建筑工程的一个分部工程，一套防护设备的安装为一个分项工程，在评定分部工程质量时，所有分项工程均应参加评定。

根据《人民防空工程质量验收与评价标准》（以下简称《标准》）规定，防护设备安装工程为人防工程中单位工程的一个分部工程，防护设备安装工程的质量按分项和分部工程划分，进行检验和评定。

《标准》中规定，一套防护设备的安装为一个分项工程。这里的"一套防护设备"可以是一套防护门、防护密闭门、密闭门、防爆波活门、密闭阀门、封堵板或密闭观察窗等各种类型的防护设备，凡是独立安装的一套防护设备即为一个分项工程。

分部工程划分可以随人防工程中单位工程的具体划分而定。实际评定时，一个独立的、单一的人防工程为一个单位工程。如：城市轨道交通工程，可根据实际情况划分，当一个车站及相邻区间划分为一个防护单元时，则这个车站及区间的所有防护设备安装为一个分部工程。

3）防护设备安装工程的验收需提交的资料

防护设备安装工程的验收，是在全部安装工作完成后进行。进行防护设备安装工程验收时，监理人员应要求承包商提交下列资料：

① 防护设备竣工图和设计变更文件；
② 安装过程中形成的与工程技术有关的文件；
③ 安装过程中所用材料、涂料等材料质量证明书或试验、复验报告；
④ 防护设备出厂合格证；
⑤ 隐蔽项目验收记录；
⑥ 工程中间检查交接记录；
⑦ 防护设备安装分项工程质量检验评定表；
⑧ 防护设备安装分部工程质量评定表；
⑨ 防护设备安装工程质量保证资料核查表；
⑩ 其他需要提交的资料。

4. 人防工程档案资料

城市轨道交通人防工程档案，是指在人防工程建设与维护管理过程中直接形成的、有参考利用价值的文字、图表、声像等不同形式和载体的文件材料。它是我国人防工程建设及维护管理的原始记录和成果，是战备、工程维护、续建、改造和科学研究的重要条件和依据，是国家重要秘密，必须遵循集中统一管理。

1）工程文件的归档范围

① 人防工程建设许可文件；
② 人防工程施工图审查表及审查意见；
③ 城市轨道交通建设工程项目线路总平面图；
④ 人防防护设备（防护隔断门、防护密闭门、密闭门、防爆地漏等）订购合同；
⑤ 防护设备产品（防护隔断门、防护密闭门、密闭门等）合格证明书；
⑥《防护（含防化）设备产品质量终身负责承诺书》（防护密闭隔断门、防护密闭门、

密闭门等防护设备,原件);

⑦孔口防护工程分部工程质量验收记录表(每个车站一份,原件,人防监理单位提供)(汇总各分项工程数据);

⑧单位工程质量验收记录表(建设工程项目各车站的汇总表);

⑨城市轨道交通工程人防部分竣工图。竣工图绘制必须使用与人防工程施工图设计审查通过的施工图同一版本的人防建筑分册、人防结构分册、人防设备风、水、电分册和人防通用图(分册中应包含按施工图审查意见,修改后的施工图纸或设计修改通知单)蓝图。人防建筑、结构竣工图(土建承包商提供),人防设备风、水、电竣工图(设备安装单位提供);

⑩人防工程平战转换工作量概况表;

⑪监理单位工程质量评估报告(土建施工监理单位提供);

⑫(人防)监理单位工程质量评估报告(合格证明书)及人防工程竣工监理评估报告(必须有城市轨道交通人防工程内容及其评价等)(人防监理单位提供);

⑬人防建设工程安全质量监督站出具的监督意见书或质量监督报告;

⑭法律法规规定的其他资料。

2)工程文件的立卷

工程文件的立卷以建设工程项目为单位,参照《人民防空工程质量验收与评价标准》RFJ01、《建设项目(工程)竣工档案编制技术规范》DG/TJ 08—2046等标准规范的有关规定进行立卷。

3)工程档案的验收

业主在组织城市轨道交通工程咨询验收前,需向地方人防工程档案室提交档案预验收申请表,经预验收后出具预验收意见。未通过档案预验收的,不能组织人防工程竣工验收。

档案预验收重点检查以下内容:

① 工程档案按照规范要求提出的归档范围进行整理,并准确反映工程实况;

② 工程档案已整理立卷,立卷符合规范要求;

③ 竣工图绘制方法、图式及规格等符合专业技术要求,图面整洁,竣工图章清晰;

④ 文件形成、来源符合实际,要求单位或个人签章的文件,签章手续完备;

⑤ 文件材质、幅面、书写、绘图、用墨等符合要求。

4)工程档案的移交

业主按照现行文件归档整理规范和工程所在地人防工程档案管理部门的规定要求,将整理立卷并符合规范要求的工程文件档案向工程所在地人防工程档案管理部门移交。工程档案接收后,档案管理部门出具人防工程档案接收证明。

7.5 声屏障工程

7.5.1 声屏障安装工程

1. 概述

声屏障是隔离噪声的屏障,主要应用于道路两侧,减轻车辆行驶对附近影响。安装过程需要严格按照安装步骤认真完成。声屏障吸隔声板分为三类：水泥声屏障（高强水泥声屏障），金属吸声板和透明隔声板。

声屏障安装应满足限界要求（声屏障弧形顶部与列车设备限界的间距≥120mm），确定每一段声屏障立柱弧形长度，并保证顶部连接平顺。

声屏障安装施工基础面，在混凝土上需要安装立柱和隔离板，监理重点检查混凝土的强度是否达到设计要求，混凝土夯实、间距要求到位，预留螺栓和螺母是否符合技术要求，检查螺栓是否存在有变形、弯曲等情况，确保安装时与螺母紧密连接，安装立柱时保持水平度和受力均匀。

声屏障安装立柱有吊运、安装H型钢立柱，安装防松垫圈及双螺母过程，螺母、弹性垫圈，需用水平尺调平，做好立柱垂直度的测量。立柱的安装是连接混凝土基础面与隔离板的关键，必须严格按照操作规范执行，调整好立柱的位置、间距、垂直度，拧紧上面的螺母，固定好立柱。立柱调整合格后，需灌注重力砂浆。

声屏障隔离板的安装控制立柱长度和隔板宽度，注意将隔离板准确安入槽，保证单元板插入H型钢立柱长度满足设计要求。

需要注意安装过程应考虑季节问题，在低温情况下灌入砂浆需使用加热装置，在高温情况下需采用降温装置。安装过程中如果风较大，需做好防风措施，确保立柱和隔板的水平垂直符合要求。安装施工人员在现场应接受统一指挥，做好安全防范，做好施工配合。在各种材料运输搬运过程中应注意材质的保护，避免涂层受损，影响其防水、防腐功能。

2. 声屏障工程监理工作流程

声屏障工程监理工作流程如图7-25所示。

7.5.2 声屏障工程设备监理工作

1. 监理工作内容、重点、控制措施

（1）声屏障安装监理工作内容

监理单位受业主委托依法对承包商施工过程进行监督管理，确保各项环保措施满足施工环境保护要求。

声屏障工程包括高架桥挡墙上方高架部分声屏障、过渡段部分声屏障、疏散平台下方声屏障的采购、安装工作。

声屏障安装完成要做焊缝检测、声学效果检测、力学性能检测、防雷检测等。

（2）声屏障安装监理控制重点

交叉施工的有序管理、吊装运输和土建预埋可靠性是工程质量的保证，安装过程应减少质量通病。

声屏障安装质量控制重点：

1）声屏障安装前，督促施工单位组织技术人员认真测量预埋螺栓之间的间距、螺杆垂直度是否满足要求，螺杆丝纹是否破损等，提前进行处理，并涂抹黄油。

2）技术人员在施工前需认真复核预埋螺杆顶面标高是否符合要求。

3）组织技术人员认真学习图纸、相关技术规程及规范，做好施工技术准备。

4）声屏障遮板及路基基础部分应按照设计图纸完成施工，相关检测均合格。

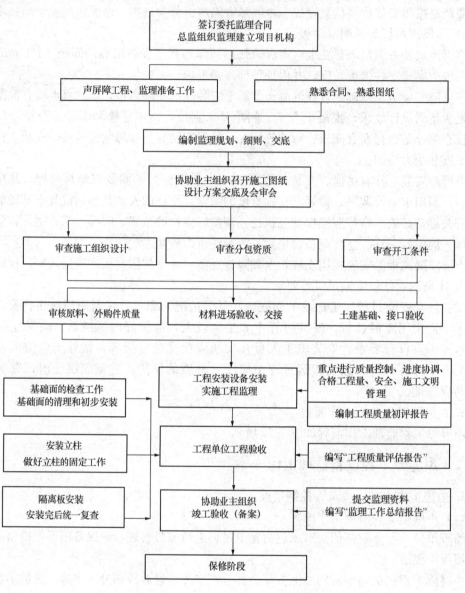

图 7-25 声屏障工程监理工作流程图

(3) 声屏障安装监理质量控制措施

监理人员应严格控制材料进场、关键部位、关键工序、关键环节质量及验收。协同工作机制和信息化技术管理,坚持首件报验、样板先行原则,规范操作过程,加强施工过程记录。

声屏障安装质量保证措施:

1) 加强管理,提高工程质量,要求质检、试验、工程部等部门协调配合,会同技术人员一起组成项目管理层,目的是通过强有力的现场管理、技术管理、材料管理等手段,严把质量关,确保工程质量高起点、高标准。

2) 根据经监理人员审批的施工方案,合理、及时地进行人力、财力、物力的投入。

重点配好配足施工机械、试验及测量仪器，通过先进的仪器进行检测控制，努力工程达到内实外美。

3) 加强过程质量监控，随时监督、及时检查。

4) 做好质量教育及技术交底工作，提高全员质量意识和技术先导观念。

5) 严格执行自检、互检、专检"三检"制度，确保每道工序合格后方进入下一道工序。

6) 所有进场材料、半成品必须有合格证证明，需复检材料复检合格。

7) 运输、安装过程中做好成品及半成品的保护工作，所有单元板及立柱间相接位置均采用泡沫板或软质材料包裹，运输过程中注意避让，防止刮坏成品。

8) 冬期施工重力砂浆灌注应做好养护措施。

声屏障安装安全控制重点见表 7-11。

声屏障安全文明重点　　　　　　　　　　表 7-11

阶段名称	安全文明施工控制要点	控制方法
开工前准备阶段	1. 审查施工组织设计中的安全文明施工专篇。 （1）必有临时用电，高处作业施工专项安全施工方案。 （2）核查安全文明施工组织体系是否健全，落到具体人。 2. 审查承包商是否有安全生产许可证，否则不批准开工。 3. 审查吊运设备和完好性。 4. 复核特殊工种的人员资质。 5. 检查土建接地母排施工质量符合要求	审查资料 审查企业和特殊工种资质
施工阶段安全控制要点	1. 检查施工现场、职工宿舍的安全文明，施工标牌布置明显，安全措施到位，环境条件良好。 2. 现场检查吊运设备，用电设备符合安全要求。 3. 检查承包商全员安全文明施工培训到位情况。 4. 不定期组织对承包商安全文明施工的检查活动。 5. 加强巡视检查，发现安全隐患及时发出口头或书面指令，整改后组织复查，直到整改合格。 6. 建立安全事故处理机制，对发生的重大事故，及时向安全主管部门报告，协助做好事故的处理	通过巡查、抽检，落实安全文明施工的制度
施工阶段临时用电控制要点	1. 到用电施工现场严格检查三级配电箱保护及一机一闸一漏保的执行情况。 2. 检查带电作业人员穿戴用安全保护用品是否齐全。 3. 检查临时用电线是否架空，且线缆无损伤	巡查、抽检
施工阶段高处作业控制要点	1. 检查高处作业人员是否戴好安全帽，系好安全带，穿好防滑鞋。 2. 做好照明，保证洞下作业视线良好	巡查、抽检
施工阶段吊装作业控制要点	1. 作业前首先检查专职安全员是否在场，吊装车辆设备是否良好。 2. 吊装作业要有专人指挥，做好围栏，严禁物下站人。 3. 作业人员必须戴好安全帽	巡查、抽检

续表

阶段名称	安全文明施工控制要点	控制方法
作业人员	1. 到达施工现场以后，首先要考虑路面的宽度、交通量等因素。 2. 充分运用标志、警告闪光灯、交通锥、指挥旗等安全设施，配备交通管理员管理好交通，防止事故的发生。 3. 所有的安全设施应能让驾驶员清楚地识别，尽量方便车辆通行，确认操作人员的安全，并根据工程施工的推进随时适应新的变化。 4. 交通管理员应由认真负责的熟练者担任，并戴臂章，携带警笛、红旗等。 5. 所有施工人员都要身着有明显、醒目颜色的工作服。 6. 夜间施工要穿反光衣、设反光标志，以确保施工人员和工程的安全性，同时现场操作人员必须按规定佩戴防护用品（安全帽、手套等），将不安全因素消灭在萌芽状态中	巡查、抽检

2. 声屏障采购主要监理工作

声屏障钢结构件在工厂焊接完成后应清理干净，喷砂除锈，热浸镀锌按《金属覆盖层 钢铁制件热浸锌层 技术要求及试验方法》GB/T 13912 执行（构件表面锌含量大于 $600g/m^2$）。镀锌后，进行氟碳喷涂，干膜厚度≥$60\mu m$，漆膜总厚度≥$100\mu m$。底座固定螺栓采用高强度螺栓。声屏障整体应耐腐、抗老化、抗震且具有 15 年以上使用寿命。

3. 声屏障安装工程主要监理工作

（1）声屏障安装前准备监理工作

1）技术交底工作：施工前首先熟悉施工设计文件，理解设计意图，督促施工单位做好技术交底。

2）测量工作：钢管桩及连系梁坐标由测量队进行测量放样，按照基线控制网及桥墩设计坐标，用全站仪精确放出控制点及桩固定位置；水准仪测量桩顶、连系梁底、柱间系梁顶。经验收后要采取保护措施，防止桩位变动。

1）监理主要检查工作内容：

① 材料准备：材料准备需按施工计划分步进行，把单元板按规格、型号、数量堆放到指定位置。

② 机具准备：测量工具、简易吊装机具、设备。

③ 场地准备：对堆放场地装卸条件、设备行走路线、提升位置、施工道路、临时设施的位置等进行全面检查。堆放场地要求平整，不积水、不妨碍交通，材料不易受到损坏的地方。施工道路要雨季可使用，允许大型车辆通过和回转。

④ 督促安装单位编制声屏障安装作业指导书，内容应包括施工方法、施工质量要求和验收标准、施工过程中应注意的问题。

⑤ 组织和临时设施准备：安装人员分为若干工作组，每组应设组长、安装工人、单元板提升、单元板准备的工人。工地应配备电工、焊工等特种作业人员。

2）施工准备阶段环境保护监理工作：

① 参加设计交底，熟悉环评报告和设计文件，掌握沿线重要环境保护目标，了解建设过程具体环保目标，对敏感保护目标做出标识。

② 审查承包商施工组织设计和开工报告，对施工过程环保措施提出审查意见。
③ 审查承包商临时用地方案是否符合环保要求，临时用地恢复计划是否可行。
④ 审查承包商环保管理体系是否责任明确、切实有效。
⑤ 参加第一次工地会议对工程环保目标和环保措施提出要求。

(2) 进场材料、设备主要质量控制要点

1) 原材料的进场验收

声屏障相关原材料进场后，及时组织验收，并要求厂家一并提供质保书、合格证等资料。如需委外试验，及时在现场监理的见证下取样试验。

立柱及单元板进场后对尺寸、颜色、涂层、外观进行检查，并填写检查验收记录表。

2) 原材料进场登记台账及质量检验制度

声屏障相关材料进场后，监理及时做好专项登记、验收台账，详细登记进场日期、材料名称、供货商名称、材料数量、规格、型号等。

厂家发货同时提供产品出厂合格证、质量评定资料、质量保证资料及业主要求提供的其他资料，监理人员对比质量证明材料与设计要求的文件是否一致。承包商对采用的设备、材料进行自检，监理按批次抽样、见证、平行检查测试，需送第三方检测的材料进行送检，如需委外试验，及时在现场监理的见证下试验。

现场对原材料进行检查合格后，填写进场材料报验单，随质保书报监理组试验室进行验收，验收合格同意使用后，方可进行安装。

声屏障材料性能及构件技术要求：

1) 声屏障材料必须满足 120km/h 专线脉动力及自然风荷载要求。
2) 声屏障受列车运行产生的脉动力影响，必须通过耐久性验证检验材料的疲劳度。
3) 耐冻融试验：循环 20 次后，试件无剥落、开裂、起层等现象。
4) 防火性能：在火灾高温下不分解有毒有害气体。
5) 耐候性能：试验后试件表面无裂纹、粉化、剥落等现象。

监理人员需对现场材料吊装、运输、储存进行检查。要求承包商对设备材料、半成品、构配件等，并建立材料进场台账。

监理人员须见证送检。监理人员应对材料现场抽样并送到相关资料检测单位试验，填写检测项目试验单（检查项目试验单由监测单位提供），对送检材料进行封样，设备材料的性能指数检查应响应技术规范或合同文件要求，见表 7-12。

声屏障材料监理工作要求　　　　表 7-12

施工工序	质量控制要点	控制手段	管理方式
材料进场检验	声屏障产品制造商应提供产品合格证书、使用说明书、操作规程（包括原材料的合格证书、报告）	观察、检查制造厂产品合格证书及试验报告	签认《材料构配件/设备报审表》，查看检测报告
	材料和构件抽检：使用前时进行材料抽检，并提供试验报告。试验应满足相关国家标准，规范及合同要求	抽检	
	各种紧固锚栓检查型号、规格、材质及合格证书，符合合同及设计要求	检查产品合格证，查看检测报告	

续表

施工工序	质量控制要点	控制手段	管理方式
材料进场检验	声屏障构件、材质、规格、型号符合合同及设计要求，其构件应能达到降噪、防腐蚀、防眩光等要求，整体使用寿命≥15年	检查产品合格证，查看检测报告	签认《材料构配件/设备报审表》，查看检测报告
	声屏障所用材料防火性能应达到B1级及以上	检查出厂合格证，查看检测报告	
	声屏障防雷部分施工所用材料、规格、型号应符合施工图设计要求		

（3）检验（试验）与检测中的监理工作

声屏障安装检测工作要做焊缝检测；声学效果检测；力学性能检测；防雷检测。

① 声屏障声学性能试验（吸声隔声板）

隔声量 RW 应≥25dB。

降噪系数 NRC 应≥0.75。

吸声系数 a 应≥0.95。

② 声屏障力学性能试验（风洞实验）

结构强度均满足 $1.70kN/m^2$ 的均布荷载下，最大挠度 $L/400$。

检查试验报告，填写《声屏障检测记录》。

（4）关键工序质量控制要点

声屏障安装过程中做好质量及过程控制，做到每道工序均进行报验，每个过程中都有施工记录，切实保证声屏障的安装质量。

每道工序施工前，需组织质检人员认真检查上道工序是否合格，并填写检查记录表，报请现场监理人员进行检查。该道工序合格后，方可进行下道工序施工，见表7-13。

检查工序方法及质量标准　　　　　　　　　　　表7-13

序号	工序名称	质量标准	检查方法	过程记录
1	螺栓检查		尺量	螺栓检测记录表
2	槽深检查		尺量	与螺栓检查同一记录表
3	立柱安装		尺量	立柱安装检查记录表
4	重力砂浆			砂浆灌注记录表
5	重力砂浆抗压强度		试验	重力砂浆1d抗压强度报告
6	扭矩检查	M30 螺栓 450N·M，M24 螺栓 360N·M	扭矩扳手	高强度螺栓扭矩检查记录表
7	单元板检查		尺量	单元板检查记录表

1）预埋螺栓的检查

声屏障安装前，认真检查预埋螺栓间距是否符合要求，螺栓是否弯曲。在安装前整改完成。螺栓间距检查可根据设计图纸中螺栓间距，采用5mm厚钢板制作一个卡具，卡具孔位严格按照图纸制作，孔径尺寸略大于预埋螺栓2mm，如卡具能正常放入预埋件中，说明预埋螺栓位置正确，如无法放入，需将影响的螺栓做好标识，进行调整。如螺栓尺寸偏差在3mm以内，调整采用略大于螺栓直径2~4mm的长钢管，插入预埋螺栓后，慢慢施力将螺栓调整至合适位置，如螺栓偏差超出3mm，需将原螺栓凿除后，重新植入锚固螺栓处理。

螺栓上原施工中涂刷的黄油在安装前采用钢丝刷清理干净。

螺栓高程也需认真检查，偏差超出3mm的也采用重新锚固螺栓的处理方案处理。

2）薄螺母安装调平

检查螺栓的外露长度、垂直度等满足要求后，进行薄螺母的安装调平工作。薄螺母安装采用水平仪测量后在螺栓处划上标示，调整至标识位置后，采用水平尺进行检查，保证螺栓水平，然后在薄螺母上部安装三元乙丙橡胶弹性垫圈。

3）H型钢立柱安装

H型钢立柱采用汽车吊垂直运输至桥面，统一放于防撞墙外侧，水平运输采用简易轨道车进行运输。立柱安装时采用制作的简易吊杆吊在立柱的上端吊装孔上，采用滑轮将立柱缓慢吊起，人工扶立柱的中下部将立柱下钢板的孔位与预埋螺栓位置对正后放下。立柱放下后，将四个角的4根预埋螺栓螺母安装上，并拧至紧固即可。采用线坠及钢尺测量立柱的垂直度、轴线、高程等是否满足设计要求，如满足设计要求，进行重力砂浆灌注施工。如不满足要求，则需要重新调整到位。

单个立柱安装调整完成后，要将至少约一孔梁范围长度的立柱进行轴线调整，保证轴线顺直。

4）灌注重力式砂浆

立柱标高、轴线等均调整到位后，灌注重力式砂浆。砂浆进场后在现场监理的见证下，委外试验，并报送配合比选定报告。配合比批复后，按照批复的配合比进行砂浆拌和。灌注一天后，监理检查螺栓安装质量。在施工时注意控制施工拌和用量，在初凝之前完成灌注工作。

桥梁声屏障六个螺栓中，中间的两个螺栓不需要施加预紧力，只要拧紧即可。

重力砂浆灌注尽量选择气温较高的天气进行灌注，气温越高，强度上来越快。灌注前关注天气预报情况。灌注完成后及时采用塑料薄膜覆盖养护，冬季需在外侧覆盖棉被保温。

5）安装解耦装置

立柱安装完成后，在两个立柱间铺设一根三元乙丙橡胶解耦装置，铺设平整，中心对准轴线，避免在单元板安装后产生外露现象。

6）安装单元板

单元板采取自上而下逐块插入的方式插入H型钢立柱之间，插入时注意避免破坏单元板与H型钢分割的单管橡胶垫。插入时自上而下两侧同时水平插入，避免倾斜插入时损坏单元板。局部地段如单元板与立柱间缝隙较小，无法插入，可采用橡皮锤轻敲缓慢插入。

非标段需提前认真测量后，由厂家根据非标段尺寸加工非标插板，根据立柱间测量间距不同，做好标识及编号，厂家在加工时贴上同样标识，以保证现场安装正确。

7）安装接地

单元板安装完成后，安装接地设施。桥梁接地采用 50×4mm 镀锌扁钢与每根立柱的 1 个地脚螺栓相连后接入每孔梁的接地系统。5 块单元板之间通过 M8T 型螺栓固定 50mm² 铜导线相连。

路基声屏障接地采取在最上面一块单元板上部扣压一根镀锌扁钢，并通过自攻螺栓与单元板相连后，两侧用 70mm² 铜导线连入接地系统。

声屏障接地扁钢焊接时注意搭接尺寸及焊接质量，焊缝处涂刷防锈漆处理。

（5）工艺质量控制

1）桥梁段声屏障安装方案

桥梁声屏障安装施工工艺应在桥梁人行道支架安装完成，基础横梁焊接完后开始进行安装。桥梁声屏障施工时先焊接基础横梁，再吊装 H 型钢立柱，然后吊装非金属声屏障单元板，最后用螺栓及压板固定住单元板。

安装前先做样板段，样板段合格后方可大面积施工。

声屏障安装施工流程：测量放线→焊接基础横梁→安装 H 型钢立柱→安装单元板→单元板紧固→安装角钢支撑→安装压顶板→安装泡沫塑料板→勾缝。

由技术人员提前测量放线，确定基础横梁焊接位置。基础横梁与三角支架在接触面上应进行满焊，焊缝高度 8mm。基础横梁与三角支架接触面共需焊接八道焊缝。

① H 型钢立柱安装

H 型钢立柱采用汽车运输，根据施工现场情况及任务安排，提前将钢立柱吊上桥梁并运到相应位置。将基础横梁基础面清理干净，画线标示出立柱安装位置，确保立柱位置准确。H 型钢立柱应焊于三角支架正上方，重心与三角支架位于同一条竖向直线上。采用人工配合 25t 吊车吊装立柱，采用强度足够的吊装布带作为装卸吊具吊装立柱，人工对位，采用线垂及钢尺测量立柱的垂直度、轴线、高程等是否满足设计要求，如满足设计要求，开始焊接。立柱与基础横梁双面焊接，焊缝高为 8mm，在接触面上共需焊接 8 道焊缝。H 型钢立柱与基础横梁应在接触面上进行满焊。焊接完毕后，敲除焊渣、清理垃圾及杂物等恢复现场。再次检查立柱垂直度及纵向误差符合设计要求后，继续安装其他立柱。H 型钢立柱的垂直度误差不得大于 2‰，相邻两 H 型钢立柱的高程和纵向间距误差均为 ±5mm，如图 7-26 所示。

H 型钢立柱安装紧固件的一侧朝向钢轨侧。

单个立柱安装调整完成后，要将至少约一孔梁范围长度的立柱进行轴线调整，保证轴线顺直。

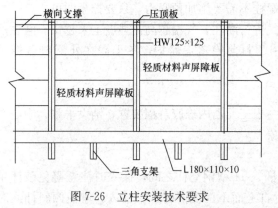

图 7-26 立柱安装技术要求

② 单元板安装

a. 立柱焊接完成一段后方可开始安装单元板。吸声板粗糙面朝向钢轨侧，隔声板两面相同。

b. 打包好的单元板拆包时必须采用专用钳子或剪刀剪断捆扎钢带，严禁用撬棍直接撬断钢带，以防止损坏单元板。

c. 在安装非金属声屏障单元板之前，须在单元板与基础横梁之间铺设一层橡胶垫，保证不出现漏声现象。

d. 现场安装须用配套螺栓吊装非金属单元板，用缆风绳（或专人）引导至立柱顶端，起吊与引导过程中应平稳，避免大幅度摆晃，待单元板无明显摇晃时插入立柱腔内，在安装时尽量保证单元板与两立柱腹板的间隙一致，避免出现因倾斜原因导致的卡死现象，当出现卡死情况时严禁莽撞用力下压单元板，应先慢慢调整，待相邻两块单元板齐平且位置摆正后才能下落单元板。在单元板插入立柱之前，应先将一根三元乙丙橡胶条紧贴H型钢内腔一侧（远离轨道一侧），然后插入单元板。

e. 当单元板安装就位后小心取下吊装螺栓及吊绳。

f. 单元板紧固。

g. 单元板安装完后焊接角钢支撑，角钢支撑与H型钢立柱采用双面焊接，焊缝高度8mm，角钢支撑与H型钢立柱共需焊接2道焊缝。

h. 角钢支撑安装完后安装压顶板，压顶板与H型钢立柱采用焊接方式，焊缝高度8mm。

i. 最下层单元板与人行道步行板之间塞泡沫塑料板。

j. 根据图纸设计，在梁缝处基础横梁和角钢支撑应断开，梁缝两侧固定声屏障板材的螺栓孔采用长圆孔，以满足变形要求。单元板为非标准尺寸，由生产厂家集中预制。梁缝两侧H型钢立柱与单元板保持4cm活动空间，避免因桥梁振动时，将单元板挤坏。安装完成后，在梁缝两侧H型钢立柱上靠近梁缝测的翼板上加焊5cm宽通长钢板，钢板与H型钢立柱钢板材质相同。

k. 避车台处单元板采用非标尺寸单元板，由生产厂家集中预制。安装时与上述程序相同。

l. 声屏障板材之间采用平缝，勾缝时应将两块声屏障板之间的孔隙填充密实，不允许有错台，勾缝宽度6~7cm，上下对称布置。

2）路基段声屏障安装方案

路基声屏障安装施工工艺应在路基本体成型后，声屏障桩基施工完成，地梁达到设计强度时进行安装。

路基声屏障上部结构施工时先吊装H型钢立柱，然后吊装非金属声屏障单元板，最后用螺栓及压板固定住单元板。安装前先做样板段，样板段合格后方可大面积施工，如图7-27、图7-28所示。

图7-27 基础预埋

图7-28 信号设备安装视线距离

先桩后梁施工顺序：测量放线→人工挖孔桩成孔→安装钢筋笼→浇筑桩体混凝土→安装孔口模板→安装地梁底模板→绑扎地梁钢筋→安装杯口预埋件→安装地梁侧模板→浇筑地梁混凝土→养护→拆模。

① H 型钢立柱安装

a. H 型钢立柱采用汽车吊垂直运输至路基，统一放置。技术人员提前对 H 型钢立柱中心位置和高程进行精确放线，将标高和位置控制点标于桩顶，便于立柱安装时确定立柱位置和高程。

b. H 型钢立柱安装紧固件的一侧朝向钢轨侧。

c. 单个立柱安装调整完成后，要将四孔梁范围长度的立柱进行轴线调整，保证轴线顺直。

② 单元板安装

a. 待桩及地梁混凝土达到设计强度，且 H 型钢完全安装固定后，方能安装非金属单元板，吸声板粗糙面朝向钢轨侧，隔声板两面相同。

b. 打包好的单元板拆包时必须采用专用钳子或剪刀剪断捆扎钢带，严禁用撬棍直接撬断钢带，以防止损坏单元板。

c. 在安装非金属声屏障单元之前，须在单元板与地梁接触面铺设一层 M10 水泥砂浆作为找平层，保证不出现漏声现象。施工完毕后，声屏障板材顶面应控制在同一水平面。提前将紧固件安装到 H 型钢立柱的螺栓孔内。

d. 现场安装须用配套螺栓吊装非金属单元板，用缆风绳引导至立柱顶端，起吊与引导过程中应平稳，避免大幅度摆晃，待单元板无明显摇晃时插入立柱内腔内，在安装时尽量保证单元板与两立柱腹板的间隙一致，避免出现因倾斜原因导致的卡死现象，当出现卡死情况时严禁莽撞用力下压单元板，应先慢慢调整，待相邻两块单元板齐平且位置摆正后才能下落单元板。在单元板插入立柱之前，应先将一根三元乙丙橡胶条紧贴 H 型钢内腔一侧（远离轨道一侧），然后插入单元板。

e. 当单元板安装就位后小心取下吊装螺栓及吊绳。

f. 非金属单元板紧固。

g. 单元板安装完后安装压顶板。压顶板与 H 型钢采用焊接方式，焊缝高度 8mm。

3）声屏障防雷安装

① 声屏障防雷部分施工所用材料、规格、型号应符合施工图设计要求。

② 在每个桥墩的缝隙处，从桥墩接地端子引上的热镀锌扁钢与桥挡板上声屏障底座的热镀锌扁钢焊接，并作防腐处理，焊接符合规范要求，并保证良好电气导通效果。

③ 每段声屏障端部与旁边两挡板顶部紧邻的热镀锌扁钢采用螺栓固定连接，连接符合规范要求，并保证良好电气导通效果。

④ 过渡段地面以下部分，采用在每侧间隔 30m 引下连接带，做人工连接，并做好水平接地体和垂直接地体，连接带采用耐腐蚀的不锈钢带。

⑤ 在高架段疏散平台下方的声屏障与就近的热镀锌扁钢相连，每隔 30m 连接一次；在过渡段疏散平台下方的声屏障通过不锈钢带与两侧挡板上的声屏障相连，每隔 30m 连接一次。

⑥ 声屏障安装处的桥两侧的挡板上的热镀锌扁钢，不再安装。

⑦ 防雷部分施工时需在完成 30m 标准段后,通知防雷检测单位进行测试,测试通过后方可全线实施防雷部分施工。

7.6 疏散平台工程

7.6.1 疏散平台工程

1. 概述

疏散平台是在地铁区间隧道内用于疏散乘客的专用通道。一旦发生事故,可以立即从疏散平台疏散到就近的车站。同时使地铁安检、消防、排烟、故障排除、抢修、救援系统具有较强的可控性。

城市轨道交通的疏散平台为地下线路区间隧道疏散平台。疏散平台设置范围为全线所有轨行区(不包括车站站台板段)。疏散平台在联络通道处尽量连贯。在联络通道处与通道地板平齐,车厢地板不得低于疏散平台面。

地铁疏散平台主要包括钢结构疏散平台、水泥疏散平台和 RPC 疏散平台。其支撑结构主要有两种:悬臂钢支撑结构(U 型梁弯曲地段设置)和 T 型钢支撑结构。

疏散平台工程由平台板安装、支架加工、焊接、涂装、支架安装、锚固、扶手制作与安装、梯步、栏杆工程组成。

2. 疏散平台安装工程监理工作流程

疏散平台安装工程监理工作流程如图 7-29 所示。

7.6.2 疏散平台安装监理工作

1. 监理工作内容、重点、控制措施

(1) 疏散平台安装监理工作内容

1) 根据工程设计要求,以及国家有关的质量安全管理的有关规定,审查承包商编制的施工组织设计,包括施工组织机构、质量保证体系、管理制度、专项技术方案、安全管理、应急预案等有关施工质量安全控制措施,保证编制的施工组织设计方案具有可操作性。

2) 依据监理规划、承包合同、图纸文件、审核批准的施工组织设计方案等,编制相应的疏散平台安装监理细则,定期召开工地例会,不定期召开专题会,整理编写会议纪要,按要求完成监理月报,根据现场检查签署监理通知单和联系单等文件,使地铁工程建设的全生命周期过程处于可控状态。

3) 参加业主组织的设计单位与设备安装工程承包商之间的设计交底工作,协助业主组织设计单位、承包商等进行施工图图纸会审及施工图设计交底。根据合同、集成采购等要求,监理配合承包商、设备厂家需联合设计单位对产品设计、施工图进行优化设计,监理人员应全程参与工程项目的施工图联合设计。

4) 对工程所需要的设备、材料质量进行控制,对进场设备、材料进行检查和验收。对关键材料设备进行见证点监督检查及平行检测等工作,根据需要可将关键部件、重要材料送有资质的部门进行质量见证送检。

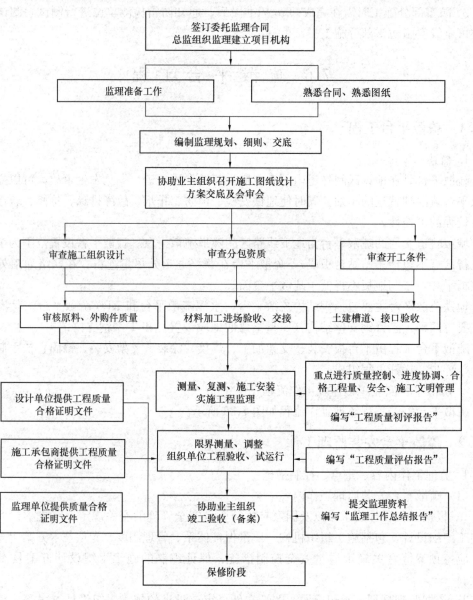

图 7-29 疏散平台安装工程监理工作流程图

5) 负责对安装的关键工序、隐蔽工程进行检查和验收，对有关的安装施工质量控制等全过程行使监督权和否决权。

6) 对合同款项的支付及工程计量进行严格审核，对工程变更严格把关。

7) 需要了解设备安装、调试的环境要求，并督促安装单位加强成品、半成品保护措施。

8) 组织分部分项工程验收，参加业主组织的单位工程、项目验收及竣工验收，对相关设备安装工程的质量组织评价活动。

(2) 疏散平台安装一般规定

1) 疏散平台设置于正线区间隧道行车方向左侧距轨面 950mm 处，疏散平台宽度

≥600mm，特殊情况按照施工图要求。

2）疏散平台施工前应按施工设计图对疏散平台支撑位置进行定测，纵向测量应以正线车站主体结构或人防门为依据，从设计规定的起测点开始。

3）平台支架因隧道内其他构筑物、隧道伸缩缝等影响需调整避让时，调整后的纵向间距不得大于设计允许值。疏散平台踏板边缘至线路中心的水平距离应符合设计要求：

4）区间隧道内在疏散平台断开端头处，加设步梯下至道床面，步梯第一步级距人防门门框距离不小于3m。

5）疏散平台理论宽度 $C=L+a$（C 值可供参考）。L 值为疏散平台边缘到建筑限界的距离；a 值为土建设计时隧道侧壁与建筑限界之间的余量。

6）疏散平台的高度：疏散平台顶面距两轨面连线中心高度为950mm，特殊地段应符合设计要求。

7）疏散平台支架间距：沿隧道纵向距离一般为1.2m，特殊情况可以调整，但需考虑平台板面的安装要求，一般不大于1.2m。

8）疏散平台整体材质要求：平台踏板宽度 C 值在 600~1100mm 时，疏散平台采用高分子复合材料；平台踏板宽度 C 值在大于 1100mm 时采用钢筋混凝土现浇结构。根据设计要求，地下隧道区间均设置纵向疏散平台，疏散平台设置范围为全线所有轨行区（不包括车站站台板段）。区间隧道内消防疏散平台施工主要包括复合材料疏散平台、混凝土疏散平台、步梯、沟盖板、疏散平台扶手等的定位、测量、安装、检测（含第三方检测）、复测。

(3) 疏散平台安装控制重点

预制平台板进场应进行结构性能检验，检测频率应符合设计及相关标准要求，应有防滑措施，不应有影响结构性能和安装、使用功能的尺寸偏差。

平台板沿纵向两端头在支架上的支承长度应符合设计要求，横向应完全支承在平台支架横梁上，不应悬空。平台板安装完成，检测测量确认。平台板安装严禁侵入设备限界。

支架加工的钢材、钢铸件等进场和复验的材料品种、规格、性能等应符合设计要求，钢材矫正、成型工艺应符合规范要求。

钢材表面的锈蚀、麻点、划痕程度，钢材切割的零件宽度、长度、切割面平面度、割纹深度、端部垂直度、边缘缺棱等偏差情况应符合相关规范要求；钢材螺栓孔孔距的允许偏差应符合规范要求。

疏散平台焊接采用的钢材、焊接材料、焊接方法、焊后热处理，设计要求全焊透的一、二级焊缝，其内部缺陷的检验应符合有关规定；要求熔透的对接和角对组合焊缝的焊脚尺寸应符合规范规定；焊缝感观应达到外形均匀、成型、观感较好。应进行首件焊接工艺评定，确定焊接工艺评价合格后，方可批量加工。

平台支架安装，应准确测出支架安装限界，按照设计要求对支架进行定位安装。安装时不得安装在结构拼缝和变形缝处，避开孔、洞，满足锚栓安装要求。

锚栓的材质、规格、性能、锚固胶的性能指标等质量应符合设计及规范要求；锚栓安装的抗拉、抗剪等承载力、锚栓系统耐火承载力应符合设计要求；锚栓的位置应符合设计要求，且必须避开孔、洞、缝等，并满足锚栓安装要求的最小边距。

扶手制作与安装材料的材质、规格、造型、尺寸及安装位置，以及预埋件的数量、规格、位置、连接节点应符合设计要求。

钢垫板的规格、位置应符合设计要求，与底面和基础接触紧贴平稳，锚固或焊接牢固。坐浆垫铁的砂浆强度必须符合规定。

梯子、栏杆、平台安装必须牢固稳定，其强度及钢构件间的螺栓连接质量必须符合设计及国家有关标准规定。

（4）疏散平台安装控制措施

疏散平台根据设计要求，地下隧道区间均设置纵向疏散平台，两区间盾构施工已完成，经调线调坡后已完成洞内轨道铺设施工，具备纵向疏散平台施工条件。

疏散平台悬臂钢支撑采用焊接工艺固定，焊接等级二级，采用 E43 焊条；疏散平台 T 型钢梁锚栓孔采用套模打孔，严格按照工艺要求安装锚栓，安装钢梁后用水平尺对其调整水平。疏散平台支架安装完毕后，进行疏散平台板的安装，确保疏散平台板安装符合要求。

钢梁内容主要包括：钢梁数量确定、钢梁尺寸测量计算、钢梁加工制作、植筋钢板施工、现场钢梁焊接及钢梁尺寸限界复核等。

2. 疏散平台采购主要监理工作

地铁疏散平台大部分用的钢梁材料、水泥疏散平台和 RPC 疏散平台。

水泥疏散平台由水泥复合材料支墩上铺水泥复合材料支板组成。用支墩锚固在隧道侧壁上，并对螺栓采取相应的防腐处理。支墩不接触道床。水泥复合材料疏散平台具有重量轻、强度高、防火性能好、安装方便等优点。因此它比混凝土疏散平台应用在盾构区间钢弹簧浮置板减振道床段更具有优势。

RPC 疏散平台，由超细活性粉末、水泥、优质石英砂、矿物掺和料、高强度纤维等组成，经高温热合等特定工艺制备而成的高技术复合材料。该材料结构尺寸薄，安装方便。

钢梁材料选择：疏散平台、平台步梯、扶手及各部分构件的材料均采用 A2 级以上材料。

复合材料疏散平台面板、扶手、步梯的材质可采用树脂、玻璃钢，而隧道壁（锚栓）、横梁、斜撑的结合部均采用钢质材料连接。如疏散平台钢梁及钢柱材料：Q235 钢，焊条：E43 型（所有焊缝高度均不小于 5mm）。预制钢筋混凝土板采用 C30，HPB235、HRB335 钢筋，钢筋的混凝土保护层厚度为 20mm。具体施工方法为先在加工厂将钢梁按照设计要求加工好，再将钢梁运至现场焊接到预埋钢板上。

（1）钢梁数量核定

疏散平台从区间第二环（不含洞门圈梁，第一环设置钢扶梯）开始，至区间倒数第二环结束，按照"隔一设一"原则设置钢梁。如存在连续两段管片预埋钢板错位，为减小后期植筋工程量，须对预埋钢板错位处增加一根钢梁。

（2）钢梁尺寸测量计算审核及复测

钢梁尺寸根据隧道断面大小、轨道高度、车辆、限界尺寸等综合确定。为保证钢梁尺寸准确（偏差在允许范围之内），能够满足车辆运行要求，钢梁尺寸必须严格按照设计图纸测量计算，并结合隧道调线调坡资料、铺轨控制资料等进行校核。

（3）化学粘结型锚固胶

化学粘结型锚固胶必须是不含苯乙烯、安全无毒、无害的管（袋）装式，要求有50年的长期性能报告及1.5h以上的耐火测试报告，凝固迅速，在常温下不大于1h硬化。

3. 疏散平台安装工程主要监理工作

（1）疏散平台安装前准备监理工作

开工前，监理人员应根据合同文件要求和技术图纸对施工范围作深入的调查，核实现场施工条件，纠正差错。

施工现场调查：调查前期工程施工情况和进度，与前期承包商和设计单位对专业接口处的图纸进行联合会审，杜绝预埋件、槽道管线、电缆支架位置、照明灯具、疏散指示灯、电缆竖井、消防管道等项目的偏差影响。积极配合前期承包商在轨道铺轨、系统电缆支架、电缆敷设等专业接口部位的施工，确保其施工进度满足土建、轨道、机电、系统设备安装、限界测量、行车等项目的要求。

现场预留预埋配合：内容主要包括槽道位置和预埋数量、预埋件的尺寸和位置、标高基准点、轴线等项目，对于发现的问题，监理人员应向业主汇总报告，协调解决。

1) 对以下情况须重点核查落实：

① 地质环境、自然环境、生活环境。

② 土建的施工进度和施工界面情况。

③ 掌握工程的施工重点、难点。

④ 选定工程废料弃放场。

⑤ 核对施工界面是否与施工图纸要求相符。

⑥ 核对图纸工程量清单是否与实际相符。

⑦ 核对图纸中明确的施工技术方案是否符合实际条件。

⑧ 审核并抽验复测的控制点、基准点、水准点。

2) 做好各承包商项目部前期审查工作：

① 审查各承包商编制提交的项目策划方案、施工组织设计、调试大纲、调试质量保证计划工作的质量责任制度。

② 审查安全保证计划和设备安全保障措施。

③ 审核承包商授权的常驻现场项目管理责任人、调试人员的资质以及其他派驻到现场的主要技术、管理人员的资质。

④ 审查承包商实施技术方案、BIM应用、智能信息化管理、主要工艺方法及创优方案。

⑤ 审查承包商拟用的测量设备仪器性能是否满足技术规范规定的要求；仪器仪表应符合规定的精确度要求，并在有效的检定期限内。

⑥ 督促承包商制定质量目标，要求安装工艺遵守样板先行的原则，满足创优方案。

⑦ 积极推荐智能化、信息化管理模式，采用BIM管理、二维码技术以及智能化监控管理。

3) 施工图优化设计的监理工作：

承包商需联合设计单位对施工图进行优化设计，监理人员应全程参与工程项目的施工图联合设计，监理主要职责是：

① 审核施工图联合设计工作计划安排、设计周期、设计人员等。
② 与设计人员、施工人员进行现场勘测，共同制定疏散平台的合理布放位置等。
③ 监理人员应及时调整工作进度，保证优化施工图联合设计工作的按时完成。
④ 在施工图联合设计初步完成后，监理人员应组织内部评审工作，详细检查施工图纸，保证完成的施工图设计能指导施工。

（2）进场材料、设备主要质量控制要点

1) 化学紧固锚栓产品制造商应提供产品合格证书和使用说明书，包括材料试验、抗老化试验、制造质量检查、抗拉性能试验、抗剪性能试验、长期荷载性能试验、安装性能试验，提供间距和边距等报告及施工工艺、操作规程。

2) 膨胀紧固锚栓产品制造商应提供产品合格证书和使用说明书，包括材料试验、抗老化试验、制造质量检查、抗拉性能试验、抗剪性能试验、长期荷载性能试验、安装性能试验，提供间距和边距等报告及施工工艺、操作规程。

3) 复合材料疏散平台构件必须通过试验，满足使用环境条件、使用寿命、耐火极限的要求，产品制造商应提供产品合格证书、使用说明书和操作规程（包括原材料的合格证书、报告）。

4) 复合材料的平台、平台扶手等产品进场后，检查有无表面气泡、翘曲、裂缝、表面凹凸粗糙、表面颜色不均匀等缺陷。

5) 疏散平台钢梁及钢步梯材料为：Q235B 钢材，焊条为 E43 型，所有焊缝高度均不小于 8mm。

6) 疏散平台的平台踏板、平台扶手、采用高强度复合材料，平台支架、步梯采用钢结构。对疏散平台热性能的要求：疏散平台热变形温度≥200℃；280℃、0.5h 后，弯曲强度保留率≥90%，并提供该指标的权威质监部门出具的试验检测报告。

7) 紧固锚栓应符合设计要求：复合材料疏散平台紧固螺栓采用 A4-70 不锈钢化学粘结型螺栓。复合材料疏散平台扶手紧固螺栓采用 M12 敲击式不锈钢膨胀型螺栓。

（3）疏散平台关键工序质量控制要点

施工测量确定每个定位点与轨道中心距，确定疏散平台宽度，严格控制线界。疏散平台应在线路调线调坡、轨道道床施工后进行测量施工。

对疏散平台的钢梁数量确定、钢梁尺寸测量计算、钢梁加工制作、植筋钢板施工、现场钢梁焊接及钢梁尺寸限界复核等。

1) 疏散平台施工材料准备

钢梁材料选择：疏散平台、平台步梯、扶手及各部分构件的材料均采用 A2 级以上材料。

① 钢梁数量核定。
② 钢梁尺寸测量计算审核及复测。
③ 化学粘结型锚固胶。

2) 疏散平台安装质量监控要点

① 梁固定锚点测量。
② 固定化学锚栓的钻孔。
③ 化学锚栓的预埋安装。

④ 化学锚栓的抗拔力测试。
⑤ 疏散平台结构安装。
⑥ 平台扶手安装。
⑦ 平台步梯安装。
⑧ 设备接地在轨行区接地网。

(4) 疏散平台工艺质量控制

1) 梁固定锚点测量

核对设计图疏散平台的起测点,按施工平面图对钢梁的纵向跨距点进行纵向定测与标示;对钢梁底座固定点的四孔位置进行放样测量与标示。

疏散平台的起测点,设置在区间分界里程 10~12.4m 处之外第一个管片环部,终点设置在分界里程 10~12.4m 处的管片中部,以保证平台板数量。

钢梁固定锚点的测量应避开伸缩缝和盾构管片边缝;固定锚点还应尽量避开结构内钢筋(当其底座具备备用孔时,结合盾构管片的结构钢筋布置图规律初步判断)。

2) 固定化学锚栓的钻孔

固定化学锚栓的钻孔,应采用"标准孔成型"法:即钻头、孔深、孔径均应标准成型。对于个别为避让钢筋而孔径不能标准成型者,应加大化学锚固剂量后灌注,以确保在孔内的化学锚固剂灌注深度和锚栓间的凝结强度达到设计要求。

孔距控制应采用特别模板套模钻孔,要求模板中心线与测量中心线对正。

孔径控制应使用规定规格的钻头,严禁使用规格不符合要求及标准的钻头钻孔。

孔深检查严格观察检查是否按设计孔径、孔深和角度钻孔成型。

避开接缝钻孔时,应避开隧道伸缩缝和盾构区间管片缝,保证孔边距接缝及混凝土边缘距离满足螺栓受力要求。

3) 化学锚栓的预埋安装

检查化学螺栓的埋深,允许偏差 0/+10mm。

化学锚栓的相对间距允许偏差 ±2mm。

化学锚栓的纵向中心线误差,应保证与轨道面垂直。

化学锚栓的水平中心线连线应与轨面平行,以保证钢梁顶面与轨面平行。

4) 化学锚栓的抗拔力测试

见证承包商应严格按设计规定的测试负荷和抽检数量,进行化学锚栓抗拔力检测操作。

见证测试过程应逐渐加拉力至规定测试值并保持 3~5min,过程无异常才结束。

如果螺栓被拉出,应全面分析原因,并对同一作业批的螺栓全部测试。

5) 疏散平台结构安装

钢梁安装应保持与轨道中心线垂直,略微上翘,紧固件安装稳固可靠,所有螺栓用内六角专用扳手紧固。

钢筋混凝土预制面板的型号应符合设计,检查橡胶垫片应安装到位,并应保证面板与钢梁接触平顺,面板与面板的对接接触密贴。

面板两端头沿纵向在钢梁上的搭接长度≥35mm;面板宽度伸出钢梁的部分宽度不>100mm;面板与隧道壁的接触符合设计和验收要求。

踏板固定前,需对平台踏板边缘进行测量,保证满足线路中心到平台边缘距离顶面与轨顶面连线中心高度为 900mm。

每个区间踏板安装完毕后,必须复测,保证其不侵限,并检查每块踏板安装是否牢固可靠。

6) 平台扶手安装

检查平台扶手杆件、扶手锚固件及连接螺栓规格、材质、尺寸符合设计要求。

检查平台扶手上两相邻紧固锚卡间的纵向距离为 1500mm,每组为孔中线平行,孔距允许偏差±2mm。

平台扶手杆中心距平台踏板高度允许误差±10mm,扶手杆件中心距隧道壁距离允许偏差±2mm。

7) 平台步梯安装

平台步梯设置按疏散平台平面图里程设置。

平台步梯支架、踏板材质及规格尺寸符合设计要求。步梯高度符合设计要求。

锚卡安装牢固,化学药剂在有效期内,填充密实,埋设深度 0/+10mm,埋设位置偏差±2mm。

8) 设备接地在轨行区接地网。

(5) 接口关系及协调

与土建承包商上下行通道接口处理;疏散平台高度与上下行通道高度的处理;与区间给水排水、低压施工承包商的接口处理,平台面以上高度 2000mm 范围为人员疏散通行区域,不能安装其他系统设备、电缆等;与轨道施工承包商接口的处理,疏散平台须在线路调线调坡轨道道床完成以后施工。

4. 疏散平台单位工程验收

疏散平台分部(子分部)工程验收前,应提供下列文件和记录:

(1) 设计变更文件;

(2) 施工执行的技术标准;

(3) 原材料、构配件等出厂合格证书、产品性能检测报告和进场附件报告等;

(4) 锚固性能、焊缝、涂装性能等质量检测报告;

(5) 隐蔽工程验收记录;

(6) 分项工程检验批的主控项目、一般项目的验收记录;

(7) 限界检测合格报告;

(8) 其他必要的文件和记录。

疏散平台工程验收时,监理应对疏散平台安全和功能检验、质量控制、观感质量做出总体评价。锚固性能、焊缝、涂装性能、限界检测等符合设计要求及国家质量标准。未经验收合格,疏散平台工程不得使用。

第8章 城市轨道交通工程系统安装施工监理

城市轨道交通系统设备安装工程按照地下铁道工程施工质量验收标准的要求，对信号系统、通信系统、供电系统（含主变电所、车站变电所、电力监控、环网电缆、接触网）、综合监控集成系统（含综合监控、BAS、OA、门禁、安防等）、火灾自动报警及气体灭火系统、自动售检票系统、站台门、电（扶）梯、乘客信息系统、车辆段设备等设备供货和施工安装涉及的质量、安全、环境保护、使用功能的管理要求进行描述，最终符合现行国家标准的规定要求。

8.1 城市轨道交通工程设备监理

8.1.1 概述

城市轨道交通系统设备安装工程监理主要工作是系统设备集成采购服务、系统设备安装工程前期准备和系统设备安装、调试、验收阶段工作。监理总体对各系统设备安装工程在各阶段的工作内容、质量控制、进度控制、投资控制、安全管理、合同管理、信息管理、协调等监理工作重点等内容进行监控。

1. 系统设备监理工作内容

系统设备监理工作内容包括设备集成采购服务、设计联络；设备监造、设备出厂验收、设备运输及到货；设备安装工程前期准备、出具开工令；主要材料、构配件、设备进场质量验收；设备安装、单机调试、系统调试；分项分部工程验收、单位工程验收；资料归档等。

（1）设备集成采购阶段

设备集成采购阶段包含项目管理、系统集成管理、设计联络、产品设计（包含硬件和软件）、接口设计、设备监造、试验检测（包含接口试验、出厂试验、工厂验收试验及现场模拟试验）、运输和仓储、培训等。

设备集成或设备采购的项目，监理人员应协助业主进行系统设备各专业招标清标工作，协助业主与中标人签订合同，参与合同谈判；合同签订后参加设计联络；审核各专业系统设备清单，参与供货管理；审核生产商的资质、设备生产计划落实、样机生产及工厂样机试验、生产工厂检查及工厂测试、出厂验收、设备运输及到场验收、备品备件验收资料移交、设备使用运营培训落实。

（2）开工前监理准备阶段

项目监理机构组建完成，监理人员及监理设施进场，熟悉合同文件，总监理工程师组织人员编制监理规划及监理细则，组织监理工程师技术培训，参加施工单位技术交底及定测交桩，审查基准点复测成果，检查施工测量控制网。

审批施工组织设计、专项方案及安全生产应急预案，按业主要求介入应急预案专家评审；检查质量、职业健康安全、环境、技术管理体系及项目部管理制度；审查核对承包商材料、设备、人员、机具进场情况；审查分包商资质；检查承包商开工前的施工准备工作落实情况，具备开工条件，审批单位工程开工报告，签发开工令；参加业主组织的第一次工地会议；参加设计交底及图纸会审工作等。

(3) 设备安装过程、调试及验收阶段

系统设备安装、调试及验收阶段包含系统设备基础测量安装准备工作、设备安装、单机调试、系统设备调试、试运行前测试、单位工程（预验收）验收、试运行（一般3个月）、综合联调、项目验收、竣工验收、建设运营移交、试运营、竣工资料整理及工程结算、质保期（一年）的监理服务工作等。

监理人员对关键工序和关键部位设备安装进行管理，对设备安装过程的施工（含土建、安装）现场进行旁站、平行检验、见证；设备的单机测试、单系统调试的平行检测、系统调试见证试验；组织单位工程预验收；参加单位工程竣工验收、项目竣工验收；监理人员协助参加业主（或业主规定的单位）主持的综合联调；协助办理系统资产移交（设备、备品备件、竣工图、设备随机文件和质量文件资料等）；配合试运行、运行临管、试运营、竣工验收、质保期服务等。

在系统设备安装过程中，监理人员应特别关注对设备运输及吊装方案、基础预埋核实、关键工序、接口关系的质量控制重点进行检查和验收，常见质量问题、缺陷和采取的措施落实；对室内外设备安装布局环境检查、箱柜安装调整、光电缆敷设、二次布线工艺、设备防雷接地安装、专业接口界面、设备受电调试、限界测量等重点实施全过程质量监控。

(4) 关键程序管理及强化突出重点

监理人员在质量、进度、造价、安全控制方面，要求做到工程质量标准化、规范化、精细化；强化程序管理、强化质量技术管理、强化安全培训机制，以此提高技术管理人员整体素质及专业水平。在实施前强调工作重点，对关键工序和关键部位的安装施工进行监督管理。以"样板先行"、"首件验收"、落实"三检"制度为原则，在各阶段采取定期跟踪、定期检查、定期培训，及时发现问题、及时整改落实、及时总结经验，为保证工程的全寿命周期，实施"全过程、全方位"的质量控制。

2. 系统设备监理工作流程

系统设备监理工作流程如图8-1所示。

监理工程师在设备系统安装实施过程中，应通过对关键工序和关键部位的重点管理达到质量控制目的。在设备安装、调试阶段监理工程师应根据相关的国家标准、验收规范、行业标准、设备安装承包合同、相关设计文件的要求，以及监理合同范围进行监理服务工作。

(1) 审查承包商提交的施工组织设计、安全生产应急预案、安全生产管理细则报审文件，以及包括环境管理细则、临时用电、临建、防护、吊装运输、脚手架、接口测试、试验检测、调试（单机、联调、综合联调）、验收等专项施工方案的审查工作。

(2) 审查承包商现场质量、安全生产管理体系的建立及运行情况，要求组织机构及人员授权、管理制度落实到位；审查进度计划、施工用机具设备、仪器仪表及特殊工种资格

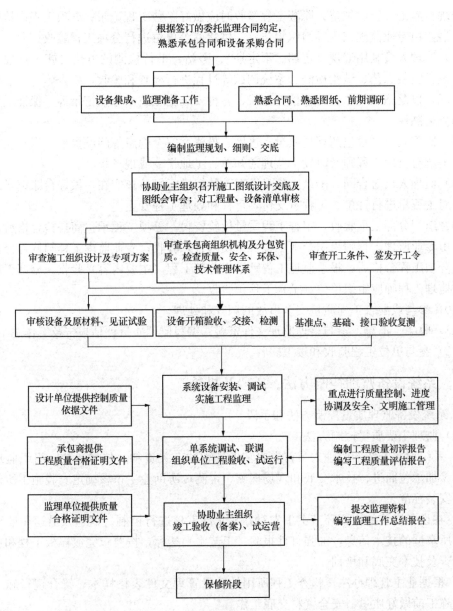

图 8-1 系统设备监理工作流程图

证书等；落实完善报监手续，取得施工许可证书；检查工程措施及费用落实情况、消防、安全防护、防汛物资准备情况；项目部组建完毕，施工总平面布置完善；检查土建施工进度及现场施工环境条件，落实是否具备进场安装的条件。

(3) 参与审核分包单位资格。审查内容包括营业执照、资质证书、从事特殊专业许可证明、企业质保体系文件、近几年承担类似工程概况、分包商主要责任人履历表、施工用机具设备、仪器仪表及特殊工种资格证书等。

(4) 检查进场的工程材料、构配件、设备的质量，进行见证取样。参加设备到货开箱验收，审核和跟踪监控设备运输吊装及二次搬运工作，做到安全有序。

(5) 监理人员对检验批、隐蔽工程、分项工程，参与分部工程验收。检验批表格使用应符合现行施工及验收规范；隐蔽工程验收时应做好隐蔽工程记录；分项工程内检验批验收合格后，由专业监理工程师组织承包商、供货商等单位进行分项工程验收。

（6）监理人员利用巡视（定期、不定期）、旁站、平行检测的方法对施工过程、关键工序、设备安装工艺、试验检测、系统调试等过程进行检查和验收，检查施工作业指导书落实情况，以及施工日志、开箱检查记录、各种安装施工技术原始记录等，保证质量管理资料的可追溯性。

（7）监理人员对承包商现场质量、进度、投资、安全隐患等问题提示，当整改执行不力时，提醒总监理工程师及时发出监理通知单、工地指令或现场指令。

（8）监理人员对合同、图纸工程量及有关数据进行复核核实在，做好台账记录。施工过程中对工程量进行计量、工程款支付，审核和处理工程变更。

（9）组织分部工程验收，审查工程质量检验资料。分项工程承包商自检合格后，提交申请，由专业监理工程师组织分项工程（主要内容）验收；专业监理工程师认为分部工程所含的分项工程合格后，报总监理工程师组织分部工程（主要内容）验收。分部工程完成后，总监理工程师应组织单位（子）工程预验收。

（10）参与或配合工程质量安全事故的调查和处理。

（11）收集、汇总、参与整理监理文件资料，编写监理质量评估报告及工作总结。

（12）参与单位工程验收和竣工验收。

8.1.2　系统设备监理控制方法、手段及措施

1. 系统设备监理质量控制方法和手段

（1）监理主要质量控制方法

1）系统设备安装的监理人员首先要掌握工程的有关资料、技术参数，组织监理技术培训和参加承包商进行技术交底和现场探测、定测，协助业主审核确定安装施工所使用的规范及安装标准。

2）在设备安装的主要环节上事先对方案文件审核进行控制。监理人员运用监理管理技术和所掌握的技术信息，加强首件报验、工艺水平达标，按要求完成样板工程和创优计划的检查及技术交底和培训。

3）根据业主管理办法，检查工程所用的质量管理文件表格样本，符合现行施工验收规范，施工前做好质量、安全资料交底工作。

4）做好安装施工质量过程控制的监理工作，检查施工作业指导文件，对每道关键工序、每个关键质量控制点都应进行旁站和认真检查，对于隐蔽工程的工序检查严格按照规范及程序执行，监理人员未检查验收合格前，严禁进行隐蔽。

5）应正确使用设备安装记录、调试记录、验收测试报告格式，防止资料返工。在施工过程中应该认真记录每一项操作结果，特别是隐蔽工程的记录（含隐蔽前后的影像资料），保证每一环节的高质量、高效率完成，具有可追溯性。

6）应对设备进行综合布线排序规范管理、标识标牌到位、设备线缆接线导通和设备具体位置进行检查，并复核承包商的检测记录台账。

7）确认各种线缆敷设应符合设计和相关规范要求，严格禁止强电和弱电回路的混敷，不允许出现各种不应该的短路和开路情况。

8）设备受电前特别要求检查保证各种工作接地，确保安全接地和保护接地的正确性和符合规范要求，加强防雷接地和安全接地安装和检查，避免烧毁设备。

9）要求对设备进行受电前条件检查，应详细阅读各种设备的操作手册，在操作过程中严格按照操作步骤实施各种操作程序，以及设备受电前的检测复查工作，避免因操作不当损坏设备。

10）系统设备安装后的功能检验及试验，应加强监测室内外一致性试验，系统内部各子系统的调试、各子系统之间接口的调试、各系统与其他各专业系统的接口调试。

11）系统设备安装检测、调试。安全和主要使用功能检测、验收资料过程管理，根据编制调试方案实现可靠数据，以及数据使用依据查询、流程审批的动态统计，以保证工程质量具有可追溯性。

12）监理人员对调试过程中存在的技术问题应提供技术支持。存在问题时建议业主召开专题技术协调会进行技术分析，解决调试存在的技术问题，保证设备系统调试过程的质量、投资、进度要求，满足系统设备整体工程的需求。

（2）监理主要质量控制手段

1）旁站：对安装、调试过程的关键工艺、调试检测内容采取现场旁站方法，旁站设备安全技术风险较高的项目，做好过程调试和旁站记录；

2）巡检：定期和不定期巡检各类设备安装、各类试验过程，检查其技术质量、安全技术、网络安全指标；

3）抽查：采用抽查的方式对承包商设备安装使用的仪器仪表、调试过程、调试记录等；

4）测试：对各系统设备的重要性能参数和单项功能指标进行复测，检查系统联调接口关系测试结果检查完成情况；

5）平行检测：检验实施检测的范围、程序和要点，对系统工程各个环节、实施必要的平行检测；对有关结构安全及功能检测抽检。

2. 系统设备监理控制措施

根据监理合同及监理规划的要求，在系统设备安装阶段，认真执行监理工作内容和程序，并进行系统设备安装阶段全过程的质量控制、进度控制、投资控制、安全控制，做好信息管理、合同管理及协调管理工作，特别要协调好各专业业主、设计、承包商、供货商等各单位之间方方面面的工作，其具体工作应措施体现在组织措施、技术措施、经济措施、合同措施。

（1）监理质量控制措施

监理人员对系统设备安装工程的技术措施，采取项目策划、方案论证、规范执行依据、开工准备、设备材料集成采购、安全技术管控，建立系统设备从安装过程到竣工验收实行全过程管理模式。强化施工过程质量控制，特别是强制性条款执行情况。严格设备材料进场、关键部位、关键工序、隐蔽工程、关键环节质量及验收质量，对系统设备安装检测、调试、安全和主要使用功能检测、验收资料过程采取动态管理统计措施，以保证工程质量具有可追溯性，全面提升工程项目全过程管理水平。

加强质量不合格管理措施，凡是工程质量没有满足合同、设计要求的质量不合格项，承包商对施工中出现的质量问题，造成建设工程质量不符合规定的质量标准应负责返工、修理并赔偿因此造成的损失，情节严重的责令停止施工，降低资质吊销执业证书；质量不合格处理的手段是通过修补处理、加固处理、返工处理、不做处理或报废处理。

(2) 监理进度控制措施

全面推行方针、目标管理，按照各系统工程管理方法，进度计划编制，运用网络技术，强化组织协调，对整个工程进行动态管理，及时督促承包商调整优化施工方案。要实现整体工程进度的优化管理，以实现整体工程项目管理水平，相关管理人员要针对工程全生命周期质量、进度、投资要求，实施动态监控。

监理人员应对影响施工进度因素进行分析和把控，严格控制关键工期的施工进度。确保工程材料满足各阶段工程的需用，消除因操作不当而造成返工、停工、影响工程进度的现象。承包商应按监理人员的要求，每月填报各分部分项工程的形象进度计划、资金计划和其他工作计划。没完成计划的必须申明原因，并提出纠正措施。

(3) 监理投资控制措施

建立健全投资控制体制，完善职责分工及相关制度，落实投资控制的责任。监理首先落实投资控制人员，投资控制责任与目标分解，编制投资控制工作计划和详细的工作流程图。制定项目投资目标控制考核责任制，建立项目计价三级审批制；编制资金使用计划，确定、分解投资控制目标，对费用目标进行危险分析，采取防范性对策。

定期比较费用实际支出值与计划目标值。发现偏差，分析原因，及时采取纠偏措施进行工程计量，签发付款凭证；建立投资控制台账，定期向业主提交项目投资控制及存在问题的报告。

要依据合同条款和有关规定，严格掌握和控制工程费用，防止扩大建设规模，增加建设内容和提高建设标准的工程变更；对设计变更及工程变更进行技术经济比较，严格控制设计变更及工程变更；与业主协商确定工程变更的价款，严格控制工程进度款支付，认真审核竣工结算。正确处理可能发生的索赔，并提供依据；协调和公正地处理工程中出现的各种索赔与反索赔事项。

(4) 监理安全管理措施

监理人员组织审查承包商编制的安全生产应急预案和安全管理细则，要求通过单位自审、专家评审。特别加强系统设备安全技术标准、规范、规程落实到方案及执行到位。监理人员要求安装承包商合理使用工程措施费；在安全防护与文明施工方面，承包商必须严格遵守国家、地方政府颁布的有关安全生产及文明施工的规定，保证参建单位人员安全管理到位。

监理人员应进行定期的检查和不定期巡检，在设备安装施工场地附近严禁吸烟和使用明火，备好灭火器，严防发生火灾；在大型设备吊装、高空作业、轨行区作业、设备技术安全、牵引网上电后调试等危险系数较高的工作上，监理人员要对现场进行检查巡视、旁站，确保施工过程的安全管理到位。

在安装调试过程中，往往制约于安装进度统一的节点，需要合理安排时间计划，保证与其他专业的协调，服从轨行区和整个车站系统的属地施工管理，并做到成品及半成品保护。

(5) 合同管理措施

监理人员配合业主编制施工招标文件，协助业主进行施工招标，建立工程项目合同管理体系和目录，利用计算机编目检索管理；协助业主对涉及本标段的各类合同在签订前和执行过程中进行详细的风险分析，及时向业主提出防范措施，以合同为依据，合情合理地处理合同执行过程中的各种争议。

监理人员在合同执行过程中，严格按照合同的规定，履行应尽的义务，对承包商的施工活动进行监督、检查，做好工程施工记录，保存各种文件、图纸，特别是施工变更图纸，注意积累素材；造价工程师应经常深入工地，配合监理人员做好工程量的计量与核定，按合同条款和工程进度进行工程计量，及时核定工程量清单、防止超验、超支付；复核工程付款台账，签发付款凭证，支付工程款。

(6) 信息管理措施

应用项目管理平台，建立完整的数据交换和关联模式，以保证满足系统连接的要求，配置专职的信息管理人员。现场使用平台的专用网络，其中编码、工程分解、计划进度、投资管理、安全管理、质量控制、工程调度以及其他项目管理所需的数据的传输、交换符合项目管理平台的要求。

建立信息交流平台，改善项目管理协作方式，提高项目工作效率、降低风险，使建设管理单位、设计单位、承包单位、监理单位、运营单位等都能比较直观地掌握项目的全貌，合理利用信息，提升不同专业间、不同参与方对项目的协同能力。将实际收集到的三大控制目标实际值与计划值相对照及时进行对比分析，发现偏差，应及时分析原因，采取有效措施进行纠正。

(7) 协调措施

建立健全工程协调机制，落实岗位职责、明确工作内容，制定专人负责体系网络。系统内部的协调，由于工作性质决定了监理与各方面都有着不可分割的关系，必须建立顺畅的信息联络网，要求组织协调必须积极主动；系统外部的组织协调，应积极配合政府有关管理机构和部门的指导和检查，积极配合工程各系统和专业间的接口协调工作。

监理在实施过程中，应深刻领会设计文件、施工图纸界定的设计意图，工程实施过程中，建立与专业之间的接口关系，方便解决因设计文件、施工图纸的接口问题；分清责任关系，为工程延期、索赔、质量安全责任等严格界定各方协调责任，对因协调不力影响工程进展的原因严格奖罚措施，拒签工程进度款。

8.1.3 系统设备集成管理

监理咨询服务作为集成管理服务商时，按照集成服务项目管理运作模式，全面负责系统设备的集成服务管理工作。监理人员参加设计联络阶段工作，依据为设备采购合同及技术规格书文件，业主发布的有关合同管理和项目执行的相关规定，由设备集成商编制经业主审查的设备设计联络、设备供货和样机计划，工厂设备监造、设备采购、验收、运输到货验收、设备调试等工作计划及工作内容，满足施工设计及安装要求，设备采购工作始终贯穿与设备安装全过程。

1. 设备设计联络阶段

设计联络阶段，依据设备采购合同文件，由集成管理项目部编制设备设计联络工作安排和计划，并经业主审查通过。根据业主发布的有关合同管理和项目执行的相关规定，按阶段制定合同谈判工作安排和计划；召开设计联络会对投标方案进行审查和澄清，完成合同谈判准备会议、产品设计、系统构成、系统方案和接口方案确认；对设备设计进行优化设计，组织图纸会签工作；并实施完成月度工作报告和阶段工作报告。

依据设备采购合同要求，核实设备选型原则，设备选型必须满足设计技术性能要求。系统设备的选择应满足正常运行、维护维修、检修的要求。设备选型立足于国产化，应将制造工艺成熟、技术先进、质量可靠、无维修或少维修的国产设备作为优选对象；优先选用成熟产品设备，尽量使用不燃或难燃的材料，低烟、无卤、低卤、阻燃或耐火的线缆，尽量采用环保节能型产品，防止或减小火灾和不良环境情况下对人员安全产生的危害。

2. 设备监造阶段

设备产品设计完成，由设备集成商编制经业主审查的设备供货、样机生产、批量投产计划；根据投产计划，监理人员应关注供货商主要产品生产关键程序，特别是合同内约定的样机生产、试验检测、出厂验收、设备包装及运输方案。根据投产申请和投产指令，制定设备样机制造和接口试验实施计划，制定设备监造实施计划。

在生产制造和采购质量控制阶段，依据设备采购合同文件，检查经各方签署确认的设备设计图纸文件，实施设备样机制造和接口试验计划，跟踪设备生产过程、出厂试验和验收计划的完成。监理人员参与集成商对设备主要原材料和元器件的进场前的检验、设备样机制造和批量生产的过程质量检查，参加设备样机试验，对过程抽检和测试试验进行监督。

3. 设备出厂验收

根据设备监造实施，制定设备出厂验收计划、包装运输和到货计划，协助业主进行设备样机生产试验、检测和出厂试验，根据需要参加全部或部分设备出厂试验和验收，要求和检查供货商完成出厂验收报告等合同约定的文件完整合格性；监造完成过程记录和监造报告。

集成管理编制设备现场到货管理程序、设备施工现场管理程序含安装调试督导、各阶段调试和联调方案、各阶段验收计划及验收总结文件格式。

4. 设备运输及到场验收

设备到货阶段集成商应编制设备运输和到货验收计划，并监督实施设备运输和现场卸货安全保障，确定开箱检查时间和地点，设备、备品备件仓储条件，并通知相关单位参加，参加设备开箱检查和验收，并签署意见。

集成监理人员和现场工程师共同对设备到场组织开箱检查和验收工作。检查设备到货质量，二次运输安全控制，记录开箱检查结果，并签署意见；检查设备基础条件具备，实施设备到货阶段需求的施工安装进度控制、质量控制、安全控制。

8.1.4 系统设备安装监理工作准备

1. 系统设备安装前期监理检查工作

系统设备安装前期监理人员应审查和落实各设备系统承包商项目部组建情况，项目经理提交的项目策划方案、中标文件、合同文件、图纸文件；审核施工组织设计方案、安全生产应急预案及专项方案的编制审批到位情况；检查安装、调试、验收的依据、安全技术交底情况，落实管理人员、劳务人员、施工机具、设备和材料，以及资金计划准备情况。

（1）监理主要审查工作

1）审查施工组织设计方案、安全生产应急预案及专项方案等，质量安全保证计划和内容，上级公司审批完成情况。

2）审查各系统安装、测试、调试方案计划，设备安全、网络安全保障措施。

3）审核承包商授权的常驻现场项目管理责任人、检测、调试人员的资质，以及其他派驻到现场的主要技术、管理人员的资质，落实系统设备安装、调试工作的质量责任制度。

4）审查承包商实施技术方案特点及重点、主要工艺方法及创优方案，并根据工程特点提出合理化建议和要求，补充实施其内容。

5）审查承包商拟用于系统安装、调试使用的仪器仪表及机械装备，其性能与数量是否满足技术规范规定的要求，仪器仪表是否符合规定的精确度要求，并在有效的检定期限内。

6）审查供货商、承包商在调试方案中，符合合同及技术规格书采用的技术标准、技术规范以及调试相关技术资料、软件技术升级管理等约定。

7）督促承包商在施工方案中制定质量目标，安全目标和进度目标。要求系统安装工艺遵守样板先行、首件报验的原则，满足创优方案，安全技术和网络安全达到国家安全标准。

8）通过使用BIM管理、智能信息化管理、新技术新材料的应用，以提高承包商施工技术管理水平。

（2）设备安装图优化设计的监理工作

根据合同、集成采购技术规格书、设计联络会议纪要等要求，承包商、设备厂家需联合设计单位对施工图进行优化设计，监理人员应全程参与系统工程项目的施工图审核、设计交底、图纸会审、现场调研工作；进行可能产生变更的清单调整和设计优化工作，并要求各单位在补充文件和图纸上确认，具有可追溯性。

2. 系统设备安装前监理准备工作

系统设备安装开工前，监理人员应根据合同文件要求和技术图纸对轨道交通工程施工范围作深入的调查，核实现场施工条件及设备基础条件，纠正差错、补充缺漏；组织监理人员技术培训，要求和监督安装承包商技术交底工作到位，严格施工组织方案审定，强化专业特点编制补充专项方案；要求对合同设备清单、图纸清单建立台账，建立资料档案文件体系。

（1）施工现场调查及接口管理工作

监理人员针对系统设备的设计联络及安装技术交底，理解和掌握系统的工作原理，熟悉系统的构成、各种设备的性能、系统接口关系、安装方式及施工工艺等，以满足规范、设计精度要求。

监理人员重点调查前期土建、机电、装修工程实际施工和进度情况。参与前期土建、机电、装饰装修和系统工程与设计单位对专业接口处的图纸优化设计，联合现场图纸会审及现场会签工作，杜绝预埋件、沟槽管线、电缆支架、电缆竖井等项目位置的偏差、缺漏；积极配合落实各强电和弱电系统在专业接口部位的施工，确保其施工进度，满足系统设备安装、电缆敷设等项目的施工要求。

(2) 定位测量检查及复查工作

经与勘察设计协调取得车站的中心基标和全线的里程基标，为定测安装位置提供精确的参照点。检查承包方配备施工定位用的仪器仪表、测量工具，检测车辆的资质资格；检查现场定测人员应经培训、熟练掌握使用方法，承包商用高精度测量仪测得后，标注在现场的参照点，误差精确到毫米级，从而保证定测的精度和准确性；监理人员结合现场实际情况保证设备安装精度要求，做好施工调查及施工定测、复测工作。

(3) 系统设备安装过程质量控制准备工作

1) 掌握各系统单位、分部、分项工程的划分；
2) 根据现行规范、标准整理依据文件；
3) 确定监理质量控制工作流程；
4) 编制材料、设备清单、工程量台账；
5) 系统设备安装过程掌握关键部位、关键工序的质量控制点；
6) 监理旁站、平行检测、试验及隐蔽工程验收内容，合理安排实施计划；
7) 收集、梳理常见问题清单及控制措施；
8) 系统重要的检验（试验）与检测中的监理工作内容，包括设备的第三方检测、设备安装过程主要检验与检测（试验）、系统主要调试（试验）质量控制；
9) 强化各系统作业指导书的编制水平，监督工艺安装交底和培训，确定首件报验内容、样板工程计划落实，确保安装工艺标准的质量控制到位；
10) 确定落实专业接口关系及协调工作，包括土建、机电、系统、专业内部外部接口关系；
11) 强化单机调试、系统调试、联调联动方案的审核，包括：调试方案、调试大纲审核程序、单机调试、联合调试过程和记录可靠性的质量控制；
12) 根据合同要求，确定系统设备安装工程的安全和功能检验，满足设计要求；
13) 确认单位工程验收程序、监理质量评估报告及最终监理报告格式；
14) 建立竣工资料管理档案及归档条件；
15) 梳理设备合同备品备件台账，落实质保期服务工作。

8.1.5 材料、设备进场控制管理

1. 系统设备集成采购出厂最终检验的质量控制

监理人员对设备采购过程完成的质量文件进行核实。包括设备选型、工厂生产使用的原材料、构配件、设备质量文件，以及工厂考察计划、设备样机生产、下达批量投产计划、设备监造、设备试验、设备出厂验收、设备进场验收工作等文件，根据合同和技术规格要求进行逐项检查。设备产品一般按产品生产周期在设备出厂试验、验收前几个月内，要求供货商提交以上文件和计划，予以审核后，报业主确认批准。对进口设备控制的重点是供货商必须提供进口设备报关单，供业主和监理单位核验。

(1) 产品进行最终检验

供货商为项目工程提供的最终检验结果确认工作，在产品出厂验收过程中完成。质量管理人员根据检验和试验计划的安排，负责组织对供货商提供的产品进行最终检验确认工作，业主、监理将被邀请参加检验过程，并形成会议纪要及验收报告，包括第三方检测

报告。

(2) 系统集成设备出厂验收及设备到场检查内容

1) 检查验证供货商提供产品是否按照项目质量计划和标准规定执行。

2) 产品的电气性能、机械性能、软件控制功能是否进行了全面的检验和试验,是否满足合同技术规格书以及各次设计联络会纪要的要求。

3) 产品的合格证、标志是否齐全。

4) 产品的出厂文件、资料是否按合同规定的内容和数量提供。

5) 产品的包装是否符合合同的规定和满足运输的需要。

2. 系统设备安装施工材料、设备进场质量控制

针对系统设备安装工程专业多、材料、设备、配件多,构成、性能、功能复杂情况,应对进场的材料、设备、备品备件实物,按照委托监理合同约定或有关工程质量管理文件规定的比例进行验收,严格执行材料、构件、设备检验、复验制度,落实"三检"制度。根据监理规范要求对各系统工程主要进场材料、设备质量检查方法和评价判定制定基本原则,监理人员应使工程所用材料、构配件、设备的质量和消耗始终处于受控状态。

监理人员采用见证取样或平行检验手段进行检查,对有疑问的主要材料、设备进行抽样和复查,不准使用不合格的材料、设备。在监理人员的监督下,需送经国家认证的试验室(承包商建立实验室的必须满足资质要求)进行复检,并确定报告合格后方可使用。

(1) 监理材料、设备进场质量控制工作内容

1) 监理人员应对承包商报送的拟进场的材料、构配件和设备的工程材料/构配件/设备报审表及其质量证明资料进行审核。

2) 承包商进场提供的材料、构配件和设备以及设备产品质量文件、合格证、检测、试验报告及记录,并形成开箱检查书面记录。

3) 监理人员应检查供货商或承包商提供的材料、构配件、设备的外观、型号、数量等,根据规范要求,监理人员采用平行检验或见证取样方式进行抽验、测试,并应取得合格检测报告。

4) 对未经监理人员进场验收或验收不合格的材料、构配件、设备,监理人员应拒绝签认,并应签发监理通知单,书面通知承包商限期将未经验收或不合格的工程材料、构配件、设备撤出现场。

5) 检查现场的材料和设备等物资都有明确的贮存、保管、防腐和领用制度,电缆支架、设备机架、焊接材料,包括消防和防汛等重要物资的保管、使用都将登记和严格受控,以确保所有材料、构配件和设备等物资技术性能、内在和外观质量符合到货时状况,以达到使用后的质量要求。

(2) 监理系统设备、材料到货现场检验方法

1) 外观检测:设备材料到货后,开箱前检查包装是否完好,有无破损、油污、潮湿等现象;开箱后检查外观有无变质、变形、残破、锈蚀等缺陷;尺寸精度、表面粗糙度是否符合要求,检查标识内容是否齐全、准确、清晰。

2) 性能检测:对各类设备进行电气试验;电缆进行单盘测试;绝缘子进行绝缘测试,确保产品性能符合要求。对不合格品更换的设备进行相同的检测程序检测。

3) 规格及数量验证:对照产品清单(合同)或发货单,对物资的名称、品种、规格、

数量、等级、来源、生产厂家等进行核对。核对主件、附件及应附带的零件和工具、备品备件是否齐全。进行数量验证时，可采取点数、检斤、检尺或换算方式。计量单位名称、符号及换算关系采用法定标准。

4）质量技术资料验证：检查随产品到达的质量证明文件，如质量合格证、试验报告、报关单、说明书、装箱单、材质单、质检单是否齐全，签章是否有效。收集各种设备材料的试验报告、合格证、装箱单等文件并存档。

(3) 到货检测记录的审查和签认

监理人员对进场的材料、构配件、设备应严格按业主管理办法及合同的进货检验和试验程序的要求进行，对设备检测和试验结果进行记录。监理检验方法有见证取样、现场检测、抽样试验，平行检测等，并做好检查记录，收集保存质量控制资料记录。

批量货物到货后，物资供应部负责按照进货检验、测试工作程序的有关规定，组织相关人员对设备材料进行性能检测、试验，完成书面检验、试验报告或第三方检测报告，同时收集第三方检测报告、试验报告、合格证、开箱单等文件存档。

(4) 对不合格品的处理

在到货验证时，若发现供货商提供的质量保证文件与所到实物不相符或对质量保证文件的正确性有怀疑，严格按不合格品的验收程序的要求处理，要求重新提供质量控制文件。

发现不合格材料、构配件和设备时，应及时进行更换，更换后还需通过相同的验收程序进行检测。不合格的产品均要求填写不合格产品验收记录，对检查出的不合格品应及时进行标识、隔离存放，妥善保管，做好记录，防止错用误用。监理人员同时与供货商协商后，分别采取退货、修复或报废等方法处理。

监理人员应对不合格品拒绝签认，并应签发监理通知单，书面通知承包商限期将不合格品撤出现场；严格按产品标识和可追溯性程序的要求建立对不合格品管理台账，切实做好材料、设备的贮存及标识工作；对已安装施工完毕，但试验、检测出现不合格情况的，按不合格产品和程序处理。

8.1.6 系统设备安装检测、试验控制管理

监理人员要求按照项目执行过程中，供货商或安装承办单位编制的专项产品检验和试验方案进行相关的质量控制。将派遣监理人员监督供货商或安装承办单位在安装及单机调试阶段的检测、试验工作，检查供货商出厂试验报告，或现场检测、试验报告内容符合合同要求。

1. 试验、检验方法

试验、检验按报批的方案实施，监理人员应采用平行检验、见证试验、抽样试验的方法；试验、检验包括工厂检验、到货及开箱检验、安装中间过程检验、安装受电前的检验、带电后规定时间内的检验、对设备进行单机通电检查试验检测和系统联调运行检查、系统软件检验等。

监理人员对供货商试验资格的要求，供货商应提供的产品型式试验报告，必须是由国家认可的试验机构所出具，国内组装的进口产品附有国外权威机构出具的型式试验报告。合同产品的例行试验和出厂试验必须由供货商的专用试验室进行试验。如果供货商不能满

足产品试验的条件，则要求供货商应委托相应资格的试验室进行试验。供货商的试验人员必须是经过专门培训，具有专业资格证书的试验人员进行试验。供货商现场责任质检、试验人员须具有专业资格证书并有一定的技术水平、现场经验及指导能力。

(1) 对供货商试验资格的要求；

(2) 检验、试验报告的质量要求；

(3) 执行的标准及文件；检验、测量和试验的程序；

(4) 检验和试验数据的真实性、可靠性，及状态观测；

(5) 产品功能、性能试验成果；

(6) 产品配属的外购件的试验、产品样品抽样试验比例；

(7) 监控系统软件功能实现控制的检查等。

2. 系统设备安装检测、试验控制内容

(1) 执行试验标准及文件的控制

对检验、试验报告要求符合合同及设计标准。监理人员在供货商的设备试验检测前，要求供货商提交试验、验收文件和计划，予以审核后，报业主确认批准文件被认为是有效。执行的试验、检测标准及文件必须是符合设计要求、国家规范标准、企业标准等合同文件约定的试验标准及文件。

(2) 检验、测量和试验程序的控制

检验、测量和试验所使用的仪器仪表具有在有效期内。并且是合格的鉴定证书。监理人员要求供货商按检验、测量和试验程序执行。对其检查、测量和试验用仪器仪表及设备进行定期控制、校核和维护，确保仪器仪表在检定有效期内；实验室的试验、检测能力的配置，各项试验设备均按程序约定仪器仪表测试，测试结果必须满足合同产品出厂试验和例行试验的要求，不满足时督促供货商采取措施，直到满足条件为止；根据执行的有关标准和国家法规，加强对检验、测量和试验设备的管理，通过试验仪器仪表获取有效数据。

(3) 检验、试验报告的质量要求

试验标准及报告文件予以审核后，已报业主确认批准。监理人员对试验报告的有效性的确认，供货商提供的检验、试验报告真实有效。试验报告必须有两人及以上相关责任人员的签字，并加盖试验机构的试验专用章，特殊项目的试验报告附有相应的试验仪器、仪表配置（配有年检标志）、试验接线及系统构成原理图等。

(4) 检验和试验数据真实性可靠性的控制检查

检验和试验数据应保证真实有效，需具有可追溯性。监理人员检查供货商对合同产品的数据保证真实可靠，符合设计及规范要求。测试记录按规定的期限进行保存，以便进行产品质量的追溯。收集、整理相关检验和试验记录。监理特别关注对不可重复或不可追溯的试验项目，测量数据作为监理人员的质量控制重点。同时，供货商不得以任何借口减少试验项目和内容。

(5) 检验和试验状态观测的控制检查

1) 分别通过加以授权的印章、标签、标识、卡片、检查记录、试验软件或其他合格的手段，使检验和试验的产品按要求规定均进行有效标识。

2) 通过产品生产制造过程标识标明试验是否合格，识别标记在产品的制造、安装过

程中需要一直保存,保证只有通过所需检查、试验合格的产品才能发放、使用和安装;

3) 通过单体检测合格的设备在产品检验报告中明确其状态;

4) 质检人员均以试验检测相关文件规定,确认监督检查试验状态良好;

5) 编制和保存的产品证明文件记录齐全,证明记录报告已按规定的验收,并条件通过了检查和试验。

(6) 合同产品功能、性能试验成果的控制检查

监理人员及质检人员重点监督对各种产品的功能、性能的试验,包括软件功能测试。要求供货商在生产制造、现场安装工程对产品所应达到的功能进行全面试验(必须在现场安装完毕后进行的项目系统调试除外);试验需要在出厂验收前完成的必须有业主、设计及监理、安装单位到场见证试验。

(7) 产品配属的外购件试验的控制检查

监理人员要求对于集成商为该产品配套的外购设备、外购件按相关的规程进行检验和试验。对外购件的质量进行进货检验和有能力实现的复检、复试项目进行验证。集成商协作生产单位随产品提供相应的检测、试验报告。必要时要求质检人员要求集成商联系到外购件供应商处实地进行验证。

(8) 合同产品样品抽样试验

根据合同要求,对于新产品试验、产品结构变化、原材料变化、生产工艺改变等,供货商除提供型式试验报告外,必要时向业主提出书面建议和组织进行产品抽样试验,送有关权威机构进行试验,得到业主批准后组织实施。同时,必须邀请业主、设计及监理、安装单位到场见证试验。

(9) 监控系统软件功能实现的控制检查

系统软件检验按合同要求应严格按照相关要求进行测试和验收,必须将系统软件测试情况,以报告形式如实上报监理人员,监理人员审查软件测试内容,软件测试结果经过系统的测试,确保软件功能、性能、安全性、可靠性等,必须提交软件测试报告(含测试内容、项目及结果、第三方检测报告、安全等级保护等),满足相关规定后,进行安装运行与日常维护工作,在软件运行期间,承包人应对其进行维护,并将运行情况报告监理人员。如业主、设计提出检测意见,监理人员可指令供货商进一步完善或进行下一步工作,确认软件扩展升级界面,并形成会议文件记录。

(10) 合同产品外场测试试验的控制检查

监理人员在检查供货商货源处和现场实施验证时,必须在采购合同中对验证的安排和产品放行的方法做出规定试验检测。如有模拟平台试验检测的,随时按监理人员的要求在具备条件情况下和在制造、加工或准备地点或现场或在合同规定的其他地方进行;检验的组合原器配件,在完成试验检测后进行登记记录和标识。同时,供货商应该为监理人员随时进行的检验和检查提供劳力、电力、燃料、备用品、器械以及测量仪器等一切方便和协助。

8.1.7 系统设备调试控制管理

系统设备安装完成,各系统设备单机调试到位后,系统设备的内部、外部系统的调试阶段开始。设备系统的联调是在各设备系统已完成单系统调试,进行单系统联调、系

统与系统之间联调，包括相关系统接口功能测试、设备联调联动测试、车站与控制中心联动功能测试等。并且，符合合同技术规格书及设计要求后，再进行系统的综合测试的工程。

1. 系统设备调试监理工作内容

监理人员需建立设备系统调试阶段的质量控制要点及目标值，包含技术安全、网络安全和进度、投资、施工安全等控制，根据各专业的特点，为每个控制点确定试验检测标准和完成目标，使设备系统调试和综合联调能按照调试计划和调试大纲循序渐进地进行，最终达到对各专业设备调试质量的控制的目标。

监理人员要求承包商编制系统试验大纲、调试方案，以及调试总结内容。调试大纲、调试方案和综合调试计划一般由相关集成商或承包商编写，监理审查，由业主（或业主指定单位）组织设计、运营、承包商、监理等参与评审并批准执行；监理人员应充分考虑设备调试的实际情况，审查调试计划和调试大纲的可行性、适用性和可操作性；审核调试内容、调试程序、调试顺序和时间节点计划的合理性；在系统调试过程中严格按技术规格书、调试大纲、验收规范执行，以满足合同和设计要求。

系统设备调试内容具有设备多、相关接口多、分不同调试阶段等因素特点，监理应建立设备、试验检测及进度台账。列明相关系统的接口关系，确认实现相关安全和功能要求条件；确认台账及跟踪记录，以及调试过程的参与单位的信息；监理人员应督促各专业设备调试承包商编制系统联调接口关系图及联调调试大纲，确认调试总结报告和记录表的格式，做到切实可行，程序完整、记录表格齐全、操作简单明了。

（1）系统调试监理控制方法及手段

监理人员在实施系统设备调试前，制定设备调试监理工作流程；确认设备各系统调试和系统接口调试重点和关键点和控制措施，并参与调试以达到对设备调试质量、技术安全的控制；调试阶段监理工作应严格按照有关调试方案、规范、标准等要求执行；

在实施过程中，监理人员通过对关键点的控制通过旁站及见证试验、巡检及抽查、台账和记录手段，保证调试收集数据可靠，调试报告有效性。

旁站及见证试验：监理人员对系统调试过程的质量控制点或关键点系统调试进行现场旁站，各类设备上电测试、系统接地测试、通电运转试验等，组织系统设备安全检查，并记录试验测试过程。

巡检及抽查：监理人员对于设备调试过程应采取定期或不定期现场巡检，及时发现问题和解决调试存在的问题。现场巡检各类设备的各类试验，包括设备性能、机械调校、设备静态测试、动态试验、设备空载和有载试验等，并且进行抽查试验和检测，确认记录真实性、可靠性。

台账和记录：监理人员对调试承包商的调试记录、测试记录等采用定期或不定期抽查的方式，及时全面掌握调试质量情况，按计划做好各系统内外调试及安全功能测试记录。

（2）各系统设备单体调试

1）审查各专业收集、确定或编制各设备系统调试的质量验收标准情况；

2）审核各设备系统调试大纲，审查承包商实施调试的技术方案及主要方法，编制调试检测内容全面，检测依据符合设计要求的指标；

3) 各系统测试计划、调试安全保证计划、调试质量保证计划。调试计划和计划实施过程中的监控和计划调整，保障工程调试能按照合同规定的工期顺利竣工。预测并评估承包商实际调试进度与调试进度计划的偏差，制定调试计划的纠偏措施；

4) 审核承包商授权的常驻现场调试人员的资质以及其他派驻到现场的主要技术、管理人员的资质；审核承包商现场调试试验室的情况及其调试试验的合法性，审核其人员资质；

5) 审查承包商拟用于系统调试的仪器仪表及机械装备的性能与数量是否满足技术规范规定的工程质量标准的要求，仪器仪表设备在检定合格的有效期内；

6) 要求承包商按照合同条件技术规范和监理程序进行调试和检验，监理人员通过旁站、巡视、检测试验和整体验收等手段全面监督、检查和控制设备系统工程调试质量；

7) 规定检查所有设备的防雷接地情况和承包商的接地测试记录，并进行其他设备安全检查；旁站检查设备通电测试。

8) 监理人员监督承包商进行系统设备的72h单机试运行，检查各项技术指标测试结果和检测记录。

(3) 各系统设备联调

1) 监理人员审查承包商编写的联调联动调试方案和系统调试大纲，明确各系统接口关系。调试大纲中应有明确的切实可行的接口调试方法和步骤，督促其做好系统内外接口调试工作资源准备。

2) 监理人员审查试验单位资质及试验人员资格和试验仪器、设备、计量认证、试验制度等。若业主要求，则组织编写综合监控系统设备验收规程和验收工作方案。

3) 设备调试过程监控要求应按照设计、合同、试验检验标准、工程质量验收标准及调试大纲要求逐项检查，并旁站监督各项技术指标测试结果和检测记录。

4) 督促和审查试验单位完成调试试验报告，对疑问数据可实施第三方抽检测试。督促承包商做好配合与相关专业系统完成系统联调工作。

5) 主动协调与设备调试有关的所有接口，采取一定措施，并检验现场设备与相关子系统的接口情况，需旁站各子系统之间的接口试验，并做好记录和备案。

6) 按规定程序发布相关的调试的工作联系单，监督并批准子系统调试各工序交接，签发中间交工证书程序等。

7) 组织并督促承包商进行各系统完工测试，对各项功能和各项性能指标进行合同符合性检查，并根据不同系统要求监督承包商进行系统的120h、144h或168h的连续试运行。

8) 监理人员要求系统调试任务完成后，设备调试结果达到设计要求。监理负责组织相关设备厂家、安装单位、设计等对各设备系统预验收；对存在问题督促和监督承包商整改，整改合格后签署各设备系统竣工报验单，完成系统质量评估报告。

(4) 单位工程验收应提交的报告

1) 各系统运行试验报告

通过系统连续试验，各系统设备可经过120h、144h或168h验证系统的可靠性。系统连续运行试验指系统及与各相关系统协同工作，并且是不间断地运转，检验各系统的各项技术指标；系统运行试验时，对系统性能和功能按照工程开通初期列车运行最小间隔进行连续检验、考核。在此期间，对出现的小故障进行修补，调试班组负责设备的巡视、维护、调整，对发现的设备故障及时报告监理人员、业主代表。

一般在试运行跑图期间进行各系统连续系统运行测试，监理将安排相关人员记录测试数据及运行日志，分析运行指标，形成各系统连续运行试验报告，以证明各系统可以达到安全指标要求。

2）验收调试总结报告

各系统设备承包商通过设备单机、系统内外接口调试、系统联调，质量资料记录数据齐全，达到设计要求，具备试运行条件，达到安全功能评估条件，编写验收调试总结报告。

（5）综合联调

1）监理人员配合或协助建设编写的联调联动调试方案和综合调试大纲，明确各系统接口调试关系到位，编制调试内容和表格，组织各相关单位会签。

2）检查各配合综合联调单位组织机构和总联调调试计划、总联调实施细则、调试收发文件及调试大纲。检查各调试记录、完工测试资料、调试协调会和专题会会议纪要、调试阶段信息管理等资料的完善到位情况。

3）督促检查各承包商的安全保证体系和质量保证体系在设备调试过程中是否正常运转发挥作用，检查承包商制订和适时修正的设备调试安全施工制度、安全防护规程或安全技术操作细则，并对这些制度和规程的执行情况进行监督检查。

4）通过审查有关文件报表和对现场进行检查和试验，对设备调试的资源、工作全过程进行设备调试安全控制，监理人员巡检或旁站，查质量与查安全同步进行，因为质量与安全是设备项目互为因果的内容，应将安全与质量同时贯穿于监理工作的全过程。

5）定期召开调试和总联调等专题会议、工地协调例会、接口试验协调专题会议，形成会议纪要等。

6）在现场调试过程中，对业主、运营部门提出的系统功能需求变更或承包商提出的合理的工程变更，给予认真审核和评估，在不超出投资概算的前提下办理变更手续，并会同业主审核后发布变更令。

7）对各系统按设计要求实施功能性测试，检测的可靠性、可扩展性、适应性、系统安全性等各项性能指标、功能实现进行质量和安全评估。

8）实线性测试调试：对于设备调试重要过程及其调试结果，监理人员应组织和参与各系统设备的重要性能参数测量和设备调试各种程序、单项功能、系统功能实线性的测试和接口试验等，并记录其结果，以相关国家规范和行业标准为依据，判断测试结果的正确性。

9）对测试问题改进过程进行跟踪，对关键参数或重要环节监理人员要亲自进行测试，以保证测试数据的正确，对检测调试不合格，监理人员应监督调试单位重新进行调试。

10）业主（业主指定）最终组织编制综合联调报告。

2. 调试大纲方案审核程序

（1）调试大纲的评审

设备系统调试大纲是为了实现调试目标而编制的系统调试和综合联调的方案，是指导系统调试的纲领性文件，是调试实施过程的指南。调试大纲的评审是设备系统调试阶段监理工作的重要内容。评审的主要目的是审查调试计划、调试大纲的可行性、适用性，通过评审，检查和修正调试大纲与合同技术规格的不一致，进一步增强调试大纲的可行性和适用性，使得设备系统调试和综合联调能按照调试计划和调试大纲循序渐进地进行。

(2) 评审依据

1) 国家和轨道交通行业的相关标准、技术规范及其他有关规定；

2) 各设备合同中指定使用的技术规范、工程质量检验评定标准、试验规程等；

3) 相关设备系统设计文件如施工图、产品设计图纸、相关的接口试验资料等；

4) 业主与承包商、供货商及承包商与分包商签订的有关合同文件。

(3) 评审范围和内容

1) 调试目的：调试大纲应有明确的调试目的和系统功能实现目标；

2) 调试依据及标准：调试大纲应有明确的调试所采用的依据和规范标准，调试所采用的依据符合设备承包商合同要求，规范标准为相关部门发布的现行的最新标准；

3) 调试前提条件：调试大纲规定开始本设备系统调试需具备的前提条件，接口调试的相关专业的配合要求等；

4) 调试内容：调试大纲的调试内容充实，便于合同技术规格书规定的功能实现，满足用户需求。

(4) 系统调试方法及判定依据

确认系统调试大纲应包含系统工程特点描述，突出系统调试的重点和难点，并有相应的解决方法和判断依据，有调试的组织措施，以及调试使用的报告模板和使用表格。

1) 调试方法和步骤：调试大纲中应有明确的切实可行的调试方法和步骤；

2) 调试工具和仪器：调试中所采用的调试工具、仪器仪表先进适用，满足调试要求；

3) 测试数据的判定：调试大纲中应有数据测试记录表格。表格中有测试数据标准要求，并标明允许偏差范围。

(5) 调试结果评定

调试大纲应有调试结果的评定，调试方案评审过程监理工作重点：

1) 督促各专业设备调试承包商编制并提交调试大纲；

2) 监理人员对承包商编制的调试大纲进行初审，判断可达到调试目的和判定结果，并把初审结果上报总监理工程师；

3) 总监理工程师根据初审结果，由于产品（硬件或软件）的功能或性能未达到设计或运营要求，判断是否进行专家会审；

4) 总监理工程师组织，业主、专家、专业监理工程师和其他相关人员参加，对各专业设备调试大纲进行会审和讨论，并得出会审结论，经过会签形成最终的可行性意见。

8.1.8 系统设备安装工程质量验收控制管理

系统设备安装工程依据有关法律、法规、工程建设强制性标准、设计文件及施工合同，对承包商报送的竣工资料进行审查，并对工程质量进行单位工程预验收；监理人员应参加由业主组织的竣工验收，并提出相关监理资料。

1. 单位（子单位）工程预验收

监理组织系统设备安装工程预验收、协助建设组织单位工程验收。编写相关专业设备系统验收方案，报业主审批。系统调试任务完成后，按相关程序和有关规定组织有关部门对各单系统设备进行预验收签证及质量评估。

对预验收中提出的整改问题，监理人员应协助业主要求承包商进行整改；所有工程缺陷的修复均需由设计人员、监理人员和最终用户签字认可，提交缺陷整改报告；工程质量符合要求，由总监理工程师会同参加验收的各方签署竣工验收报告。

（1）预验收条件

监理人员应对预验收工作进行积极的准备，满足条件进行验收。如果施工承包商或设备系统集成商不具备预验收条件，将检查问题汇总，发监理通知单责令施工承包商或设备系统集成商限期整改；整改合格后，签署各设备系统工程的竣工报验单，编制系统质量评估报告和监理工作总结。

（2）建设运营"三权"移交

在系统完成综合联调后，承包商、集成管理服务商应配合业主建设部门向运营部门完成系统工程的设备、资料等的"三权"移交工作（包括使用权、管理权和指挥权）。

2. 单位（子单位）工程验收

完成单位（子单位）工程预验收，监理将协助业主组织设计单位、施工承包商、设备供货单位和有关部门对工程进行单位（子单位）工程验收。

确认合同的全部工程项目完成，向最终用户发出竣工验收申请报告，编制竣工验收的详细计划，并协助实施；对存在的问题，应及时要求承包商整改，整改完毕由总监理工程师签署工程竣工报验单。并应在此基础上，监理提交工程质量评估报告和监理总结，工程质量评估报告应经总监理工程师和监理单位技术负责人审核签字。

（1）验收条件

1）组织完成单位（子单位）工程预验收，设计单位、施工承包商、设备供货单位和有关部门对工程进行自评工作完成。

2）核实对单位（子单位）工程质量缺陷进行检查和记录，对不合格项进行修复后的工程进行验收和签认。

（2）实体验收基本内容

1）实体检查对各专业的关键部位的设备安装质量、调试进行检验；

2）光、电缆支架、吊架安装位置及安装方式应符合设计要求，并应固定牢固；支架与吊架的各臂应连接牢固。支架、吊架安装不得侵入设备限界；

3）电缆及配套器材进场验收型号、规格、质量应符合设计和订货合同要求；电缆应无压扁、护套损伤和表面严重划伤等缺陷；

4）机柜（架）底座应对地加固、稳定牢固；机柜（架）、设备及附件应无变形，表面应无损伤，镀层和漆饰应完整无脱落，铭牌和标识应完整清晰，机柜（架）、设备内的部件应完好、连接无松动；应无受潮、发霉、锈蚀；

5）设备机柜内各种不同类型的电缆的布线符合设计及规范要求；电缆、电线的接点、标记要符合要求；

6）室内、室外设备的安装方式应符合设计要求，安装应牢固可靠。悬挂式设备水平、

垂直转动角度应符合设计要求。壁挂式设备安装位置和方式应符合设计要求,并安装牢固可靠;

7) 设备基础的浇筑方式和强度符合设计要求,支柱(杆)的安装、抗震加固及接地措施符合规范要求;

8) 防雷接地、接地装置、安装方式及引入方式应符合设计要求。金属机柜(架)、基础型钢应保持电气连接,并应可靠接地。独立设置接地装置的接地电阻值应符合设计要求,室外综合接地体接地电阻不应大于 1Ω;

9) 各系统调试检查所用检测仪表的质量检定书及是否在有效期限内;

10) 检测操作响应显示、时间、告警、存储、检索功能应符合设计要求,简单操作及普通数据查询操作界面响应时间在设计范围。大数据量报表数据查询操作界面响应时间满足运营要求,所有检测数据可靠,具有可追溯性;

11) 各系统的功能满足合同技术规格书、设计及规范要求;

12) 检查线槽管线穿墙、电缆引入设备柜内等处的封堵到位。

(3) 观感验收内容

观感质量评定:一般规定质量评定由监理单位组织承包商共同进行现场评定,必要时业主参加。观感质量检查项目评定达不到合格标准,应进行返修。

验收标准包括:设备安装观感质量合格标准、机架观感质量合格标准、机柜观感质量合格标准、设备配线观感质量合格标准、缆线引入观感质量合格标准、系统布线观感质量合格标准、槽道观感质量合格标准等。

(4) 资料检查及需完成文件

1) 资料收集与整理,包括分部工程、单位工程等验收资料,竣工结算审核意见书,系统设备质量评估报告等专题报告,监理工作总结等;

2) 单系统设备调试结束后,按相关程序和有关规定组织有关部门对各单系统设备进行初步(预)验收、竣工签证及质量评估;

3) 审核督促承包商及时编制竣工结算文件并签认,协助业主进行工程竣工结算工作;

4) 协助业主做好设备系统试运行准备工作;

5) 审核承包商的乙供设备、材料向运营移交的清单并签认;

6) 其他属于合同规定的属于项目监理部责任范围内的工作;

7) 完成资产录入工作。

(5) 单位工程验收应提交报告

单位工程验收工程资料准备,协助验收、签署单位工程验收文件,提交归档验收文件及验收报告、调试总结,以及验收总结汇总、编写验收程序、计划、实体检查表、资料检查表、调试总结、验收审查意见、单位工程验收资料(统表,见表 8-1)、验收会议纪要及竣工验收意见。

验收资料表　　　　　　　　　　表 8-1

序号	资料
1	单位(子单位)工程质量竣工验收记录
2	单位(子单位)工程质量控制资料核查记录

续表

序号	资料
3	单位（子单位）工程安全和功能检验资料核查记录及主要功能抽查记录
4	单位（子单位）工程观感质量检查记录
5	单位工程质量验收记录汇总表

8.1.9 系统设备安装资料控制管理

质量资料归档是与轨道交通工程建设有关的重要活动、记载工程建设主要过程和现状、具有保存价值的各种载体，均属于建设工程档案的归档范围。归档文件应是工程建设全寿命周期的文件，包括前期准备、勘察、设计、施工、监理、各类验收和试运行等阶段。

工程技术资料移交：应按合同规定要求的内容（如设备说明书、质量资料、培训资料、维修手册等）、数量等在单位工程验收、完成3个月试运行合格后，由业主组织向最终用户办理工程移交手续，并签发"工程移交证书""技术资料移交明细表"。并签认交接验收证明书。

工程资料归档：在工程项目竣工验收通过后，按照轨道公司及当地城建档案馆要求，由业主组织，办理工程资料归档手续。

承包商归档文件：工程竣工图、工程验收文件、工程总结、质量安全监督文件、工程支付及结算文件、设计变更及有关文件、施工组织设计控制文件、工程测量文件、工程原材料报验、检测及产品质量证明文件、工程试验检测文件、工程施工原始记录、工程施工日记、工程声像文件。

监理文件归档文件：监理管理文件、监理质量检查文件、工程测量监理抽检文件、监理日志及参考文件、工程声像文件，见表8-2。

监理质量资料归档清单　　　　表8-2

序号	资料名称	归档及核查内容	核查人
1	监理管理文件	组卷内容及要求：监理管理文件由监理单位负责归档。主要包括：监理规划、监理实施细则、监理月报，监理会议纪要，监理通知单、监理联系单、备忘录、工程质量评估报告、监理总结等	
2	监理质量检查资料	组卷内容及要求：监理质量检查资料由监理单位负责归档。主要包括：监理旁站记录、监理见证记录、监理平行检验记录及相应汇总表	
3	测量抽检资料	组卷内容及要求：测量抽检资料由监理单位负责归档。主要包括监理测量抽检资料	
4	第三方抽检资料	组卷内容及要求：第三方抽检资料由第三方单位负责归档。主要包括：测量、监测、检测、防雷、消防、远程监控、通风空调、环境及照度、风险评估等第三方单位出具的报告等	
5	监理日志及声像资料	组卷内容及要求：监理日志及参考资料由监理单位负责归档。主要包括：监理日志及照片、视频资料等，要求同承包商的声像资料	

8.2 信号系统工程

8.2.1 概述

信号系统构成：城市轨道交通工程的信号系统以 CBTC（基于通信的列车控制）系统采用实用的 ATC 系统降级、后备模式方案。列车进行自动控制系统即 ATC 系统是对列车进行全过程或一部分作业实现自动控制的系统，其特征为：列车通过获取的地面信息和命令，控制列车运行，并调整与前行列车保持必需的安全距离。

信号系统由正线的列车自动控制系统（ATC）和车辆段/停车场信号设备及必要的维修和培训设备组成。ATC 系统主要是由 ATS、ATP 和 ATO 三个子系统通过信息交换网络构成的闭环系统，实现地面控制与车上控制结合、就地控制与中央控制结合，构成一个以安全设备为基础、集行车指挥、运行调整及列车驾驶自动化为一体的列车自动控制系统。

信号系统运用方式：进路控制、ATS 子系统的运用、列车驾驶模式、列车控制等级、列车折返作业、试车线作业控制、车辆段的运行模式、CBTC 系统的降级运行。

信号系统的构成：包括列车自动监控子系统（ATS）、列车自动防护子系统（ATP）、列车自动运行（驾驶）子系统（ATO）、数据通信子系统（DCS）、计算机联锁（CI）、信号电源；车辆段/停车场计算机联锁设备、试车线 ATP 及 ATO 设备、全自动无人驾驶、培训、维护监测等子系统，以及计轴等设备所组成。

信号系统功能：包含 ATS、ATP、ATO、数据通信 DCS 子系统功能、车辆段/停车场联锁与微机监测功能、试车线设备功能、信号培训系统的功能、维修支持子系统功能。

ATC 系统具有完善的自检、自诊断功能，能对包括 ATO/ATP 设备、CI 连锁设备、轨旁设备、ATS 车站设备以及信号电源设备实施监督，并能够在设备集中站和控制中心实施故障诊断。

信号系统具有完善的远程故障自诊断功能，应对全线的中央设备、车站设备、轨旁设备、车载等设备以及车—地通信设备进行实时监督和故障报警。

ATC 列车自动控制：为实现列车自动监控、自动防护和自动运行技术与功能的成套系统和设备的构成体。

ATS 列车自动监控：为实现监督控制列车按运行时刻表和设定线路运行、指挥行车和实施运营管理等与功能成套的设备组成的构成体。

ATP 列车自动防护：为实现列车运行间隔、超速防护、进路安全和车门开闭等监控技术与功能的设备。

ATO 列车自动运行：为实现列车运行速度控制、调整并形成平滑牵引力和制动力控制指令，一定范围内精度对位停车技术与功能的设备。

8.2.2 信号系统工程设备监理工作

1. 监理工作内容、重点、控制措施

（1）信号系统监理工作内容

监理人员在信号系统安装质量管理方面，建立健全信号安装、调试的质量、安全体系，强化施工组织设计方案及调试检测专项方案及评审；信号系统设备的生产、原材料采购的质量控制，强化与车辆、站台门、通信、综合监控专业安装接口管理，监理对质量、进度、投资、安全重点进行控制，并跟踪过程试验、检测和记录，详见第8.1节。

信号系统工程作为一个单位工程，划分为正线信号、车辆段信号、停车场信号等子单位信号工程。

信号系统工程调试包含一致性测试、单车安全认证、多车安全认证、多车测试工作等；单机调试、联调联动。

全系统调试包括全线联调、三个月不载客试运行、信号系统载客安全认证、载客安全认证、按运行图行车试验、竣工验收、试运行条件评审、问题整改、载客试运营等。

信号系统设备安装工作内容：

主用控制中心信号系统设备安装；备用控制中心信号系统设备安装；全线车站室内、室外信号设备安装；车辆段及高架试车线室内、室外信号设备安装；停车场室内、室外信号设备安装；培训中心、维修中心室内设备安装；与既有线联络线光电缆敷设、接续、配线、安装和调试配合工作。

1）电（光）缆线路：支架、线槽安装、电（光）缆敷设、电（光）缆防护、电（光）缆接续、箱、盒安装等；固定信号机、发车指示器及按钮装置安装；高柱信号机、矮型信号机、非标信号机安装，发车指示器安装，紧急停车、清客按钮安装；

2）转辙设备：安装装置安装、转辙机安装、外锁闭装置安装；

3）列车检测与车地通信设备：有绝缘轨道电路、无绝缘轨道电路安装、阻抗连接器、环线、波导管安装，泄漏同轴电缆敷设，应答器、定位天线、终端接收器安装，无线接入单元安装，计轴装置安装；

4）车载设备：机柜及单元设备、人机界面安装、天线、测速、雷达装置安装；

5）室内设备：机柜（架）、走线架（槽）安装，电（光）缆引入及安装，操作显示设备、大屏安装，电源设备安装、配线；

6）防雷及接地：防雷设施、接地装置安装；

7）试车线设备：安装系统功能及检测；

8）室外设备标识及硬面化：设备标识、硬面化处理。

9）信号系统联调内容：包括联锁试验（室内单项、室内外单项）、综合试验、微机监测，以及列车自动防护、列车自动监控、列车自动运行、列车自动控制的系统功能检验。

（2）信号系统设备安装监理质量控制重点

1）计轴设备、轨旁无线接入单元AP及天线和应答器安装前的施工定测，安装中的精度调整将是安装阶段的重点。

2）牵引回路Z型跳线、轨连线、道岔跳线高质量连接是保证大电流回流线安全运用重点。

3）光缆接续质量和AP箱的密封防潮性能直接影响到整个CBTC无线列控的调试及开通后的设备稳定性，且因光缆接续工作量大，保证光缆接续质量是非常重要环节。

4）车辆段信号工程主干线电缆槽为各专业共用，为保证线缆敷设规范、有序，加强各专业间的协调确保信号电缆施工不受影响,是车辆段信号线缆敷设施工阶段的重点。

5)信号光电缆施工敷设量相当大,涉及缆线测试、配盘、运输、吊装、放缆、上架、接线成端等环节,轨行区涉及各专业交叉作业多,施工空间狭小,任务量大,安全风险高,所以必须严格按照区间光电缆线路工程的施工方案和轨行区作业方案执行。

6)光电缆的敷设防护方式,对应高架段、地下段、碎石道床分别采用钢制槽、弱电支架、电缆沟(包括直埋)敷设与防护;无沟槽处采用水泥电缆槽防护,过水沟处,则采用镀锌钢管防护;如有过轨,则采用高压夹布橡胶管或钢管进行防护。光电缆穿钢管过程中,管两端必须加装钢管套;信号光电缆在敷设完毕时,应采用热缩帽进行热缩封头防潮处理,防止光电缆的表皮受损。重点应做好两种不同敷设方式衔接处的妥善防护;光电在穿钢管过程中,钢管两端必须使用钢管套,避免光电缆的磨皮损坏;电缆的接续使用的是免维护型电缆接续盒,光缆的接续使用的是光熔纤盒;电缆接续完毕,应及时进行芯线导通和芯线对地、芯线间绝缘电阻值的性能测试。

7)光电缆线路的精确定测是关键,精确定测是保证箱盒安装位置与设备位置距离过远的情况出现,确保证现场箱盒安装质量与工艺。

8)室内机柜、机架安装位置、排列顺序、安装方式符合设计要求;室内箱、柜、架、屏在静电地板下应安装角钢支撑加强,不得将设备直接放置于静电地板上,计算机及外部设备安装应符合设计和国家现行的有关强制性标准的规定。

9)转辙机安装装置、外锁闭安装装置、电动转辙机安装、终端电缆盒安装和电缆配线、转辙机线把预配、各种杆件安装、连接及道岔配线和调试,与轨道单位施工密切配合。

10)计轴设备安装,信号专业安装所有轨旁计轴设备需安装位置精准,才能保证信号系统功能实现。计轴器若安装不规范或者误差过大,将会给调试工作带来很多困难及开通运营后的安全隐患。

11)应答器安装位置在道床中间,因此被误碰损伤的概率较大,所以应答器底座一定要将锚栓、螺栓紧固到位且无松动。固定应答器必须采用防松螺栓,将高度调整到设计要求。

12)室外信号机安装的质量控制重点:限界检查;显示距离的确认;信号机若因为安装条件限制,需要移位到轨道另一侧时,监理应对选择的安装位置进行确认;与其他设备有无干扰、司机的视角有无影响、显示距离是否符合要求。

13)车辆段信号系统的调试系统步骤多、耗时长。单系统调试工作重点是检查室内外设备的贯通和一致性。在室内微机联锁模拟调试基础上,才能进入设备联合调试阶段。联锁调试主要是对联锁系统的联锁关系进行验证。在进行室外设备模拟联锁试验时,重点要求模拟盘上的轨道区段必须准确对应室外区段,信号机保险及道岔表示用二极管与分线柜对接连接良好。若出现所用保险或二极管烧坏,将会导致联锁关系不正确,进路无法排出,从而导致调试人员去室外查找设备故障而造成调试时间的延误。

14)列车控制系统设计应配合并与车辆、轨道、结构、限界、通信、综合信息系统、乘客信息系统、站台门、环境监控系统、防灾监控系统和运营等的设计要求协调一致,接口关系正确与否,调试工作需要多专业的配合。

15)正线区段ATC系统的关键设备为ATC的车载设备和地面配套设备,是控制列车自动运行的关键，所以为确保系统的安全性和可靠性，车载设备的安装和调试运行，凡涉及信号、通信、车辆各专业间的接口，必须严格执行系统总体要求进行安装施工。

16）信号设备集成采购量大、分布范围广、安装较杂散、安装精度涉及车辆行车安全，所以信号系统安装的工程配线、设备安装、各类工程接口和设备接口部分将作为控制重点，质量监督和协调处理专业间出现的问题是此阶段监理的工作重点。

采用全自动无人驾驶技术也将对信号系统安装工程提出更高的要求。如分别设置为一级联锁设备集中站和二级ECC设备集中站。车辆段设有两条出入段线以及洗车线、试车线、各种存车库线（包括停车线、月检线、静调线、定修线等）、牵出线、特种车库线等。同时还包含主控制中心设备、试车线设备、维修中心设备及培训中心设备。车地无线通信采用综合承载LTE方案，LTE设备采购及施工已包含在通信系统内，LTE的室内设备放置于通信系统机房内。

（3）信号系统设备安装监理质量控制措施

信号系统设备的工程量大，相关系统接口多，联调工作量大，困难较多。监理首先应建立健全项目组织机构，职责分工明确及落实监理制度，落实质量控制责任，按质量控制程序对质量进行把控，严格执行各项管理制度。对不满足合同技术和功能要求的设备要求承包商进行整改和优化技术规格，按照合同相关条款、采用相应的经济措施，直至满足合同要求；对不满足合同要求的设备给予承包商相应的经济处罚，促使承包商提供满足合同要求的设备；同时，监理要求承包商梳理信号系统常见质量问题及控制措施。具体见表8-3。

信号系统常见质量问题及控制措施　　　　表8-3

分部工程	分项工程	常见质量问题	控制措施
电（光）缆线路	电（光）缆敷设	1. 在敷设过程中，电缆存在断缆现象； 2. 部分电光缆绑扎不能做到整齐美观，存在部分扭绞现象	1. 在敷设过程中，与轨行区其他承包商加强沟通，避免人为损害，敷设完成后，安排专职人员进行看守； 2. 项目安质部加大检查力度，及时通知作业队进行整改
	电（光）缆防护	1. 过水沟的电缆一般防护不到位； 2. 两种敷设方式衔接处防护不到位	1. 过水沟电缆用金属线槽进行防护； 2. 衔接处防护视实际情况制定防护方案
	电（光）缆接续	接续点接续不牢靠，信号传输有问题	在电缆接续完成进行导通叫号实验，光缆接续完成后进行打光衰耗实验，确保线路通畅
	箱、盒安装	箱盒安装螺丝固定不牢靠，侵限	对施工人员进行施工方案交底及作业指导书交底，确保每个螺丝固定牢靠且不侵限

续表

分部工程	分项工程	常见质量问题	控制措施
固定信号机、发车指示器及按钮装置	矮型信号机安装	支架安装螺丝固定不牢靠；配线错误；配线不美观；采用端子上线时，芯线线环未顺时针绕制，线环间及线环与螺母间部分缺少垫片	对施工人员进行施工方案交底及作业指导书交底，前期对配线人员进行培训，确保每个配线人员有熟练的技巧，配线完成后进行导通叫号
	发车指示器安装		
	按钮装置安装		
转辙设备	安装装置安装	杆件与道床接触有摩擦	提前与铺轨单位进行接触，确保预留基坑位置正确且尺寸正确，避免后期的切割
	外锁闭装置安装		
	转辙机安装		
列车检测与车地通信设备	应答器安装	错装，安装序号不对，固定不牢固，固定螺丝松动造成的应答器丢失	提前将所有应答器编号喷在应答器上，避免错拿，采用防松螺丝固定
	计轴装置安装	计轴尾缆固定不美观，不牢固	计轴尾缆固定选用水泥固定桩
室内设备	机柜（架）安装	1. 与通风口，照明，空调口距离过近，不符合要求；2. 部分机柜安装不能横平竖直	1. 机电专业进行施工前，与其进行沟通，将机房布置图告知对方，在其后期施工过程中，避免与我方距离过近；2. 安装过程中必须使用水平尺进行安装，确保安装完后的机柜能够横平竖直
	走线架（槽）安装	在走线过其他系统设备房过程，与其他专业走线槽或地面管道存在冲突	通过监理例会或与对方技术沟通，避免此问题
	电（光）缆引入及安装	地面走线放线方式不美观	改进施工工艺，待各方确认后照新施工工艺进行
	电源设备安装	与通风口，照明，空调口距离过近，不符合要求	机电专业进行施工前，与其进行沟通，将机房布置图告知对方，在其后期施工过程中，避免与我方距离过近
	配线	配线后不导通或者导通后还是存在错误，影响后期调试	配线后必须导通，且确保导通后有90%的正确率
防雷及接地	接地装置安装	接地线常常有磨损破皮现象	接地线在设备调试前再进行安装，避免中途不必要的磨损，对磨损后的地线进行无条件更换

系统施工安装及验收规范部分强制性条文将作为实施措施及检查手段：

1）轨旁信号设备的安装不得侵入设备限界。

2）单位（子单位）工程所含分部工程的质量均应验收合格。

3）设于警冲标外方的钢轨绝缘，除渡线及其他侵限绝缘外，绝缘安装位置与警冲标计算位置的最小距离应符合设计要求。

4）车载设备安装不得超出车辆限界。

5）进路联锁表所列的每条列车/调车进路的建立与取消、信号机开放与关闭、进路锁闭与解锁等项目的实验，应保证联锁关系正确并符合设计要求；进路不应建立敌对进路，敌对信号不得开放，建立进路时，与该进路无关的设备不得误动作，列车防护进路应正确和完整；站内联锁设备与区间、站（场）间的连锁关系应符合设计要求。

6）计算机联锁设备的采集单元与采集对象、驱动单元与执行器件的状态应一致。

7）在道岔第一牵引点锁闭杆中心处的尖轨与基本轨间有4mm及以上间隙时，道岔不得锁闭；其他牵引点处的不锁闭间隙应符合设计要求。

8）ATP系统必须符合故障导向安全原则。

2. 信号系统设备集成、采购主要监理工作

（1）系统设备用房及内部设备

信号设备间设备：设置分集中站、非集中站、车辆段设备间。

集中站主要设备：分线柜、继电器柜、DCS机柜、ATS机柜、PMI联锁机柜、屏蔽门控制柜、计轴机柜、缺口检测机柜、电源屏、不间断电源UPS机柜、蓄电池。

非集中站主要设备：分线柜、DCS机柜、电源屏、不间断电源UPS机柜、蓄电池。

车辆段主要设备：分线柜、继电器柜、接口柜、DCS机柜、联锁机柜、微机监测机柜、计轴机柜、电源屏、不间断电源UPS机柜、蓄电池。

（2）电缆选型

主要有接地线、电源电缆、通信电缆、网络线、光缆的管线。所有的光、电缆（线）的外护套应是绝缘、低烟、无卤、阻燃。

电缆技术要求：用于控制中心及正线地下区段的室内外电缆，采用阻燃、低烟、低卤或无卤、防腐蚀电缆；地面及高架线路的电缆，应采取相应的防护措施，以避免光辐射。

设备出厂验收：根据投产申请和投产指令，制定设备样机制造和接口试验实施计划、制定设备监造实施计划。

设备运输及到场验收：设备到货阶段应审核承包商编制设备运输和到货验收计划、方案，并组织实施设备运输和现场卸货、组织设备开箱检查和验收。

3. 信号系统设备安装工程主要监理工作

（1）设备安装前监理工作

1）设备安装前监理准备工作

信号系统开工前，监理人员应根据信号合同文件要求和信号系统工艺及施工图纸对工程施工范围作深入的调查，核实现场施工条件，纠正差错、补充缺漏。

现场预留预埋配合：内容主要包括信号系统进场段、控制中心、区间、车站的沟、槽、管、洞的位置和数量，设备安装孔洞、设备仓储、运输通道的位置和数量，预埋件的尺寸和位置，预留基础尺寸及数量，标高基准点等，对于发现的问题，及时协调解决。

2）承包商项目部前期监理审查工作

对信号系统设备安装实际操作进行技术交底，技术人员仔细审核设计文件、安装手册，对现场进行认真勘测，了解现场实际情况是否与设计要求一致，发现问题及时协调解决。

3) 施工图优化设计的监理工作

设备集成商与安装单位在施工图设计初步完成时,监理人员应协助建设单位组织内部评审工作,检查施工图纸,结合现场情况提出优化建议,保证施工图设计能指导施工。

(2) 进场材料、设备主要质量控制点

监理人员应审查承包商提供的材料、设备(含进口)的产品合格证,测试、试验记录,并形成开箱检查书面记录。采用平行检验或见证取样方式进行抽验。

信号系统主要进场材料、设备质量控制检测,设备工厂考察(主要产品)、到货检验、工序及整体工程安装检验,以及完工检验等。采购的材料、设备应严格按业主监理的进货检验送检程序的要求进行,对设备检测和试验。检验方法有取样试验、抽样试验。

对不合格品立即隔离标识、拒绝签认,并应签发监理通知单,书面通知承包商限期将不合格品撤出现场。

信号供货集成商为项目工程提供的产品进行最终检验。最终检验确认工作在产品出厂验收过程中完成。

信号系统主要进场材料、设备质量控制要点见表8-4。

进场材料、设备质量控制要点 表8-4

检查项目		检查方法	监理平行检验
材料检验	光缆	对规格型号、质量证明文件核对、外观检查、进行单盘测试	按规范及业主要求送第三方检测见证
	信号电缆	对规格型号、质量证明文件核对、外观检查、进行单盘测试	
	计轴电缆	对规格型号、质量证明文件核对、外观检查、进行单盘测试	
	箱盒	对规格型号、质量证明文件核对、外观检查	
	金属线槽	对规格型号、质量证明文件核对、外观检查	
	电源线	对规格型号、质量证明文件核对、外观检查、进行单盘测试	
设备	道岔缺口监测设备	对规格型号、质量证明文件核对、外观检查	

电缆使用上隧道内数字轨道电路电缆采用阻燃、低烟、无卤铝护套电缆。

高架桥上数字轨道电路电缆采用阻燃、低烟、低卤铝护套电缆。信号机及转辙机电缆采用阻燃、低烟、低卤综合护套电缆。车辆段/停车场内电缆均采用综合护套铁路信号电缆。

信号系统设备、材料到货检验内容:外观检测、性能检测、规格数量验证、技术资料验证;做好检查记录、审查质量资料和签认开箱检查单;建立监理材料设备台账;对不合格品的处理。

(3) 检验(试验)与检测中的监理工作

监理检查供货商出厂试验报告并检查检测内容、项目是否符合合同要求。质量的检验检测应参照信号工程施工质量验收规范,严格执行"三检制"。

1) 主要第三方检测

监理人员根据信号系统工作需要、业主的要求和工程施工具体情况,对设备材料进行见证取样、平行检测和抽样试验,并送第三方进行检测,材质检测委托有资格检验的单位进行，检测报告合格后方可使用。见表 8-5。

第三方检测的取样、送检过程需有监理在场见证，并留存必要的过程照片或影像资料。

当以上文件不符合规范规定和设计要求的，判定为"不符合"。

不合格的原材料不得使用；对不符合要求的设备坚决退还；严格执行原材料、成品、半成品检验制度，而且要再次经过检验合格后方能投入使用。

主要第三方检测内容 表 8-5

序号	项目	第三方检测及检测重点
1	电线电缆	导体直流电阻、绝缘平均/最薄厚度、护套平均厚度、护套最薄厚度、电缆外径、绝缘老化前机械性能试验、护套老化前机械性能试验、绝缘抗开裂、护套抗开裂、绝缘电阻、电缆单根燃烧、热延伸试验、f 值、烟密度、pH 值、电导率
2	光缆	光纤衰减、低烟、阻燃、无卤
3	继电器	吸合电压、释放电压、线圈电阻、动作时间、释放时间、绝缘阻抗、接触电阻
4	转辙机	高压试验、空载试验、负载试验、手摇检查

2）设备安装检测条件与验收

安装工程验收，应对电源、网络、控制线路进行验收测试。

① 设备室内温度、湿度和空气清洁度应符合设计要求；

② 各回路的绝缘检查，绝缘电阻值应符合设计要求测试，并做好记录；绝缘电阻测量时，应有防止设备及电子元件被损坏的措施；

③ 设备接地保护线可靠性检查。对带有漏电保护装置的线路应做模拟动作试验，并做好记录；

④ 设备输入的交流电源、直流电源的电压等级应符合设计要求测试；

⑤ 设备内所有开关均应置于断开位置，开关的通断电状态都应有显示或警示标识；

⑥ 安装验收时应对网络、现场总线的连通性进行测试；

⑦ 设备铭牌字迹应清晰完整，参数正确，安装位置应符合要求；

⑧ 所有接口线缆应在两端予以标注，标注应至少包括起点、终点、类型、编号，标注应清晰完整；

⑨ 信号机的单机试验、转辙机的单机测试、计轴的 PICO 实验、功能性检测、联合调试项目、联调联动试验、安全功能检测。

（4）设备安装关键工序质量控制要点

信号系统设备安装及调试是在设备系统安装完成，及单系统调试后达到合同技术规格书要求之后进行的系统综合测试，其中包括相关的接口功能测试、ATS 系统功能测试、TP 系统功能测试、ATO 系统功能测试、车站与控制中心联动功能测试等。

关键工序质量控制：

信号系统设备按地域划分可分以下几个部分，即：控制中心设备、正线车站及轨旁设备、车载设备、车辆段设备、试车线设备、培训中心设备。

信号各子系统包括线缆敷设、室内设备安装、室外设备安装、电源设备安装、调试等内容。

信号系统安装工程有光电缆线路、固定信号机、发车指示器及按钮装置、转辙设备、列车检测与车地通信设备、车载设备、室内设备、防雷及接地、试车线设备、室外设备标识及硬面化；联锁、微机检测、列车自动防护、列车自动监控、列车自动运行、列车自动控制。

监理应按各专业验收规范合理选择关键工序质量控制点。一般包括施工过程中的关键工序、关键环节或隐蔽工程，施工中薄弱环节或质量不稳定的工序、部位或对象；对后续工程施工或后续工程质量或安全有重大影响的工序、部位或对象；采用新技术、新工艺、新材料的部位或环节；施工上无足够把握、施工条件困难的或技术难度大的工序或环节。

系统验收关系到系统是否能够顺利通过建设管理单位认可。验收整个过程监理应该现场检查，信号调试及接口调试确认每一项检测、试验按照规定要求、使用正确的专用工具、采取正确的试验方法，以及结果是否达到要求，并验证整个试验的完整性、有效性。

正线 ATS 系统（列车自动监控系统）：包括各站 DCS 机柜安装配线、ATS 机柜安装配线、LED 屏安装配线、DTI 安装配线及其他网络设备安装配线。

车辆段 ATS 系统：包括 DCS 机柜安装配线、各 ATS 工作站安装配线、电源屏、电池及其他网络设备安装配线。

正线 ATP/ATO 系统：包括 AP 的安装配线、应答器的安装配线、接近盘安装。

正线联锁系统：包括室内机柜的安装配线、室内外线槽的安装、信号机的安装配线、各类箱盒安装转辙机安装、线缆敷设。

车辆段微机联锁及微机监测系统：包括室内各类机柜安装配线、线槽的安装、信号机的安装配线、转辙机的安装配线、各类箱盒的安装配线、AP 的安装配线，各类缆线的敷设。

（5）设备安装首件报验及工艺质量控制

监理人员对施工工艺过程的首件工程或工艺各个质量控制点、施工各工序进行跟班巡视和检查验收，现场发现质量问题及时要求施工人员整改。

1）电（光）缆敷设

正线地下段电光缆敷设：为了减少缆线与地面的摩擦、减少破损，且为了提高敷设效率，一般会在地面摆放若干地面滑轮不扭绞不交叉，自然松弛。计轴电缆、信号机电缆、转辙机电缆、AP 电源缆以及光缆在支架上应当分层敷设，层数的使用满足设计的要求。

隧道内电缆敷设：采用托架架设方式，电缆托架安装在线路行车方向右侧的侧墙上。

高架桥上电缆敷设：桥上线路中间或线路两侧的电缆槽内。

车辆段/停车场内干线电缆敷设：电缆槽内，支线电缆直埋或采用钢管防护。楼内所有非铠装电缆均采取电缆槽或钢管防护。区间电缆过轨和地面敷设时均应采取防护措施。

车辆段电缆敷设：采用直埋的方式，一般直埋的要求如下：

两设备间的线缆路径应遵循最短或通过障碍物及股道最少的原则。

不得在道岔尖端、辙叉心及钢轨接头处穿越股道。

电缆敷设中的弯曲半径如图 8-2 所示，应符合下列规定：

全塑电缆不得小于电缆外径的 10 倍。

铠装电缆不得小于电缆外径的 15 倍。

光缆敷设时的弯曲半径不得小于光缆外径的 15 倍。

电缆测试及配盘：

电缆开盘前的检查：核对电缆包装标记、盘号和盘长；检查电缆和电缆盘应完整、无破损、无机械损伤等。用红漆在盘面上书写盘号，电缆规格型号，长度并明确标明 A、B 端。外观检查完毕后，根据要求对电缆进行电气特性测试，并做好记录，然后将电缆头锯切封头，如图 8-3 所示。

图 8-2 电缆敷设弯曲半径示意图

图 8-3 室内电缆敷设

施工前光缆测试及配盘，对照运单检查包装标记、端别、盘号和盘长，光缆的结构、制式是否符合设计要求。包装及缆身有无破损，若有破损，应详细记录，并在光缆测试时重点检查。

电缆单盘测试完后及时做密封防护处理。电缆的测试记录表上，应填写盘号并注明测试日期、气候、测试及记录人姓名；检验、测量设备名称、型号、编号。

根据每盘电缆规格、长度，按设计图纸要求进行每个站电缆配盘。配盘时整盘电缆尽量本站使用避免几个站交叉共用，减少过程中运输的麻烦。

根据光缆出厂合格证和测试记录，审核光纤的几何、光学、传输性能和机械物理性能是否符合设计要求。检查光缆中纤芯色谱是否完整正确，测试单盘光缆光纤的衰减和长度。

由于信号电缆敷设在电缆支架上，且需穿越站台区，电缆每放置一根，及时整理一根，防止电缆紧松不一致。

信号设备安装，根据各车站线路、土建、装修进展情况，分时段完成各个车站的信号室外、室内设备安装、配线工作，一次施工，一次完成，一次清理复原施工现场。

光电缆工程：光电缆工程的施工内容为正线、车辆段、既有线改造光电缆的运输、检验、架设、接续、引入、测试以及防护等；正线车站与车辆段连接光电缆的测试、敷设、接续、防护等。

① 电（光）缆接续：电缆接续；电缆接续采用的是免维护电缆接续盒，接续过程中应 A 端与 B 端相接，相同的芯组内颜色相同的芯线应相接，电缆的地下接头应水平放置，接头两端各 300mm 内不得弯曲，接续完成后应测试电缆的电气特性。

② 光缆接续：光缆的接续通过光缆熔纤盒完成。电（光）缆的接续详见作业指导书。

2）信号机安装

正线及车辆段信号机支架安装、机构安装及配线、箱盒安装及配线以及信号机单项调试。

固定信号机安装位置应符合设计规定，严禁侵入设备限界；信号机构各灯室不得窜光，机盖严密，机构不得渗、漏水。

隧道内线路外侧的信号机采用支架安装在洞壁上；高架线信号机通过使用金属抱杆安装。并保证灯光显示视线良好、显示距离达标；信号机软线连接采用软管防护，安装完毕，测量建筑限界并记录，对于信号机高度高于轨面 1.8m 的，应当增加信号机维护平台。

3）电动转辙机安装

正线道岔采用三相交流外锁闭电动转辙机，车辆段采用直流内锁闭电动转辙机，施工内容包括：转辙机安装装置、外锁闭安装装置、电动转辙机安装、终端电缆盒安装和电缆配线、转辙机线把预配、各种杆件安装、连接及道岔配线和调试。转辙机应符合地铁限界要求，转辙机的安装装置应符合土建、轨道预留的安装条件，方便维修。安装装置及外锁闭装置零件齐全，质量合格，各部位绝缘安装正确，无遗漏和破损现象，如图 8-4 所示。

4）站台设备安装

站台设备安装施工主要施工内容为：车站站台紧急停车按钮、发车指示器的安装。

施工方法：车站站台紧急停车按钮安装、发车指示器安装。

5）计轴设备安装

按照设计要求，信号专业需要安装正线左右线区间所有轨旁计轴设备，且安装的位置准确，满足信号系统功能实现，如图 8-5 所示。

图 8-4　直股侧转辙机安装图

图 8-5　计轴设备安装实物图

计轴电子连接盒顶面与钢轨顶面平行安装，刚性三角架承托固定，计轴电子连接盒引线口呈二侧分布，左侧引线口与计轴磁头相连，右侧引线口与计轴电缆引线盒相连。

计轴磁头在轨道上必须按照事先划线确定的位置安装，发送（Tx）磁头安装在一条钢轨的外侧，接收（Rx）磁头安装在钢轨内侧。

施工方法：位置定测、安装磁头、安装计轴电子盒、设备配线。

6）应答器、接近盘安装

应答器安装：按照设计要求，信号专业需要安装正线左右线区间所有应答器设备，并安装正确，确保其在信号系统中的功能正常实现。应答器安装施工主要内容为：应答器支架、应答器以及应答器安装过程中的各项防护工作，如图8-6、图8-7所示。

图8-6　固定应答器安装示意图　　　　图8-7　可变数据应答器安装示意图

应答器安装应符合设计规定和供货商的安装要求，设备应完整无损；应答器安装在道床上时，安装应平稳，高度应符合供货商的安装要求。

接近盘安装：按照设计要求，信号专业需要安装正线车站安装接近盘，并安装正确，确保其在信号系统中的功能正常实现。接近盘安装施工主要内容为：接近盘支架、接近盘以及安装过程中的各项防护工作。

接近盘安装应符合设计规定和供货商的安装要求，设备应完整无损；接近盘安装在道床上时，安装应平稳，高度应符合供货商的安装要求，如图8-8所示。

最后使用提供的安装组件在固定孔位上安装接近盘，并调整支架高度，确保安装高度满足设计要求。

7）无线子系统安装

整个系统大约包括沿线（不含车辆段）n个无线接入AP点，两个相邻接入点之间的精确距离取决于局部条件，如在隧道曲线部分会有所不同。

轨旁天线和接入点结构布置示意图如图8-9所示。

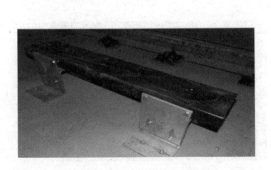 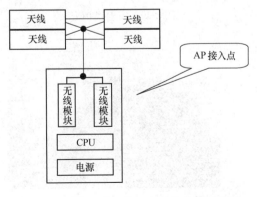

图8-8　接近盘安装示意图　　　　图8-9　轨旁天线和接入点结构布置示意图

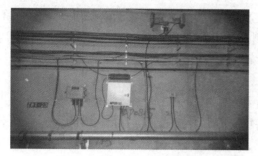

图8-10 无线AP设备安装示意图

无线子系统安装应符合设计规定和供货商的安装要求,设备应完整无损;无线AP设备安装在隧道壁上(高架段使用抱杆固定AP天线),安装应平稳,高度应符合供货商的安装要求,确保信号传输良好,如图8-10所示。

室外设备安装后,承包商应对设备进行成品保护,监理应重点检查应答器、计轴设备、LTE设备的成品保护措施是否到位。

8) 室内设备安装

正线工程室内设备安装主要施工内容:正线车站室内电子联锁设备安装,ACE计轴柜,ATS设备安装、电源系统安装及其他机柜和设备安装等;室内各种管线、槽道的铺设,各种机柜、机柜间线缆的敷设、配线、做头等;车辆段、试车线等室内设备安装等。

室内设备安装前,应作数量清点和外观检查,设备完好,无损坏,零、部件齐全配套;设备按钮、旋钮及扳键动作准确、灵活,触点接触可靠;对设备进行电气特性检查、测试配合,各项指标符合国家和铁道部现行有关标准或由外商提供的有关设备标准。

设备安装应符合下列规定:各种分线柜、机架的规格符合设计要求;机架安装位置、排列顺序、安装方式符合设计要求;室内箱、柜、架、屏在静电地板下安装角钢支撑加强,不得将设备直接放置于静电地板上,如图8-11所示。

配合房建、车站专修承包商,按照设计图纸要求预埋室内各种管线;在进入室内施工之前,检查设备室内的地板、顶板和墙壁是否完工;室外电缆的引入口是否符合设计的要求;室内设备电源是否到位并符合设计要求,如图8-12~图8-14所示。

图8-11 室内机柜安装

图8-12 走线架(槽)安装

图8-13 电(光)缆引入及安装

 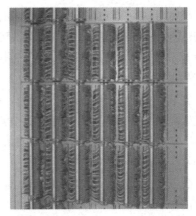

图 8-14　室内配线

9) 室外设备标识及硬面化

室外箱盒的标识采用蓝底白字的铝合金字牌固定在箱盒支架上,对于计轴,AP 箱体上采用喷漆的方式作为设备标识。

硬面化主要针对车辆段轨旁设备而言,车辆段的轨旁设备在经过覆土固定后还要对其进行硬面化,硬面化尺寸由运营单位确定。

10) 防雷及地线

控制中心和车站信号系统接地电阻值应≤1Ω。车辆段/停车场及停车场信号系统接地电阻值应≤4Ω。

各站、控制中心、车辆段/停车场的设备室内均设接地端子板接至相关接地系统。各种设备的地线均采用星型方式接至接地端子板。

区间内的信号系统地线分别连接至信号系统接地扁钢,接地扁钢连接至站内供电专业提供的接地母排的相关端子,电缆屏蔽均在车站室内接地。

车载设备的地线由车辆专业提供。

防雷设备一般指的是电源防雷接地箱的安装。电源防雷接地箱由集成商提供,如图 8-15 所示,安装高度为箱底底部距离静电地板面 1.4m。

11) 钢轨接续线

信号专业负责轨缝处的钢轨接续线以及车挡处绝缘节的安装。

12) 系统的供电

信号系统为一级供电负荷,其供电品质应符合国家有关标准。控制中心、车站、车辆段/停车场、停车场等处由供电专业分别引接两路独立的 380V 三相四线制电源至信号设备室内的配电箱的电源输入端子上。

13) 联锁

室内单项试验主要检测室内联锁电路的正确与否,一般室内单项试验通过室内模拟盘来实现。模拟

图 8-15　电源防雷接地箱

盘上安装有拨动开关，通过对股道继电器的供断电来模拟股道的占用情况（模拟计轴），模拟盘上的灯泡则是模拟室外的信号机，转辙机则通过在分线柜上安装二极管来模拟实现，这样所有室外轨旁设备都能够在室内进行模拟。

14）成品保护

信号机安装完成后悬挂成品保护标识，信号机后盖必须加装信号锁；

信号机、箱盒要使用塑料薄膜覆盖；转辙机必须加装信号锁，加装防尘－防潮罩；发车指示器包上塑料薄膜，防止灰尘水滴的污染。应答器安装完成后加装防尘－防潮罩，防止箱体内进水。

按钮装置安装完成后，不要立刻装上有机玻璃片，在最终调试完成后再安装，原玻璃处用硬纸壳防护。

(6) 设备安装旁站、平行检验、隐蔽工程验收质量控制

1）旁站、平行检验

按照信号系统的国家规范及实际图纸的要求，监理规范对旁站的规定，做好记录。电（光）缆敷设前应进行单盘测试，测试指标应满足设计要求。光电缆在经过特殊地段直埋等敷设时，电（光）缆接续监理应旁站。在功能测试时，监理应检查试验方案、核查试验人员资格、检查试验用仪器仪表是否符合要求，对试验进行见证检验。信号系统通电运行试验时监理工程师见证试验，对系统整体调试成果的反馈环节进行检查，确保现场测试、试验符合设计文件要求。

平行检查包括：设备基础安装、各站点线路检查、各站检测、接地检测。区间、站台设备安装位置和方式应符合设计要求，并应安装牢固可靠。具体见表8-6。

旁站、见证表　　　　　　　　　　　表8-6

序　号	名称、工序、控制点	控制方法	备注
1	管线预埋	旁站	隐蔽检查时
2	联锁设备故障报警信号测试	旁站	设备调试测试时
3	联锁试验（单项及综合）	旁站	设备调试测试时
4	列车描述功能测试	见证	设备调试测试时
5	车门/屏蔽门自动控制功能测试	见证	设备调试测试时
6	列车自动运行正点率的统计测试指标	见证	设备调试测试时
7	故障报警功能测试	见证	设备调试测试时
8	车地通信功能测试	见证	设备调试测试时

2）隐蔽工程验收

信号系统在下列隐蔽工程应进行交接检查，隐蔽检查：机房设备布局合理，各类管道、桥架、电缆排列整齐，支吊架规范有序；穿墙、楼板的各类管道、桥架应进行封堵，有防火要求的应进行防火封堵，有防水要求的，还应该考虑防水措施；设备、电缆、接地等的标识应齐全、清晰、规范，朝向应便于观察。

信号安装管槽预埋：电缆沟槽内保持整洁、干燥，不应有垃圾、积水现象，要求做好防水补漏，电缆敷设前应进行单盘测试，电缆检测绝缘电阻、单线电阻、电气绝缘强度等直流电性能。

（7）专业接口关系及协调

信号设备系统内、外接口多，对接口的管理、协调，其目的就是要建立一个接口的识别、协调及控制体系，辅以合理的技术方案，并最终在信号系统设备内及各系统的综合调试及总联调阶段加以管理、控制、实施，以确保接口质量完好、功能正确。

信号系统工程施工过程中，由于前期各专业接口多，施工作业面的交接成为重要的工作内容，施工中需主动与各土建及其他系统安装单位取得联系，以确保阶段性工期的顺利完成。

1）信号系统专业内部接口：列车自动监控（ATS）子系统接口、列车自动防护（ATP）子系统接口、数据通信（DCS）子系统CI接口。

2）信号系统专业外部接口：通信接口、车辆接口、与综合监控系统接口、与乘客信息系统接口、与安全门接口、与防淹门接口、信号系统（SIG）与维修系统设备接口、信号系统与线路及轨道的接口。

3）信号系统与车站建筑和区间隧道（含桥梁）及限界的协调：与供电系统的接口、与机电设备的接口、与其他弱电系统的接口。

（8）单机调试、联调联动

监理单机调试、联调联动质量控制重点包括全系统的全线联调、三个月不载客试运行、信号系统载客安全认证、载客安全认证、按运行图行车试验、项目竣工验收、试运行条件评审、问题整改、载客试运营配合工作。信号系统调试内容见表8-7。

信号系统调试内容　　　　　　　　　　表8-7

序号	主要试验项目	主要调试检查内容	
1	联锁	室内单项试验	电源设备、联锁试验
		室外单项试验	信号机、道岔转辙设备、轨道电路、计轴区段试验
		综合试验	
2	数据通信（数据通信系统可由车载无线设备、轨旁无线设备、地面数据传输与交换设备、网络安全设备等组成）	无线网络冗余功能、数据通信网络系统的保护倒换和恢复自愈功能、安全功能、车地通信传输性能	
3	ATP	列车各种驾驶模式、列车安全控制功能、列车车门的安全控制功能、站台屏蔽门的自动控制功能、ATP系统的故障报警功能、各种信号驾驶模式下的车载设备人机界面信息显示功能	
4	ATS	ATS系统的操作模式功能、ATS系统的优先级控制、系统的信息显示功能、ATS系统的控制功能、系统的列车运行调整功能、列车最小运行间隔和折返时间、列车运行时刻表的编制及管理功能、报表、操作记录等日志管理及打印功能、报警和事件管理功能、系统的权限管理功能	
5	ATO	ATO系统的下列速度控制功能、列车自动折返功能、车门/站台屏蔽门的自动控制功能、ATO系统故障报警功能	

续表

序号	主要试验项目		主要调试检查内容
6	ATC	列车自动控制系统功能	ATC系统应进行项目的综合检验、ATC系统降级运行功能
		列车自动控制系统外部接口检验	ATS系统与专业间的信息接口、信号车载设备接收车辆输入、向车辆输出的信息、信号系统与站台屏蔽门信息接口
7	全自动无人驾驶		全自动无人驾驶系统下列休眠与唤醒功能、全自动无人驾驶系统正线运营功能、全自动无人驾驶系统车辆基地运营功能、全自动无人驾驶系统车辆故障处理功能、全自动无人驾驶系统故障应急处理功能
8	维护监测	微机监测系统	微机监测设备显示功能、微机监测设备下列报警功能、微机监测设备、监测功能
		维护支持系统	维护支持设备显示功能、报警功能、监测功能

1) 信号系统调试要求：

联锁试验应根据设计提供的进路联锁表确定。

数据通信系统检验应符合下列规定：系统无线覆盖内干扰检测前应首先对外部电磁环境进行检测；系统服务质量检验前应首先对无线覆盖及干扰保护比进行检测；车地数据通信验收前应首先对有线通信信道进行检测；数据通信的验收宜进行第三方系统测试。

ATP、ATS、ATO、ATC、全自动无人驾驶调试前应检查系统通信通道正常；

ATP、ATS、ATO、ATC、全自动无人系统功能检验前，应确认系统设备单项调试、车载设备静态及动态调试已完成，且调测数据、性能指标应满足设计要求。

ATP系统调试前应对线路轨旁设备限界进行一次全面检测，且应在满足设备限界要求时再进行系统检验；ATP系统应符合故障导向安全原则。

ATO系统调试前应对线路轨旁设备限界进行一次全面检测，当轨旁设备安装位置符合设备限界要求时方可进行系统检验。

在进行ATC系统功能检验前，应完成ATP、ATS、ATO、DCS系统功能检验，且检验结果应满足设计要求。

在ATC系统功能检验前应检查确认系统对应阶段的安全认证证书。

2) 信号系统调试

设备系统调试准备监控重点工作审查承包商编写的联调联动调试方案和系统调试大纲，督促其做好调试工作资源准备。审查试验单位资质及试验人员资格和试验仪器、设备、计量认证、试验制度等。若业主要求，则组织编写信号系统设备验收规程和验收工作方案。

设备系统调试过程监控要求：

按照设计、合同、试验检验标准、工程施工质量验收标准及调试大纲要求逐项检查，并旁站监督各项技术指标测试结果和检测记录；督促和审查试验单位完成调试试验报告，对疑问数据可实施第三方抽检测试；督促承包商做好配合与相关专业系统完成系统联调工作。

设备系统调试结果监控要求：车站、车辆段所有信号设备安装就位，并检查合格后，按照设计图纸及技术条件的要求，要求调试单位组织具有丰富 ATC 调试经验的调试人员逐站逐区段模拟调试，信号系统调试过程中处理调试过程中出现的故障，并做好调试记录由监理人员、业主代表确认。

信号设备系统调试内容：主要包括车辆段内信号系统调试和正线信号系统的调试。

系统调试任务完成后，负责组织相关设备厂家、安装单位、设计等对各设备系统预验收；对存在问题督促和监督承包商整改，整改合格后签署各设备系统竣工报验单，完成系统质量评估报告。

信号系统设备的联调是在各设备系统已完成单系统调试而达到合同技术规格书要求后进行的系统综合测试。

3）安全和功能检验

信号系统单位工程安全和功能检查项目见表 8-8。

信号系统单位工程安全和功能检查项目 表 8-8

序号	安全和功能检查项目	检查方法
1	电源设备及接地装置测试记录	见证检验、检查测试报告
2	轨旁设备测试记录	见证检验、检查测试报告
3	转辙设备测试记录	见证检验、检查测试报告
4	光电缆性能检验测试记录	见证检验、检查测试报告
5	联锁设备性能检验测试记录	见证检验、检查测试报告
6	联锁试验报告	见证检验、检查测试报告
7	数据通信系统测试记录	见证检验、检查测试报告
8	ATS 系统功能检验测试记录	见证检验、检查测试报告
9	ATP 系统功能检验测试记录	见证检验、检查测试报告
10	ATO 系统功能检验测试记录	见证检验、检查测试报告

（9）案例

从既有线开通运营后，地铁运营维修部门反映普遍存在应答器固定螺栓松动，造成为数不少的应答器松脱和丢失，直接影响到运营列车的正点及安全，而全部改用防松螺栓后的数月期间，未曾发生一起应答器松脱或丢失，成效显著。

两种光电缆敷设方式的衔接过渡段，一直以来是光电缆敷设防护工程的薄弱环节，由于规范和设计尚无明确统一的规定及要求，各施工方防护方法不一，效果良莠不齐，所以制定有效便捷的衔接过渡段防护方式将是光电缆敷设工程的难点之一。

信号机的单机试验主要用来测试从分线柜至信号机箱盒以及信号机箱盒至信号机发光盘连接线的准确性。同架信号机的其他灯位能够正常放光，就某一灯位不发光且在 CTF 柜上室外受电侧能测试到电压 110V，箱盒内测试不到电压，可能是该灯位的芯线断了，可以再次导通确认是否能够导通。

通过与运管单位对接，既有线维护工作中常见多发的工程质量问题。反馈到承包商，避免故障在在建工程中重复出现。

4. 信号系统验收及竣工资料

监理依据有关法律、法规、信号工程建设强制性标准、设计文件及施工合同，对承包商报送的竣工资料进行审查，组织对信号安装工程质量进行竣工预验收。对存在的问题，应及时要求承包商整改。整改完毕由总监理工程师签署工程竣工报验单，并应在此基础上提出信号工程质量评估报告。工程质量评估报告应经总监理工程师和监理单位技术负责人审核签字。

所有工程缺陷的修复均需由设计人员、监理人员和最终用户签字认可。

完成了合同的全部工程项目，修复了预验收提出的缺陷，向最终用户发出竣工验收申请报告，编制竣工验收的详细计划并协助实施。

(1) 单位工程验收

监理人员应通过对分项、分部工程质量等级的统计推断，再结合对质保资料的核查和单位工程质量观感评分，便可系统地对整个单位工程作出全面的综合评定，以决定可否申请验收，凡是自评合格即可申请单位（子单位）工程预验收。

1) 实体验收：承包商应对调试过程进行自检、自评工作、符合要求后，填写验收报验单，并把验收资料报送监理人员申请验收。

监理机构至少应负责以下工作：

① 对验收资料及实物进行检查，验收合格后签发验收报验单。

② 验收移交前，应督促承包商清理现场。

③ 按业主认可的试验大纲的规定进行试验，确保结果符合技术规格书和设备性能要求。

④ 对系统进行各项功能试验，含系统之间接口和联调。

2) 观感验收内容：

观感质量评定：一般规定质量评定由监理单位组织承包商共同进行现场评定，必要时业主参加。观感质量检查项目评定达不到合格标准，应进行返修。

验收标准：设备安装观感质量合格标准、机架观感质量合格标准、机柜观感质量合格标准、设备配线观感质量合格标准、缆线引入观感质量合格标准、系统布线观感质量合格标准、槽道观感质量合格标准等。

3) 资料检查及需完成文件：资料收集与整理，包括分部工程、单位工程等验收资料，竣工结算审核意见书、系统设备质量评估报告等专题报告，监理工作总结等。

单系统设备调试结束后，按相关程序和有关规定组织有关部门对各单系统设备进行初步（预）验收、竣工签证及质量评估。

承包商编制竣工结算文件，监理审核并签认，协助业主进行工程竣工结算工作。

协助业主做好设备系统试运行准备工作。

审核承包商的设备、材料向运营移交的清单。

其他属于合同规定的项目监理部责任范围内的工作。

完成资产录入工作。

4) 单位工程验收应提交以下报告：144h 运行试验报告、验收报告调试总结。

(2) 联调总结与评估

全系统联调总结包括全线联调、三个月不载客试运行、信号系统载客安全认证、载客安全认证、跑图、竣工验收、试运行条件评审、问题整改、载客试运营。获取CBTC系统运行能力安全认证。

功能测试完成包括：与贯通运营功能测试完成，测试问题整改验证完成，试运行软件发布，将分阶段发布安全认证。信号系统有：单车动调测试、多车动调测试、载客运营测试三份安全功能认证证书，安全认证发布后将进行割接，割接后既有线使用贯通软件运营。

由最终用户、监理人员、承包商、运营接管单位、政府质量检验部门及其他相关单位组成的验收组按照供货商提出的检验标准及合同规定的技术标准进行检查，最终用户对安装工程实体和该工程所涉及的竣工档案的检查结果满意并接收，签发"竣工证书"，作为竣工正式验收结束的依据。

8.3 通信系统工程

8.3.1 概述

通信系统构成：通信系统包括专网（专用）通信系统、民用（商用）通信系统、公安通信系统。

专网（专用）通信系统：主要由传输、公务电话、专用电话、专用无线通信、视频监视、广播、时钟、乘客信息、集中录音系统、集中维护告警、乘客信息显示系统、综合布线、LTE车地无线通信、电源及接地等子系统组成。

公安通信系统：主要由传输、视频监视、无线通信指挥调度、公安消防无线、计算机网络、有线电话、电源及接地等子系统组成。

民用（商用）通信系统：主要由移动或电信通信、无线引入、传输、电源及接地等子系统组成。

1. 专用通信系统构成

专用通信系统包括专用传输子系统、专用无线通信子系统、LTE车地无线通信系统、视频监视子系统、公务电话子系统、专用电话子系统、广播子系统、时钟子系统、集中告警子系统、集中录音系统、乘客信息显示系统、电源及接地子系统、综合布线子系统等。

(1) 传输系统

传输系统作为轨道交通信息、控制系统的基础网络，是轨道交通专用通信系统中最重要、最基础的网络。

为保证建成后的轨道交通能安全、高效运营，传输系统应为专用通信系统各子系统及信号、自动售检票（AFC）、乘客信息系统（PIS）等提供可靠的、冗余的、可重构的、灵活的信道，同时可作为防灾报警系统（FAS）、办公自动化（OA）、综合监控系统（ISCS）的有线传输平台。

(2) 公务电话系统

公务电话系统用于轨道交通内部的一般公务通信和轨道交通内部用户与公用电话网用户的电话联络。在轨道交通专用电话系统出现重大故障时，公务电话系统可以作为专用电话的应急备用通信手段。

公务电话系统采用数字程控电话设备，由数字程控交换机和传输通道组成公务电话网，并与市话网相通。

公务电话网内程控交换机之间、程控交换机和无线集群交换机之间采用 2Mb/s 数字中继线连接，与市话网连接采用 2Mb/s 数字中继线方式，可采用一点/多点出入市话网。

（3）专用电话系统

专用电话系统分调度电话、站（段/场）内电话、站间行车电话。

专用电话系统是控制中心调度员和车站/停车场/车辆段值班员指挥列车运行和下达调度命令的重要通信工具，是为列车运营、电力供应、日常维修、防灾救护、票务管理等提供指挥手段的有线电话系统。该系统可为控制中心指挥人员，如行车调度、电力调度、防灾调度提供专用直达通信，并且具有单呼、组呼、全呼、紧急呼叫和录音等功能，同时可为站内各有关部门提供与车站值班员之间的直达通话，以及车站值班员与邻站值班员的直达通话。该系统设备应高度安全可靠，操作方便快捷。根据工程运营需要和业务性质，专用电话系统包括调度电话、站内直通电话、站间电话、数字录音设备。

在控制中心新设专用电话主系统、各种调度台，在各个车站、车辆段、停车场设置车站专用电话分系统、车站值班台以及调度分机。

（4）无线通信系统

无线通信系统是为了保证轨道交通能够安全、高密度、高效运营，而建设的一个安全、可靠、有效的无线通信子系统，为地铁固定用户和移动用户之间的语音和数据信息交换提供可靠的通信手段，它对行车安全、提高运输效率和管理水平、改善服务质量提供了重要保证；同时，在轨道交通运营出现异常情况和有线通信出现故障时，亦能迅速提供防灾救援和事故处理等指挥所需要的通信手段。无线通信系统还应该能在控制中心灾害故障情况下提供基本的通话功能。

（5）闭路电视监视系统

视频监视系统是城市轨道交通维护和保证运输安全的重要手段。它能够为控制中心的调度员、各车站值班员、列车司机等提供有关列车运行、防灾救灾、旅客疏导以及社会治安等方面的视觉信息，包括：

1）控制中心系统组成。

2）车站系统组成。

（6）广播系统

广播系统是控制中心调度人员和车站值班员向旅客通告轨道交通列车运行以及安全、向导等服务信息、向工作人员发布作业命令和通知的通信设备。在发生紧急情况时指导疏散旅客。停车场广播独立于正线广播系统，只满足停车场行车值班员和停车库、检修库运转值班员，以及防灾值班员对车场、停车库、运用库等广播区的广播，其设备纳入正线广播系统网管。

广播系统采用控制中心与车站两级组网方式。

（7）乘客信息显示系统

乘客信息显示系统为通信子系统，是由控制中心系统、车站系统、车载播控系统设备及网络系统组成。乘客信息系统是一个综合计算机网络技术和电子媒体技术的服务性系统，能发布乘客导乘信息、列车到站信息、票务政策信息、运营安全信息等运营服务信息，为广大乘客提供丰富的资讯与娱乐信息，包括天气预报、时事新闻、视频节目以及股市行情等。在紧急情况下，可以辅助显示引导信息。

乘客信息系统采用控制中心和车站二级组网分布式结构，包括：

1) 控制中心子系统。
2) 车站子系统。
3) 车载播控子系统。
4) 网络子系统。

PIS系统可以为列车内的乘客提供各类服务信息，通过PIS地面设备向列车传送，这些信息包括：数字图像资讯信息、紧急通告、列车的预告信息等。PIS的播出控制方式通常有录播和实时两种基本形式。具体内容详见第8.7节。

（8）时钟系统

时钟系统是为控制中心调度员、车站值班员、与行车相关的各部门工作人员及乘客提供统一标准时间信息的设备。同时它还可对本工程的其他系统设备提供统一的时间信号，使各系统定时设备与本系统同步。时钟系统的设置对保证轨道交通运行计时准确、提高运营效率起到了非常重要的作用。

时钟系统采用控制中心与车站/车辆段/停车场两级组网方式。在控制中心新设时钟网管系统，实现对全线时钟系统设备的统一管理。

（9）集中录音系统

集中录音系统是根据具体应用环境对通信其他各子系统中的关键语音进行安全记录，以便随时重放，其应能录制专用通信无线通信系统调度台及固定台语音、专用电话系统调度台及值班台、站间电话语音、广播系统语音、部分重要岗位公务电话系统语音。

（10）集中告警系统

集中告警系统通过与各厂商（包括专用通信系统的各个子系统）网元管理系统的接口，得到告警信息，通过告警分析、处理来定位网络故障，并与相关的业务相关联，输出受影响业务列表，并激活相应功能通知运维部门。

（11）车地无线通信系统

车地无线信息传输的重要网络，是重要的通信子系统，其能够为CBTC、集群调度、PIS、车载视频监视、列车运行状态监测（TMCS，含车载FAS）等提供车地通信信息的无线传输通道。其中基于LTE的集群调固定人员和移动人员之间的语音和数据交换、运营出现异常和有线通信出现故障状态可提供可靠的无线通信手段，它为行车安全、提高运输效率和管理水平、改善服务质量提供了重要保证；与车载广播系统接口，实现控制中心调度员对列车的紧急广播以及与列车客室乘客的紧急呼叫功能。

（12）电源及接地系统

通信系统设备均要求一级负荷供电，电源系统在外部电源发生故障而停止供电时，必将造成各通信系统的中断，能够自动启动备用蓄电池为系统设备提供不间断电源。接地系统应确保人身和通信系统设备的安全，并保证通信系统设备的正常工作，各车站设置综合接地网，接地电阻不大于1Ω。

2. 公安通信系统构成

公安通信系统包括公安传输子系统、公安消防无线子系统、公安视频监视子系统、公安计算机网络子系统、IP电话子系统、公安电源及接地子系统等。

(1) 闭路电视监视系统

公安视频监视系统由本地监视、异地监视（地铁公安分局监视全线、派出所监视辖区）两部分构成，组成一个统一的闭路电视监视网络。全网由图像摄取、图像显示及录制、本地控制、异地控制、视频信号传输等部分组成。

(2) 计算机网络系统

公安计算机网络系统是为地铁公安分局与派出所及车站提供数据及视频信息传送的网络平台，同时与市公安计算机网络互联，可与之进行数据信息交流。由于公安部门的特殊性，必须保证该系统的独立性、保密性、安全性。

(3) 传输系统

公安传输系统是轨道交通安全保障信息、控制系统的基础网络，是独立设置的轨道交通公安通信系统中最重要、最基础的网络。

(4) 电源及接地系统

公安通信系统设备的电源要求外供交流电十分可靠，必须稳定可靠，特殊情况能够自动启动备用蓄电池为系统设备提供不间断电源，保证公安通信设备在主电源中断或发生波动情况下仍能可靠地工作。公安电源承担全线范围内所有车站、派出所公安通信设备的供电，分局电源供电利用既有电源设备。

公安通信设备电源系统按一级负荷供电考虑，由低压配电专业引接两路独立的三相五线制交流电源至公安通信设备室。

接地系统应确保人身和通信系统设备的安全，并保证通信系统设备的正常工作，各车站设置综合接地网，接地电阻不大于1Ω。

3. 民用通信系统构成

(1) 移动通信无线引入系统

随着移动通信用户数量逐年增加，将公用移动通信引入地铁地下空间，是提高地铁运营部门服务质量的一个重要环节。

移动通信无线引入系统是利用室内分布系统将信号源的信号分布在地铁地下空间每个区域（站台、站厅、设备间、办公区域、人行通道、隧道等），并保证这些区域拥有理想的信号覆盖。其中各移动通信运营商的基站设置由运营商考虑。

随着通信行业的飞速发展，无线移动电话的使用越来越广泛，保证地铁能够为乘客提供全方位的服务。

(2) 传输系统

商用传输系统作为商用无线引入系统与各网管系统的基础网。

(3) 电源及接地系统

民用通信电源系统主要为运营商基站、无线引入系统等提供正常运营的电源。民用通信设备按一级负荷供电考虑。接地系统应确保人身和通信系统设备的安全，并保证通信系统设备的正常工作，各车站设置综合接地网，接地电阻不大于1Ω。

4. 通信光、电线缆

光缆：光缆是传输系统的重要组成部分，它提供的光环路物理通道质量的优劣直接关系到传输系统的可用性。因此光缆必须满足低烟、无卤、阻燃、防紫外线。

电缆：区间电缆采用屏蔽性能好、抗干扰性强的充油电缆，外护层应满足阻燃、低烟、无毒、防鼠咬等需求。

干线光电缆径路及容量：专用通信系统设置干线光缆为通信、信号、综合监控、FAS 等系统专业提供中心至车站及车站之间的光纤。

光电缆的敷设方式：光电缆在地下隧道内敷设在侧墙电缆托架或槽道，在车站和停车场及高架区段主要采用管道、槽道或直埋敷设方式。

8.3.2 通信系统工程设备监理工作

1. 监理工作内容、重点、控制措施

（1）通信系统安装监理工作内容

监理工程师在通信系统安装质量管理方面，建立健全质量、网络安全管理体制，强化施工组织设计方案、专项方案及评审；通信系统设备生产、原材料采购的质量控制及检测内容和手段，设备安装与其他专业安装接口，建立系统模拟平台调试及硬件、软件验收管理，监理跟踪过程试验、检测和记录。详见第 8.1 节。

通信系统工程作为一个单位工程，划分为专网通信系统、公安通信系统、民用通信系统三个子单位工程，见表 8-9。

通信系统单位工程划分表　　　　　　　　　表 8-9

序号	单位工程	编码	子单位工程
1	通信系统	1	专网（专用）通信系统
2		2	公安通信系统
3		3	民用（商用）通信系统

通信系统主要包括专用通信系统、公安通信系统、民用通信系统。专用通信系统主要由传输、公务电话、专用电话、无线、视频监视、广播、时钟、乘客信息、集中维护告警、电源及接地等子系统组成；公安通信系统主要由视频监视、公安消防无线、计算机网络、有线电话、电源及接地等子系统组成；民用通信系统主要由移动通信无线引入、传输、电源及接地等子系统组成。安装工作内容包括支架安装、吊架安装、线槽安装、保护管安装、通信管道安装、设备安装、调试及验收等。

（2）通信系统设备安装监理质量控制重点

通信系统设备安装阶段监理主要对项目的控制管理、设备集成采购的考察、设备安装工程前期的准备、设备材料进场验收的检查质量控制、设备安装工程过程检查质量控制、设备调试的质量控制。

在设备安装过程中，监理特别关注常见质量问题缺陷，对室内室外设备安装、设备运输、基础预埋、箱柜安装调整、二次布线、光电缆敷设、设备防雷接地安装、专业接口界面、设备受电调试等难点重点实施全过程质量监控。

通信系统工程施工监理重点包括：

1）通信系统由各自独立的多个子系统组成，设备供货、系统集成及相关服务、设备安装施工等全部内容等直至系统开通，工作量大，通信系统内外部接口也多。因此，使通信系统能按期、保质完成系统的工程建设，成为一个安全可靠、功能完备的系统是监理运用项目管理的方法,协调统一管理各子系统供货商、子系统集成商和承包商的工作重点。

2)通信系统的难点主要是路由、标高问题,路由问题是进场初期必须关注的,特别是由轨行区引入站内、区间引入 OCC、场段内各单体之间的路由;标高问题则是施工过程中易返工点,也是各相关专业需协调的点,车站内公共区、设备区标高,轨行区轨面引上标高,站台区域广告灯箱与通信系统甚至与弱电系统的标高,PIS 系统与导向系统的位置及标高等,都需要督促承包商重点关注。

3)通信系统由多个子系统组成,而每个子系统又由若干个零部件、独立的设备等构成,故其设备品种十分繁杂。监控设备的二次搬运及设备到货开箱验收也是监理工作的重点之一。

4)做好设备安装质量过程控制,对每道关键工序、每个质量监控点都应进行旁站和认真检查,做好隐蔽工程的质量检查验收工作,如发现质量问题及时处理。

5)通信系统安装工期内,设备安装调试工作量都很大。需要承包商制定一套完整的施工组织计划,合理、科学地安排实施设备安装及调试工作,确保完成工期目标。

6)通信系统的传输和无线的开通,是保证信号动车调试的基础,通信系统与多个系统相关,如信号、综合监控、自动售检票、火灾自动报警、安防及办公自动化等专业系统,服务范围分散,涉及面广,与各系统接口协调难度大,开展监理工作压力大,任务重。

7)通信系统内部多个子系统要进行调试,还要与其他专业系统进行联调,其调试工作量很大,调试项目内容多、范围大,数据要求高。测试仪表品种多,精密度高,价格昂贵,所以使用、保护工作相关人员需要责任心很强,仪器仪表检验、校正检查也很重要。

8)通信系统的传输系统是贯穿其中的关键设备。传输子系统需对其他各子系统提供符合标准的数字、模拟接口,包括接口种类、数量、速率、电平、阻抗、通信协议等。为保证接口试验顺利进行,传输子系统应在试验前做好全部实验准备工作,各子系统均需与传输子系统进行对接试验,完成与其他非通信系统之间衔接。在通信系统联调中,首先传输子系统进入正常运行状态,实现全部网络功能,各项技术指标,系统功能均达到规范要求。传输性能的第三方检测很重要,需督促承包商及时进行并对第三方检测发现的问题限期整改,确保传输系统的开通。

(3)通信系统安装监理质量控制措施

通信系统设备的工程量大,相关系统接口多,联调工作量大,困难较多,监理首先应建立健全项目组织机构,完善职责分工及专业配备齐全,职责分工明确,按质量控制程序对质量进行控制,严格执行各项管理制度要求。对不满足合同技术和功能的设备安装要求承包商进行整改和优化技术规格,按照合同相关条款,对承包商进行相应的经济处罚,促使承包商提供满足合同要求的设备。

1)通信系统常见质量问题及控制措施见表 8-10。

通信系统常见质量问题及控制措施　　　　　　　　　　表 8-10

序号	常见质量问题	控制措施	备注
1	线槽及支路管电气跨接	不定时巡检	过程控制
2	机房防静电地板下地槽踩踏变形	注意成品保护	过程控制

续表

序号	常见质量问题	控制措施	备注
3	摄像机晃动	加固	过程控制
4	摄像头遮挡及死角	结合设计优化调整	设计阶段及过程控制
5	广播窜区及不响	严格按照图纸分区布线，广播间连接前一定先进行对号，接头时应牢靠	过程控制
6	时钟不校时	时钟串接前一定要对号，信号线连接应牢靠	过程控制

2）城市轨道交通通信工程中，凡有区间设备安装侵入设备限界，或车载设备安装超出车辆限界的，不得验收。

2. 通信系统设备集成、采购主要监理工作

通信系统在采用集成服务项目管理的运作模式时，设备集成、采购的设计联络阶段，作为集成管理服务商，全面负责系统设备的集成服务管理工作。

（1）通信系统主要设备间

专用通信设备室、电源室、民用及PIS设备室（地下站、地面及高架站）、公安通信设备室、公安值班室、通号电源室（或与信号共用）、电缆引入间（与信号及其他弱电系统共用）见表8-11。

通信系统主要设备间　　　　表8-11

序号	房间名称	备注
1	通信设备室	（通信与信号共用时）
	通信设备室	（通信独立使用）
2	民用	地下站
3	民用	地面及高架站
4	公安通信设备室	
5	公安值班室	
6	通号电源室	与信号共用
7	电缆引入间	与信号及其他弱电系统共用

机房环境满足设备安装条件，预埋件、沟、槽、孔位置应准确无误、无遗漏，照明、施工用电源、接地装置及室内温度、湿度符合设备及设计要求，消防器材齐全有效；设备用电源符合设计要求；机房接地符合设计要求。

（2）电缆选型

主要有接地线、电源电缆、通信电缆、网络线、光缆的尾纤。所有的光、电缆（线）的外护套应是绝缘、低烟、无卤、阻燃。

设备监造：一般情况下，设备采购合同只是业主与设备供货商就采购设备达成的框架协议，对设备功能、技术指标、接口、结构、责任、试验、文件、培训等做了一般性的定义，而买卖双方往往对合同的理解存在一定的差异。通过设计联络，可以进一步完善合同设备功能、技术参数及性能指标要求，明确合同设备与其他系统、设备及土建的技术接

口，通过设计联络使双方达成共识

设备出厂验收：根据投产申请和投产指令，制定设备样机制造和接口试验实施计划、制定设备监造实施计划。

设备运输及到场验收：设备到货阶段应审核承包商编制设备运输和到货验收计划、方案，并组织实施设备运输和现场卸货、组织设备开箱检查和验收。

3. 通信系统设备安装工程主要监理工作

（1）设备安装前监理工作

1）设备安装前监理准备工作

通信系统开工前，对设备集成采购进行考察和监督。监理工程师应根据合同文件要求和技术图纸对工程施工范围作深入的调查，核实现场施工条件，纠正差错、补充缺漏，针对通信系统施工难点中路由、标高问题，注意提前核查、解决。

通信系统现场预留预埋配合：内容主要包括沟、槽、管、洞的位置和数量，设备安装孔洞，电缆敷设路径，设备运输通道的位置，预埋件的尺寸和位置，标高基准点等项目，对于发现的问题，监理工程师将向业主汇总报告，协调解决。

2）承包商项目部前期监理审查工作

对通信设备安装实际操作进行技术交底，技术人员仔细审核设计文件、安装手册，对现场进行认真勘测，了解现场实际情况是否与设计要求一致，发现问题及时协调解决。

3）施工图优化设计的监理工作

在施工图优化设计时注意使用 BIM 等技术，对通信专业与其他专业的线缆的路由，特别是由轨行区引入站内、区间引入 OCC、场段内各单体之间的路由，进行优化设计。在施工图联合设计初步完成时，优化设计初步完成时，监理工程师应协助建设单位组织内部评审工作，详细检查施工图纸，提出监理的审查建议，保证完成的施工图设计能指导施工。

（2）主要进场材料、设备质量控制要点

审查通信集成商提供的材料、设备的清单目录、产品合格证，测试、试验记录，设备开箱并形成检查书面记录；采用平行检验或见证取样方式进行抽验。

通信主要进场材料、设备质量控制检测，一般包括设备到货检验、施工过程中工序及整体工程安装检验，以及完工检验等。采购的材料、设备产品标准与设计一致，严格按进货检验和试验程序的要求，对设备进行检测和试验。检验方法有取样试验、抽样试验。

通信系统检查出不合格品应立即隔离标识、拒绝签认，并应签发监理通知单，书面通知承包商限期将不合格品撤出现场。

通信供货集成商为项目工程提供的产品进行最终检验。最终检验确认工作在产品出厂验收过程中完成。

1）材料进场：

① 通信系统传输设备配线用电缆、电线、光缆尾纤、高频配线、音频配线芯线监理要全部检查。

② 光、电缆支架、桥架的材质、规格、型号符合设计要求。

③ 电缆和电线的型号、规格及质量应符合设计要求。对照设计文件检查电缆和电线出厂合格证等质量证明文件，并观察检查外观、测试电缆和电线的直流特性。

④ 光缆尾纤应按标定的纤序连接设备。光缆尾纤应单独布放并用垫衬固定，不得挤压、扭曲、捆绑。弯曲半径不应小于50mm。对照设计文件检查光缆尾纤纤序，观察检查，弯曲半径检测可用尺量。监理单位见证试验配线架任意两接线端子之间及任一接线端对地绝缘电阻不应小于50MΩ。用500V兆欧表测试。

⑤ 高频配线、音频配线芯线应无错线或断线、混线。配线电缆中间不得有接头。配线电缆芯线间的绝缘电阻应符合下列规定：

⑥ 音频配线电缆不应小于50MΩ；高频配线电缆不应小于100MΩ；同轴配线电缆不应小于1000MΩ。监理单位见证试验用万用表检查断线、混线，用500V兆欧表测量绝缘电阻。

材料到场检查项目见表8-12。

材料到场检查项目 表8-12

检查项目		检查方法	监理平行检验
材料检验	漏泄同轴电缆	单盘测试、绝缘电阻	按规范及业主要求送第三方检测见证
	通信电缆	单盘测试（绝缘电阻）	
	光缆	单盘测试（每公里衰减）	
	网缆	单盘测试（绝缘电阻）	
	控制电缆	单盘测试（绝缘电阻）	
	电源电缆	单盘测试（绝缘电阻）	
	接地线	单盘测试（绝缘电阻）	
	桥架		
	镀锌钢槽	外观、强度、涂层检查	
	铝合金线槽	外观、涂层检查	
实体检验	化学锚栓拉拔	拉拔试验	

2) 设备进场：

① 设备到达现场后，承包商应在业主或监理单位有关人员参与下进行到货检验，并做好记录。

② 包装箱外观是否完整、变形、有无破损。

③ 包装箱内设备外观有无破损、锈蚀。

④ 开箱检验设备规格、型号、数量是否符合设计文件要求。

⑤ 随机产品合格证、检验报告、说明书、质量证明文件是否齐全。

⑥ 清点装箱资料文件、备品备件、专用工具是否与装箱单相符。

(3) 检验（试验）与检测中的监理工作

监理检查供货商出厂试验报告并检查检测内容、项目是否符合设计图纸及供货合同要求。质量的检验检测应参照通信工程施工质量验收规范，严格执行"三检制"。

通信设备、材料检验内容：外观检测、性能检测、规格数量验证、技术资料验证；做好检查记录、审查质量资料和签认开箱检查单；建立监理材料设备台账；对不合格品的处理，若发现供货商提供的质量保证文件与所到实物不相符或对质量保证文件的正确性有怀疑，物资供应部须进行复检。

1) 主要第三方检测

监理工程师根据通信系统工作需要、业主的要求和工程施工具体情况，对设备材料进行见证取样、平行检测和抽样试验，并送第三方进行检测，材质检测委托有资格检验的单位进行，检测报告合格后方可使用。第三方检测的取样、送检过程需有监理在场见证，并留存必要的过程照片或影像资料，见表 8-13。

第三方检测项目 表 8-13

分部工程	分项工程	检测项目
通信管线	支架、吊架安装	铝合金槽式桥架
	缆线布放	室外 $3\times6mm^2$ 电力电缆
通信线路	光缆敷设	48 芯光缆
综合布线	各子系统设备配线	超五类屏蔽双绞线、市话电缆
通信线路	区间电缆支架	化学锚栓拉拔试验

监理工程师检查承包商应提供的通信产品合格证书、出厂检验报告、进场检验报告、进场复验报告、型式检验报告、检查产品的质量合格证明文件、中文标识、结构性能检测报告、产品性能检验报告等。

当以上文件不符合通信系统的规范规定和设计要求的，判定为"不符合"。不合格的原材料不得使用；对不符合要求的设备坚决退还；严格执行原材料、成品、半成品检验制度，而且要再次经过检验合格后方能投入使用。

2) 主要过程检验（试验）与检测

通信系统分部分项及检测依据《城市轨道交通通信工程质量验收规范》GB 50382、《综合布线系统工程验收规范》GB/T 50312。前期材料光缆敷设检验、电缆敷设检验、漏缆敷设检验以及接续及引入检验。通信系统后期设备安装检测范围包括性能检测、功能检测、网管检测；第三方检测设备检测。

综合布线系统性能检测：综合布线系统性能检测应采用专用测试仪器对系统的各条链路进行检测，并对系统的信号传输技术指标及工程质量进行评定。

综合布线系统性能检测时，光纤布线应全部检测，检测对绞电缆布线链路时，以不低于 10% 的比例进行随机抽样检测，抽样点必须包括各类布线点。

3) 主要调试检验（试验）

通信系统单机调试内容：

通信系统单机调试工作在设备安装就位，所内具有稳定可靠试验电源，且现场环境达到试验要求后开展；针对不同设备，使用专用试验仪器，按规定的试验方法对设备的电气参数、电气性能、机械性能等进行调试，符合有关标准或满足厂家技术要求。

通信系统联调调试：

系统调试是指对所有子系统性能的联合调试，测试和解决各子系统间的接口及存在问题。确保各子系统之间的接口正确，性能满足《技术要求》和《工程及供货范围》的要求。若不符承包方应负责改正，直至调试按要求通过。

通信系统设备系统的联调是在各设备系统已完成单系统调试而达到合同技术规格书要求后进行的系统综合测试。

编制总联调大纲，内容应包括传输网内的全部系统设备、人员及仪器仪表、技术指标和功能。明确承包商、传输网内各系统设备的范围划分。

4) 安全和功能检查项目

主要包含电缆区段性能测试、光缆中继段性能测试、漏缆线路测试、传输系统通道性能测试、公务电话功能检验测试、专用电话功能检验测试、无线通信功能检验测试、视频监视检验测试、通信集中告警检验测试、办公自动化检验测试、民用通信引入检验测试、闭路电视监视系统功能检验测试、广播系统功能检验测试、时钟系统功能检验测试、集中告警系统功能检验测试、电源系统功能检验测试、接地装置检验测试；

公安传输系统通道性能测试、IP 电话功能检验测试、公安无线通信功能检验测试、公安闭路电视监视系统功能检验测试、公安电源及接地系统功能检验测试。

(4) 设备安装关键工序质量控制要点

通信设备系统安装及调试是在各设备系统安装，并完成单系统调试而达到合同技术规格书要求后进行的系统综合测试，包括相关接口功能测试、设备联动测试、车站与控制中心联动功能测试等，见表 8-14。

通信系统质量控制要点　　　　　　　　　　　　　　　　　表 8-14

序号	主要工序	质量控制要点	控制手段
1	线缆敷设	通信光、电缆规格型号	现场观察
		电缆线路管道敷设	现场观察
		电缆电气特性测试	现场观察量测
		电缆敷设、防护	现场观察
		电缆接续	旁站
		桥架安装	现场观察量测
		电缆线路人手孔	现场观察量测
2	传输设备安装	传输设备安装配线	现场观察
		单机性能测试	现场观察量测
		光缆线路敷设	现场观察量测
		电气特性测试	现场观察量测
3	闭路电视设备安装	车站电视摄像机、监控器等设备安装配线	现场观察
		系统检测	现场观察量测
		控制中心模拟显示屏安装	现场观察量测
		控制中心模拟显示屏测试	现场观察量测
4	公务电话设备安装	交换设备安装配线	现场观察量测
		功能试验	
		性能试验	
5	电源设备及防雷接地	不间断电源（UPS）	现场观察量测
		电源配电柜	
		蓄电池	
		防雷及接地装置	

续表

序号	主要工序	质量控制要点	控制手段
6	广播设备安装	广播设备功放、控制台、扬声器安装配线 广播系统检测	现场观察量测
7	时钟设备安装	时钟微机管理设备、母钟、GPS天线设备安装配线 时钟系统检测	现场观察量测
8	无线设备安装	无线铁塔、天线、机车台、漏泄电缆等设备安装 配线系统检测	现场观察量测
9	专用电话设备安装	程控调度电话、电话集中机录音等设备安装配线 专用系统检测	现场观察量测

设备安装过程关键工序质量控制：

监理应按各专业验收规范合理选择关键工序质量控制点。施工过程中的关键工序、关键环节或隐蔽工程，施工中薄弱环节或质量不稳定的工序、部位或对象；对后续工程施工或后续工程质量或安全有重大影响的工序、部位或对象；采用新技术、新工艺、新材料的部位或环节；施工上无足够把握、施工条件困难的或技术难度大的工序或环节。

(5) 设备安装首件报验及工艺质量控制

通信设备安装首件工程施工，包括通信桥架、光电缆接续、接地装置等，确定各工序之间的衔接，并以此为依据指导全线设备安装配线施工。工程施工前，对设备机房进行现场勘察，对照设计图纸，根据现场情况确立施工过程中的重点和难点，合理安排施工计划和各工序之间的衔接方式，制定行之有效的施工技术方案和施工安全措施，做好样板工艺，进行培训、实施，达到设计及工艺要求，完成首件验收。

监理工程师对施工工艺过程的首件工程或工艺各个质量控制点、施工各工序进行跟班巡视和检查验收，现场发现质量问题及时要求施工人员整改。

通信各子系统包括线缆敷设、室内设备安装、室外设备安装、电源设备安装、调试等内容。

1) 支吊架、线槽、保护管首件工程质量控制

通过支吊架、线槽、支路管首件工程施工，确定各工序之间的衔接。

支吊架安装：公共区支路管标高参照线槽标高，局部区域与其他专业冲突时，可以调整。但调整时应全局考虑，在不影响吊顶的前提下尽量往降低的方向调整，同时避免三个及三个以上标高出现。

各支路管终端盒及过路盒下方不应有其他专业的管槽遮挡。

站厅层广播奇偶分布垂直于轨道，站厅广播支路管从单侧线槽分出。

线槽安装：相邻线槽使用地线作跨接地线，安装时要放在线槽的同侧，并连接可靠；桥架进行转角、分支连接时采用弯通、二通、三通、四通等成品件进行连接，桥架末端需加装封堵板。

支路管安装：支路管应与桥架保持连续的电气连接，并在专网通信设备室和公安通信设备室接地。

支吊架、线槽、支路管首件工程的施工，确定的支吊架、线槽、支路管施工工艺满足规范要求，如图8-16所示。

图8-16 通信线槽

2）电（光）缆敷设

电（光）缆敷设如图8-17所示。

地下段通信电光缆敷设：为了减少缆线与地面的摩擦、减少破损，且为了提高敷设效率，一般会在地面摆放若干地面滑轮，不扭绞不交叉，自然松弛。区间电缆过轨和地面敷设时均应采取防护措施。

隧道内通信电缆敷设：采用托架架设方式，电缆托架安装在线路行车方向右侧的侧墙上。

高架桥上通信电缆敷设：桥上线路中间或线路两侧的电缆槽内。

图8-17 区间电缆敷设

车辆段/停车场内通信干线电缆敷设：电缆槽内，支线电缆直埋或采用钢管防护。楼内所有非铠装电缆均采取电缆槽或钢管防护。

车辆段通信电缆敷设：采用直埋的方式，一般直埋的要求为两设备间的进路应选择最短或通过障碍物及股道最少。

通信电缆测试及配盘：

通信电缆开盘前的检查：核对电缆包装标记、盘号和盘长；检查电缆和电缆盘应完整、无破损、无机械损伤等。用红漆在盘面上书写盘号，电缆规格型号、长度并明确标明A、B端。外观检查完毕后，根据要求对电缆进行电气特性测试，并做好记录，然后将电缆头锯切封头。

通信电缆单盘测试完后及时做密封防护处理。电缆的测试记录表上，应填写盘号并注明测试日期、气候、测试及记录人姓名；检验、测量设备名称、型号、编号。项目工程师根据每盘电缆规格、长度，按设计图纸要求进行每个站电缆配盘。配盘时整盘电缆尽量本站使用，避免几个站交叉共用，减少过程中运输的麻烦。

由于通信电缆敷设在电缆支架上，且需穿越站台区，电缆每放置一根，及时整理一根，防止电缆紧松不一致。

通信设备安装，根据各车站线路、土建、装修进展情况，分时段完成各个车站的通信室外、室内设备安装、配线工作，一次施工，一次完成，一次清理复原施工现场。

3）上走线架首件工程质量控制

上走线架首件工程质量控制，如图8-18、图8-19所示。

图8-18　通信设备间　　　　　　图8-19　通信设备间线槽敷设

铝合金走线架安装：拼接处设计在支撑处，以防走线架对接处变形过大。

强弱电两层走线架，在强电层沿走线架安装汇流排，以便设备、机柜就地接地；在走线架末端采用下支撑，支撑应牢固，无左右晃动现象。

铝合金走线架安装：在主走线架安装确定后再安装列走线架，吊挂定位也是先主后列，列走线架的长度要等主走线架安装调整完整后再定。

对多层走线架的安装，应首先安装最上层，在安装时对走线架的离地高度须与图纸的高度一致，吊挂一定牢固以确保安全，吊挂的安装应用水平尺确定垂直，做到走线架（主列走线架）的吊挂一定要在同一水平线上，做到横看成行，竖看成列。

吊装好走线架后，对其全面调试，做到整列走线架正面在同一个水平线上，侧面在同一垂直线上，走线架下沿距离必须与图纸保持一致。

4）设备安装首件工程质量控制

通信专业监理工程师对施工工艺过程的首件工程或工艺各个质量控制点、施工各工序进行跟班巡视和检查验收，现场发现质量问题及时要求施工人员整改。

设备进场检验：设备和附备件、机内元部件及布线等齐全完整，测量和指示表盘等无损伤，机件无弯曲变形，无元部件脱落，焊接良好，无活动和断头现象，机件无受潮、发霉及锈蚀变质现象，镀层和漆饰完整。

在开箱检验中发现设备材料有缺件、损坏或不适用时，填写"质量信息反馈卡"送交供应商并及时取得联络，商定处理办法。做好检验记录，凡质量不合格的设备和器材，一律不得使用。

设备机柜安装：一般机柜不应直接安装在活动地板上，应按设备的底平面尺寸制作底座，底座直接与地面固定，机柜固定在底座上，底座高度应与活动地板高度相同，然后铺设活动地板，如图8-20所示。

机架固定：将机架放置于防震底座之上再用螺栓连接，机架必须安装牢固、美观，做到横平竖直。

子架安装：各电路板接插件安装，安装时控制用力适度，接插件与插座接触良好。

设备安装配线：配线电缆的型号、规格长度

图8-20　通信机柜

必须满足施工图要求。布放前后进行测试和外观检查，检查有无断线、混线和外皮破损现象。

配线电缆排列整齐，绑扎匀称，直线部分横平竖直，转弯处电缆弯曲均匀、圆滑，弯曲半径要满足施工规范要求。跳线松紧适度，层次分明，并按规定作适当余留。

接地：地线和机架连接良好，接地电阻满足施工图设计要求。电源线、接地线必须采用整段材料，中间不得有接头。配线时通信线和电源线分开布放，以免相互影响，产生干扰。

标识：各种配线电缆均做好标记，表明型号、长度及起止设备名称。

5）光、电缆敷设首件工程质量控制

电缆敷设：电缆芯线间及芯线与护套或屏蔽层间的绝缘电阻应符合规范规定。

单盘电缆测量检查芯线对号良好，单条总线对其他芯线和铅护套或屏蔽层间的绝缘电阻应大于 $2000M\Omega \cdot km$。

电缆敷设时，弯曲半径不得小于电缆外径的 7.5 倍。

电缆敷设标的设置和埋设要求，应符合电缆敷设标接续套管处（包括分歧电缆终端）和电缆接地点、转弯处和穿越障碍点不易识别电缆径路处、穿越铁轨的两侧、电缆防护及余留处等的规定。电缆敷设标应设在电缆径路的正上方，接续标高在电缆接续套管的正上方，面向铁轨；可利用永久性目标代替电缆敷设标但须在永久性目标上用油漆书写标志。

泄漏同轴电缆铺设：漏缆施工时严禁急剧弯曲，弯曲半径不得小于 2m。漏缆过轨时应换接阻抗相同的软漏缆；隧道内漏缆宜采用人工抬放。如采用机械施工时，运载轨道车不得猛起动或急刹车。

泄漏同轴电缆全程测试应符合设计规定。

光缆敷设：严禁将光缆从车上直接推落到地。检查单盘包装标记、端别、盘号、盘长。对包装有严重损坏或外护层有损伤的，应在光缆测试时重点检查；根据光缆出厂合格证和测试记录，审核光纤的几何、光学、传输特性和机械物理性能等应符合设计要求；测试单盘光缆光纤的衰减和长度应符合要求。

光纤活动连接器应具有良好的重复性和互换性，其连接耗损值及尾纤的特性和长度应符合设计要求。

6）化学锚栓安装质量控制

化学锚栓是继膨胀锚栓之后出现的一种新型锚栓，是通过特制的化学粘结剂，将螺杆胶结固定于混凝土基材钻孔中，以实现对固定件锚固的复合件。

化学锚栓具有耐酸碱、耐低温、耐老化、耐热性能良好，常温下无蠕变、耐水渍，在潮湿环境中长期负荷稳定、抗焊性、阻燃性能良好、抗震性能良好。

严格按照验收标准中所规定的抽检频次、数量、标准进行施工过程中和完成后的质量监控工作，对发现的质量问题，及时安排专人进行处理。

7）综合布线质量控制

综合布线应按照综合布线系统图、综合布线系统信息端口分布图实施、综合布线系统各配线区布局图实施。二次布线需分色有序捆扎。

8）室内设备接地质量控制

通信设备室设接地汇流排（由机电安装专业提供），各设备的地线连接到接地本排贯通的接地铜排上,然后各排的接地铜排上引地线至接地汇流排。所有电缆进楼后做单端接地连接,相当于室外电缆全部在室内接地。

(6) 设备安装旁站、平行检验、隐蔽工程验收质量控制

1) 旁站、平行检验

按照通信国家规范及实际图纸的要求,采用巡视、旁站、检测、试验等手段检查施工过程,确保施工质量。防雷、接地设施安装位置应满足设计要求。防雷设施的配线与其他设备配线应分开布放;设施与被防护设备之间的连接线路应采用最短路径。

通信设备室内接地箱与综合接地箱之间的接线应连接正确、可靠。当采用综合接地时,接地电阻不应大于1Ω。监理应检查试验方案、核查试验人员资格、检查试验用仪器仪表是否符合要求,对试验进行见证检验。

电缆敷设前应进行单盘测试,测试指标应满足设计要求。电缆在经过特殊地段直埋等敷设时、电(光)缆接续监理应旁站。见表8-15。

旁站、平行、见证表　　　　　　　　　　　　表8-15

序号	名称、工序、控制点	控制方法	备注
1	设备基础安装	旁站	隐蔽检查时
2	各站点线路测试	旁站	测试时
3	接地检测	旁站、平行	测试时
4	各站检测	旁站、平行	测试时
5	各系统设备调试设备	见证	设备调试测试时

2) 主要隐蔽工程内容

隐蔽工程应进行交接检查,即监理工程师检查确认质量合格并签字后,方可移交下道工序施工。通信线槽、管线在穿墙、楼板的各类管道、桥架应进行封堵,有防火要求的应进行防火封堵,有防水要求的,还应该考虑防水措施。见表8-16。

隐蔽工程验收表　　　　　　　　　　　　表8-16

序号	名称、工序、控制点	控制方法	备注
1	电(光)线槽、导管	旁站	隐蔽检查时
2	接地	旁站	隐蔽检查时
3	电(光)线、缆敷	旁站	隐蔽检查时
4	静电地板下的线槽内线缆	旁站	隐蔽检查时
5	墙体预留的管线	旁站	隐蔽检查时
6	吊顶以上的设备(天线、扬声器等)	旁站	隐蔽检查时

通信电缆在敷缆前应做测试,在结构缝、变形缝处线槽应做补偿,监理工程师在检查合格后才能进行隐蔽,进行下道工序施工。

(7) 专业接口关系及协调

通信系统内部子系统多,与外专业的关联多,所以内外接口管理更为重要,建立一个接口的识别、协调及控制体系,辅以合理的技术方案,在工程施工过程中确保不遗漏,并

最终在各系统的调试阶段加以管理、控制、实施，以确保接口质量完好、功能正确。

施工过程中，由于与土建机电等施工单位的专业接口多，施工作业面的交接将成为重要的工作内容，施工中需主动与各土建及其他安装单位取得联系，以确保阶段性工期的顺利完成。

通信系统专业接口包含通信系统内、外部专业接口关系，通信系统内子系统之间内、外部接口关系。

1) 专用通信系统接口：

施工准备：熟悉图纸及设备构成，在开工前，核对设备系统图纸和相关文件，熟悉相关技术规范和施工工艺，对作业人员进行技术培训。

现场检查：开始施工前必须仔细检查设备，核对接口位置。

配备齐全的机具仪表及专用工具。

设备接口：

核对配线电缆的型号、规格长度，必须满足施工图要求。接口前后应进行测试和外观检查，单线绝缘电阻应大于 $30M\Omega$，检查有无断线、混线和外皮破损现象。

电缆排列应整齐，绑扎匀称，直线部分应横平竖直，转弯处电缆弯曲均匀、圆滑，弯曲半径要满足施工规范要求。跳线松紧适度，层次分明，并按规定作适当余留。

配线上端子选用焊接时，焊点应光滑、无毛刺，芯线绝缘无烫伤、开裂及后缩现象；选用卡接时须用专用卡接钳。

各种配线电缆均应做好标记，标明型号、长度及起止设备名称。

线缆成端后必须测量线缆的各项电气特性，确保端口接触良好。

监理利用一定的检查或检测手段，对承包商自检合格的基础上，按照一定的比例独立对材料性能、指标及设备性能、指标、功能进行平行检查或检测。

对关键部位、关键工序做好完成情况的旁站或见证取样工作。见证设备指标检测及功能检验。在关键部位、关键工序施工过程中，在现场进行旁站监督。对正在施工的非关键部位或工序进行定期或不定期的巡视监督检查。

2) 公安通信系统接口：

详见本条1) 专用通信系统接口中相关内容。

3) 专用通信内部接口关系：传输系统与专用无线系统接口、传输系统与专用电话系统接口、传输系统与公务电话系统接口、传输系统与广播系统接口、传输系统与时钟系统接口、传输系统与电源系统接口、传输系统与 CCTV 系统接口、光纤与其他系统接口、时钟系统与各子系统时间信号接口、集中告警系统与各子系统网管接口，以及其他接口关系。

4) 专用通信外部接口关系：专用通信与信号专业接口、专用通信与 PIS 系统接口、专用通信与 AFC 专业接口、专用通信与 FAS 专业接口、专用通信与供电专业接口、专用通信系统与综合监控专业接口、专用通信系统与车辆专业接口、与上层网接口（如网视频监控、公务电话、专用无线）。

5) 公安通信内部接口关系：传输系统与各子系统传输通道接口、电源系统与各子系统供电接口；其他接口关系：IP 电话与计算机网络接口、公安视频监控系统与专网视频监控系统接口等。

6)公安通信外部接口关系:低压配电与公安通信系统接口;其他接口关系:公安视频监控系统与公安分局上层网接口、公安计算机网络系统与既有公安计算机网络系统的接口。

7)传输系统通道需求:

站点、所专业通信资源:传输资源、光纤资源。

传输系统通道专业:信号、供电(电力监控)、乘客信息、综合监控(ISCS)、BAS、门禁(ACS)、安防(SPS)、OA 系统。

8)通信系统与其他专业接口关系:线路专业、轨道专业、建筑专业、结构专业、装修专业等。

与土建工程的接口:区间隧道通信电缆、漏泄同轴电缆的敷设和轨旁电话的安装;控制中心用房、通信设备室、电源室在车站内的位置及土建设计要求。

与车辆的接口:车辆上配置车载通信设备(含天线、电台和电缆);通信维修车间及各工区的设计要求;综合基地室外管线布置及敷设要求;各建筑物通信电缆引入口及管线预埋。

9)通信系统与其他系统接口:与供电专业、与信号专业、与 FAS 专业、与综合监控专业、与 OA 专业、与自动扶梯及电(扶)梯专业、与站台门专业接口、与 AFC 专业接口。

10)通信系统与车站接口:与综合管线专业、与给水排水、与消防专业、与通风空调专业、与低压配电专业、与装修专业接口。

与机电设备的接口:车站及控制中心电梯内的电话设置要求;各车站通信设备房屋的通风空调标准及要求。

民用通信系统接口:民用通信系统接口比照专用通信系统接口内容。

民用通信系统随着移动通信用户数量逐年增加,将公用移动通信引入地铁地下空间,一般由各电信运营商和地铁建设部门确认接口界面。

(8)单机调试、联调联动

通信设备系统的联调是在各通信子系统已完成单系统功能、性能的调试,达到合同技术规格书要求后进行的系统综合测试,相关子系统与综合监控等专业接口功能测试、通信设备联动测试、车站与控制中心联动功能测试等。

1)通信系统单机调试内容

通信系统单机调试工作在设备安装就位,具有稳定可靠试验电源,且现场环境达到试验要求后开展。针对不同设备,按已批准调试方案对设备的功能、性能等进行调试,符合有关标准或满足厂家技术要求。

室内单项试验计算机及外部设备功能性试验应符合设计和相关技术电源设备试验,不间断电源的输出电压、频率、满负荷放电时间及超载性能应符合设计和相关技术要求。

通信系统由多个子系统构成,子系统测试要进行功能试验,要求所有的被测指标、功能均能符合经过确认的测试检验建议书、技术要求、工程及供货范围等的要求。若不符,承包商应负责改正,直至试验按要求通过。

2)通信系统安全和功能检验内容见表 8-17。

通信系统安全和功能检验内容　　　　　　　　　　表 8-17

序号	安全和功能检查项目	份数
1	电缆区段性能测试	
2	光缆中继段性能测试	
3	漏缆线路测试	
4	传输系统通道性能测试	
5	公务电话功能检验测试	
6	专用电话功能检验测试	
7	无线通信功能检验测试	
8	视频监视检验测试	
9	通信集中告警检验测试	
10	办公自动化检验测试	
11	民用通信引入检验测试	
12	闭路电视监视系统功能检验测试	
13	广播系统功能检验测试	
14	时钟系统功能检验测试	
15	集中告警系统功能检验测试	
16	电源系统功能检验测试	
17	接地装置检验测试	
18	公安传输系统通道性能测试	
19	IP 电话功能检验测试	
20	公安无线通信功能检验测试	
21	公安闭路电视监视系统功能检验测试	
22	公安电源及接地系统功能检验测试	
……	……	

注：其他验收项目由验收组协商确定。

（9）总结及案例

1）传输系统中单侧光缆中断，OTN 是否能快速切换至设备环；两侧光缆同时中断，OTN 能否快速形成新的自愈环。

2）无线通信系统集群基站故障弱化功能验证，模拟基站与中心（MOS）2M 链路中断后，能否正常实现单站集群功能；锻炼员工在集群基站与中心（MOS）2M 链路中断故障中的应急处理能力。

3）部分城市轨道交通的通信系统在使用过程中，发现电源线温度过高，这可能是由设计单位的设计失误造成的。设计单位在设计中没有正确地计算电源线的线径，致使电源线在正常使用时发热，从而影响正常使用。

在施工过程中，施工单位及监理单位发现问题后，应及时向业主提出变更要求，业主应予支持。

4. 通信系统工程验收及竣工资料

依据通信系统的有关法律、法规、工程建设强制性标准、设计文件及施工合同，监理对通信集成商报送的竣工资料进行审查，凡是自评合格即可申请单位（子单位）工程预验收，监理组织对通信工程质量进行单位工程预验收。对存在的问题，应及时要求通信安装单位整改。所有工程缺陷的修复均需由设计人员、监理工程师和最终用户签字认可。整改完毕由总监理工程师签署工程竣工报验单，提出工程质量评估报告，并经总监理工程师和监理单位技术负责人审核签字。整改了预验收提出的问题后，向建设单位发出竣工验收申请报告，编制竣工验收的详细计划并协助实施。

（1）单位工程验收

监理工程师应通过对分项、分部工程质量等级的统计推断，再结合对通信工程质量资料的核查、专用通信及公安通信的安全和功能项目抽检、观感评分，系统地对整个单位工程作出全面的综合评定，以决定可否同意施工单位竣工验收申请。

1）实体验收

通信集成商应对安装、调试过程进行自检、自评工作，符合要求后，填写验收报验单，并把验收资料报送监理工程师申请验收。

监理机构至少应负责以下工作：

对通信系统验收资料及实物进行预验收检查，预验收合格后签发单位验收报验单。

验收移交前，应督促承包商清理现场。

按业主认可的试验大纲的规定进行试验，确保结果符合技术规格书和设备性能要求。

对系统进行各项功能试验，含系统之间接口和联调完成。

对安全保护和电气监控进行试验并完成。

整机进行各项功能试验并完成，包括144h连续运转试验等。

2）观感验收内容

观感质量评定：

观感质量评定由监理单位组织通信集成商共同进行现场评定，必要时业主参加。观感质量检查项目评定达不到合格标准，应进行返修。

验收标准：通信系统设备安装观感质量合格标准、机架观感质量合格标准、机柜观感质量合格标准、设备配线观感质量合格标准、缆线引入观感质量合格标准、系统布线标识观感质量合格标准、槽道观感质量合格标准等。

如槽道安装、电缆引入、光缆引入、机房设备排列、机房机柜安装、设备安装工艺、设备配线布线、接地装置、标识、标志、封堵完成等。

通信管线安装、通信光、电缆线路、传输系统、公务电话系统、专用电话系统、通信集中告警、办公自动化、民用通信引入、无线通信系统、闭路电视监视系统、广播系统、时钟系统、电源装置、接地装置以及公安通信检验项目。

设备观感质量合格标准：机房内设备排列整齐，设备间距合理。设备表面无明显损伤，漆饰完好。

电缆支架观感质量合格标准：安装整齐，高度一致；表面平整、色泽均匀，线角顺直；标识清晰。

电缆槽观感质量合格标准：电缆槽上盖上地板后，地板平整，无凹凸不平。电缆槽内的缆线布放整齐，顺直、无交叉。

光电缆接头观感质量合格标准：接头盒完整无损、摆放平整、无漏胶、漏液现象；电缆铅套管封焊美观、焊缝平滑；光电缆余留整齐、绑扎均匀一致。

光电缆引入观感质量合格标准：光电缆引入排列整齐、绑扎均匀一致；尾缆弯曲半径合理、成端整齐美观；电缆芯线编把顺直、均匀美观。

光缆尾纤盘留整齐一致，绑扎松紧适度。

配线观感质量合格标准：配线电缆和电线放、绑、扎整齐美观；配线焊接后芯线绝缘层无烫伤、开裂及后缩现象；绕接线严密紧贴，无叠绕；电缆槽上盖上地板后，地板平整，无凹凸不平；电缆槽内的缆线布放整齐、顺直、无交叉。

接地装置及配线的材质、型号、规格、质量以及接地体的埋深、两组接地体之间的距离应符合设计要求。室内接地配线走向、防护方式及与设备的连接应符合设计要求，严禁用接地线代替电源线。

接地应符合下列规定：室内接地配线的线种和截面应符合设计要求。机架地线必须连接良好，中间无接头。

3）资料检查及需完成文件

资料收集与整理包括分部工程、单位工程等验收资料，竣工结算审核意见书，系统设备质量评估报告等专题报告，监理工作总结等。

单系统设备调试结束后，按相关程序和有关规定组织有关部门对各单系统设备进行初步（预）验收、竣工签证及质量评估。

督促承包商及时编制竣工结算文件，协助业主进行工程竣工结算工作。

协助业主做好设备系统试运行准备工作。

审核承包商的设备、材料向运营移交的清单。

其他属于合同规定的项目监理部责任范围内的工作。

完成资产录入工作。

4）单位工程验收应提交报告

① 在单位（子单位）工程验收完成，满足试运行条件后，将开始 3 个月的试运行。将在工程试运行前编制详细的《工程试运行质量监护计划》交予监理工程师。

② 144h 运行试验报告。

③ 验收报告调试总结。

④ 第三方报告。

（2）联调总结与评估

由最终用户、监理工程师、承包商、运营接管单位、政府质量检验部门及其他相关单位组成的验收组按照供货商提出的检验标准及本合同所规定的技术标准进行检查，最终用户对安装工程实体和该工程所涉及的竣工档案的检查结果满意并接收，签发"竣工证书"，作为竣工正式验收结束的依据。

8.4 供电系统工程

8.4.1 概述

供电系统构成：城市轨道交通工程的供电系统工程构成采用集中 110～35kV 两级供

电方式，从主变电所引出 35kV 电源，向地铁牵引降压混合变电所及降压变电所供电方式。全线供电系统设计 35kV 交流系统、1500V 直流系统及变电所内 0.4kV 系统。

含三个主要单位工程：供电系统 110kV 主变电所工程、供电系统 35kV 变电所工程、牵引网系统工程。

供电系统 110kV 主变电所工程：供电系统 110kV 送电工程（主变电所工程）包含 110kV 送电工程、110kV 输电线路土建、主变电所房屋建筑工程及电器设备安装工程。

供电系统 35kV 变电所工程：供电系统 35kV 变电所设备安装工程包含变电所设备安装工程（牵混、降压、跟随）、环网电缆工程、电力监控系统工程（SCADA）、杂散电流防护工程。

牵引网系统工程：牵引网系统工程包含架空式刚性接触网工程、架空式柔性接触网工程或接触轨工程。

地铁车辆采用 DC1500V 架空接触网（或接触轨）受电方式。

1. 110kV 供电系统构成

110kV 主变电所设置，一般新建工程设 2 座以上主变电所。两座主变电所均为共享主变电所，其中二线资源共享。主变电所主接线及电气参数，每座主变电所设两台 110/35kV 主变压器，110kV 侧采用线路变压器组接线，35kV 侧采用单母线分段方式，两段母线间设母联断路器，正常运行时母联断路器打开。主变压器连接组别为 YNyn0＋d11，110kV 侧接地方式根据城市电网运行状况，由电力系统确定，35kV 侧中性点经小电阻接地。

两座主变电所均为共享主变电所，对于主变压器二次侧如何向共享线路馈出电缆，主要有三种接线方式，T 接方式、两级母线方式、母线非独立设置方式。为使全线接线方式统一，主变电所可推荐采用两级母线接线或其他方式。

110kV 主变电所设备由变压器、110kV GIS 成套装置、35kV SVG 无功补偿装置、35kV 所用变、35kV CGIS 开关柜、控制盘柜、直流柜、交流柜、UPS 柜组成。

线路走向及电缆引入问题具有不确定性，因此这两条线母线暂按设置在主变电所考虑。

2. 35kV 牵引供电系统构成

牵引供电系统主要由牵引降压混合变电所中的整流机组、直流正负极开关设备、馈线、接触网、钢轨、回流线、均流电缆和钢轨电位限制装置等组成。每座牵引变电所设两套整流机组（整流变压器－整流器单元），整流变压器一次侧并接于同一段 35kV 母线，直流 1500V 侧单母线不分段，两台整流机组并列运行并组成等效 24 脉波方式，通过接触网向列车供电，然后再经钢轨、回流电缆至牵引变电所负极柜。

（1）牵引及降压变电所：牵引降压混合变电所 35kV 侧为单母线分段接线方式，两段母线间设母联断路器，两套整流机组接在 35kV 侧的同一段母线上，两套整流机组并列运行；两台 35/0.4kV 配电变压器分别接在两段母线上。

降压变电所 35kV 侧为单母线分段，两台 35/0.4kV 配电变压器分别接在两段母线上。

跟随式降压变电所设两台 35/0.4kV 配电变压器，两台变压器直接从该站牵引降压混合变电所或降压变电所的两段 35kV 母线上各引入一回 35kV 电源。

降压变电所低压 0.4kV 侧采用单母线分段接线。通过低压开关向车站各动力照明负荷供电,并设置三级负荷总开关。

(2) 中压环网电缆工程:供电系统的环网电缆包括主变电所 35kV 出线电缆、地铁变电所间 35kV 联络电缆,35kV 电缆保护光缆和双边联跳电缆。环网电缆尽量利用地铁既有土建结构敷设,对于无地铁固有土建结构的地段,单独设置电缆敷设构筑物,电缆敷设应考虑电缆沟、隧道、吊架的上下引接,电缆终端头、中间接头等所需的电缆预留量。

(3) 杂散电流监测系统构成:杂散电流监测系统方案采用同既有线相同的集中式监测系统,由参考电极、整体道床测量端子、车站隧道测量端子、杂散电流测量用信号电缆、接线盒、监测装置及微机管理系统组成。

(4) 电力监控系统构成:电力监控系统由中心电力监控调度系统、变电所综合自动化系统、通信通道三部分构成。

1) 中心电力调度系统构成:控制中心电力调度系统采用开放型、分布式计算机局域网结构,客户机/服务器模式,网络采用高可靠性的双以太网结构,系统服务器采用高容错能力的"1+N"冗余工作模式。系统由双局域网络、主备服务器、双并行操作员工作站、系统维护工作站、数据文档工作站、打印机设备等构成,另外配置 UPS 系统及配电盘,以保证监控设备的不间断供电。

2) 被控站变电所综合自动化系统构成:变电所内采用微机型全所综合自动化系统,分散、分层、分布式网络结构,包括:站级管理层、网络通信层、间隔设备层设备。

3) 电力监控系统通信通道构成:控制中心电力调度系统与被控站之间主干网由通信传输系统提供冗余的 100Mbps 带宽以太网专用传输通道组建冗余环网。在每处站点,由通信传输系统为 PSADA 系统提供 2 个互为冗余的光口。

3. 牵引网系统构成

牵引网系统是供电系统中一个极其重要的组成部分,由于牵引网是没有备用的供电装置,地铁车辆采用 DC1500V 架空接触网受电方式和接触轨受电方式。

牵引网由接触网和回流网组成,分别通过上网电缆和回流电缆接入牵引变电所。牵引网容量选择同样要依据远期高峰负荷确定。

8.4.2 供电系统工程设备监理工作

1. 监理工作内容、重点、控制措施

(1) 供电系统监理工作内容

监理工程师在供电系统安装质量试验管理方面,建立健全安装质量、送电安全体制,强化施工组织设计方案及吊装、行车、送电、试验等专项方案;设备生产、原材料采购的质量控制及检测内容及手段,设备安装与土建接口及抗负荷承载力复核、试验及验收管理,监理跟踪过程试验、检测和送电关键环节并记录。详见第 8.1 节。

供电系统工程可划分主变电站工程、牵引供电工程、牵引网工程,主变电站工程可划分为送电工程(进线部分)、房屋建筑、电气设备安装工程等子单位工程。

施工组织方案及专项方案及评审;设备生产、原材料采购的质量控制及检测内容及手段,设备安装接口管理。

供电系统主要工作内容:

1) 供电系统 110kV 送电工程(主变电所工程)包含 110kV 送电工程、110kV 输电线路土建、主变电所房屋建筑工程及电器设备安装工程。

供电系统35kV变电所工程：供电系统35kV变电所设备安装工程包含变电所设备安装工程（牵混、降压、跟随）、环网电缆工程、电力监控系统工程（SCADA）、杂散电流防护工程。

系统内的电缆支架安装，全所电缆、光缆工程敷设、电缆终端、中间接头制作安装、接地制作安装，变压器、配电柜、控制柜及就地设备安装、二次回路检查及接线，系统调试、验收及带电试运行等。

2）牵引网系统工程：牵引网系统工程包含架空式刚性接触网工程、架空式柔性接触网工程或接触轨工程。

刚性悬挂接触网工程：主要有铝合金汇流排、接触线、绝缘元件和悬挂装置组成。接触悬挂、汇流排安装及接触线架线、调整、中心锚结安装；设备安装：电动隔离开关安装及引线连接、刚性悬挂分段绝缘器安装、回流箱及引线安装、架空地线的安装、接地跳线、接地线夹安装、电连接安装。

柔性悬挂接触网工程：基础制作（含人工土坑开挖、基础浇制、基础帽以及养护等）、机械立杆（含机械立杆、支柱整正等）、门型支架安装、接触悬挂安装、下锚装配及拉线安装、门型架软横跨节点安装、接触悬挂架线及调整；设备安装：单台电动隔离开关及引线安装、三台电动隔离开关及引线安装、带脱扣装置的氧化锌避雷器安装、带脱扣装置的氧化锌避雷器安装（带计数器）、带串联间隙的氧化锌避雷器安装、带串联间隙的氧化锌避雷器安装（带计数器）、电压均衡器安装、双线分段绝缘器安装、单线分段绝缘器安装、线岔安装、回流箱及引线安装、架空地线安装、接地线、接地跳线、接地极安装、电连接安装，以及支柱防护和号码牌的制作与安装等。

接触轨工程：支架底座及螺栓安装、绝缘支架安装、接触轨及其附件、中心锚结、电连接、防护罩、隔离开关、避雷器等。

（2）供电系统设备安装监理质量控制重点

供电系统设备安装阶段监理主要对项目的控制管理、设备集成采购的考察、设备安装工程前期的准备、设备材料进场验收的检查质量控制、设备安装工程过程检查质量控制、设备调试进行质量控制。

1）供电系统35kV变电所工程包括以下内容：

① 变电所系统：DC1500V开关柜、整流机组（整流变压器和整流器）、配电变压器、电抗器安装；交、直流盘电源装置安装；DC1500V电缆、低压电缆、控制电缆、网络通信线缆敷设；电缆附件、主要材料及配件安装。

② 环网电缆系统：光缆及附件、控制电缆及附件、主要材料及配件安装。

③ 电力监控系统：变电所综合自动化系统、剩余电流监测系统安装。

④ 杂散电流防护系统安装。

⑤ 车站应急照明电源装置安装。

2）在设备安装过程中，监理特别关注常见质量问题缺陷，对室内室外设备安装、设备运输、基础预埋、箱柜安装调整、二次布线、光、电缆敷设、光、电缆接续、光、电缆防护（敷设方式过渡段）、设备防雷接地安装、专业接口界面、设备受电调试等，作为重点实施全过程质量监控。

① 供电系统的主要设备一般采用甲供模式，并辅助采用集成管理服务，监理服务贯穿整个工程的建设过程，供电设备技术含量高，根据工程需要对设备产品的技术规格书，通过设计联络进行优化，监理对设备产品进行设备监造。

② 供电系统设备采购监理的主要工作：参与设计联络、设备监造、设备出厂验收、设备运输及到场验收。

③ 供电设备多为重型设备，运输危险系数大，监理应强化设备包装和设备运输方案审核和落实。

④ 供电系统设备安装工程在施工准备、安装过程、接口调试、各阶段验收等，监理首先要熟悉和了解业主与承包商签订的合同及承包商分包合同内容并进行分解。

⑤ 在供电系统设备安装过程中特别要关注，实施全过程质量监控：设备基础预留、预埋梳理工作与土建及装修单位应提前对接；设备安装、电缆一次敷设、二次布线工艺水平高，达到较高的工艺要求需要反复调整；设备防雷接地、安全接地必须安装到位，这些过程要求监理旁站、平行检测、提出问题要求整改；专业接口界面、限界达标，设备受电调试条件的检查检测等都是监理工作重点。

⑥ 供电系统工程是确保城市轨道交通"电通"的基础性工程，其中，110kV进线电源电缆工程主要受到城市规划、城市建筑物等前期影响，是影响工程进度的主要因素，监理应多方位协调，在建设业主的领导下，和城市供电部门、规划部门等加强协作，确保外部电源工程的顺利实施。

⑦ 在供电系统内部，应将变电所和环网电缆工程作为工程进度控制的重点，变电所工程中整流变压器、整流器、开关柜等为重量重的大型设备，监理重点是审核承包商的大型设备运输吊装方案，对设备安装前的准备工作进行事先控制，根据工程工期紧的特点，制定超前工期安排和倒排工期法进行控制。

⑧ 供电系统变电所安装与车站土建专业、动力照明专业、综合监控专业等接口多，又负责向牵引网提供上网电缆的安装，因此，必然受这些专业施工的制约，应作为监理的重点进行控制。

⑨ 根据供电系统变电所安装与各专业间接口多的特点，在施工过程中应要求承包商编制详细的施工进度计划，并协调好各专业间接口的配合工作。接口工作不做好将导致设备无法安装，或系统无法正常运行，或存在运行隐患，相关变更也将增多，延误工期，影响大局。在施工过程中，使各专业紧密结合，达到接口一致、规约相通。监理应重点控制供电系统变电所安装对其他专业的要求。

⑩ 在供电系统设备安装完毕后期，系统的综合调试工作是保证"电通"的必要，根据工程特点，供电系统的综合调试除了变电所各设备的调试之外，还包括接触网或接触轨参数测试和热滑、直流供电系统的短路试验以及对杂散电流的参数测试、电力监控的联调，因此，供电系统综合调试直接影响工程预定工期的实现。

⑪ 供电系统设备安装涉及设备多，工程技术含量高、安全及风险系数大的工程，监理在安全监督管理也是重中之重、难上加难的工作，要求在设备运输、吊装、调试、受电等环节，严格做好安全管理工作。

⑫ 供电系统设备工程具有施工组织复杂的特点，一般进度要求电通提前，而系统内外接口较多、特别是土建路径导通与车站设备间装修滞后，制约着供电系统工程施工进

度，监理要做好各方的协调工作。

a. 刚性悬挂接触网：施工测量、隧道内钻孔、锚栓安装；悬挂支持装置安装、汇流排安装、人防门处的汇流排安装、接触导线架设、接触悬挂调整、中心锚结安装。

设备安装：分段绝缘器安装、上网隔离开关安装及引线、电连接安装、接地安装、号码标志牌安装。

b. 柔性接触网系统：施工测量、基础制作、单支柱及大型连续门型架安装（单支柱安装、门型架安装）、支持结构安装（支柱支持结构安装、门型架定位索安装）、架空地线敷设及调整、承力索架设、接触线架设、接触悬挂调整。

设备安装：避雷器安装、隔离开关安装、静调电源装置安装、分段绝缘器安装、线岔安装、电连接安装等。

（3）供电系统安装监理质量控制措施

供电系统设备的工程量大，相关系统接口多，联调工作量大，困难较多，监理首先应建立健全项目组织机构，完善职责分工及有关监理制度，落实质量控制责任，按质量控制程序对质量进行控制，严格执行各项管理制度。

对不满足合同技术和功能要求的设备安装要求承包商进行整改和优化技术规格，按照合同相关条款，对承包商进行相应的经济处罚，促使承包商提供满足合同要求的设备。

1）常见问题清单及控制措施

110kV 主变电安装常见质量问题及控制措施见表 8-18。

110kV 主变电安装常见质量问题及控制措施　　　　表 8-18

序号	主要问题	主要措施
1	电气一次设备安装	1. 在设备支柱上配置隔离开关机构箱支架时，电（气）焊不得造成设备支柱及机构箱污染。为防止垂直拉杆脱扣，隔离开关垂直及水平拉杆连接处夹紧部位应可靠紧固。 2. 在槽钢或角钢上采用螺栓固定设备时，槽钢及角钢内侧应穿入与螺栓规格相同的楔形方平垫，不得使用圆平垫。 3. 充油设备套管使用硬导线连接时，套管端子不得受力。 4. 对设备安装中的穿芯螺栓（如避雷器、主变散热器等），要保证两侧螺栓露出长度一致。 5. 电气设备联接部件间销针的开口角度不得小于 60°。
2	母线施工	1. 持瓷瓶不得固定在弯曲处，固定点应在弯曲处两侧直线段 250mm 处。 2. 相邻母线接头不应固定在同一瓷瓶间隔内，应错开间隔安装。 3. 母线平置安装时，贯穿螺栓应由下往上穿；母线立置安装时，贯穿螺栓应由左向右、由里向外穿，连接螺栓长度宜露出螺母 2～3 扣。 4. 直流均衡汇流母线及交流中性汇流母线刷漆应规范，规定相色为"不接地者用紫色，接地者为紫色带黑色条纹"。 5. 短导线压接时，将导线插入线夹内距底部 10mm，用夹具在线夹入口处将导线夹紧，从管口处向线夹底部顺序压接，以避免出现导线隆起现象
3	屏、柜安装	1. 屏、柜安要牢固可靠，主控制屏、继电保护屏和自动装置屏等应采用螺栓固定，不得与基础型钢焊死。安装后端子箱立面应保持在一条直线上。 2. 电缆较多的屏柜接地母线的长度及其接地螺孔宜适当增加，以保证一个接地螺栓上安装不超过 2 个接地线鼻的要求。 3. 配电、控制、保护用的屏（柜、箱）及操作台等的金属框架和底座应接地或接零

续表

序号	主要问题	主要措施
4	电缆敷设、接线与防火封堵	1. 电缆管切割后，管口必须进行钝化处理，以防损伤电缆，也可在管口上加装软塑料套。电缆管的焊接要保证焊缝观感工艺。二次电缆穿管敷设时电缆不应外露。 2. 敷设进入端子箱、汇控柜及机构箱电缆管时，应根据保护管实际尺寸进行开孔，不应开孔过大或拆除箱底板。 3. 不同截面线芯不得插接在同一端子内，相同截面线芯压接在同一端子内的数量不应超过两芯。插入式接线线芯割剥不应过长或过短，防止紧固后铜导线外裸或紧固在绝缘层上造成接触不良。线芯握圈连接时，线圈内径应与固定螺栓外径匹配，握圈方向与螺栓拧紧方向一致；两芯接在同一端子时，两芯中间必须加装平垫片。 4. 电缆割剥时不得损伤电缆线芯绝缘层；屏蔽层与 $4mm^2$ 多股软铜线连接引出接地要牢固可靠，采用焊接时不得烫伤电缆线芯绝缘层。 5. 电流互感器的 N 接地点应单独、直接接地，防止不接地或在端子箱和保护屏处两点接地；防止差动保护多组 CT 的 N 串接后于一点接地。电流互感器二次绕组接地线应套端子头，标明绕组名称，不同绕组的接地线不得接在同一接地点。 6. 监控、通信自动化及计量屏柜内的电缆、光缆安装，应与保护控制屏柜接线工艺一致，排列整齐有序，电缆编号挂牌整齐美观
5	接地装置	1. 不得用金属体直接敲打扁钢进行调直，以免造成扁钢表面损伤、锈蚀。 2. 敷设在设备支柱上的扁钢应紧贴设备支柱，否则应采取加装不锈钢紧带等措施使其贴合紧密。 3. 户外接地线采用多股软铜线连接时应压专用线鼻子，并加装热缩套，铜与其他材质导体连接时接触面应搪锡，防止氧化腐蚀。 4. 站内所有爬梯应与主接地网可靠连接。安装在钢构架上的爬梯采用专用的接地线与主网可靠连接。 5. 构支架接地引下线应设置便于测量的断开点
6	钢结构支架安装	1. 钢结构焊接注意控制焊接变形，焊接完成及时清除焊渣及飞溅物，组装构件必须在试组装完成后进行热镀锌，并对排锌孔进行封堵后方可出厂。 2. 安装螺栓孔不得采用气割加工

35kV 变电所安装常见质量问题及控制措施见表 8-19。

35kV 变电所安装常见质量问题及控制措施 表 8-19

序号	防治项目	主要措施
1	设备基础安装不平整，焊接不牢固，防腐未达到要求	1. 为保证基础槽钢的安装精度，基础槽钢焊接成一个整体框架，再经过整形后运抵施工现场安装。 2. 在垫铁及基础槽钢框架放置过程中，高度至基准点上，适当的增加或减少垫铁的高度，测量水平后在每个角钢预埋件处进行电焊点焊。 3. 在基础槽钢整体水平后，待所有需焊接部分点焊完毕后，再对每一处进行全面焊接。焊接部位要焊接牢固，防止虚焊，检查焊接的密实程度
2	接地扁钢搭接不合理，防腐不到位	1. 扁钢搭接长度应是宽度的 2 倍，必须三个棱边满焊，焊缝饱满，无虚焊、假焊。焊接后应用角磨机打磨光滑。焊接部位必须作防腐处理，并涂两道防锈漆后，再刷银粉漆。 2. 变电所内当有建筑伸缩缝、沉降缝时，接地扁钢应做补偿器

续表

序号	防治项目	主要措施
3	高低压成排柜安装不满足要求，表面不平齐	1. 安装前检验柜（盘）的几何尺寸并进行适当调整，认真拼装，安装柜间连接螺栓（螺母向上）。 2. 母排连接时在连接部分涂抹导电膏，连接螺栓要紧固。 3. 盘、柜安装完毕后，需使用塑料布和防护板将盘柜包封，防止灰尘、潮气侵入及施工碰撞
4	变压器安装不牢固，防腐不到位	1. 变压器底部基础与预埋件之间采用螺栓连接，如遇特殊情况也可点焊，焊接完成之后进行防腐处理。 2. 变压器内、外及盘面应清洁，油漆完整。柜门开启自如，门与柜体间连接软导线应安装牢实。 3. 变压器底座框架、变压器外壳应该可靠接地。紧固件有松动的必须紧固，做好成品保护
5	电缆敷设绑扎不合理，标识牌漏做，相色未区分	1. 电缆在敷设过程中防止电缆在地面、孔洞等处与障碍物刮磨，损坏电缆外皮。 2. 要求电缆从母排上连接应垂直母排且平行于地面；拐弯应平滑，支架上、线槽内的电缆应顺直，排列整齐，无拧结打弯现象。 3. 敷设电缆的电缆沟、竖井孔洞，有防火隔堵措施，电缆的首端。尾端和分支处应该标示牌
6	电缆监控工程二次配线不整齐，回路杂乱	1. 用于晶体管保护回路的控制电缆，当采用屏蔽电缆时，其屏蔽层应接地，如不采用屏蔽电缆时，其备用芯线应有一根接地（电缆接地应为单边接地）。 2. 盘、柜内的电缆芯线，应有规律地按垂直或水平配置，不得任意歪斜或交叉连接；备用芯线应留有适当余度

环网电缆敷设工程常见质量问题及控制措施见表 8-20。

环网电缆敷设工程常见质量问题及控制措施　　　　表 8-20

序号	防治项目	主要措施
1	支架安装不垂直、不牢固，镀铜圆钢未预留，放热焊接不合理	1. 电缆支架安装后要进行必要的调整保证横平竖直，安装螺栓紧固到位，系统电缆支架锚栓应抽样进行拉拔试验。 2. 镀铜圆钢跨越变形缝时，设欧姆弯补偿；支架安装要垂直。 3. 镀铜圆钢进行放热焊接工艺必须使连接达到分子结合，光滑美观；表面光滑，有金属光包裹在接头内
2	电缆敷设、绑扎、预留不合理	1. 电缆在敷设过程中防止电缆在地面、孔洞等处与障碍物刮磨，损坏电缆外皮。电缆在敷设过程中应考虑留有一定的驰度。 2. 电缆在支架上敷设，转弯处的最小允许弯曲半径为 15D（D 为电缆直径）。 3. 电缆敷设任何情况下不得入侵限界
3	电缆中间头未达到要求，接地不合理	1. 电缆中间接头封闭严密，填料饱满，无气泡、无裂纹，芯线连接紧密。 2. 电缆头处金属护层及铠装层应接地良好，接地线采用接地铜绞线或镀锡铜编织线。 3. 电缆中间头外形美观、光滑，无褶皱，有光泽，并能清晰地看到其内部结构轮廓

续表

序号	防治项目	主要措施
4	单向导通装置、排流柜接地未达到要求	1. 排流柜接地：柜内接地铜排连接牢固；在成列设备的两端采用软铜编织线与变电所接地网可靠连接。 2. 单向导通装置采用放热焊接方式进行软电缆与钢轨的连接

接触网工程常见质量问题及控制措施见表 8-21。

接触网工程常见质量问题及控制措施　　　　表 8-21

序号	工序	主要存在问题	问题分析	防范措施
1	接口检查	1. 基础型号不对，位置、里程不符。 2. 基础预埋螺栓间距、外露长度及螺纹长度等不达标。 3. 预埋件被混凝土覆盖。 4. 隧道滑槽预埋里程、间距不达标。 5. 接地端子、孔洞预留遗漏	站前承包商未完全按照设计图纸进行施工	1. 提前介入，与土建承包商联系，与土建单位图纸进行核对，指导土建承包商预埋支柱、拉线基础螺栓预埋。 2. 对已施工的区段，要加强接口检查，不符合标准的及时通知站前单位整改，并防止后续问题的发生
2	基坑开挖	1. 基坑开挖尺寸不达标。 2. 基坑防护、警示不到位。 3. 工具、材料、弃土等堆放及转运	1. 施工人员未按标准进行施工。 2. 塌方坑、水坑的防护板不够，坑口警示标志未设置、人员配备不足。 3. 施工人员管理不到位	1. 加强施工人员培训，对基础模具要精确复核。 2. 采取正确的坑壁支撑方法，木方和木板要有足够的强度；在施工区段两端及坑口要设置警示标志；配备足够人员，坑下作业时，必须有人防护。 3. 工具材料应堆码整齐，严禁超限；弃土应投出坑外 0.6m 以外的地方，堆放不准超高轨面，设置基坑周围防护
3	悬挂调整	1. 架线后腕臂偏移不正确。 2. 导线扭面。 3. 吊弦线夹变形，吊弦导流环方向不一致。 4. 电连接处线索未涂导电膏。 5. 定位线夹安装反	1. 架线后，未从中锚向锚柱方向进行。 2. 卡定位时，未清理线面。导线架设后，长时间未卡定位。 3. 未使用张力计。 4. 吊弦线夹力矩过大，导致变形	1. 悬挂调整顺序。 2. 在接触线架设后 48h 内必须完成定位器安装，否则长时间不卡定位将会造成接触线蠕动扭面现象。 3. 弹性吊索安装和悬挂调整必须从中锚往下锚方向进行安装、调整（中心锚结柱无要求），紧线器和张力计加挂在下锚侧，其加挂顺利不得颠倒，每半个锚段必须是同一组施工人员。 4. 吊弦、电连接等载流部位必须使用力矩扳手进行紧固，安装前必须涂抹导电膏。 5. 定位线夹必须本体为受力面

续表

序号	工序	主要存在问题	问题分析	防范措施
4	腕臂预配及安装	1. 预配尺寸、方向、力矩未达标。2. 绝缘子损坏。3. 腕臂棒式绝缘子排水孔朝下，斜腕臂未进入棒瓶中	1. 预配未经系统培训，预配人员不是同一批人员，工具不合格。2. 运输过程中碰伤。3. 安装完后未检查	1. 应采用预配车间预配，预配人员应固定，应认真学习各项技术标准。各零件的紧固力矩值按产品说明书和设计要求执行。各螺栓穿向应统一。力矩扳手，应用专人管理，预配前由专人设定力矩值，预配完毕，应使力矩设定值归零，使用次数达五千次，校准一次。2. 运输过程中应轻拿轻放。3. 腕臂安装后应检查各重点受力部位

2) 强制性条文见表 8-22、表 8-23。

变电所电气工程施工强制性条文执行计划表　　　　表 8-22

分部工程	分项工程
主变压器系统设备安装	主变压器安装
	主变压器本体安装
	主变压器检查
	主变压器附件安装
	主变压器油及密封试验
	主变压器整体检查
主变压器系统整体附属设备安装	中性点隔离开关安装
	中性点避雷器安装
	控制柜及端子箱检查安装
主控室设备安装	主控及直流设备安装
	控制及保护和自动化屏安装
	直流屏及充电设备安装
	二次回路检查及接线
封闭式组合电器检查安装	110kV 封闭式组合电器安装
	基础检查及设备支架安装
	封闭式组合电器本体检查安装
配套设备安装	电压（流）互感器安装
	避雷器安装
就地控制设备安装	控制柜及就地箱安装
	二次回路检查及接地
35kV 及站用配电装置安装	35kV 配电柜安装
	基础型钢安装
	配电盘安装
	断路器检查
	二次回路检查接线

续表

分部工程	分项工程
35kV 及站用配电装置安装	站用低压配电装置安装
	低压变压器安装
	变压器检查
	控制及端子箱安装
	变压器整体检查
无功补偿装置安装	无功补偿装置安装
	变压器本体安装
	变压器检查
	变压器整体检查
全站电缆施工	电缆敷设
	屋内电缆敷设
	电力电缆终端及中间接头制作
	电力电缆终端制作及安装
交接试验	交接试验
	变压器
	电抗器、消弧线圈
	互感器
	真空断路器
	SF_6 断路器
	SF_6 封闭式组合电器
	电力电缆
	避雷器
接地装置安装	接地

牵引网强制性条文　　　　　　　　　　　　　　　　表 8-23

分部工程	分项工程	《城市轨道交通接触网系统工程质量验收规范》DGJ32/TJ 198
柔性接触网	基础	基础（含拉线基础）的混凝土试块的抗压强度不得小于设计值
	钢支柱	1. 钢支柱侧面限界在任何情况下，严禁侵入建筑限界。 2. 钢支柱应垂直于线路中心线，允许偏差不得大于 2°
	硬横跨及吊柱	1. 硬横梁承受全部载荷后，横梁应呈水平状态，不得有负拱度。 2. 吊柱受力后垂直、顺线路方向应垂直，倾斜度不得大于 1°。 3. 吊柱侧面限界在任何情况下，严禁侵入邻近线路的建筑限界

续表

分部工程	分项工程	《城市轨道交通接触网系统工程质量验收规范》DGJ32/TJ 198
柔性接触网	拉线	1. 拉线安装位置任何情况下严禁侵入建筑限界。 2. 拉线材料不得有断股、松股和接头。 3. 拉线与地面夹角宜45°但不得大于60°
	支持装置	腕臂安装按照产品安装温度曲线安装并垂直于线路中心线,安装温度变化时的偏移不得大于计算值
	补偿装置	补偿绳缠不得有接头、松股、断股等缺陷
	架空地线	架空地线的弛度应符合安装曲线,且最大弛度时,必须保证架空地线及其相连金具距接触网带电体不小于150mm
	接触线	接触线架设完成后,接触线不得有硬弯,且无扭面、受力变形现象
	隔离开关	隔离开关的安装位置及各部件安装尺寸不得侵入限界
	接地装置	接地装置对接触网带电体的距离应不小于150mm,对受电弓的瞬时距离应不小于100mm,且不得侵入设备限界
	接触悬挂	在直线区段、曲线区段跨中偏移均不得大于主线试车线300mm
	线岔	始触区内两支导线高度符合设计要求,机车通过时,非工作支不应偏磨受电弓诱导角,在始触区至接触线的交点处,正线和侧线接触线应位于受电弓的同一侧,且在该区域内不得安装除吊弦线夹外的其他任何线夹或设备零件
	警示防护设施	警示标志牌在任何情况下都显眼醒目,不得侵入设备限界,满足电气绝缘距离要求
刚性接触网	埋入杆件	埋入杆件载荷检测应符合设计要求,化学锚固螺栓所使用的化学填充剂必须在有效期内使用
	接触线	接触线应按设计锚段长度对号架设,在锚段内无接头、无硬弯
	架空地线	架空地线的弛度应符合安装曲线,且最大弛度时,必须保证架空地线及其相连金具距接触网带电体不小于150mm
	锚段关节	锚段关节处的两支接触线在关节中间悬挂点处应等高,转换悬挂点非工作支不得低于工作支
	隔离开关	隔离开关的安装位置及各部件安装尺寸不得侵入限界
	接地装置	接地装置对接触网带电体的距离应不小于150mm,对受电弓的瞬时距离应不小于100mm,且不得侵入设备限界
	警示防护设施	警示标志牌在任何情况下都显眼醒目,不得侵入设备限界,满足电气绝缘距离要求

城市轨道交通供电系统工程中,凡有区间设备安装侵入设备限界,不得验收。

2.供电系统设备(集成、采购)主要监理工作

供电系统监理(或承包商)作为集成管理服务商,在采购的设计联络阶段,全面负责系统设备的集成服务管理工作。

(1)供电系统主变电所设备用房

有变压器设备间、110kV GIS组合电器设备间、35kV变电所用变压器设备间、35kV CGIS开关柜设备间、控制室,见表8-24。

110kV 主变电所工程主要设备　　　表 8-24

序号	主要设备名称	型号
1	变压器	
2	110kV GIS 成套装置	110kV
3	35kV SVG 无功补偿装置	35kV
4	35kV 变电所用变压器	
5	35kV CGIS 开关柜	主变进线
6	35kV CGIS 开关柜	母线设备
7	35kV CGIS 开关柜	分段隔离
8	35kV CGIS 开关柜	分段断路器
9	35kV CGIS 开关柜	电缆出线
10	35kV CGIS 开关柜	变电所用变压器，SVG 出线，电抗
11	控制盘柜	—
12	直流配电柜	—
13	交流配电柜	—
14	UPS 柜	—

（2）牵引供电牵引所、降压所、混合、跟随所

35kV 变电所设备包含 40.5kV GIS 开关柜、整流变压器、整流器柜、配电变压器、1500V 直流开关柜、0.4kV 开关柜、负极柜、排流柜、钢轨电位限制装置、控制信号盘、交流盘、直流盘、蓄电池盘等设备。

（3）电缆选型

主要有接地线、电源电缆、供电电缆、网络线、光缆的管线。所有的光、电缆（线）的外护套应是绝缘、低烟、无卤、阻燃。

交流 35kV 电力电缆，地下站及区间，选用铜芯，交联聚乙烯绝缘，低烟、无卤、A 类阻燃电力电缆，在地面及高架，选用铜芯，交联聚乙烯绝缘，低烟、低卤、A 类阻燃、防紫外线电缆的技术标准。

3. 供电系统设备安装工程主要监理工作

（1）设备安装前监理工作

1）设备安装前监理准备工作

供电系统开工前，监理工程师应根据变电、接触网、主所的合同文件要求和技术图纸对工程施工范围作深入的调查，核实现场施工条件，纠正差错、补充缺漏。

供电系统施工现场预留预埋检查：预留沟、槽、管、洞的位置和数量，设备安装基础，设备运输通道的位置和数量，预埋件的尺寸和位置，预留基础尺寸及数量，标高基准点，轴线等项目，对于发现的问题，监理工程师将向业主汇总报告，协调解决。

2）承包商项目部前期监理审查工作

供电系统对设备安装操作进行技术安全交底，技术人员仔细审核设计文件、安装手册，对现场进行认真勘测，了解现场实际情况，发现问题及时协调解决。

3）施工图优化设计的监理工作

施工图设计初步完成时，根据设备产品特点，优化二次接线，详细检查施工图纸，提出监理的优化建议，要求现场实施工艺满足设计及优化，保证完成的施工图设计能指导施工。

(2) 主要进场材料、设备质量控制要点

供电系统集成采购需工厂考察，审查设备承包商提供的材料、设备的产品合格证，试验报告，并形成出厂验收记录。监理工程师应审查设备承包商提供的设备运输方案及吊装方案。

主要进场材料、设备质量控制检测，一般包括设备到货检验、施工过程中工序及整体工程安装检验，以及完工检验等。采购的材料、设备应严格按业主及监理的进货检验和试验程序的要求进行，对设备检测和试验。检验方法有取样试验、抽样试验。

对不合格品立即隔离标识、拒绝签认，并应签发监理通知单，书面通知设备承包商限期将不合格品撤出现场。

供电系统供货商为项目工程提供的产品进行最终检验。最终检验确认工作在产品出厂验收过程中完成。

1) 110kV 主变电所工程主要设备

主变电所含 110kV 变压器、110kV GIS 成套装置、35kV SVG 无功补偿装置、35kV 所用变、35kV CGIS 开关柜、控制盘柜、直流配电柜、交流配电柜、UPS 柜。

2) 35kV 变电所工程设备

场段及车站 35kV 变电所设备包含 40.5kV GIS 开关柜、整流变压器、整流器柜、配电变压器、1500V 直流开关柜、0.4kV 开关柜、负极柜、排流柜、钢轨电位限制装置、控制信号盘、交流盘、直流盘、蓄电池盘等设备。

3) 牵引网系统主要设备

牵引网含接触悬挂、汇流排、接触线架线、电动隔离开关、接触轨安装设备等。

质量控制要点：供电系统的主要进场有设备、材料如电缆支架、电缆桥架（梯架，含吊架）化学锚栓、电缆等。

供电系统设备、材料到货检验内容：外观检测、性能检测、规格数量验证、技术资料验证；做好检查记录、审查质量资料和签认开箱检查单；建立监理材料设备台账；对不合格品的处理，若发现供货商提供的质量保证文件与所到实物不相符或对质量保证文件的正确性有怀疑，物资供应部须进行复检。

(3) 检验（试验）与检测中的监理工作

监理检查供电系统供货商出厂试验报告并检查检测内容、项目是否符合设计图纸及供货合同要求。质量的检验检测应参照通信工程施工质量验收规范，严格执行"三检制"。

1) 主要第三方检测

监理工程师根据供电系统工作需要、业主的要求和工程施工具体情况，对设备材料进行见证取样、平行检测和抽样试验，并送第三方进行检测，材质检测委托有资格检验的单位进行，检测报告合格后方可使用。第三方检测的取样、送检过程需有监理在场见证，并留存必要的过程照片或影像资料，见表 8-25。

变电所安装主要第三方检测　　　　　　　表 8-25

序号	项目	第三方检测及检测重点
1	电缆 AC35kV 电力电缆	交流 35kV 电力电缆，在地下站及区间，选用铜芯，交联聚乙烯绝缘，低烟、无卤、A 类阻燃电力电缆；在地面及高架，选用铜芯，交联聚乙烯绝缘，低烟、低卤、A 类阻燃，防紫外线电缆的技术标准
2	DC1500V 直流电缆	绝缘电阻、直流耐压等常规试验项目。检查内容：抗拉强度、20℃时导体最大电阻值、铜导体直径、挤包外保护套标称厚度值、试验电压
3	支架	镀锌层厚度

监理工程师检查供电系统承包商应提供的产品合格证书、出厂检验报告、进场检验报告、进场复验报告、型式检验报告、检查产品的质量合格证明文件、中文标识、结构性能检测报告、产品性能检验报告等。

2）主要过程检验（试验）与检测

35kV 变电所设备试验项目根据设备清单检测每台设备功能。

牵引网检测、测试：接触网专业锚栓安装前，按到货批次进行锚栓拉拔力试验，各项力学性能指标达到设计或产品要求时方可进行批量安装。接触网主要设备材料进行抽样，送交第三方进行检测，见表 8-26。

牵引网安装主要第三方检测　　　　　　　表 8-26

序号	项目	第三方检测及检测重点	备注
1	柔性分段绝缘器	外观尺寸、拉伸荷载、工频干湿耐受电压、爬电距离、起始滑动力、耐弧性、最小空气绝缘间隙等	
2	氧化锌避雷器	持续电流试验、标称放电电流残压试验、直流参考电压试验、0.75 倍直流参考电压下漏电试验、密封性能试验等	
3	电压均衡器	直流击穿试验、起弧电压试验、热稳定试验等	
4	绝缘子	尺寸检查、拉伸试验、弯曲破坏试验、温度循环试验、孔隙性试验、工频干湿闪络电压试验等	
5	承力索	外观尺寸、拉断力、抗拉强度、单线电阻率、绞线直流电阻、轴向疲劳、扭转试验等	
6	下锚棘轮	外观、组装检验、电气性能试验、镀锌均匀性试验、破坏荷重试验等	

接触网接触线、绞线、DC1500V 电力电缆检测、绝缘子检测、电动、手动隔离开关检测；柔、刚性悬挂分段绝缘器检测、汇流排、汇流排终端、机械预弯汇流排等检测、绝缘横撑检测；支架、吊柱检测、悬挂悬吊零部件等材料检测、锚栓检测。

短路试验时配置临时短路用汇流排接地线夹，汇流排接地线夹与汇流排接触面均匀涂抹导电油脂，线夹与汇流排的接触面积不小于短路试验规定值，并且接触稳固、导通良好。

电气设备安装：设备隔离开关、分段绝缘器安装前按规定检验，主要是检查配件是否齐全，依据检验标准进行有关的设备电气试验或检测工作；电气设备安装要符合设计要求。

3）安全和功能检验

110kV主变电所单位工程安全和功能检验：变压器运输冲击、变压器破氮前氮气压力、绝缘油试验、气体继电器检验、事故排油系统检查验评、冷却器密封试验签证、真空注油及密封试验签证、封闭式组合电器安装及调整、封闭式组合电器隔气室气体密封试验、封闭式组合电器隔气室气体湿度检测。

35kV变电所安装单位工程安全和功能检验：变、配电所设备试验测试、变、配电所启动、试运行、电力线路测试、室内外配管配线检测、远动系统检测、接地装置测试、杂散电流测试。

牵引网单位工程安全和功能检验资料核查记录及主要功能抽查：牵引网设备试验测试、牵引网参数测试、牵引网冷滑试验及送电开通、牵引网接地装置测试。

4）主要调试检验（试验）

单机调试：电力电缆交接试验、35kV变电所设备试验项目清单。

联合调试：设备系统包含设备多、相关接口多、调试阶段多。应列明相关系统的接口关系，各调试阶段的主要内容，调试过程的参与单位，调试的重点、难点及特点。另外，与地铁设备系统的信号、通信、环控通风、给水排水及消防、防灾报警（FAS）、综合监控系统（ISCS）、电力监控（SCADA）、电（扶）梯等设备系统的联调。

设备系统的联调是在各设备系统已完成单系统调试而达到合同技术规格书要求后进行的系统综合测试，包括相关接口功能测试、设备联动测试、车站与控制中心联动功能测试等。

(4) 设备安装关键工序质量控制要点

设备系统安装及调试是在各设备系统安装，并完成单系统调试而达到合同技术规格书要求后进行的系统综合测试，包括相关接口功能测试、设备联动测试、车站与控制中心联动功能测试等。

监理工程师应严格材料、构件、设备检验、复验制度。对承包商报送的拟进场工程材料、构配件和设备的工程材料/构配件/设备报审表及其质量证明资料进行审核。监理工程师应审查承包商提供的材料、设备的产品合格证，测试、试验记录，并形成开箱检查书面记录。

对未经监理工程师验收或验收不合格的工程材料、构配件、设备，监理工程师应拒绝签认，并应签发监理通知单，书面通知承包商限期将不合格的工程材料、构配件、设备撤出现场，并做好记录。

监理根据监理规范要求对供电系统主要进场材料、设备质量检查方法和评价判定制定基本原则。现场的设备和材料等物资都有明确的贮存、保管、防腐和领用制度，焊接材料等重要物资的保管、使用都应严格受控，以确保所有设备和材料等物资技术性能、内在和外观质量符合到货时状况，以达到使用后的质量要求。使工程所用材料设备的质量和消耗始终处于受控状态。见表8-27～表8-29。

供电系统质量控制要求及措施 表 8-27

序号	质量控制内容	质量控制要求	质量控制措施
1	电气一次设备安装	充油（气）设备不得有渗漏现象，螺栓按厂家要求力矩进行紧固	充油（气）设备渗漏主要发生在法兰连接处。安装前应详细检查密封圈材质及法兰面平整度是否满足标准要求；螺栓紧固力矩应满足厂家说明书要求
2		电（气）焊不得造成设备支柱及机构箱污染，隔离开关垂直及水平拉杆连接处夹紧部位应紧固	在设备支柱上配置隔离开关机构箱支架时，电（气）焊不得造成设备支柱及机构箱污染。为防止垂直拉杆脱扣，隔离开关垂直及水平拉杆连接处夹紧部位应可靠紧固
3		在槽钢或角钢上不得使用圆平垫固定设备	在槽钢或角钢上采用螺栓固定设备时，槽钢及角钢内侧应穿入与螺栓规格相同的楔形方平垫，不得使用圆平垫
4		充油设备套管使用硬导线连接时，套管端子不得受力	充油设备套管应使用软连接进行连接
5		母线桥工艺美观	加强母线桥支架、槽钢、角钢、钢管等焊接项目验收，以保证几何尺寸的正确、焊缝工艺美观
6		设备安装中的穿芯螺栓出牙一致	对设备安装中的穿芯螺栓（如避雷器、电压互感器等），要保证两侧螺栓露出长度一致
7		电气设备联接部件间销针的开口角度不得小于60°	施工过程中加强控制，确保开口角度不得小于60°
8	母线施工	硬母线工艺美观，横平竖直	硬母线制作要求横平竖直，母线接头弯曲应满足规范要求，并尽量减少接头
9		母线开始弯曲处距最近绝缘子的母线支持夹板边缘不应大于0.25L，但不得小于50mm	对管母的支撑点进行计算，确保母线开始弯曲处最近绝缘子的母线支持夹板边缘不应大于0.25L，但不得小于50mm。相邻母线接头不应固定在同一瓷瓶间隔内，应错开间隔安装
10		相邻母线接头不应固定在同一瓷瓶间隔内，应错开间隔安装	
		螺栓穿向遵循由下往上、由左向右、由里向外的原则，出牙2～3扣	母线平置安装时，贯穿螺栓应由下往上穿；母线立置安装时，贯穿螺栓应由左向右、由里向外穿，连接螺栓长度宜露出螺母2～3扣
11		直流均衡汇流母线及交流中性汇流母线不接地者用紫色，接地者为紫色带黑色条纹	直流均衡汇流母线及交流中性汇流母线刷漆应规范，规定相色为"不接地者用紫色，接地者为紫色带黑色条纹"

续表

序号	质量控制内容	质量控制要求	质量控制措施
12	母线施工	硬母线接头处应有绝缘护套，并在下凹处打排水孔	硬母线接头加装绝缘套后，应在绝缘套下凹处打排水孔，防止绝缘套下凹处积水、冬季结冰冻裂
13		户外软导线压接线夹口朝上时，应在底部打泄水孔	户外软导线压接线夹口向上安装时，应在线夹底部打直径不超过φ8mm的泄水孔，以防冬季寒冷地区积水结冰冻裂线夹
14		母线和导线安装时工艺美观，弧度一致	母线和导线安装时，应精确测量档距，并考虑挂线金具的长度和允许偏差，以确保其各相导线的弧度一致
15		导线压接时不得有隆起现象	短导线压接时，将导线插入线夹内距底部10mm，用夹具在线夹入口处将导线夹紧，从管口处向线夹底部顺序压接，以避免出现导线隆起现象。引流管的液压方向为自管底向管口连续施压
16		母线压接不得有裂纹	软母线线夹压接后，应检查线夹的弯曲程度，有明显弯曲时应校直，校直后不得有裂纹
17	屏、柜安装	屏柜安装应采用螺栓固定，不得与基础型钢焊死	屏、柜安装要牢固可靠，主控制屏、继电保护屏和自动装置屏等应采用螺栓固定，不得与基础型钢焊死。安装后端子箱立面应保持在一条直线上
18		一个接地螺栓上不得安装超过2个接地线鼻	电缆较多的屏柜接地母线的长度及其接地螺孔宜适当增加，以保证一个接地螺栓上安装不超过2个接地线鼻的要求
19		配电箱、屏柜等应可靠接地	配电、控制、保护用的屏（柜、箱）及操作台等的金属框架和底座应接地
20	电缆敷设、接线与防火封堵	切割后的电缆管口应防止损伤电缆，电缆穿管敷设时不得外露	电缆管切割后，管口必须进行钝化处理，以防损伤电缆，也可在管口上加装软塑料套。电缆管的焊接要保证焊缝观感工艺。二次电缆穿管敷设时电缆不应外露
21		端子箱、汇控柜等的穿管开口尺寸不宜过大	敷设进入端子箱、汇控柜及机构箱电缆管时，应根据保护管实际尺寸进行开孔，不应开孔过大或拆除箱底板
22		埋入地下的电缆管不得因地面下沉带动对机构箱下沉	进入机构箱的电缆管，其埋入地下水平段下方的回填土必须夯实，避免因地面下沉造成电缆管受力，带动机构箱下沉
23		固定电缆桥架连接板的螺栓不得划伤电缆	固定电缆桥架连接板的螺栓应由里向外穿，以免划伤电缆
24		电缆在拐弯处不得下坠	电缆沟十字交叉口及拐弯处电缆支架间距大于800mm时应增加电缆支架，防止电缆下坠。转角处应增加绑扎点，确保电缆平顺一致、美观、无交叉。电缆下部距离地面高度应在100mm以上。电缆绑扎带间距和带头长度要规范、统一

续表

序号	质量控制内容	质量控制要求	质量控制措施
25	电缆敷设、接线与防火封堵	同一端子内的线芯不得超过 2 个，且规格必须一样	不同截面线芯不得插接在同一端子内，相同截面线芯压接在同一端子内的数量不应超过两芯。插入式接线线芯割剥不应过长或过短，防止紧固后铜导线外裸或紧固在绝缘层上造成接触不良。线芯握圈连接时，线圈内径应与固定螺栓外径匹配，握圈方向与螺栓拧紧方向一致；两芯接在同一端子上时，两芯中间必须加装平垫片
26		端子箱内二次接线电缆头不得太低	端子箱内二次接线电缆头应高出屏（箱）底部 100~150mm
27		电缆割剥时不得损伤绝缘层	电缆割剥时不得损伤电缆线芯绝缘层；屏蔽层与 $4mm^2$ 多股软铜线连接引出接地要牢固可靠，采用焊接时不得烫伤电缆线芯绝缘层
		电流互感器的二次绕组 N 接地点应单独、直接接地	电流互感器的 N 接地点应单独、直接接地，防止不接地或在端子箱和保护屏处两点接地；防止差动保护多组 CT 的 N 串接后于一点接地。电流互感器二次绕组接地线应套端子头，标明绕组名称，不同绕组的接地线不得接在同一接地点
28		监控、通信自动化及计量屏柜内的电缆、光缆安装工艺美观，挂牌齐全	监控、通信自动化及计量屏柜内的电缆、光缆安装，应与保护控制屏柜接线工艺一致，排列整齐有序，电缆编号挂牌整齐美观
29		控制台内部的电源线、网络连线、视频线、数据线等应工艺美观	控制台内部的电源线、网络连线、视频线、数据线等应使用电缆槽盒统一布放并规范整理，以保证工艺美观
30	接地装置安装	扁钢调直时应采取保护措施	不得用金属体直接敲打扁钢进行调直，以免造成扁钢表面损伤、锈蚀
31		敷设在设备支柱上的扁钢应紧贴设备支柱	敷设在设备支柱上的扁钢应紧贴设备支柱，否则应采取加装不锈钢紧固带等措施使其贴合紧密
32		户外接地线多股软铜线不得直接接地，铜不得与其他材质导体直接接触连接	户外接地线采用多股软铜线连接时应压专用线鼻子，并加装热缩套，铜与其他材质导体连接时接触面应搪锡，防止氧化腐蚀
33		镀锌扁钢弯曲工艺美观	镀锌扁钢弯曲时宜采用冷弯工艺
34		爬梯与主接地网应可靠连接	站内所有爬梯应与主接地网可靠连接。安装在钢构架上的爬梯应采用专用的接地线与主网可靠连接
35		构支架接地引下线不得焊死	构支架接地引下线应设置便于测量的断开点

35kV 变电所安装质量控制要点

表 8-28

序号	专业	质量控制内容	质量控制要点	检验方法
1	变电所安装工程	设基础安装	1. 设备基础预埋件在运输过程中应轻装轻卸轻放，以免变形。 2. 施工前应将场地清扫干净。 3. 基准定位测量。 4. 设备基础预埋件用绝缘膨胀螺栓固定后，用水平尺和水准仪进行水平测量和校调	多次测量标高、取平均值
2		接地装置安装	1. 接地电缆规格应按设计要求。 2. 接地焊接饱满，焊接牢固无虚焊，焊缝总长度不小于 150mm	现场检查
3		变电所内电缆敷设、电缆终端头制作及校配线	1、电缆终端头应由经过专门培训和熟练制作工艺的技术工人制作，并严格遵守有关制作工艺规程。 2. 电缆终端头和中间接头施工地点应清洁、干燥，施工时环境温度不低于 5℃，相对湿度应在 70%以下。当湿度大时，可提高环境温度或加热电缆。 3. 制作电缆头自剥切电缆开始应连续进行，缩短内绝缘暴露时间以防受潮和尘埃侵入，剥切电缆不应损伤芯线和保留的绝缘层。 4. 电缆封端应严密，当外观检查有怀疑时，应进行受潮判断或试验	现场检查
4	环网电缆工程	电缆支架安装	1. 预埋化学锚栓时，开孔清理必须符合要求，孔内灰尘必须清理干净，锚栓埋深必须符合设计要求和规范要求。 2. 电缆转弯处安装的电缆支架，能托住电缆平滑均匀的过渡。 3. 支架安装、紧固及连接等螺栓和固定锚栓均应具备防松功能（设有弹簧垫圈等）	观察检查
5		接地干线敷设	1. 镀铜圆钢拉直时，注意不能磨损镀铜圆钢的镀铜层。 2. 镀铜圆钢与支架托臂每隔 8m 进行放热焊接，其余连接采用电气连接方式，且满足相关规范要求。 3. 镀铜圆钢必须伴随支架全线贯通，镀铜圆钢之间为放热焊接。 4. 镀铜圆钢焊接后需用富锌漆防腐处理	观察检查
6		电缆敷设	1. 高压电缆按品字形摆放，电缆在支架上各层的布置原则为自下而上由强电电缆至弱点电缆。 2. 电缆在敷设过程中应该考虑一定的驰度，在伸缩缝处应留 0.6m 的电缆，电缆中间头两端各预留 1m 的电缆。 3. 在区间电缆敷设时，在中间接头附近电缆在支架上进行波浪形敷设、S 型敷设或上下错层敷设，使得在每个电缆中间接头两侧预留 10m 的电缆进行备用	观察、测量、检查
7		电缆头制作安装	1. 铠装电力电缆头接地线应采用铜绞线或镀锡铜编织线，截面不应小于相关要求。 2. 接地线必须焊接牢固，并根据设计要求确认是一端接地或是两端接地。 3. 加热收缩时，要注意从绝缘管的末端往上加热，使其收缩	观察、测量、检查

续表

序号	专业	质量控制内容	质量控制要点	检验方法
8	杂散电流防护工程	单向导通装置安装	1. 当混凝土强度未达到规定强度时，严禁设备在基础上固定安装。 2. 电缆接线完毕后必须对设备电缆进出孔洞进行封堵。 3. 装置的开启方向与线路平行	观察、测量检查
9		参比电极安装	1. 电极周围无渗水。 2. 参比电极与被测土壤接触充分。 3. 电极埋设前应放置在阴凉干燥处，避免阳光下暴晒和雨淋。 4. 电极引线要妥善处理，不可以用力拉扯，以免电极引线断裂失效	观察、测量、检查

牵引网质量控制点　　　　　　　　　　　　　　　　　　　　　　表 8-29

序号	关键工序	质量控制内容	质量控制要点	控制方法内容
1	柔性导线架设	起落锚	1. 架线前将补偿坠砣用链条葫芦提离地面 2～2.5m，以保证导线在初伸长后，不会下降到地面，确保导线张力不变。起锚时将棘轮装置大、小轮的补偿绳放出，连接补偿尾绳与坠砣杆，安装坠砣，补偿绳的缠绕圈数根据实时温度符合设计要求。 2. 架线车行至起锚点，从线盘引出导线，导线从线盘上方出线。断线前起下锚确认坠砣离地高度无误，棘轮补偿转动灵活，架设锚段无异常情况，才下断线下锚。 3. 下锚完成后，如发现导线的弛度有小偏差，调节调整螺丝的长度，以保证两支线索的弛度（张力）一致。 4. 下锚支柱不得向中心锚结方向倾斜。棘轮装置转动灵活，棘齿齐全，外观良好，缠绕圈数符合设计要求。安装后保持铅垂状态。坠砣完好无损，排列整齐，缺口方向相互错开 180°	1. 张力是否满足设计要求。 2. 棘轮装置转动是否灵活，缠绕圈数符合设计要求。 3. 接触线是否扭面
2				
3				
4				
5		带张力放线	1. 起锚连接完毕，调整两线盘放线张力至 1.5kN 左右，并使两线盘的张力一致。组长检查一切就绪后，指挥车组平缓起动，以不大于 5km/h 速度向下锚方向匀速行驶。 2. 每到一悬挂点处，架线车组停下，作业平台上施工人员在悬挂点挂设双线放线滑轮，将两支线索分别放于双线放线滑轮的两槽内，保证线索等高并能顺线路无障碍自由通过。双线放线滑轮采用同一轴承穿两个定滑轮放在"山"型固定架内，定滑轮采用高强度工程塑料做成哑铃型，既可满足耐磨要求又可避免损伤线材。 3. 线索在架设过程中保证车速均匀，张力恒定，克服线索损伤和接触线形成硬弯。 4. 架设过程中张力控制人员随时观察线盘的转动情况；线路巡视人员随时汇报有无异常情况。 5. 承力索倒线时，应先将预绞式保护条 PLP-1000 卡入承力索，再放入双支承线夹。保护条在双支承线夹的两边露出长度一致。 6. 道岔处的接触线架设，正线导线应在渡线的导线下方，双导线应在单导线下方；根据线岔距中锚距离选择线岔限制管类型，导线不相磨，不摩擦线岔限制管	
6				
7				
8				
9				
10				

389

续表

序号	关键工序	质量控制内容	质量控制要点	控制方法内容
11	分段绝缘器安装及调整	柔性分段绝缘器安装	1. 为确保有相同的抬升量，分段绝缘器无论在何种情况下，都应该安装在直线区段上，距定位点2m处。	1. 分段绝缘器安装位置是否满足设计要求。 2. 滑轨高差是否在误差范围内。 3. 受电弓经过时是否平滑
12			2. 分段绝缘器的安装位置处的承力索与接触线必须在同一垂面内。	
13			3. 分段绝缘器的安装位置处承力索与接触线必须处在拉出值为0的位置（即调线时需装分段绝缘器的那一跨两端悬挂点的拉出值均调为0），误差范围±50mm。	
14			4. 安装前测量记录分段绝缘器安装位置处的轨道超高及坡度；接触线高度。	
15			5. 锁紧螺母后，将中间部分的接触线切断，并在接触线终端线夹后留有大约120mm的接触线，并将该部分终端略微向上弯曲几毫米	
16		刚性分段绝缘器安装	1. 分段绝缘器本体随汇流排一起安装，先将分段绝缘器本体从两端配套汇流排导轨上卸下。将导轨与相邻汇流排连接，在两悬挂定位点中心预留分段绝缘器本体位置，安装好汇流排，并在悬挂定位点处锚固紧汇流排。分别向两端安装完成本锚段汇流排。	
17			2. 将分段绝缘器本体安装在导轨上，再将分段绝缘器固定在分段绝缘器本体及铜滑轨上。	
18			3. 在本锚段导高、拉出值及汇流排坡度调整完毕后，在分段绝缘器上安装调整工具，松开铜滑轨固定螺栓，检查滑轨面是否紧密贴合调整工具表面，并临时上紧滑轨螺栓。	
19			4. 以轨面为基准，用激光测量仪测分段绝缘器是否平正。用扭矩扳手紧固滑轨螺栓，取下调整工具，用水平尺复检分段绝缘器过渡状态和平直度。	
20			5. 用受电弓往返检查分段绝缘器的状态，过渡平稳，无打弓碰弓现象	
21		调整	1. 用三角吊索调整分段绝缘器水平，并使分段缘器距轨面高度高出相邻悬挂点15～20mm。	
22			2. 调整导流滑板与导线等高，保证受电弓在分段绝缘器处平滑过渡，不打弓。	
23			3. 按设计要求调整灭弧棒间隙距离	

(5) 设备安装首件报验及工艺质量控制

供电设备安装首件工程施工，包括设备基础预埋、支架安装、二次布线等，要注意在设备基础加工好后预埋件要经过校核；光电缆余留及切割尺寸、弯曲半径；电缆（光纤）中间接头在区间时接头位置要错开等关键点的操作工艺，并以此为依据指导全线施工。完成首件施工后，由监理单位组织施工、设计、业主相关单位进行验收，施工单位按照验收意见整改完成经复验符合要求后，作为样板全面推广，用以指导工序施工。

监理工程师对施工工艺过程的首件工程或工艺各个质量控制点、施工各工序进行跟班巡视和检查验收，现场发现质量问题及时要求施工人员整改。

在质量管理方面，强调"提高设备安装内在质量，专业创优、以点带面"的工作方法。在实施过程中，提倡创优达标，以"样板先行""首件报验"落实"三检"制度。

1) 设备基础预埋件安装如图8-21所示。

图8-21 设备基础预埋件安装

设备基础预埋件安装是施工关键工序之一，也是一项隐蔽工程，在土建设备房主体工程完工后进行，由预埋组完成此项工作，施工时与装修承包商密切配合。全线设备基础预埋件安装组，根据实际情况安排施工作业。

按照施工图加工预埋件。加工预埋件所需的钢材在使用前是必须经过监理工程师检验的合格品，加工好后预埋件要经过校核，看误差是否满足要求。

预埋件安装的测量定位，依据施工图纸，在结构层上用钢卷尺测量预埋件的安装位置并做标记。

使用冲击电钻在结构层上打孔，用膨胀螺栓固定基础预埋件，设备连续布置时，对预埋件进行一条直线调节，用水准仪、塔尺对预埋件安装水平面进行调平，焊接成一个整体，焊接后对误差进行校核，满足设计及下道工序施工要求。

设备连续布置时，基础预埋件应焊接成连续整体，整体框架设置两处接地扁钢，扁钢与预埋件牢固焊接（直流设备除外）。该接地扁钢就近经变电所设备开孔引至电缆夹层，预埋件表面除锈后进行防腐处理，先涂一遍防锈漆，再涂两遍富锌漆。

2) 防雷接地如图8-22所示。

接地支线的预埋根据施工图，设备外壳安全接地的预埋件有两条接地支线，一端与预埋件焊接，一端预留至就近接地干线处，待接地装置安装时进行焊接。采用绝缘法安装的设备（直流柜、整流器柜和负极柜）不预埋接地支线。每个电气装置的接地应以单独的接地线与接地干线相连接，严禁在一个接地线中串接几个需要接地的电气装置。重要设备和设备构架应有两根与主接地网不同地点连接的接地引下线，且每根接地引下线均应符合热稳定及机械强度的要求，连接引线应便于定期进行检查测试。

3) 设备安装如图8-23～图8-26所示。

图 8-22 防雷接地

图 8-23 40.5kV GIS、直流开关柜

图 8-24 整流机柜　　　　　　　　图 8-25 400V 开关柜

设备的安装在供电设备变压器运输到变电设备房后进行，由设备安装组完成此项工作，在设备供方专业人员的督导下进行。

将设备平移至预埋件上，用螺栓连接好，并对水平度和垂直度进行调整就位。

对设备安装进行自检后，技术人员填写设备安装技术记录，请监理工程师对设备安装的质量进行检查，质量符合要求，批准可以进行下一道工序的施工。

预留孔洞在电缆敷设之后统一进行封堵。

4）电缆敷设如图 8-27～图 8-31 所示。

图 8-26 控制柜、交、直流屏、电池柜

图 8-27 站台板下夹层的电缆支架

图 8-28 高架桥电缆支架

图 8-29 镀铜圆钢在伸缩缝处 Ω 型预留

图 8-30 地下区间电缆敷设

图 8-31 高架过渡段电缆敷设

根据需安装的电缆支架安装面形状，制作一个与其等大的可弯曲塑料模具，模具上标出支架固定孔位置，并辅以水平装置，根据设计的安装距离，沿前面画出的支架上端或下端线画出支架的安装孔位。隧道内电缆固定支架不得侵入建筑限界内，支架下端距钢轨面应符合设计要求。电缆敷设施工在施工准备充分后，按以下施工步骤进行：电缆支架、吊架安装、环网电缆、差动光缆、联跳电缆敷设，电缆头制作安装。

电缆支、吊架安装、接地镀铜圆钢安装、系统电缆敷设是施工的关键工序；几乎贯穿施工全过程的电缆固定、预留、标示及孔洞封堵是施工的特殊工序；电缆头制作安装是施工的难点。

抽样拉拔试验基本规定混凝土结构后锚固工程质量应进行抗拔承载力的现场检验，系统电缆支架锚栓应抽样进行拉拔试验。锚栓抗拔承载力现场检验可分为非破坏性检验和破坏性检验。对于一般结构及非结构构件，可采用非破坏性检验；对于重要构件及生命线工程非结构构件，应采用破坏性检验。

试样选取：锚固抗拔承载力现场非破坏性检验可选用随机抽样办法取样。同规格，同型号，基本相同部位的锚栓组成一个检验批。抽取数量按每批锚栓总数的1‰计算，且不少于3根。

电缆沟或电缆通道内空间较小，可根据电缆沟、通道的坡度，在相同坡度段两端各确定一个安装高度后，通过弹墨线的方式确定各段支架的安装高度。支架定位、安装及整正调平方法与隧道内电缆支架的安装相同。

镀铜圆钢进行放热焊接工艺必须使连接达到分子结合，必须保证焊接内部无贯穿的气孔，光滑美观；放热焊接焊药应采用防水包装，且在密封状态下使用。为保障施工人员安全，应采用电子点火装置远距离点火；

焊接检验标准：焊接后，接头表面光滑，有金属光泽，接头部位饱满，待焊接导体完全包裹在接头内。

在电缆敷设区段轨道贯通后，用轨道平板车运输电缆盘。轨道平板车到达敷设区段后，停稳轨道车，拆除电缆盘上的拉线紧固装置，开始进行电缆敷设。如下图所示，在电缆出平板车处固定一个转角导向滑轮，保证电缆在出平板车处不受摩擦损伤。在平板车上人工转动电缆盘，将电缆经导向滑轮回出，由地面作业组采用肩扛方式拖放至电缆路径侧轨道外道床上，随后由电缆排列、绑扎组将已放至道床上的电缆抬放到电缆支架的设计层上，按品字形排列并做好相色标志后，按设计要求进行逐个支架的绑扎固定或刚性固定。

在电缆敷设施工前，应对每条环网电缆长度进行实际测量，并根据线路及电缆敷设路径情况，确定中间接头设定点，根据实际测量情况和中间头设置情况提报电缆订货计划及配盘计划，要求生产厂家严格按配盘计划进行生产、配盘，尽量减少或取消中间接头，这样采取电缆线路施工定长的方法，可在基础上保证供电质量。

电缆的生产严格按照相应招标文件、合同"技术规格书"的相关要求，在到货运输和安装运输过程中确保电缆盘在运输车辆上的安全，防止电缆盘之间滚动撞击而损伤电缆，充分保证其电气性能。同时保证电缆盘的完好、牢固，不应有扭曲变形，确保敷设过程的顺利进行。

5）一、二次布线如图8-32~图8-35所示。

一、二次布线的缆线敷设应满足下列要求：缆线的型号、规格应与设计规定相符。缆线在各种环境中的敷设方式、布放间距均应符合设计要求。缆线的布放应自然平直，不得产生扭绞、打圈、接头等现象，不应受外力的挤压和损伤。缆线两端应贴有标签，应标明编号，标签书写应清晰、端正和正确。标签应选用不易损坏的材料。缆线应有余量以适应终接、检测和变更。

图 8-32　控制室机柜内二次布线

图 8-33　直流电缆敷设

图 8-34　接地母排　　　　图 8-35　夹层电缆布线

设置缆线桥架和线槽敷设缆线应符合下列规定：

① 密封线槽内缆线布放应顺直，尽量不交叉，在缆线进出线槽部位、转弯处应绑扎固定。

② 缆线桥架内缆线垂直敷设时，在缆线的上端和每间隔 1.5m 处应固定在桥架的支架上；水平敷设时，在缆线的首、尾、转弯及每间隔 5～10m 处进行固定。

③ 在水平、垂直桥架中敷设缆线时，应对缆线进行绑扎。对绞电缆、光缆及其他信号电缆应根据缆线的类别、数量、缆径、缆线芯数分束绑扎。绑扎间距不宜大于 1.5m，间距应均匀，不宜绑扎过紧或使缆线受到挤压。

④ 柜内光缆在桥架敞开敷设时应在绑扎固定段加装垫套。

接触网架设如图 8-36 所示，隔离开关如图 8-37 所示，下锚安装及中心锚结如图 8-38 和图 8-39 所示。

图 8-36　接触网架设

图 8-37　隔离开关

图 8-38　下锚安装

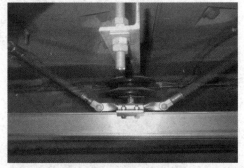

图 8-39　中心锚结

（6）设备安装旁站、平行检验、隐蔽工程验收质量控制

1）旁站、平行检验见表 8-30。

变电旁站、平行检验、见证　　　　　　　　表 8-30

序号	名称、工序、控制点	控制方法	备注
1	材料、设备进场吊装、检验	旁站、平行检验	
2	基础预埋等隐蔽工程	旁站	隐蔽检查时

续表

序 号	名称、工序、控制点	控制方法	备注
3	电缆头制作	旁站	
4	设备调试	见证	

供电系统旁站内容：基础施工时混凝土强度等级应符合设计文件要求；隧道内锚栓施工，锚栓的类型、规格、埋设位置、埋设深度应符合设计要求；刚性架空接触网安装架设应严格按产品安装技术要求施工。

监理工程师应见证检测供电系统电气试验、送电开通、接触网冷滑试验；检查高压和低压配电及动力照明电气试验是否符合设计文件及规范要求。

旁站工作的检查主要内容有：基础预埋、材料抽样送检过程、各类电缆的接续及测试、设备接地、检测试验过程见证、送电试运行等。具体各专业的旁站部位及工序待中标后在监理细则中明确。按技术标准和批准的施工组织设计方案中明确旁站程序和内容。

检查内容：使用合格的材料、构配件和设备，质量保证资料是否齐全；施工操作人员的技术水平、操作条件满足施工工艺要求；检测试验是否按照规定的仪器仪表、工器具操作；承包商有关现场管理人员、质检人员在岗并签名、特殊人员是否持证上岗；施工环境对工程质量产生不利影响；施工过程存在安全和质量隐患；是否存在较大质量问题或质量隐患；旁站人员应采取照相、摄像手段予以记录。

牵引网隧道段打孔及螺栓安装：钻孔作业均按钻孔深度设置好深度，使用配套专用钻头钻孔；使用先进的激光测量仪保证钻孔角度符合设计要求；两孔以上底座，都采用模具限位钻孔工艺，以确保孔位精确；膨胀螺栓安装前应用清孔刷或气囊清除孔内尘屑；膨胀螺栓使用专用敲击工具安装；按设计要求规定对螺栓进行拉力测试。

牵引网承力索、接触线架设及调整：双接触线的架设，采用"双线并列带张力架设"工艺；单承力索及单接触线，采用"单线带张力架设"工艺；链型悬挂调整应用"一次到位"的数据法调线施工工艺；正线接触线按供货商提供的配盘导线架设，做到正线接触线无接头，提高运行的可靠性；终端锚固线夹必须经现场试验，在现场装配条件下能达到规定的接续或锚固强度后方可使用。

旁站检查对于施工质量有严重影响的工序、出现质量缺陷处理难度极大的工序、隐蔽工程等工序的施工过程。监理工程师将始终在现场观察、监督与检查，注意并及时发现质量问题的苗头和影响质量因素的不利发展变化、潜在的质量隐患以及出现的质量问题等，以便立即制订措施、实施控制，将可能出现的质量缺陷和质量事故消灭在萌芽状态。

2）隐蔽工程验收。

供电系统安装施工在进行基础、接地网排布等隐蔽工程时应进行交接检查，监理工程师检查确认签字后，移交下道工序施工。若发现其施工质量与施工图纸、施工规范等不符合，则监理工程师应以书面形式通知施工承包方，指令其进行整改或返工处理。

电缆支吊架安装、接地镀铜圆钢安装、系统电缆敷设时，监理工程师应见证检查电缆支架锚栓抽样及拉拔试验，结果应符合设计文件要求。防雷设施的安装、接地装置安装位置、安装方式应满足设计要求。接地安装质量及接地电阻应符合规范规定。

接触网工程施工前应按设计文件对支柱杆位进行定测，并应符合相关规定。混凝土搅拌和灌注以及直埋基础的回填、硬横跨的支柱基础，在浇筑基础前做好隐蔽工程验收。

(7) 专业接口关系及协调

供电系统与市改、土建、轨道、机电等都有接口，要建立一个接口的识别、协调及控制体系，辅以合理的技术方案，做好接口管理，确保本专业施工顺利，并最终在综合调试阶段加以管理、控制、实施，以确保接口质量完好、功能正确。

供电系统工程施工过程中，在各接口阶段，施工作业面的交接是重要的工作内容，施工单位应主动与土建及其他施工单位联系，在接口交接时采用书面交接形式，以确保阶段性工期的顺利完成。

对关键部位、关键工序做好完成情况的旁站或见证取样工作。见证设备指标检测及功能检验。在关键部位、关键工序施工过程中，在现场进行旁站监督。对正在施工的非关键部位或工序进行定期或不定期的巡视监督检查。

1) 供电系统工程的外部接口管理

供电系统工程接口数量众多，系统及接口界面复杂，包括设备之间的接口、供电系统内部各子系统之间的接口、与其他系统的接口等，接口内容复杂、技术难度大，系统接口管理工作主要是协调不同系统间的安装和接线配合、联合调试和功能试验等。

负责供电系统施工过程中与土建系统、其他机电系统（车辆、通信、信号、通风空调、综合监控、AFC、门禁、站台门、给水排水、电（扶）梯、低压配电和照明系统等）的接口管理和协调。

① 供电系统与车站接地网工程的接口

在牵引变电所处，负责架空地线引下线与变电所接地网防雷接地端子之间的电缆敷设、连接的责任界面。接地网工程负责预留接地网防雷接地端子。

牵引变电所范围内（含变电所系统、环网电缆系统、电力监控系统、杂散电流防护系统）所有接地装置和接地电缆的施工安装和测试。

② 与土建工程的接口

按照检查土建工程施工界面在洞口、洞内、高架桥、库房等土建工程中为接触网工程所做的预埋件和设备安装必需的空间是否符合接触网施工的技术标准要求；负责接触网设施与预埋件之间的连接；在土建工程中若存在沟槽管洞、预埋件遗漏等遗留工程，项目有责任完成此遗留工程。

③ 变电所工程与通信系统工程的接口

控制中心通信设备室的时钟连接端口。主变电所临近车站、牵引降压混合变电所和降压变电所所在车站通信设备室时钟连接端口。车辆段通信设备室时钟连接端口。控制中心、车站、车辆段通信设备室，通信系统 AC220V 的 UPS 电源装置端子排。

④ 变电所工程与综合监控系统工程的接口

控制中心、车站、车辆段变电所控制信号盘以太网通信接口。控制中心、车站、车辆段变电所控制信号盘内的综合监控交换机通信接口。

能源监管系统的 UPS 电源由综合监控系统提供，接口分界在综合监控系统 UPS 电源装置的输出端子排。

⑤ 与通风、空调工程的接口

供电系统工程负责检查环控专业的风管是否满足接触网的安装要求。配合环控专业的施工作业。

通风与空调工程的责任界面在混凝土结构的轨顶风管处。

⑥ 与轨道安装工程的接口

供电系统工程负责检查轨道工程承包商在设计要求位置是否预留了过轨通道。若轨道专业存在遗漏沟槽等情况，供电将完成此遗漏工程。

轨道专业预留整体道床测防端子，供电负责测防电缆的连接。

供电负责回流箱/均流箱的采购、安装及回流箱/均流箱至钢轨电缆的焊接和敷设，以及回流箱/均流箱至负极柜/钢轨电位限制装置回流电缆的敷设、连接。

轨道安装工程的责任界面根据设计要求，负责在相应的位置为接触网专业预留电缆过轨通道。

⑦ 与车辆段/停车场工艺设备安装工程的接口

供电系统工程负责确认接触网悬挂与洗车设备、检修机具等之间的安全距离；负责在隔离开关操作机构内预留辅助节点；负责静调电源1500V电源进线、出线电缆的敷设，接触网进线隔离开关及静调电源设备（含附件）的供货、安装、调试等工作。

车辆段/停车场工艺设备安装工程的责任界面负责隔离开关操作机构内的辅助节点与相关设备之间的连接；负责接触网带电指示装置的安装及接线；负责接触网开关操作机构与车辆段、停车场检修设施之间的闭锁关系的接线；负责静调电源柜布置位置及调试配合。

⑧ 与其他专业接口

供电系统确定变电所设备容量，设备安装及布置由变电所专业完成。400V低压配电室与动力、照明系统。低压进线开关应能可靠工作。对BAS、FAS、AFC、事故照明等提供可靠0.4kV电源，二路电源能实现自动投切。

2) 供电系统工程的内部接口管理

① 与车站、车辆段、停车场专业接口

供电系统负责车站、车辆段、停车场内牵引降压混合变电所、降压变电所、跟随式变电所系统的电气，车站、车辆段、停车场负责为供电系统提供设备用房和设备安装空间。供电系统提出主变电所至变电所电缆通道的电缆敷设要求。

② 牵引变电所与主变电所专业接口

牵引变电所系统与主变电所的分界在主变电所35kV开关柜馈出线电缆头连接点，含主变电所主变压器容量选择和35kV侧馈线数目的确定，110kV侧接线方式设计及设备安装等其他主变电所设计内容由主变电所设计单位完成。

主变电站通过35kV馈线柜的电缆向地铁各变电站提供两路35kV可靠电源，主变电站与变电站保护配置、时限整定满足设计要求，通信联系畅通。

③ 环网电缆工程与主变电所工程的接口

环网电缆工程与主变电所工程的施工分界包含三部分内容。

一次设备施工分界：环网电缆工程与主变电所工程的一次设备施工分界在主变电所40.5kV出线开关柜环网电缆出线端子。

二次设备施工分界：35kV环网纵差保护光缆与主变电所的分界设置在主变电所

40.5kV GIS 开关柜光纤转接箱的输入接线端子排。环网电缆工程负责全部 35kV 环网电缆差动保护光缆的敷设、光缆成端熔接、与光纤转接箱的连接及相关试验；主变电所工程负责主变电所部分 40.5kV GIS 开关柜及光纤转接箱的安装、试验、光纤转接箱至 40.5kV GIS 开关柜差动保护装置的光纤连接。

与变电所综合自动化系统施工分界：环网电缆工程负责主变电所控制信号盘时钟对时接口至邻近车站通信设备室时钟对时接口的线缆连接和试验，并提供光电转换装置、光纤终端盒，以及负责相应的安装和接线。

④ 环网电缆工程与接触网工程接口

一次施工分界：在接触网上网隔离开关电源侧接线端子及变电所接地母排。接触网工程负责隔离开关的采购、安装及上网隔离开关至接触网电缆的敷设及架空地线与变电所接地母排的连接；环网电缆工程负责直流馈线开关至上网隔离开关直流电缆的敷设、连接、试验。

二次施工分界：在接触网各电动隔离开关操作机构箱的接线端子排。环网电缆工程负责辅助电源电缆及相关控制电缆的敷设、连接、试验、调试等。

⑤ 变电所与接触网专业接口

确定接触网组成，接触网安装由接触网专业完成。向接触网供给可靠的 1500V/750V 直流电源；接触网对地绝缘满足规范要求；在接触网故障情况下，保护应可靠动作；走行轨回流部分及接触网接地部分的安装符合有关规范要求；接触网与变配电的安装接口为隔离开关接线处。

3）电力监控系统接口管理

① 与通信专业的接口

接口分界在控制中心和车站、停车场、车辆段通信设备室通信配线架，以及控制中心电调台、车辆段复试工作台。

② 与变电所专业接口

接口分界在变电所各个开关柜微机测控保护装置/智能测控装置通信接口。

与其他设备的接口分界在设备上的通信接口处。

③ 与主变电站专业接口

接口分界在主变电所控制信号屏通信接口外侧。

④ 与闭路电视监视系统接口

在变电所主要设备房间内安装摄像头，用于变电所内主要设备房间的图像监视。图像监视终端由闭路电视监视系统负责提供，闭路电视监视专业负责在控制中心电力调度台和复视系统调度台提供一台闭路电视监视工作站。

⑤ 与行调专业接口

接口分界在控制中心电力监控机房通信接口外侧。行调专业负责行调机房至电力监控机房通信端口处的电缆敷设设计。电力监控专业负责提供直流馈线断路器开关位置信号。根据行调专业的要求，电力监控专业可提供相应接口，实现信息共享。

⑥ 与地方供电部门调度系统接口

SCADA 系统接入其他线 SCADA 系统预留的与地调的通信端口。

⑦ 与综合监控系统接口

接口分界在控制中心电力监控机房通信接口外侧。综合监控专业负责机房至电力监控机房通信端口处的电缆敷设设计。电力监控专业负责提供供电系统相关设备信息。

⑧ 与其他专业

电力监控系统预留接口，可实现与其他开放型网络实现互联。

注：目前大部分线路电力监控除低层设备外已经全部集成在综合监控系统中，原电力监控的接口功能由综合监控系统实现。

4）牵引网系统接口

牵引网实施中将与变电所、车站接地网、土建、轨道、环控、车辆段工艺设备等多专业存在工作接口，施工中相互影响、相互制约的环节较多。且本项目在设备材料运输、车行区使用等方面受相关工程施工限制，不易实现。

（8）单机调试、联调联动

设备系统的联调是在各设备系统已完成单系统调试而达到合同技术规格书要求后进行的系统综合测试，通过包括限界检查、冷滑试验、绝缘测试、接触网受电、热滑试验，进行相关接口功能测试、设备联动测试、车站与控制中心联动功能测试等。

在实施监理工作时应通过对关键点的控制达到对设备调试质量的控制。安装、调试阶段监理工作应严格按照有关规范、标准等要求执行。督促各专业设备调试承包商编制并提交调试大纲。调试大纲中应有明确的切实可行的调试方法和步骤。

配合调试的第三方单位，必须满足试验检测单位的资质条件，试验仪器仪表具备年检证书等相关文件。专业监理工程师对承包商编制的调试大纲进行初审，并把初审结果上报总监理工程师。对调试过程质量控制点或关键工序调试采取现场旁站的监理方法，如现场旁站各类设备上电测试、系统接地测试、通电运转等，组织设备安全检查，并记录测试过程。监理工程师对调试承包商的调试记录、测试记录等采用定期或不定期抽查的方式，检查各系统设备的重要性能参数测量和设备调试各种工序、单项功能的测试并记录结果，必须满足规范及设计要求。

1）供电系统单机调试内容见表 8-31～表 8-33。

主变电所主要电气设备交接试验　　　　表 8-31

序号	试验项目	试验内容及方法
1	主变压器	直流电阻、介损、绝缘电阻、变比、空载及负载试验、交流耐压，CT 直流电阻、变比、伏安特性测量，避雷器直流泄漏，刀闸回路电阻及交流耐压
2	五防性能检查	整组联动试验
3	35kV GIS	回路绝缘电阻测量、CT 直流电阻、变比、伏安特性测量、PT 直流电阻、变比、伏安特性、空负载测量，避雷器直流泄漏，断路器机械操作和特性试验、联锁试验、交流耐压试验、SF_6 气体泄漏试验、SF_6 气体水分测量
4	站用变	直流电阻、绝缘电阻、变比、空载及负载试验、交流耐压
5	35kV SVG 室变压器	直流电阻、绝缘电阻、变比、空载及负载试验、交流耐压，PT 直流电阻、变比、伏安特性、空负载测量，电抗值测量，交流耐压，刀闸回路电阻及交流耐压
6	35kV 中性点接地电阻	CT 直流电阻、变比、伏安特性测量、电阻测量，交流耐压
7	整体保护调试	主变保护、故障滤波柜保护、35kV GIS 保护

电力电缆交接试验

表 8-32

序号	试验项目	试验内容及方法
1	主绝缘电阻测量	使用 2500V 兆欧表或 5000V 兆欧表进行 测量各电缆线芯对地或对金属屏蔽层间和各线芯间的绝缘电阻
2	内衬层绝缘电阻	使用 500V 兆欧表进行
3	交流耐压试验 （频率：30～75Hz）	使用变频串联谐振电源 每相对地进行加压
4	检查电缆线路的相位	检查电缆线路的两端相位应一致并与电网相位相符合

35kV 变电所设备试验项目清单

表 8-33

序号	主要设备	试验项目
1	干式变压器	1. 测量绝缘电阻；2. 测量直流电阻；3. 测量变压比和极性；4. 交流耐压试验；5. 冲击合闸试验
2	互感器	1. 测量绝缘电阻；2. 测量直流电阻；3. 励磁特性试验；4. 测量变压比和极性；5. 交流耐压试验
3	真空断路器	1. 测量绝缘电阻；2. 测量回路电阻；3. 机械特性试验；4. 测量分、合闸线圈绝缘电阻和直流电阻；5. 操作机构试验；6. 交流耐压试验
4	金属氧化物避雷器	1. 测量绝缘电阻；2. 测量直流参考电压及 0.75U 下的泄漏电流
5	负荷开关	1. 测量绝缘电阻；2. 测量高压限流熔丝管熔丝的直流电阻；3. 测量回路电阻；4. 操作机构试验；5. 交流耐压试验
6	电力电缆	1. 测量绝缘电阻；2. 测量泄漏电流测量；3. 相位检查；4. 直流耐压试验
7	整流器柜	1. 测量绝缘电阻；2. 二极管、熔丝检查；3. 轻载试验；4. 交流耐压试验；5. 辅助装置的检验
8	35kV 开关柜	1. 测量绝缘电阻；2. 交流耐压试验；3. 带电显示装置检查
9	1500V 直流开关柜	1. 测量绝缘电阻；2. 测量回路电阻；3. 机械特性试验；4. 开关操作电源试验；5. 测量分、合闸线圈绝缘电阻和直流电阻；6. 保护装置试验；7. 框架对地绝缘试验；8. 交流耐压试验
10	35kV 微机保护装置	1. 动作电流试验；2. 动作时间试验
11	轨电位限制装置	1. 测量绝缘电阻；2. 动作电压、时间整定校验；3. 功能试验；4. 开关操作电源试验；5. 交流耐压试验
12	交流电源盘	1. 测量绝缘电阻；2. 功能试验；3. 交流耐压试验
13	直流电源盘	1. 测量绝缘电阻；2. 主要部件检查；3. 功能试验；4. 交流耐压试验
14	自动化屏	1. 外观检查；2. 检查各模块工作性能；3. 通信及电源性能检查
15	排流柜	1. 测量绝缘电阻；2. 二极管、熔丝检查；3. 辅助装置及保护检验
16	400V 系统	1. 测量绝缘电阻；2. 开关连锁及锁扣有效性检查；3. 回路试验及回路相位检查；4. 检查进开关、母联开关及三级负荷开关的逻辑保护功能；5. 操作机构及表计检查；6. 避雷器检查；7. 断路器信号检查；8. 交流耐压试验
17	设备联调	1. 变电所整组传动；2. 综合自动化调试
18	专项试验	1. 35kV 系统所间纵差保护试验；2. 所间联跳试验；3. 1500V 直流开关大电流脱扣整定校验

2）冷滑试验及送电开通：

牵引及降压变电所：变电所在启动前应进行传动试验检查，检查实验的项目应保证变电所能可靠地投入运行并满足设计要求。查验试验报告，配合控制中心操作检查；各保护装置动作准确可靠，保护范围符合设计规定。

刚性架空接触网：限界测量检查应满足限界检测应在接触网冷滑前进行和限界检测应采用专用限界检测车进行。

柔性架空接触网：冷滑试验及送电开通前，应对影响安全运营的通信线路、电力线路、建筑物及树木进行全面检查应符合设计要求。

接触轨：冷滑试验在送电开通前，线路限界检查后进行。观察、冷滑车测试检查集电靴在正常情况下距接地体瞬时间隙不应小于100mm；送电开通区段接触轨应按供电分区分段进行绝缘电阻试验，绝缘电阻值应满足设计要求。开通区段接触轨系统送电后，各供电臂始、终端应确保有电。

3）联合调试：设备系统包含设备多、相关接口多、调试阶段多。应列明相关系统的接口关系，各调试阶段的主要内容，调试过程的参与单位，调试的重点、难点及特点。另外，与地铁设备系统的信号、通信、环控通风、给水排水及消防、防灾报警（FAS）、综合监控（ISCS）、电力监控（SCADA）、电（扶）梯等设备系统的联调。

设备系统的联调是在各设备系统已完成单系统调试而达到合同技术规格书要求后进行的系统综合测试，包括相关接口功能测试、设备联动测试、车站与控制中心联动功能测试等。

4）安全和功能检验：主所设备安装安全和功能检验表、35kV变电所安装安全功能测试项目、接触网安全和功能检查项目见表8-34～表8-36。

主所设备安装安全和功能检验表　　　　　表8-34

序号	安全和功能检查项目	份数
1	变压器运输冲击记录	
2	变压器破氮前氮气压力检查记录	
3	绝缘油试验记录	
4	气体继电器检验记录	
5	事故排油系统检查验评	
6	冷却器密封试验签证	
7	真空注油及密封试验签证	
8	封闭式组合电器安装及调整记录	
9	封闭式组合电器隔气室气体密封试验记录	
10	封闭式组合电器隔气室气体湿度检测记录	

35kV变电所安装安全功能测试项目　　　　　表8-35

序号	安全和功能检查项目	份数
1	变、配电所设备试验测试记录	
2	变、配电所启动、试运行记录	

续表

序号	安全和功能检查项目	份数
3	电力线路测试记录	
4	室内外配管配线检测报告	
5	远动系统检测记录	
6	接地装置测试报告	
7	杂散电流测试报告	

接触网安全和功能检查项目　　　　　　　　　　　表 8-36

序号	安全和功能检查项目	份数
1	接触网设备试验测试记录	
2	接触网参数测试报告	
3	接触网冷滑试验及送电开通记录	
4	接地装置测试记录	

(9) 总结及案例

1) 供变电工程：

供电系统变电工程的变电所变压器运输及吊装（隧道夹层布置时），变电所设备一般经地面公路运输至安装点，通过吊装井进入隧道夹层变压器室内就位，其运输及吊装是重点，采取的控制措施如下：

① 对沿线的交通状况做详细调查，确定变压器路面运输时段和线路。

② 变电工程设备吊装运输和路政、公安业主共同协商，以获取必要的通行文件和支持。根据吊装井位置和预留情况，与相关配合单位共同制定吊装计划，以获得全面的技术支持和配合。

2) 电气设备的成品保护：

在电气设备的成品保护方面，受隧道空间场地限制，施工现场不可避免产生各专业施工交叉进行，平行作业屡见不鲜。供电专业安装设备属精密设备，对安装环境有苛刻要求，对场地卫生、周围气温、湿度等要求很高。供电安装施工和其他土建及安装专业不可避免地发生同一作业面上交替作业，给设备的成品保护工作带来很大困难，采取的控制措施如下：

① 尽可能在站前工程完成后安排电气设备的进入和就位，不能避免时，必须根据现场情况，制定相应防尘措施。

② 对按计划进行的设备安装，安装前不得拆除原包装，安装完成后，必须及时恢复设备的防尘包装，对需要多次进行调试的设备，每次调试完成后，都按要求恢复必要的防尘包装，当设备原包装拆除后无法进行二次使用时，则必须采取其他防尘措施，以确保设备正式投入前有必要的防尘手段。

③ 在设备安装地点，设置必要的除湿设备，安排专门人员监控现场湿度，并控制温度、湿度在说明书标明的范围内。

3) 环网电缆工程：

环网电缆工程区间电缆支架的安装，环网电缆、联跳电缆的敷设施工受隧道及轨道施工进度的制约，采取的控制措施如下：

① 应及时掌握土建及轨道等承包商的工程进度和施工计划，根据现场土建及轨道进度随时调整区间电缆支架及电缆敷设进度计划，从备料及人员机械的施工准备，为已具备施工条件的区段提供充分的作业条件。

② 采用交叉施工，平行作业等多种非正常施工方法，见缝插针拓展工作面进行电缆支架安装及接地镀铜圆钢安装或者接地扁钢、绝缘支架及接触轨安装工作。

③ 根据隧道内土建施工特点，很难形成完整连续的安装作业区间，为争取工作时间，承包商应采用多面多点同时开工的方法，紧随前期工程进度全面进展。

④ 在区间电缆通道施工完成，集中力量进行电缆敷设施工工作。尽可能采用轨道车敷设方式，轨道车经济高效，能够有效保证电缆敷设施工计划的实施。

4）杂散电流监控及防护工程：

杂散电流监控及防护工程在电缆敷设、参考电极安装，采取的控制措施如下：

① 建立电缆敷设情况表，对应现场各条电缆两端标识牌信息，防止放错、接错。

② 建立传感器、转接器、参考电极位置表，保证位置表与电缆敷设情况表的对应一致性，确保连接正确。

③ 严格按照安装技术要求安装参考电极，安装前先在水中按照说明书规定时间浸泡，安装时先在孔底部放均匀细沙，最后用水泥封堵；传感器、转接器安装时采用支架固定，测距传感器安装按照设计要求。

5）牵引网工程：

① 对接触线的高度、拉出值要求就非常严格。在进行刚性悬挂调整时，应使用与电动客车完全一致的受电弓进行调整。

② 必须严格控制膨胀接头支架的安装距离和安装质量（特别是曲线区段安装膨胀接头时），以保证膨胀节点的滑动质量，减小磨损，延长膨胀接头的使用寿命。膨胀接头处除与之配套的安装材料外，不得再安装其他设备，电缆连接位置不能设在膨胀接头。

③ 适当把控刚性接触悬挂受电弓的安全性和适应性工艺条件。刚性汇流排和接触线无轴向力，不存在断排和断线的可能，从而避免了柔性钻弓、烧融、不均匀磨耗、高温软化、线材缺陷以及受电弓故障造成的断线故障。

④ 接触轨轨条运输及散放过程如不按规程操作，易使轨条在运输及散放过程中产生变形，形成不可修正的永久性缺陷，可能降低设备运行质量。

采取的措施包括制定轨条运输及散放作业手册，细化操作规程，对轨条的吊装、运输方式、堆放层数、固定形式作出明确规定。对作业人员进行必要的培训和考核。

⑤ 膨胀接头安装：膨胀接头质量控制重点是使膨胀接头中心线与支架中心线重合，现场安装时，必须查膨胀间隙表确定安装时的间隙口距离。采取的措施：注意安装顺序，有膨胀接头的接触轨分段，该段接触轨进行安装时，膨胀接头应最先安装，待膨胀接头精确安装完成后才可按接触轨安装方式依次向该段中部进行接触轨安装。因膨胀接头装置较重，中部有滑动机构，安装时应利用接触轨运输及安装车进行。安装前认真核对确认膨胀接头安装位置，在测量确定的膨胀接头位置标出膨胀接头中心线，使中心线两侧的支架对中心线距离相等。

4. 供电系统工程验收及竣工资料

依据供电系统的有关法律、法规、工程建设强制性标准、设计文件及施工合同，对供电系统承包商报送的竣工资料进行审查，凡是自评合格即可申请单位（子单位）工程预验收。监理组织对工程质量进行单位工程预验收，对存在的问题，应及时要求承包商整改。整改完毕由总监理工程师签署工程竣工报验单，提出工程质量评估报告，并经总监理工程师和监理单位技术负责人审核签字。

供电系统检查出的配套工程缺陷的修复均需由设计人员、监理工程师和最终用户签字认可。供电系统完成了合同的全部工程项目，整改了预验收提出的问题后，向建设单位发出竣工验收申请报告，编制单位验收的详细计划并协助实施。

（1）单位工程验收

监理工程师应通过对供电系统的分项、分部工程质量等级的统计推断，结合对变电所安装、环网、接触网（轨）等的质量资料的核查，安全和功能项目抽验，单位工程质量观感评分，作出全面的综合评定，预验收合格后同意施工单位竣工验收申请。

1）实体检查内容

供电系统承包商应对安装调试过程进行自检、自评工作，符合要求后，填写验收报验单，并把验收资料报送监理工程师申请验收。

监理工程师对验收资料及实物进行检查，验收合格后签发验收报验单。验收移交前，应督促承包商清理现场。按业主认可的试验大纲的规定进行试验，确保结果符合技术规格书和设备性能要求。安全保护和电气监控进行试验。整机进行各项功能试验，包括超载、静载试验，168h连续运转试验等。

2）观感验收内容

① 观感质量评定：一般规定质量评定由监理单位组织承包商共同进行现场评定，必要时业主参加。观感质量检查项目评定达不到合格标准，应进行返修。

② 验收标准：设备安装观感质量合格标准、支架观感质量合格标准、电缆敷设绑扎标识等观感质量合格标准、设备配线观感质量合格标准、缆线引入观感质量合格标准、二次布线观感质量合格标准、封堵观感质量合格标准等。

③ 牵引变电所设备安装观感质量合格标准：

牵引变电所设备安装盘柜应排列整齐，外观清洁，独立设备安装应横平竖直。盘面功能标识齐全，盘柜面油漆无划痕。

高压配电室接地引出端子位置合理，螺丝齐全

电缆支架排列整齐，贯通地线焊接良好，电缆敷设无破损走向合理，标识齐全，固定牢固。所内环境整洁卫生。

④ 系统电缆安装观感质量合格标准：

电缆支架安装后切口应无卷边、毛刺，地线焊接牢固，防腐处理良好。

敷设的电缆外观应无破损，排列整齐，预留长度符合要求，中间头托板安装牢固，电缆固定符合要求，标识齐全清晰。

⑤ 杂散电流防护系统安装观感质量合格标准：

杂散电流防护系统测防端子连接可靠，连接电缆预留合理、固定牢固。

排流柜安装垂直，柜内设备安装整齐牢固，外观油漆完整无划痕柜体清洁，柜面功能

标识齐全。

⑥ 牵引网设备安装观感质量合格标准：

直流配电柜排列整齐，外观清洁。

电缆敷设无破损，标识齐全清晰，固定牢固。

接线板、回流板安装牢固，电缆连接可靠。

3) 资料检查及需完成文件

资料收集与整理，包括分部工程、单位工程等验收资料，竣工结算审核意见书，系统设备质量评估报告等专题报告，监理工作总结等。

单系统设备调试结束后，按相关程序和有关规定组织有关部门对各单系统设备进行初步（预）验收、竣工签证及质量评估。

审核并签认督促承包商及时编制竣工结算文件，协助业主进行工程竣工结算工作。

协助业主做好设备系统试运行准备工作。

审核承包商的设备、材料向运营移交的清单。

其他属于合同规定的项目监理部责任范围内的工作。

完成资产录入工作。

4) 单位工程验收应提交报告

144h 运行试验报告：

设备在经过 144h 连续系统试验，验证系统的可靠性。系统 144h 连续运行试验指系统及与各相关系统协同工作，且不间断地运转，检验本系统的各项技术指标。144h 连续系统试验时，对系统性能和功能按照工程开通初期列车运行最小间隔进行连续检验、考核。

在此期间，对出现的小故障进行修补。初步验收试验期间，调试班组负责设备的巡视、维护、调整，对发现的设备故障及时报告监理工程师、业主代表及时处理完成。

(2) 联调总结与评估

主变电站设备评价标准：

牵引变电站设备评价、降压变电站设备评价、电力电缆评价、接触网评价、接触轨评价。

由最终用户、监理工程师、承包商、运营接管单位、政府质量检验部门及其他相关单位组成的验收组按照供货商提出的检验标准及本合同所规定的技术标准进行检查，最终用户对安装工程实体和该工程所涉及的竣工档案的检查结果满意并接收，签发"竣工证书"，作为竣工正式验收结束的依据。

8.5 综合监控系统工程

8.5.1 概述

1. 综合监控（ISCS）系统构成

综合监控（ISCS）系统工程包含综合监控集成子系统、电力监控（PSCADA）系统等。

综合监控集成子系统主要包含综合监控系统（ISCS）、门禁系统（ACS）、安防系统

(SPS)、办公自动化系统（OA）、环境与设备监控系统（BAS）等。集成子系统是在综合监控系统内的各专业自动化子系统，其全部功能都通过综合监控系统实现，是综合监控系统的一部分。

综合监控（ISCS）系统功能：主要包含综合监控（ISCS）中央级系统、综合监控（ISCS）车站级系统、互联系统功能。互联系统是与综合监控系统通过外部接口进行信息交互的、独立运行的专业自动化系统。

为实现地铁信息互通、资源共享，提升地铁整体自动化及信息化水平，提高地铁运营的安全性、可靠性和响应性，地铁工程设置综合监控系统（ISCS）。综合监控系统通过模式控制、点对点测试、端对端测试与一个或多个互联系统进行的联合调试来实现功能，通过数据传输主干网将以上各部分联接起来，形成一个有机整体。

（1）控制中心中央级综合监控构成

综合监控系统在控制中心设置总调度台、环调台、电调台、行调台、乘客调台、车辆调台、系统工程师维护台等，综合监控系统所集成的各子系统按照各自的分工，实施各自调度操作，同时总调度台负责协调各子系统的工作和事故情况的指挥，以满足综合监控系统功能的需求。

电力监控系统（PSCADA）、环境与设备监控系统（BAS）、门禁系统（ACS）、站台门系统（PSD）、UPS电源系统、火灾自动报警系统（FAS）、信号系统（SIG）、自动售检票系统（AFC）、广播系统（PA）、闭路电视系统（CCTV）、时钟系统（CLK）、集中告警系统（TA）、乘客信息系统（PIS）、其他互联系统。

1）中心互联（FEP）：TCMS、ATS、通信集中告警（TA）、CCTV（含视频流）、车载CCTV（含视频流）、CLK、PIS、AFC、PA、UPS。

2）中心互联（交换机）：ACS、能源监管系统、杂散电流监测系统、电气火灾监测系统、安防管理系统。

3）中心互联（防火墙）：供电局地调、电（扶）梯管理中心。

4）中心线网接口设备：（网闸/防火墙）NCC、供电局地调、OA系统。

（2）车站级综合监控系统构成

车站集成：PSCADA、BAS、PSD、UPS；

车站互联：（FEP/防火墙）FAS、ACS、PA、CCTV、感温光纤、智能照明、安防报警系统（过渡段等界面集成，并与CCTV联动）；

车站互联（通信通道）：能源监管系统、杂散电流系统、电气火灾监测系统。

1）车站级综合监控系统构成及设备配置

根据重要设备冗余配置原则，车站级服务器（由工作站兼任）、交换机采用双机配置，系统的网络管理、数据库服务、协议及报文转换等功能全由冗余的服务器负责完成，两台交换机则用以构成车站级综合监控系统冗余以太网络，并作为BAS等集成系统的组网设备，同时作为主干网的节点设备，实现车站与控制中心间的数据传输。

2）车站综合后备盘（IBP）的设置

在系统故障或发生灾害等紧急事件的特殊情况下，需保证车站具有紧急控制装置，以免影响安全，因此在车站综合监控室内设置综合后备盘（IBP），通过与车站控制系统通信接口完全无关的其他方式，实现对相关设备的紧急控制。

综合后备盘（IBP）采用 I/O 方式，直接控制 BAS、FAS、ATS、ACS、AFC、PSD、CCTV 系统的设备，实现特殊情况下的后备手动操作与监控功能。

IBP 主要功能如下：环控设备的隧道风机，大系统送、排风机，小系统送、排风机系统模式控制；消防设备的紧急控制；ATS 的紧急停车、扣车和放行；ACS 的解禁与释放；AFC 闸机释放控制；PSD 的紧急控制；PIS 的紧急启动按钮；CCTV 紧急启动按钮。

(3) 车辆段/停车场综合监控系统构成

1) 车辆段/停车场集成：PSCADA、BAS、ACS、UPS。

2) 车辆段/停车场互联：FAS、PA、CCTV、感温光纤、智能照明、安防报警系统。

3) 车辆段互联（通信通道）：能源监管系统、杂散电流系统、电气火灾监测系统、安防管理系统。

4) 设备维修管理系统：在车辆段设置设备维修管理中心，设备维修管理中心作为独立的节点接入综合监控系统主干网。冗余双网配置，配置冗余交换机、服务器、维调工作站、复视工作站等，实现对全线机电设备系统复视和维修调度管理。设备管理系统只允许读取综合监控系统内的数据，而不允许对综合监控系统进行控制。

(4) 综合监控系统软件

1) 中心综合监控系统软件：ISCS 软件应采用分布式软件结构，并具有适于轨道交通工程要求的应用软件。系统软件应满足系统操作和监视的实时性要求，缩短延时时间。

2) 车站综合监控系统软件：操作系统、系统软件平台、应用软件。

3) 车辆段（DISCS）的软件：车辆段的监控软件应满足车辆段的监控功能，软件配置要求与车站的综合监控系统相同。

4) 停车场（TISCS）的软件：停车场的监控软件应满足停车场的监控功能，软件配置要求与车站的综合监控系统相同。

5) 设备维护管理系统（DMS）的软件：设备维护管理系统用来保存控制中心、车站内各类基础设备的电子版本的技术资料和维护历史记录，收集保存设备运行状态信息，统计设备运行时间和次数。此系统为集成与互联的所有系统所监控的基础设备而设。

2. 综合监控集成子系统

(1) 环境与设备监控系统（BAS）构成

环境与设备监控系统（BAS）负责对全线各站点机电设备（如：通风空调、给水排水、低压动照、自动扶梯系统等）进行集中监控和日常管理。

环境与设备监控系统（BAS）设控制中心和车站两级管理，实现中央、车站、就地三级控制。BAS 系统采用集成与综合监控系统的设计方案，在车站级纳入综合监控系统。中央级、车站级功能由综合监控系统完成。

1) 全线 BAS 系统构成

全线 BAS 由设置在各车站、车辆段站级 BAS、车辆段综合维修中心的维修工作站以及全线通信网络构成。BAS 系统作为综合监控子系统，通过 BAS 控制器的网络接口与 ISCS 的交换机连接，实现 BAS 接入 ISCS。车站级、中央级设备配置及功能均由综合监控系统统一设置，通过各级的有机配合，最终实现 BAS 的整体功能。

2) 车站现场级 BAS 系统构成

BAS 系统现场级主要由 PLC 控制器、远程 I/O（RI/O）模块、通信接口模块、各类传感器等设备以及现场级网络构成。

3) 地下车站现场级 BAS 系统构成

BAS 现场级采用工业 PLC 控制系统。在地下车站的两端环控电控室各设置一套冗余 PLC 控制器，在 IBP 盘设置一套单 PLC 控制器；在冷冻站电控室、通风空调机房、区间轴流风机配电室、水泵房及在各被控设备附近设置远程 I/O 或通信接口模块，远程 I/O 和通信接口模块采用冗余工业现场总线接入车站两端同于 PLC 控制器实现对车站风、水、电、电（扶）梯等设备的监控。远程 I/O 不作冗余配置，安装在控制柜或控制箱内，控制柜或控制箱安设在环控电控室、照明配电室、通风空调机房、冷冻站电控室、水泵房等房间内。

现场级监控设备，应具有较强的独立性，即可以脱离 ISCS 独自实现车站 BAS 的主要监控功能，同时又可以在 ISCS 的统一调度和协调下实现车站之间的联动功能。

正常情况下，就地操作优先级最高，当在特殊工况（如阻塞或火灾模式）情况下就地操作服从控制中心模式操作指令。两端环控电控室的冗余 PLC 通过现场控制网络连接其他就地 PLC 控制器和接口模块，实现对车站、照明系统、地下站隧道通风系统和空调大、小系统设备的监视、控制及管理。

4) 高架车站现场级系统构成

在车站靠近车站控制室一端设置 1 套冗余 PLC 控制器，车站所有监控的设备将通过现场控制层冗余总线网络连接到车站冗余 PLC 控制。冗余 PLC 控制器通过 2 个 10M/100M 以太网口分别接入属于不同网段的车站综合监控系统局域网。

5) 换乘站系统构成

换乘站 BAS 设计方案要结合车站建筑形式、建设工期等分别考虑。

对于通道换乘、T 型换乘、预留换乘节点的车站，机电系统分线建设，全站按线路设置两套 BAS 系统，分别纳入各自车站级综合监控系统的监视、管理。

对于同台换乘车站，机电系统按一套系统设置，一般车站主体建筑内按一套 BAS 系统进行设计。

(2) 门禁系统（ACS）构成

门禁系统由中心级、车站级、现场级设备以及传输网络组成。门禁系统采用中央与车站两级管理，中央、车站和现场三级控制方式。门禁系统中央服务器、维护管理工作站、授权工作站设置于控制中心。门禁系统在车站集成于综合监控系统。门禁系统骨干传输网络采用由综合监控系统分配的一路专用传输通道。

在控制中心设置中央级设备、在车站和停车场、车辆段设置车站级、就地级设备。中央级和车站级通过综合监控系统分配的传输通道进行通信。

门禁系统的车站级和就地级负责就地数据的采集、转换、本地存储及上传。中央级对各个站点的 ACS 设备进行监控和管理。

现场门禁系统设备的设置遵循"在车站对与行车有关、重要的系统设备用房和管理用房及通道门处设置门禁系统"的原则，来确定各站点设置门禁的房间。

1) 中央级系统构成

中央级门禁系统是一个计算机网络系统。中央级门禁系统主要由中央门禁服务器、中央管理工作站、通信设备（即交换机、通信网络）、中央授权工作站、台式读卡器、打印机等设备组成。主要完成对全线门禁系统的集中授权、监控管理、人员进出状态监视等工作，同时完成与综合监控系统、时钟系统的接口及其他接口预留扩展功能。

2）车站级系统构成

车站级门禁系统设在各车站、停车场和车辆段，进行本地区域内的门禁设备的数据对比、运算处理、采集保存，完成车站级门禁系统控制等功能。

3）就地级系统构成

就地级门禁终端设备主要由主控制器、就地控制器、读卡器、电锁、开门按钮、紧急开门按钮、门磁开关等设备组成。

4）传输网络

门禁系统骨干传输网络采用由综合监控系统分配一路100M专用传输通道。门禁系统现场级网络采用RS485单环网络或总线结构。

5）换乘站方案

对于采用通道换乘方式的换乘车站，各车站建筑方式是按两个完整车站进行设置，且按两套管理模式进行管理。在通道换乘车站，分线路设车站门禁系统，门禁系统受各自线路中央监控系统的控制。

门禁系统运行模式分为在线、离线、灾害三种模式，并且可根据不同情况进行转换。

门禁系统采用集中配电方式，在火灾等紧急情况下，通过设置在车控室IBP盘上的门禁系统紧急按钮切断门禁电锁电源，实现除票务室以外所有房间电磁锁断电释放，为人员提供疏散条件。

在车站、停车场、车辆段对与行车有关、涉及安全且使用频繁的重要系统设备用房和管理用房、进入设备区的通道门等位置设置门禁系统。

门禁卡与地铁员工卡合用，各门禁卡的权限的授权由中央授权终端完成。

(3) 安防系统（SPS）构成

安防系统由中心安防系统、终端安防系统及传输网络组成，实现停车场、车辆段、区间过渡段和相关建筑监控功能。安防系统一般含车辆段安防系统、停车场安防系统、主所安防系统、区间过渡段安防系统。安防系统工作站设置于站车控室，通过借用通信专业光纤资源接入车辆段、停车场安防系统。

1）中心安防系统构成

中心安防系统是安防监控系统的核心，设置在车辆段、停车场的安防中心内，完成视频监视信号的数字处理、压缩、监控数据记录和检索、硬盘录像等功能。同时，在工作站显示器或监视器屏幕上的实时监视信号显示和录像内容的回放及检索。系统主要由录像服务器及磁盘阵列、备份服务器、现场管理服务器、交换机、监控工作站、打印机、屏幕墙、不间断电源等设备构成。

终端安防系统构成：终端安防系统主要由视频监控系统前端设备，周界入侵报警系统前端设备组成，主要包括摄像机、室外智能高速重云台、电子脉冲围栏等。

传输网络：传输网络主要由同轴电缆、双绞线、光缆、光端机等组成，实现终端安防设备与安防中心的通信。

视频监控：传输距离在300m以内的采用同轴电缆传输，超出300m采用室外光缆传输。

周界报警：前端探测设备与报警主机传输距离在 1000m 以内的采用 485 总线方式传输，超出 1000m 采用总线延伸器传输。

2）车站安防系统构成

车站安防系统作为一个独立的分立安防系统，它与停车场安防系统之间采用光纤直联方式将车站安防系统纳入停车场安防系统，实现对区间过渡段的安防工作，车站安防报警管理工作站由车控室值班人员统一调度管理。系统由车站安防系统、终端安防系统及传输网络构成，完成在工作站显示器上的实时监视信号显示、录像内容的回放。安防设备主要有现场管理服务器、交换机、报警管理工作站、不间断电源等。终端安防设备主要有摄像机、室外智能高速载重云台、电子脉冲围栏等。

(4) 办公自动化系统（OA）构成

办公自动化系统是轨道交通控制中心、车辆基地、车站以及与轨道交通运营相关的设置数据网络用户终端设备的设备安装、数据网络设备配线、综合布线、数据网络性能检验、功能检验及网络功能检验。主要设备由以太网交换机、光纤/数字/音频/综合配线柜、缆线、信息插座模块等构成。

办公自动化（OA）系统能并提供快捷有效的办公信息服务。网络设备核心交换机、重要的服务器、存储设备按冗余配置，网络系统应考虑环网自愈，保证办公自动化系统连续不间断运行。网络设备性能要求较高，核心交换机要求很高的交换背板带宽。

计算机网络管理系统，对计算机网络进行维护和监控，及时排除网络故障；数据中心应设置硬件网闸、防火墙，系统内部设置各类软硬件认证等技术措施，使系统具有良好的安全防范措施，保证信息安全。

办公自动化（OA）系统建立在计算机网络基础上，实现信息资源共享，同时具有广域网连接的能力，实现与国际互联网的连接，对各类信息，予以收集、处理、存储、检索等综合处理，并提供进行办公事务决策和支持的功能。

办公自动化（OA）系统网络实行集中监测、分权管理，并统一分配带宽资源。网管系统应具有监测、故障诊断、故障隔离、过滤设置等功能，具有对设备、端口等的管理、流量统计分析，及可提供故障自动报警。

办公自动化（OA）系统能最大限度地保证现有各种计算机软、硬件资源的可用性和连续性，充分利用现有计算机资源，发挥主干网的优势，降低建设成本。

1）网络组网：根据地铁信息网络系统实际情况，宜采用简单化、层次化、分布实施的网络设计原则，考虑到接入信息点的位置特点，将基础信息网络系统分为三层建设：骨干层、汇聚层和接入层，相应在各层的节点分别为骨干节点、汇聚节点和用户节点。

2）硬件：办公自动化（OA）系统的硬件包括信息网络设施、服务器、计算机终端、办公配套设备等。硬件业主案的重点是网络交换机的配置和服务器的选型。硬件设备的选型原则是应满足功能需求。

3）软件：软件体系采用主流的 B/S 结构，软件由操作系统、数据库、网络管理软件、应用软件及防火墙等安全防范软件组成。

网络应预留充足的带宽资源，可以平滑地扩充和升级。在最大限度地减少对网络架构和现有设备的调整的前提下，为将来网络升级与发展留有接口。

(5) 电力监控系统构成

电力监控系统由中心电力监控调度系统、变电所综合自动化系统,以及通信通道三部分构成。

中心电力调度系统构成:由双局域网络、主备服务器、双并行操作员工作站、系统维护工作站、数据文档工作站、打印机设备等构成,另外配置 UPS 系统及配电盘,以保证监控设备的不间断供电。

变电所综合自动化系统构成:变电所内采用微机型全所综合自动化系统,包括:站级管理层、网络通信层、间隔设备层设备。

电力监控系统通信通道构成:控制中心电力调度系统与被控站之间主干网由通信传输系统提供冗余的 100Mbps 带宽以太网专用传输通道组建冗余环网。

(6) 综合监控集成/互联系统

综合监控集成/互联系统与电力监控系统(PSCADA)、环境与设备监控系统(BAS)、门禁系统(ACS)、站台门系统(PSD)、UPS 电源系统、火灾自动报警系统(FAS)、信号系统(SIG)、自动售检票系统(AFC)、广播系统(PA)、闭路电视系统(CCTV)、时钟系统(CLK)、集中告警系统(TA)、乘客信息系统(PIS)、其他互联系统。

8.5.2 综合监控集成子系统(ISCS)系统工程设备监理工作

1. 监理工作内容、重点、控制措施

(1) 综合监控系统监理工作内容

监理工程师在综合监控系统安装质量管理方面,建立健全安装质量、网络安全体制,强化施工组织设计方案及骨干网、车站、场段局域网专项测试方案,设备生产、原材料采购的质量控制及检测内容及手段,设备安装与其他专业安装接口、调试及软硬件功能验收管理,监理跟踪过程调试、联动联调检测和记录。详见第 8.1 节。

综合监控系统工程作为一个单位工程包含综合监控集成子系统、电力监控系统、火灾自动报警系统及气体灭火系统、调试与验收等子单位系统。

综合监控系统安装内容:

1) 综合监控集成系统(ISCS):

控制中心:综合监控系统(ISCS)、门禁系统(ACS)、办公自动化系统(OA)的管线敷设、设备安装、调试与验收;

车站:综合监控系统(ISCS)、门禁系统(ACS)、安防系统(SPS)、办公自动化系统(OA)、环境与设备监控系统(BAS)的管线敷设、设备安装、调试与验收;

车辆段、停车场:综合监控系统(ISCS)、环境与设备监控系统(BAS)、门禁系统(ACS)、办公自动化系统(OA)、安防系统(SPS);

主变电所:门禁系统(ACS)、安防系统(SPS)、办公自动化系统(OA)的管线敷设、设备安装、调试与验收;

综合监控集成系统(ISCS)系统调试、功能验收:联动功能调试、互联系统功能验收、系统性能验收、不间断测试。

2) 电力监控系统控制中心、车站、车辆段、停车场的联调与验收。

3) 火灾自动报警系统控制中心、车站、车辆段、停车场、主变电所的联调与验收。

4）气体灭火系统车站的联调与验收。

综合监控系统联调内容阻塞调试、区间火灾调试，冷烟、热烟试验等。

（2）综合监控系统设备安装监理质量控制重点

综合监控系统设备安装阶段监理主要对项目的控制管理、设备集成采购的考察、设备安装工程前期的准备、设备材料进场验收的检查质量控制、设备安装工程过程检查质量控制、设备调试进行质量控制。

综合监控系统设备安装施工关键工序多，质量控制点多。每个专业均包括线管、线槽、线缆敷设、线缆端接、防雷接地、设备安装和系统调试等关键工序。系统施工的每个工序必须根据现场环境制定不同的质量控制措施，诸多对安全、质量、进度有影响的监控点，在监理细则中予以明确。

在设备搬运安装过程中要注意设备安装的水平度、平行度、标高误差满足规范要求，注意盘面整齐，特别注意计算机主机、显示器等易损部件的安全。

地线、电源电缆、通信电缆敷设工序是施工过程中最容易出错的工序，而且出错后将出现严重的后果。一定要检查每条电缆是否按规范要求走线，是否按要求敷设到位，是否在施工过程中受损。

工作台、工作站、打印机等应摆放整齐、美观，便于观察和操作。

车站控制室内IBP盘面及室内的布置、控制中心调度大厅与装修的接口是安装过程中需重点关注的。

综合监控系统涉及的专业系统多、设备多；涉及的专业接口较多，接口管理复杂；涉及的专业多，施工涉及的行业标准和技术规范多；设备安装调试施工关键工序多、质量控制点多；在设备安装调试阶段由于接口多，受其他专业影响大，故设备变更、安装调试工程变更较多。设备安装阶段，由于设备安装和装修单位多，常规机电的大型设备多，系统工程的管线容易受强电干扰。

（3）监理系统安装质量控制措施

综合监控（ISCS）系统设备的工程量大，相关系统接口多，联调工作量大，困难较多，监理首先应建立健全项目组织机构，完善职责分工及有关监理制度，落实质量控制责任，按质量控制程序对质量进行控制，严格执行各项管理制度。

对不满足合同技术和功能要求的设备安装要求承包商进行整改和优化技术规格，按照合同相关条款，对承包商进行相应的经济处罚，促使承包商提供满足合同要求的设备。

1）综合监控系统常见质量问题及控制措施见表8-37。

常见质量问题及控制措施　　　　　　　　　　表8-37

序号	问题类别	问题分项	常见质量问题描述	质量控制措施
1	管线安装	支、吊架	支、吊架加工质量问题： 1. 支、吊架各部位不平整变形、扭曲、存在毛刺和卷边现象； 2. 做过防腐处理的支、吊架镀层不光滑、有毛刺、过烧、挂灰、伤痕及有影响安装的镀层瘤	1. 通过检查，合格产品进场； 2. 不合格产品经过返修后，复检后合格的允许进场，仍不合格的进行淘汰

续表

序号	问题类别	问题分项	常见质量问题描述	质量控制措施
1	管线安装	支、吊架	支、吊架的安装定位问题： 1. 支吊架安装位置不确定，直线段支吊架安装位置不均匀； 2. 直线段和非直线段连接处、弯曲半径超过300mm时，应设支吊架部位不确定； 3. 距终端、过伸缩缝前、后设支吊架部位不确定	1. 按已确定的支吊架弯通、变径直通位置确定其安装位置，然后确定直线段支吊架安装位置，直线段应按设计要求间距均匀； 2. 直线段和非直线段连接处300～600mm处应设支吊架，弯曲半径超过300mm时，非直线段中部应设支吊架； 3. 距终端300mm处，过伸缩缝前、后200mm处应设支吊架
			支、吊架的固定问题： 1. 混凝土结构上采用固定材料； 2. 实心和多孔黏土砖墙采用固定材料及深度； 3. 多孔黏土砖及轻质砖块采用固定方式	1. 混凝土结构上采用金属膨胀螺栓固定； 2. 实心和多孔黏土砖墙应采用燕尾螺栓固定，深度不小于100mm； 3. 多孔黏土砖及轻质砖块宜采用穿墙长螺栓加夹板方式固定
			支、吊架的接地问题： 1. 支吊架的接地应用材料；过伸缩缝两端接地用料及方法； 2. 支吊架接地	1. 支吊架的接地应用软铜线跨接，跨接用的螺栓应镀锌，连接处清除绝缘层； 2. 过伸缩缝两端用软铜线连接，并留有余量； 3. 支吊架从始端到终端，至少有一处和接地干线可靠连通
		线管安装	线管材料质量问题： 1. 所选各类管材质量问题； 2. 钢管敷设工序	1. 所选各类管材必须根据施工图纸及施工规范选用，钢管应该壁厚均匀，不应有折扁、裂缝、砂眼、塌陷和腐蚀等缺陷。外表应用完整的镀层，表面不能有气泡，镀层不能脱落； 2. 钢管敷设属于隐蔽工程，在未完成隐蔽工程检查记录前不能进行穿线工艺及后续工艺
			安装路径问题： 1. 敷设间距问题； 2. 管线路径选择原则：符合设计要求及施工规范，便于安装维护	1. 应按照图纸规定敷设，无明确规定时按照规范中与其他专业的最小间距敷设； 2. 管线路径选择原则：符合设计要求及施工规范，便于安装维护
			管材的加工及固定问题： 1. 管材切割后处理； 2. 弯管工艺； 3. 钢管固定后处理问题； 4. 过路盒安装要求	1. 管材切断后，管口应锉平、磨光，做防锈处理。管口应整齐光滑，出现马蹄形后，应重新切割； 2. 做弯管工艺时，弯曲处不应有褶皱、凹陷及裂缝，弯曲角度不应小于90°。弯管方向和管材焊缝成45°夹角为宜； 3. 钢管固定后应放入钢丝为后续穿线做准备，管口要封堵及简单的防水处理，防止堵塞； 4. 过路盒安装管子长度要求： 每超过30m，无弯曲时； 管子长度每超过20m，有一弯曲时； 管子长度每超过10m，有二弯曲时； 管子长度每超过8m，有三弯曲时
			管线接地问题： 钢管接地工艺	钢管接头的两端各设一个接地线卡，用一根两端带铜鼻子的$4mm^2$铜芯线将两个卡子连起来，以保证电气连通

续表

序号	问题类别	问题分项	常见质量问题描述	质量控制措施
1	管线安装	线槽安装	线槽材料质量问题：线槽的材料选用	金属线槽的选用应符合设计要求，经过镀锌处理的定型产品，线槽内外应平整光滑无棱刺，无扭曲变形等现象
			线槽的安装问题： 1. 线槽的安装程序确定问题； 2. 线槽经过建筑物的变形缝（伸缩缝、升降缝）时，线槽处理工艺	1. 线槽的安装程序须先主干后分支线，先将弯头、三通和大小头定位后，再进行直线段的安装； 2. 线槽经过建筑物的变形缝（伸缩缝、升降缝）时，线槽本身需要断开连接，线槽用连接板搭接，不需固定
			线槽的接地问题：线槽的接地工艺	1. 线槽电气连通应按照设计要求敷设在线槽的内侧，在线槽两头用不低于 10mm² 地线和接地干线可靠连接； 2. 出入口人防门上端墙洞两侧线槽或线管需可靠连接
		线缆敷设	线缆材料问题： 1. 线缆质量； 2. 线缆保护	1. 线缆敷设前，检查线缆型号、各项技术指标是否符合设计要求，外观有无损伤；合理配盘，尽量减少线缆接头； 2. 做好详细的敷设计划，着重提醒施工人员对线缆的保护；用防水封头将已经测试完成的线缆端头严密封住，以免受潮
			线缆敷设问题： 1. 线缆敷设时保护问题； 2. 在穿越站台板、线缆竖井、夹层处工艺； 3. 线缆敷设到位后，防止受损、受潮问题	1. 线缆从线缆盘的上部引出，严禁使线缆在桥架、支架和地面进行拖拉摩擦； 2. 在穿越站台板、线缆竖井、夹层处采用人工敷设，其余地段尽量采用机械敷设，敷设速度不超过 15m/min； 3. 线缆敷设到位后，在转弯的地方调整其弯曲半径，满足规范要求。并将线缆端头抬离地面，防止电缆受潮。如封头损坏，则重新封头
2	设备安装及检测	设备安装	设备合格问题： 1. 设备检验问题； 2. 设备安装位置	1. 设备型号、规格符合设计及供货合同规定，内部设备接（插）件（盘）完整，符合施工图设计要求； 2. 设备安装位置符合设计要求
			设备安装问题： 1. 底座问题； 2. 机柜安装工艺	1. 安装整列机柜时，如果底座安装整体放样，需事先测量底座尺寸和机柜底部尺寸的误差，安装底座时留出适当的空隙； 2. 机柜安装垂直偏差度不大于 3mm
			设备接地问题：设备接地工艺问题	1. 接地电缆、接地线、接地扁钢不用作其他用途，设备接地连接牢固、可靠，并采取防腐措施； 2. 对于机电单位移交的接地装置，对接地体进行接地电阻的测量，符合接地电阻要求的才进行设备安装，对于不符合接地标准的接地体，上报业主及监理要求房建单位整改

续表

序号	问题类别	问题分项	常见质量问题描述	质量控制措施
3	系统调试	ISCS	与各专业既有通道经常中断	建立通道实时检测模块，在中心画面上监控，及时上报协调修复
		ISCS	FAS系统因实际设备调整，点表反复修改	设计联络阶段会同FAS、机电进行图纸和设备核对、调整，最大限度减少后期修改工作量
		ISCS	AFC系统内部没有完成数据一致性调试	AFC内部应加强各方协调和程序修改调试工作，不因己方原因对关联专业造成影响
		BAS	风阀设备的损坏修理、更换	设计联络阶段会同设计院对阀类型进行核对，确保控制方式正确；风阀厂家对易坏件进行现场备货，减少发货时间消耗
		BAS	水泵厂家对不同类型泵控制程序容易混淆	在电表设计上兼容不同类型泵的测点排布
		BAS	照明系统接线易烧毁控制箱内设备	现场施工交底、考核；统一接线方法，做到高度简化；设备现场备货
		ACS	门禁布点运营接管后存在调整修正情况	会同设计、运营在设计联络阶段进行现场考察、调整；对布点文件进行各方会签
		SPS	安防布点运营接管后存在补盲情况	会同设计、运营在设计联络阶段进行现场考察、调整；对布点文件进行各方会签；优化摄像头监控策略和范围配合
4	功能检查	被控设备联调	BAS系统被控设备联调组织不够有序，效率偏低	经各方商议取得一致后，建立每个标段的调试小组，由一方牵头组织协调，定期上报调试情况和配合情况
		信号系统联调	信号系统在实际调试时与设计联络阶段有设计变动	信号系统实际参与设计的工程师在设计联络阶段深度参与，对有异议的问题尽可能在调试前达成一致

2）城市轨道交通工程中，凡有区间设备安装侵入设备限界，或车载设备安装超出车辆限界的，不得验收。

接地系统必须保证建筑内各智能化系统的正常运行和人身、设备安全。

综合监控系统应实现重要控制对象的远程手动控制功能。

车站控制室综合后备盘上应集中设置对集成和互联系统的手动后备控制。

2．综合监控（ISCS）系统设备（集成、采购）主要监理工作

综合监控承包商作为集成管理服务商，在系统设备集成、采购的设计联络阶段，运用集成服务项目管理的运作模式，全面负责系统设备的集成服务管理工作。

（1）综合监控ISCS系统设备组成

控制中心综合监控系统设备用房；

车站综合监控系统设备用房；

车辆段（停车场）综合监控系统设备用房及布置；

冗余的系统服务器、服务器、交换机、接口转换单元（FEP）、工作站、交换机等、UPS主机、蓄电池、配电柜、综合后备盘（IBP）、BAS控制柜、BAS模块箱、安防大屏、电子围栏、摄像机等。

(2) 电缆选型

主要有接地线、电源电缆、控制电缆、网络线、光缆的管线。所有的光、电缆（线）的外护套应是绝缘、低烟、无卤、阻燃的。

3. 综合监控集成子系统设备安装工程主要监理工作

(1) 设备安装前监理工作

1) 设备安装前监理准备工作

综合监控开工前，监理工程师应根据合同文件要求和技术图纸对工程施工范围作深入的调查，核实现场施工条件，纠正差错、补充缺漏。

现场预留预埋配合：沟、槽、管、洞的位置和数量，设备安装孔洞，安防预埋件的尺寸和位置，预留基础尺寸及数量，标高基准点等项目，对于发现的问题，监理工程师将向业主汇总报告，协调解决。

2) 承包商项目部前期监理审查工作

综合监控集成商对设备安装实际操作进行技术交底，技术人员仔细审核设计文件、安装手册，对现场进行认真勘测，了解现场实际情况是否与设计要求一致，发现问题及时协调解决。

3) 施工图优化设计的监理工作

在施工图联合设计初步完成时，对系统接口、机电设备接口、门禁等安装模式进行确认，对软硬件连接逻辑关系确认，并应协助建设单位组织内部评审工作，详细检查施工图纸，提出监理的优化建议，保证完成的施工图设计能指导施工。

(2) 主要进场材料、设备质量控制要点

综合监控监理工程师应审查集成商对供货商提供的材料、设备的产品合格证，工厂测试、试验记录，并形成出厂验收检查书面记录。

对主要进场材料、设备质量控制检测，一般包括设备到货检验、施工过程中工序及整体工程安装检验，以及完工检验等。采购的材料、设备应严格按业主及监理的进货检验和试验程序的要求对设备进行检测和试验。检验方法有取样试验、抽样试验。

对不合格品立即隔离标识、拒绝签认，并应签发监理通知单，书面通知承包商限期将不合格品撤出现场。

综合监控集成商为项目工程提供的产品进行最终检验。最终检验确认工作在产品出厂验收过程中完成。

1) 进场材料

光缆、电缆（接地线、电源电缆、通信电缆等）、网线（六类线）；

标准紧固件、电缆桥架、配管；

设备（传感器、监控设备等）；

所有的光、电缆（线）的外护套应是绝缘、低烟、无卤、阻燃的。

2) 进场设备

冗余的系统服务器、服务器、交换机、接口转换单元（FEP）、工作站、交换机、UPS主机、蓄电池、配电柜、综合后备盘（IBP）、BAS控制柜、BAS模块箱、安防大屏、电子围栏、摄像机等。

3) 质量控制要点

① 电缆的入场验收的质量控制：

电缆和光缆规格应符合设计的规定和合同要求。电缆和光缆所附的标志、标签内容应齐全且应附有出厂检验合格证和电气性能检验报告。对阻燃型和耐火型线、缆应用火烧的办法鉴别绝缘层的阻燃性或耐火性。

线料和电缆的塑料外皮应无老化变质现象，电缆外护套需完整无损，外观检查电缆无因运输、装卸而受外力破坏痕迹。绝缘层应无气泡、裂痕等缺陷，色泽应符合采购单要求。

电缆到货后，运输中电缆要立放。近距离搬运时，可采用滚动方式，滚动方向须顺着电缆盘上箭头所指示的方向。滚动中注意不要损伤电缆。短途运输电缆不可在地面上拖拉，要适当盘绕运走。

电缆的电气性能应从本批量电缆的任意盘中抽样测试。用500V兆欧表测试时，电缆芯线绝缘电阻应不小于200MΩ并做好记录。

② 光缆的入场验收的质量控制：

光缆开盘后应先检查光缆外表面有无损伤，光缆端头封装是否良好。根据光缆出厂产品质量检验合格证和测试记录，审核光纤的几何、光学和传输特性及机械物理性是否符合设计要求。

长度测试：要求对每根光纤进行测试，测试结果应一致，如果在同一盘光缆中，光纤长度差异较大，则应从另一端进行测试或做通光检查以判定是否有断纤现象存在。

单盘光缆检验完毕后应恢复光缆端头密封包装及光缆盘包装。

③ 标准紧固件入场验收的质量控制：

检查外观质量：对六角螺母规定为螺纹通规、螺纹止规、螺纹小径、对边宽度、对角尺寸、螺母高度、螺母支承面与螺纹轴线的垂直度；而对平垫圈规定为内径、外径、厚度、外圆对内孔的同轴以及平面度等。

标准紧固件的包装应牢固、防潮。不同批号的不能混装。包装箱外应有制造厂名、产品名称、标准号、批号、规格、数量、毛重等明显标记。

④ 设备的入场验收的质量控制：

对出厂前检查过的设备和海关检查通过的设备，应查阅《出厂检验报告》中所记述的问题据情进行复验，发现问题如实记入《机电设备开箱验收单》，经谈判协商一致，签署《开箱检验问题处理协议书》。

开箱时应详细清点随机资料，清点随箱资料是否齐全，做好相应记录，并核对设备名称、规格、型号、数量和供货范围。开箱检验所发现的问题，除做好检验记录外，还应签署问题处理协议书和工料表。

对电器、仪表等箱件，应按设备保管类别妥善存放。开箱检验不得损坏设备及其铭牌、标签、铅封及防护油封等，也不得任意对设备进行解体。确需解体时应按合同有关规定与供应商代表协商，在征得供应商同意后，并在供应商技术人员指导下进行设备的解体检验。

非安装设备和随设备购入的生产用备品备件，其开箱检验工作按如下要求办理非安装设备，开箱检验后记录后，由业主自行保管。

被测仪器应有标牌，如二氧化碳浓度传感器标牌上应刻有厂标、仪器代号、出厂日期、编号等。被测仪器连接器应无裂纹与损伤、插针平整、无明显松动，产品外观不应有压伤、裂纹、脱漆、锈蚀、缺损、结构松动或机械损伤。

⑤ 电缆桥架安装质量控制：

桥架的选型：根据本标段对桥架选型要求，总的原则在无吊顶的房间采用梯级式桥架；在吊顶中安装的桥架采用梯级式或槽式防火型桥架。桥架的结构要满足强度、刚度及稳定性要求，符合生产厂家给出的允许荷载要求。外观不得有机械损伤，焊点无脱落，引出线不应有松动现象。敏感部位无裂纹、无损坏、标志应完整，温度传感器外观检查时要轻拿轻放。

设备、材料到货检验内容：外观检测、性能检测、规格数量验证、技术资料验证；做好检查记录、审查质量资料和签认开箱检查单；建立监理材料设备台账；对不合格品进行处理，若发现供货商提供的质量保证文件与所到实物不相符或对质量保证文件的正确性有怀疑，物资供应部须进行复检。

（3）检验（试验）与检测中的监理工作

监理检查供货商出厂试验报告并检查检测内容、项目是否符合设计图纸及供货合同要求。质量的检验检测应参照通信工程施工质量验收规范，严格执行"三检制"。

监理工程师根据工作需要、业主的要求和工程施工具体情况，对设备材料进行见证取样、平行检测和抽样试验，并送第三方进行检测，材质检测委托有资格检验的单位进行，检测报告合格后方可使用。第三方检测的取样、送检过程需有监理在场见证，并留存必要的过程照片或影像资料，见表8-38。

监理工程师检查承包商应提供的产品合格证书、出厂检验报告、进场检验报告、进场复验报告、型式检验报告、检查产品的质量合格证明文件、中文标识、结构性能检测报告、产品性能检验报告等。

1）主要第三方检测见表8-38。

主要第三方检测　　　　　　　　　　　　　　　　　表8-38

序号	项目	第三方检测及检测重点项
1	电缆	抽用量较大的分批送第三方进行检测： 阻燃性能不低于A类，耐火型性能不低于B类； 低烟、无卤、防鼠、标识、规格型号满足要求
2	光缆	低烟、无卤、防鼠、标识、规格型号满足要求； 最小带宽，光通量及最大衰减
3	网络/通信电缆	抽用量较大的分批送第三方进行检测： 阻燃性能不低于A类，耐火型性能不低于B类； 低烟、无卤、防鼠、标识、规格型号满足要求
4	金属线槽	规格尺寸满足要求，耐火金属线槽应刷耐火极限1.5h的超薄膨胀型钢结构防火涂料，外表面喷塑和防火漆厚度≥60μm，内表面喷防火涂料，内表面喷塑要求同外表面

2）主要过程检验（试验）与检测见表8-39、表8-40。

综合监控系统安装工程应对电源、网络、信号线路进行验收测试。安装验收时应对骨干网络及各站点局域网络、现场总线的连通性进行测试。

材料进场检验检查项目　　　　　　　　　　　　　　表8-39

序号	项目	检测
1	电缆	外观检查和盘检：成品盘电缆端头应可靠密封，电缆盘应标识清楚
2	光缆	外观检查和盘检：光缆外表面具有永久性清晰的标志，两个完整标志的间距1m，标志内容完整。 光缆中间不应有接头

续表

序号	项目	检测
3	网络/通信电缆	外观检查和盘检：电缆盘应标识清楚。应符合工业以太网对通信电缆的技术要求，保证100/1000Mbps速率的正常通信，性能符合设备和工程的要求
4	同轴电缆	外观检查和盘检：电缆盘应标识清楚。无卤阻燃耐火型，阻燃性能不低于B类，性能符合设备和工程的要求
5	大对数电缆	外观检查和盘检：电缆盘应标识清楚，性能符合设备和工程的要求
6	金属线槽	外观检查：表面平整光滑、无划痕，内部无毛刺，加工成型后断面形状均匀，无弯曲、拧曲、裂缝、边沿不平齐等缺陷
7	热镀锌钢管	外观检查：表面平整光滑、无划痕，内部无毛刺，无弯曲、拧曲、裂缝等缺陷
8	聚氯乙烯管、PVC管	耐酸、耐碱、阻燃、防鼠、耐腐蚀，壁面光滑
9	金属软管	外观检查：管外镀层无脱落、起层、锈斑，管内无突起及损伤，管切口断面无毛刺。尺寸、拉伸、压缩、弯曲、电阻值满足要求
10	支吊架、托架及设备基础	所有支吊架、托架及设备基础均须做热镀锌防腐处理，热镀锌层厚度不小于80μm，其紧固件均采用不锈钢材料
11	紧固件	一般采用膨胀螺栓和连接螺栓等，均为外购标准件

设备上电前应进行以下验收测试：

① 控制电缆、通信电应进行对线测试；

② 设备室内温度、湿度和空气清洁度应符合设计要求；

③ 应进行各回路的绝缘检查，绝缘电阻值应符合设计要求，并做好记录；绝缘电阻测量时，应有防止弱电设备及电子元件被损坏的措施；

④ 应进行设备接地保护线可靠性检查。对带有电保护装置的线路应做模拟动作试验，并做好记录；

⑤ 设备输入的交流电源、直流电源的电压等级应符合设计要求

⑥ 设备内的所有开关均应置于断开位置，开关的通断电状态都应有显示或警示标识。

监理质量控制应查验各类控制箱、柜、盘安装质量；每种类型传感器安装质量，施工安装及验收过程应做好记录，并应符合规范要求。

设备上电前验收测试项目　　　　　表8-40

序号	项目	检测
1	设备基础预埋件	预埋件制作完成后应表面平整，平直度满足设备安装要求。 预埋件之间的连接应可靠、牢固。预埋件应满足设备承载物对承载力的要求。 预埋件的材质选用Q235A钢，表层热浸镀锌防腐，镀锌厚度不小于80μm，现场切割、打孔及焊接处涂防锈漆
2	防火堵料	采用阻火、堵烟、耐油、耐水、耐腐蚀性能的柔性阻燃材料。 防火时效≥180min
3	接地箱	接地铜母排：表层需烫锡防腐处理，烫锡厚度不小于80μm。 接地箱采用钢质外壳，带锁。接地铜母排上设有不少于2个与接地网相连接的铜质接地端子，2接地导体使用铜导体，其最小截面不小于30mm^2。 接地铜母排尺寸：长×宽×厚=900mm×100mm×10mm。 接地电阻小于1Ω

续表

序号	项目	检测
4	摄像机立杆	基础深度1.2m左右，基础直径大于600mm。 立杆，采用室外接地，接地电阻不大于10Ω。 立杆高度根据现场监控的需求选用4.5~6m。 表面热镀锌喷塑，焊接处采用双面全焊
5	避雷装置	避雷装置安装于摄像机立杆或围墙上，由接闪器、引下线、接地极等组成，保证设备在直击雷防护区内，满足正常工作

3）主要调试检验（试验）

综合监控系统调试包括单机调试、集成子系统调试、综合联调集成子系统调试。

控制中心系统电源及接地检测：控制中心电源要求：控制中心综合监控系统机房电源及调度大厅电源统一由综合监控专业分别设置两套UPS电源，箱内配电电源应满足如下要求：两路独立交流电源：两路三相四线制电源380V，50Hz；电源容量：综合监控设备室20kVA，调度大厅60kVA；UPS电源后备时间：1h。

车辆段、停车场电源检测要求：综合监控专业统一在车站综合监控设备室设置一套UPS电源；在停车场、车辆段综合监控设备室设置一套UPS电源。配电电源检测应满足如下要求：两路独立交流电源：两路三相四线制电源380V，50Hz；车站级电源容量为15kVA；后备时间均为1h；停车场、车辆段电源容量为40kVA；后备时间为4h。

车站接地检测：车站综合监控设备室、车辆基地/停车场综合监控设备室、控制中心综合监控设备室内设接地端子箱，安全接地和设备接地分开，以保证人员和设备的安全可靠。

接地网的检测：联合接地电阻小于1Ω。

4）安全和功能检查项目

综合监控集成安全和功能检查项目：人工接地网防雷接地检测、接地箱、机柜绝缘电阻测试、综合监控系统（ISCS）功能检测、环境与设备监控系统（BAS）功能检测、门禁系统（ACS）功能检测、安防系统（SPS）功能检测、办公自动化系统（OA）功能检测。

综合监控系统安全和功能检查项目：系统功能验收、系统性能验收、接口（互联）检验测试、计算机网络系统检验测试、系统不间断运行试验、系统电源及接地检测报告

（4）设备安装关键工序质量控制要点

设备系统安装及调试是在各设备系统完成安装，并完成单系统调试且达到合同技术规格书要求后进行的系统综合测试，包括相关接口功能测试、设备联动测试、车站与控制中心联动功能测试等。设备安装关键工序质量控制要点见表8-41。

1）设备现场开箱检查：开箱检查是工程顺利实施的最基本也是最关键的工序，是系统设备从供货商交给承包商的一项重要接口工序，只有在这项工作中认真清点设备数量、核对准确设备型号、检查设备外观等，对不符合合同要求的设备要求供货商进行确认并整改，避免日后产生扯皮、推诿责任等现象，保证工程的顺利进行。

2）系统设备运输及安装：在设备搬运安装过程中要注意设备安装的水平度、平行度、标高误差满足规范要求，注意盘面整齐，特别注意计算机主机、显示器等易损部件的安

全，应避免野蛮安装和不文明施工。

3）综合监控设备安装：首先考虑设备基座的制作和固定，为防止静电对设备产生的危害，应安装防静电地板，并跟机电安装配合，对标高进行复测，设备底座焊接完成应作防腐防锈处理，IBP盘设备底座根据施工图纸确定其位置；综合监控设备机柜安装除设备基础固定外，按照技术标准及要求，对控制箱、柜、盘的安装位置和方式需满足设计要求，并应避开通风口、管道阀门等位置，无法避开时应采取防水保护措施；柜（盘）就位找平修正后做螺栓固定，做好成品保护。

4）接地线、电源电缆、通信电缆敷设及测试：施工过程中最容易出错的工序，而且出现错误的后果严重，如果施工中出现电缆接错、敷设距离不够、接地线没接等情况，就会带来烧损设备、电磁干扰等后果，所以一定要检查每条电缆是否按规范要求走线，是否按要求敷设到位，是否在施工过程受损。桥架系统应有可靠的电气连接，桥架之间采用 $16mm^2$ 的铜编织进行跨接，并且每隔 50m 与接地干线（或者接地铜排）可靠连接，铝合金梯架伸缩缝间桥架须跨接接地线。

不同系统、不同电压等级、不同电流类别的线路，不应穿在同一管内，管路必须接地，但不能作为地线用。

电线管路弯曲半径：明暗配时均不应小于管外径的 6 倍。

电线套管的切割套丝：配管时，按实际长度切割管子，用钢锯、割刀或无齿锯切割，严禁用气割。管子套丝完毕后将管口毛刺用锉刀刮口，以免毛刺划破导线绝缘层。

缆敷设后要用 500VMΩ 表对所有线、缆进行绝缘电阻检测，其对地绝缘电阻值不＜20mΩ，系统接地采用共用接地装置，接地电阻值应≤1Ω。

交换机系统使用的交流电源线必须有接地保护线。

控制柜（盘）接地电阻值应符合下列要求：工作接地电阻应小于 4Ω；采用联合接地时，接地电阻值应小于 1Ω。

三相五线制不允许重复接地是因为如果中性线重复接地，三相五线制漏电保护检测就不准确，无法起到准确的保护作用。故，零线不允许重复接地，实际上是漏电检测点后不能重复接地。

5）系统内带电检测试验：系统内带电检测试验是对设备和系统的考验，送电开通，信号设备系统内调试试验要求监理到场旁站，监督设备最后检查过程，检查操作和保障人员是否到位，各种保障措施是否到位，观察带电过程是否正常，一旦出现不正常现象，要求启动相关应急预案。

6）系统单体设备调试：单机测试和试验过程关系到设备和系统功能的实现，并且是对设备质量和接线正确性的考核和检查。要求监理对关键的测试和试验过程进行现场旁站，监督试验程序是否正确，试验方法是否合理，试验内容是否完备，试验结果是否有效，试验记录是否齐全等。

7）系统现场测试及验收：牵涉到各项性能指标的严格细致的测试，要严格按计划进行，要保证各项测试方法、程序的正确性。

系统调试前软件调试，是技术性要求很强的工作，而且问题很难查找，所以这项工作不仅对施工调试人员的技术水平有要求，而且要求施工人员工作中要细心和耐心，认真对待每一个步骤的调试，才能不留隐患，使后续工作顺利开展。

8）系统整体调试：主要是要求对本系统各项功能、技术指标进行测试，以满足设计要求。

9）系统与其他系统联合调试：是系统最终能否达到其最终功能要求的关键环节，涉及所有与其他系统之间的接口调试。是本工程中工作最复杂、难度最大的环节。

10）系统通电运行试验：是对系统整体调试成果的反馈环节，要求施工人员密切注意现场运行情况，一旦发生问题，就要立即重新调整，确保现场验收测试试验的合格。

预埋管、槽、箱盒安装、桥架、设备安装控制要点　　　　表8-41

序号	分项工程	质量控制要点	控制方法	备注
1	施工准备	工程材料计划、施工组织设计	认真审查	采用防火线槽
2	孔洞预留	漏留、错留	观察、量测	
3	桥架安装	位置、标高正确 与水管、风管及其他建筑物间距正确 支架排列正确、桥架间电气连接正确、伸缩缝符合要求	观察、量测	建议管线综合或采用综合支吊架
4	管路暗敷	支架间距、与水管、风管及其他建筑物间距正确 接线盒、过线盒接线正确 管路弯扁度	观察、量测	隐蔽检查旁站
5	管路明敷	支架间距、与水管、风管及其他建筑物间距正确 接线盒、过线盒接线正确 管路横平竖直、管路弯扁度	观察、量测	钢管涂防火涂料、电气连接线是否采用爪型垫片并可靠连接
6	穿线配线	导线损伤	观察、量测	
7	电缆敷设	电缆平直、固定牢固、电缆弯曲度 电缆排列整齐、美观	观察、量测	
8	设备安装	安装方法、位置标高正确	审查施工方案	
9	调试	摇测全面绝缘 开关动作可靠	审查调试方案	

11）防雷接地

综合监控系统设备电源接线、设备接地、浪涌保护器设应符合设计要求，均应有相应的防雷及防电磁干扰措施，尤其是车辆段室外设备（线缆）的防雷及防电磁干扰措施。

（5）设备安装首件报验及工艺质量控制

综合监控在支架制作、设备基础安装、接地装置、敷设线缆等首件工程施工前充分做好准备工作，明确施工工序流程及施工工艺，施工中的技术注意事项和成品保护，完成首件施工后，由监理单位组织施工、设计、业主相关单位进行验收，施工单位按照验收意见整改完成经复验符合要求后，作为样板全面推广，用以指导工序施工。

监理工程师对施工工艺过程的首件工程或工艺各个质量控制点、施工各工序进行跟班巡视和检查验收，现场发现质量问题及时要求施工人员整改。

首件报验工序：

设备支架制作安装、设备安装、敷设接地线、电源电缆、电力电缆、通信电缆等、系统单体设备调试、系统整体调试、通信通道调试；系统与被控站点联合调试、系统通电运行试验、系统现场测试及验收、系统投入试运行。

1) 管线、箱、盒预埋主要施工工序控制要点

根据现行国家标准和设计图纸的规定要求，对管线和电缆的型号、规格、种类进行检查确认。安装系统设备时，必须按照供货商所提供设备特点、技术参数、接线图与其他有关资料进行。所有现场安装之设备、线路、交接位、喉管、线槽，应加以适当的标记以便识别。预埋金属线槽、过线盒、接线盒及桥架等表面涂覆或镀层应均匀、完整，不得变形、损坏。管线在设有吊顶的地方管线敷设于吊顶内，无吊顶的地方管线沿墙壁暗敷。敷设在多尘或潮湿场所管路的管口和管子连接处，均应必须采取相应的保护措施。

2) 设备安装主要施工工序控制要点

各种设备、箱柜、工作站、IBP 盘的安装方法；根据工程实施的客观规律，所有工程施工都有先后顺序，所有施工环节都有前、后工序。

① 综合监控系统设备安装：

综合监控系统安装工程与装修工程有直接依存关系，必须等到设备机房地板安装、顶棚安装、墙面装饰、设备房门窗安装完成并安装好门锁才能进行安装。使得监控设备安装工程、工期比其他专业更紧迫。

设备安装按照设计图纸标示，确定各设备基础支架位置；基准线的确定以房间的轴线为基准，用经纬仪确定纵向基准线。用水平仪找出基准线上的最高点，作为基准标高，测量误差满足《自动化仪表工程施工及质量验收规范》GB 50093 要求。

设备底座制作安装如图 8-40～图 8-42 所示。基础支架包括网络柜、服务器柜、IBP盘等设备基础支架。基础支架应严格按照设计图纸或设备供货商提供的尺寸、技术要求在加工车间进行加工制作，支架表面应作防腐处理。支架加工完毕先在加工车间进行组装拼接，确保整体的误差符合设计要求后再拆开运抵现场后安装。

图 8-40 综合监控室设备房 IBP 机柜基础

图 8-41 综合监控设备房机柜基础

接地线连接：按图纸以及设计规范说明将支架用接地引线或者镀锌扁钢连至地线盘。

热镀锌防腐处理：对机柜底座的要求制作好机柜底座，底座要做热镀锌防腐处理，且镀锌层厚度达到设计要求。

机柜安装：机柜安装包括服务器机柜、交换机柜、电池柜、配电柜、网络柜等设备安装。

综合显示屏系统（OPS）的相关安装：大屏安

图 8-42 综合监控系统布线

装中要关注脚手架搭建，高空作业人员防护，屏幕安装中反射器防护，各屏幕之间的拼接等。

车控室一体化安装：严格按照设计图纸要求设备供货商按所需尺寸、色标、技术要求在加工车间进行加工制作，要求所有进入车控室的线缆按要求路径进行敷设，并按不同系统选用不同颜色扎带进行区分。

② 综合监控系统 BAS 系统设备安装：

环境与车站设备监控安装工程与主体以及装修工程有直接依存关系，管槽安装要与土建装修专业同步进行，设备安装必须要等到设备机房地板安装完成，顶棚安装完成，墙面装饰完成，设备房门窗安装完成并安装好门锁，才能陆续进入安装。这就使得环境与车站设备监控安装工程工期比其他专业更紧迫。

控制柜安装：控制柜安装牢固，高度尽量与低压控制柜一致，柜子垂直偏差应不大于 2mm。控制柜进行可靠接地，柜门应该以软导线与接地的金属构架可靠连接。基础槽钢的水平度偏差不大于 1mm/m，基础槽钢应进行可靠接地。

控制箱安装：控制箱安装牢固端正，箱子的垂直度偏差不应大于 2mm，控制箱底部距地 1.4m。进入控制箱的线缆保护管入箱时，箱外侧应套锁母，内侧应装护口。

安防系统设备安装如图 8-43、图 8-44 所示。

电视监控设备安装、设备配线及成端、设备调试，对摄像机、监视器等设备安装位置进行确定。

摄像机安装：设备机柜应严格按照设备平面设计图进行安装，安装时充分利用水平尺，定位仪反复比较保证垂直度，水平度在设备安装规范范围内，机柜内维护监视器安装应考虑防滑和加固处理，以防造成位移。

防周界入侵系统安装：周界入侵防范系统设备安装、设备配线集成端、设备调试。根据客观施工工序，在区间环网线缆、通信信号线缆均敷设完成后开始进行设备安装。对电子脉冲围栏、红外对射探测器等设备安装位置进行确定。

模块箱安装：采用下进线方式并做好防水措施。

明装报警控制箱安装：应找准标高，进行钻孔，埋入金属膨胀螺栓进行固定。箱体背板与墙面平齐。

图 8-43 车辆段安防大屏

图 8-44 电子围栏

③ 门禁系统安装：

门禁控制器、电源箱、读卡器按钮、门磁开关、电磁锁安装。

门禁控制器：门禁控制器便于维护及检修位置。在安装过程中要注意接地、防静电、防雷击、防漏电。保证控制器机箱和交流电地线连接完善，且交流电地线真实接地。接线端子注意规范接线。

电源箱安装：要高于地面 2m 以上，牢固、美观、保证安全。

读卡器按钮安装：安装高度要按照设计要求，一般距地面 1.4m 进行安装。

门磁开关安装：安装应牢固、整齐、美观，门磁开关间隙应控制在铁门、木门 5mm；卷帘门应控制在 20mm。

电磁锁安装：垂直、水平安装于门框上必须与门框成 90°直角。

机电一体化锁安装：采用独立式的离线设计的机电一体化锁，用户可根据读卡器显示的声光信号认出被允许或阻止进入。非独立设计的机电一体化锁则要求与厂家协调沟通线缆的路由，安装要求垂直、水平安装于门框上必须与门框成 90°直角。

④ OA 网络设备安装：

各设备基础支架位置、基准线的确定以房间的轴线为基准，用经纬仪确定纵向基准线。基础支架定位严格按照《基础定位测量施工工艺》组织施工，测量误差满足《电气装置安装工程 电气设备交接试验标准》GB 50150 要求。

设备底座制作安装：基础支架应严格按照设计图纸或设备供货商提供的尺寸、技术要求在加工车间进行加工制作，支架表面应作防腐处理。

⑤ 综合监控系统安全管理：

仔细检查机柜内设备电缆连接状态，详细阅读设备说明和仪表使用说明，正确使用；移动设备时严禁损坏和划伤设备；在安装设备时，应保持墙面、地面、顶棚的清洁，吊顶内配管时，不要踩坏龙骨；施工使用临时电源带漏电保护装置，电动工具必须有可靠的保护接地（接零）措施，施工时保证足够的照明设施。

(6) 设备安装旁站、平行检验、隐蔽工程验收质量控制

1) 旁站、平行检验见表 8-42。

综合监控系统旁站内容包括：电缆敷设的信号线与电源线不应共用一条电缆，不应敷设在同一根金属管槽内；穿外墙的电缆孔洞应采取防水措施，线槽、管线穿过墙壁、楼板处应安装套管，穿墙、穿楼板的电缆孔洞应进行防火封堵；电缆敷设前应进行单盘测试，测试指标应满足设计要求；电缆在经过特殊地段直埋等敷设时、电（光）缆接续监理应旁站。

综合监控系统功能测试、通电运行试验时，监理工程师见证试验。

旁站、平行检查包括设备基础安装、各站点功能测试点位检查、接地检测；区间、站台设备安装位置和方式应符合设计要求，并应安装牢固可靠。

监理旁站部位　　　　　表 8-42

序号	工程名称、工序/控制点名称	控制方法	备注
1	管线预埋	旁站	隐蔽检查时
2	光电缆单盘测试、光缆接续	旁站见证	
3	ISCS、BAS 系统与子专业接口协议测试	见证	

续表

序号	工程名称、工序/控制点名称	控制方法	备注
4	设备安装与配线	核查	
5	设备接地、测试	核查、旁站	
6	设备单机特性检验	旁站	
7	系统测试	复测、旁站	

2) 隐蔽工程验收：

隐蔽工程应进行交接检查，监理工程师应检查接地及接地网布设，安装施工复测应符合规定。综合接地和保护接地应分别布设，不得混接、串接；接地线、连接件及接地电阻值应符合设计文件要求，应有具有资质单位提供的接地电阻值测试报告。

线管槽安装变形缝处应采取补偿措施，线缆跨越变形缝的两侧应固定，并应留有适当余量，在线管槽规定长度、转弯处有加固措施。设备间地板下、吊顶上或其他隐蔽区域内管网应按隐蔽工程验收项目验收；对隐蔽验收监理工程师应留有影像资料。

(7) 专业接口关系及协调

综合监控系统是运营调度、辅助行车、机电设备监控和管理、防火和安全等的核心专业，其内外接口众多，接口的管理、协调极为重要，在设计联络阶段应做好沟通，确定接口数量、方式、位置等，建立一个接口的识别、协调及控制体系，梳理专业施工及各专业接口表，在各阶段顺利施工，并最终在车站设备各系统的综合调试及总联调阶段能够不丢项，圆满完成工程联调及验收。见表8-43。

综合监控系统前期做好接口文件签订，工程施工过程中接口完成时形成交接记录、销项，以保证完成所有接口工作，综合监控系统承包商需主动与其他安装单位取得联络关系，以确保阶段性工期的顺利完成。

1) 综合监控系统工程的内部接口管理；
2) 综合监控系统工程的通信系统接口管理；
3) 综合监控系统工程的信号系统接口管理；
4) 综合监控系统工程的 NCC 系统接口管理；
5) BAS（环境与设备监控系统）系统工程的外部接口管理；
6) 其他系统工程的外部接口管理。

对关键部位、关键工序做好完成情况的旁站或见证取样工作。见证设备指标检测及功能检验。在关键部位、关键工序施工过程中，在现场进行旁站监督。对正在施工的非关键部位或工序进行定期或不定期的巡视监督检查。

接口管理及控制　　表8-43

序号	接口专业	界面	接口措施	备注
1	PSCADA	控制室通信配线架	综合监控专业负责通信通道及车站、车辆段车控室机房通信配线架施工及引入电缆的接续。电力监控专业负责将相关线缆引入上述各车控室机房设备通信接口上	
2	通信专业	通信专业综合配线架外线侧	综合监控专业负责提供部分系统线缆并敷设、接线，通信专业负责提供接线端子以及其余系统的线缆、敷设和接线	

续表

序号	接口专业	界面	接口措施	备注
3	通信 PIS 专业	PIS 专业综合配线架外线侧	乘客咨询专业负责提供线缆,并负责线缆敷设与接线,综合监控专业负责提供接线端子	
4	AFC 专业	车控室 IBP 盘、综合监控网络柜	AFC 专业负责提供线缆,并负责线缆的敷设与接线	
5	SIG 专业	车控室 IBP 盘	信号专业负责提供线缆,并负责线缆敷设和接线	
6	PSD 专业	屏蔽门控制室主控制器设备配线端子外侧和 UPS 网络接口端	站台门专业负责提供线缆,并负责线缆敷设和接线,至 IBP 盘端子排外线侧	
7	电(扶)梯专业	IBP 盘配线端子外侧	ISCS 负责提供线缆、线缆敷设和接线;自动扶梯专业负责综合监控专业接线端子的预留,并配合其接线	

注:站台门控制器应提供两个物理独立的冗余接口或两个独立的网卡。

(8) 单机调试、联调联动

综合监控设备系统的联调是在各 ISCS、BAS、ACS 等子系统设备已完成单系统调试且达到合同技术规格书要求后,进行的综合监控与其他系统综合测试,包括通信、FAS 等系统和车站机电设备等接口功能测试、设备联动测试、车站与控制中心联动测试等。

1) 综合监控系统单机调试内容

综合监控单系统单机调试工作在各子系统设备安装就位,具有稳定可靠试验电源,且现场环境达到调试要求后开展。使用专用调试仪器,按已批准的调试方案对设备的功能、系统性能进行调试,使其符合有关标准或满足厂家技术要求。

单机调试所需的条件:设备安装就位;电缆、电线接续完毕,电缆电线绝缘电阻测试合格;电气器具及各种绝缘电阻测试合格;设备的可接近导体接地或接零连接完成;具有稳定可靠试验电源,供电容量符合测试要求;调试所需试验仪器都已到位;现场环境达到试验要求。

单机调试应包括上电后各设备、模块工作指示灯状态应正常,单机调试完成后,应进行综合监控集成子系统调试。综合联调集成子系统调试完成后,应进行综合联调。

设备的硬件配置、软件配置、网络地址设置、预置参数应符合设计要求。设备中预装的软件登录正常,应用程序、调试工具软件应运行正常。

单系统网络测试、内、外接口测试、冗余设备无扰动自动切换、系统专业功能测试。

单机、单系统调试内容:单机调试;单系统调试(含内外接口测试及网络测试);系统功能(通用功能、中央级功能、车站级功能、车辆段、停车场功能、中央级联动功能、车站联动功能)。

2) 综合监控系统调试(集成子系统)

网络调试、集成子系统与现场监控对象的接口调试、集成子系统现场级监控设备的功能测试、集成子系统与综合监控系统软件平台的接口调试、综合监控系统的集成子系统专业功能测试。

与现场监控对象的接口应属于外部接口,外部接口调试按照接口调试规范文件要求进行。

与综合监控系统软件平台的接口应属于内部接口,内部接口调试应按照接口调试规范文件要求进行。

集成子系统的接口调试应从人机界面至现场监控对象,点到点测试和端到端测试应同时进行。

集成子系统与现场监控对象的点对点测试应按测点清单进行100%测试,综合后备盘硬线接口应在现场进行100%端到端测试。集成子系统现场监控设备的功能和综合监控系统的集成子系统专业功能应符合设计要求。

3) 综合监控系统联合调试

综合联调(互联系统):集成子系统调试完成后,应进行综合联调。综合联调应包括综合监控系统与互联系统接口调试、综合监控系统的互联专业功能调试以及联动功能调试。

综合监控系统与的接口调试应在参与综合联的各互联系统已经完成系统调试后进行。综合监控系统与互联系统的接口调试应按照接口调试规范要求进行;综合联调应验证各系统联动功能符合设计要求。

4) 安全和功能检验

综合监控系统功能实现,凡涉及结构安全和使用功能的,承包商应进行检验,监理单位应按规定进行见证、取样检测或平行检验。

综合监控系统功能验收应按中央级功能、车站级功能和互联系统功能分别验收。综合监控系统中央功能验收应逐项全部验收;车站功能验收应选2个以上典型站逐项全部验收;车辆基地功能验收应逐项全部验收;互联功能验收应分别在中央级与车站级进行,应逐项全部验收。

5) 综合监控系统性能验收

详见表8-44、表8-45。

综合监控系统性能调试检验测试:系统设备负载应满足设计要求。

接口(互联)检验测试:接口分界、物理接口、接口数量、软件协议。

综合监控系统性能验收包括系统响应性、系统设备负载,指标应满足设计要求。

综合监控集成系统安全和功能检验 图8-44

序号	项目	安全和功能检查项目	份数
1	设备安装	人工接地网防雷接地检测	
2		接地箱、机柜绝缘电阻测试记录	
3	功能检查	综合监控系统(ISCS)功能检查	
4		环境与设备监控系统(BAS)功能检查	
5		门禁系统(ACS)功能检查	
6		安防系统(SPS)功能检查	
7		办公自动化系统(OA)功能检查	

综合监控系统安全和功能检验　　　　　　　　图 8-45

序号	安全和功能检查项目	数量
1	系统功能验收	
2	系统性能验收	
3	接口（互联）检验测试	
4	计算机网络系统检验测试	
5	系统不间断运行试验	
6	系统电源及接地检测	

(9) 总结及案例

1) 综合监控系统安装过程中，要求各承包商提交各种专项方案；要求总体院对系统设备房防静电地板安装要求、车站房间开关面板安装原则进行统一规定；要求机电向各专业设备房移交必须满足交接条件，门窗完好，能可靠锁闭，墙面粉刷完成，地面找平层完成，完成固化剂涂层，完成吊顶主龙骨安装，交接必须要有交接清单和交接手续。

2) 综合监控系统负责车控室和车控室机房内线槽的统一设计，各系统将进入车控室和车控室机房线缆的数量和规格以及接入点提资给综合监控承包商，由综合监控承包商进行车控室和车控室机房内线槽的二次深化设计，各系统按要求进行施工；各专业线槽上喷涂专业简称，线缆敷设过程中使用不同颜色扎带以便区分。

3) 各系统专业与机电接口清理，尤其是通信、FAS、综合监控、电（扶）梯、站台门、信号、PIS 等；综合监控系统车站内综合管线与其他系统之间配合问题；对综合支吊架上各系统综合管线的路由要进行了协调和会签，各系统按会签后的图纸，按照各自在综合支吊架上的路由进行综合管线的施工，以及综合监控系统车控室和车控室机房内线槽各系统之间配合问题。

4) 综合监控系统照明配电室内线槽和配电箱与动照专业，FAS 专业之间配合问题，每个车站有多间照明配电室，每间照明配电室均有多个机柜和机箱，分别属于三个专业（动照，FAS，BAS），设计院也不同，动照专业进线为上进线，其他专业为下进线，动照专业的线槽在机箱上面，其他专业的线槽在机箱下面，如果不进行二次深化设计，机柜将会切断其他专业线槽的路由路径，由于绝大部分的机柜和机箱是动照专业的，所以 BAS 和 FAS 专业提资给动照专业，由动照专业按照 FAS、BAS 的要求统一进行二次深化设计。

5) 门禁专业与机电单位核对门表，由门禁专业在机电单位要提交的门表中核对门禁位置及数量，门框的厚度，尤其是双开门和子母门要给予标识；门禁专业与装修单位核对公共区开孔位置和开孔尺寸，落实在装修的二次深化设计图纸中；门禁专业与栏杆专业核对边门图纸，票厅内按钮的安装位置和线缆敷设路由，门禁专业与栏杆专业核对边门的安装位置和安装方法；加装门禁的带有静电地板的设备房，需考虑人员进出是否会头部碰到门锁的安全问题；AFC 票务室除正常安装门禁设备外还需要加装密码装。

门禁专业和门厂进行沟通，落实门框及门扇的加固方式及门禁的安装要求，落实门框的开孔尺寸。要求门厂对加固的门框及门扇落实到生产工艺中，加工好的成品门要有醒目的标示，门禁负责人要及时跟踪工艺流程，承包商在门框上去后要及时敷设电缆，要对门锁进行充填保护，防止水泥浆从开孔处流入锁内，并以会议纪要的方式进行落实。

6）BAS专业与机电专业核对双方图纸中风阀控制箱数量和位置，核对风机型号（尤其是单速风机还是双速风机）；BAS专业与装修专业核对站台、站厅立柱上传感器的安装位置和开孔尺寸；BAS专业与通风专业核对风管上传感器的安装位置和开孔尺寸。

7）系统调试：

综合监控系统外接FAS、ATS、PSD、PIS、CCTV、EMS、CLK、AFC等多个专业，在调试过程中，经常各外专业会因各自不同缘由将既有网络和通信程序中断，由此造成大量时间去进行原因排查，影响综合监控系统的调试工作。

为了准确区分是网络故障还是外专业通信中断，业主、监理和承包商开会进行研究，要求承包商加装识别模块，综合监控系统自行研发了通道守护进程模块ChannelWatch，将模块部署运行在综合监控系统平台上。

基本过程如下：守护模块获取各外部专业通信地址，建立通信列表；守护模块采用多个队列形式将监测任务提交给数个线程来执行；每个线程负责通信列表的一部分；对每个外专业地址和端口，每隔3s（可设置）做一次检测，判断是否畅通；将所有检测结果上报中心监控画面并及时报警提醒。

采用该方法后，能迅速了解各方现场情况，并能快速协调恢复，较之前大大提高了工作效率。

4. 综合监控（ISCS）系统工程验收及竣工资料

依据综合监控有关法律、法规、工程建设强制性标准、设计文件及施工合同，对综合监控承包商报送的竣工资料进行审查，凡是自评合格即可申请单位（子单位）工程预验收，监理组织工程质量单位工程预验收。对存在的问题，应及时要求承包商整改。整改完毕由总监理工程师签署工程竣工报验单，出具工程质量评估报告。

工程质量评估报告应经总监理工程师和监理单位技术负责人审核签字。所有工程缺陷的修复均需由设计人员、监理工程师和最终用户签字认可。完成了综合监控合同的全部工程项目，整改了预验收提出的问题后，向建设单位发出竣工验收申请报告，编制竣工验收的详细计划并协助实施。

（1）单位工程验收

监理工程师应通过对ISCS、BAS、门禁、安防等分项、分部工程质量等级的统计推断，结合对质量资料的核查、安全功能项目抽检和单位工程质量观感评分，对整个单位工程作出全面的综合评定，以决定可否同意单位工程验收申请。

1）实体验收

综合监控实体验收监测其功能实现情况进行抽查。设备在经过144h连续系统试验，验证系统的可靠性，在保证系统性能、功能正常运行。系统自身故障导致功能全部或部分缺失时间超过5min，应重新开始不间断运行测试，系统不间断运行测试过程做好记录。

2）观感验收内容

对系统的终端设备安装、布线绑扎标识、防火封堵等观感质量进行评定，参验各方共同进行现场评定，观感质量检查项目评定达不到合格标准，应进行返修。

验收标准：设备安装观感质量合格标准、IBP盘观感质量合格标准、支吊架观感质量合格标准、设备配线及标识观感质量合格标准、缆线引入观感质量合格标准。

3) 资料检查及需完成文件

综合监控资料收集与整理包括分部工程、单位工程等验收资料，竣工结算审核意见书，系统设备质量评估报告等专题报告，监理工作总结等。

单系统设备调试结束后，按相关程序和有关规定组织有关部门对各单系统设备进行初步（预）验收、竣工签证及质量评估。

督促承包商及时编制竣工结算文件，协助业主进行工程竣工结算工作。

协助业主做好设备系统试运行准备工作。

审核承包商的设备、材料向运营移交的清单。

其他属于合同规定的项目监理部责任范围内的工作。

完成资产录入工作。

4) 单位工程验收应提交报告

144h 运行试验报告；

在此期间，对出现的小故障进行修补。初步验收试验期间，调试班组负责设备的巡视、维护、调整，对发现的设备故障及时报告监理工程师、业主代表。

5) 验收报告调试总结

第三方报告：由消防服务中心提供关于区间模式的检测报告。

(2) 联调总结与评估

1) 综合联调工作总结

联调完成后，由联调项目小组填写联调测试记录表，由监理单位或联调咨询商对测试结果进行分析、总结。内容包括：联调工作的完成情况、各系统设备的测试情况、联调工作中存在的不足之处和整改措施。

2) 试运营安全评估

由最终用户、监理工程师、承包商、运营接管单位、政府质量检验部门及其他相关单位组成的验收组按照供货商提出的检验标准及合同所规定的技术标准进行检查，最终用户对安装工程实体和该工程所涉及的竣工档案的检查结果满意并接收，签发"竣工证书"，作为竣工正式验收结束的依据。

8.6 火灾自动报警及气体灭火系统工程

8.6.1 概述

1. 火灾自动报警（FAS）系统的构成

火灾自动报警系统：包括控制中心、沿线各车站、区间隧道、主变电站、车辆段、停车场及其有关建筑物的火灾报警系统主机、分机、现场操作设备、警报设备和消防装置控制单元等，借助于通信传输网络完成系统的信息流通和控制功能。

火灾自动报警系统管理体系，为火灾控制中心（中央级）和车站、车辆段、停车场的综合控制（车站级）两级管理模式，控制方式为中心监控、车站监控和就地监控三级控制模式，系统中还包括与通信（电话、广播和闭路监控电视）综合监控、空调送排风、消防水、低压配电、电梯、环控等系统密切相关接口设备的联动控制及信息互通。

车站内商铺的报警纳入车站火灾自动报警系统中,与地铁车站出入口通道相连的地面商业建筑报警不纳入本系统,但车站火灾自动报警系统预留与其通信数据的接口。

中央级设置在控制中心,是全线消防指挥中心,在各车站控制室、车辆段/停车场消防值班室,FAS通过通信系统提供的光纤独立组建全线光纤单环网。

FAS系统在车辆段综合维修中心设置全线设备维护管理系统,在机电维修中心设置FAS维修工作站、火灾报警控制器等设备,并与全线系统联网,实现对全线FAS设备进行监视及管理。

(1) 火灾控制中心(中央级)管理模式

中央级FAS系统由中心级火灾报警控制器(网络型)、中心图形工作站、维护工作站构成。分别通过通信系统提供的光纤与全线FAS系统连通;作为全线火灾报警系统集中告警和消防救灾指挥的管理终端;监视系统设备的运行状态,修改、备份各站火灾报警控制器的程序等。中心级是全线FAS系统的调度、管理中心,对全线报警系统信息及消防设施有监视、控制及管理权,对车站级的防救灾工作有指挥权。当地铁区间发生火灾,中心级向火灾区间相邻车站下达模式控制指令,相关车站执行救灾模式,启动相应救灾设备。邻近火灾区域的列车按救灾模式避让或引导乘客正确疏散撤离。

(2) 车站、车辆段、停车场的(车站级)管理模式

车站级FAS系统配置在各车站控制室的火灾报警控制器(联动型)、车站级图形工作站、消防电话主机各一套。通过火灾报警控制器与车站管辖范围内的火灾报警探测器、手动火灾报警按钮(带电话插孔)、各种输入输出模块等联网组成车站级火灾自动报警系统,火灾报警控制器通过与综合监控(ISCS)系统的接口连通车站局域网。车站级FAS系统管辖范围内的现场就地级FAS设备和防救灾设备,显示其运行状态,并将所有信息上传至中心级FAS系统,火灾发生时,车站级能够接收所有车站的报警信息,完成实时火灾报警功能,接收中心级FAS系统指令或独立组织、管理、指挥管辖范围内的防救灾工作。

现场FAS设备有保护范围内的车站站厅、站台、办公、设备用房配置的感烟探测器、感温探测器,车站站台板下电缆通道、变电所电缆夹层设置的感温光纤,站厅、站台两端公共走廊设置警铃。在设自动报警设备的场所均设有手动火灾报警按钮(带电话插孔),车站内消火栓箱内设消火栓按钮并带启泵指示灯等。输入输出模块采用集中与分散相结合的方式设在FAS所监控的排烟分机、防火阀、消防泵、400V负荷开关柜等设备附近,起着控制设备启、停和采集其运行状态、故障等信号。地下区间沿弱电电缆支架及消防水管一侧按不超过50m距离并靠近每个消火栓口旁设置手动火灾报警按钮(带电话插孔),隧道内沿供电电缆支架上敷设感温光纤。为满足消防通信要求,在高、低压设备室、通信、信号设备室外和环控电控室、照明配电室、消防水泵房、空调通风机房、气瓶间等房内设置消防挂壁式电话。

主变电所内设置感烟探测器、红外对射探测器、电缆夹层设置感温电缆等。

车辆段/停车场的火灾报警系统根据保护区性质不同分别设置感烟探测器、感温探测器、防爆型可燃气体探测器、防爆型火焰探测器、手动火灾报警按钮(带电话插孔)、消火栓按钮、消防电话和输入输出模块等设备。在停车列检库、运用库、检修厂房的停

车部位安装吸气式极早期烟雾火灾探测系统。

2. 气体灭火系统构成

气体灭火管网系统为保证地铁的正常运营和消防安全，尽可能减少火灾发生后的经济损失及尽快恢复地铁的正常运营，地铁沿线地下车站的重要电子电气设备用房设组合分配式、全淹没灭火系统，区间事故风机房、变电所等采用无管网气体灭火系统进行保护，气体灭火系统由存储灭火介质的管网子系统和联动控制子系统组成。

(1) 自动控制

每个保护区域都设置有烟感探测器。每个保护区域内的探测器都为独立的报警区域。发生火灾时，设在该保护区域内的声光报警器及警铃将动作，警告所有人员不能进入保护区域。在经过30s延时后，控制盘将启动气体钢瓶组上释放阀的电磁启动器和对应保护区域的区域选择阀动作，使气体释放，设在管道上的压力开关打开进行灭火，当灭火剂已经释放完后，信号返回控制盘或消防中心的火灾报警系统。

(2) 手动控制

当气灭主机接收到FAS主机传输过来报警信号时，工作人员尽快到报警保护区域进行查看，此时如发现是系统误动作，可按下设在保护区域外的紧急停止开关（必须持久按下，直至系统复位），可以使系统暂时停止释放气体。人工确认是火灾发生，按下紧急启动按钮，启动灭火。在保护区域的每一个入口外侧，都应设置一个声光报警器、放气指示灯、紧急启停按钮。警铃则设在每一个出入口的内侧。

(3) 应急操作

应急操作实际上是机械方式的操作，只有当自动控制和手动控制均失灵时，才需要采用应急操作。此时可通过操作设在钢瓶间中的气体钢瓶释放阀上的手动启动器和区域选择阀上的手动启动器，来开启整个气体灭火系统。

气体灭火系统安装工程主要包括：管道管线安装、设备安装、管道阀门安装、喷头及其他消防设施安装等。

8.6.2 火灾自动报警（FAS）及气体灭火系统工程设备监理工作

1. 监理工作内容、重点、控制措施

(1) FAS及气灭系统监理工作内容

监理工程师在火灾报警及气体灭火系统安装质量管理方面，建立质量、安全体系，强化施工组织设计方案及专项方案及评审；国家强制认证消防产品采购的质量控制及检测内容及手段，设备安装与综合监控等安装接口；模拟启动和切换试验及气压严密性等试验时，监理跟踪过程试验和联动检测，进行消防专项验收管理和记录。详见第8.1节。

火灾自动报警及气体灭火单位工程分为火灾自动报警系统、气体灭火系统2个子单位工程。

火灾自动报警系统：车站、主变电所、中心、基地设备、材料进场检验、安装与施工、系统调试、系统验收。

火灾报警系统设备安装：包括火灾报警控制器、各种探测器、手动报警按钮、声光报警器、监视及控制模块、区域控制箱等设备安装、检测及调校等。

电气安装：包括电缆桥架安装、电缆导管敷设、电缆敷设、接线及校线等。

气体灭火系统（地下车站）：支架制作安装、气体灭火系统管道安装、车站进场检验、系统安装、系统调试、系统验收。

感温光纤：光纤布线、隧道光纤布线。

极早期火灾探测系统：采样管网安装、主机安装。

(2) FAS 及气灭系统设备安装监理质量控制重点

火灾自动报警（FAS）系统及气体灭火系统设备安装阶段监理主要对项目的控制管理、设备安装工程前期的准备、设备材料进场验收的检查质量控制、设备安装工程过程检查质量控制、设备调试的质量控制。

在设备安装过程中，监理特别关注常见质量问题缺陷，对室内室外设备安装、气瓶运输及保管、箱柜安装调整、二次布线、光纤（感温、感烟）缆线、电缆敷设、光电缆接续、光电缆防护（敷设方式过渡段）、设备防雷接地安装、专业接口界面、设备受电调试等作为重点实施全过程质量监控。

1) FAS 系统在设备施工安装阶段，与其他系统交叉作业多、接口管理复杂，如与土建、机电安装、车辆、屏蔽门系统、通信系统、综合监控系统、接地系统、人防系统等的接口，与土建的沟、槽、孔、洞接口，以及是否具备正常施工环境等。如何做好系统与土建及其他设备专业间的接口工作，尤其是综合管线的施工，交叉多，矛盾问题多。

2) FAS 系统线管、线槽、电线、电缆工程施工敷设量相当大，安装作业面遍及车站各个保护区域内，作业点多，作业线长，给现场施工管理与施工组织带来一定难度。且该工程与车站电气管线安装、通风空调管道安装交叉作业多，施工中协调工作量较大，且敷设电线、电缆时轨行区涉及各专业特别多，与 FAS 专业交叉作业多，施工空间狭小，任务量大，安全风险高，必须严格按照区间电线、电缆线路工程的施工方案和轨行区作业方案执行。

按照设计图纸要求预埋室内各种管线；在进入室内施工之前，检查设备室内的地板、顶板和墙壁是否完工；室外电缆的引入口是否符合设计的要求；室内设备电源是否到位并符合设计要求。

3) FAS 系统调试是工程的难点之一，电线、电缆接续工艺好坏直接影响着 FAS 系统调试工作。控制系统设计应配合结构、通信、综合信息系统、乘客信息系统、屏蔽门、环境监控系统、防灾监控系统和运营等的设计要求，使其协调一致，接口关系是否正确，调试工作量大，而且需要多专业的配合。FAS 系统安装面积大，安装点多，接线复杂；FAS 系统与车站设备防排烟系统、消防泵设备多、分点广，调试工作量大，难度高。联调工作涉及各设备供货厂家且联调工程进度受设备安装完成时间的制约，不确定因素多，进度控制难度大。

(3) FAS 及气灭系统安装监理质量控制措施

火灾自动报警及气体灭火系统含火灾报警系统、气体灭火系统的设备安装调试，与各系统设备间、公共区等处安装管线、探测器、模块箱等交叉施工；与防火卷帘门、防火防烟阀控制等设备的联调，需要联调的点位多，工作量大，困难较多，监理应检查施工单位项目组织机构专业配备是否齐全，职责明确，落实质量控制责任，见表 8-46。

对不满足合同和技术功能要求的设备要求承包商进行整改和优化技术规格,按照合同相关条款,对承包商进行相应的经济处罚,促使承包商提供满足合同要求的设备器材。

常见质量问题及控制措施　　　　　表 8-46

序号	项目	常见质量问题	控制措施
1	线槽、管路敷设	线槽用公用桥架被挤占,路由被通风管道挡死	施工前要求系统施工方做好现场测量,遇到问题尽量早协商,或与设计、承包商共同拟定改变路由方案
2	系统布线	线、缆缺失或中断(不通)	施工前要求施工方按系统设计图纸布线,并抽检布线情况,穿线后应将过线(安装)盒加盖密封保护,对缺失、断线应按设计图纸要求补齐
3	线路检测	部分线路绝缘电阻值达不到标准	严格按规范要求穿线,管槽内应清理干净,线、缆在管槽内不应有接头;在潮湿区域线端应用绝缘胶布包好。经检测不符合标准的线、缆要查明原因,进行处理,或更换线、缆
4	探测器安装	探测器底座被遮挡	协调解决,难以改变时,施工方应以镀锌钢管或金属软管引出移位安装
		设备房走廊吊顶下安装烟感,软管超过 2m	要求系统施工方配管时沿吊顶上一侧墙面敷设
		公共区装饰吊顶烟感位置调整	施工方和监理应及时关注装修现场情况,发现问题尽早协调设计和施工拟定安装方案
		探测器的增减	根据现场建筑情况协调设计拟定探测器的增减方案
		特殊场所(高处或区间)探测器的安装	监理应高度重视特殊场所的系统施工,应要求系统施工方做好专项施工方案报审,并采取必要的安全保障措施。施工过程,监理应旁站、跟踪,做好安全监督保障和质量见证
5	模块箱安装	照明配电室内模块箱安装位置难以保证	施工前应提醒系统承包商协调车站动调预留空间,并按设计要求将模块箱安装的长宽尺寸标注在预安装位置上并标明 FAS 模块箱,以提醒动照施工注意
		车站出入口处 I/O 模块箱安装后被门套包死,调试困难	提醒系统承包商在配管、定位时将现场 I/O 模块箱位置向接合部内或外调整,避让开吊顶门套
		区间电动蝶阀现场 I/O 模块箱内模块,极易受潮损坏	协调设计和施工将该 I/O 模块箱,改在迂回风道内或站台设备房外走廊端部靠近电动蝶阀控制箱处
6	手动报警按钮安装	区间隧道内手动报警按钮误报及故障率高	要求区间管盒接口按下进下出施工并做好封堵,选用手报、电话插孔一体盒安装保护
7	防火阀接口	部分防火阀接线难、调试难	在事先向车站安装单位交底时,提醒安装防火阀应留有必要的接线、调试空间。安装后发现问题,及时协调处理
	防火阀调试中问题	存在不动作,或无返回信号等问题	针对存在问题,逐一检查,查明原因,进行排除。必要时协调车站安装、防火阀供货厂家维修人员配合解决问题

续表

序号	项目	常见质量问题	控制措施
8	钥匙问题	系统调试阶段,往往因车站设备、管理用房门钥匙难借到而受阻	根据调试计划安排,预先办理沟通、协调相关专业设备房钥匙借用手续,并要求本专业系统承包商文明施工,做好现场设备成品保护工作
9	接口设备调试	部分接口设备调试不能满足系统联动功能要求	协调相关专业设备厂家尽可能早的配合FAS系统进行接口调试,发现问题,按接口协议要求,拟定解决办法,并限期整改,以确保满足系统功能符合设计、规范要求和整体调试进度计划
10	与BAS系统的调试	FAS与BAS之间的通信传输调试难度大、耗时长	与BAS系统的调试是系统调试中的重中之重,要充分准备,周密筹划。在可能的情况下尽早协调两系统间的调试磨合。监理可配合业主,有计划地抓住一个试验车站,先行在两系统的设备安装、系统调试,尤其是FAS与BAS之间的接口调试上先行摸索,取得经验,以推动全线系统调试工作
11	联调阶段	联调中存在效率低、推进慢,影响总体调试进度实现问题	严密组织,借助监理工程师召开的系统联调协调会或业主定期大协调会的平台,呼吁各相关设备专业供货、安装商积极配合消防调试工作。加强调试过程的管理,建立签到考勤制度,并视现场情况,调整组织方式、分组推进。以提高调试效率
12	气体灭火管道安装	现场路由改变	尽早与车站安装单位沟通协调,做好现场测量,确需改变路径时,监理可协调设计、系统承包商共同拟定管道敷设方案
		气灭管道支、防晃吊架配置不当	严格要求,严格检查,按专业规范和设计要求测量验收。尤其对高压气灭系统更应从严控制,存在问题,责令整改
		穿墙套管和防火封堵不规范	严格要求并加强施工过程中检查,在隐蔽工程验收时,应组织对其质量进行全面检查
13	气体灭火管道严密性试验	试压中有泄漏	试压中有少量泄漏,保压3min,压降在试压标准10.5MPa的10%以内合格。超出范围的,必须整改
14	气瓶室	气瓶室不能及时移交	要求系统安装单位与车站安装单位早沟通、早协调,必要时监理配合协调(以监理工程师联系单或大协调会提案方式处理)
15	气体报警设备	气体灭火防护区门上设备安装位置被吊顶遮挡	根据工程现场实际,在预埋管路、设备安装盒时尽量靠防火门下沿,若安装位置被吊顶遮挡,可要求系统安装单位将设备平移至门侧处或吸吊顶安装,但必须牢固,便于观察
		气体报警设备调整	按设计和系统规范要求,需在调整或增设的防火门上,增装声光报警器和放气显示灯,对已改为防火卷帘门处的气体灭火控制盘进行位置调整,并减少其门头报警设备

续表

序号	项目	常见质量问题	控制措施
16	气瓶间设备安装	气体灭火用220V电源箱位置不当	要求系统承包商提前与车站动照专业交底，约定电源箱安装位置，若未经沟通并定位不当的，应协调移位
		集流管试压与吹扫不严格或不到位	系统承包商严格执行专业规范要求，若集流管配制焊接进场前在厂家进行试压工作，应通知监理现场见证，必须确保符合规范要求
		管网安装质量缺陷	加强对施工专业人员资格的审核，要求系统承包商对现场系统安装施工人员进行高压管网施工技术知识的培训，并派专业人员现场督导检查。监理加强施工过程的检查
17	气体灭火系统调试	气体灭火系统与火灾自动报警系统联动及信号传输调试不畅	气体灭火系统与火灾自动报警系统在设计阶段应考虑选用同一系统控制设备（气体灭火控制盘、火灾报警控制器和输入、输出模块）
		调试中灭火剂误喷事故	严格调试管理，非专业调试人员不得进行系统调试，调试前，应认真核查电气线路、灭火控制器接线及功能正常并将灭火剂储存钢瓶（含驱动钢瓶）上的电磁启动阀从瓶头阀上拆下或暂不接线，以确保不误喷
18	气体灭火系统安全管理	易触发灭火剂误喷事故	对气体灭火控制盘、气瓶间设备和无管网气灭设备放置处应有相关"气灭设备，触碰危险"的提醒标识，在有人值守情况下，气体灭火防护区的气体灭火控制盘一般可设置为手动状态，以避免误报触发。系统移交前应组织好对运营接收人员的气体灭火系统专业知识培训

2. 火灾自动报警（FAS）及气体灭火系统设备采购主要监理工作

（1）火灾自动报警系统设备：火灾报警系统控制主机、火灾报警控制微机（CRT）、消防广播及对讲电话主机（柜）、双电源切换开关图形工作站、消防报警插孔电话、模块箱（输入、输出、回路隔离、模块）、消防电源监控主机、感烟、感温探测器、手动报警按钮、消火栓按钮、感温光纤系统。

（2）气体灭火系统设备：灭火剂钢瓶、恒定外置减压装置（阀）、机械型或气动型驱动装置电磁型驱动装置、电磁复位装置、电动选择阀、集流管安全泄放装置、低泄高封阀电器，模块箱及不同管径镀锌无缝钢管，压力表等。

（3）电缆选型：主要有接地线、电源电缆、控制电缆、网络线、光缆的管线。所有的光、电缆（线）的外护套应是绝缘、低烟、无卤、阻燃的。

3. 火灾自动报警（FAS）及气体灭火系统设备安装工程主要监理工作

（1）设备安装前监理工作

1）FAS系统设备安装前监理准备工作：开工前，监理工程师应根据合同文件要求和技术图纸对工程施工范围作深入的调查，核实现场施工条件，纠正差错、补充缺漏。

FAS系统的现场预留预埋：沟、槽、管、孔洞的位置和数量；对建筑变形缝、结构缝进行调查，在管线安装时采取补偿措施；核实设备安装位置、标高基准点等，对于发现的问题，监理工程师将向业主汇总报告，协调解决。

2）承包商项目部前期监理审查工作：梳理探测器、设备安装要求，进行技术交底，技术人员仔细审核设计文件、安装手册，对现场进行认真勘测，了解现场实际情况是否与设计要求一致，发现问题及时协调解决。

3）施工图优化设计的监理工作：在施工图联合设计初步完成时，对探测器、手报、声光报警器等采样设备位置进行优化设计；监理工程师应协助建设单位组织内部评审工作，详细检查施工图纸，提出监理的审查建议，保证完成的施工图设计能指导施工。

（2）主要进场材料、设备质量控制要点

监理工程师应审查承包商提供的消防产品材料、设备的国家认证证书、生产许可证、产品合格证及标识，并与合同设计要求一致。

FAS 系统主要进场材料、设备质量控制检测，一般包括设备到货检验、施工过程中工序及整体工程安装检验，以及完工检验等。采购的材料、设备应严格按业主及监理的进货检验和试验程序的要求对设备进行检测和试验。检验方法有取样试验、抽样试验。

对不合格品立即隔离标识、拒绝签认，并应签发监理通知单，书面通知 FAS 承包商限期将不合格品撤出现场。

供货商为项目工程提供的产品进行最终检验。最终检验确认工作在产品出厂验收过程中完成。

1）进场材料

对工程主要材料、管线、气灭管道等配套件、设备，审核材料、设备进场报审表、装箱单（或材料、设备清单）附产品质量证明文件、合格证、产品消防许可证书、试验报告、产品说明书等。检查材料、设备的型号、规格是否符合合同及设计要求，检查材料、设备外观，核对数量。专业监理工程师现场检查，签署进场工程主要材料、构配件、设备报审表、设备开箱检验（或进场）记录。

批量货物到达后，物资供应部负责按照进货检验、测试工作程序的有关规定，组织相关人员对设备材料进行性能检测、试验，做出书面检验、试验报告，合格品填写收料单，建立台账后入库，同时收集试验报告、合格证、开箱单等文件存档，监理工程师验证后方可入库，监理工程师对进场设备、材料检测记录质量控制资料记录进行平行检测。

2）进场设备

火灾自动报警及气体灭火系统设备必须是通过国家消防电子产品质量检测中心检测，通过公安部消防产品合格评定中心颁发的国家强制性产品认证证书及公安消防部门认定的产品。

气体灭火系统产品（包括灭火剂、管网设备等）应通过中国"国家固定灭火系统和耐火构件质量检验中心"检测合格。

主要材料及设备进场报验质量控制要点见表 8-47。

常用主要材料及设备进场报验质量检查项目　　　表 8-47

	检查项目	检查方法
材料检验	电缆、感温、感烟	对规格型号、质量证明文件核对，外观检查，进行单盘测试
	防火涂料	对规格型号、质量证明文件、许可证文件核对
	箱盒	对规格型号、质量证明文件核对，外观检查

续表

检查项目		检查方法
材料检验	金属线槽	对规格型号、质量证明文件核对，外观检查
	电源缆（电话线）	对规格型号、质量证明文件核对，外观检查，进行单盘测试
	气灭用管材及管道连接件	对规格型号、质量证明文件核对，外观检查，游标卡、钢尺测量
	气灭系统组件	对规格型号、质量证明文件、许可证文件核对，外观检查

(3) 检验（试验）与检测中的监理工作

监理检查FAS供货商出厂试验报告并检查检测内容、项目是否符合设计图纸及供货合同要求。质量的检验检测应参照火灾自动报警（FAS）系统及气体灭火系统设备安装工程施工质量验收规范，严格执行"三检制"。

监理工程师根据工作需要、业主的要求和工程施工具体情况，对设备材料进行见证取样、平行检测和抽样试验，并送第三方进行检测，材质检测委托有资格检验的单位进行，检测报告合格后方可使用。第三方检测的取样、送检过程需有监理在场见证，并留存必要的过程照片或影像资料，见表8-48。

监理工程师检查承包商应提供的产品合格证书、出厂检验报告、进场检验报告、进场复验报告、型式检验报告、检查产品的消防许可证、质量合格证明文件、中文标识、结构性能检测报告、产品性能检验报告等。

1) 主要第三方检测见表8-48。

主要第三方检测内容 表8-48

序号	项目	第三方检测及检测重点项
1	电缆	抽用量较大的分批送第三方进行检测：阻燃性能不低于A类，耐火型性能不低于B类；低烟、无卤、防鼠、标识、规格型号满足要求
2	金属线槽、线管	规格尺寸满足要求，耐火金属线槽应刷耐火极限1.5h的超薄膨胀型钢结构防火涂料，外表面喷塑和防火漆厚度≥60μm，内表面喷防火涂料，内表面喷塑要求同外表面
3	防火涂料	粘结强度，耐水性，耐冷、热循环性

2) 主要过程检验（试验）与检测：

设备安装检测条件与验收：安装工程验收，应对电源、网络、控制线路进行验收测试；设备室内温度、湿度和空气清洁度应符合设计要求。

各回路的绝缘检查：绝缘电阻值应符合设计要求测试，并做好记录；绝缘电阻测量时，应有防止设备及电子元件被损坏的措施。

设备接地保护线可靠性检查：对带有漏电保护装置的线路应做模拟动作试验，并做好记录；设备输入的交流电源、直流电源的电压等级应符合设计要求测试；设备内所有开关均应置于断开位置，开关的通断电状态都应有显示或警示标识。安装验收时应对网络、现场总线的连通性进行测试。

设备标识检查：设备铭牌字迹应清晰完整，参数正确，安装位置应符合要求；所有接口线缆应在两端予以标注，标注应至少包括起点、终点、类型、编号，标注应清晰完整。

火警报警控制器试验：火警报警控制器、感烟探测器、光束感烟火灾探测器等。

线缆敷设：管内、线槽内不得有积水或杂物；不同电流、电压类别的线缆不得在同一管、槽内布放；导管穿线时应加护帽；导线在管、槽内不应有接头和扭结，其接头应在箱、盒内。

线缆检测：线缆敷设后要用500V/MΩ表对所有线、缆进行绝缘电阻检测，其对地绝缘电阻值不＜20MΩ，系统接地采用共用接地装置，接地电阻值应≤1Ω。

气灭管系统（或管段）试验：强度、严密性试验、吹（冲）洗试验、设备单机试运转、伸缩器预拉伸等。气动驱动装置的管道安装后应做气压严密性试验，并合格。灭火剂输送管道安装完毕后，应进行强度试验和气压严密性试验，并合格。调试项目应包括模拟启动试验、模拟喷气试验和模拟切换操作试验，并检查过程记录。

3）主要调试检验（试验）：

FAS及气体灭火系统设备过程平行检测：接地装置测试、继电器测试、电（光）缆测试、电源设备测试，气灭集流管耐压强度和严密性试验。

FAS与给水排水及消防系统（车站级）功能测试内容，测试项目主要由FAS系统承包商完成，环控系统承包商进行配合。测试项目见表8-49。

火灾自动报警及气体灭火测试项目 表8-49

序号	测试项目	测试内容
1	探测器报警功能	对探测器给烟（温）等火灾信号，测试的探测器应发出报警信号，火灾报警控制器应相应发出报警信号
2	设备功能、性能检测	按规范要求对控制器进行检测
3	FAS与给水排水系统数据传输通道运行状态	总线通道通信状态是否正常，GCCG工作站和防灾报警分机显示是否正确
4	消防泵自动启动	消防泵控制和状态、位置信号、报警信号显示是否正确；报警声是否正确
5	电动蝶阀自动启动	电动蝶阀控制和状态、位置信号、报警信号显示是否正确；报警声是否正确
6	电动蝶阀就地手动关闭及状态反馈	控制是否有效，状态反馈是否正确
7	消防泵就地手动关闭及状态反馈	控制是否有效，状态反馈是否正确
8	点电动蝶阀消防联动控制	控制是否有效，状态反馈是否正确
9	消防泵消防联动控制	控制是否有效，状态反馈是否正确
10	点电动蝶阀控制器远程控制	控制是否有效，状态反馈是否正确
11	消防泵控制器远程控制	控制是否有效，状态反馈是否正确
12	FAS与气体灭火系统数据传输通道运行状态	总线通道通信状态是否正常，GCC工作站和防灾报警分机显示是否正确
13	气体灭火控制盘档位转换及状态反馈	档位转换显示是否正确，报警声是否正确

续表

序号	测试项目	测试内容
14	气体防火区域报警信号	报警信号显示是否正确，报警声是否正确
15	气体灭火分区现场防火阀自动关闭	防火阀正确关闭，防火阀状态信号反馈是否正确
16	气体释放动作模拟以后的系统状态	防火区声光报警是否正确，气体释放动作信号是否正确反馈给FAS系统和控制盘并能够正确显示
17	气体灭火控制盘档位转换及系统故障信号模拟	档位转换后状态反馈正确，故障信号反馈正确

4）安全和功能检查项目：

安全和功能检查项目：与综合监控专业联调、与屏蔽门的联调、与通信的联调、电源及接地装置性能检验测试、电（光）缆性能检验测试、联锁试验、与其他专业系统功能检验测试、气体灭火系统功能检验测试、火灾自动报警系统调试、气体灭火系统调试。

消防验收检测：由业主约请系统参建各方，在全线消防系统竣工验收前，检测，合格后由政府消防主管部门签发消防专项合格证书。

(4) 设备安装关键工序质量控制要点

设备系统安装及调试是在各设备系统安装完成，单系统调试完成且达到合同技术规格书要求后进行的系统综合测试，包括相关接口功能测试、设备联动测试、车站与控制中心联动功能测试等。

监理应按各专业验收规范合理选择关键工序质量控制点，见表8-50。如火灾自动报警及气体灭火系统消防技术、消防工程和其他专业工程的接口及优化配套复杂；消防产品和局部消防设计需要的深化和优化，以及受现场环境制约系统的检测和调试困难。施工过程中的关键工序、关键环节或隐蔽工程，施工中薄弱环节或质量不稳定的工序、部位或对象；对后续工程施工或后续工程质量或安全有重大影响的工序、部位或对象；采用新技术、新工艺、新材料的部位或环节；施工上无足够把握、施工条件困难的或技术难度大的工序或环节。

1）设备现场开箱检查：开箱检查是工程顺利实施的最基本也是最关键的工序，是系统设备从供货商交给承包商的一项重要接口工序，在这项工作中需要认真清点设备数量、核对准确设备型号、检查设备外观等，对不符合合同要求的部分要求供货商进行确认并整改，以避免日后的扯皮、推诿责任等现象的发生，保证工程的顺利进行。

2）接地线、电源电缆、电缆敷设：施工过程中最容易出错的工序，而且出现错误的后果严重，如果施工中出现电缆接错、敷设距离不够、接地线没接等情况，就会带来烧损设备、电磁干扰等后果，所以一定要检查每条电缆是否按规范要求走线，是否按要求敷设到位，是否在施工过程受损。

设备安装和接线涉及系统设备的安全可靠，其正确性非常重要，而且难以直接观察。要求监理监督安装程序和工艺是否正确，电缆敷设路径、敷设方式、接线是否正确以及是否符合相关要求。

3）系统单体设备调试：单机测试和试验过程关系到设备和系统功能的实现，并且是对设备质量和接线正确性的考核和检查。要求监理对关键的测试和试验过程进行现场旁站,监督试验程序是否正确,试验方法是否合理,试验内容是否完备,试验结果是否有效,试验记录是否齐全等。

4) 系统整体调试:主要是要求对本系统各项功能、技术指标进行测试,以满足设计要求。最终能否达到其功能要求的关键环节,涉及所有与其他系统之间的接口调试。

FAS系统关键工序、质量控制要点 表 8-50

主要工序	质量控制要点	控制手段
线缆敷设	电缆规格型号、确认电缆端别、电缆电气特性测试、电缆敷设、防护、电缆接续、桥架安装	现场观察量测
线缆进外专业设备的连接	线缆在连接到消防泵配电箱、400V开关柜、IBP盘等外专业设备时,应首先与外专业单位及设备供货商沟通,了解设备的接线位置、要求,在确认设备断电后进行连接	现场观察量测
控制箱、模块箱安装	挂墙时,注意墙体强度、防雷及接地装置、电缆引入	现场观察
探测器安装	探测器安装处无遮挡、保护范围符合规范要求	现场观察检测
气灭系统组件安装	灭火剂储存装置、选择阀、阀驱动装置、信号反馈	现场观察检查

(5) 设备安装首件报验及工艺质量控制

FAS首件工程有线槽、管路敷设,探测器安装等,报验制度是为了加大质量安全防范力度、降低工程实施风险而制定的验收制度。在工序节点施工或首件工程开始前,对施工工艺、技术要求、安装位置等进行交底,完成施工工序后由监理单位组织施工、设计、业主相关单位进行验收,施工单位按照验收意见整改完成经复验符合要求后,作为样板全面推广,用以指导工序施工。

监理工程师对施工工艺过程的首件工程或工艺各个质量控制点、施工各工序进行跟班巡视和检查验收,现场发现质量问题及时要求施工人员整改。

1) 线槽、管路敷设:施工前要求系统施工方做好现场测量,遇到问题尽量早协商,或与设计、承包商共同拟定改变路由方案。

2) 线路检测:施工前要求施工方按系统设计图纸布线,并抽检布线情况,穿线后应将过线(安装)盒加盖密封保护,对缺失、断线应按设计图纸要求补齐。防止现场承包商多会出现管线被切断或人为抽走,也有可能系统敷设时缺线。

3) 探测器安装:探测器底座安装后,空调通风管道、供电电缆桥架施工安装会造成遮挡现象,防止探测器底座被遮挡。协调解决,难以改变时,施工方应以镀锌钢管或金属软管引出移位安装。

设备房走廊吊顶下安装烟感,软管不得超过2m,走廊内吊顶上通风管道、给水排水管、各专业桥架、线槽密集,吊顶面下降可能较大,造成安装软管过长。要求系统施工方配管时沿吊顶上一侧墙面敷设,如图8-45所示。

公共区装饰吊顶烟感位置调整,公共区装饰吊顶结构方案影响到探测器受烟效果。施工方和监理应及时关注装修现场情况,发现问题尽早协调设计和施工拟定安装方案。

特殊场所(高处或区间)探测器的安装:监理应高度重视特殊场所的系统施工,应要求系统施工方做好专项施工方案报审,并采取必要的安全保障措施。施工过程,监理应旁站、跟踪,做好安全监督保障和质量见证。

图 8-45 烟感探测器安装

4)模块箱安装:施工前应提醒系统承包商协调车站机电安装专业预留空间,并按设计要求将模块箱安装的长宽尺寸标注在预安装位置上并标明 FAS 模块箱,以提醒机电安装专业施工注意。提醒系统承包商在配管、定位时将现场 I/O 模块箱位置向接合部内或外调整,避让开吊顶门套。如图 8-46、图 8-47 所示。

图 8-46 模块箱安装接线

5)手动报警按钮安装:要求区间管盒接口按下进下出施工并做好封堵,选用手报、电话插孔一体盒安装保护。

6)防火阀接口:在事先向车站机电安装单位交底时,提醒安装防火阀应留有必要的接线、调试空间。安装后发现问题,及时协调处理。

防火阀调试中问题,根据调试计划安排,预先沟通、协调相关专业设备房钥匙借用手续,并要求专业系统承包商文明施工,做好现场设备成品保护工作。有防火阀安装问题,也有系统接线、线路质量、模块、电源等方面问题,易存在不动作,或无返回信号等问题。

图 8-47　模块控制箱安装

7) 气体灭火管道安装：气灭管道支、防晃吊架配置时，严格要求，严格检查，按专业规范和设计要求测量验收。尤其对高压气灭系统更应从严控制，存在问题，责令整改。严格要求并加强施工过程中检查，在隐蔽工程验收时，应组织对其质量进行全面检查。

8) 气瓶间设备安装：要求系统承包商严格执行专业规范要求，若集流管配制焊接进场前能在厂家进行试压工作，应通知监理现场见证，必须确保符合规范要求。加强对施工专业人员资质的审核，要求系统承包商对现场系统安装施工人员进行高压管网施工技术知识的培训，并派专业人员现场督导检查。监理加强施工过程的检查，防止安全措施不落实，电气线路接错，控制设备故障及人为失误等，使调试中灭火剂误喷事故。

气体灭火系统安全管理，对气体灭火控制盘、气瓶间设备和无管网气灭设备放置处应有相关"气灭设备，触碰危险"的提醒标识，在有人值守情况下，气体灭火防护区的气体灭火控制盘一般可设置为手动状态，以避免误报触发。如图 8-48～图 8-50 所示。系统移交前应组织好对运营接收人员的气体灭火系统专业知识培训。

图 8-48　气体灭火控制盘

9) 与 BAS 系统的调试：与 BAS 系统的调试是系统调试中的重中之重，要充分准备，周密筹划。在可能的情况下尽早协调两系统间的调试磨合。监理可配合业主，有计划地抓住一个试验车站，先行在两系统的设备安装、系统调试，尤其是 FAS 与 BAS 之间的接口调试上先行摸索，取得经验，以推动全线系统调试工作。

10) 气体灭火管道严密性试验：试压中有少量泄漏，保压 3min，压降在试压标准

图 8-49　放气显示灯声光报警装置

10.5MPa 的 10%以内合格。超出范围的，必须整改。

监理采取旁站、平行检验手段，旁站、平行检查包括：设备基础安装、各站点线路检查、各站检测、接地检测。区间、站台设备安装位置和方式应符合设计要求，并应安装牢固可靠。

强化隐蔽工程验收，对管槽预埋防护管、防护槽和线盒，预埋工作严格按设计要求进行。线槽或暗管直埋超过 30m 或在线槽路由有交叉、转弯时，设置过线盒，便于布放缆线和维修。注意：过线盒要能开启，与地面平齐，盒盖处具有防水功能，能抗压。线槽及管道的连接要采用专门的连接件并连接可靠，安装牢固。

图 8-50　气体灭火剂钢瓶安装

(6) 设备安装旁站、平行检验、隐蔽工程验收质量控制

1) 旁站、平行检验见表 8-51。

按照消防产品安装的国家规范及实际图纸的要求，监理工程师应见证检测气体灭火系统管道在安装后做气压严密性试验。气灭管系统（或管段）试验包括强度、严密性试验、吹（冲）洗试验、设备单机试运转、伸缩器预拉伸等。气动驱动装置的管道安装后应做气压严密性试验，并合格。灭火剂输送管道安装完毕后，应进行强度试验和气压严密性试验，并合格。

旁站、平行检查包括管线预埋、各站点探测器安装位置检查、各站消防联动测试、各种状态下模式试验等内容。

监理旁站部位　　表 8-51

序 号	工程名称、工序/控制点名称	控制方法	备注
1	管线预埋	旁站	隐蔽检查时
2	阀门、水管：试压、严密性试验	旁站见证	
3	风管漏光检测	见证	隐蔽前
4	设备安装与配线	核查	
5	设备接地、测试	核查、旁站	
6	设备单机特性检验	旁站	
7	系统测试	复测、旁站	

2) 隐蔽工程验收：FAS 系统的预埋防护管、防护槽和线盒，预埋完成后应进行检查，监理工程师检查确认后再进行隐蔽施工。若发现其施工质量与施工图纸、施工规范、操作规程等不符合，监理工程师应以书面形式通知施工承包方，指令其进行整改或返工处理。

管槽预埋包括预埋防护管、防护槽和线盒，预埋工作严格按设计要求进行。

检查线管的连接处、边口等处，应无毛刺、连接可靠。

(7) 专业接口关系及协调

FAS 系统的接口多为被控设备关系，接口梳理在设计联络阶段应做好被控设备的供货单位沟通，确定接口方式、位置等，在施工过程中，与接口设备单位做好协调，在车站设备各系统的调试阶段加以管理、控制、实施，以确保接口质量完好、功能正确。FAS 监控对象及相关接口见表 8-52。

施工过程中主动与各其他安装单位取得联系，以确保阶段性工期的顺利完成。

对关键部位、关键工序做好完成情况的旁站或见证取样工作。见证设备指标检测及功能检验。在关键部位、关键工序施工过程中，在现场进行旁站监督。对正在施工的非关键部位或工序进行定期或不定期的巡视监督检查。

FAS 监控对象及相关接口　　　　　表 8-52

序号	接口专业	接口分界	接口名称	接口地点
1	通风空调	风机控制箱接线端子	FAS 与消防专用风机接口	车站、车辆段、停车场
		电动防火阀（电动风口）执行器	FAS 与电动防火阀（电动风口）的接口	
		防火阀执行器	FAS 与防火阀的接口	
2	防火分隔设备	卷帘门控制箱	FAS 与防火卷帘门的接口	车站
		挡烟垂壁控制箱	FAS 与挡烟垂壁的接口	
3	低压及动力照明	EPS 接线端子	FAS 与 EPS 的接口	车站、车辆段、停车场
		400V 开关柜接线端子	FAS 与 400V 开关柜的接口	
4	给水排水和消防	在水泵控制箱接线端子排外线侧	FAS 与消防泵、喷淋泵的接口	车站、车辆段、停车场
		消火栓启泵按钮接线端子	FAS 与消火栓启泵按钮的接口	
		水流指示器、信号阀、压力开关的接线端子	FAS 与喷淋管路上水流指示器、信号阀、压力开关的接口	车站
		蝶阀控制箱接线端子	FAS 与区间蝶阀的接口	地下车站
5	气体灭火	气体灭火控制盘	FAS 与气体灭火系统接口	车站
6	BAS	车站控制室火灾报警控制器的端子排	FAS 与 BAS 的接口	车站
7	电梯	电梯控制箱的接线端子	FAS 与电梯的接口	车站
8	ISCS	FAS 控制器	FAS 与 ISCS 的接口	车站
9	门禁	门禁控制器	FAS 与 ACS 的接口	车站、车辆段、停车场
10	通信	通信设备室通信配线架	FAS 与通信系统的接口	车站、车辆段、停车场、控制中心
		通信配线架	FAS 与时钟的接口	控制中心
		通信广播机柜接线端子排	FAS 与广播的接口	车站、车辆段、停车场
		RJ-45	FAS 与 CCTV 的接口	控制中心

续表

序号	接口专业	接口分界	接口名称	接口地点
11	AFC	IBP侧：IBP盘按照FAS系统要求提供接线端子排	FAS与AFC的接口	车站
12	PIS	IBP侧：IBP盘按照FAS系统要求提供接线端子排	FAS与PIS接口	车站

(8) 单机调试、联调联动

FAS系统含火灾自动报警和气体灭火两部分，分别进行单机单系统调试，联调是在各设备系统已完成单系统调试且达到合同技术规格书要求后，对车站、控制中心、基地等的FAS系统在各种火灾模式下的综合测试。

1) 火灾自动报警及气体灭火系统单机调试内容

火灾自动报警系统包含智能型感烟探测器、智能型感温探测器、主变电所光束感烟火灾探测器、吸气式火灾探测器、感温电缆、感温光纤、点型火焰探测器、手动火灾报警按钮、火警报警控制器、消防联动控制盘、消防应急广播设备、消防电话、系统备用电源、消防设备应急电源、消防控制中心图形工作站。

① 火灾自动报警系统调试内容：

火灾自动报警系统调试，应对探测器、区域报警控制器，集中报警控制器、火灾警报装置和消防控制设备等进行单机通电检查，正常后方可进行系统调试。

火灾自动报警系统通电后，应按现行国家标准火灾报警控制器通用技术条件的有关要求对报警控制器进行下列功能检查：火灾报警自检功能、消音、复位功能、故障报警功能、火灾优先功能、报警记忆功能、电源自动转换和备用电源的自动充电功能、备有电源的欠压和过压报警功能。

检查火灾自动报警系统的主电源和备用电源，应符合现行有关国家标准的要求，在备用电源连接充放电3次后，主电源和备用电源应能自动转换。

对探测器全数进行试验，应准确无误。

检查火灾自动报警系统的各项控制功能和联动功能。

火灾自动报警系统应在连续运行120h无故障后，检查调试报告。

② 气体灭火系统含气体灭火控制器、气体灭火管网设备：

气体灭火系统的调试在系统安装完成，以及有关的火灾自动报警系统和开口自动关闭装置、通风机械和防火阀等联动设备的调试完成后进行。气体灭火系统调试前应具备完整的技术资料及调试必需的其他资料，应符合规范验收要求。调试完成后检查调试报告，调试报告可根据气体灭火系统结构形式和防护区的具体情况进行调整。

③ 气体灭火系统的调试内容：

气体灭火系统的调试，应对每个防护区进行模拟喷气试验和备用灭火剂贮存容器切换操作试验。

检查进行调试试验时，应采取可靠的安全措施，确保人员安全和避免灭火剂的误喷射。

模拟喷气试验的条件应符合下列规定：卤代烷灭火系统模拟喷气试验不应采用卤代烷

灭火剂，宜采用氮气进行；二氧化碳灭火系统应采用二氧化碳灭火剂进行模拟喷气试验；模拟喷气试验宜采用自动控制。

模拟喷气试验的结果，应符合下列规定：试验气体能喷入被试防护区内，且应能从被试防护区的每个喷嘴喷出；有关控制阀门工作正常；有关声、光报警信号正确；贮瓶间内的设备和对应防护区内的灭火剂输送管道无明显晃动和机械性损坏。

2）火灾自动报警及气体灭火系统联合调试

设备调试准备监控重点工作：审查承包商编写的联调联动调试方案和系统调试大纲，督促其做好调试工作资源准备。审查试验单位资质及试验人员资格和试验仪器、设备、计量认证、试验制度等。若业主要求，则组织编写FAS系统设备验收规程和验收工作方案。

设备调试过程监控要求：按照设计、合同、试验检验标准、工程施工质量验收标准及调试大纲要求逐项检查，并旁站监督各项技术指标测试结果和检测记录。督促和审查试验单位完成调试试验报告，对疑问数据可实施第三方抽检测试。督促施工单位做好配合与相关专业系统完成系统联调工作。

设备调试结果监控要求：系统调试任务完成后，负责组织相关设备厂家、安装单位、设计等对各设备系统预验收；对存在问题督促和监督承包商整改，整改合格后签署各设备系统竣工报验单，完成系统质量评估报告。

组织设备单体调试、系统调试、接口调试、系统联调，144h无故障运行，联合调试和系统三个月试运行。

组织协调相关接口设备供货及安装承包商，配合系统接口调试并及时处理相关接口调试中存在的问题，追踪核实问题的解决必须满足设计和规范要求。

3）安全和功能检验见表8-53。

凡涉及结构安全和使用功能的，承包商应进行检验，监理单位应按规定进行见证、取样检测或平行检验，火灾自动报警系统调试、气体灭火系统调试等安全和功能检查项目。

FAS系统和气体灭火系统安全和功能检验表　　　　表8-53

序号	安全和功能检查项目	检查方法
1	火灾自动报警系统功能	抽查、资料检查
2	气体灭火系统功能	抽查、资料检查

4）消防验收检测：由业主约请系统参建各方，在全线消防系统竣工验收前，检测，合格后由政府消防主管部门签发消防专项合格证书（FAC）。

（9）总结及案例

1）线缆在敷设过程中，在桥架中敷设过于凌乱，没有整理，进入模块箱的线缆没有先后、主次顺序。进入模块箱的先后顺序进行整理、绑扎，保证了桥架内线缆的美观、便于检修的效果。

将回路线、24V电源线、控制线等线缆分类绑扎，并用不同颜色的吊牌进行区分，220V电源线按照规范要求单独穿管。

2）在调试过程中，对设计在车站火灾模式中存在的不合理，比如：卫生间设置火灾模式，会造成卫生间的火警启动全站防排烟系统及疏散系统，造成人员恐慌。监理应将此情况提交给设计、业主确认。经过计算论证，将卫生间的火灾模式取消，以保证车站火灾模式的严谨性。

3）车站内 CRT 的时钟始终无法与车站时钟同步，造成 CRT 与车站的时间显示误差很大，在业主、监理的要求下，在调试过程中与通信专业多次沟通，并联系厂家提供技术支持。增加了时钟控制配件，终于将 CRT 的时间显示与车站时间同步。

4. 火灾自动报警（FAS）及气体灭火系统工程验收及竣工资料

根据火灾自动报警及气体灭火系统文件及施工合同要求，对承包商报送的竣工资料进行审查，凡是自评合格即可申请单位（子单位）工程预验收。监理组织对工程质量进行单位预验收。对存在的问题，应要求承包商整改。整改完毕由总监理工程师签署工程竣工报验单，最后出具的工程质量评估报告应经总监理工程师和监理单位技术负责人审核签字。

所有工程缺陷的修复均须由设计人员、监理工程师和最终用户签字认可。

完成了合同的全部工程项目，整改了预验收提出的问题后，向建设单位发出竣工验收申请报告，编制竣工验收的详细计划并协助实施。

（1）单位工程验收

监理工程师应通过对分项、分部工程质量等级的统计推断，结合对质量资料的核查、安全功能项目抽检和单位工程质量观感评分，系统地对整个单位工程作出全面的综合评定，以决定可否同意施工单位竣工验收申请。

1）实体验收

FAS 承包商应对控制器、探测器、气灭的管道钢瓶等安装质量进行自检、自评工作，符合要求后，填写验收报验单，并把验收资料报送监理工程师申请验收。

监理机构至少应负责以下工作：

① 对验收资料及实物安装质量进行检查，验收合格后签发验收报验单。

② 验收移交前，应督促承包商清理现场。

③ 按业主认可的试验大纲的规定进行试验，确保结果符合技术规格书和设备性能要求。

④ 对系统进行各项功能试验并完成，含系统之间接口和联调。

⑤ 对安全保护和电气监控进行试验并完成。

⑥ 对整机进行各项功能试验，包括超载、静载试验，140h 连续运转试验等。

2）观感验收内容

对系统探测器位置、设备安装、布线绑扎标识、气灭管道及喷头位置、防火封堵等进行观感质量评定，参验各方共同进行现场评定。观感质量检查项目评定达不到合格标准，应进行返修。

验收标准：设备、探测器等安装观感质量合格、线槽管线观感质量合格、设备配线观感质量合格、气灭喷头钢瓶观感质量合格、标识等观感质量合格、防火封堵完成等。

3）资料检查及需完成文件

FAS 资料收集与整理，包括分部工程、单位工程等验收资料，竣工结算审核意见书，系统设备质量评估报告等专题报告，监理工作总结等。

FAS 与气灭单系统设备调试结束后，按相关程序和有关规定组织有关部门对各单系统设备进行初步（预）验收、竣工签证及质量评估。

监理应督促承包商及时编制竣工结算文件，并进行审核与签认，协助业主进行工程竣工结算工作。

协助业主做好设备系统试运行准备工作。

审核承包商的设备、材料向运营移交的清单。

其他属于合同规定的项目监理部责任范围内的工作。

完成资产录入工作。

4）单位工程验收应提交报告

应按设计文件的规定将所有分部调试合格的系统部件、受控设备或系统相连接并通电运行，在连续运行120h无故障后，使消防联动控制器处于自动控制工作状态。

根据系统联动控制对火灾客报、消防应急广播系统、用于防火分隔的防火卷帘系统、防火门监控系统、防烟排烟系统、消防应急照明和指示系统、电梯和非消防电源等自动消防系统的整体联动控制功能进行检查并记录。

在此期间，对出现的小故障进行修补。初步验收试验期间，调试班组负责设备的巡视、维护、调整，对发现的设备故障及时报告监理工程师、业主代表。

验收报告调试总结。

5）第三方报告

消防验收检测：由业主约请系统参建各方，在全线消防系统竣工验收前检测，合格后由政府消防主管部门签发消防专项合格证书（FAC）。

（2）联调总结与评估

运营安全评价包括：火灾自动报警系统（FAS）及联动控制评价；气体灭火系统评价。

由最终用户、监理工程师、承包商、运营接管单位、政府质量检验部门及其他相关单位组成的验收组按照供货商提出的检验标准及合同所规定的技术标准进行检查，最终用户对安装工程实体和该工程所涉及的竣工档案的检查结果满意并接收，签发"竣工证书"，作为竣工正式验收结束的依据。

8.7 乘客信息系统工程

8.7.1 概述

乘客信息系统（PIS）是依托多媒体网络技术，以计算机系统为核心，以车站和车载显示终端为媒介向旅客提供信息服务的系统。

乘客信息（PIS）系统车载系统的调试应在列车上线动调，信号系统车地调试、通信传输系统调通后进行。具备网络设计、硬件配置、各系统接口软件开发能力。同时，能发布乘客导乘信息、列车到站信息、票务政策信息、运营安全信息等运营服务信息，为广大乘客提供丰富的资讯与娱乐信息，包括天气预报、时事新闻、视频节目以及股市行情等。紧急情况下可以辅助显示引导信息，在火灾、阻塞及恐怖袭击等非正常情况下，提供动态紧急疏散提示。

车载设备通过接收无线传输的信息经处理后实时在列车车厢显示屏进行音视频播放。

使旅客通过正确的服务信息引导,安全、便捷地乘坐轨道交通。

乘客信息(PIS)系统采用控制中心和车站/车载二级组网分布式结构。为满足乘客信息(PIS)系统适应大众传媒的高清视频发展趋势,乘客信息系统可采用高清视频技术。因此,信息源、中心设备、网络传输、车站直至终端显示设备均应满足高清视频的播放、控制和显示要求,在视频处理的各环节均应支持高清视频,并不可造成任何分辨率损失,并兼容较低清晰度的视频。

乘客信息系统组成:乘客信息系统由控制中心子系统、车站子系统、车载播控子系统以及网络子系统组成,电源子系统、编播中心子系统。

(1) 控制中心子系统功能

控制中心子系统由中心数据服务器、中心操作员工作站、播出控制工作站、维护管理工作站、视频流服务器、同步信号发生器、播出监视器、视音频切换控制设备、视频转换分配器、高清数字直播编码器和集成化软件等组成。

1) 具有媒体素材信息的采集、编辑、制作、播放功能;可支持中文、英文等多语言播放;

2) 具有紧急信息的预编辑和实时编辑功能;

3) 具有播放信息预览、节目审核、节目播出、优先播出控制、定时自动播放、多路播放、时钟显示、广告播出管理等功能;

4) 具有设备管理、播出统计、系统管理和网管等功能;

5) 具有与ATS、通信、综合监控系统、时钟、外部信息源等系统的接口功能。

(2) 车站子系统功能

车站PIS子系统由车站服务器、LCD播放控制器、音视频分配器、PIS显示屏等设备组成。

1) 负责接收并存储控制中心下传的命令(设备开关机等)、各类信息内容和播放列表、系统参数等,完成最终播放画面的合成,可在不增加系统带宽的前提下,极大提高系统信息发布的多样性和灵活性,并按照下载的播放列表和节目内容控制本站所有显示终端自动播放;

2) 在中心或网络故障时,可以播放本站预存信息;

3) 车站值班员可向本站发布紧急信息,可通过具有车站权限的操作员登录将需要发布的信息内容、发布信息位置以及发布申请提交控制中心,由控制中心审核后将相关信息发布至指定显示屏组;

4) 将本站播放控制器及服务器等主要设备状态信息上报给控制中心;

5) 将本站播放统计信息上报给控制中心;

6) 具有信息查询功能。

(3) 车载播控系统

车载子系统主要负责媒体素材的接收及合成、车载乘客显示终端的显示、列车本地紧急信息的发布。

(4) 网络子系统

网络子系统是为PIS提供传输通道,该通道用来传输中心与各车站间,以及中心与列车间的各种数据信息、视频信息和控制信息。

有线网络，网络子系统（有线网络）主要设备包括：控制中心以太网交换机（两台，热备配置）、车站以太网交换机、控制中心的防火墙设备、路由器等。

（5）局域网络子系统

网络子系统主要包括中心局域网、车站局域网、车载局域网、中心－车站传输网络、车地无线传输网络等部分组成。

（6）编播中心子系统

编播中心子系统主要构成有：DVD 播放机、多媒体素材编辑服务器、播出控制/多媒体素材管理工作站和网络存储设备。

编播中心子系统通过互联网及局域网络方式实现广告内容管理统一中心管理平台，建立支持可扩充的一体化内容发布平台，提供应急预案服务分地域、分区域、分时段进行精准投放，并通过集中管理平台实现分布式广告分发与播放，满足本工程及后续线路的 PIS 系统的调度播放。

（7）电源子系统

电源子系统承担全线范围内所有车站、控制中心 PIS 设备的供电。电源子系统在控制中心设置 1 套电源集中网管系统，分别对交流配电屏和 UPS 和蓄电池等电源设备进行统一网管系统。

PIS 设备由 UPS 电源提供交流电源（AC220V）。

在各车站为 PIS 系统提供了单独的设备用房及配电。PIS 系统需独立配置电源设备（包括交流切换配电柜、UPS 及蓄电池）。

在 PIS 设备机房设置地线盘，通过接地引线接至位于车控室的弱电综合接地母排，完成对 PIS 系统设备的接地保护。

8.7.2 乘客信息（PIS）系统工程设备监理工作

1. 监理工作内容、重点、控制措施

（1）PIS 系统监理工作内容

监理工程师在乘客信息系统安装质量管理方面，建立质量、安全体制，强化施工组织设计方案、信息逻辑管理及信息实时发布功能、设备的监视功能等专项方案；设备生产、原材料采购的质量控制和检测内容及手段；设备安装与通信、综合监控、车载设备的安装接口、调试及验收管理，监理跟踪过程试验、检测和记录。详见第 8.1 节。

PIS 系统工程可作为一个单位工程，或作为通信系统的分部工程。

乘客信息（PIS）系统安装工程主要工作包括：管线安装、电缆线路及终端、支架、吊架安装、线槽安装、保护管安装、缆线布放、电缆铺设、电缆接续及引入终端；设备安装及功能检测包括乘客信息显示设备安装、乘客信息显示设备配线、乘客信息显示系统指标检测及功能检测、乘客信息显示系统网管功能检验、电源系统设备安装、电源系统设备配线、接地装置。

（2）PIS 系统设备安装监理质量控制重点

设备安装阶段监理主要设备集成采购考察、设备安装工程前期准备、设备材料进场验收检查、设备安装工程、设备检测调试的质量控制。在设备安装过程中，监理特别关注常见质量问题缺陷，对室内室外设备安装、设备运输、基础预埋、箱柜安装调整、二次布线、光电缆敷设、设备防雷接地安装、专业接口界面、设备受电调试等难点重点实施全过程质量监控。

1) 光纤、电缆敷设质量控制重点：

① 光缆是传输系统的重要组成部分，它提供的光环路物理通道质量的优劣直接关系到传输系统的可用性。光纤、电缆在地下隧道内敷设在侧墙电缆托架或槽道，在车站和停车场及高架区段主要采用管道、槽道或直埋敷设方式。其敷设径路及端别应符合设计要求；在支架上的敷设位置应符合设计要求，并应固定牢靠；防雷设施的设置地点、数量、方式和防护措施应符合设计要求。

② 电缆的单线电阻、绝缘电阻、电气绝缘强度等直流电性能应符合该型号规格电缆的产品技术标准的规定；单盘电缆应不断线、不混线。电缆接续时芯线线位应正确、连接可靠，接续完成后应检查无错线、断线，绝缘应良好。电缆接头盒盒体应安装牢固、密封良好。电缆引入室内应终端在配线架或分线盒上，并应标识清楚。电源设备配线用电源线应采用整段线料，配线中间不得有接头。电缆引入室内时，其室内、室外两侧的屏蔽钢带及金属护层应电气绝缘；外线侧的屏蔽钢带及金属护层应可靠接地。防雷等级、防雷器件的安装位置及数量应符合设计要求。

③ 区间光电缆敷设、光电缆接续路径与通信系统统筹，乘客信息系统的难点主要是路由、标高问题，乘客信息系统路由问题是进场初期必须关注的，特别是由轨行区引入站内、区间引入 OCC、场段内各单体之间的路由；区间设备标高问题则是施工过程中易返工点；区间光、电缆的敷设，设备安装控制易侵入设备限界。

④ 车站内公共区、设备区标高，也是各相关专业需协调的点，由轨行区轨面引上标高，站台区域视频设备 PIS 系统与导向系统的位置及标高等，都需要督促承包商重点关注。

2) 乘客信息系统设备安装质量控制重点：

① 设备进场验收数量、型号、规定和质量应符合设计要求。

② 图纸和技术资料、合格证和质量检验报告等质量证明文件应齐全。

③ 机柜（架）、设备及附件应无变形、表面应无损伤，镀层、漆饰应完整无脱落，铭牌、标识应完整清晰。

④ 机柜（架）、设备内的部件连接应无松动，保证不受潮、发霉和锈蚀。

⑤ 显示终端安装在地面、高架站台时，其防水、防尘要求符合设计要求。

⑥ 乘客信息系统区间车地无线设备的安装位置和安装方式应符合设计要求，安装应牢固。乘客信息系统区间设备安装不得侵入设备限界。

⑦ 乘客信息系统车载设备的安装、布线，以及防震、防电磁干扰等要求应符合设计和车辆专业的要求。乘客信息系统车载设备安装不得超出车辆限界。

3) 乘客信息系统设备的电源保证：

电源供给是十分重要的，一旦电源发生故障而停止供电，必将造成各系统的中断，从而影响行车设备安装质量。要求外供交流电十分可靠，而且要求电源供给乘客信息系统也必须稳定可靠。当外供交流停电时，能够自动启动备用蓄电池为系统设备提供不间断电源。乘客信息系统设备均要求一级供电。接地系统应确保人身和系统设备的安全，保证系统设备的正常工作是乘客信息系统安装质量的保证。

(3) PIS 系统安装监理质量控制措施

PIS 系统设备的工程量大,接口调试困难较多,监理首先应建立健全项目组织机构,完善职责分工及专业配备齐全,职责分工明确,按质量控制程序对质量进行控制,严格执行各项管理制度,系统应坚持按监理程序进行管理,认真贯彻"验评分离、强化验收、完善手段、过程控制"的指导思想,通过预防为主、动态管理、旁站监理、严格把关等方法,利用旁站、巡视、检查、见证、平行、检验、验收、监理指令等工作手段,充分利用监理管理权力权限进行施工全过程的控制。以"样板先行"、"首件报验"落实"三检"制度。严格遵守检验批、分项、分部验收程序。对关键工艺工序和隐蔽工程,监理工程师要旁站督导,严把质量关。按合同相关条款及进行质量、进度、投资、安全控制,做到优质、保量、及时的服务。

1) PIS 系统常见质量问题及控制措施见表 8-54。

常见质量问题及控制措施 表 8-54

分项工程	常见质量问题	控制措施
支架、吊架安装	支架、吊架安装螺丝固定不牢靠	对施工人员进行施工方案交底及作业指导书交底,确保每个螺丝固定牢靠
桥架安装	桥架安装螺丝固定不牢靠	对施工人员进行施工方案交底及作业指导书交底,确保每个螺丝固定牢靠
保护管安装	保护管安装固定件固定不牢靠	对施工人员进行施工方案交底及作业指导书交底,确保每个固定件固定牢靠
缆线布放	1. 在敷设过程中,光电缆存在断缆现象; 2. 部分光电缆绑扎不能做到整齐美观,存在部分扭绞现象	在敷设过程中,与轨行区其他承包商加强沟通,避免人为损害,敷设完成后,安排专职人员进行看守 项目安质部加大检查力度,及时通知作业队进行整改
光缆敷设	在敷设过程中,光缆存在弯曲半径过小现象	在敷设过程中,与轨行区其他承包商加强沟通,避免人为损害,敷设完成后,安排专职人员进行看守,对施工人员进行施工方案交底及作业指导书交底
电缆敷设	在敷设过程中,电缆存在断缆现象	在敷设过程中,与轨行区其他承包商加强沟通,避免人为损害,敷设完成后,安排专职人员进行看守,对施工人员进行施工方案交底及作业指导书交底
光缆接续及引入	接续损耗大,影响信号传输;引入绑扎不美观;标签不规范	光缆接续完成后进行中继段测试,确保线路通畅,对施工人员进行施工方案交底及作业指导书交底
电源设备配线	标签标识不规范,绑扎不美观	对施工人员进行施工方案交底及作业指导书交底,统一施工标准,质量实名制
接地安装	接地线常常有磨损破皮现象	接地线在设备调试前再进行安装,避免中途不必要的磨损,对磨损后的地线进行无条件更换
设备安装	显示屏位置与导向专业冲突	通过监理例会或与对方技术沟通,避免此问题
设备配线	标签标识不规范,绑扎不美观	对施工人员进行施工方案交底及作业指导书交底,统一施工标准,质量实名制

续表

分项工程	常见质量问题	控制措施
区间设备安装	箱盒安装螺丝固定不牢靠，侵限	对施工人员进行施工方案交底及作业指导书交底，确保每个螺丝固定牢靠且不侵限
区间设备配线	标签标识不规范，绑扎不美观	对施工人员进行施工方案交底及作业指导书交底，统一施工标准，质量实名制

2）城市轨道交通轨行区事故执行通信工程中的强条，凡有区间设备安装侵入设备限界，或车载设备安装超出车辆限界的，不得验收。

2. 乘客信息（PIS）系统设备（集成、采购）主要监理工作

（1）系统设备用房

主要设备：紧急按钮采集模块（IBP 盘）、车站 LCD 显示屏（站厅、站台）、LCD 显示屏、AP 杆（区间）、车载设备（列车）。

控制中心设备：机柜、工作站、播出显示屏、打印机、电源屏、UPS 不间断电源、UPS 蓄电池、电源监控终端。

车站设备间：工作站设备、PIS 设备柜、交流配电柜、UPS 不间断电源、蓄电池架、蓄电池、地线箱。

（2）电缆选型

PIS 系统主要有接地线、电源电缆、通信电缆、网络线、光缆的管线。所有的光、电缆（线）的外护套应是绝缘、低烟、无卤、阻燃。

3. 乘客信息（PIS）系统设备（安装工程）主要监理工作

（1）设备安装前监理工作

1）设备安装前监理准备工作

PIS 系统开工前，监理工程师应根据合同文件要求和技术图纸，对工程公共区的显示屏安装位置作深入的调查，核实与装修、导向、通信等专业设备有无相互交叉并进行优化调整。

现场预留预埋配合：内容主要包括孔洞的位置和数量、设备运输通道的位置和数量、标高基准点、轴线等项目，对于发现的问题，监理工程师将向业主汇总报告，协调解决。

2）承包商项目部前期监理审查工作

对 PIS 系统设备安装实际操作进行技术交底，技术人员仔细审核设计文件，对现场进行认真勘测，注意检查轨行区设备是否侵限，了解现场实际情况是否与设计要求一致，及时协调解决问题。

3）施工图优化设计的监理工作

在施工图联合设计初步完成时，优化公共区显示屏位置、轨行区 AP 位置等，详细检查施工图纸，提出监理的审查建议，保证完成的施工图设计能指导施工。

（2）主要进场材料、设备质量控制要点

监理工程师应审查 PIS 系统承包商提供的材料、显示屏包装及成品保护方案，提供设备的产品合格证，测试、试验记录，并形成出厂检查书面记录。

主要进场材料、设备质量控制检测检验方法有取样试验、抽样试验。见表 8-55。

对不合格品立即隔离标识、拒绝签认，并应签发监理通知单，书面通知承包商限期将不合格品撤出现场。

供货商为项目工程提供的产品进行最终检验。最终检验确认工作在产品出厂验收过程中完成。

1) PIS 系统主要材料、设备：

区间光缆、电缆桥架、AP 杆、设备机柜、UPS 不间断电源设备、安装电源监控终端、UPS 蓄电池、电源屏、LCD 显示屏、地线箱。

2) 光缆、电缆要求：

光缆选择：光缆是传输系统的重要组成部分，它提供的光环路物理通道质量的优劣直接关系到传输系统的可用性。

电缆选择：区间电缆采用屏蔽性能好、抗干扰性强的充油电缆，外护层应满足阻燃、低烟、无毒、防鼠咬等需求。

材料到场检查项目　　　　　　　　　　　　　　表 8-55

	检查项目	检查方法	监理平行检验
材料检验	光缆	对规格型号、质量证明文件核对、外观检查、进行单盘测试	按规范及业主要求送第三方检测见证
	信号电缆	对规格型号、质量证明文件核对、外观检查、进行单盘测试	
	计轴电缆	对规格型号、质量证明文件核对、外观检查、进行单盘测试	
	箱盒	对规格型号、质量证明文件核对、外观检查	
	金属线槽	对规格型号、质量证明文件核对、外观检查	
	电源缆	对规格型号、质量证明文件核对、外观检查、进行单盘测试	
设备	播控、显示设备	对规格型号、质量证明文件核对、外观检查	

PIS 设备安装工程主要材料设备的检查内容：质量资料证明检查、开箱检查、对检查记录的审查和签认、对设备进行单机通电检查和运行检查、监控系统软件控制检查等；检验方法有取样试验、抽样试验、中间安装过程设备材料的检验、工厂样机检验、到货及开箱检验、安装受电前的检验。

设备、材料到货检验内容：外观检测、性能检测、规格数量验证、技术资料验证；做好检查记录，审查质量资料和签认开箱检查单；对显示屏验收后要进行保护若发现供货商提供的质量保证文件与所到实物不相符或对质量保证文件的正确性有怀疑，物资供应部须进行复检。

(3) 检验（试验）与检测中的监理工作

监理检查供货商出厂试验报告并检查检测内容、项目是否符合设计图纸及供货合同要求。质量的检验检测应参照通信、乘客信息（PIS）系统工程施工质量验收规范，严格执行"三检制"。

监理工程师根据工作需要、业主的要求和工程施工具体情况，对设备材料进行见证取样、平行检测和抽样试验，并送第三方进行检测，材质检测委托有资格检验的单位进行，检测报告合格后方可使用。第三方检测的取样、送检过程需有监理在场见证，并留存必要的过程照片或影像资料。

监理工程师检查承包商应提供的产品合格证书、出厂检验报告、进场检验报告、进场复验报告、型式检验报告，检查产品的质量合格证明文件、中文标识、结构性能检测报告、产品性能检验报告等。

1) 主要第三方检测见表 8-56。

主要第三方检测项目　　　　　　　　　表 8-56

序号	项目	第三方检测及检测项
1	电缆	抽用量较大的分批送第三方进行检测：阻燃性能不低于 A 类，耐火型性能不低于 B 类；低烟、无卤、防鼠、标识、规格型号满足要求
2	光缆	抽用量较大的分批送第三方进行检测： 低烟、无卤、防鼠、标识、规格型号满足要求。 最小带宽，光通量及最大衰减
3	网络/通信电缆	抽用量较大的分批送第三方进行检测： 阻燃性能不低于 A 类，耐火型性能不低于 B 类 低烟、无卤、防鼠、标识、规格型号满足要求
4	金属线槽	规格尺寸满足要求，耐火金属线槽应刷耐火极限 1.5h 的超薄膨胀型钢结构防火涂料，外表面喷塑和防火漆厚度≥60μm，内表面喷防火涂料，内表面喷塑要求同外表面
5	热镀锌钢管	规格尺寸满足要求，热镀锌钢管镀锌层厚度大于 75μm

2) 主要过程检验（试验）与检测：

① 光缆单盘测试、配盘进场检验、检测：

光缆到货进场，准备敷设前组织业主、监理、供应商进行开箱检查，并填写开箱检查记录。根据光缆种类及特点、技术规格要求，编制光缆单盘测试、配盘指导书和操作程序，制订高于施工规范的内控标准，对施工人员进行详细的技术交底。单盘测试时，要根据施工规范和技术标准的要求对光缆的各项性能指标进行调测和试验，主要的仪器由专人负责使用和保管，确保各项测试数据的准确和仪器仪表的完好。

② 光缆检验检测：光缆敷设完成、接续集成端完成以后，隧道及机房满足检测条件。包括：光缆衰减常数、中继段衰减、光纤纤序、光缆终端。

③ 电源系统检验检测：电源子系统调试大纲，通过对电源设备功能、性能等指标进行调试，用以验证系统的可靠性以及可用性。包括：交流配电屏功能及性能指标测试、UPS－电池功能测试、网管功能测试。

播控设备检验检测：乘客信息系统播控子系统检验检测大纲，用以验证系统的可靠性以及可用性。系统调试环境由控制中心子系统、车站子系统、网络子系统、电源子系统、车载子系统组成。

3) 主要调试检验（试验）：

乘客信息显示系统控制中心网管上应能监测车站显示设备的工作状态。

乘客信息显示系统各车站自动显示的内容应能在控制中心网管上集中修改。

在控制中心网管上应能监测任意车站显示设备的技术性能指标。

便携式维护终端应能对各参数进行修改和检测设备模块，远程修改参数后，各车站被修改的参数应能相应变化。

在系统调试前，先组织调试班组的技术人员学习厂商提供的系统测试计划，然后结合本工程的设备和设计的要求，编制 PIS 系统的现场测试计划、测试内容、测试指标以及测试方法。

系统联调主要内容：

系统子系统调试完成后，可进行系统联调。供货商将严格按调试程序按步骤进行。

网络管理各项功能试验，网管功能应能满足设计要求。

与接口系统的联调。按照其他系统的需要，提供透明的传输通道。指标达到各系统要求。

对车站子系统和控制中心子通过传输系统构成的总系统，根据工程的设计要求，对系统应具有的功能及应达到的指标进行全面的测试和试验，各项指标应达到设计及有关标准的要求。

系统性能检验以确定 PIS 系统安装施工项目的全部或部分设备达到合同及设计中所规定的系统技术标准及要求。

通过初步验收，PIS 系统进入试运行。并派技术人员参与值班，确保 PIS 系统按实际操作模式无故障连续运行。

4）安全和功能检测：

安全和功能检查项目：乘客信息显示系统功能检验测试、接地装置检验测试、接地电阻测试、光缆中继段性能测试、电缆线路检测记录、单站测试记录、单车测试、系统指标检测及功能质量测试、网管调试记录样。

(4) 设备安装关键工序质量控制要点

设备安装关键工序质量控制要点见表 8-57。

1）设备现场开箱检查：开箱检查是工程顺利实施的最基本也是最关键的工序，是系统设备从供货商交给承包商的一项重要接口工序，只有在这项工作中认真清点设备数量、核对准确设备型号、检查设备外观等，对不符合合同要求的部分要求供货商进行确认并整改，以避免日后的扯皮、推诿责任等现象的发生，保证工程的顺利进行。

2）系统设备运输及安装：在设备搬运安装过程中要注意设备安装的水平度、平行度、标高误差满足规范要求，注意盘面整齐，特别注意计算机主机、显示器等易损部件的安全，应避免野蛮安装和不文明施工。

3）接地线、电源电缆、通信电缆敷设：施工过程中最容易出错的工序，而且出现错误的后果严重，如果施工中出现电缆接错、敷设距离不够、接地线没接等情况，就会带来烧损设备、电磁干扰等后果，所以一定要检查每条电缆是否按规范要求走线，是否按要求敷设到位，是否在施工过程受损。

4）系统内带电检测试验：系统内带电检测试验是对设备和系统的考验，送电开通，设备系统内调试试验要求监理到场旁站，监督设备最后检查过程，检查操作和保障人员是否到位，各种保障措施是否到位，观察带电过程是否正常，一旦出现不正常现象，要求启动相关应急预案。

5）系统单体设备调试：单机测试和试验过程关系到设备和系统功能的实现，并且是对设备质量和接线正确性的考核和检查。要求监理对关键的测试和试验过程进行现场旁站，监督试验程序是否正确，试验方法是否合理，试验内容是否完备，试验结果是否有效，试验记录是否齐全等。

6）系统现场测试及验收：牵涉到各项性能指标的严格细致的测试，要严格按计划进行，要保证各项测试方法、程序的正确性。

7）系统调试前软件调试，是技术性要求很强的工作，而且问题很难查找，所以这项工作不仅对施工调试人员的技术水平有要求，而且要求施工人员工作中要细心和耐心，认真对待每一个步骤的调试，才能不留隐患，使后续工作顺利开展。

8）系统整体调试：主要是要求对本系统各项功能、技术指标进行测试，以满足设计要求。

9）系统与其他系统联合调试：是系统最终能否达到其最终功能要求的关键环节，涉及所有与其他系统之间的接口调试。是本工程中工作最复杂、难度最大的环节。

10）系统通电运行试验：是对系统整体调试成果的反馈环节，要求施工人员密切注意现场运行情况，一旦发生问题，就要立即重新调整，确保现场验收测试试验的合格。

11）线缆进场验收应符合下列规定：

① 数量、型号、规格和质量应符合设计和订货合同的要求。

② 合格证、质量检验报告等质量证明文件应齐全。

③ 缆线外皮应无破损、挤压变形、无受潮、扭曲、背扣。

④ 线缆布放：当通信电缆与信号电缆在同一径路用线槽敷设时，宜分线槽敷设。当乘客信息系统需敷设在同一线槽内时，应采用带金属隔板的线槽分开敷设。

12）光纤、电缆的敷设应符合下列规定：

① 敷设径路及光纤、电缆的端别应符合设计要求；

② 光纤、电缆在支架上敷设位置应符合设计要求，并应固定牢靠；

③ 区间光、电缆的敷设，不得侵入设备限界。光纤、电缆的线路防雷设施的设置地点、数量、方式和防护措施应符合设计要求。

④ 电缆的单线电阻、绝缘电阻、电气绝缘强度等直流电性能应符合该型号规格电缆的产品技术标准的规定；单盘电缆应不断线、不混线。

13）电缆接续应符合下列规定：

① 电缆接续时芯线线位应正确、连接可靠，接续完成后应检查无错线、断线，绝缘应良好。

② 直通电缆两侧的金属护层及屏蔽钢带应有效连通。

③ 电缆接头盒盒体应安装牢固、密封良好。

④ 电缆成端的弯曲半径不应小于电缆外径的 15 倍。

14）电缆引入应符合下列规定：

① 电缆引入室内时，其室内、室外两侧的屏蔽钢带及金属护层应电气绝缘；外线侧的屏蔽钢带及金属护层应可靠接地。

② 电缆引入室内应终端在配线架或分线盒上，并应标识清楚。

③ 电缆引入防护应符合设计要求。

15）电源设备安装及配线：

① 电源设备、防雷器件的进场验收应符合规范要求。
② 配电设备的进出线配电开关及保护装置的数量、规格应符合设计要求。
③ 防雷等级、防雷器件的安装位置及数量应符合设计要求。
④ 电源设备配线用电源线应采用整段线料，配线中间不得有接头。

16）电源及接地装置的接地电阻应符合下列规定：
① 独立设置接地装置的接地电阻值应符合设计要求。
② 室外综合接地体接地电阻不应大于 1Ω。
③ 引入引出交流不间断电源装置的电源线和控制线应分开敷设，在电缆支架上平行敷设时间距不应小于 150mm。

设备室设接地汇流排（由机电安装专业提供），各设备的地线连接到接地本排贯通的接地铜排上，然后各排的接地铜排上引地线至接地汇流排。所有电缆进楼后做单端接地连接，相当于室外电缆全部在室内接地。

PIS 设备安装质量控制要点 表 8-57

工序	质量控制要点	控制方法
设备安装	1. 电子显示设备屏幕的安装位置应不受外来光直射，周围没有遮挡物。 2. 电子显示设备的保护接地端子应有明确标记并接地良好。在熔断器和开关电源处应有警告标志。 3. 电子显示设备的支撑架应安装牢固	检查合格证 检查观察
设备配线	1. 乘客信息显示设备的配线电缆到达现场应进行检查，其型号、规格、质量应符合设计要求及相关产品标准的规定。 2. 乘客信息显示系统地线的布放应符合设计要求	抽样、平行检验
检测及功能检验	1. 文本 LED 显示屏和图文 LED 显示屏的移入移出方式及显示方式应符合设计要求。 2. 电视视频 LED 显示屏的动画、文字显示、灰度和电视录像功能应符合设计要求。 3. 显示设备的视频显示屏幕应能按照设计要求分区显示。 4. 控制中心系统应能全选、单选、组选车站和在各显示区进行显示，能根据实际需要设置显示优先级。 5. 控制中心系统应能向车站发送列车运行信息，并能按预设程序自动播放。 6. 控制中心系统应与时钟子系统的时间同步	检查观察
功能检验	乘客信息显示系统控制中心网管上应能监测车站显示设备	试验观察

（5）设备安装首件报验及工艺质量控制

PIS 首件工程有线槽安装、线缆接线、显示屏安装等，首件报验是为了加大质量安全防范力度、降低工程实施风险。首件工程在施工前充分做好准备工作，明确施工工序流程及施工工艺，施工中的技术注意事项和成品保护，完成首件施工后，由监理单位组织施工、设计、业主等相关单位进行验收，施工单位按照验收意见整改完成经复验符合要求后，作为样板全面推广，用以指导工序施工。

监理工程师对施工工艺过程的首件工程或工艺各个质量控制点、施工各工序进行跟班巡视和检查验收，现场发现质量问题及时要求施工人员整改。

首件报验工序检验批主控项见表 8-58。

设备支架制作安装、区间无线设备安装、敷设接地线、电源电缆、电力电缆、通信电缆等、系统单体设备调试、系统整体调试、通信通道调试；系统与被控站点联合调试、系统通电运行试验、系统现场测试及验收、系统投入试运行。

首件报验项目　　　　　　　　　　　　表 8-58

序号	工序名称	定标重点
1	光缆成端及测试	光纤收容盘内光纤盘留方向方式，光纤成端损耗值标准
2	设备安装配线	布线绑扎固定方式，标签样式，粘贴方向，出线顺序
3	AP 天线安装	AP 天线安装高度，固定方式
4	AP 机箱安装	AP 机箱固定方式，安装高度，线缆进线盘方式，箱内配线标准
5	LCD 显示屏安装	显示屏安装高度，固定方式

1）穿放线缆的施工：

根据图纸要求，核对显示屏用线缆的型号规格，裁截穿放长度，穿放时首尾及有过线盒处用人工进行牵引和输送缆线，做到匀速拉动，避免用力过猛。

缆线穿放时，对防护管口有保护措施，缆线在管内不得有接头。

缆线穿放时，用步话机进行通信联络。

缆线穿放完毕，对所有缆线进行直流测试并做好记录，做好缆线标识，标明缆线规格、型号、长度，设备起止点。

不同系统、不同电压等级、不同电流类别的线路，不应穿在同一管内或线槽的同一槽孔内。

电力线路敷设不同回路的导线应分管敷设。导线敷设后，应对每回路的导线用 500V 的兆欧表测量绝缘电阻，其对地绝缘电阻值不应小于 $20M\Omega$。

电缆出入电缆沟、槽、建筑物及保护管时应将出入口用防渗水材料封堵。

各种配线电缆均应做好标记，表明型号、长度及起止设备名称。线缆成端后必须测量线缆的各项电气特性，确保端口接触良好。

电缆排列应整齐，绑扎匀称，直线部分应横平竖直，转弯处电缆弯曲均匀、圆滑，弯曲半径要满足施工规范要求。跳线松紧适度，层次分明，并按规定作适当余留。

2）设备安装的施工如图 8-51～图 8-56 所示。

显示屏安装：根据施工图纸和设备安装说明书的要求，将显示屏安装到位。安装过程中要注意避开站台吊顶内的障碍物，安装要牢固，整体效果美观。

　　　　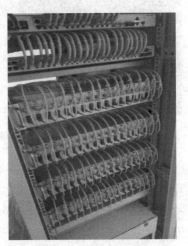

图 8-51　PIS 设备间设备安装　　　图 8-52　设备内布线

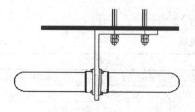 

图 8-53　隧道内壁装天线安装示意图　　图 8-54　抱杆式天线安装示意图

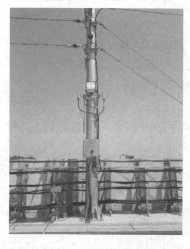 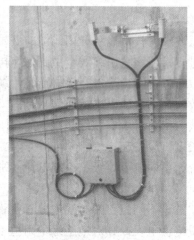

图 8-55　区间 AP 天线支架

图 8-56　车站内 PIS 屏幕

屏幕墙的安装：根据施工图纸和设备安装说明书的要求，将显示屏安装到业主提供的安装位置。安装时要注意整体风格的协调及与总体工期的配合。

轨行区贴壁式 AP 箱安装：安装贴壁式 AP 箱时，首先要在墙壁上安装四个螺栓，固定好之后，把机箱的孔与螺栓对齐放入，最后用垫圈、螺母固定。在地下不同洞型的隧道均用此方法安装，虽然圆形和马蹄形隧道有弧度，但并不影响安装，我们不必保证 AP 整个面都要紧贴隧道。安装同一机箱的螺栓尽量保持平行状态。螺栓伸出墙壁（隧道壁）需要在30mm左右，因为伸出的长度要求有三个螺母的厚度以及伸出余量和安装件的壁厚加在一起的长度。轨旁AP机箱下部要求有垂直距离300mm的空间用于电缆及光缆走线。

抱杆式AP机箱安装：安装抱杆式AP机箱时，首先应根据现场测量的需固定AP机箱的既有接触网杆、新设AP杆尺寸以及AP机箱自身尺寸定制符合要求的抱箍支架。具体施工时，首先将支架固定在杆上，然后把机箱的孔与螺栓对齐放入支架的预留孔处，最后用垫圈、螺母固定。

隧道内AP天线安装：隧道内天线安装采用的也是利用螺栓固定在隧道墙壁上。由于天线存在极化方向，在不同的隧道洞型中，要求轨旁天线在各种洞型（包括矩形、马蹄形、圆形等）条件下保证与垂直安装时位置相同。用于马蹄形和圆形洞型的安装架，需要将天线安装孔顺时针旋转65°（保证天线辐射方向水平），制作安装架时，根据情况在一种安装架上做兼容不同安装情况的螺钉孔位置，来解决不同洞型的天线安装，也可以针对不同洞型的安装情况分别制作安装架。

抱杆式天线利用抱杆安装件将天线固定在立柱杆上。

3）设备接地：

设备、线缆管线等接地符合设计要求。为了消除电源对信号的干扰，要求信号线和电源线分开布放。缆线穿放前，确保所穿放通道畅通、清洁，确保钢管口、出线盒等无毛刺现象，保证线缆穿放时外护套不受损伤。

采用综合接地系统，接地电阻值不大于1Ω。由其他系统在中心、车站PIS设备室及区间提供上述规格的接地端口。

4）隧道内膨胀螺栓拉拔实验要求：

① 拉拔试验仪器首选可显示试验拉力数据的电子测量仪，如条件不具备，可选用能直观看出重量的重物作为测试块。

② 试验荷载应考虑施工人员在吊在物体上面作业的动荷载以及系统运行中的振动疲劳载荷，以专业工程师计算实际承载重量的2倍为基准，但不得超出其极限抗拉力。

③ 禁止采用吊篮上站人方法进行试验。

④ 试验完成后填写部门提供的《膨胀螺栓拉拔试验报告》，并由相关人员签字确认。

(6) 设备安装旁站、平行检验、隐蔽工程验收质量控制

1）旁站、平行检验见表8-59。

旁站平行检查包括设备基础安装、各站点线路检查、各站检测、接地检测。区间、站台设备安装位置和方式应符合设计要求，并应安装牢固可靠。

旁站、平行检验　　　　　　　　　　表8-59

序号	名称、工序、控制点	控制方法	备注
1	管线预埋	旁站	隐蔽检查时
2	各站检测	旁站	
3	接地检测	旁站、平行	
4	设备调试	见证	

2）隐蔽工程验收：

隐蔽工程应进行交接检查，即监理工程师检查确认质量合格并签字后，方可移交下道

工序施工。PIS线槽、管线在各类管道、桥架中穿墙、穿墙板处应进行封堵，有防火要求的应进行防火封堵，有防水要求的，还应该考虑防水措施；经过结构缝、变形缝等时应进行补偿处理。

管槽预埋：预埋防护管、防护槽和线盒，预埋工作严格按设计要求进行。线槽或暗管直埋超过30m或在线槽路由交叉、转弯时，设置过线盒，便于布放缆线和维修。检查线管的连接处、边口等处，应无毛刺、连接可靠。

(7) 专业接口关系及协调

PIS设备系统接口有内部接口、外部接口，接口多为信息接收发布等，接口管理重点在信息管理整合软件处理等，应建立一个接口的识别、协调及控制体系，辅以合理的技术方案，以确保接口质量完好、功能正确。

施工过程中，加强核对接口信息，主动与各系统单位取得联络关系，以确保阶段性工期的顺利完成。

1) 与PIS系统内部接口：

PIS系统功能主要通过几个关键信号流程来实现，具体为直播信号流程、播表下载流程、数据流程以及关键的ATS数据流程。

中心子系统主要负责全系统的运营维护管理、外部信息的导入、媒体素材的管理、媒体素材的下发、紧急信息的编辑和发布及全线的播出控制。

控制中心主要由数据库、内容管理、系统管理、系统监控、接口管理以及网络连接等模块来共同完成系统功能。

控制中心内容管理分为两部分：一部分为系统数据管理，另一部分为播放内容管理。

系统数据主要有线路信息、车站信息、列车信息、系统用户信息、设备信息等。

接口模块主要为PIS系统和外部系统的连接及数据交换，接口模块的主要硬件设备和中心服务器共享，软件模块上根据各个不同的接口功能、接口定义以及接口协议分别定制开发以满足各个不用系统对PIS系统的访问和连接。

2) 与PIS连接的外部接口：

外部信息源（有线电视）、信号系统（ATS）、通信系统（传输和时钟）、综合监控系统、供电系统（低压配电）等。

车站子系统主要负责本地运营管理、媒体素材的接收、车站本地紧急信息的发布、车站本地的播出控制、媒体素材的显示合成及车站乘客显示终端的显示。

车载子系统实时接收信息实现控制中心子系统采集、编辑、存储各类媒体信息和数据并通过PIS以太网络下发至各车站。车站子系统接收和存储控制中心下发的各类信息通过车地无线下发给车载子系统。车载子系统通过车载无线单元接收信息存储并播放。

车载子系统实时接收信息流程如图8-57所示。

对关键部位、关键工序做好完成情况的旁站或见证取样工作。见证设备指标检测及功能检验。在关键部位、关键工序施工过程中，在现场进行旁站监督。对正在施工的非关键部位或工序进行定期或不定期的巡视监督检查。

(8) 单机调试、联调联动

PIS设备系统的联调是在各设备系统已完成单系统调试且达到合同技术规格书要求后进行的系统综合测试，包括与信号系统、通信系统（传输和时钟）、综合监控系统、供电

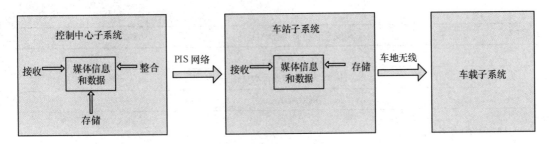

图 8-57 车载子系统实时接收信息流程

系统等接口功能测试，设备联动测试，车站与控制中心联动功能测试等。

1）PIS 单机调试监理工作要点：

LED 显示屏和图文 LED 显示屏的移入移出方式及显示方式应符合设计要求、计算机视频 LED 显示屏的动画、文字显示和灰度功能应符合设计要求、电视视频 LED 显示屏的动画、文字显示、灰度和电视录像功能应符合设计要求、LED 显示系统的分区、分路文字显示功能及显示规格应符合设计要求；显示设备的视频显示屏幕应能按照设计要求分区显示、显示设备的视频显示图像分辨率不应小于 704×576、显示设备的视频显示应可叠加彩色字幕，且色彩不小于 1670 万色，具有 256 级半透明效果；显示设备单位显示面积的最大功耗或显示设备的总功耗应符合设计要求。

车站显示系统的以下功能应符合设计要求：优先级显示功能、分区、分路显示功能；自动、手动、紧急三种显示方式；自动生成或随时变更修改显示；自动倒换至备用显示控制设备；与车站控制设备的时间同步；控制中心系统应能全选、单选、组选车站和在各显示区进行显示；能根据实际需要设置显示优先级。

控制中心系统应能向车站发送列车运行信息，并按预设程序自动播放、控制中心系统应与时钟系统的时间同步。

2）PIS 系统调试过程监理工作要点：车站子系统的功能测试、控制中心功能测试、系统网管功能、乘客信息系统网管检验；乘客信息系统采用 IP 网络承载业务时，其抗攻击和防病毒能力应符合设计要求。

联合调试：144h 运行试验。

3）安全和功能检验

PIS 系统安全和功能检验见表 8-60。

PIS 系统安全和功能检验表　　　　　　　　　　表 8-60

序号	安全和功能检查项目	份数
1	乘客信息显示系统功能检验测试	
2	接地装置检验测试	
3	接地电阻测试	
4	光缆中继段性能测试	
5	电缆线路检测	
6	单站测试	

续表

序号	安全和功能检查项目	份数
7	单车测试	
8	系统指标检测及功能质量测试记录	
9	网管调试	

(9) 总结及案例

1) 区间 AP 天线支架优化后可进行天线可调节性

区间 AP 设备采用抱箍形式安装，为保证信号强度，增强 AP 天线可调节性，在施工安装工程中对 AP 天线支架进行优化，同时采用圆柱体支架保证天线可以水平垂直。

2) 车站内 PIS 屏幕采用防雨挡板增加设备防水性和保护性

考虑到潮湿多雨等季节性特点，为增强高架车站的 PIS 屏幕防水性以及保护性，在 PIS 屏罩外侧加装保护面板，一方面对液晶屏幕进行保护作用，另一方面增强了设备的防水性，大大减少因雨水原因导致 PIS 设备出现损坏故障的情况。

4. 乘客信息（PIS）系统工程验收及竣工资料

依据 PIS 系统的有关法律、法规、工程建设强制性标准、设计文件及施工合同，监理对 PIS 承包商报送的竣工资料进行审查，凡是自评合格即可申请单位（子单位）工程预验收，监理组织对 PIS 工程质量进行单位工程预验收。对存在的问题，应及时要求 PIS 安装单位整改，并需由设计、监理和最终用户签字认可。整改完毕由总监理工程师签署工程竣工报验单，出具经总监理工程师和监理单位技术负责人审核签字的工程质量评估报告。整改了预验收提出的问题后，向建设单位发出竣工验收申请报告，编制竣工验收的详细计划并协助实施。

(1) 单位工程验收

监理工程师应通过对 PIS 系统分部、分项工程质量等级的统计推断，再结合对质量资料的核查和单位工程质量观感评分，系统地对整个单位工程作出全面的综合评定，以决定可否同意单位工程验收申请。

1) 实体验收：

站台设备与导向牌位置满足设计要求。

乘客信息系统区间光、电缆的敷设、设备安装不得侵入设备限界。

抽查检测：接地电阻测试、单站测试、单车测试、系统指标检测及功能质量测试、网管调试，满足设计要求。

接地装置：电源系统接地保护或接零保护应可靠，且有标识，设备接地线与交流配电设备的接地线宜分开敷设。独立设置接地体的接地装置的接地电阻应满足以下规定：

防雷接地电阻不大于 10Ω。

联合地接地电阻不大于 1Ω。

2) 观感验收内容：

对显示屏、设备间设备、线缆敷设、绑扎标识等观感质量进行评定，一般规定质量评定由验收各方共同进行现场评定，观感质量检查项目评定达不到合格标准，应进行返修。

验收标准：设备安装观感质量合格标准、机柜观感质量合格标准、设备配线观感质量合格标准、缆线绑扎标识观感质量合格标准、系统布线观感质量合格标准等。

3）资料检查及需完成文件：

PIS系统资料收集与整理，包括分部工程、单位工程等验收资料，竣工结算审核意见书，PIS系统设备质量评估报告等专题报告，监理工作总结等。

单系统设备调试结束后，按相关程序和有关规定组织有关部门对各单系统设备进行初步（预）验收、竣工签证及质量评估。

督促承包商及时编制竣工结算文件并审核签认，协助业主进行工程竣工结算工作。

协助业主做好设备系统试运行准备工作。

审核承包商的设备、材料向运营移交的清单。

其他属于合同规定的项目监理部责任范围内的工作。

完成资产录入工作。

4）单位工程验收应提交报告：

① 144h运行试验报告。

设备在经过144h连续系统试验，验证系统的可靠性。

在此期间，对出现的小故障进行修补。初步验收试验期间，调试班组负责设备的巡视、维护、调整，对发现的设备故障及时报告监理工程师、业主代表。

② 验收报告调试总结。

5）第三方报告。

(2) 联调总结与评估

运营安全评价：PIS系统技术评价。

由最终用户、监理工程师、承包商、运营接管单位、政府质量检验部门及其他相关单位组成的验收组按照供货商提出的检验标准及本合同所规定的技术标准进行检查，最终用户对安装工程实体和该工程所涉及的竣工档案的检查结果满意并接收，签发"竣工证书"，作为竣工正式验收结束的依据。

8.8 自动售检票系统工程

8.8.1 概述

城市轨道交通工程的自动售检票（AFC）系统应能实现和满足各种运营模式的要求，系统终端设备应保证乘客安全、有序地进出车站，能连续24h长期不间断地运行，并满足紧急疏散要求。自动售检票系统应安全、可靠，并具有可维护性和可扩展性，系统设备应便于使用和维修，满足自然环境条件、车站环境条件、抗电磁干扰的要求。

城市轨道交通自动售检票系统（AFC）的结构进行了层次划分，共分为车票、车站终端设备、车站计算机系统、线路中央计算机系统、清分系统五个层次。

自动售检票（AFC）系统构成：主要由线路中心系统、车站计算机系统、票务系统、维修、培训系统、实验检测系统、电源及接地、网络传输等系统构成。自动售检票（AFC）系统实现轨道交通车票的自动售票和半自动售票、自动检票、计费、收费、统计、结算全过程的自动化管理。

自动售检票（AFC）系统功能：区域线路中央计算机系统、票务系统、票务中心、维修系统、车站计算机系统（SC）功能、车站现场设备、换乘站的管理。

自动检票机：基于计算机、通信、网络、自动控制技术，实现轨道交通双向检票、计费、收费、统计、清算等全过程的自动化系统。

车站终端设备：安装于轨道交通线路各车站进行车票发售、进站检票、出站检票、加值、验票分析等读写交易处理的终端设备。

自动售票机：用于自助发售、赋值有效车票，具备自动处理支付和找零功能的设备。

半自动售票机：用于人工辅助发售、赋值有效车票，具备补票、退票、查询、更新等票务处理功能的设备。

自动加值机：用于对储值票进行自助加值，并具有查验交易和余额等信息功能的设备。

验票机：用于查询车票信息。可分为自动验票机和便携式验票机。

票务清分系统：用于发行和管理轨道交通车票，对线网内不同线路的票、款进行结算和清算，并具有与可在城市轨道交通线网内乘用消费的其他付费卡进行清算功能的系统。

8.8.2 自动售检票（AFC）系统工程设备监理工作

1. 监理工作内容、重点、控制措施

（1）AFC系统监理工作内容

监理工程师在AFC系统安装质量管理方面，应建立健全质量、网络安全体制，强化施工组织设计方案、专项方案及评审，设备生产、原材料采购的质量控制及检测内容及手段，设备安装与其他专业安装接口、终端设备测试、运行状态及模式监控监测、票务清分系统测试及系统验收管理。监理跟踪过程试验、检测和记录。详见第8.1节。

AFC系统工程可作为一个单位工程，安装内容主要包括：

1) 车站（中心）：

① 管槽安装及检验：管槽安装，管槽接头，管槽封口，桥架安装。

② 线缆敷设及检测：线缆敷设，线缆引入，线缆接续，线缆特性检测。

③ 车票：车票检测。

④ 车站终端设备：车站终端设备安装，设备配线，自动检票机检测，半自动售票机检测。

⑤ 自动车站计算机系统：机房设备安装，设备配线，紧急按钮安装，车站局域网检测，车站计算机系统功能检测，紧急按钮检测。

⑥ 票务清分系统：机房设备安装，设备配线，票务清分系统计算机局域网检测，票务清分系统功能检测、容灾备份功能检测、网络化运营验收检测。

⑦ 电源、接地、防雷与电磁兼容：电源设备安装，电源布线，防雷与接地，电磁兼容检测，电源与接地检测。

2) 中央计算机系统：

① 机房设备安装，设备配线。

② 售票机检测，自动加值机、自动验票机、便携式检验票机检测。

③ 线路中央计算机系统：线路中央计算机局域网检测，线路中央计算机系统功能检测。

(2) AFC 系统设备安装监理质量控制重点

1) 样机及材料进场质量控制重点：

① 设备制造生产响应表；软件设计，样机验收；出厂检验（按工厂标准进行常规的试验和检验，AFC 各种终端设备功能的检测，保证检验数量不低于 15%/批）。

② 采购的设备和材料，选用具有产品生产许可证、大型生产厂商或具有一定的知名度的生产厂商所生产的设备或材料，并具有产品说明书、合格证、质保书、出厂测试资料等。

③ 超五类线电缆和电力电缆应作电气性能抽检，超五类线电缆从批量电缆中的任意三盘中各截出 100m 长度，加上接插件进行测试，并作测试记录，测试合格后方可入库；电力电缆抽测线间绝缘和对地绝缘。

④ 金属配管预埋的质量控制重点：

管线的规格，型号，数量应符合设计要求。金属配管不得采用对口熔焊连接；镀锌管壁厚小于等于 2mm 的钢导管不得采用套管熔焊连接。当金属配管采用螺纹连接时，连接处的两端应保证可靠接地连通。

镀锌的钢导管、可绕性导管不得熔焊跨接接地线，专用接地卡跨接的两卡接的接线为铜芯软导线时，截面积不应小于 $4mm^2$。

预埋防护管、防护槽和线盒与安装施工同步进行，配合安装施工，预埋工作严格按设计要求进行，预埋的防护管、防护槽和线盒确保在土建浇筑水泥后不漏水渗水。

2) 设备安装质量控制重点：

① 安装的设备包括进出站检票闸机，半自动售票机和补票机，车站计算机、服务器、工作站、集线器，电源柜、配电柜和配电箱，售检票终端设备、必要的设备基础/预埋件及运营辅助设备等。

② 检查室内装修是否满足设备安装条件，预埋件、沟、槽、孔位置是否准确无误、无遗漏，照明、施工用电源、地线及室内温度是否符合设备及设计要求，消防器材是否齐全有效。

③ 检票闸机和其他机柜在安装完毕后，应保证平整，垂直偏差度应不大于 3mm。各部件完整，安装就位，标志齐全。安装螺丝必须拧紧，面板保持在一个平面上。

3) 终端设备的进场质量应符合下列规定：

① 设备安装前应对设备进行开箱检查，设备应完整无缺、附件资料应齐全。

② 终端设备的型号、规格、质量和数量应符合设计要求。

③ 终端设备外形完整，表面完好，无划痕及破损；设备的外形尺寸、设备内的各主要部件及接线端口的型号、规格应符合设计要求。

终端设备与车站计算机间双向通信应正常。

(3) AFC 系统安装监理质量控制措施

AFC 系统设备的工程量大，相关系统接口多，联调工作量大，监理应建立健全项目组织机构，完善职责分工及专业配备齐全，职责分工明确，按质量控制程序对质量进行控制,严格执行各项管理制度,系统应坚持按监理程序进行管理,认真贯彻"验评分离、强化验收、完善手段、过程控制"的指导思想,通过预防为主、动态管理、旁站监理、严格把关等方法,利用旁站、巡视、检查、见证、平行、检验、验收、监理指令等工作手段,充分利用监理管理权力权限进行施工全过程的控制。

以"样板先行""首件报验"落实"三检"制度。严格遵守检验批、分项、分部验收程序。对关键工艺工序和隐蔽工程,监理工程师要旁站督导,严把质量关。按合同相关条款进行质量、进度、投资、安全控制,做到优质、保量、及时的服务。

对不满足合同技术和功能要求的设备安装责令承包商进行整改,按照合同相关条款,对承包商进行相应的经济处罚。

AFC系统常见质量问题及控制措施见表8-61。

常见质量问题及控制措施 表8-61

序号	常见质量问题	控制措施
1	管线槽不符合要求	镀锌管线槽的厚度应符合要求。 加强管线槽的进场验收工作
2	电缆弯曲半径小、出现损伤现象	敷设前认真检查,电缆不应出现包装破裂、外皮损伤等缺陷。 敷设线缆时应保证线缆的弯曲半径不小于线缆的最小允许弯曲半径。 敷设时,按工序施工,并对线缆做好保护
3	电缆端接后布线凌乱、不规范	严格按照施工程序步骤施工,端接前要认真考虑如何整体布局,加强施工人员在技能方面培训。 电缆布线力求美观及弯曲半径的满足。 增强员工的质量意识,文明施工
4	电缆端接位置错误	班前会要强调按图/标准施工的重要性,电缆端接的位置按照文件图纸进行端接。 加强对施工人员的技能培训,加深其对程序、上游文件的学习、理解和应用。 加强技术人员对现场技术指导力度,跟踪施工活动
5	电缆桥架及部件、附件不齐,连接不牢固	加强材料进场时验收工作。 连接螺栓的平头应安装在桥架的内侧,螺母安装在桥架的外侧,接头拼装处毛刺应处理干净、平整。 镀锌电缆桥架的连接处应使用配套的连接板,采用配套的镀锌螺栓连接。 电缆桥架转弯处的弯曲半径不小于桥架内电缆最小允许弯曲半径
6	桥架内电缆过多、盖不上桥架盖板	电缆敷设前,须将电缆事先排列好。 不同电源或同一电源不同回路有抗干扰要求的电缆不应敷设在同一桥架内。 电缆桥架的尺寸、型号、规格应充分考虑电缆的数量以及电缆在桥架内的填充率,并应留有一定的备用空间
7	电源和信号线共管或同一线槽敷设	安装施工时,严格实施强弱电分开原则
8	线缆标识少于两个或标识不清	安装施工时,做好清晰的线缆标识

续表

序号	常见质量问题	控制措施
9	线缆没有防水、防鼠措施	暗埋管槽采用防水线槽。 出线口及墙洞位置使用防火泥封堵。 线缆敷设完成后盖上桥架盖板
10	面板安装不牢靠	提高施工质量,加强施工监管
11	系统没有接地（管、箱、设备、线槽）	严格按照施工规范和图纸施工。 加强施工监管

2. 自动售检票（AFC）系统设备（集成、采购）主要监理工作

设计联络：AFC系统设备集成、采购的设计联络阶段，采用集成服务项目管理的运作模式，作为集成管理服务商，全面负责系统设备的集成服务管理工作。设计联络阶段，依据设备采购合同文件，由集成管理项目部编制设备设计联络工作安排和计划，并经业主审查通过。业主发布的有关合同管理和项目执行的相关规定。

设备选型原则：AFC系统设备的选择应满足正常运行、检修的要求，设备选型立足于国产化，应将制造工艺成熟、技术先进、质量可靠、无维修或少维修的国产设备作为优选对象；优先选用低烟、无卤、低卤、阻燃或耐火的线缆，尽量使用不燃或难燃的材料，防止或减小火灾情况下对人员安全产生的危害；尽量采用环保节能型产品；设备选型必须满足设计技术性能要求。

(1) 系统设备用房：

车站AFC现场设备：AFC系统终端设备包括自动售票机、半自动售/补票机、闸机（进站闸机、出站闸机、双向闸机及标准通道闸机、宽通道闸机）、自动查询机等。

车站AFC设备间设备（含控制中心）主要包含：服务器及网络机柜、终端配电箱（控制中心）、交流配电柜（车站）、不间断电源（UPS）、电池柜（含蓄电池）。

(2) 电缆选型：

主要有接地线、电源电缆、控制电缆、网络线、光缆。所有的光、电缆（线）的外护套应是绝缘、低烟、无卤、阻燃的。

3. 自动售检票（AFC）系统设备安装工程主要监理工作

(1) 设备安装前监理工作

1) 设备安装前监理准备工作

AFC系统开工前，监理工程师应根据合同文件要求和技术图纸对施工范围作深入的调查，核实现场地面标高，与机电施工场地占用情况进行协调。

现场预留预埋配合：内容主要包括孔洞的位置和数量、票亭位置孔洞及预埋的位置、终端设备位置、勘察站厅场坪和标高等项目，对于发现的问题，监理工程师将向业主汇总报告，协调解决。

2) 承包商项目部前期监理审查工作

对AFC设备样机生产及验收、设备安装工艺技术交底，技术人员仔细审核设计文件、安装手册，了解现场实际情况是否与设计要求一致，发现问题及时协调解决。

3) 施工图优化设计的监理工作

在施工图联合设计初步完成时，优化终端设备位置，详细检查施工图纸，提出监理的审查建议，保证完成的施工图设计能指导施工。

工程施工前，由施工项目部组织主要工程施工技术员对设备机房和线槽、电缆路径1m线标高（由机电安装给出）进行现场复测和确定，对建筑和环境条件进行检查，正常情况下，满足条件后方可进行设备安装施工。

（2）主要进场材料、设备质量控制要点

监理工程师应审查AFC承包商提供的材料、设备的产品合格证，并形成开箱检查书面记录。金属线槽接口严禁熔焊，线盒防水防尘，能承受地面压力。

AFC主要设备有自动售票机、自动检票机、边门闸机、自助查询机、半自动售票机、便携式检验票机、车站服务器、网络及配电设备、闸机通行测试工具等。

AFC主要进场材料、设备质量控制检测，一般包括设备到货检验、施工过程中工序及整体工程安装检验，以及完工检验等。采购的材料、设备应严格按业主及监理的进货检验和试验程序的要求进行，对设备检测和试验，注意进场产品的保护。

对不合格品立即隔离标识、拒绝签认，并应签发监理通知单，书面通知承包商限期将不合格品撤出现场。

AFC集成供货商为项目工程提供的产品进行最终检验。最终检验确认工作在产品出厂验收过程中完成。

1）进场材料、设备质量控制要点见表8-62、表8-63。

在开箱检验中发现设备材料有缺件、损坏或不适用时，填写"质量信息反馈卡"送交供应商或业主，并及时取得联络，商定处理办法。

进场材料质量控制要点　　　　　　　　　　　　　　　表8-62

	检查项目	检查方法
1	热镀锌钢槽	对规格型号、质量证明文件核对、外观检查、抽样见证
2	热镀锌钢管	
3	分向盒、终端盒	
4	网络电缆（8芯屏蔽双绞线）	
5	电缆	
6	接地电缆	
7	安装辅材（安装模板、管槽固定装置、螺栓等）	对规格型号、质量证明文件核对

进场设备控制要点　　　　　　　　　　　　　　　　　表8-63

序号	产品名称	检查方法
1	自动售票机	对规格型号、质量证明文件核对、外观检查
2	半自动售票机	
3	进站检票机	
4	出站检票机	
5	标准双向检票机	
6	宽通道双向检票机	

续表

序号	产品名称	检查方法
7	便携式检验票机	
8	服务器及网络机柜	
9	终端配电箱（控制中心）	对规格型号、质量证明文件核对，外观检查
10	交流配电柜（车站）	
11	不间断电源（UPS）	
12	蓄电池	
13	电池柜	

2）AFC车站终端设备售检票、闸机、查询屏、计算机服务器等设备、材料到货检验内容：外观检测、性能检测、规格数量验证、技术资料验证；做好检查记录，审查质量资料和签认开箱检查单；建立监理材料设备台账；若发现供货商提供的质量保证文件与所到实物不相符或对质量保证文件的正确性有怀疑按不合格处理。

（3）检验（试验）与检测中的监理工作

监理检查供货商出厂试验报告并检查检测内容、项目是否符合设计图纸及供货合同要求。质量的检验检测应参照自动售检票（AFC）系统工程施工质量验收规范，严格执行"三检制"。

监理工程师根据AFC系统的工作需要和工程施工具体情况，对进场线槽、线缆及车票等进行见证取样、平行检测和抽样试验，并送第三方进行检测，材质检测委托有资格检验的单位进行，检测报告合格后方可使用。第三方检测的取样、送检过程需有监理在场见证，并留存必要的过程照片或影像资料，见表8-64。

监理工程师检查承包商提供的AFC车站终端设备——售检票、闸机、查询屏、计算机服务器等的产品合格证书、出厂检验报告、进场检验报告、进场复验报告、型式检验报告、检查产品的质量合格证明文件、中文标识、结构性能检测报告、产品性能检验报告等。

1）主要第三方检测项目见表8-64。

主要第三方检测项目　　　　　　　　表8-64

序号	检查项目	检测主要内容
1	热镀锌钢槽	镀锌层厚度
2	电源电缆	导体直流电阻、绝缘平均、最薄厚度、护套平均厚度、电缆外径、绝缘电阻、电缆单根燃烧、热延伸试验、电导率
3	单程票	符合《城市轨道交通自动售检票系统工程质量验收标准》GB 50381要求
4	AFC系统软件	符合相关标准、技术要求
5	化学锚栓	拉拔力符合要求

2）主要过程检验（试验）与检测。

设备安装检测条件与验收符合规范及标准要求，过程检验检测内容如下：

① 线缆敷设及检验：线缆特性的检测，控制线缆间以及对地间的绝缘电阻值应大于0.5Ω；光线路特性指标符合规范要求。

② 车票与车票读写机具检测：车票的类型、尺寸、物理特性、电气特性、应用文件、安全机制、车票的应用、车票读写机具的应用等检测应符合国家标准。

③ 车站计算机系统检测：车站计算机系统与车站终端设备间双向通信检测、与终端设备监控功能的检测、下达运行控制指令功能的检测、运营模式响应时间的检测、参数管理功能的检测、终端设备软件管理功能的检测；日终处理与运营报表及后台处理检测、紧急按钮检测等。

④ 中央计算机系统基本功能：运行状态及运行模式监控监测、客流统计实时性、日终处理、运营报表、交易数据巡查、后台处理功能、票务清分系统或标准时间源同步的功能、车票管理功能、应急票发售和缴销功能、维修管理功能、编码分拣机功能检测。

3）设备主要调试检验（试验）：终端设备检测、车站计算机系统检测、线路中央计算机系统检测、票务清分系统检测、电源设备检测、接地检查、线缆区段性能检测。

4）联合调试：在单机测试完成后，应配合厂家做好系统调试。AFC 系统主要调试（测试）内容：AFC 车站设备及系统功能测试、车站 AFC 系统设备压力测试、AFC 系统 144h 系统连续试验（测试）、车站局域网及其系统功能测试、紧急按钮功能测试、中央计算机局域网及系统功能检测、清分中心计算机局域网及系统功能检测。

（4）设备安装关键工序质量控制要点

设备系统安装及调试是在各设备系统安装完成，单系统调试完成且达到合同技术规格书要求后进行的系统综合测试，包括相关接口功能测试、设备联动测试、车站与控制中心联动功能测试等。

监理应按专业验收规范合理选择关键工序质量控制点，一般有：施工过程中的关键工序、关键环节或隐蔽工程，施工中薄弱环节或质量不稳定的工序、部位或对象；对后续工程施工或后续工程质量或安全有重大影响的工序、部位或对象；采用新技术、新工艺、新材料的部位或环节；施工上无足够把握，施工条件困难的或技术难度大的工序或环节，见表 8-65、表 8-66。

管槽安装质量控制重点　　　　　　　　表 8-65

序号	关键工序控制重点	解决方法措施
1	敷设线槽的站厅标高	与装修单位配合，及时复测装修1m线，确保数据真实准确。 在出现标高问题后，及时与业主、机电安装监理、装修及土建单位沟通解决方案。 确保线槽安装稳固牢靠并符合验收规范
2	敷设线槽的防水功能	采购使用符合国家规范的热镀锌防水线槽。 严格按照厂家规定的技术要求按图施工。 施工完后，及时做防水测试，确保施工质量

1）设备现场开箱检查：开箱检查是工程顺利实施的最基本也是最关键的工序，是系统设备从供货商交给承包商的一项重要接口工序，只有在这项工作中认真清点设备数量、核对准确设备型号、检查设备外观等，对不符合合同要求的部分要求供货商进行确认并整改，以避免日后的扯皮、推诿责任等现象的发生，保证工程的顺利进行。

2）系统设备运输及安装：在设备搬运安装过程中要注意设备安装的水平度、平行度、标高误差满足规范要求，注意盘面整齐，特别注意计算机主机、显示器等易损部件的安全,应避免野蛮安装和不文明施工。

AFC 安装质量控制重点 表 8-66

序号	施工工序	质量控制重点	控制措施及手段
1	管槽预埋与安装	1. 管槽预埋: 金属线槽、金属导管、接线盒、分向盒必须电气连接,并可靠接地。金属线槽、金属导管及可挠性导管经过建筑物伸缩缝、沉降缝时,在工艺上应采取保护措施。 2. 管槽接头: 金属导管与金属导管、金属导管与分向盒的连接处应做防水处理。 3. 管槽封口: 管、槽引出地面时,管口应光滑,管口高度应高出基础面 50~80mm。所有预埋管的头部应进行封堵,防止杂物进入。 4. 桥架安装: 桥架和引入或引出的金属导管必须可靠接地。桥架全长与接地干线连接不应少于 2 处。桥架经过伸缩缝、沉降缝时,在工艺上应采取保护措施	监理巡检、抽检
2	线缆特性检测	线缆敷设: 配线用的分线设备及附备件的绝缘电阻应符合设备技术条件的规定	监理巡检、抽检
		1. 控制电缆线间和线对地间的绝缘电阻值应大于 0.5MΩ。 2. 光纤线路特性指标应符合规范规定。 3. 数据电缆的特性指标信道衰减量、基本链路衰减量、线对间信道近端串音、基本链路近端串音不应大于规范要求	监理巡检、抽检
3	电源设备安装、布线	1. 电源设备输出端的中性线(N 极),必须由接地装置直接引来的接地干线相连接并重复接地。UPS 装置的可接近裸露导体应接地可靠,且有标识。 2. 交流配电箱内,零线和保护地线应在零线和保护地线汇流排上连接,不得交接,并应有编号	监理巡查、抽检
4	接地	1. 防雷、工作(联合)接地、保护地线与设备连接应符合设计规定。 2. 接地安装应符合规定。 3. 接地连接导线布放不得有接头。 4. 系统的雷电防护等级、防雷设施的设置位置、方式及数量应符合设计要求	监理巡查、抽检
5	电源与接地检测	1. 电源设备测试应符合设计要求。 2. 电源设备的电性能测试应符合设计要求。 3. 电源监控应能检测主电源和后备电源的供电情况。 4. 电源线缆的芯线间和芯线对地的绝缘电阻应大于 0.5MΩ。 5. 防雷设施测试应符合设计要求。 6. 防雷接地与交流工频接地、直流工作接地、安全保护接地共用综合接地体,接地装置的接地电阻值必须按接入设备中要求的最小值确定,其接地电阻测试值不得大于 1Ω	监理巡查、抽检

续表

序号	施工工序	质量控制重点	控制措施及手段
6	终端设备及机房设备检测	1. 售检票机、闸机等功能测试。 2. 车站局域网及其系统功能。 3. 紧急按钮。 4. 中央计算机局域网及系统功能检测。 5. 清分中心计算机局域网及系统功能检测。 6. 电源设备安装检测。 7. 电源布线检测。 8. 电源与接地检测。	监理旁站、见证

3) 接地线、电源电缆、通信电缆敷设：施工过程中最容易出错的工序，而且出现错误的后果严重，如果施工中出现电缆接错、敷设距离不够、接地线没接等情况，就会带来烧损设备、电磁干扰等后果，所以一定要检查每条电缆是否按规范要求走线，是否按要求敷设到位，是否在施工过程受损。

设备安装和接线涉及系统设备的安全可靠，其正确性非常重要，而且是难以直接观察。要求监理监督安装程序和工艺是否正确，电缆敷设路径、敷设方式、接线是否正确、是否符合相关要求。

4) 系统内带电检测试验：系统内带电检测试验是对设备和系统的考验，送电开通，设备系统内调试试验要求监理到场旁站，监督设备最后检查过程，检查操作和保障人员是否到位，各种保障措施是否到位，观察带电过程是否正常，一旦出现不正常现象，要求启动相关应急预案。

5) 系统单体设备调试：单机测试和试验过程关系到设备和系统功能的实现，并且是对设备质量和接线正确性的考核和检查。要求监理对关键的测试和试验过程进行现场旁站，监督试验程序是否正确，试验方法是否合理，试验内容是否完备，试验结果是否有效，试验记录是否齐全等。

6) 系统现场测试及验收：牵涉到各项性能指标的严格细致的测试，要严格按计划进行，要保证各项测试方法、程序的正确性。

系统调试前软件调试，是技术性要求很强的工作，而且问题很难查找，所以这项工作不仅对施工调试人员的技术水平有要求，而且要求施工人员工作中要细心和耐心，认真对待每一个步骤的调试，才能不留隐患，使后续工作顺利开展。

7) 系统整体调试：主要是对本系统各项功能、技术指标进行测试，以满足设计要求。

系统与其他系统联合调试，是系统最终能否达到其最终功能要求的关键环节，涉及所有与其他系统之间的接口调试。

8) 系统通电运行试验：是对系统整体调试成果的反馈环节，要求施工人员密切注意现场运行情况，一旦发生问题，就要立即重新调整，确保现场验收测试试验的合格。

系统验收关系到系统是否能够顺利通过建设管理单位认可。验收整个过程监理应该现场检查，信号调试及接口调试确认每一项检测、试验按照规定要求、使用正确的专用工具、采取正确的试验方法，以及结果是否达到要求，并验证整个试验的完整性、有效性。

9) 防雷接地：所有设备、机架、机柜、走线架或走线槽（金属）等，必须接地。接地电阻要求；当采用综合接地或联合接地时，接地电阻不应大于 1Ω；与周围外露金属件之间进行等电位连接；地线的规格、型号必须符合设计要求。

(5) 设备安装首件报验及工艺质量控制

AFC 首件工程有金属线槽安装、出线口制作、车站终端设备构件连接、闸机内二次布线等，首件工程在施工前充分做好准备工作，明确施工工序流程及施工工艺，施工中的技术注意事项和成品保护，完成首件施工后，由监理单位组织施工、设计、业主等相关单位进行验收，施工单位按照验收意见整改完成经复验符合要求后，作为样板全面推广，用以指导工序施工。

监理工程师对施工工艺过程的首件工程或工艺各个质量控制点、施工各工序进行跟班巡视和检查验收，现场发现质量问题及时要求施工人员整改。

1) 管槽预埋

金属线槽、金属导管、接线盒、分向盒必须电气连接，并可靠接地。金属线槽、金属导管及可挠性导管经过建筑物伸缩缝、沉降缝时，在工艺上应采取保护措施。

管槽接头金属导管与金属导管、金属导管与分向盒的连接处应做防水处理。

管槽封口在预埋管、槽引出地面时，管口应光滑，管口高度应高出基础面 50～80mm。

所有预埋管的头部应进行封堵，防止杂物进入。

桥架安装时，桥架和引入或引出的金属导管必须可靠接地。桥架全长与接地干线连接不应少于 2 处，桥架经过伸缩缝、沉降缝时，在工艺上应采取保护措施。

2) 设备安装

车站地面预留的 AFC 系统线槽预埋位置应符合设计要求；自动售票机、半自动售票机、自动检票机、自动加值机、自动验票机及票亭的设计安装位置与消火栓、导向牌（或指示牌）、进出站边门、围栏等其他设施不冲突，操作和维护距离满足设计要求。如图 8-58、图 8-59 所示。

图 8-58 线槽敷设

图 8-59 检票机安装

管槽安装的径路和找平高度应符合设计要求。

设备安装与配线设备安装位置预留出线口，出线口尺寸、数量、位置符合设计要求。预留安装设备的出线口，宜制作活动地板或装饰面板。

① 设备配线：机房内设备间及设备与配线架之间的配线工艺，电缆布放前，直流电特性测试结果合格；配线电缆在室内线槽、走线架上敷设及编扎，按出线顺序编好线把；五类、六类线缆成端必须采用专用压接工具，保证成端物理连接可靠；缆线两端贴好标签，标明编号，标签书写清晰、正确。

② 电源线布放：电源线的路由、路数及布放位置应符合设计要求；电源线应采用整段线料，不得在中间接头；电源线的布放应平直、整齐、稳固、不得有急剧转弯和起伏不平，严禁扭绞和交叉；在线槽内、走线架上布放电源线时，绑扎线扣应整齐、间隔均匀、松紧适度；交流系统使用的交流电源线必须有接地保护线；交流电源线两端腾空时，芯线间和芯线对地的绝缘电阻不小于 $1M\Omega$；电源线正、负极线有明显标志，正极宜为红色、负极宜为蓝色。

③ 票亭及服务中心：

票亭及服务中心的规格、安装位置应符合设计要求。

票亭及服务中心内地板用铺设平整、牢固。

票亭及服务中心的门、窗、锁应符合设计要求，设施应完好。

④ 设备安装与配线的验收：应包括车站终端设备、机房设备、票亭、紧急按钮的安装与配线检验。

⑤ 车票的检验：

车票的数量、型号、规格、材质、印刷、外观、包装等应符合设计要求。

车票出厂技术资料应符合设备的技术条件和工程采购合同的要求，并应提供下列文件：产品合格证明、车票出厂检测报告、生产许可证。

⑥ 车票验收合格判定应符合下列标准：

当产品抽检合格率符合设计要求时。应判为合格。

当产品抽检不合格率高于设计要求时，应对本批票卡进行再一次抽检，若两次抽检的不合格率均高于设计要求时，则应判本批产品不合格。

车票的基本要求应符合现行国家标准《城市轨道交通自动售检票系统技术条件》GB/T 20907 中的有关规定。

⑦ 车站终端设备检测：

车站终端设备到达现场应进行检查，其型号、规格应符合设计要求。

车站终端设备出厂技术资料应符合设备的技术和工程采购合同的要求。

所有线槽、线盒、线管、桥架及附属设施，管线安装均需符合《城市轨道交通自动售检票系统工程质量验收标准》GB/T 50381。

施工中对安装材料及构配件按业主单位要求进行报验，填写"材料（构配件）、设备进场使用报验单"，管线安装完毕后由工程监理进行隐蔽工程的验收，验收合格后方可进入下一步工序。

(6) 设备安装旁站、平行检验、隐蔽工程验收质量控制

1) 旁站、平行检验

按照国家规范及实际图纸的要求，采用巡视、旁站、检测、试验等手段检查施工过程，确保施工质量，严格施工工艺的质量控制。工序交接检查：坚持上道工序不经检查验收不准进行下道工序的原则，上道工序完成后，先由承包商进行自检、专职检，认为合格后再通知现场监理工程师到现场会同检验，检验合格后签署认可方能进行下道工序。结合验标、设计图纸等技术资料及相关规定，对隐蔽工程的隐蔽过程、设备调试进行旁站。见表 8-67。

关键部位旁站表　　　　　表 8-67

序号	工程名称、工序/控制点名称	控制方法	备注
1	管槽、线缆、电缆送检	见证	送第三方检测
2	管槽预埋深度检查	验收检查	隐蔽检查
3	管槽预埋连接电阻检查	平行检验（抽检）	隐蔽检查
4	光电缆接续测试	旁站、平行检验（抽查）	平行检验
5	设备安装与配线	核查	
6	设备接地、测试	核查、旁站	
7	设备吊运进站	旁站	
8	系统测试	见证	

2）隐蔽工程验收

AFC系统管槽隐蔽前检查槽、管、分向盒、终端盒、网线、电缆规格型号是否符合要求，线槽的安装位置、安装方式、安装间距应满足设计要求。检验槽、分向盒、检修盒安装，盒的连接、安装、固定、封闭等，要求进行防水试验，监理见证防水功能，无渗漏现象。

管槽预埋：预埋防护管、防护槽和线盒，预埋工作严格按设计要求进行。

线槽或暗管直埋超过30m或在线槽路有交叉、转弯时，设置过线盒，便于布放缆线和维修。注意过线盒要能开启，与地面平齐，盒盖处具有防水功能，能抗压。线槽及管道的连接要采用专门的连接件并连接可靠，安装牢固。

(7) 专业接口关系及协调

AFC设备系统接口的管理、协调，其目的就是要建立一个接口的识别、协调及控制体系，辅以合理的技术方案，并最终在各线网、城市交通清分系统等加以管理、控制、实施，以确保接口质量完好、功能正确。

施工过程中与土建、机电施工接口，施工作业面的交接为重要的工作内容，施工中需主动与各土建及其他安装单位取得联系，以确保阶段性工期的顺利完成。

AFC系统与建筑专业、低压配电专业、综合监控系统、ACS门禁系统、通信专业、FAS专业的接口；AFC系统与后续线路接口；AFC系统与ACC系统互连，有与ACC系统物理接口；与城市卡通系统接口。

对关键部位、关键工序做好完成情况的旁站或见证取样工作。见证设备指标检测及功能检验。在关键部位、关键工序施工过程中，在现场进行旁站监督。对正在施工的非关键部位或工序进行定期或不定期的巡视监督检查。

(8) 单机调试、联调联动

AFC设备系统的联调是在AFC终端已完成单机单系统调试且达到合同技术规格书要求后，进行的与各系统综合测试，包括通信时钟、火灾模式、与ACC系统互连等接口功能测试，设备联动测试，车站与控制中心、清分系统等联动功能测试等。

1）AFC系统单调试项目：终端设备、车站计算机系统、线路中央计算机系统、票务清分系统、电源设备、接地、线缆区段性能。

设备系统调试过程监控要求：按照设计、合同、试验检验标准、工程施工质量验收标准及调试大纲要求逐项检查,并旁站监督各项技术指标测试结果和检测记录。督促和审查试验单位完成调试试验报告,对疑问数据可实施第三方抽检测试。督促承包商做好配合与相关专业系统完成系统联调工作。

2)联合调试:

系统联调(含接入区域中心、清分中心调试):在完成全部整改达到指标要求的情况下,进行全面的试验、测试,并进入144h考核期,通过考核后进入验收交接。

最终测试资料的审核与总联调验收包括:

① 提交总联调工作总结。

② 提出系统质量评估报告。

③ 汇编并审核AFC专业各系统的操作手册和维修规程。

④ 评审测试大纲。

⑤ 监督系统测试、调试的质量和进度,出具监督报告。

系统联调内容见表8-68。

联合调试项目 表8-68

序号	检查项目	检查方法	不合格处理方法
1	消防联调	参与联调	针对具体问题修复故障(软件bug或个体闸机硬件故障)
2	与综合监控联调	参与联调	针对具体问题修复软件bug
3	AFC系统联调	按AFC系统测试方案逐条测试	针对具体问题修复软件bug
4	与ACC接口测试	按ACC系统接口测试方案逐条测试	针对具体问题修复软件bug

3)AFC系统安全功能检查项目见表8-69。

AFC系统安全和功能检验表 表8-69

序号	安全和功能检查项目	抽查结果
1	终端设备检测	
2	车站计算机系统检测	
3	线路中央计算机系统检测	
4	票务清分系统检测	
5	电源设备检测	
6	接地检查	
7	线缆区段性能检测	

(9)总结及案例

AFC施工中安装质量控制案例分析及措施:

1)案例分析

在地铁高架站AFC系统线槽预埋安装施工检查中,发现安装过街天桥面上的线槽不能与过街天桥两端土建墙体层面上线槽正常对接。经现场探查测量,发现钢制过街天桥架与两端土建结构墙之间缝隙过大(4cm),且桥面与土建结构层平面有正向高度差(2cm),

致使线槽安装1m线标高尺寸不够（要求1.15m，实测1.13m），影响线槽对接安装。经分析，在露天的严冬酷暑环境中，钢制过街天桥与土建结构墙之间是存在热胀冷缩的，而且其膨胀系数也不同。故在有缝隙的路径上进行刚性线槽对接安装时，对水平方向的缝隙过大是需要考虑水平方向的伸缩补偿，而对垂直方向上的正向高度差，也是要考虑垂直方向的波动补偿。

2）解决措施

在外部环境温度发生变化时，要对两种不同性质刚体在相交缝隙处产生的相对位移（即热胀冷缩现象）进行综合补偿。由于AFC系统密封钢线槽预埋安装的特点，就是将线槽安装固定在钢结构过街天桥的桥面上，并将该线槽两端分别与来自安装在站厅层地面上和来自由AFC机房引出并安装在楼道地面上的线槽进行对接，使线槽与钢结构过街天桥及两端的土建结构层面完全融为一个体。安装好的线槽在缝隙处也存在水平方向和垂直方向在环境温度变化时的补偿问题。

根据线槽对接的安装的要求和线槽对接连接器自身结构的特性，只要把通过天桥两端和土建结构缝隙处上方的整线槽改成以两段线槽对接方式，并用线槽对接连接器进行连接固定即可。这样就可以利用线槽对接连接器其结构自身所具有的水平方向和垂直方向补偿能力的结构特性和灵活的连接安装方式，来达到在外环境温度发生变化时，对两种不同性质刚体在相交缝隙处产生的相对位移（即热胀冷缩现象）进行补偿，实现刚性线槽在钢制过街天桥架与两端土建结构墙之间缝隙处上进行正常对接使用的目的。

4. 自动售检票（AFC）系统工程验收及竣工资料

对照AFC文件及施工合同，监理对承包商报送的竣工资料进行审查。凡是自评合格即可申请单位（子单位）工程预验收，监理组织对工程质量进行单位工程预验收。对存在的问题，应及时要求承包商整改。整改完毕由总监理工程师签署工程竣工报验单，出具由总监理工程师和监理单位技术负责人审核签字的工程质量评估报告。

所有工程缺陷的修复均需由设计人员、监理工程师和最终用户签字认可。

承包单位已完成合同的全部工程项目，对预验收提出的问题整改完成后，向建设单位提交竣工验收申请报告，编制竣工验收的详细计划并协助实施。

（1）单位工程验收

监理工程师通过对AFC分部、分项工程质量等级的统计推断，结合对质量资料的核查、安全功能项目抽验和单位工程质量观感评分，对整个单位工程作出全面的综合评定，以决定可否同意施工单位竣工验收申请。

1）实体验收检查

承包商应对设备安装、显示屏、区间设备等进行自检、自评工作，符合要求后，填写验收报验单，并把验收资料报送监理工程师申请验收。

① 监理机构至少应负责以下工作：

对验收资料及实物进行检查，验收合格后签发验收报验单。

验收移交前，应督促承包商清理现场。

按业主认可的调试方案的规定进行试验，确保结果符合技术规格书和设备性能要求。

对系统进行各项功能试验，含系统之间接口和联调完成。

② 检查内容：

AFC机房设备安装：设备整齐，标志齐全；台面水平

设备配线：按出线顺序编好线把，标签书写清晰、端正、正确。

设备接地可靠标识清楚。

车站终端设备功能检测。

系统试运行（接入区域中心、清分中心试运行）。

2）观感验收内容

对设备间设备、终端设备、票亭、线缆敷设、绑扎标识等观感质量评定：一般规定由验收各方共同进行现场评定，观感质量检查项目评定达不到合格标准，应进行返修。

验收标准：设备安装观感质量合格标准，售票机、闸机等终端观感质量合格标准，设备配线观感质量合格标准，缆线引入绑扎、标识等观感质量合格标准。

检查项目一般有：槽道安装、电缆引入、光缆引入、机房设备排列、机房机柜安装、设备安装工艺、设备配线布线、接地装置、标识、标志、封堵完成等，见表8-70。

观感检查项目 表8-70

序号	项目名称	抽查质量状况
1	槽道安装	
2	电缆引入	
3	光缆引入	
4	机房设备排列	配置齐全、平稳
5	机房机柜安装	稳定、垂直、抽查符合设计要求
6	设备安装	抽查符合设计要求
7	设备配线	抽查符合设计要求
8	配电柜安装	抽查的电气绝缘符合设计要求
9	UPS安装	抽查符合设计要求
10	电池柜安装	抽查的电气绝缘符合设计要求
11	配电箱安装	抽查的电气绝缘符合设计要求
12	电源线布放	抽查符合设计要求
13	接地线布放	绝缘符合设计要求

3）资料检查及需完成文件

① 资料收集与整理，包括分部工程、单位工程等验收资料，竣工结算审核意见书，系统设备质量评估报告等专题报告，监理工作总结等。

② 单系统设备调试结束后，按相关程序和有关规定组织有关部门对各单系统设备进行初步（预）验收、竣工签证及质量评估。

③ 督促承包商及时编制竣工结算文件，监理审核并签认，协助业主进行工程竣工结算工作。

④ 协助业主做好设备系统试运行准备工作。
⑤ 审核承包商的设备、材料向运营移交的清单。
⑥ 其他属于合同规定的项目监理部责任范围内的工作。
⑦ 完成资产录入工作。
4) 单位工程验收应提交报告
① 144h 运行试验报告。
在此期间，对出现的小故障进行修补。初步验收试验期间，调试班组负责设备的巡视、维护、调整，对发现的设备故障及时报告监理工程师、业主代表。
② 验收报告调试总结。
③ 第三方报告。
AFC 系统软件提交第三方检测机构测试，并由第三方检测机构出具检测报告。
(2) 联调总结与评估
运营安全评价：自动售检票系统评价。
由最终用户、监理工程师、承包商、运营接管单位、政府质量检验部门及其他相关单位组成的验收组按照供货商提出的检验标准及合同所规定的技术标准进行检查，最终用户对安装工程实体和该工程所涉及的竣工档案的检查结果满意并接收，签发"竣工证书"，作为竣工正式验收结束的依据。

8.9 站台门系统工程

8.9.1 概述

站台门（PSD）系统是地铁车站的重要组成部分，站台门系统主要功能是保证乘客的乘车安全，保证列车正常运营及乘客安全，改善候车环境，提高乘客候车的舒适度。

站台门有全高站台门系统或半高站台门系统，以及相应车站的站台绝缘层组成。在地下车站设置全高站台门系统，高架车站及地面车站设置半高站台门系统。

站台门起到屏障、通道的作用。当站内无列车时，滑动门关闭，此时整个系统针对车站站台公共区与（隧）轨道行车区起到屏障作用；当列车到站停车时，滑动门打开，为乘客提供上、下列车的通道作用。

站台门应以车站有效站台中心线为中心向站台两端对称纵向布置，正常停车时列车驾驶室门应在站台门端门以外，并且在列车停车精度范围内时，驾驶室的门全开不会受到首、末滑动门打开后的阻碍，列车司机可以进出司机室。

站台门（PSD）系统构成：主要由门体结构、门机系统、电源系统与控制系统四个部分构成。

(1) 门体结构：

全高站台门门体主要由承重结构、滑动门、固定门、端门、应急门、门槛和顶箱等组成。

半高站台门门体主要由承重结构、滑动门、固定门、端门、应急门、门槛和固定侧盒等组成。

(2) 门机系统：

门机系统是滑动门的操作机构，主要由电机、传动装置、导轨与滑块总成、锁紧及解锁装置、行程开关和位置检测装置等组成。

门机系统能够在接收到（开/关门）启/闭指令后，实现滑动门的正常（开/关）启/闭动作。门体在关闭状态下应自锁，可防止站台侧外力作用下打开滑动门。

(3) 电源系统：

站台门系统的供电电源设置为一级负荷，输入电源为两路独立可靠的三相五线制供电系统，经由电源切换箱引入，确保设备能够不间断供电。为站台门系统供电的电源自动切换箱应设置在各车站的站台门控制室内。

站台门系统电源包括门机驱动电源和控制电源两种，两种电源宜分开配备。

驱动电源可采用交流分散供电方式也可采用直流集中供电方式。

站台门系统应配有 UPS 和蓄电池组，作为备用电源。

(4) 控制系统：

控制系统包括中央控制盘（PSC）、就地控制盘（PSL）、门控单元（DCU）和就地控制盒（LCB）以及控制局域网、软件、监视报警装置和网间通信协议转换器、安全继电器回路设备、通信介质及通信接口模块等。

控制系统的主要作用是与信号系统进行信息交换，对站台门系统的开门、关门进行控制，保证站台门系统的开门、关门与列车车门动作同步。关门过程具备障碍物探测功能。

8.9.2 站台门（PSD）系统工程设备监理工作

1. 监理工作内容、重点、控制措施

(1) 站台门系统监理工作内容

监理工程师在站台门系统安装质量管理方面，建立健全质量、行车安全体制，强化施工组织设计方案、专项方案及评审，在设备生产、原材料采购的质量控制、检测内容及手段，设备安装与信号、轨道、综合监控接口、标高复测、门体控制测试、设备联动测试、与信号联调及系统验收管理等方面，监理跟踪过程试验、检测和记录。详见第 8.1 节。

站台门系统作为一个单位工程，分为全高和半高站台门。

1) 站台门安装：门机、滑动门、应急门、固定门、设备、电源、电缆等。

2) 门体系统安装：底部支撑、门槛支座安装、门槛安装、顶部支撑安装、立柱安装、盖板安装、门机安装、整机安装、固定门安装、应急门安装、滑动门（含固定侧盒）安装、滑动门安装。

3) 电气安装：电气盘/柜安装、线槽安装、电缆敷设、接线校验、室外信号电（光）缆、双电源切换箱；灯带控制箱、灯带。

4) 调试：单体门调试、监视功能测试、控制功能测试、障碍物检测、整侧门体调试、绝缘地板、绝缘地板与站台层绝缘。

(2) 站台门系统设备安装监理质量控制重点

1) 设备安装质量控制重点

① 测量、画线校准（以钢轨水平面确定站台门门槛的水平基准点，并根据站台中心

线来确定门体的中心线位置)。

② 顶部支撑及底部支撑位置打孔,顶部支撑及底部支撑位置确认。

③ 门体系统安装:底部支撑、门槛支座安装、门槛安装、顶部支撑安装、立柱安装、盖板安装、门机安装、整机安装、固定门安装、应急门安装、滑动门(含固定侧盒)安装、滑动门安装。

④ 电气盘/柜安装及设备基础安装、线槽安装、电缆敷设、接线校验、室外信号电(光)缆、系统接地和系统绝缘、站台层绝缘。

⑤ 单体门调试、监视功能测试、控制功能测试、整侧门体调试、障碍物检测。

2) 安全管理控制重点

① 进入轨行区施工时,需要人员穿戴反光防护背心,施工两端前50m处放置红闪警示灯,在轨行区行走时,并注意安全瞭望,遇有小半径曲线等视线不良的地段,须特别小心。

② 接触网(轨)送电后,无批准计划严禁进入轨行区。要始终认为接触网(轨)是带电的,任何情况下,严禁靠近接触网(轨),严禁跨越和踩踏接触轨防护罩。

③ 在轨行区行走时,注意脚下的尖锐物(如防迷流网引接线),防止绊倒。

④ 在送电的区间施工(维修电源、路灯电源、信号设备电源箱),防止触电。

⑤ 进入车站,须时刻提防高空坠物、湿滑地面、脚手架和随处可见的尖锐物(如随处丢弃的带钉木板)。

⑥ 注意移动电源接线箱和电缆,移动时应先停电再移动,防止触电。

⑦ 在安装过程中应督促指导承包商对设备做好成品保护、维护工作,以防尘、防锈、防撞、防盗、防变形等,保证全部机件完好无损。

(3) 站台门系统安装监理质量控制措施

站台门系统设备的工程量大,困难较多,监理首先应建立健全项目组织机构,完善职责分工及专业配备齐全,职责分工明确,按质量控制程序对质量进行控制,严格执行各项管理制度,应坚持按监理程序进行管理,认真贯彻"验评分离、强化验收、完善手段、过程控制"的指导思想,通过预防为主,动态管理,旁站监理、严格把关等方法,利用旁站、巡视、检查、见证、平行、检验、验收、监理指令等工作手段,充分利用监理管理权力权限进行施工全过程的控制。以"样板先行""首件报验"落实"三检"制度。严格遵守检验批、分项、分部验收程序。对关键工艺工序和隐蔽工程,监理工程师要旁站督导,严把质量关。按合同相关条款及进行质量、进度、投资、安全控制,做到优质、保量、及时的服务。

对不满足合同技术和功能要求的设备安装要求承包商进行整改和优化技术规格,按照合同相关条款,对承包商进行相应的经济处罚,促使承包商提供满足合同要求的设备。

站台门系统常见质量问题及控制措施见表8-71。

常见质量问题及控制措施 表8-71

序号	故障原因	故障现象	控制措施
1	门体关到位时,关到位开关未发出门体关闭信号	滑动门呈防夹状态或滑动门关闭后,门头指示灯常亮	调整关到位开关

续表

序号	故障原因	故障现象	控制措施
2	紧急解锁时，手动解锁开关未发出解锁信号	无法手动打开滑动门，或门体打开后门无法自动关闭，蜂鸣器未长鸣	调整手动解锁开关
3	电机码盘线接触不良	开关门时滑动门抖动或不动作	换线
4	关到位开关安装位置不当	5mm防夹测试时，滑动门无法弹开	调整关到位开关
5	滑动门关到位或锁到位开关没有关闭到位	PSC机柜控制单元中"ASD/EED关闭锁紧"指示灯未点亮	调整关到位或所到位开关
6	EED关到位开关未关闭到位	PSC机柜控制单元中"ASD/EED关闭锁紧"指示灯未点亮	调整EED关到位开关
7	安全回路短接线松动	PSC机柜控制单元中"ASD/EED关闭锁紧"指示灯未点亮	重新连接标准单元的安全回路短接线

2. 站台门（PSD）系统设备（集成、采购）主要监理工作

（1）设计联络：设计联络阶段，依据设备采购合同文件，编制设备设计联络工作安排和计划，并经业主审查通过。业主发布的有关合同管理和项目执行的相关规定。

（2）设备选型原则：站台门系统设备的选择应满足正常运行、检修的要求，设备电气选型立足于国产化，整体产品质量可靠，备品备件优先选用低烟、无卤、低卤、阻燃或耐火的线缆，尽量使用不燃或难燃的材料，防止或减小火灾情况下对人员安全产生的危害；尽量采用环保节能型产品；设备选型必须满足设计技术性能要求。

3. 站台门（PSD）系统设备（安装工程）主要监理工作

（1）设备安装前监理工作

1）设备安装前监理准备工作

站台门系统安装开工前，监理工程师应根据合同文件要求和技术图纸对工程施工范围的区间轨道及站台标高作深入的调查，核实现场施工条件，纠正差错、补充缺漏。

现场预留预埋配合：内容主要包括沟、槽、管、洞的位置和数量，设备安装孔洞，设备运输通道的位置和数量，门体支柱基础预埋件的尺寸和位置，站台板尺寸，标高基准点，轴线等项目，对于发现的问题，监理工程师将向业主汇总报告，协调解决。

2）承包商项目部前期监理审查工作

对设备安装实际操作进行技术交底，技术人员仔细审核设计文件、安装手册，对现场轨道中心线和有效站台中心线进行测量，对控制基准点进行复测。设备安装注意限界尺寸、净空尺寸，站台板承载能力等，保证现场和设计一致，发现问题及时协调解决。

3）施工图优化设计的监理工作

在施工图联合设计初步完成时，优化设计初步完成时，监理工程师应协助建设单位组织内部评审工作，详细检查施工图纸，对站台门门体与车辆停车位信号位置设计进行优化，对轨道中心标高与站台装修标高进行优化，保证完成的施工图设计能指导施工。

（2）主要进场材料、设备质量控制要点

监理工程师应审查承包商提供的站台门的门框、门体（滑动门、应急门、端门）等设备的产品合格证，测试、试验记录，并形成开箱检查书面记录。采用平行检验或见证取样

方式进行抽验。主要进场材料、设备质量控制要点见表8-72。

主要进场材料、设备机柜、控制电缆、线槽质量控制检测，一般包括设备到货检验，施工过程中工序及整体工程安装检验，以及完工检验等。采购的材料、设备应严格按进场检验和试验程序进行检测和试验。检验方法有取样试验、抽样试验。

电缆、线槽不合格品立即隔离标识、拒绝签认，并应签发监理通知单，书面通知承包商限期将不合格品撤出现场。

站台门供货集成商为项目工程提供的产品进行最终检验。最终检验确认工作在产品出厂验收过程中完成。

1）站台门主要进场材料：

门体系统：底部支撑、门槛支座、门槛、立柱、顶部支撑、盖板、门机、整机、固定门、应急门、滑动门（含固定侧盒）。

电气系统：电气盘/柜、线槽、电缆、室外信号电（光）缆、双电源切换箱、灯带控制箱、灯带；绝缘地板。

进场材料设备质量控制要点   表8-72

序号	内容	施工工序过程检测质量控制	控制措施
1	门机	1. 门机中心线检测。 2. 门机螺栓拧紧力矩检测。 3. 装配后的绝缘检测（滑动门＋固定门＋应急门＋立柱＋门槛）	旁站、抽查
2	滑动门	1. 滑动门玻璃面与立柱胶条的间隙测量。 2. 滑动门框与门槛间隙检测。 3. 滑动门宽度测量。 4. 滑动门框到轨道中心线检测。 5. 滑动门开门和关门力测量。 6. 滑动门手动解锁力测量。 7. 滑动门开门和关门力测量	抽查
3	应急门	1. 应急门门板的检测。 2. 应急门关闭及解锁力检测	旁站、抽查
4	固定门	1. 固定门门体倾斜度的检测。 2. 固定侧盒垂直度检测。 3. 固定侧盒安装位置检测。 4. 固定侧盒间距测量。 5. 固定侧盒垂直度偏移量检测。 6. 固定侧盒轨道侧面偏离轨道中心线距检测	抽查
5	设备、电源、电缆	1. 电缆导管和线缆敷设安装工序质量控制。 2. PSC柜、电源柜体安装工序质量控制。 3. 等电位和绝缘安装工序质量控制。 4. UPS不间断电源及配套功能安装工序质量控制。 5. 电缆头制作安装工序质量控制。 6. 电气接地装置安装工序质量控制。 7. 控制柜屏台和动力安装工序质量控制。 8. 母线，裸母线，插接式母线安装工序质量控制	抽查

检验内容包括：站台门样机检测，设备机柜安装主要材料设备的质量资料证明检查、开箱检查，电源及监控系统硬件检查，对设备进行单机通电检查和运行检查，监控系统软件控制检查等；光/电缆、线槽检验方法有取样试验、抽样试验、中间安装过程设备材料的检验、工厂样机检验、到货及开箱检验、安装受电前的检验。

2）站台门设备、材料到货检验内容：外观检测、性能检测、规格数量验证、技术资料验证；做好检查记录，审查质量资料和签认开箱检查单；建立监理材料设备台账；若发现供货商提供的质量保证文件与所到实物不相符或对质量保证文件的正确性有怀疑，物资供应部须进行复检。

（3）检验（试验）与检测中的监理工作

监理检查供货商出厂试验报告并检查检测内容、项目是否符合设计图纸及供货合同要求。质量的检验检测应参照通信、乘客信息（PIS）系统工程施工质量验收规范，严格执行"三检制"。

监理工程师根据站台门工作需要和工程施工具体情况，对设备材料进行见证取样、平行检测和抽样试验，并送第三方进行检测，材质检测委托有资格检验的单位进行，检测报告合格后方可使用。第三方检测的取样、送检过程需有监理在场见证，并留存必要的过程照片或影像资料，见表8-73。

监理工程师检查承包商提供的站台门产品合格证书、出厂检验报告、进场检验报告、进场复验报告、型式检验报告、检查产品的质量合格证明文件、中文标识、结构性能检测报告、产品性能检验报告等。

1）主要第三方检测内容见表8-73。

主要第三方检测项目 表8-73

序号	项目	第三方检测及检测重点项
1	电缆	抽检用量较大的分批送第三方进行检测：阻燃性能不低于A类，耐火型性能不低于B类；低烟、无卤、防鼠、标识、规格型号满足要求
2	金属线槽	规格尺寸满足要求，耐火金属线槽应刷耐火极限1.5h的超薄膨胀型钢结构防火涂料，外表面喷塑和防火漆厚度≥60μm，内表面喷防火涂料，内表面喷塑要求同外表面

2）主要过程检验（试验）与检测见表8-74、表8-75。

① 设备进场检测：车站设备到达现场应进行检查，其型号、规格应符合设计要求。

车站终端设备出厂技术资料应符合设备的技术和工程采购合同的要求。

主要过程检测项目 表8-74

序号	项目	工序名称	要求	备注
1	站台两侧门体安装完成后绝缘测试	绝缘检测	≥0.5MΩ	平行检验
2	全站站台门系统等电位测试	等电位检测	符合设计要求	平行检验
3	门体钢结构镀锌件锌层复测	材料进场	参照合同要求	平行检验
4	电气部分	绝缘测试及通断性测试	参照合同要求	平行检验

② 电缆检测：电缆测试主要进行线间绝缘测试和对地绝缘测试，测试范围100%。《电气装置安装工程 电气设备交接试验标准》GB 50150要求，使用的电缆绝缘电阻值不

得低于40MΩ。

3）电源、接地、防雷与电磁兼容

配电柜、不间断电源（UPS）、电池柜的安装地面应无凹凸现象，地面均布荷载应符合设计要求。

暗配导管、预留孔、预埋件的技术条件应符合设计要求。

电源系统的供电条件应符合设计要求。

接地系统的共用综合接地体的接地电阻值应符合设计要求（应≤1Ω）。

电源防雷设施设备和功能应符合设计要求。

设备安装的环境应符合电磁环境设计要求。

站台门测试项目　　　　　　　　　　表 8-75

序号	测试项目	要求	备注
1	门槛绝缘检查测试	符合设计要求	在门槛安装阶段随着安装进度进行
2	配线绝缘和通断性测试	符合设计要求	在电气连接过程中进行
3	站台门整体绝缘测试	符合设计要求	在安装过程中分段进行
4	等电位测试	符合设计要求	一侧站台门安装完成后进行
5	安装完成后的电气绝缘	符合设计要求	一侧站台门安装完成后进行

4）主要调试检验（试验）

站台门调试工作在具有可靠电源包括驱动电源、控制电源与外部电源的隔离抗阻，且现场环境达到试验要求后开展。针对不同设备，使用专用试验仪器，按规定的试验方法对设备的电气参数、电气性能、机械性能等进行调试，使其符合有关标准或满足厂家技术要求。

① 单机调试：门体防夹功能测试、门体推拉力检测、无故障测试1万次跑合。

② 全高站台门与半高台门系统调试：静态调试、电气调试、通电单机调试、系统调试、内部验收、内部调整。

③ 联合调试：站台门与信号专业、综合监控系统接口调试。

④ 站台门系统调试：单门控制调试、EED报警调试、MSD报警调试（第三方）、DCU总线通信功能调试、PSL控制功能调试、安全回路调试；站台门绝缘检测、电源系统调试、供电全负载测试、双电源切换测试；UPS供电测试连续跑合测试（不低于半小时连续开关门）。

⑤ 站台门系统软件调试：PSC软件状态显示；PSC软件故障报警功能测试；PSC软件时钟同步功能测试；PSC软件数据库压力测试；PSC软件数据记录功能测试：（10000次开关门测试记录）。

5）安全和功能检验检测：站台门结构性能测试、站台门系统功能测试、系统电源及接地检测、系统试运行，一侧完整的站台门应连续进行5000次运行检测，检测期间站台门应运行平稳，无故障。

（4）设备安装关键工序质量控制要点

1）管槽预埋

照明配线金属线槽、金属导管、接线盒、分向盒必须电气连接，并可靠接地。金属线槽、金属导管及可挠性导管经过建筑物伸缩缝、沉降缝时，在工艺上应采取保护措施。

线缆桥架安装时，桥架和引入或引出的金属导管必须可靠接地。桥架全长与接地干线连接不应少于2处，桥架经过伸缩缝、沉降缝时，在工艺上应采取保护措施。

2）设备安装

站台门设备间的设备安装与配线设备安装位置预留出线口，出线口尺寸、数量、位置符合设计要求。预留安装设备的出线口，宜制作活动地板或装饰面板。

① 设备配线：机房内设备间及设备与配线架之间的配线工艺。

② 电源线布放：电源线的路由、路数及布放位置应符合设计要求；电源线应采用整段线料，不得在中间接头；电源线的布放应平直、整齐、稳固，不得有急剧转弯和起伏不平，严禁扭绞和交叉；在线槽内、走线架上布放电源线时，绑扎线扣应整齐、间隔均匀、松紧适度。

(5) 设备安装首件报验及工艺质量控制

首件工程报验制度是为了加大质量安全防范力度、降低工程实施风险而制定的验收制度。在门槛、上部结构、门体结构、滑动门、应急门、端门的安装要做首件，向监理单位及业主申报方案，完成施工工序后由监理单位组织施工、设计、业主等相关单位进行验收，施工单位按照验收意见整改完成经复验符合要求后，作为样板全面推广，用以指导工序施工。

监理工程师对施工工艺过程的首件工程或工艺各个质量控制点、施工各工序进行跟班巡视和检查验收，现场发现质量问题及时要求施工人员整改。质量控制要点见表8-76、表8-77。

设备系统安装及调试是在各设备系统安装完成，单系统调试完成且达到合同技术规格书要求后对结构功能、系统功能进行的系统综合测试，包括相关接口功能测试、设备联动测试、车站与控制中心联动功能测试等。

1）全高门：站台门底部支撑安装、上部支撑安装、立柱安装、门槛安装、门机安装、门栏安装、门体安装、维护罩安装、承载驱动机构。全高门如图8-60所示。

2）半高门：站台门（底部支撑安装、门槛安装、门机安装、门栏安装、门体安装、承载驱动机构）。半高门如图8-61所示。

3）安装材料：控制电缆、电源电缆、接地线、室外信号电（光）缆、线槽、灯带。所有的电缆（线）的外护套应是绝缘、低烟、无卤、阻燃的。

4）技术要求：安装过程使用的材料，如紧固件、门体钢（材料）及钢结构、门体玻璃材料、门体表面装饰材料、绝缘材料等必须符合设计和产品标准的规定，门体钢结构材料的质量直接关系到门体结构载荷能否满足设计要求。

5）成品保护：施工作业成品保护，包括以下内容：从开始施工到工程交工的各工序施工对其他分项工程的保护；根据工程需要的各种保护：如防火、防雨、防风、防尘、防晒、防砸撞等。

全高站台门关键工序安装质量控制要点　　　　　　　　　　表8-76

序号	工序	控制点	控制要求	控制方法
1	门体系统安装	站台板面安装 基准门槛安装	平面到轨面高度，门槛外边缘到轨道中心线距离，侧站台车头和车尾的坡度，安装固定点的距离	旁站 平行检测

续表

序号	工序	控制点	控制要求	控制方法
2	电气安装	防静电防雷措施	每侧站台门体均要与钢轨可靠的等电位连接；站台门在站台区域的不带电外露金属部分应等电位连接，单侧站台门整体电阻值应不大于0.4Ω。 站台门机房所有设备都要连接到车站站台门设备室接地端子上	
3	调试		安装完成对设备、接线、接地检查，绝缘测试等符合要求，才能加电调试	
4	绝缘地板	敷绝缘槽 绝缘地板 绝缘砂浆	根据各种施工工艺的要求	

半高站台门关键工序安装质量控制要点　　　　　　　　　　表8-77

序号	工序	控制点	控制要求	控制方法
1	门体系统安装	测放线 站台钻孔绝缘	站台地面、站台边缘侧面各有一条安装基准控制线。符合施工图纸要求；固定侧盒安装：垂直于站台地面。对地绝缘值≥0.5MΩ。 施工注意安全防护，施工结束做好临边防护	旁站 平行检测
2	电气安装	防静电防雷措施	每侧站台门体均要与钢轨可靠的等电位连接。站台门在站台区域的不带电外露金属部分应等电位连接，单侧站台门整体电阻值应不大于0.4Ω。 站台门机房所有设备都要连接到车站站台门设备室接地端子上	平行检测
3	调试		安装完成对设备、接线、接地检查，绝缘测试等符合要求，才能加电调试	旁站、见证
4	绝缘地板	工艺要求	现场条件能否满足绝缘地板施工，是关键点	检查

图8-60　全高门

图8-61　半高门

(6) 设备安装旁站、平行检验、隐蔽工程验收质量控制

1) 旁站、平行检验见表 8-78。

站台门安装应按照国家规范及实际图纸的要求进行。铺设绝缘层时,监理对绝缘电阻检测进行旁站:用兆欧表测量,绝缘层内任一点对地的绝缘电阻值满足设计要求。地面装修完成后,对翻边应切割,绝缘缝应收口打胶,并应用兆欧表测量,地面绝缘层区域内任一点对地的绝缘电阻值满足设计要求。

监理工程师检测滑动门、端门、应急门,应能正常关闭且有锁紧装置,应能检测门体状态。监理工程师见证站台门安装后每个单元应进行运行试验和功能测试;检测期间站台屏蔽门应运行平稳、无运行故障,检查试验、检测报告。

旁站、见证表　　　　　表 8-78

序号	旁站项目	工序名称	要求	备注
1	站台两侧门体安装完成后绝缘测试	绝缘检测	≥0.5MΩ	平行检验
2	全站站台门系统等电位测试	等电位检测	符合设计要求	平行检验
3	门体防夹功能测试	全站各门体	符合设计要求	见证
4	门体推拉力检测	全站各门体	符合设计要求	见证
5	门体钢结构镀锌件锌层复测	材料进场	参照合同要求	平行检验

2) 站台门绝缘地板隐蔽工程验收:站台门绝缘地板安装应符合以绝缘支撑架将单侧站台划分为若干个绝缘单元段的规定;每个单元段应成盒状独立绝缘模块,安装绝缘支撑架、铺设绝缘层时,应测量绝缘层内任一点对地的绝缘电阻。

站台绝缘层:在每座车站站台边缘距离全高(半高)站台门系统一定范围内设置绝缘地板。其设置宽度为站台门系统站台侧约 900mm(宽),站台门系统端门内外 1500mm(宽),敷设高度为站台结构板至站台装修完成面,包括基层处理、防水层、自流平层、粘结剂层、绝缘地板层和与装修、站台门之间的收口等。

绝缘地板下的混凝土垫层由装修单位施工,绝缘地板施工需配合装修单位完成垫层施工,对绝缘地板垫层的技术交底、质量监督及成品保护负责。

绝缘地板与站台装修完成面、门槛之间均预留宽 10mm 的间隙,绝缘地板与站台装修完成面之间采用实心不锈钢条(20mm×6mm)进行收口;绝缘地板与门槛之间采用绝缘支撑板和绝缘胶收口。

绝缘地板敷设层必须包括防水层,以便防止地下水汽破坏绝缘地板的敷设强度及效果。

施工完成后的绝缘地板表面应与车站站台装修层完成面处于同一平面,且低于全高(半高)站台门系统门槛面不超过 3mm。

(7) 专业接口关系及协调

站台门设备系统接口的关键是与土建、轨道的交接,与信号、通信、综合监控等的信息接收等,接口的管理、协调,目的是使安装及功能满足要求,在调试阶段加以管理、控制、实施,以确保接口质量完好、功能正确。专业接口内容见表 8-79。

施工前期做好与土建的交接,保证定位测量的准确。施工作业面的交接很重要,故施

工中要主动与土建及其他各安装单位取得联络关系，以确保阶段性工期的顺利完成。

对关键部位、关键工序做好完成情况的旁站或见证取样工作。见证设备指标检测及功能检验。在关键部位、关键工序施工过程中，在现场进行旁站监督。对正在施工的非关键部位或工序进行定期或不定期的巡视监督检查。

专业接口　　　　　　　　　　　　　　　表 8-79

接口专业	接口内容	接口位置
与土建专业的接口	土建专业在车站布置站台门专业的设备用房，满足站台门系统在站台板的安装条件，地下车站站台门还包括站台顶部的接口和安装条件。站台门系统提出相关要求	站台门控制室、车站站台板和站台顶部土建悬梁
与车辆的接口	车辆专业需向站台门专业提供地铁车辆的基本参数，包括列车编组、列车长度、相邻门间距、车门开度和高度、车门开/关时间及速度等资料	与站台门系统没有直接的物理接口
与限界专业	限界专业需提供站台门系统限界资料，作为设计基础资料	与站台门系统没有直接的物理接口
与信号系统的接口	信号系统提供列车停车精度：±300mm； 信号系统发给站台门系统开门、关门，采用安全信号； 信号系统发给站台门系统的"开门"、"关门"命令采用保持信号，直至下一次发出改变门状态的命令时才终止； 站台门系统执行命令，并反馈"ASD/EED 关闭且锁紧"信息和"ASD/EED 互锁解除"信息给信号系统； 站台门系统负责为每侧站台提供一组与信号系统连接的输入/输出接口；站台门系统应向信号系统反馈的门关闭且锁紧信号采用安全信号且一直保持到下一次开门命令时才终止； "ASD/EED 互锁解除"信号由站台门系统发出，由人工手动操控发出； 接口接点的双方都使用无源节点双切回路进行设计，遵守谁使用谁提供电源的原则； 站台门系统与信号系统之间的信号接口电缆（含区间电缆）由信号系统提供	站台门系统中央控制盘 PSC 的端子排上
与综合监控系统（ISCS）的接口	综合监控系统（ISCS）负责进行站台门系统在全线控制中心和车站的状态显示、故障报警、状态查询以及运营管理等方面的功能； 综合监控系统原则上主要接收站台门系统中重要的、安全性的状态或故障信息，以方便运营人员进行管理	站台门系统中央控制盘 PSC 的端子排上
	站台门专业应向综合监控系统（ISCS）提供紧急按钮的数量、安装大小和功能等要求，综合监控系统（ISCS）提供相应的紧急按钮等。紧急开门按钮的接线和线缆由站台门系统提供	车站控制室的 IBP 盘上
	综合监控系统（ISCS）提供弱电综合接地端子排，满足站台门系统的接地要求。站台门系统提供两个系统之间的电缆	
与低压配电专业的接口	提供站台门控制室的照明和为满足后期运营维护需要的电源插座	站台门控制室内的双电源切换箱的进线端子上

续表

接口专业	接口内容	接口位置
与通风空调系统的接口	通风空调专业应向站台门专业提供负载条件作为站台门设计的基础资料。站台门系统向通风空调系统提出站台门控制室的环境要求； 站台门系统向通风空调系统提供站台门系统的发热量； 同时，站台门控制室风口的位置应与站台门设备柜的摆放位置相协调； 具体在每站设计时逐一配合落实	站台门系统与通风空调系统之间没有直接的物理接口
与轨道专业的接口	站台门系统提供站台门门体与轨道的连接要求，轨道专业审核连接要求并配合进行轨道打孔和提供专用螺栓，实现站台门门体与轨道等电位接口位置	站台门系统与轨道专业之间接口位置为轨道
与综合管线专业的接口	站台门系统向综合管线专业提出电缆管线线槽总体布置及敷设要求。综合管线专业应满足站台门专业提出的相关要求	综合管线的管道

(8) 单机调试、联调联动

站台门设备系统的联调是在各设备系统已完成单系统调试且达到合同技术规格书要求后，进行的与信号、车辆等系统的综合测试，包括与综合监控、信号系统等的接口功能测试，设备联动测试，车站与控制中心联动功能测试等。

1) 站台门调试内容

站台门调试工作在机房设备、各个门体安装就位，具有稳定可靠试验电源，且现场环境达到调试要求后开展。按已批准的调试方案，对设备的功能、性能、门体开合机械性能等进行调试，使其符合有关标准或满足厂家技术要求。

① 全高站台门与半高台门系统调试分为电气调试、通电单机调试、系统调试。

包括：单门控制调试、应急门（EED）报警调试、门控器门头（DCU）总线通信功能调试、单侧门就地控制盘（PSL）控制功能调试、电源系统调试、供电全负载测试、双电源切换测试；

UPS供电测试连续跑合测试（不低于半小时连续开关门）；

站台门系统软件调试：中央控制盘（PSC）软件状态显示；

中央控制盘（PSC）软件故障报警功能测试；

中央控制盘（PSC）软件时钟同步功能测试；

中央控制盘（PSC）软件数据库压力测试；

中央控制盘（PSC）软件数据记录功能测试：10000次开关门测试记录。

② 与其他相关设备系统联动调试。

③ 接口测试主要内容包括：

与综合监控联调：与综合监控通信；具体的门点位测试。

与信号联调：信号可以收到站台门锁闭信号，互锁解除信号；站台门收到信号的开门和关门信号。

2) 安全和功能检查

站台门系统单机测试内容见表 8-80。

安全和功能检验表　　　　　　　　　　　表 8-80

序号	安全和功能检查项目	份数
1	门体防夹功能测试	
2	门体推拉力检测	
3	无故障测试 1 万次跑合	

（9）总结及案例

基准测量定位、放线：关系到站台门安装的基准，基准测量定位不准，在站台门安装前期打孔、支撑安装不易发现问题，到站台门整体后安装问题才显现出来，造成的返工量大，影响整体计划，所以在定位测量时监理应旁站、复测，对测量人员的资格、水平进行检查，测量仪器必须经国家计量检测单位定期校准确保测量准确性。

1）设计基准；

2）测量基准；

3）测量器具的准备；

4）站台板面安装基准控制线的测量。

因轨道中心线为不可见线，首先需要将其映像到站台板及站台边缘侧壁上，使其成为有形的线，便于站台门设备的安装。

基准测量定位、放线：关系到站台门安装的基准，必须对测量人员进行培训，测量仪器必须经国家计量检测单位定期校准确保测量准确性。

4. 站台门（PSD）系统工程验收及竣工资料

对照站台门文件及施工合同，监理对承包商报送的竣工资料进行审查，凡是自评合格即可申请单位（子单位）工程预验收，监理组织对工程质量进行单位工程预验收。对存在的问题，应及时要求承包商整改。整改完毕由总监理工程师签署工程竣工报验单，出具由总监理工程师和监理单位技术负责人审核签字的工程质量评估报告。

所有工程缺陷的修复均需由设计人员、监理工程师和最终用户签字认可。

完成合同的全部工程项目，修复预验收提出的缺陷后，向最终用户发出竣工验收申请报告，编制竣工验收的详细计划并协助实施。

（1）单位工程验收

监理工程师通过对门体、绝缘地板、设备等分部、分项工程质量等级的统计推断，再结合对质量资料的核查、安全功能项目抽验和单位工程质量观感评分，对整个单位工程作出全面的评定，以决定可否同意单位工程验收申请。

1）实体验收包括：门体防夹功能测试、门体推拉力检测、单门控制测试、应急门（EED）报警、门控器门头单侧门就地控制盘（PSL）控制功能等。

2）观感验收内容见表 8-81。

对门体、门头、门槛间隙、绝缘地板等的观感质量评定，一般规定由参验各方共同进行现场评定，观感质量检查项目评定达不到合格标准，应进行返修。

验收标准：设备安装观感质量合格标准、门体观感质量合格标准、机柜观感质量合格标准、设备配线及绑扎标识等观感质量合格标准。

观感验收内容　　　　　　　　　　　　　表 8-81

序号	项目名称	抽查质量状况
1	门槛	与站台坡度一致，门槛上表面与站台地面齐平
2	盖板	盖板缝隙均匀一致
3	立柱	垂直于站台地面
4	移动门	垂直于站台地面，开启稳定、自如
5	固定门	垂直于站台地面
6	端门	垂直于站台地面，开启稳定、自如
7	应急门	垂直于站台地面，开启稳定、自如
8	电缆	站台门安装完成后抽查的电气绝缘符合设计要求
9	门体	门体包括滑动门、应急门、固定门和端门

3) 资料检查及需完成文件

① 资料收集与整理，包括站台门分部工程、单位工程等验收资料，竣工结算审核意见书，系统设备质量评估报告等专题报告，监理工作总结等。

② 单系统设备调试结束后，按相关程序和有关规定组织有关部门对各系统设备进行初步（预）验收、竣工签证及质量评估。

③ 督促承包商及时编制竣工结算文件，监理审核并签认，协助业主进行工程竣工结算工作。

④ 协助业主做好设备系统试运行准备工作。

⑤ 审核承包商的设备、材料向运营移交的清单。

⑥ 其他属于合同规定的项目监理部责任范围内的工作。

⑦ 完成资产录入工作。

4) 单位工程验收应提交报告

① 系统 144h 运行试验报告。

设备在经过 144h 连续系统试验，验证系统的可靠性。

在此期间，对出现的小故障进行修补。初步验收试验期间，调试班组负责设备的巡视、维护、调整，对发现的设备故障及时报告监理工程师、业主代表。

② 验收报告调试总结。

③ 第三方报告。

(2) 联调总结与评估

运营安全评价：站台门系统设备评价标准。

由最终用户、监理工程师、承包商、运营接管单位、政府质量检验部门及其他相关单位组成的验收组按照供货商提出的检验标准及本合同所规定的技术标准进行检查，最终用户对安装工程实体和该工程所涉及的竣工档案的检查结果满意并接收，签发"竣工证书"，作为竣工正式验收结束的依据。

8.10 电（扶）梯工程

8.10.1 概述

车站公共区、设备区、控制中心及车辆段配套的电（扶）梯分为垂直电梯（电力驱动的曳引式电梯、液压电梯）、自动扶梯、自动人行步道、轮椅升降台。电梯安装分有机房电梯和无机房电梯安装工程。

电梯、自动扶梯为公共交通型，性能安全可靠，整机质量经久耐用，结构及零部件应具有足够的强度和刚度及互换性，易于调整和维修。特别是自动扶梯应采用变频调速等节能技术，以达到在运营中节省运营费用的目的。

电梯系统构成：曳引系统、导向系统、轿厢门系统、对重平衡系统、电气控制系统、安全保证系统。

自动扶梯构成：扶梯、护壁板、梯级导轨、电气装置及开关。

地铁车站电梯无机房电梯，具有残疾人服务功能，同时也兼作在设备更换维修时，运输设备零部件及运输普通货物，是各车站无障碍通道的组成部分。

地铁车站电梯分为通透式（观光）电梯和普通电梯两种，通透式电梯采用镶玻璃、钢井架井道，具有三面通透功能。

车辆段设置客梯。

1. 垂直电梯

（1）电梯应具有运行状态显示功能，主要包括：运行、停止、维修、故障、报警、乘客呼叫等；

（2）电梯各层开门方向宜一致，特殊条件下可允许前后开门，其他开门方向则不允许；

（3）电梯操作、提示部件的配置应方便残疾人使用；

（4）电梯的安全装置应满足相关规范或技术标准的规定。

2. 轮椅升降台

（1）使用对象：使用手动/自动轮椅的残疾人、行动不便者；

（2）停放位置：高位或低位；

（3）驱动装置位置：上端或与平台结合；

（4）呼叫站安装：墙置或其他方式；

（5）供电制式：AC220V，单相，50Hz，20A（额定），二级负荷。

3. 自动扶梯

（1）自动扶梯应运行平稳、低噪声、具有良好的电磁兼容性；

（2）整机噪声、振动要求：自动扶梯运行时不得有异常噪声；

（3）所采用的室外型自动扶梯均应有设备加热装置，室外型自动扶梯位于车站出入口，完全或部分暴露在自然环境当中，部分无雨棚遮挡；

（4）自动扶梯应有可靠的工作制动器和辅助制动器；

（5）自动扶梯的梯级轮和梯级链的结构形式可根据提升高度的不同而采用不同的

形式；

(6) 自动扶梯的安全装置应满足相关规范和技术标准的规定；

(7) 自动扶梯应具有运行状态显示功能。

4. 空载和满载

(1) 扶梯都采用双 32 位的微机控制和监视系统，为双控制和监控系统，达到控制系统的双重安全保护。

(2) 正常情况下，能接受 BAS 系统监视；火灾情况下，能接收 FAS 发送的火灾信号；能接受 IBP 盘远程停梯控制。

8.10.2 电（扶）梯工程设备监理工作

1. 监理工作内容、重点、控制措施

(1) 电（扶）梯系统监理工作内容

监理工程师在电（扶）梯系统安装质量管理方面，建立健全质量、安全体制，强化施工组织设计方案及设备运输、吊装专项方案及评审；在设备样机生产、原材料采购的质量控制及检测内容及手段，设备安装与土建、装修安装接口，调试及验收管理等方面，监理跟踪技术监督局专项验收。详见第 8.1 节。

1) 电（扶）梯工程作为单位工程分为自动扶梯及自动人行道安装工程、电梯安装工程、轮椅升降台安装工程 3 个子单位工程。

2) 自动扶梯及自动人行道安装工程：

① 自动人行道安装：土建交接检验、设备进场验收、桁架导轨安装、梯级组装、扶手带安装、电气安装、外装饰安装、整机安装调试验收；

② 自动扶梯安装：设备进场验收、土建交接检验、中间支撑及分段连接验收、外装饰安装、整机安装调试验收。

3) 电梯安装工程：

① 有机房电梯安装：设备进场验收、土建交接检验、机房内设备安装、井道内设备安装、层站设备安装、轿厢及门系统安装、底坑设备安装、整机功能验收；

② 无机房电梯：土建交接检验、支架导轨安装、井道顶部设备安装、轿厢及门系统安装、配重及安全保护装置安装、电气安装、调整试验试运行。

4) 液压电梯安装工程：设备进场验收、土建交接检验、液压系统安装、井道内设备安装、层站设备安装、轿厢及门系统安装、底坑设备安装、整机功能验收。

5) 轮椅升降台安装工程：支架导轨安装、轮椅升降台设备安装、电气安装、调整试验试运行。

(2) 电（扶）梯系统设备安装监理质量控制重点

1) 电（扶）梯安装过程应严格按照施工设计图纸及经审核批准的组织设计和施工方案进行，如承包商对已批准的施工方案进行调整、补充或变动，应报由总监工程师签认。

2) 监理工程师应适时对安装过程进行巡视和检查抽检安装单位的安装过程的检查记录，并对重要部位、关键工序及隐蔽工程进行旁站监理和现场监督。

3) 安装人员应及时、准确地填写按国家标准制定的电（扶）梯安装工程质量验收记录，监理工程师需进行确认。

4）安装过程中督促安装单位与其他专业的接口衔接工作，监理工程师应进行检查核实，并做好协调工作。

5）监理工程师在安装过程中应掌握进度，定期组织工程地会议，协调解决工程中出现的问题，并对关键工序控制点进行验收检查确认，未经验收检查确认，不得进入下一工序安装施工。

6）监理工程师在安装过程中应督促指导安装单位对设备做好保养、保护工作，以防尘、防锈、防撞、防盗、防变形等工作，保证全部机件完好无损。

7）供货商尽早向业主、设计单位提供设备外形尺寸、设备重量、安装要求、基础预埋件要求、预留的电缆孔洞要求，设备包装后尺寸、设备储存要求等资料，使业主方在组织与土建设计接口时做好配合。

8）设备安装验收阶段：电（扶）梯整机调试完成后，由监理主持完工验收工作，其目的是全面检查安装质量和整机性能。在检验前，每台电（扶）梯应进行连续7d的试运行（每天连续10h，上、下各5h），验收按《安装质量记录》、《调试记录》内容进行，每台电（扶）梯的全部项目部应合格。通过验收的电（扶）梯由安装单位向当地政府部门报验。

专项验收：专项验收是指政府特种设备主管部门的验收，从而取得电（扶）梯的使用证。

初步验收：由政府检测机构主持，业主、安装单位、设计单位、监理单位参加，以通过检验并取得合格证，业主以此给予初步验收证书。安装单位按合同要求提供竣工资料，并对电梯进行维护和保养。

在质保期结束后，由业主主持对电（扶）梯进行最终验收，并确认接受电（扶）梯，双方签署最终交验书。

(3) 电（扶）梯系统安装监理质量控制措施

电（扶）梯系统设备的工程量大，困难较多，监理首先应建立健全项目组织机构，完善职责分工及专业配备齐全，职责分工明确，按质量控制程序对质量进行控制，严格执行各项管理制度。

电（扶）梯系统应坚持按监理程序进行管理，认真贯彻"验评分离、强化验收、完善手段、过程控制"的指导思想，通过预防为主、动态管理、旁站监理、严格把关等方法，利用旁站、巡视、检查、见证、平行、检验、验收、监理指令等工作手段，充分利用监理管理权力权限进行施工全过程的控制。

对不满足合同技术和功能要求的设备，对安装要求承包商进行整改和优化技术规格，按照合同相关条款承包商进行相应的经济处罚，促使承包商提供满足合同要求的设备。

电（扶）梯系统设备的测量定位与土建的关系很重要；装饰装修对电（扶）梯半成品和成品容易造成破坏，要特别注意。

2. 电（扶）梯设备（集成、采购）主要监理工作

(1) 设计联络：系统设备集成、采购的设计联络阶段，采用集成服务项目管理的运作模式，作为集成管理服务商，全面负责设备的集成服务管理工作。设计联络阶段，依据设备采购合同文件，由集成管理项目部编制设备设计联络工作安排和计划，并经业主审查通过。业主发布的有关合同管理和项目执行的相关规定。

(2) 设备选型原则：电（扶）梯系统设备的选择应满足正常运行、检修的要求，设备选型立足于国产化，应将制造工艺成熟、技术先进、质量可靠、无维修或少维修的国产设备作为优选对象；优先选用低烟、无卤、低卤、阻燃或耐火的线缆，尽量使用不燃或难燃的材料，防止或减小火灾情况下对人员安全产生的危害；尽量采用环保节能型产品；设备选型必须满足设计技术性能要求。电（扶）梯尽量考虑兼容性和统一性，减少备品备件，降低运营成本。

3. 电（扶）梯设备安装工程主要监理工作

(1) 设备安装前监理工作

1) 设备安装前监理准备工作

开工前，监理工程师应根据合同文件要求和技术图纸对工程施工范围作深入的调查，核实现场土建结构尺寸、吊装方式、运输通道等施工条件，纠正差错、补充缺漏。

现场预留预埋配合：内容主要包括土建预埋吊钩、沟槽、井道的位置和数量，设备安装孔洞、设备运输通道的位置和数量，预埋件的尺寸和位置，预留基础尺寸及数量，标高基准点，轴线等项目，对于发现的问题，协调解决。

2) 承包商项目部前期监理审查工作

对电（扶）梯设备安装实际操作进行技术交底，技术人员仔细审核设计文件、安装手册，对现场进行认真勘测，了解现场情况与设计要求一致，发现问题及时协调解决。

3) 施工图优化设计的监理工作

在施工图联合设计初步完成，现场测量完成后进行优化设计，详细检查施工图纸，提出监理的审查建议，保证完成的施工图设计能指导施工。监理工程师应检查承包商的投产计划、进场计划、安装计划，以保证工程进度。

(2) 主要进场材料、设备质量控制要点

监理工程师应审查传动设备、桁架、装饰部件、梯阶、链条、皮带等材料、设备的产品合格证，测试、试验记录。对样机验收，满足阻燃、低烟、无卤设计要求。

主要进场驱动主机、导轨、轿厢、电气装置等设备质量控制检测，一般包括设备到货检验、施工过程中工序及整体工程安装检验，完工检验及技术监督局专项验收等。

桁架焊接、梯阶、链条等不合格时立即隔离标识、拒绝签认，并应签发监理通知单，书面通知承包商限期将不合格品整体撤出现场。

电（扶）梯供货商为项目工程提供的产品进行最终检验。最终检验确认工作在产品出厂验收过程中完成。

电扶梯及配件型号、规格及质量应符合设计要求。

监理工程师检查承包商应提供的产品合格证书、出厂检验报告、进场检验报告、进场复验报告、型式检验报告、检查产品的质量合格证明文件、中文标识、结构性能检测报告、产品性能检验报告等。

电（扶）梯设备到达现场后，承包商应在业主或监理单位有关人员参与下进行到货检验，并做好记录。主要检查以下内容：

1) 包装箱是否完整、变形、有无破损。

2) 开箱检验设备规格、型号、数量是否符合设计文件要求。

3) 随机产品合格证、检验报告、说明书、质量证明文件是否齐全。

4) 清点装箱资料文件、备品备件、专用工具是否与装箱单相符。

5) 箱内设备外观有无破损、锈蚀。

针对电梯作为特殊设备、设备的特殊性，监理的管理重点在土建交接、设备监造、设备进场验收、吊装、设备安装等关键节点，要严格把控设备、部件进场开箱检验，进场材料验收：

1) 设备部件开箱检查，根据装箱单和供货合同、设计图纸要求及规范，逐项认真检查设备主要部件，验收随机文件及根据合同规定需提供的证明文件，并签署开箱验收单。

2) 安装材料设备进场验收，根据设计规定的材料，依据国标及合同要求对照材料检验合格证明进行检查，并签署进场材料报验单。

按《电梯工程施工质量验收规范》GB 50310 的规定：

1) 电力驱动的曳引式或强制式电梯随机文件必须包括下列资料：

① 土建布置图；

② 产品出厂合格证；

③ 门锁装置、限速器、安全钳及缓冲器的型式试验证书复印件。

2) 液压电梯随机文件必须包括下列资料：

① 土建布置图；

② 产品出厂合格证；

③ 门锁装置、限速器（如果有）、安全钳（如果有）及缓冲器（如果有）的型式试验证书复印件。

3) 自动扶梯、自动人行道必须提供以下资料：

① 技术资料：梯级或踏板的型式试验报告复印件，或胶带的断裂强度证明文件复印件；对公共交通型自动扶梯、自动人行道应有扶手带的断裂强度证书复印件；

② 随机文件：土建布置图；产品出厂合格证。

设备零部件应与装箱单内容相符，设备外观不应存在明显的损坏。

4) 电线电缆材料：垂直电梯、自动扶梯选用的电线、电缆要求阻燃、低烟、无毒，且不含放射性成分。

5) 设备、材料到货检验内容：传动设备、桁架、装饰部件、梯阶、链条、皮带等材料外观检测、性能检测、规格数量验证、技术资料验证；若发现供货商提供的质量保证文件与所到实物不相符或对质量保证文件的正确性有怀疑，应做退货处理。

(3) 检验（试验）与检测中的监理工作

监理检查供货商出厂试验报告并检查检测内容。检测控制装置的超速度及运行方向、自动停止运行开关断开动作、动力电路短路和过载保护装置、门锁装测、上下极限开关检测等。

监理工程师根据工程施工具体情况，对钢结构焊接、防火涂料进行见证检测，安装旁站、平行检测，见证检测应委托有资格检验的单位进行，检测报告合格后方可使用，并留存必要的过程照片或影像资料，见表 8-82。

监理工程师检查承包商提供的产品合格证书、出厂检验报告、进场检验报告、型式检验报告，检查产品的质量合格证明文件、中文标识、结构性能检测报告、产品性能检验报告等。

1) 主要第三方检测见表8-82。

主要第三方检测项目　　　　　　　　　　　　表8-82

序号	项目	第三方检测及检测重点
1	涂料涂装	钢结构防腐涂料、面漆、稀释剂和固化剂等材料的品种、规格、性能和质量等，应符合现行国家产品标准和设计要求
2	膨胀螺栓拉拔	拉拔力应符合设计要求
3	钢结构焊接	焊缝探伤应符合现行国家产品标准和设计要求

通过特种设备主管部门（质量监督局）检验检测，领取电梯、自动扶梯使用证。按检验规定的要求进行，安装人员配合操作。检验合格，有需要整改的电梯、自动扶梯问题，承包商在完成整改后，才能要求业主签署预验收证书。

2) 主要过程检验（试验）与检测：

电梯安装的检测质量控制重点：

井道样板线确定：依据图纸控制导轨定位，导轨支架安装定位。

导轨支架、导轨安装：按图纸检查导轨支架安装牢固度，导轨安装的垂直度、平行度。

层门安装：检查层门中心线，导轨轴线，门与导轨的距离是否符合图纸要求

整机验收：按《电梯工程施工质量验收规范》GB 50310及供货商提供的整机性能验收表执行。

包括轿厢上行超速保护装置试验、耗能缓冲器试验、轿厢限速器－安全钳动作试验、对重（平衡重）限速器－安全钳动作试验、平衡系数试验、空载曳引力试验、运行试验、消防返回功能试验、上行制动试验、下行制动试验、静态曳引试验等。

① 自动扶梯安装的质量工作重点：

桁架对接连接：桁架对接采用高强度螺栓连接时，拧紧扭矩必须满足设计要求。

桁架水平调整：确保其中心轴与穿过结构支撑的中线齐平，上、下端面标高应与装饰装修地面标高对接或水平。

整机验收：按《电梯工程施工质量验收规范》GB 50310及供货商提供的整机性能验收表执行。

② 垂直电梯钢结构玻璃井道安装的质量工作重点：

钢结构玻璃井道，基础为钢筋混凝土基础预埋钢板和地锚螺栓与主梁焊接，横梁、主梁采用热镀锌方矩管固定，玻璃采用铝合金暗框固定。

3) 安全和功能检验包含电梯工程负荷试验、安全装置检查；电梯运行记录；电梯专项检测报告。

4) 主要调试检验（试验）：

调试工作是在设备安装完成后开始进行，是验证设备是否达到设计要求、保证车站具备使用功能和投入营运前的关键工作。

调试前监理工程师应督促安装单位进行检查并符合规定方可进行调试。

调试时监理工程师要进行全程跟踪，保证调试试验达到要求。

整机性能的试验与检测要求见表 8-83。

整机性能的试验与检测要求 表 8-83

序号	检 查 项 目	技 术 要 求
1	供电系统断相、错相保护装置	控制屏上要安装断相错相保护器
2	超速保护装置	慢速下行检测限速器安全钳
3	撞底缓冲装置	缓冲器功能可靠
4	超越上下极限工作位置时的保护设施	切断控制电路，切断主电源
5	厅门与轿门联锁装置	检查联锁装置的可靠性
6	井道底坑有通道时的保护措施	对重应有防止超速或绳断下落的装置
7	停电或故障时，轿厢慢速移动的措施	检查装置及其功能
8	安全窗及电气限位开关	安全窗在轿内不能打开，在轿顶可以打开，安全窗开启时应切断控制回路

（4）设备安装关键工序质量控制要点

设备系统安装及调试是在各设备系统安装，并完成单系统调试而达到合同技术规格书要求后进行的系统综合测试，包括相关接口功能测试、设备联动测试、车站与控制中心联动功能测试等。

监理应按各专业验收规范合理选择关键工序质量控制点。施工过程中的关键工序、关键环节或隐蔽工程，施工中薄弱环节或质量不稳定的工序、部位或对象；对后续工程施工或后续工程质量或安全有重大影响的工序、部位或对象；采用新技术、新工艺、新材料的部位或环节；施工上无足够把握、施工条件困难的或技术难度大的工序或环节。

1）设备现场开箱检查：开箱检查是工程顺利实施的最基本也是最关键的工序，是系统设备从供货商交给承包商的一项重要接口工序，只有在这项工作中认真清点设备数量、核对准确设备型号、检查设备外观等，对不符合合同要求的部分要求供货商进行确认并整改，以避免日后的扯皮、推诿责任等现象的发生，保证工程的顺利进行。

2）系统设备运输及安装：在设备搬运安装过程中要注意设备安装的水平度、平行度、标高误差满足规范要求，注意盘面整齐，特别注意计算机主机、显示器等易损部件的安全，应避免野蛮安装和不文明施工。

3）接地线、电源电缆：施工过程中最容易出错的工序，而且出现错误的后果严重，如果施工中出现电缆接错、敷设距离不够、接地线没接等情况，就会带来烧损设备、电磁干扰等后果，所以一定要检查每条电缆是否按规范要求走线，是否按要求敷设到位，是否在施工过程受损。

4）带电检测试验：上电检测试验是对设备考验，在送电前，检查系设备接线、接地、各动作开关均在关状态，并要求监理到场旁站，监督设备最后检查过程，观察带电过程是否正常，一旦出现不正常现象，要求启动相关应急预案。

5）系统单体设备调试：单机测试和试验过程关系到设备和系统功能的实现，并且是对设备质量和接线正确性的考核和检查。要求监理对关键的测试和试验过程进行现场旁站，监督试验程序是否正确，试验方法是否合理，试验内容是否完备，试验结果是否有效，试验记录是否齐全等。

6）系统现场测试及验收：牵涉到各项性能指标的严格细致的测试，要严格按计划进行，要保证各项测试方法、程序的正确性。

7）系统通电运行试验：是对系统整体调试成果的反馈环节，要求施工人员密切注意现场运行情况，一旦发生问题，就要立即重新调整，确保现场验收测试试验的合格。

系统验收关系到系统是否能够顺利通过建设管理单位认可。验收整个过程监理应该现场检查电梯、电（扶）梯调试及接口调试，确认每一项检测、试验按照规定要求、使用正确的专用工具、采取正确的试验方法，以及结果是否达到要求，并验证整个试验的完整性、有效性。

1）自动扶梯设备起吊和就位：

自动扶梯设备起吊就位的安全风险是电（扶）梯安装工程中最大的，监理在设备进场前要审核施工单位的运输吊装方案，与施工单位实地检查现场状况，与属地单位做好沟通协调，保证吊装过程的安全性。

在吊装开始前，监理要检查相关特殊工种施工人员的资格证、上岗证及其有效期，设置安全警戒区域。在吊装全过程，监理进行旁站监督。

2）设备拼接及控制要点：导轨的拼接（要保证导轨的接头平面度不大于 0.2mm）以及桁架的拼接接头螺栓的拧紧力矩。

3）扶手带的安装及注意要点：扶手带驱动的压紧力、扶手带涨紧度是扶梯安全运行的要素，在调试中要重点检查。

4）扶手带良好运行的特征：

扶手带无论在向上和向下运行时都不应跑偏；

扶手带表面应清洁，在安装好后，应对扶手带的外表面用清洁剂擦洗干净，内表的灰尘应及时清除；

扶手带的运行时与扶手导轨型材要都有间隙，中心对齐；

扶手带运行时的松紧度应适中，不宜过松，亦不宜过紧。

5）扶梯的调试：扶梯调试前应已将机械部分的扶手系统和梯路系统的所有部件安装完毕，调试必须在机房、底坑设备安装合格，动力电源三相五线引进合格后进行。接线箱与接线盒应安装牢固，符合要求；配线应符合规范要求；应测量不同回路导线对地绝缘电阻，导体之间和导体对地之间的绝缘电阻应大于 $1000\Omega/V$。且其值必须大于：动力回路和电气安全回路的绝缘电阻 $0.5M\Omega$；其他回路（控制、照明、信号等）$0.25M\Omega$；扶梯桁架和电气设备金属外壳应与保护地线（PE）可靠连接；限速器、断链保护、断带保护等装置的联动开关及安全保护开关的安装与调整均应符合产品的技术要求。

6）防雷接地：

① 垂直电梯接地：供电电源自进入机房或者机器设备间起，中性线（N）与保护线（PE）应当始终分开；所有电气设备及线管、线槽的外露可以导电部分应与保护线（PE）可靠连接。

电气绝缘：动力电路、照明电路和电气安全装置电路的绝缘电阻值应当符合表 8-84 要求。

垂直电梯各电路绝缘电阻值要求　　　　表 8-84

标称电压（V）	测试电压（直流），（V）	绝缘电阻（MΩ）
安全电压	250	≥0.25
≤500	500	≥0.50
>500	1000	≥1.00

② 自动扶梯设备接地：供电电源自进入机房或者驱动站、转向站起，中性线（N）与保护线（PE）应当始终分开。

电气绝缘：动力电路、照明电路和电气安全装置电路的绝缘电阻值应当符合表 8-85 要求。

自动扶梯各电路绝缘电阻值要求　　　　表 8-85

标称电压（V）	测试电压（直流），（V）	绝缘电阻（MΩ）
安全电压	250	≥0.25
≤500	500	≥1.00
>500	1000	≥1.00

（5）设备安装首件报验及工艺质量控制

电梯首件工程有导轨、轿厢、驱动主机、电气装置，首件工程报验制度是为了加大质量安全防范力度、降低工程实施风险而制定的验收制度。在施工或首件工程开始前，承包商应向监理单位及业主申报其关键节点工序施工及首件工程的方案，完成施工工序后由监理单位组织施工、设计、业主等相关单位进行验收，施工单位按照验收意见整改完成经复验符合要求后，作为样板全面推广，用以指导工序施工。

监理工程师对施工工艺过程的首件工程或工艺各个质量控制点、施工各工序进行跟班巡视和检查验收，现场发现质量问题及时要求施工人员整改。

首件报验内容：

1）电力驱动的曳引式或强制式电梯安装工程：设备进场验收、土建交接检验、电气装置、整机安装验收。

2）液压电梯安装工程：设备进场验收、土建交接检验、电器装置、整机安装验收。

自动扶梯安装工程：设备进场验收、土建交接检验、中间支撑及分段连接验收、整机安装调试验收。

首件验收项目包括井道、基坑交接、设备安装、单机调试、联合调试、压力测试等。

（6）设备安装旁站、平行检验、隐蔽工程验收质量控制

1）旁站、平行检验

电（扶）梯工程中监理须对扶梯设备进场吊装进行旁站，在吊装前审核吊装方案、检查吊装设备、钢索及人员的资质文件，应满足吊装要求；现场检查吊装路径，核查土建预留的型钢规格型号、吊钩的牢固性是否符合设计要求；在试吊无问题后才能正式吊运设备吊装。设置安全警戒区域，吊装过程监理旁站。

对电梯安全装置、控制装置、电气装置、主要零部件和装配间隙进行检测，整机试运行，监理工程师旁站。

旁站平行、见证检查包括设备基础安装、轨道支架、轨道顶部膨胀螺栓拉拔试验、钢

结构焊缝探伤检测等，见表 8-86。

见证项目　　　　　　　　　　　　　　　　　　　　表 8-86

序号	工序名称	检测项目	检查方法
1	膨胀螺栓拉拔	拉拔力	见证
2	钢结构焊接	焊缝探伤	见证

2）隐蔽工程验收

电（扶）梯结构基础、基坑等隐蔽工程应进行交接检查，监理工程师检查确认质量合格并签字后，进行下道工序施工。验收不合格不得进行下道工序施工。

（7）专业接口关系及协调

电（扶）梯系统接口的管理、协调，其目的就是要建立一个接口施工配合，在设备安装、调试阶段加以管理、控制、实施，以确保接口质量完好、功能正确。专业接口内容见表 8-87。

施工过程中，做好土建测量、施工作业面的交接，施工中需主动与土建及其他各安装单位取得联系，以确保阶段性工期的顺利完成。

1）与土建、装修、排水专业的接口：土建专业提供按设计图要求的合格的结构尺寸，预埋件预留孔、装修面标高及施工配合，排水专业确保出入口地坑排水畅通。

2）与 BAS 专业的接口：电（扶）梯专业在设备电控柜内提供 RS485 接口并负责接线，由 BAS 综合布线，电（扶）梯工作状态可在车控室 BAS 工作站显示。

3）与 FAS 专业的接口：电（扶）梯专业在设备电控柜内提供接口及按钮并负责接线，由 FAS 系统布线，以期在火警情况下可自动或手动控制电梯返回基站，自动扶梯停止。

4）与配电专业接口：配电专业提供 380V 及 220V 电源至电（扶）梯上机房的电源控制箱处。

5）与通信专业接口：在电梯内装摄像头，由通信专业布线在车控室监视电梯内的工作情况。

专业接口　　　　　　　　　　　　　　　　　　　　表 8-87

序号	接口专业	接口内容	接口位置
1	与土建专业的接口	车站土建专业布置本系统设备，完成每台自动扶梯、电梯的平、纵剖面图，设置预埋件、吊钩及中间支撑。车站装修专业负责对自动扶梯、电梯安装后的墙面和地面进行收口工作	车站土建
2	与低压配电专业的接口	低压配电专业为自动扶梯和电梯提供两路供电。根据建筑专业要求，用作紧急疏散的自动扶梯采用一级消防负荷供电，其余自动扶梯和垂直电梯按二级负荷供电	与自动扶梯接口位置与电梯接口位置
3	与环境与设备监控系统（BAS）专业的接口	BAS 系统应能接受并显示由扶梯和电梯设备发送过来的设备状态信息和故障信息	接口位置在每台设备的控制柜接线端子。与自动扶梯接口位置与电梯接口位置

续表

序号	接口专业	接口内容	接口位置
4	与自动火灾报警系统（FAS）专业的接口	由自动火灾报警系统（FAS）专业负责对所有自动扶梯和电梯设备发出火灾信号，对于自动扶梯（紧急疏散的自动扶梯除外），火警情况下可自动或手动控制自动扶梯。自动扶梯停止后向自动火灾报警系统（FAS）发送扶梯状态信号	接口位置在每台设备的控制柜接线端子。与自动扶梯接口位置与电梯接口位置
5	与通信系统的接口	电梯应有五方对讲功能，轿厢内电话由电梯自带，车站控制室内专用电话由通信专业提供。通信专业负责对站内所有自动扶梯和电梯的候梯厅进行视频监视	与电梯接口位置：电梯顶层门洞左侧，通信系统电缆送到井道顶层门洞左侧并预留5m长
6	给水排水专业	自动扶梯下基坑、垂直电梯井道底坑内不得有积水，由给水排水专业考虑采取相应措施	

对关键部位、关键工序做好完成情况的旁站或见证取样工作。见证设备指标检测及功能检验。在关键部位、关键工序施工过程中，在现场进行旁站监督。对正在施工的非关键部位或工序进行定期或不定期的巡视监督检查。

（8）单机调试、联调联动

电（扶）梯设备系统的联调是在各设备已完成单系统调试且达到合同技术规格书要求后进行的系统综合测试，包括与BAS、FAS的接口功能测试，设备联动测试，车站与控制中心联动功能测试等。

1）电（扶）梯调试阶段：

① 电（扶）梯安装完毕后，应由安装单位对电（扶）梯安全装置、控制装置、电气装置、主要零部件和装配间隙进行检测，并作适当调整和整机试运行，填写检验报告及调试记录，监理工程师旁站监理及时发现问题，限期整改。

② 电（扶）梯整机调试检验应按照国家标准中的有关规定认真执行，见表8-88，所有检测项目必须合格。

③ 电（扶）梯调试完成后，应按照合同完成车站设备的联合调试工作。

电（扶）梯调试内容　　　　表8-88

序号	工序	目　的
1	主电源检查	检查客户主电源是否符合要求
2	送电检查	检查主电源、开关，接触器、照明等电器设备是否显示正常
3	检修调试	检查安全回路，机械部件开关是否动作正常，检修运行是否正常
4	快车学习调试	快车运行学习，使设备能达到连续运行状态。且能变频
5	功能检查	设备安全开关均调试到位，工作正常，扶手带监控、速度监控等均可靠
6	整梯测试	对扶梯进行相关的技术测试，环境模拟，检查加热、水位等相关设备是否工作正常
7	接口测试	扶梯与其他设备接口功能的调试，如BAS、FAS、IBP盘等，每台扶梯每个接口都需模拟测试到位并形成单独的记录（参照相关接口文件）

续表

序号	工序	目的
8	连续运行观察	整梯调试完成后,连续运行一段时间,再检查各部件、功能是否正常
9	形成总结	将相关调试结果形成报告

2) 联合调试:

确保 BAS/FAS/IBP 盘与扶梯接口的正确性、完整性,充分的接口试验,以达到预期良好的系统性能。

① 完成所有自动扶梯设备的安装、调试,并对安装质量进行检验,以确保合同设备的安装符合有关的规范及卖方提供的安装手册和安装图的要求。负责解决调试、检验过程中的技术问题。

② 验证本系统与其他系统的接口功能,调试包含所有电(扶)梯设备及招标要求中接口部分的所有功能。

③ 调试方法是从各车站现场设备上进行功能试验,由此验证系统和通信功能。

④ 如果出现问题,则解决问题重新进行调试。直到调试成功为止。假如设备出现严重问题,或者出现严重的软件问题,使系统不能正确工作,则卖方负责更换系统主要设备。

电(扶)梯安全和功能检查见表 8-89。

电(扶)梯安全和功能检查表 表 8-89

序号	安全和功能检查项目	份数
1	电梯工程负荷试验、安全装置检查	
2	电梯运行	
3	电梯专项检测报告	

(9) 总结及案例

1) 电梯、自动扶梯的安装涉及的其他专业较多,有土建装饰工程,供配电、BAS、FAS、通信、排水等特别是与装饰专业产生的矛盾较多,很容易对电扶梯的半成品和成品造成破坏,因此在安排计划时监理要协助业主及承包商针对装饰的工期合理安排,避免安装过程中的多次交错,减少对电(扶)梯半成品和成品的破坏。

2) 自动扶梯的运输吊装拼接过程是自动扶梯安装过程中的一大难点,涉及运输起重机具,车站出入口的尺寸、形状,吊钩的预埋,站内通道,地面的障碍物,以及其他专业安装的半成品及线槽等,因此除了安全这一重大难点外,对其他专业的安装成品的保护同样重要,在吊运、拼接过程中监理要始终贯彻安全第一的原则,除了严格审查安装单位资质、安全措施、人员配备外,还需旁站监理,严格按已制定的安全吊装方案执行杜绝一切不安全的因素,确保工程顺利进行。

4. 电(扶)梯系统工程验收及竣工资料

对照文件及施工合同,对电(扶)梯承包商报送的竣工资料进行审查,凡是自评合格即可申请单位(子单位)工程预验收。监理组织对工程质量进行竣工预验收。对存在的问题,应及时要求承包商整改。整改完毕由总监理工程师签署工程竣工报验单,并应在此基础上提出工程质量评估报告。工程质量评估报告应经总监理工程师和监理单位技术负责人审核签字。

所有工程缺陷的修复均需由设计人员、监理工程师和最终用户签字认可。

完成合同的全部工程项目，整改预验收提出的问题后，向建设单位发出竣工验收申请报告，编制竣工验收的详细计划并协助实施。

（1）单位工程验收

监理工程师应通过对电（扶）梯分部、分项工程质量等级的统计推断，再结合对质量资料的核查和单位工程质量观感评分，系统地对整个单位工程作出全面的综合评定，以决定可否同意单位工程验收申请。

1）实体验收

① 垂直电梯、自动扶梯运行检测：

垂直电梯运行试验：分别空载、满载，以正常运行速度上、下运行，呼梯、楼层显示等系统功能有效、指示正确、动作无误，轿厢平层良好，无异常现象发生。

自动扶梯运行检测：

待机运行：采用待机运行（自动启动或加速）的自动扶梯或自动人行道，当乘客到达梳齿和踏面相交线之前，应能启动和加速。

运行时间：采用自动启动的自动扶梯或自动人行道，当乘客从预定运行方向相反的方向进入时，自动扶梯或自动人行道仍应按照预先确定的方向启动，运行时间应不少于10s。当乘客通过后，自动扶梯或自动人行道应有足够的时间（至少为预期乘客输送时间再加上10s）才能自动停止运行。

② 电梯零部件实际质量检查至少应包括如下内容：

结构件（如导轨、支架等）无局部变形，无锈蚀现象；

驱动电机温升正常，无异常噪声；

钢丝绳无明显磨损，绳头固定处无松脱现象；

电梯开门机构运转灵活，无卡滞情况。

2）观感验收内容

电（扶）梯观感质量检查外装饰板、梯级、踏板、扶手带、轿厢内装饰、楼层显示、观光电梯钢结构等，一般规定由参验各方共同进行现场评定。观感质量检查项目评定达不到合格标准，应进行返修。

验收标准：设备安装观感质量合格标准、梯级观感质量合格标准、配线观感质量合格标准、缆线引入观感质量合格标准、系统布线观感质量合格标准等。

3）资料检查及需完成文件

① 资料收集与整理，包括电（扶）梯分部工程、单位工程等验收资料，竣工结算审核意见书，系统设备质量评估报告等专题报告，监理工作总结等。

② 系统设备调试结束后，按相关程序和有关规定组织有关部门对各系统设备进行初步（预）验收、竣工签证及质量评估。

③ 督促电（扶）梯承包商及时编制竣工结算文件，监理审核并签认，协助业主进行工程竣工结算工作。

④ 协助业主做好设备系统试运行准备工作。

⑤ 审核承包商的设备、材料向运营移交的清单。

⑥ 其他属于合同规定的项目监理部责任范围内的工作。

⑦ 完成资产录入工作。

4) 单位工程验收应提交报告

① 系统 144h 运行试验报告。

设备在经过 144h 连续系统试验，验证系统的可靠性。

在此期间，对出现的小故障进行修补。初步验收试验期间，调试班组负责设备的巡视、维护、调整，对发现的设备故障及时报告监理工程师、业主代表。

② 验收报告调试总结。

③ 第三方报告：无机房曳引驱动电梯监督检验报告；自动扶梯与自动人行道监督检验报告。

(2) 联调总结与评估

运营安全评价：自动扶梯、电梯与自动人行道设备评价标准。

由最终用户、监理工程师、承包商、运营接管单位、政府质量检验部门及其他相关单位组成的验收组按照供货商提出的检验标准及合同所规定的技术标准进行检查，最终用户对安装工程实体和该工程所涉及的竣工档案的检查结果满意并接收，签发"竣工证书"，作为竣工正式验收结束的依据。

8.11 车辆段工艺设备工程

8.11.1 概述

车辆段与综合基地作为地铁系统的运用、检修、材料和后勤保障基地，其功能体现为整个地铁系统服务。试车线、综合楼（公寓及浴室）、综合维修设施、检修库、物资总库、材料棚等辅助生产办公房屋、牵引降压混合变电所污水处理房、公安用房等均布置于该区域内。

根据组织形式及车辆段工艺设备和车辆要求确立联合检修库（检修车间）、运用车库（运用车间）、设备车间、洗车库、工程车库、物资库。

(1) 车辆段主要检修工艺设备

1) 架修库专用设备、洗车库专用设备、数控不落轮库设备、喷漆库设备、起重机设备等；

2) 机加工设备、空压机站设备、蓄电池间设备、特殊构筑物、工艺设备、车辆钢结构检修平台、电动单梁起重机、移动式耐压试验台等；

3) 电动客车及车载设备、内燃机、内燃叉车、磨轨车、轨道车、轨道检测车（轨检、限界）、电力机车、网轨检测车、接触网作业车、轨道平板车、轨道平板车吊车、钢轨打磨车设备等；

4) 立体仓库货架、固定架车机、移动式架车机、转向架构架翻转机、静调电源柜、转向架静载实验台、列车驾驶仿真培训设备等。

5) 轮对动态检测系统、皮带输送系统、修竣车辆承重系统、微机管理控制系统；立体仓库堆垛机系统设备等。

车辆段主要设备见表 8-90。

(2) 试车线

试车线设置于车辆段，长度为 1000m 左右，能满足车辆和信号系统试车的基本要求。配套的试车机具间紧邻试车线设置。试车线及试车机具间承担列车检修后的动态调试工作，承担新车的调试及验收工作，以及超过规定时间的备用列车重新投入运营前的运行试验工作，并设有试车控制室、试车信号设备室等。

1) 试车线及设备：

车辆段内试车线设置与正线相同的 ATP/ATO、联锁等室内及室外设备，并适应双向试车的需要，用于对车载设备进行静、动态试验，试车线控制室内设置控制台。试车线联锁与车辆段信号楼联锁之间按照非进路调车设计，试车前后必须与车辆段联锁进行授受权的作业。

2) 试车线设备功能：

在车载设备维修、更换或必要时后，可通过试车工作站或操作盘，在试车线上对车载设备进行测试和试验，固定运行时间的车载运行调整功能试验。

3) 试车线作业控制：

试车线通常情况下由车辆段联锁控制，试车前车辆段联锁排列进路，列车经进路停于试车线指定位置后，经试车线控制室提出请求，车辆段信号楼内控制室同意试车请求并办理向试车线的进路，列车进入试车线后，试车线控制室获得试车线控制权。通过试车线控制室设备，对车载 ATC 设备进行静、动态的 ATP 功能、ATO 功能、车地通信、驾驶模式间的转换等试验。试车完毕后，车辆段联锁可与试车线进行控制权限的交接。

车辆段主要设备　　　　表 8-90

序号	设备名称		安装要求	接口
1	列车清洗机	列车清洗机	设备安装调试	与土建对接基础
2	架车机	固定式架车机	设备安装及调试	与土建对接基础
		移动式架车机	设备调试	
3	不落轮镟床		设备安装、调试	与土建对接基础
4	起重机		设备安装、调试	需要地方技术质量监督局所属特种设备检测站检测合格通过
5	移动式空压机			
6	叉车、搬运车		无	
7	自动恒流恒压充电机		设备调试	
8	转向架		设备安装、调试	
9	轮轴检修设备		安装及设备调试	
10	移动升降平台	移动式升降平台	安装及设备调试	
		高空作业小车		
11	救援设备			
12	仓储货架	重型横梁式货架	安装	
		阁楼式货架	安装	

续表

序号	设备名称		安装要求	接口
13	自动立体仓库		安装及设备调试	
14	工程车	接触网架线作业车	设备调试	
		接触网检修作业车		
		接触网放线车		
		轨道平板车		
		轨道平板吊车		
		网轨检测车		
		钢轨打磨车		
		轨道检测车（轨检、限界）		
		电力机车、内燃机车		
15	车辆称重设备		设备调试	
16	列车驾驶仿真培训设备		设备调试	
17	五防锁系统		设备调试	

8.11.2 车辆段工艺设备监理工作

1. 监理工作内容、重点、控制措施

（1）车辆段设备监理工作内容

监理工程师在系统安装质量管理方面，建立健全质量、安全体制，强化施工组织设计方案及单体设备安装专项方案；设备生产、原材料采购的质量控制、检测内容及手段，设备安装与土建安装接口，调试及验收管理，监理跟踪检修车辆、不落轮、起重机、洗车机等设备产品单体检测和记录。详见第8.1节。

设备集成含项目管理、设备集成采购、设计联络、产品设计（包含硬件和软件）、接口设计、设备监造、试验（包含接口试验、出厂试验、工厂验收试验及现场试验）、运输和仓储、培训等。

1）设备采购阶段监理工作：含设备集成或设备采购项目，监理工程师协助业主进行设备招标清标工作，协助业主与中标人签订合同，参与合同谈判。合同签订后参加设计联络。审核各专业设备清单，参与供货管理、审核生产商的资质、样机生产、设备生产监造、工厂样机试验、内/外部接口试验、测试、出厂验收、设备到场验收等服务工作。

2）设备安装工程前期准备：进场材料、设备质量验收，设备运输及吊装方案。在设备安装过程中，要关注设备运输、土建施工配合、基础及预埋、室内室外设备安装、箱柜安装调整、光电缆敷设、二次布线、设备防雷接地安装、专业接口界面、设备受电调试等。

3）设备安装工程验收阶段：进现场行旁站、见证、设备安装工程、平行检测，单机测试、设备调试，组织预验收、单位工程验收、项目验收；监理工程师协助业主进行综合联调；设备资产移交（竣工图、移交清单），配合试运行、运行临管、试运营、竣工验收、质保期服务等。

4）设备安装调试阶段：设备安装准备工作、设备安装、调试，空载、静载、动载连续测试等。

5）设备安装验收阶段：单位工程（预验收）验收、项目验收、试运行、竣工验收、建设运营移交、试运营、竣工资料整理及工程结算、质保期的监理服务工作等。

（2）车辆段设备安装监理质量控制重点

监理工程师必须严把质量验收关，对"关键工序"和"关键部位"的安装施工进行监督管理。严格执行变更程序和严格审查签证，在各工序验收过程中对发现的质量问题能得到及时整改，力争对工程施工"全过程、全方位"的实施质量控制。

设备采购集成商编制项目管理方案，单设备调试方案报监理审批，设备安装施工质量严格按产品安装手册及企业标准的要求安装和验收。狠抓人、材料、机械、方法和环境方面的因素的主要因素严加控制，是保证工程质量的关键。制定和审核施工方案时，必须结合工程实际，从技术、管理、工艺、组织、操作、经济等方面进行全面分析、综合考虑，以保证方案有利于提高质量、加快进度、降低成本。同时，施工阶段还必须综合考虑施工现场条件、结构形式、施工工艺和方法、技术经济等，合理选择机械的类型、数量、参数，正确使用机械设备，是不可忽视的质量控制环节。

环境因素对工程质量的影响具有复杂而多变的特点。因此，根据工程特点和具体条件，应对影响质量的环境因素，采取有效的措施严加控制。为了提高工程质量，还应重视新技术、新工艺的先进性、适用性。在施工全过程中，要确立符合技术要求的工艺流程质量标准、操作规程，建立严格的考核制度，不断改进和提高施工技术和工艺水平。

涉及多台设备的采购和安装施工，工程任务重，各设备安装施工时相互影响，彼此联系，施工技术要求高，使得施工过程中各主要工序均成为关键工序，形成众多的质量监控点。如起重设备是否安装到位直接影响后续大型设备的进场安装、设备供电系统的线缆敷设、防雷接地等工程也直接影响设备安装和调试的实施。整个工程内容中任何一个小问题的发生都可能影响整体工程质量，因此监理工程师必须根据现场环境在每道工序施工前制定不同的事前、事中和事后质量控制措施。

设备种类繁多，包括架修库专用设备、洗车库专用设备、不落轮库设备、起重机设备、立体仓库货架、洗车机、固定架车机等工艺设备等应配合土建施工质量安全管理，施工阶段严格安装程序，注意交叉施工的风险因素。

移动式架车机、作业平台、升降车、拖车、叉车、空压机、检修工作台、专用工具、清洗机、试验台、各类机床、培训设备等，包括随车采购设备如可移动式VVVF试验设备、可移动式SIV试验设备等各类试验设备，可移动式车辆空调测试装置、可移动式车门测试装置等各类测试装置、轨道车等，应考虑运输和吊装方案及安装环境条件的可行性，设备与设备间、设备与其他设备综合系统间接口调试，依据和功能测试应符合安装手册好企业标准。

应根据质量监控点、关键工序多；影响工期的因素多；工序交叉作业、专业施工队伍多、接口复杂，组织协调难度大等特点和难点，制订工程的监理重点和措施。

1）对供货商的质量管理体系文件、质检网络分布情况和质检制度情况进行了解，检查供货商是否有健全的质量保证体系。

2）检查供货商测量器具和仪器仪表是否按规定定期检测、校正。

3) 审查重要设备主要部件的工艺规程是否合理。
4) 审查重要设备主要部件的生产工艺装备是否齐全，精度是否达标。
5) 分析重要设备工艺制定的可靠性与合理性
6) 出具质保体系审查报告、重要设备工艺审查报告。

由施工承包商采购和加工制作的材料、构配件多而杂，对采购材料的质量、自行和委外加工制作的成品的质量和工艺要严格控制和把关，谨防因这些安装材料、构配件等造成安全隐患。

（3）车辆段设备安装监理质量控制措施

车辆段设备的工程量大，相关系统接口多，困难较多，监理首先应建立健全项目组织机构，完善职责分工及专业配备齐全，职责分工明确，按质量控制程序对质量进行控制，严格执行各项管理制度，坚持按监理程序进行管理，认真贯彻"验评分离、强化验收、完善手段、过程控制"的指导思想，通过预防为主、动态管理、旁站监理、严格把关等方法，利用旁站、巡视、检查、见证、平行、检验、验收、监理指令等工作手段，充分利用监理管理权力权限进行施工全过程的控制。对关键工艺工序和隐蔽工程，监理工程师要旁站督导，严把质量关。按合同相关条款进行质量、进度、投资、安全控制，做到优质、保量、及时的服务。主要车辆段设备安装控制重点见表8-91、表8-92。

对不满足合同技术和功能要求的设备安装要求承包商进行整改和优化技术规格，按照合同相关条款对承包商进行相应的经济处罚，促使承包商提供满足合同要求的设备。

主要车辆段设备安装控制重点　　　　　　　　　表8-91

序号	设备名称	安装前要求	安装要求	监理控制重点
1	列车清洗机	1. 核查土建图纸，提出给水、排水接口位置； 2. 对土建施工交底	1. 检查、测量、验收土建基础； 2. 限界检查：列车与洗车机无碰擦； 3. 手动、自动模式下检查清洗效果符合要求	1. 对土建的基础检查； 2. 基础预留符合要求； 3. 对设备安装过程监督； 4. 电气保护等级不低于IP54；设备电机绝缘等级不低于F级； 5. 设备接地、防水防腐措施
2	不落轮镟床	1. 核查土建图纸； 2. 土建施工前技术交底； 3. 对设备土建接口及动能接口检查，符合安装要求	设备安装精度应满足合同要求	1. 设备到货、安装时的吊装作业安全控制； 2. 对关键部位安装旁站
3	起重机	1. 核对图纸（厂房土建施工图、起重机制造厂提供的安装图）； 2. 现场核实：复核土建轨道梁施工质量； 3. 复核起重机顶面至屋架下弦空间高度是否足够； 4. 核实设备进场道路是否通畅，路面承载状况，埋地有无压力管道，架空有无电缆等障碍物； 5. 进场验收	《起重设备安装工程施工及验收规范》GB 50278—2010 第三章规定	1. 现场复核； 2. 设备基础吊装； 3. 试运转：严格按规范要求检查及程序操作

监理应抓好以下几方面的安全管理工作：

1）督促承包商设专职安全员，跟班检查安全措施实施情况。

2）技术交底及安全检查：施工前对参加施工人员必须进行施工安全技术交底，严格遵守安全操作规程，实行岗位责任制，定人定岗，不得违章作业。各类机械操作人员必须经过培训上岗。

3）监督承包商逐件检查结构、设施的刚度、稳定度和牢固程度，并做好记录。

4）监理指令：施工过程中监理工程师发现承包商违章作业、野蛮施工、出现安全事故苗头时，立即口头通知承包商和现场施工负责人限时纠正，情节严重时发《监理通知单》，情况紧急时责令停工，再由总监签发部分工程暂停施工令，并报告委托人。

5）安全事故报告及处理，发生安全事故，监理要按照有关规定及时上报，不得隐瞒，事故处理应坚持四不放过原则（事故原因不清楚不放过，事故责任者和员工没有受到教育不放过，没有制定防范措施不放过、责任人未按照追究制度追究不放过），决不能大事化小，小事化了。

6）监理周报、月报中应有安全情况通报。

7）安全文明施工管理，服从属地管理，及时清除工作面上的多余材料和杂物。

协助业主督促、检查承包商制定好文明施工制度；要求承包商将文明施工、环境卫生设施纳入施工组织设计。

车辆段设备安装、调试过程中涉及工作面积大，施工人员多，施工面广，大型设备比较多，在施工过程中，设备到现场及吊装的顺序比较密集，安全管理工作是监理工作的重要部分。

车辆段设备工程安全控制要点　　　　表 8-92

风险因素	安全风险事件	主要预控措施
轨行区作业（管道、电缆、设备的运输与安装等）	轨行区作业风险（溜车、物体侵限、人员被撞）	严格执行《轨行区作业和运输管理办法》，在轨行区工作实行封闭管理
		轨行区作业严格遵照"请点—总调度室审批—落实安全防护措施—工完场地清—销点"等程序
工程车运输、列车冷滑与热滑试验、列车牵引供电试验等	列车相撞、出轨、溜车、物体侵限，导致列车受损、人员被撞伤亡等	组织列车冷滑与热滑安全管理办法和列车上线运行前安全条件验收办法，认真做好限界检查
		严格执行《轨行区作业和运输管理办法》，进入前请点并经审批
		组织制订设备联调安全管理办法
焊接、抽烟、送电（现场作业可能存在较多的可燃物，如包装箱、溶剂等）	火灾	明火作业前向属地管理单位申请办理动火证
		现场配备足够的消防器材
		焊接作业空间（上下、四周）不得有可燃物否则应进行有效覆盖
		供电设备通电前按照标准进行电气试验

续表

风险因素	安全风险事件	主要预控措施
电源（变配电、用电设备与线路、接触网/轨）前期施工用电；后期机电调试、电通后线路设备带电	触电	顶棚或墙壁钻孔前确认钻孔位置处没有隐蔽电线、管线
		送电前组织条件验收，送电后各种作业均需办理停电作业手续
		严格执行《轨行区作业和运输管理办法》，进入前请点并经审批
		进入接触网带电区域进行作业，必须经过调度室批准
		作业时人员与一切导电体与接触网保持安全距离，否则作业前接触网应停电、验电和挂地线
（时、空）交叉作业	物体打击	进行上下立体交叉作业时，不得在同一垂直方向上操作，严禁非作业人员进入危险区域
高处作业（固架安装、起重机安装）	高处坠落	预留孔洞、临边，应安装防护栏、防护网或防护盖板，高处作业平台应有护栏。安装工人应佩戴安全帽、安全绳
固架、不落轮镟床和起重机等大型设备吊装	起重伤害	严格制定吊装方案，作业人员要取得特种作业资格证，作业过程加强检查和安全监护
调试（单机、连机、联调）	机械伤害	调试方案、调度指挥、防护

2. 车辆段工艺设备集成、采购阶段主要监理工作

在车辆段设备工程的主要集成管理服务职责：负责系统技术支持、设备招标、设计联络、生产监造、工厂试验（样机试验、内/外部接口试验、测试、验收）、供货管理、安装管理、完工测试（单机测试、系统连续试验）、综合联调、建设运营"三权"移交、试运行、预验收、系统移交（竣工图、移交清单）、运行临管、试运营、竣工验收、质保管理、图纸和文件管理及合同管理等一系列的系统集成服务和管理工作。

在车辆段设备集成、采购的设计联络阶段，采用集成服务项目管理的运作模式，全面负责设备的集成服务管理工作。设计联络阶段，依据设备采购合同文件，由集成管理项目部编制设备设计联络工作安排和计划，并经业主审查通过。由业主发布有关合同管理和项目执行的相关规定。

(1) 设备设计联络阶段

应根据项目执行情况，组织设备供货商、设计单位等进行设计联络。设计联络会议上有关各方互提基础资料，确认系统功能、系统方案、系统接口、技术参数和各种计划，审核设备检测和出厂检验标准以及设备数量，并形成会议纪要。设计联络工作内容见表 8-93。

参加业主组织的设计联络会，对设备关键工艺、材料、技术标准、安装要求等内容编制项目管理方案，明确设备生产、供货、安装过程中监控的要点：

1) 参加车辆段工艺设备设计联络；

2) 参加业主组织的车辆段工艺设备设计方案交底会;
3) 参加产品设计图纸会审,对图纸、方案提出意见;
4) 审查对采购设备的生产厂家使用的关键设备、工艺装备、组装工艺;
5) 检查设备制造工厂 ISO 9001 贯标情况和复检时效;
6) 检查设备制造工厂相关质检网络分布情况和质检制度情况;
7) 检查设备制造工厂所使用的测量器具和仪器仪表;
8) 设备制造工厂出具质保体系相关资料。

监理对设计图纸进行审查,确认设计图纸是否遵守了设计标准、原则的要求;车辆段设备内系统外部接口要求是否落实,是否全面,有无漏项;车辆段设备安装特殊要求是否已在工程设计图纸中反映。

设计联络工作   表 8-93

序号	任务	工程监理
1	系统设计	对设计提交的设计文件提出审查意见
2	图纸文件	制定文件管理规定和程序,对项目执行过程中的文件实行管理。对提交的图纸、技术文件及时提出审评意见
3	设计联络	对提交的设计联络计划进行审评,协助组织并参与设计联络
4	系统方案优化	根据技术规范的要求,对系统的方案进行优化,提供必要的图纸、文件报业主审批
5	系统内部接口	审批接口技术规范,对接口技术规范提出审评意见,对各接口单位接口技术规范的执行情况实施检查、监督
6	与其他系统接口	审批接口技术规范,对接口技术规范提出审评意见,对各接口单位接口技术规范的执行情况实施检查、监督

(2) 设备监造阶段

根据业主批准的设备监造实施计划到设备供货商制造厂实施驻地监造。集成管理服务商的任何确认不能解除设备供货商对合同项下所供货的质量保证。对设备的监造分为主要元器件/原材料进厂检查检验、过程抽检和测试验收等。

对供货商各阶段试验,包括样机测试、接口试验等工作进行全过程监督,并对试验结果进行评估并报业主。将样机试验和接口实验实施计划交业主确认。在样机试验和接口试验期间有关问题的确认。应熟悉系统和设备的性能要求、接口方式等内容,在接口试验及单机调试、系统调试时,能判断和协调解决各种接口问题,从而协调系统各设备之间的关系,达到整个系统的性能要求。

生产制造阶段依据设备采购合同文件,经各方签署确认的设备设计图纸文件,编制和实施设备样机制造和接口试验实施计划、设备监造实施计划、设备出厂试验和验收计划。

工厂监造工作见表 8-94。

工厂监造工作   表 8-94

序号	任务	工程监理
1	设备制造	根据需要对设备制造过程进行监督、检查。按已审批的文件,监督设备制造过程的质量及进度

续表

序号	任务	工程监理
2	工厂测试、检验	审批测试检验规范和测试检验计划；审批测试检验报告。并监督承包商按已批准的文件执行
3	出厂检验	审批检验规范和检验计划；参与出厂检验；审批检验报告。审评检验规范和检验计划，监督承包商按已批准的文件执行，对检验结果进行审核评议
4	包装及发运	按合同要求对承包商的包装实施监督；审评发运计划

(3) 设备出厂验收

根据投产申请和投产指令，制定设备样机制造和接口试验实施计划、制定设备监造实施计划、制定设备出厂试验和验收计划。监督设备主要原材料和元器件的进厂检验、过程抽检和测试试验。组织设备样机制造和批量生产，并进行工厂监造和设备样机试验。根据需要参加设备出厂试验和验收。完成监造过程记录和监造报告。集成管理编制设备现场到货管理程序、设备施工现场管理程序含安装调试督导、各阶段调试和联调、各阶段验收文件。

1) 出厂检验

对出厂检验的内容、流程、实施计划、集成管理服务商应承担的责任等方面的内容提出合理的建议。出厂检验计划包括但不限于：检验项目、检验方法，检验标准，检验所使用的仪表名称、型号等。对检验过程进行全程监督，在出厂检验结束后，将其检验过程、检验结果、对检验过程中发现问题的处理意见。

2) 对设备采购出厂最终检验的质量控制

监理对设备采购设备选型、工厂考察、设备样机生产、下达投产计划、设备监造、设备出厂验收、设备进场验收等工作根据合同和技术规格进行逐项检查。

设备一般按产品生产周期在设备出厂试验、验收前几个月内，要求供货商提交试验、验收文件和计划，予以审核后，报业主确认批准。对进口设备控制的重点是供货商必须提供进口设备报关单供业主和监理单位审验。

供货商为项目工程提供的产品进行最终检验。最终检验确认工作在产品出厂验收过程中完成。

质量管理人员根据检验和试验计划的安排负责组织对供货商提供的产品进行最终检验确认工作。

检查验证供货商提供产品是否按照项目质量计划和标准规定执行。

产品的电气性能、机械性能、软件控制功能是否进行了全面的检验和试验是否满足合同技术规格书以及各次设计联络会纪要的要求。

产品的标识是否齐全。

产品的出厂文件、资料是否按合同规定的内容和数量提供。

产品的包装是否符合合同的规定和满足运输的需要。

业主、监理将被邀请参加检验过程。

(4) 设备运输及到场验收

设备到货阶段应编制设备运输和到货验收计划、并组织实施组织设备运输和现场卸货、组织设备开箱检查和验收。确定开箱检查时间和地点,并通知相关单位参加,参加设备开箱检查和验收,并签署意见。

监理组织开箱检查和验收,记录开箱检查结果,拟定检查记录并签署意见,实施本阶段施工安装进度控制、质量控制、安全控制。

现场供货管理:应将设备供货商各次发运货物的内容、发货时间、到货时间、运输方式、箱件数量、箱件大小、重量等通知业主。

到货验收:集成管理服务商应在设备运输到仓库或工地后组织进行各项检查、交接工作,在设备到货后,按设备到货清单逐件清点货物,做好详细检查及交接记录。应做好到货管理工作,安排设备供货商、施工承包商、施工监理一起进行到货验收,并做好四方代表签字确认。

设备验收工作见表8-95。

设备验收工作　　　　　　　　　　　　　　　　　　　　　　　　表8-95

序号	任务	工程监理
1	出厂检验	审评承包商提交的检验规范和检验计划,监督卖方按已批准的文件执行,参与出厂检验并对检验结果进行审核评议
2	包装及发运	按合同要求对卖方的包装实施监督;审评发运计划
3	仓储	根据合同要求对承包商的仓储情况实施检查、监督。对承包商设备出入库房的管理办法进行审核
4	开箱检查	监督并实施开箱检验,审评开箱检验报告

3. 车辆段工艺设备安装过程主要监理工作

(1) 设备安装监理工作

1) 设备安装前监理准备工作

开工前,监理工程师应根据合同文件要求和技术图纸对工程施工范围作深入的调查,核实现场施工条件,纠正差错、补充缺漏。

现场预留预埋配合:内容主要包括沟、槽、管、洞的位置和数量,设备安装孔洞,设备运输通道的位置和数量,预埋件的尺寸和位置,预留基础尺寸及数量,标高基准点,轴线等项目,对于发现的问题,监理工程师将向业主汇总报告,协调解决。

2) 承包商项目部前期监理审查工作

对设备安装实际操作进行技术交底,技术人员仔细审核设计文件、安装手册,对现场进行认真勘测,了解现场实际情况是否与设计要求一致,发现问题及时协调解决。

3) 施工图优化设计的监理工作

在施工图联合设计初步完成时,优化设计初步完成时,监理工程师应协助建设单位组织内部评审工作,详细检查施工图纸,提出监理的审查建议,保证完成的施工图设计能指导施工。

4) 设备安装准备阶段的质量控制

审查安装单位提交的设备安装施工组织设计和安装施工方案。

检查作业条件:如运输道路、水、电、气、照明及消防设施;主要材料、机具及劳动力是否落实,土建施工是否已满足设备安装要求。安装工序中有恒温、恒湿、防震、防尘、防辐射要求时是否有相应的保证措施。当气象条件不利时是否有相应的措施。

采用建筑结构作为起吊、搬运设备的承力点时是否对结构的承载力进行了核算,是否征得设计单位的同意。

设备安装中采用的各种计量和检测器具、仪器、仪表和设备是否符合计量规定(精度等级不得低于被检对象的精度等级)。

检查安装单位的质量管理体系是否建立及健全,督促其不断完善。

5) 设备安装过程的质量控制

设备安装过程的质量控制主要包括:设备基础检验、设备就位、调平与找正、二次灌浆等不同工序的质量控制。采用旁站监理、见证取样等方式进行。

材料和条件的准备:督促业主提供设备调试所需的原材料、工具、润滑剂、化学制品、催化剂、设施、服务和其他进行单体设备调试和设备系统试运转所需的条件。

人员的准备:督促业主将进行调试的操作和维护人员按合同规定时间派往现场参加设备调试。

技术的准备:要求所有参与设备调试的单位(业主、设计单位、设备供货商和安装与调试单位)及设备使用单位严格按照设备调试的技术方案、操作规程共同努力做好设备的调试工作。

车辆段设备工程常见质量问题及控制措施见表 8-96。

车辆段设备工程常见质量问题及控制措施　　　　　表 8-96

序号	可能发生的质量问题	质量控制措施
1	综合接地:易漏接及电阻不满足要求	1. 施工前进行严格的技术交底,所有用电设备外壳、桥架、线管、水管以及门窗等站内金属物体,均需要做相应等电位连接。 2. 土建施工时按照设计及规范要求对综合接地进行埋设,在接地电阻测试合格后方可进行隐蔽。 3. 预留接地端子数量必须满足要求,并做好标记和保护,并以书面的形式移交设备安装单位。 4. 大型用电设备旁按设计要求预留接地箱,并保证接地端子功能正常
2	工艺设备半成品、成品损坏	1. 建立完整的属地管理制度,强化各标段属地管理商的职责,制定严格的奖惩措施。 2. 对施工现场进行合理布置,对加工区及成品区进行严格的分离,防止生产过程中对成品的污染。 3. 优化施工方案,防止因工序先后顺序错乱而造成成品损坏

① 安装管理

在设备的现场安装、调试、试运行、质保期等阶段技术支持工作。制定安装督导计划交业主确认,跟踪了解施工进度、修订配合计划、安装现场进行安装督导。协调供货商与施工承包商的配合关系,按期进行现场安装配合,协调解决安装配合过程中的矛盾,并将有关情况及时书面上报业主。

② 安装验收

审核安装验收规程及安装验收计划,监理组织的安装验收工作,对在验收过程中发现设备质量的问题,提出期限整改要求,并督促整改。

安装验收工作结束后，监理出具验收报告，由所有参加安装验收的人员签字、确认，业主保留最终确认权。安装阶段的所有确认均不能免除施工承包商和供货商对其合同项下的质量保证。

③ 完工测试

完工测试的目的是检验供货商所提供系统和设备的功能是否满足合同的要求。

应把编制完成的系统测试和144h连续测试方案、测试计划、测试规程交业主确认。在系统测试之前，应将业主确认的测试通知和测试方案、测试计划、测试规程送达有关单位。完工测试应按确认的规程执行，测试过程中发现的产品质量、系统性能达不到设计要求时，应提出解决方案，由供货商限期整改。

(2) 主要进场材料、设备质量控制要点

监理工程师应审查承包商提供的材料、设备的产品合格证，测试、试验记录，并形成开箱检查书面记录。采用平行检验或见证取样方式进行抽验。

主要进场材料、设备质量控制检测，一般包括设备到货检验、施工过程中工序及整体工程安装检验，以及完工检验等。采购的材料、设备应严格按业主及监理的进货检验和试验程序的要求进行，对设备检测和试验。检验方法有取样试验、抽样试验。

不合格品立即隔离标识、拒绝签认，并应签发监理通知单，书面通知承包商限期将不合格品撤出现场。

供货商为项目工程提供的产品进行最终检验。最终检验确认工作在产品出厂验收过程中完成。

监理根据监理规范要求对主要进场材料、设备质量检查方法和评价判定制定基本原则。现场的设备和材料等物资都有明确的贮存、保管、防腐和领用制度，焊接材料等重要物资的保管、使用都将严格受控，以确保所有设备和材料等物资技术性能、内在和外观质量符合到货时状况，以达到使用后的质量要求。使工程所用材料设备的质量和消耗始终处于受控状态。

1) 供货的管理

设备的到货验收、现场试验、交接、最终验收；

备品、备件交货验收、交接；

专业工具交货验收、交接；

图纸、技术文件等资料验收、交接。

质量安全技术监理：

审查设计采用的有关安全的相关标准；

检查车辆工艺设备所用材料安全许可及防火标准；

检查监督车辆工艺设备运送的安全措施；

检查其他方面的安全工作。

2) 进场材料

原材料、半成品、构配件及设备进场前，承包商应向监理工程师提交进场材料、构配件和设备的出厂合格证、材质证明、试验报告。

经检验不合格的材料、构配件、设备不准进场。对于进场的主要材料，应在监理工程师的见证下抽样复验，复验合格后方可用于本工程，建立监理材料试验台账。

监理工程师有怀疑的材料可随时要求承包商进一步检验，若不合格，则该批材料、构配件、设备不得用于本工程。并限期运出施工现场。

督促承包商建立健全质量保证体系，做好材料的流向台账。

重点设备部分部件（到货）审查及验收

原材料的检验，是否符合设计要求；

设备及部件的产品合格证书；

设备的检验报告、型式试验报告，是否符合设计要求；

审查、验收报告，由业主、监理单位和承包商、设备生产厂家签字确认。

3）进场设备

在设备运往现场前，应检查设备供货商对待运设备采取的防护和包装措施，并应检查是否符合运输、装卸、储存、安装的要求，以及相关的随机文件、装箱单和附件是否齐全。

设备全部运到现场后，依据合同和装箱清单对设备、备品、备件、专用工具、图纸、技术文件等进行清点验收，并对设备进行现场检验，符合合同规定和业主的相关验收标准后进行交接。

4）设备检验的质量控制

设备的检验是一项专业性、技术性较强的工作，需要求建设、设计、施工、安装、制造、监理等有关部门参加。重要的关键性大型设备，应由业主组织鉴定小组进行检验。

设备、材料到货检验内容：外观检测、性能检测、规格数量验证、技术资料验证；做好检查记录、审查质量资料和签认开箱检查单；建立监理材料设备台账；若发现供货商提供的质量保证文件与所到实物不相符或对质量保证文件的正确性有怀疑，物资供应部须进行复检。

（3）检验（试验）与检测中的监理工作

监理检查供货商出厂试验报告并检查检测内容、项目是否符合设计图纸及供货合同要求。质量的检验检测应参照通信、乘客信息（PIS）系统工程施工质量验收规范，严格执行"三检制"。

监理工程师根据工作需要、业主的要求和工程施工具体情况，对设备材料进行见证取样、平行检测和抽样试验，并送第三方进行检测，材质检测委托有资格检验的单位进行，检测报告合格后方可使用。第三方检测的取样、送检过程需有监理在场见证，并留存必要的过程照片或影像资料。

监理工程师检查承包商提供的产品合格证书、出厂检验报告、进场检验报告、进场复验报告、型式检验报告、检查产品的质量合格证明文件、中文标识、结构性能检测报告、产品性能检验报告等。

1）供货商试验资格的要求：检查供货商提供的产品型式试验报告必须是国家认可的试验机构所出具，国内组装的进口产品附有国外权威机构出具的相关型式试验报告。

对检验、试验报告要求真实有效。

检验、测量和试验所使用的仪器仪表具有在有效期内并合格的鉴定证书。

试验标准及文件予以审核后，报业主确认批准。

检验和试验数据应保证真实有效并具有可追溯性。

通过单体检测合格的设备在产品检验报告中明确其状态。

合同产品功能性试验（包括软件功能）应在出厂验收前完成（必须在现场安装完毕后进行的项目除外）。

产品配属的外购件的试验报告应随货物同时提交监理审核。

2）监控系统软件供货商必须提交软件测试报告（含测试内容、项目及结果）、软件功能、性能、安全性、可靠性等满足相关规定，系统运行期间，如发现存在问题或缺陷，承包人应对其进行维护、完善，并提交运行情况报告。

3）合同产品抽样试验：对于新产品、产品结构变化、原材料变化、生产工艺改变等，供货商除提供型式试验报告外，必要时向业主提出书面建议进行产品抽样，送有关权威机构进行试验，得到业主批准后组织实施。

4）对供货商产品检验测量和试验的质量控制：按照项目执行过程编制的产品《×××检验和试验管理办法》进行相关的质量控制。项目部将派遣足够的人力监督供货商在本阶段的工作，检查供货商是否按照出厂试验、验收规格书进行相应的试验，要求供货商不得以任何借口减少试验项目和内容。

5）对供货商最终检验的质量控制：

在设备出厂试验、验收前3个月，要求供货商提交试验、验收文件和计划，予以审核后，报业主确认批准。

供货商为本项目工程提供的产品进行最终检验。最终检验的确认工作在产品出厂验收过程中完成。

质量管理人员根据检验和试验计划的安排负责组织对供货商提供的产品进行最终检验确认工作。

检查验证供货商提供产品时是否按照项目质量计划和标准规定执行了最终检查。

检查产品的电气性能、机械性能、软件控制功能是否进行了全面的检验和试验，是否满足合同技术规格书以及各次设计联络会纪要的要求。

产品的标识是否齐全。

产品的出厂文件、资料是否按合同规定的内容和数量提供。

产品的包装是否符合合同的规定和满足运输的需要。

业主将被邀请参加检验过程。

6）主要第三方检测：

在车载设备维修、更换或必要时，可通过试车工作站或操作盘，在试车线上对车载设备进行测试和试验，测试和试验的主要内容有：试车线设备检测，包括安装调试、系统功能检验。

(4) 设备安装关键工序质量控制要点

监理应按各工艺设备验收规范合理选择关键工序质量控制点，一般包括施工过程中的关键工序、关键环节或隐蔽工程，施工中薄弱环节或质量不稳定的工序、部位或对象；对后续工程施工或后续工程质量或安全有重大影响的工序、部位或对象；采用新技术、新工艺、新材料的部位或环节；施工上无足够把握、施工条件困难的或技术难度大的工序或环节。

1）设备现场开箱检查：开箱检查是工程顺利实施的最基本也是最关键的工序，是设备从供货商交给承包商的一项重要接口工序，只有在这项工作中认真清点设备数量、核对准确设备型号、检查设备外观等，对不符合合同要求的部分要求供货商进行确认并整改，以避免日后的扯皮、推诿责任等现象的发生，保证工程的顺利进行。

2) 设备运输及安装：在设备搬运安装过程中要注意设备安装的水平度、平行度、标高误差满足规范要求，注意盘面整齐，特别注意计算机主机、显示器等易损部件的安全，应避免野蛮安装和不文明施工。

3) 接地线、电源电缆、通信电缆敷设：施工过程中最容易出错的工序，而且出现错误的后果严重，如果施工中出现电缆接错、敷设距离不够、接地线没接等情况，就会带来烧损设备、电磁干扰等后果，所以一定要检查每条电缆是否按规范要求走线，是否按要求敷设到位，是否在施工过程受损。

设备安装和接线涉及系统设备的安全可靠，其正确性非常重要，而且是难以直接观察。要求监理监督安装程序和工艺是否正确，电缆敷设路径、敷设方式、接线是否正确、是否符合相关要求。

4) 系统内带电检测试验：系统内带电检测试验是对设备和系统的考验，送电开通，设备系统内调试试验要求监理到场旁站，监督设备最后检查过程，检查操作和保障人员是否到位，各种保障措施是否到位，观察带电过程是否正常，一旦出现不正常现象，要求启动相关应急预案。

5) 单体设备调试：单机测试和试验过程关系到设备和系统功能的实现，并且是对设备质量和接线正确性的考核和检查。要求监理对关键的测试和试验过程进行现场旁站，监督试验程序是否正确，试验方法是否合理，试验内容是否完备，试验结果是否有效，试验记录是否齐全等。

6) 系统现场测试及验收：牵涉到各项性能指标的严格细致的测试，要严格按计划进行，要保证各项测试方法、程序的正确性。

系统调试前软件调试，是技术性要求很强的工作，而且问题很难查找，所以这项工作不仅对施工调试人员的技术水平有要求，而且要求施工人员工作中要细心和耐心，认真对待每一个步骤的调试，才能不留隐患，使后续工作顺利开展。

7) 系统整体调试：主要是要求对本系统各项功能、技术指标进行测试，以满足设计要求。

系统与其他系统联合调试：是系统最终能否达到其最终功能要求的关键环节，涉及所有与其他系统之间的接口调试。

8) 系统通电运行试验：是对系统整体调试成果的反馈环节，要求施工人员密切注意现场运行情况，一旦发生问题，就要立即重新调整，确保现场验收测试试验的合格。

(5) 设备安装首件报验及工艺质量控制

车辆段设备集成包项目起重机安装（案例）：

1) 工程内容：电动单梁起重机安装、电动单梁悬挂起重机安装、电气设备安装、辅助设备安装、起重机调试、安装验收。

2) 工艺流程：设备开箱检查、建筑构件部分检查、路轨安装、滑触线安装、吊装、组装起重机、起重机电气及附件安装、自检、起重机试运转、竣工交检。

3) 工艺步序：

① 设备开箱检查：

根据随机文件目录查对使用说明书、电气原理图、布线图、产品合格证。

根据装箱清单所列零部件规格型号、数量逐一清点货物。

检查各部件是否完好无损，有无人为地损伤变形。

验收结束后认真填写开箱记录，并共同签字确认。

将验收后的设备妥善保管。

② 建筑部分构件的检查：根据建筑构件检测数据，对建筑构件部分进行复查。

包括承轨梁顶面标高；承轨梁中心位置及两侧承轨梁中心距；承轨梁预留孔及预埋螺栓时中心线的偏离。

③ 安装轨道

根据起重机的轨距在承轨梁上放线，弹出轨道中心线，再按轨道底宽弹出轨道底边线，以导电侧的轨道为基准，用钢卷尺、弹簧秤定出另一侧的轨道中心线。根据所测的标高，添加钢垫板。轨道中心与承轨梁中心的偏差不得超过承轨梁腹板厚度的一半。轨道要可靠接地，其接地电阻应小于 4Ω。

④ 工字钢安装轨道

调整轨道固定件的位置水平高程。轨道用工字钢梁起吊至安装位置，调整工字钢高程水平倾斜度以及安装位置中心，固定件进行连接，固定工字钢轨道梁。安装达到：轨道全长高差≤10mm，两轨道在同一断面处，跨距允许偏差±5.0mm，相对偏差±10mm。

⑤ 滑触线安装

按照安全滑触线产品要求，先安装滑触线支架。将每根滑触线用吊杆螺栓定位。滑触线组装，组装时调整与轨道在水平、垂直方向的平行度，不应大于 1.5/1000，且全长不超过 15mm。安装集电器，保证集电器碳刷与导电滑道结合紧密，运行平滑。

4）吊装方案：

① 电动单梁桥式起重机吊装

根据现场及起吊设备条件，采用整体（含葫芦）装配完毕后一次吊上轨道的方案。根据起重机起升高度、主梁及葫芦总成自重，选用足够吨位的汽车吊吊装。检查起吊用的钢丝绳是否牢靠。用主梁两端缆绳控制吊起的起平稳，并保证不与附近建筑物等干涉。

② 电动单梁悬挂桥式起重机吊装

使用吊装工具吊装电悬起重机。吊装前可先将电动葫芦安装在电悬工字钢的重心处并予以捆扎固定，防止吊装时左右滑动影响吊装安全。电悬起重机安装后对各连接件进行检查。

5）电气设备安装：

按照电气总图，安装全部电气设备和元件。安装在走台上的控制屏（柜）、电阻器等较重的设备应尽量牢固的搭接在走台的大拉紧上，电阻器尽量靠近控制屏（柜），使联接导线最短。电阻器应沿着平行主梁的方向放置，电阻器叠装时不应超过 4 箱。按照电气原理图放线，将全部电气设备和元件联接。导线应走线管（线槽），线管出线口应加橡皮护套，全部导线的端头应按照设计图纸上的编号做好标记，以便检修。电缆挂装于滑车上，电缆下挂长度合适，滑车运行平滑。

起重机上凡易触及裸露导电部分都应有防护装置。在检查接线正确无误后通电试车。

6) 起重机试运转：

起重机试运转前关键部位受电动作检查应完成且动作准确无误。试运转前应对下列各项进。认真地检查，合格后方能试运转。检查时应可靠地切断电源，并应有防止合闸时措施，挂好"禁止合闸、有人工作"的标示牌。

① 起重机无负荷试运转

起重机试运转前，必须检查电动机正反转方向是否符合要求，当起重机处在完全正常的情况下，就可进行试运转。无负荷试运转按下列程序和要求进行。

电动葫芦（小车）行走、空钩升降、大车行走（试车时，操纵机构操作方向应与起重机各机构的运动方向一致）、起重机静负荷试运转、起重机静负荷的运转宜在厂房柱头附近实施，这样能大大减少吊车梁弹性变形。反复三次后，测量主梁的实际上拱度，上拱度应大于跨度 L 的 $0.8/1000$。

② 起重机动负荷试运转

技监局特种设备验收也可同时进行，验收通过取得安全使用证。

7) 交工验收：

① 对监检过程中的监检意见及时整改。

② 认真自检，填写自检报告。

③ 在确认自检合格后交工验收。

工程实景见图 8-62、图 8-63。

图 8-62　立体车库

(6) 设备安装旁站、平行检验、隐蔽工程验收质量控制

1) 旁站、平行检验

旁站平行检查车辆段有安装接口的设备，如洗车机、不落轮、架车机、起重机等在基础预埋、设备安装、调试检测、接地检测时监理应进行旁站，确保其安装符合设计要求。

图 8-63　洗车机

监理对各产品按图纸、安装手册等要求，采用巡视、旁站、检测、试验等手段检查施工过程，确保设备安装质量。工序交接检查：坚持上道工序不经检查验收不准进行下道工序的原则，上道工序完成后，先由承包商进行自检、专职检，认为合格后再通知

现场监理工程师到现场会同检验，检验合格后签署认可方能进行下道工序。

按产品图纸、安装手册等技术资料及相关规定，对隐蔽工程的隐蔽过程，设备调试进行旁站。

2）隐蔽工程验收

凡被其他后继工序施工所隐蔽和覆盖的分部、分项工程即隐蔽工程，在隐蔽或覆盖前，必须经监理工程师检查、验收，确认其质量合格后，才允许加以覆盖。

隐蔽工程应进行交接检查，即监理工程师检查确认质量合格并签字后，方可移交下道工序施工。若发现其施工质量与施工图纸、技术交底、施工规范、操作规程等不符合，则监理工程师应以书面形式通知施工承包方，指令其进行整改或返工处理。

技术复核制就是在该工程尚未施工之前所进行的复核性的预先检查，如轴线、标高、预留孔洞位置、尺寸等。这种预检主要针对工程施工之前已进行的一些与之有密切关系的工程质量及正确性进行复核。

技术复核主要范围：

① 基础工程：检查、复核轴线、标高、预留孔洞、预埋件位置等。

② 砌体工程：检查和复核墙身轴线、楼层标高、预留孔洞位置尺寸、砂浆配合比等。

③ 钢筋混凝土工程：检查模板尺寸、位置、支撑锚固件、预留孔洞、预埋件、钢筋规格、型号、数量、位置、混凝土配合比等。

④ 若经检查、复核后证明其质量符合要求，则监理工程师应予以书面确认；若发现与施工图纸、技术规程、标准等不符合，则监理工程师应以书面形式指令施工承包商改正和返工，并做好记录。

预埋防护管、防护槽和线盒时，预埋工作严格按设计要求进行。线槽或暗管直埋超过30m或在线槽路由交叉、转弯时，设置过线盒，便于布放缆线和维修。过线盒要能开启，与地面平齐，盒盖处具有防水功能，能抗压。

线槽及管道的连接要采用专门的连接件并连接可靠，安装牢固。

隐蔽工程完成后，先由承包商自检、专职检，初验合格后填报隐蔽工程报验单。监理工程师、业主（如需要）、承包商现场联合检验，确认合格后再实施隐蔽。

(7) 专业接口关系及协调

车辆段设备系统接口主要是设备安装与土建基础的接口，接口的管理、协调，重点在于土建进度、土建预埋等，设备商应及时掌握土建进度情况，及时跟进，确保在设备安装、调试等满足要求，确保接口质量完好、功能正确。

在土建施工过程中，经常到现场查看，施工作业面的交接完成后及时进行设备安装，施工中主动与土建单位取得联系，以确保阶段性工期的顺利完成。

对关键部位、关键工序做好完成情况的旁站或见证取样工作。见证设备指标检测及功能检验。在关键部位、关键工序施工过程中，在现场进行旁站监督。对正在施工的非关键部位或工序进行定期或不定期的巡视监督检查。

(8) 单机调试、系统联调

1）单机测试

供货商应派出合格且技术熟练的技术人员到工地完成测试指导工作。供货商应于完工测试前提交参加完工测试的技术人员的名单及履历，报业主和集成管理服务商确认。

单机测试由集成商负责组织和管理，系统测试、测试结果和功能测试应符合安装手册或企业标准，按规定时间连续测试由集成管理服务商负责组织和管理，完工测试由施工承包商负责具体实施，设计单位、设备供货商配合完成。

在单机测试期间，施工承包商、供货商应向监理、集成管理服务商和业主递交调试报告，该报告须包含单机测试、验收依据内容。承包商应对现场单机测试质量负责，供货商负责现场单机设备测试指导，并做好记录，所有系统单机设备的测试都应按合同的规定进行。监理要求整理和编制设备单机测试报告，由各参与单位签字确认，然后提交业主最后确认。

2) 整体系统测试

单机测试合格后，方可开始系统测试。系统测试包括个体系统的测试、整个车辆段设备的测试。系统测试要进行功能测试，并要达到合同规定的要求。集成管理服务商应提出测试中可能出现的问题，并提出相应的解决建议方案，并负责具体落实。监理协调解决车辆段设备测试过程中出现的技术问题、接口问题等。

3) 车辆段设备及系统移交

在工程移交时，一并移交业主或运营商。监理应组织完成车辆段设备的设备、资料等的移交工作。做好设备资产移交手续，清点设备数量，保证设备完整、试机合格，监理协助业主做好整理、汇总和归档工作。

在整个车辆段设备合同执行过程中，按合同技术规格书要求整理、汇总和保管形成的所有文件（含电子文件）。车辆段设备供货商、施工承包商向业主提交的图纸、系统设备移交清单、备品备件及清单、产品设计的图纸及资料；各阶段各项测试检验规范和测试检验报告、安装手册、操作手册、用于维护的图纸及资料、用于培训的图纸、资料、手册；最终成册技术文件；施工竣工图纸；安装验收总结报告；其他技术、管理文件等。

注意各设备供货商、施工承包商、施工监理向业主提交的图纸、文件必须先由集成管理服务商接收、确认。集成管理服务商和业主的确认并不减轻系统各设备供货商、施工承包商、施工监理的任何责任。图纸和文件必须以书面文件和电子文件两种方式提供，电子文件等编制。

在设备验收后进行，做好成品保护，保证设备不发生损坏。

4. 车辆段工艺设备及车辆工程验收阶段

按相关文件及施工合同，对承包商报送的竣工资料进行审查，并对工程质量进行竣工预验收。对存在的问题，应及时要求承包商整改。整改完毕由总监理工程师签署工程竣工报验单，并应在此基础上提出工程质量评估报告。工程质量评估报告应经总监理工程师和监理单位技术负责人审核签字。

所有工程缺陷的修复均需由设计人员、监理工程师和最终用户签字认可。

完成合同的全部工程项目，修复预验收提出的缺陷之后，向最终用户发出竣工验收申请报告，编制竣工验收的详细计划并协助实施。

(1) 单位（子）工程验收

监理工程师应通过对分项、分部工程质量等级的统计推断，再结合对质保资料的核查和单位工程质量观感评分，对整个单位工程作出全面的综合评定，以决定可否同意施工单位竣工验收申请，凡是自评合格即可申请单位（子单位）工程预验收。

设备安装经检验及验收合格后，还必须进行试运转，这是确保设备配套投产正常运转的重要环节。试运行期间，保证车辆段设备及行车、维修维护正常工作、满足运营的实际需求的重要过程。由业主按照已批准的程序组织集成管理服务商、各系统设备供货商、施工承包商、施工监理等实施该工程车辆段设备的试运行试验，保证试运行时间。

1) 实体验收

实体验收主要是对各类设备安装就位进行抽查检测和运行试验，电缆、电线接续完毕布线合理，电缆电线绝缘电阻测试合格、电气器具及各种绝缘电阻测试合格、设备的可接近导体接地或接零连接完成、具有稳定可靠试验电源，供电容量符合测试要求，现场环境达到运营要求。

2) 观感验收内容

观感质量评定：一般规定质量评定由监理单位组织承包商共同进行现场评定，必要时业主参加。观感质量检查项目评定达不到合格标准，应进行返修。

验收标准：设备安装观感质量合格标准、机架观感质量合格标准、机柜观感质量合格标准、设备配线观感质量合格标准、缆线引入观感质量合格标准、系统布线观感质量合格标准、槽道观感质量合格标准等。

3) 资料检查及需完成文件

资料收集与整理，包括分部工程、单位工程等验收资料，竣工结算审核意见书，系统设备质量评估报告等专题报告，监理工作总结等。

单系统设备调试结束后，按相关程序和有关规定组织有关部门对各单系统设备进行初步（预）验收、竣工签证及质量评估。

督促承包商及时编制竣工结算文件且审核签认，协助业主进行工程竣工结算工作。

协助业主做好设备系统试运行准备工作。

审核承包商的乙供设备、材料向运营移交的清单。

其他属于合同规定的属于项目监理部责任范围内的工作。

完成资产录入工作。

4) 单位工程验收应提交报告

在试运行期间，如系统设备出现故障，集成管理服务商应协助相关系统设备供货商及时处理所发生故障。处理故障所发生的各项费用均由相关系统设备供货商承担。

在试运行期间，如系统设备安装出现问题，及时处理所发生故障。在试运行期间，不论系统（设备）发生任何故障，相关系统设备供货商须在24h内修复。车辆段设备试运行通过后，集成管理服务商协助业主向相关系统设备供货商出具试运行合格证书。

① 运行试验报告：

由各供货商通过合格的设备检测记录和测试报告，按合同和技术规格书约定时间试运行。

设备系统运行试验报告：连续运行试验指系统及与各相关系统协同工作，且不间断的运转，检验设备系统的各项技术指标。

② 验收报告、调试总结：

设备在经过连续系统试验，验证系统的可靠性。

连续系统试验时，对系统性能和功能按照工程开通初期列车运行最小间隔进行连续检验、考核。在此期间，对出现的小故障进行修补。初步验收试验期间，调试班组负责设备的巡视、维护、调整，对发现的设备故障及时报告监理工程师、业主代表。

（2）联调总结与评估

设备评价标准，根据各设备特殊性，分别验收调试，由最终用户、监理工程师、承包商、运营接管单位、政府质量检验部门及其他相关单位组成的验收组按照供货商提出的检验标准及本合同所规定的技术标准进行检查。

最终用户对安装工程实体和该工程所涉及的竣工档案的检查结果满意并接收，签发"竣工证书"，作为竣工正式验收结束的依据。

第 9 章 城市轨道交通工程装饰装修施工监理

城市轨道交通装饰装修工程从大的方面可以分为两个部分，一个是前台建筑部分，即直接面对旅客服务的车站；另一个为后台建筑部分，包含停车场、车辆段、维修基地、交通控制中心等运营保障建筑。由于后台建筑在招标过程中包含于相应土建项目中，按相应建筑装修工程控制即可。因此，本章节仅对前台建筑即车站建筑进行说明，分为站台层、站厅层、设备办公用房、交通商业空间四个部分，同时根据轨道交通多专业接口施工和分段验收特点，对接口施工、测量工作和验收工作进行说明。在后续的通用装饰技术部分对楼地面、墙体、顶棚装饰和其他装修工程进行了归纳。

9.1 车站装饰装修施工监理的工作特点

城市轨道交通车站按线路分布可分为高架车站、地面车站和地下车站，根据换乘空间划分又有立体换乘车站与平面换乘车站的差别。加之部分大型综合交通枢纽和城市综合中心车站建设，各类型车站的功能、规模和交通方式、装饰协调关系还是有所差别的。因此，需注意各车站交通导流和装饰特点，根据车站与周边建筑、交通协调、商业环境的协调要求，充分认识设计整体思路，在施工中不断完善细部装修节点设计，做好边界转换衔接是装饰装修工程监理工作的重中之重。这需要监理机构进场后对工程平面特点、交通方式与设计风格进行调查，充分实现设计意图，突出装饰装修工程的功能性与装饰性要求。本节将对车站各功能层的施工监理重点进行分析，具体通用施工监理控制，见后节。

9.1.1 站台层装饰装修施工监理工作特点

站台层装饰装修施工监理特点在于铺装定线和顶棚管线设备接口封边处理。轨道交通站台从大的方面分为岛式站台、侧式站台、混合式站台三种形式，其装饰装修施工需要从以下五个方面引起注意：

(1) 督促承包商对土建施工的站台平面位置、标高、边界尺寸进行复核，对站台层楼梯、办公用房、垂直电梯间、自动电梯口的实际偏差进行测量，并与土建单位做好交接确认工作。

(2) 督促承包商做好地面、顶棚施工的专业衔接工作。

站台层内风、水、电、监控、通信、自控等管线繁杂，需要督促承包商与各专业进行沟通，专业开口、装设、预埋等工序间断杂乱，需要做好立体和时间安排的四维控制，做好准确的交接点安排，才能达到有条不紊，避免返工、滞工现象发生。

(3) 督促承包商明确站台的平行线路方向装饰定线工作。

1) 岛式站台的装饰定线应该是取上下行线路的中心线作为基线进行铺装。

2) 侧式站台的装饰定线应根据相应侧线路中心线作为基线，同时需注意与对向站台的装饰线对称进行铺装。

3）混合式站台：

① 双岛式站台：不但要注意线路的中心线控制，还需要复核两岛之间的平行关系。

② 双侧式站台：需要同时注意两侧的线路中心线和中间通道的中心线，同时需考虑中间通道与站台材质、色调的变化。

③ 完全混合式站台：需要考虑各站台之间基线的平行，如果是对称设计需考虑中心对称原则对铺装进行控制，非整体对称，需考虑线路间就近对称铺装。

4）平行线路方向各项装饰边界应充分注意建筑限界。

5）需要关注站台地面与楼梯、办公用房、垂直电梯间、自动电梯的接口细部设计。

（4）督促承包商明确站台的垂直线路方向装饰定线工作。

需要明确地面铺装方向，确定好基线。铺装仍然需要综合考虑楼梯、办公用房、垂直电梯间、自动电梯的接口细部设计，同时需要对站台端头检修通道台阶进行综合考虑。

（5）督促承包商做好站台的平面标高控制工作。

站台的平面标高控制重点在于站台边缘的建筑限界，其基准标高控制在于进场后对轨面标高进行复核，监理机构应督促承包商与轨道专业核对调坡结果，复核站台层地面最终标高测放成果，按设计高差要求进行施工。同时需考虑各垂直交通通道口、自动扶梯、垂直电梯的细部设计，同时在施工中需要注意无障碍设计在各个接口的定线控制。

9.1.2 站厅层装饰装修施工监理工作特点

站厅层的装饰装修特点在于大空间、大平面、大立面，随着国家经济发展，逐渐开始重视一站一景，部分站厅空间开始装饰艺术吊件、雕塑、壁画，通过艺术风格区分换乘站点空间差别，并对墙壁进行个性设计，因此进行有效的区间分隔，突出区域表现重点就成为站厅层装饰装修施工不同于其他装饰工程的特点，据此监理机构需要在下列六个方面做好控制工作。

（1）加强对新材料的进场说明书核对检查。

目前新材料向耐久、易清洁方向发展，部分材料在切割后对断面有处理要求，部分焊件要求采用不锈钢焊条施工，这些都需要监理人员根据设计要求，细化检查指标，避免不合格材料投入使用。

（2）对于装饰性挂件和雕塑类的固定方案进行审查。

由于部分艺术设计来自美术院校或艺术机构，他们对固定方案缺乏必要的认识，因此应该督促承包商做好方案初审，部分需要打孔穿梁的措施需要得到原设计单位的确认，方可实施。

（3）督促承包商复核各楼梯、挡墙、二次结构的平面位置。

由于施工偏差影响，装饰平面与现场实际存在差异是正常现象，但是需要注意的是实际偏差对装饰细部的影响，需要克服部分材料的模数对缝问题。

（4）加强墙面和吊顶龙骨的隐蔽验收：

1）墙面龙骨安装时需要注意龙骨在洞口的封边固定与墙边的封口。

2）龙骨焊接接缝的质量控制和防锈处理。

3）吊顶吊杆的间距、材料、防锈质量控制

4）吊顶封边的扣件处理。

(5) 承包商放线后，检查无障碍设计线路上有无设备冲突。

(6) 注意与站台层和设备管理用房、交通商业空间的顺接方案。

9.1.3 设备管理用房装饰装修施工监理工作特点

设备管理用房中区别于其他部分的特点在于防尘地面与防静电地面的施工，在施工中，监理人员需要注意控制的内容如下：

(1) 要求承包商将基层验收控制指标和办法纳入施工方案。

(2) 对基层的清扫与吸尘管理要符合专业施工要求。

(3) 部分材料对于基层的干燥度是有要求的，需要严格检查。

(4) 对有组分配合比的材料，要检查承包商执行配合比的方法是否准确，对于成品拌和敷设地面，需要注意其成型与封边处理。

(5) 对于部分有粘接测试要求的地面，要按要求进行粘接测试。

9.1.4 交通商业空间装饰装修施工监理工作特点

交通商业空间牵涉与铁路、民航、公交等公共交通区域的衔接，或是作为大型广场地下人行通道、人防应急避难场所、商业空间入口等多功能几何体，其装饰装修既有公共活动空间的大净空、长尺寸、开口多等特点，也存在区域装修要突出重点功能的细节考虑。因此在施工前需要从以下八个方面对平面、立面、顶面施工进行充分调查。

(1) 明确空间与其他行业通道的施工边界与衔接办法。尤其是部分车站开口于已完工商业体或是车站内，需要对既有建筑的装饰面层进行调查，做好衔接与区隔。

(2) 做好各专业预埋管线、支架的调查与协调工作，在确认各专业与单位管线就位后方可进行铺装。

(3) 对预留孔洞进行研究，避免孔洞开口断开龙骨，对于部分设计孔洞龙骨加固措施要引起重视。

(4) 对于设计预埋或其他专业预埋的支架、挂钩等，要检查其材料使用、固定方式、荷载变化与防腐处理，避免公共空间坠物伤人。

(5) 对于设计的无障碍通道线路进行调查，避免出现设施障碍隔断通道或弯折避让问题。

(6) 各通风、照明、消防、通信专业的开口与挂件固定在照顾对应整齐时，应避免切割龙骨交点。

(7) 注意设计中对需要进行平面起坡的要求及楼地面与相应区域建筑物、电梯间、台阶、镂空栏杆、梯道入口护墙、自动扶梯等构筑物的协调。

(8) 对于有防滑要求的地面要注意对材料和工艺进行重点检查。

9.1.5 多专业协调接口工程的监理工作

车站装饰装修施工阶段牵涉多专业穿插作业，各参建单位之间没有合同约束，设计也存在专业设计之间或设计单位之间的冲突问题，协调工作难度较大。工序交叉导致施工质量、成品保护、安全隐患矛盾突出，因此建立成熟的多专业协调接口工程显得尤为必要，各专业监理单位在此阶段需要密切合作，紧紧依靠业主的管理，建立协调工作制度，明确处理原则，分清接口工程责任，方能提高工作效率，完善收尾工作。

1. 与土建工程的协调

（1）明确土建承包商、监理单位与装饰承包商的交接组织与程序；

（2）明确交接清单；

（3）督促承包商对车站结构外观、空间净尺寸进行测量，明确误差；

（4）督促承包商对车站结构渗水展开图进行交接复核；

（5）督促承包商对车站结构排水进行专项核查；

（6）督促承包商形成车站结构遗留问题备忘录；

（7）每次协调会议要形成会议记录，针对提出问题进行逐一销项，并经双方确认。

2. 与安装工程的协调

（1）车站机电设备安装由于牵涉专业多，在局部地区管线布设困难，因此在开工前要充分利用 BIM 技术消除各专业冲突点；

（2）优先安排牵降变、环控电控室装饰施工，部分车站二次结构施工预留的大型设备运输通道可能滞后进度计划，需重点关注；

（3）充分发挥业主的合同职能，定期组织设计、监理、风、水、电、弱电等各专业承包商召开协调会，解决现场问题；

（4）督促承包商对各工种间议定的时间界限进行把控，避免影响后续工序开展；

（5）及时收集人防工程各类项目施工信息，协调施工进度；

（6）充分了解火灾自动报警系统（FAS）、环境与设备监控系统（BAS）工程内容、工序要求；

（7）熟悉通信、信号工程对控制机房的各类要求（如静电地板、机房照明、插座、门窗开闭，工序进度等）；

（8）组织办理专业单位与装饰单位各类机房中途移交及最终移交手续，明确双方管理责任；

（9）与自动售检票系统（AFC）工程承包商进行协调进场节点安排；

（10）了解自动扶梯、垂直电梯、屏蔽门工程进度节点安排。

9.1.6 装饰装修工程的监理测量工作

（1）督促装饰装修承包商对土建测量控制点进行复核，经监理确认方可使用；

（2）要求装修单位布设车站内测量基准网（平面以建筑轴网为基准网，标高以轨顶标高为基准点），车站内测量基准网测设完成后经监理复核确认后方可使用；

（3）要求装修单位以轨顶标高为基准点在车站站台层、站厅层自下而上测量出完成面标高控制线（1m 线）监理复核无误后方可用于细部放样；

（4）严格控制站台层地面完成面标高，施工时要求随时与轨顶标高进行核验；

（5）细部测量放样弹线后，监理必须进行测量复核，重点检查复核装修边口、预留孔洞位置、尺寸，必要时与相关专业（动照、暖通、导向、广告灯箱、消防、给水排水、通信、电梯、人防等）人员沟通，现场确认位置；

（6）对有净空要求空间进行测量复核，保证设计及使用要求。

9.1.7 装饰装修工程的监理验收工作

车站装饰装修施工阶段可分为基层验收、关键部位验收、隐蔽验收、成品预验收与其他验收几个部分,由于验收过程常伴随多专业配合,因此需要引起现场监理机构注意。

1. 基层验收

基层验收的目的是做好工序交接,明确土建与装修承包商之间、上下工序班组之间质量责任,主要包括基层平整度与净尺寸、标高、结构渗漏缺陷验收。

(1) 平整度与净尺寸质量决定了块料面层的成品质量,轨行区建筑限界验收,并增加龙骨类施工的难度,因此监理机构应要求承包商进场后应对基层平整度按验标进行复核,对于超标严重的区域应形成复核意见,要求土建单位进行解决或确认;

(2) 标高复核牵涉使用净空、建筑限界、建筑使用功能等诸多因素,因此需要提醒承包商在使用分区接口、控制净空位置、设备与管线集中区域、自动电梯、垂直梯井出入口等区域进行重点复核;

(3) 结构渗漏会影响车站石材的铺贴质量、涂料质量、管道保温材料保温性能、轨行区、站台电缆夹层级电梯井道基坑积水,滞后相关机电设备安装进度;牵降变、弱电机房、屏蔽门控制室等设备用房渗漏可能直接导致设备毁损和运营事故。因此需要引起足够重视,对车站结构和附属设施排水系统及防渗漏情况是否畅通进行排查统计,对于渗漏部位书面督促相关单位进行堵漏并跟踪检查:

1) 排查部位重点在车站主体附属结构的顶板、侧墙、底板的防水系统和离壁沟、落水管和地漏等排水系统;

2) 隧道与车站的井接头处、附属结构与主体结构接缝处、风道与主体结构结合部和开孔部位;水管穿越底板和中板;

3) 设备管理用房(环控机房、冷冻机房、端头井、牵降变、弱点综合机房等)如果采用地面找坡排向地漏的,应确保排水坡施工没有问题,否则要增加离壁沟;

4) 牵降变和配电室顶部,风水电安装在电气柜正上方是否存在可能形成冷凝水的管道;

5) 各类集水坑的集水通道是否畅通。

2. 关键部位(节点)验收管理

关键节点是指工序转换和交接过程中,影响后续工作质量和工期的项目,一般需注意以下几点:

(1) 土建与装饰交接节点验收;

(2) 二次结构施工完成(粉刷前)验收;

(3) 楼地面、墙面、柱面、顶棚封板前验收;

(4) 设备用房中间交接;

(5) 人防工程验收;

(6) 成品保护前验收。

关键部位验收应按验收部位填写"质量验收记录",形成会议纪要,连同整改、销项报告作为整个工程竣工验收的资料备存。

3. 隐蔽工程验收管理

地铁车站墙面内、吊顶内、地面下敷设较多各系统专业的设备和管线。在进行最后一道工序施工前，隐蔽部位的质量必须符合设计和规范要求，同时应有各系统单位的工程验收结论资料方可进行隐蔽。对于部分采用龙骨施工的面层尚需对龙骨施工的固定节点、构件防腐、孔口加强施工等质量进行验收。

4. 成品预验收工作与其他验收管理

监理单位应根据规范要求，按区域组织工程预验收工作，同时形成验收问题清单，督促责任承包商进行整改销项，闭环后方可进入正式验收阶段。

其他验收包括：首件验收、样板间验收、专业分包内容验收、设备用房综合验收等，验收应形成验收小结，对验收程序、参加人员、协调方式、施工中发现的问题提出改进意见，便于后续大面积施工中形成经验，完善促进工作。

9.2 地面装饰装修监理

9.2.1 整体面层

1. 基层监理控制要点

（1）基层下的隐蔽工程经监理验收合格或已完成交接手续，方可施工；

（2）基层施工前，验收其下一层表面应干净、无积水；

（3）督促承包商对垫层、找平层、填充层内埋设的暗管、预埋件按设计要求予以稳固及采取相应的保护措施；

（4）对有绝缘要求的地面基层（车站屏蔽门与土建结构之间），绝缘层施工前监理要求对既有土建结构站台板上绝缘区的突出物及金属物清理干净后，施工水泥砂浆找平层。

2. 找平层监理控制要点

（1）铺设找平层前，应检查验收下一层表面是否清理干净，其下一层为水泥混凝土垫层时，应予以湿润；当表面光滑时，应凿毛；

（2）当采用水泥砂浆或水泥混凝土铺设找平层，监理理应检查材料符合性，以及配合比是否符合设计要求；

（3）防水楼面铺设找平层前，应旁站立管、套管和地漏与楼板之间的密封处理是否符合设计要求，并进行隐蔽验收，排水坡度应符合设计要求；

（4）找平层验收要求：找平层表面平整密实，不得有起砂、蜂窝、裂缝和空鼓等缺陷。

3. 水泥混凝土面层和水泥砂浆面层

（1）水泥混凝土面层和水泥砂浆面层施工监理

工艺流程：测量标高、弹面层控制线→基层处理→洒水湿润→抹灰饼→抹标筋→刷素水泥浆→浇筑细石混凝土（铺设砂浆面层）→抹面层压光→养护。

施工过程质量监理控制要点：

1）混凝土和水泥砂浆的配合比及强度、面层与基层结合面处理、完成面施工质量；

2）厕浴间等有排水要求的建筑地面面层与相连接各类面层的标高差应符合设计要求；

3）铺设整体面层时，其水泥类基层的抗压强度不得小于 1.2MPa，基层表面粗糙、洁净、湿润并且无积水；

4) 面层铺设不得留施工缝,当施工间隙超过允许时间规定时,应对接槎处进行处理。

(2) 水泥混凝土面层和水泥砂浆面层施工准备中的监理工作

1) 地面工程各层铺设前,督促承包商与相关设备安装、管道等专业之间进行交接检验,建筑地面下的沟槽、暗管等工程隐蔽验收合格后,方可进行建筑地面工程施工;

2) 检查验收基层清理质量:基层清洁、粗糙、湿润、无积水;

3) 复核标高控制线。

(3) 水泥混凝土面层和水泥砂浆面层施工过程的监理工作

1) 检查水泥浆结合层涂刷质量:在铺设混凝土面层前,在已湿润的基层上刷一道 1:0.4～1:0.5 的素水泥浆,要随刷随铺混凝土,避免时间过长水泥浆风干导致面层空鼓;

2) 在混凝土面层或水泥砂浆面层铺筑后,督促承包商适时按工艺要求压光,一般三遍成活,压光后督促承包商做好洒水养护工作,以防止起砂、不耐磨,并做好成品保护工作;

3) 检查面层与下一层结合是否牢固,有无空鼓、裂纹等现象。当空鼓面积小于 $400cm^2$,且每自然间(标准间)不多于 2 处时,可认定合格;

4) 如出现面层起砂,可要求施工方进行喷洒混凝土加强剂(严格按照产品说明施工)等措施,减少设备区灰尘污染。

9.2.2 板块面层

1. 大理石面层和花岗岩面层

(1) 大理石面层和花岗岩面层施工监理

大理石面层和花岗岩面层施工工艺流程:准备工作→弹线→试拼→编号→刷水泥浆结合层→铺砂浆→铺石块→灌缝、擦缝→打蜡。

监理控制要点:

1) 面层和基层的结合应牢固、无空鼓、裂纹等缺陷;凡单块板块边角有局部空鼓,且每自然间(标准间)不超过总数的 5% 可不计。

2) 地面面层与相连接各类面层的标高差应符合设计要求。

(2) 大理石面层和花岗岩面层施工准备中的监理工作

1) 地面石材、胶粘剂材料的放射性、有害物质含量符合现行国家标准《民用建筑工程室内环境污染控制规范》GB 50325 的规定;

2) 审查石材(技术等级、光泽度、外观等质量)是否符合产品质量标准;

3) 要求施工方选用专业的石材防护剂对石材的 6 个面进行涂刷或喷抹,待防护剂渗入石材后方可施工(可厂家提前做好),现场加工、切割过的石材必须重新涂刷防污染剂,涂刷工艺严格按照产品说明及规范进行,如图9-1所示为石材六面防护未做到位的情况;

4) 督促承包商对于板材有裂缝、掉角、翘曲和表面有缺陷时应予剔除,品种不同的板

图 9-1 石材的六面防护未做到位,出现污染石材情况

材不得混杂使用；在铺设前，应根据石材的颜色、花纹、图案纹理等按设计要求，试拼编号；

5) 会同相关专业对建筑地面下的沟槽、暗管等进行隐蔽验收，检查基层清理质量：基层清洁、粗糙、湿润、无积水；

6) 复核标高控制线。电（扶）梯桁架在生产前应与装修单位做好上下踏板处标高核对工作，避免造成踏板与地面形成错台；

7) 在施工前要求施工方及时与各相关专业核对设计图纸，确定面层石材开孔位置及尺寸，将 AFC 线槽、地面疏散指示、检修孔、不锈钢栏杆预埋件等位置放到电子排版图上，各单位予以会审确认，按图实施，避免遗漏。

(3) 大理石面层和花岗石面层施工过程中的监理工作

1) 检查监督水泥浆结合层涂刷质量，避免出现石材铺贴出现空鼓现象；

2) 检查石材的湿润情况，晾干后表面无明水方可使用；板块的铺砌应符合设计要求，当设计无要求时，宜避免出现板块小于 1/4 边长的边角料；

3) 检查石材磨光打蜡质量；

4) 绝缘层地面铺贴石材时监理重点监督：杜绝水泥砂浆流淌到绝缘槽外面，同时不能有锐物损坏绝缘层膜；绝缘缝绝缘密封胶灌填前，把外露绝缘膜切至装饰面下 5mm，使灌填的绝缘胶与绝缘膜密贴，与装饰面平齐，达到绝缘和美观效果；

5) 严格控制面层标高，面层铺贴时要求施工方挂线施工，尤其控制收口收边衔接部位的标高如：与自动扶梯起步平台的衔接、站台板收边、检修孔等，避免错台和短距离找坡；

6) 检查是否按设计及规范要求设置施工缝或变形缝；

7) 随时检查表面平整度、缝格平直、接缝高低、踢脚线上口平直、板块间隙是否满足规范要求；

8) 检查楼梯踏步和台阶板块的缝隙宽度应一致、齿角整齐；楼层梯段相邻踏步高度差不应大于 10mm；防滑条顺直；

9) 面层施工完成后巡视检查面层养护情况及成品保护措施落实情况。

2. 砖面层

(1) 砖面层施工监理：

砖面层施工工艺流程：选砖→准备机具设备→排砖→找标高→基底处理→铺抹结合层砂浆→铺砖→养护→勾缝→检查验收→养护。

施工过程中监理控制要点：

1) 面层砖的材质、品种及颜色应符合设计及施工规范规定；

2) 验收面层和基层的结合应牢固、无空鼓、裂纹等缺陷；凡单块板块边角有局部空鼓，且每自然间（标准间）不超过总数的 5% 可不计；

3) 建筑地面下的沟槽、暗管等工程完后，经检验合格并做隐蔽记录，方可进行建筑地面工程施工；

4) 有排水（或其他液体）要求的建筑地面面层与相连接各类面层的标高差应符合设计要求。

(2) 砖面层施工准备中的监理工作：

1) 地砖、胶粘剂材料的放射性、有害物质含量符合现行国家标准《民用建筑工程室内环境污染控制规范》GB 50325 的规定；

2) 砖（砖的规格尺寸、外观质量、色泽）是否符合产品质量标准；检查验收基层清理质量；基层清洁、粗糙、湿润、无积水；铺装材料有裂缝、掉角、翘曲和表面有缺陷时应予剔除；

3) 板块的铺砌应符合设计要求，当设计无要求时，宜避免出现板块小于 1/4 边长的边角料；

4) 复核标高控制线；

（3）砖面层施工过程中的监理工作：

1) 检查监督水泥浆结合层涂刷质量；

2) 检查监督水泥砂浆是否按审批过的配合比进行拌制；

3) 检查面层砖的湿润情况，晾干后表面无明水方可使用；铺装时要求挂线施工，避免出现铺装面有错台或不平整现象。

（4）盲道砖铺设监理应检查：盲道砖铺设标高，盲道砖的提示线应高出地面石材平面；行进砖和提示砖不能混铺，严格按照图纸进行铺设。

（5）当地面有排水要求时（如卫生间），监理应重点检查面层施工是否按要求向地漏方向放坡，及地漏四周施作引水坡，避免排水不畅，如图 9-2 所示为地漏引水坡做法。

（6）面层施工完成后巡视检查面层养护情况及成品保护措施落实情况。

3. 防静电活动地板

（1）防静电活动地板施工监理

基层处理与清理找中、套方、分格、定位弹线→安装固定可调支架→铺设活动地板面层→清擦。

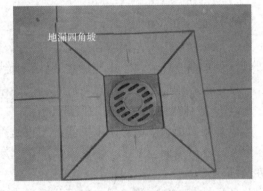

图 9-2 地漏引水坡

施工过程中监理控制重点：防静电地板材料的符合性、施工前的隐蔽验收、支架安装及地板铺设质量等。

（2）防静电活动地板施工准备中的监理工作

1) 检查验收材料：板块面应平整、坚实并具有耐用磨、防潮、阻燃、耐污染、耐老化和导静电等性能，进场材料合格证、检测报告等质量证明文件齐全，原材料复试性能指标是否符合设计及规范要求；

2) 施工前检查面层以下的隐蔽工程是否按设计施工及验收完毕，各相关专业进行交接会签；

3) 验收基层表面应平整、光洁、不起尘土，含水率不大于 8%。安装前应清扫干净，必要时要求施工方在基层面上涂刷绝缘脂或油漆；

4) 检查承包商技术交底情况；复核测量基准线是否满足设计及规范要求。

（3）防静电活动地板施工过程中的监理工作

1) 现场监督可调支架安装质量：要求在承包商弹线放样，在基层上标出可调支座位置后安放可调支座；

2）检查复核横梁标高是否符合设计要求，如发现安装误差大于规范要求，及时要求施工方调整；

3）检查缓冲胶条与横梁的粘合是否平顺、牢固；

4）当现场使用切割后的活动地板时，监理应检查施工方是否按设计及规范要求对切割面进行处理；

5）检查验收活动地板四角接触是否平整严密，是否有加垫现象；活动地板安装完后行走必须无声响，无摆动，牢固性好；

6）检查活动地板是否按设计要求进行嵌缝；

7）活动地板安装完成后，督促施工方及对地板进场清擦，做好成品保护工作，不得在地板上堆放重物。

9.3 墙面和立柱装饰装修监理

9.3.1 一般抹灰

1. 一般抹灰施工监理

一般抹灰施工工艺流程：基层处理→局部挂网→吊垂直、套方、贴灰饼、冲筋→界面处理→做护角→抹底层、中层砂浆→抹踢脚线及墙裙→抹面层砂浆→养护。

施工过程中监理控制重点：施工前的隐蔽验收、基层处理、抹灰平整度。

2. 一般抹灰施工准备中的监理工作

（1）施工前检查面层以下的隐蔽工程是否按设计施工及验收完毕，各相关专业进行交接会签；基层表面应坚硬、平整、洁净，基层应提前24h润湿，混凝土基层应凿毛或涂刷界面剂；

（2）抹灰前，应检查门、窗框位置是否正确，与墙连接是否牢固，对已安装好的门窗框，应采取保护措施；

（3）检查隔墙、暗装的管道、电线管和电器预埋件、预埋的木砖或铁件等是否完成并符合要求；

（4）检查墙上的施工孔洞是否堵塞密实；

（5）施工前进行样板间或样板块的施工，以便确定分层抹灰厚度、间隔时间和检验砂浆的和易性、保水性。

3. 一般抹灰施工过程的监理工作

（1）巡视检查墙面充筋带或灰饼质量；

（2）检查室内墙面、柱面和门洞口的阳角的暗护角施工质量；

（3）巡视检查管线槽的填补和加强网的设置质量；

（4）巡视检查不同材料基体交接处是否采取防止开裂的加强措施；

（5）巡视砂浆拌制质量；

（6）巡视检查分层抹灰厚度、间隔时间是否符合要求；

（7）当抹灰总厚度≥35mm时，要求承包商采取加强措施，并对加强措施进行隐蔽验收；

（8）完成一处检查一处，重点检查平整度和空鼓情况。

9.3.2 涂饰

1. 涂料涂饰施工监理

水性涂料涂饰施工工艺流程：基层清理→嵌、批腻子→磨砂纸→封底涂料→饰面涂料（喷、滚、刷等）→完工保护→验收。

施工过程质量监理控制重点：基层处理，观感质量。

2. 涂饰施工准备中的监理工作

（1）对涂饰基层进行验收：基层应清洁、干燥、牢固，表面平整，立面垂直，阴阳角方正，无缺棱掉角。涂刷溶剂型涂料时，含水率不得大于8%；涂刷水性涂料时，含水率不得大于10%。基层pH值不得大于10。

（2）审查进场涂料的产品合格证、性能检测报告，底层涂料与面层涂料应配套。

3. 涂饰施工过程中的监理工作

（1）巡视检查批腻子质量：

1）腻子施工时应分层进行，每层不宜过厚，施工下一层时确保上一层充分干燥，表面干净无灰尘；

2）基层腻子应平整、坚实、牢固，无粉化、起皮和裂缝；

3）第一遍腻子应把气泡、砂眼、塌陷不平的地方刮平，第二遍腻子要找平大面并做到脚顺直、阴阳角方正；

4）卫生间墙面必须使用耐水腻子。

（2）批腻子后对砂纸打磨效果检查，以不显砂纹为准。

（3）巡视检查涂刷方法是否正确。面层涂料施工前确保腻子基层干燥无灰尘，底涂、中涂、面涂分层涂刷，涂刷下一层时确保上一层充分干燥，涂刷完成后应确保通风，防止涂料面层起皮、霉变。

9.3.3 饰面板安装

1. 饰面板安装施工监理

石材饰面板挂贴灌浆法施工工艺流程：基层处理→测量定位→绑扎钢筋网→钻孔剔槽→逐步挂丝（或固定件）固定石材→分层灌浆→清理→擦缝。

施工过程中监理工作重点：基层处理、固定石材和分层灌浆。

石材饰面板干挂法施工工艺流程：测量定位→绘制排版图→分墨放线→钢骨架制安→面板筛选、拼缝和缝→编号加工逐排挂面板→安装固定打胶→板面清理。

施工过程中监理工作重点：测量定位、钢骨架制安、挂面板。

金属饰面板施工工艺流程：基层测量放线→固定骨架连接件→骨架安装→金属面板安装→收口处理→清洁卫生

施工过程中监理工作重点：骨架安装、金属面板安装、收口处理。

2. 饰面板安装施工准备中的监理工作

（1）审查深化图纸，审批承包商编制的施工排版图，重点审查：

1) 墙、地、顶的对缝或协调美观；
2) 楼梯（扶梯）部位与站台、站厅的协调性；
3) 消火栓处的细部处理；
4) 外墙处竖向龙骨应贴墙布置（避免墙体渗漏水影响饰面板美观）；
5) 墙体阳角处饰面板对缝宜按图 9-3 处理。

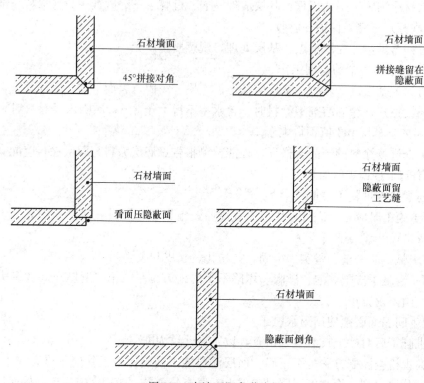

图 9-3 内墙面阳角节点图

（2）组织验收土建结构墙面基底，重点检查：
1) 离壁沟排水顺畅，防水施工质量合格；
2) 结构是否渗漏，预埋件、预留孔洞及管线位置是否正确。
（3）组织装饰装修单位对土建结构测量进行复核，减少主体结构土建施工误差对装饰的影响。
（4）审查进场材料产品合格证、性能检测报告、进场验收记录和复试报告；对花岗石等饰面材料必须有放射性指标检测报告，对使用面积大于 $200m^2$ 时，应对不同产品、不同批次材料分别进行放射性指标的抽查复验。
（5）对样板间或样板块进行验收。

3. 饰面板安装过程中的监理工作

（1）石材饰面板挂贴灌浆法安装施工过程中的监理工作
1) 检查基层处理情况、墙面的平整度、垂直度；沉降缝、伸缩缝及各种管线位置处理是否完成；
2) 检查钢筋网是否按设计排版图的要求进行尺寸分格，钢筋网架安装的质量应平整、垂直、牢固，以利于石材面板的挂丝安装；

3）根据排版图检查石材拼缝、颜色搭配、色差等是否合理，使其观感质量达到协调一致的要求；

4）巡视检查龙骨安装、连接节点情况，每块石材与钢筋网架拉结点不得少于4个，挂丝牢固定位，且挂丝必须有防锈性能；

5）检查验收经固定校正的石材面板边口封堵是否严密，灌注砂浆前应将石材背面及基层湿润，并应用填缝材料临时封闭石材板缝，避免漏浆；

6）每层灌浆时按板块分层浇灌，第一层浇灌不大于板高的1/3，第二层浇筑时应检查石材是否有位移现象，如有及时纠正；第二层灌浆高度为板高的1/2，待初凝后再灌第三层，第三层灌至低于板上口50~100mm处为止；余下高度作为上层板材灌浆的接缝；

7）浇灌时速度不宜过快，防止空鼓，浇灌时可轻轻插入捣实砂浆；每次灌浆时间应间隔1~2h，第三次灌浆后及时清理上口余浆，隔一天后清理有碍上一层石材安装的石材上口夹具或木楔；

8）检查成品清理情况，灌浆结束及时清理石材面板，以保证面板的颜色一致，防止墙面污染，并注意成品保护工作。

（2）石材饰面板干挂法施工过程中的监理工作

1）复核测量定位，检查型钢龙骨位置线是否按排版图进行分格放线，使四周的接口一致；

2）检查龙骨立柱安装质量，固定龙骨所采用的膨胀螺栓或化学锚栓必须见证做拉拔试验，焊接位置焊缝饱满，焊点应作防锈处理；安装后确保整个立面横平竖直；

3）检查横梁安装质量，立柱安装好以后，检查分格情况，符合规范要求后进行横梁的安装，横梁根据实际情况进行断料，横龙骨的安装，依据水平横向线进行安装；

4）隐蔽验收龙骨及横梁，合格后方可进行下道工序；

5）验收加工进场的半成品板材，对有缺陷的材料不得使用；检查加工尺寸，控制长、宽、高的偏差，要求承包商按排版图对面板进行拼缝，合缝处理，对偏差较大的应及时进行加工处理，按处理好的面板进行排版编号；

6）检查是否按编排好的顺序对所安装的挂件进行加工、钻孔，板材上、下相应位置是否按挂件位置进行割口开槽或钻眼，是否按水平、垂直的要求安装专用挂件，再进行石材安装，待安装调整完毕后，对挂件进行固定，再在切口处填云石胶或环氧胶泥，固定石材；

7）检查嵌缝质量，接缝要求宽度均匀、横平竖直，颜色一致，表面光滑平整。

（3）烤瓷铝板、搪瓷钢板干挂施工过程中的监理工作

1）复核测量放线结果，考虑放线、排版的要求，使用统一规格大小的饰面板，按排版要求统一放线；

2）检查连接件与结构预埋件焊接质量，预埋件焊接长度与高度，焊条规格品种、螺栓规格、钻孔孔径、抗拔抽查；也可在结构基体上固定金属膨胀螺栓与之连接；

3）检查主龙骨安装质量，将主龙骨先与连接支座相连，然后再与先行已焊主体预埋件的角钢支座连接，并进行调整和固定，先点焊，后满焊；竖向龙骨施工质量的好坏直接影响到饰面板的干挂质量，所以应严格控制竖向龙骨的安装质量；

4）检查横龙骨安装质量，横龙骨安装要严格控制水平度，水平度直接影响饰面板横缝的质量，调整好后满焊；

5）隐蔽验收骨架安装质量，重点检查构件与主体结构的连接点的安装、检查钢框之间的连接形式及焊接质量，并符合下列要求：

① 在结构基线上作出竖直控制线、标高水平控制线、骨架表面平整度控制点等标志，宜用精度较高的经纬仪对一些标志进行扫描，以保证所有标志能在同一竖直的平面上；

② 必须对所有骨架及其连接件做好防锈处理，并按规定进行对变形缝、沉降缝、变截面及阴阳角等处的构造处理；骨架间连接采用螺栓等固定时，螺母必须拧紧，重要部位宜用双螺母，调好后点焊焊牢；采用电焊连接时，焊缝应饱满，保证焊缝长度和宽度，不得伤及骨架材料，安装好以后应统一做好防锈处理；

6）检查面板安装质量：

① 为了保证墙面外观质量，螺栓位置必须准确，墙板的安装顺序自下而上，每安装铺设一定距离墙板后，应吊线检查一次，以便及时消除误差；

② 安装搪瓷钢板应使用合适完好的工具进行，直接与搪瓷墙面接触的安装工具必须使用柔性接触，如胶锤、橡胶衬垫等；

③ 安装搪瓷钢板时，应使钢板主体处于自然的重力状态，不应使用锤击、挤压等强迫方式进行安装；

④ 所有需要在搪瓷钢板上预留的孔洞和缺口，必须在工厂加工完成，不能在现场进行开孔、切割、折弯等任何的机械加工操作；

7）检查变形缝位置处理情况，结构变形缝处墙面装饰材料与龙骨应断开并用不锈钢收口。

9.3.4 饰面砖

1. 饰面砖粘贴前施工准备监理工作

（1）审批施工方案（施工工艺、检验标准）、审核人员及施工机具；

（2）验收土建结构基层，是否渗漏、管线是否预埋正确；检查基层处理是否合格，抹灰基层应平整、无开裂、无空鼓，混凝土基层应凿毛处理，有防水要求的墙面做好防水隐蔽验收；

（3）测量复核，减少主体结构土建施工误差对装饰的影响；

（4）审查进场材料的产品合格证书、性能检验报告、进场验收记录和复验报告；水泥基等其他粘结材料的原材料进场应复试检测；对瓷质砖、花岗岩必须有放射性指标检测报告，对使用面积大于 $200m^2$ 的，应对不同产品、不同批次材料分别进行放射性指标的抽查复验，饰面砖的色泽、尺寸、规格、品种要与样板、设计图纸一致；

（5）在铺贴前先进行饰面砖粘贴施工样板，并验收确认。

2. 饰面砖粘贴施工过程中的监理工作

（1）检查放线、定位、排砖效果，横线则以水平基准线交圈控制，竖向线则以四周大角和立柱为基准线控制；

（2）检查浸砖并晾干表面水分，这是避免空鼓现象的关键；

（3）检查不锈钢收口条安装是否符合要求；

(4) 检查镶贴面砖质量情况,应满足下列要求:
1) 铺贴前要进行色泽、尺寸挑选,这是避免色差现象、铺贴缝隙均匀的关键;
2) 饰面砖表面应平整、棱缝应平直、缝宽应均匀一致,阴角压向正确,阴角宜做成45°角对接;
3) 检查空鼓,铺贴墙面干燥后,用小锤进行空鼓、缝隙检查,发现空鼓、裂缝现象应进行返工处理,完成后不得有明显色泽偏差,粘贴缝应平直、均匀;
(5) 检查饰面砖勾缝与擦缝是否符合要求,勾缝应连续、平直、光滑、无裂纹、无空鼓。

9.3.5 轻质隔墙

1. 轻质隔墙施工准备中的监理工作
(1) 组织进行施工范围内净高、洞口标高和隔墙内管道、设备进行交接检验,并复核弹好的测量控制线;
(2) 审查隔墙进场材料的品种、材质、规格是否符合设计及规范要求,质量证明文件是否齐全,进场复检结果是否满足设计要求;所用材料是否符合防火规范要求;并对外观进行检查,如果在搬运时造成翘曲、变形的,禁止用于施工;
(3) 检查施工范围内,各种管线是否已验收合格,灯位、通风口、各种照明孔口及其他预埋是否齐全或已安排施工节点时间;
(4) 对样板间或样板块进行验收。
2. 骨架隔墙施工过程中的监理工作
(1) 复核隔墙测量(隔墙位置线、门窗洞口边框线、顶龙骨位置边线)是否符合设计要求;
(2) 检查地枕基座施工:检查地面凿毛、清扫并洒水湿润情况,旁站现浇混凝土墙基;
(3) 检查龙骨安装质量:
1) 检查沿顶龙骨和沿地龙骨是否固定牢固;
2) 检查门洞口龙骨安装位置及质量是否符合设计要求;
3) 检查竖龙骨安装位置、垂直度,竖龙,上下两端是否插入沿顶龙骨及沿地龙骨,固定是否牢固;
4) 检查安装横向贯通龙骨、横挡及卡挡龙骨是否符合要求;
5) 隐蔽验收安装墙体内的防火、隔声、防潮填充材料以及安装墙体内的电管、电盒和电箱设备情况是否符合设计要求;
6) 检查罩面板表面处理情况及装饰面与设计的符合性;
7) 检查接缝处理材料符合性、嵌缝样式及嵌缝质量是否符合设计及规范要求。
3. 活动隔墙施工过程中的监理工作
(1) 复核隔墙弹线是否与设计相符;
(2) 检查固定上槛和立筋质量以及预埋铁件连接方法是否符合设计要求,连接是否牢固;如结构施工时没有预埋铁件,检查连接方式和质量是否符合设计和规范要求;
(3) 检查上槛吊杆间距应符合设计要求,是否按设计要求钻吊轨螺栓孔;

(4) 导轨调直、调平后，检查是否按设计间距在导轨上焊接吊轨螺栓，检查其吊杆中心位置，应与上槛钻孔位置上下对应，不得错位；

(5) 检查导轨与上槛螺栓连接是否牢固，导轨是否水平、顺直；

(6) 检查隔墙安装质量：活动隔墙用于组装、推拉和制动的构配件必须安装牢固、位置正确，推拉必须安全、平稳、灵活。

4. 玻璃隔墙施工过程中的监理工作

(1) 复核弹线定位是否符合设计要求，根据隔墙安装定位控制线，复核玻璃隔墙中心线及预留洞口位置；

(2) 检查玻璃隔墙框材下料尺寸是否正确，下料切口是否光滑、整齐；

(3) 检查玻璃安装框架是否牢固，预埋铁件及其他固定用连接件是否防腐防锈处理完成；

1) 隔墙面积较小时，先在平坦的地面上预制组装成形，检查预组装尺寸是否和现场相符；

2) 隔墙面积较大时，将边框型钢（角钢或薄壁槽钢）按已弹好的位置线进行试安装，检查型材尺寸是否正确；

3) 吊挂式玻璃隔墙安装时，检查建筑结构梁或板下的吊挂玻璃的支撑架，和安好的吊挂玻璃的夹具及上框，检查上框的底面与吊顶标高是否保持平齐；

(4) 检查玻璃安装质量：边框安装好后玻璃就位前，检查槽口清理是否干净，并检查防振橡胶垫块是否垫好，玻璃安装是否到位，玻璃板是否按设计留缝，固定是否牢固，安装后检查平整度、垂直度是否符合规范要求；

(5) 检查嵌缝材料是否符合设计要求：嵌缝条安装是否到位，注胶是否符合要求，胶缝宽度应一致，表面平整。

9.4 吊顶装饰装修监理

9.4.1 金属吊顶施工监理

龙骨吊顶施工工艺流程：弹标高控制线 → 弹吊杆点线 → 吊杆龙骨选材制作 → 吊杆固定 → 主、次龙骨安装 → 单元板块（条）安装 → 细部、接口处理 → 分项验收。

施工过程质量监理控制重点：吊杆、龙骨和饰面材料安装的牢固性，节点与细部处理的符合性。

9.4.2 金属吊顶施工准备中的监理工作

(1) 督促并参加承包商对吊顶施工范围内净高、洞口标高和吊顶内管道、设备及其支架标高进行交接检验。

(2) 审核施工图深化设计，重点审查：

1) 吊杆、龙骨、饰面与管线、风口、灯具是否碰撞；

2) 不同形式吊顶间标高的一致性和相交部位的美观协调性；

3) 楼梯（扶梯）斜坡的一致性；

4）吊顶后的净空是否满足要求；

5）结构缝的处理是否符合要求。

（3）复核弹好的标高控制线、吊杆点线是否满足设计图纸及施工方案。

（4）审查龙骨、吊杆、面板（条）材料等进场材料的品种、材质、规格是否符合设计要求，质量证明文件是否齐全，进场复检结果是否满足设计要求，并对龙骨外观进行检查，如果龙骨在搬运时造成翘曲、变形的，应及时要求承包商修理。

（5）检查施工范围内机电安装是否均已施工完毕，各种管线是否均已试压合格，且已经过隐蔽验收，通风口及各种照明孔口的位置是否已确定。

（6）对样板间或样板块进行验收。

9.4.3 金属吊顶施工过程的监理工作

（1）对吊杆安装质量进行验收：

1）吊杆的拉拔力经检测合格；

2）吊杆的间距不应大于1200mm，吊杆长度大于1.5m时应按规定加设反向支撑或转换支撑；

3）吊杆焊接处必须进行防锈处理。

（2）对龙骨安装质量进行巡视检查：

1）主龙骨的间距不应大于1200mm；当采用双层龙骨时，边部上层龙骨与平行的墙面间距不应大于300mm；当采用单层龙骨时，龙骨至板端不应大于150mm；

2）安装时主龙骨中间部分应适当起拱，起拱高度应符合设计要求；

3）龙骨与吊件应连接紧固，当选用的龙骨加长时，应采用龙骨连接件接长。主龙骨安装完毕后，调直龙骨，保证每排龙骨顺直且每排龙骨之间平行。龙骨为卡齿龙骨时，每排龙骨的对应卡齿应在一条直线上。

（3）对金属板安装质量进行巡视检查：

1）龙骨整体平整、牢固后再安装面板，安装中注意用力均匀，面板与龙骨嵌装时，应防止相互挤压过紧而引起变形或脱挂，保证面板平整顺直；

2）当面板需留设各种孔洞时，应用专用机具开孔，孔径准确，孔边光洁无毛刺，板无变形；

3）重量不大于1kg的筒灯、石英射灯、烟感器、扬声器等设施可直接安装在面板上；重量不大于3kg的灯具等设施可安装在U型或C型龙骨上，并应有可靠的固定措施。灯具、风口等设备应与面板同步安装。

（4）对金属格栅安装质量进行巡视检查：

1）安装时应先将方格组条在地上组成方格组块，然后通过专用扣挂件与吊件连接组装后吊装，单元条必须安装牢固方正；

2）安装格栅单元组块必须双人操作，防止单元组块变形；

3）变形的格栅单元条严禁使用；

4）格栅条切割应使用专用工具，防止扭曲变形。

（5）对金属垂片安装质量进行巡视检查：

1）安装前依据垂片安装位置弹出吊杆安装线，保证垂片顺直；

2) 条形格栅面板应在地面上安装加长连接件，面板宜从一侧开始安装，应按保护膜上所示安装方向安装；

3) 安装前拉通线控制整体水平标高；

4) 垂片端头接缝处150mm内增加吊件，片与片接头处做离缝处理，非规则挂片厂家定制加工，不采用现场切割。

(6) 对吊顶施工的外观质量进行巡视检查：

1) 饰面材料表面是否洁净、色泽一致，饰面材料不得有翘曲、裂缝及缺损。压条应平直、宽窄一致；

2) 饰面板上的灯具、烟感器、喷淋头、风口算子等设备的位置是否合理、美观，与饰面板的交接是否吻合、严密。

9.5 其他装饰装修工程监理

9.5.1 细部工程

1. 护栏和扶手制作与安装

(1) 护栏和扶手制作与安装施工准备中的监理工作

1) 在熟悉施工图设计文件的基础上，组织召开施工图交底会，由设计人员进行介绍和说明，施工人员和监理人员对存在的问题提出意见，并经设计人员认可后方可有效；

2) 审核承包商的施工技术方案，并督促其进行技术交底；

3) 检查安装的预埋件、连接节点，预埋件的数量、规格、位置及护栏与预埋件的连接节点应符合设计要求。

(2) 护栏和扶手制作与安装施工过程的监理工作

1) 复核放线位置、标高、坡度找位校正后，弹出扶手纵向中心线；

2) 巡视检查安装固定间距、高度，其护栏的高度、栏杆间距、安装位置应符合设计要求，且必须安装牢固；

3) 巡视检查安装的外形、尺寸和位置，其造型、尺寸和安装位置应符合设计要求；

4) 巡视检查玻璃栏杆的玻璃品种、厚度，当采用玻璃护栏时，应使用公称厚度不小于12mm的钢化玻璃或钢化夹层玻璃，当护栏一侧距楼地面高度为5m及以上时，应使用钢化夹层玻璃；

5) 巡视检查护栏、扶手安装的外观质量和安装偏差，护栏、扶手的转角弧度应符合设计要求，接缝应严密，其纵向应顺直，表面应平整、光滑、色泽一致，不得有裂缝、翘曲和损坏。

2. 花饰制作与安装

(1) 花饰制作与安装施工准备中的监理工作

1) 熟悉施工图纸，花饰制品宜采用工厂预制，采用成品或半成品，做好施工技术和安全交底；

2) 安装花饰的工程部位，其前道工序应具备强度的基体，基层必须达到安装花饰的要求；

3）重型花饰的位置应在结构施工时，事先预埋锚固件，并见证检测抗拉试验。
（2）花饰制作与安装施工过程的监理工作
1）花饰安装前应将基体或基层清理、刷洗干净，处理平整，并检查基底是否符合安装花饰的要求；
2）检查是否按设计位置弹好花饰位置中心线及分块的控制线。重型花饰在安装前应检查预埋件或木砖的位置和固定情况是否符合设计要求，必要时做抗拉试验；
3）分块花饰在正式安装前，应对规格、色调进行检验和挑选，按设计图案在平台上预拼，经检验合格后进行编号。

3. 艺术造型
（1）艺术造型施工准备中的监理工作
1）认真研究施工图纸，设计说明及其他设计文件；
2）审核承包商的施工技术方案，并督促其进行技术交底。
（2）艺术造型施工过程的监理工作
1）基体或基层清理、刷洗干净，处理平整，并检查基体是否符合设计要求及施工规范；
2）按设计位置弹好位置中心线及分块的控制线，检查预埋件及锚固件的位置和牢固情况是否符合设计要求；
3）安装必须选择合理的固定方法及粘贴材料。注意粘贴剂的品种性能和出厂日期，在凝固前避免受到外力冲击，施工环境温度要符合胶粘剂的使用要求；
4）注意标高、弹线的误差控制以及块体拼接的精确程度，同时施工前加强对半成品质量的检查；
5）现场检查实际施工是否充分反映设计意图和预期效果；
6）安装后加强保护措施，保持造型完好洁净。

9.5.2　厕、浴间防水

1. 找平层、防水保护层
（1）找平层、防水保护层施工准备中的监理工作
1）审核防水施工方案并督促承包商做好技术交底；
2）防水保护层应在防水层验收合格后方可施工。
（2）找平层、防水保护层施工过程的监理工作
1）保护层水泥砂浆的厚度、强度以及坡度应符合设计要求；表面应平整、密实；
2）找平层的坡度应符合设计要求；排水应畅通，不得积水；
3）找平层与基层结合应牢固密实，表面平整光洁，无空鼓、裂缝、麻面和孔洞。

2. 涂膜防水、卷材防水层、塑料防水层
（1）涂膜防水、卷材防水层、塑料防水层施工准备中的监理工作
1）审查防水专业单位施工资质，防水作业人员是否具备相应的岗位证书；
2）防水工程应在地面、墙面隐蔽工程完毕并检查验收后进行；
3）施工环境温度应符合防水材料的技术要求，并宜5℃以上；
4）重点检查承包商防水细部的针对性措施，如墙地面交接处、预留孔洞处等。

(2)涂膜防水、卷材防水层、塑料防水层工过程的监理工作

1)基层应平整坚固，表面不得出现空洞，蜂窝层面，缝隙等缺陷，基面必须干净，无浮浆，基层干燥度应符合产品要求；

2)涂膜防水层应多遍成活，后一遍涂料施工应待前一遍涂层实干后再进行，前后两遍的涂刷方向应相互垂直，并宜先涂刷立面，后涂刷平面，总厚度后符合设计要求；

3)卷材防水所选用的基层处理剂、胶粘剂、密封材料等均应与铺贴的卷材材性相容，防水层总厚度应符合设计要求，两幅卷材搭接时。短边和长边的搭接宽度应符合设计要求和国家现行有关标准的规定；

4)防水施工过程应进行质量控制，每道工序结束后由承包商填写隐蔽工程报验单报监理人员验收；

5)铺设完成后应做两次蓄水检验。

9.5.3 门窗

1.门窗工程施工准备中的监理工作

(1)审核材料的产品合格证书，性能检测报告，进场验收记录和复验报告；

(2)复核预埋件的位置，检验预留洞口的尺寸。

2.金属门窗安装施工过程的监理工作

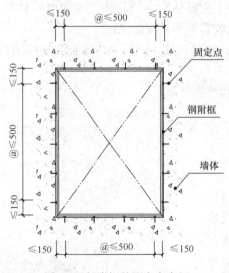

图9-4 钢附框的固定点布置

(1)检查钢附框的固定情况。钢附框内外两侧宜采用固定片与墙体固定；固定片宜采用Q235钢，厚度不应小于1.5mm，宽度不应小于20mm，表面应做防腐处理；每边固定点不得少于2点，应均匀布置，间距不大于500mm，距端头不大于150mm，如图9-4所示。

(2)检查钢附框对角线的偏差，检查钢附框与墙体之缝隙塞缝质量；

(3)检查门窗框的固定情况，门窗框固定点每段不得少于两点，固定底应均匀布置，间距不大于500m，距边框成中梃端头不大于150m，其余可按图9-4做法；

(4)检查门窗框与洞口缝隙塞缝质量，缝隙应采用隔声、保温、防潮且无腐蚀性的软质材料填塞密实；亦可使用防水砂浆填塞；使用聚氨酯泡沫填缝胶，施工前应清除粘结面的灰尘，墙体粘结面应进行淋水处理，固化后的聚氨酯泡沫胶缝表面应做密封处理；

(5)检查玻璃安装是否符合下列要求：

1)安装好的玻璃不得直接接触型材，应在玻璃四周垫上不同作用的垫块，中空玻璃的垫块宽度应与中空玻璃厚度相匹配，其垫块位置应符合设计要求；竖框、扇上的垫块，应用胶固定；

2)玻璃四边嵌入槽口深度应符合《建筑玻璃应用技术规程》JGJ 113中的规定；

3)高宽比大于2的玻璃，左右侧边宜各放置一块限位垫块，以保证玻璃位置平正。

（6）检查门窗打胶施工质量是否符合下列要求：

1）打胶前应将窗框表面清理干净，打胶部位两侧的窗框及墙面均应用遮蔽条遮盖严密；注胶应平整密实，胶缝宽度均匀、表面光滑、整洁美观；打胶面应平直、表面光顺，刮胶缝的余胶不得重复使用，转角应平顺过渡，打胶前应做样板，验收合格再大面积打胶；

2）非打胶面应贴美纹纸保护，防止胶污染，对宽窄不不一、薄厚不匀、飞边、毛刺的胶面用专用工具修胶；

3）密封胶粘接面必须清理干净，不能有灰尘、油污，保证胶与粘接面可靠粘接；

4）胶缝采用矩形截面胶缝时，密封胶有效厚度应大于6mm；采用三角形截面胶缝时，密封胶截面宽度应大于8mm。

（7）检查合页铰链、执手等施工质量是否符合下列要求：

1）安装平开门窗时，宜将门窗扇吊高2～3mm，门扇的安装可采用可调节门铰链，安装后门铰链的调节余量应放在最大位置；

2）平开门窗扇玻璃过大时，应在扇内下角及外上角的玻璃边放置撑角垫块；

3）平开门窗扇合页铰链宜安装在扇高的1/10处，较大的门窗扇应加装承重合页铰链，宜装在上合页下1/5扇高处；

4）平开门窗扇安装，应调节合页铰链使扇居中，框扇搭接量四周应保持一致，其偏差不宜大于1mm；

5）安装门锁与执手等五金配件时，应将螺钉固定在内衬增强型钢或内衬局部加强钢板上，执手固定螺钉应拧紧；对受力较大的门窗执手，螺钉固定宜加背板或铆螺母；

6）推拉门窗扇必须有防脱落装置。

3. 防火门窗及防火卷帘安装施工过程的监理工作

（1）检查施工所需的预埋件和孔洞等基建条件是否符合要求；

（2）检查防火卷帘及与其配套的感烟和感温火灾探测器等是否具有出厂合格证和符合市场准入制度规定的有效证明文件，其型号、规格及耐火性能等应符合设计要求；

（3）检查防火门窗是否具有出厂合格证和符合市场准入制度规定的有效证明文件，其型号、规格及耐火性能等应符合设计要求；

（4）防火门窗及防火卷帘的安装过程应进行质量控制，每道工序结束后由承包商填写隐蔽工程报验单报监理人员验收；

（5）检查防火门窗及防火卷帘等与楼板、梁和墙、柱之间的所用防火封堵材料的耐火极限。

9.5.4 幕墙工程

1. 幕墙工程的施工监理

建筑幕墙工艺流程：图纸会审技术交底→测量放线→预埋件验收→固定连接件→检查固定质量→安装幕墙竖框→检查竖框安装质量→安装幕墙横框→检查横框安装质量→幕墙四周、幕墙内表面与主体结构之间间隙节点的安装→幕墙伸缩缝、沉降缝、防震缝及墙面转角节点的安装→幕墙防雷接地节点的安装→安装开启窗、百叶窗等→安装幕墙玻璃、挂板→涂耐候密封胶并清洁表面→全面自检→提交验收。

原材料（配件）质量控制、构件进场验收和隐蔽工程验收是建筑幕墙质量控制的重点。

2. 施工准备阶段的监理工作

（1）审查幕墙工程施工组织设计（方案）：玻璃幕墙的安装施工应单独编制施工组织设计；

（2）幕墙在加工制作前，督促承包商做好幕墙施工图与建筑施工图的核对工作，督促承包商对已建主体结构进行复测，并按实测结果对幕墙设计进行复核；

（3）对主体结构与幕墙连接的各种预埋件进行验收，其数量、规格、位置和防腐处理必须符合设计要求。预埋件位置偏差过大或未设预埋件时，应制定补救措施或可靠连接方案，经与业主、土建设计单位洽商同意后，方可实施；

（4）督促承包商做好原材料进场验收和检测工作；

（5）建筑幕墙工程采用的材料、五金配件以及表面处理等应符合设计文件要求。主要材料进入施工现场时，应具有中文标识的出厂合格证、产品出厂检验报告、2年有效期内的型式检验报告，强制性认证产品应有认证标识。进口材料应有商检证明。进场时应进行检查验收，并经监理人员检查确认。

幕墙工程的检测主要项目如下：

1）主受力杆件的铝材、钢材的抗拉强度；

2）防火、保温材料的燃烧性能；

3）玻璃幕墙用硅酮结构密封胶、硅酮建筑密封胶的相容性、标准条件拉伸粘结强度、邵氏硬度检测；

4）干挂石材幕墙用环氧胶粘剂的粘结强度，石材用密封胶的污染性检测；

5）中空玻璃密封性能；

6）幕墙的抗风压性能、气密性能、水密性能、平面位移性能检测（工程监理应到实验室现场监督）。

3. 施工阶段的监理工作

（1）构件验收

玻璃幕墙构件应按构件的5%进行随机抽样检查，且每种构件不得少于5件。当有一个构件不符合要求时，应加倍抽查；仍有不合格构件时，应全数检查。

（2）见证后置埋件现场拉拔试验

当施工未设预埋件、预埋件漏放、预埋件偏离设计位置、设计变更、旧建筑加装幕墙时，往往要使用后置埋件。采用后置埋件（膨胀螺栓或化学螺栓）时，应符合设计要求并应进行现场拉拔试验。

（3）加强施工过程的巡视

施工过程中监理应加强巡视，重点检查以下内容：

1）进场安装的幕墙构件及附件的材料品种、规格、色泽和性能，应符合设计要求；

2）安装（吊装）方法是否符合方案规定，包括吊具的类型和吊具的移动方法，吊具的安装位置和对主体结构的荷载影响，单元组件起吊地点、垂直运输与楼层内水平运输方法和机具等；

3）安装顺序是否符合方案规定，包括单元式玻璃幕墙的收口单元位置、收口闭口工艺及操作方法，点支承玻璃幕墙的拉杆、拉索体系预拉力的施加、测量、调整方案以及索杆的定位、固定方法等；

4）胶缝的充填及质量情况：

① 结构密封胶和硅酮建筑密封胶的打注应饱满、密实、连续、均匀、无气泡、整洁，宽度和厚度应符合设计要求；

② 硅酮结构密封和建筑密封胶必须在有效期内使用；严禁建筑密封胶作为硅酮结构密封胶使用；

③ 隐框、半隐框玻璃幕墙组件严禁在施工现场打注硅酮结构密封胶。可现场施工的硅酮建筑密封胶不宜在夜晚、雨天打胶，打胶温度应符合设计要求和产品要求，打胶前应使打胶面清洁、干燥。

5）半成品、成品进行保护情况：在构件存放、搬运、吊装时应轻拿轻放，不得碰撞、损坏和污染构件；对型材、玻璃的表面应采取保护措施。焊接作业时，应采取保护措施防止焊渣溅落在支承构件和玻璃表面上；

6）安装镀膜玻璃时，镀膜面的朝向应符合设计要求。

(4) 做好隐蔽过程验收

1）幕墙工程应对下列隐蔽工程项目进行验收，并应有详细的文字记录和必要的图像资料：

① 预埋件（或后置埋件）或后置螺栓连接件埋设；

② 构件的连接节点、构件与主体结构的连接安装；

③ 幕墙的伸缩缝、沉降缝、防震缝及墙面转角处的构造节点；

④ 幕墙防雷构造节点；

⑤ 幕墙防火构造节点；

⑥ 幕墙周边、组合幕墙交接部位以及幕墙内表面与主体结构之间的封堵；

⑦ 板块安装固定块材质、间距、数量；

⑧ 钢材端口，钢材焊缝的二次防腐；

⑨ 单元式幕墙的封口节点，打底节点，与构件式幕墙交接节点，顶收口节点；

⑩ 其他带有隐蔽性质的项目。

2）幕墙节能工程应对下列隐蔽工程项目进行验收，并应有详细的文字记录和必要的图像资料：

① 被封闭的保温材料厚度和保温材料的固定；

② 幕墙周边与墙体的接缝处保温材料的填充；

③ 构造缝、结构缝；

④ 隔汽层；

⑤ 热桥部位、断热节点；

⑥ 单元式幕墙板块间的接缝构造；

⑦ 冷凝水收集和排放构造；

⑧ 幕墙的通风换气装置。

4. 验收阶段的资料控制

幕墙工程验收时监理重点核查下列质量控制资料：

(1) 幕墙工程所用各种材料、五金配件、构件及组件的产品合格证书、性能检测报告、进口材料的商检证明，进场验收记录和复验报告；

（2）后置埋件的现场拉拔试验报告；

（3）玻璃幕墙用硅酮结构密封胶、硅酮建筑密封胶的相容性，标准条件拉伸粘结强度，邵氏硬度检测报告；干挂石材幕墙用环氧胶粘剂的粘结强度，石材用密封胶的污染性报告；

（4）与该幕墙工程材料和设计要求相符的各类型幕墙的抗风压性能、气密性能、水密性能、平面位移性能检测报告及其他设计要求的报告；

（5）幕墙整体传热系数、玻璃幕墙的玻璃传热系数、遮阳系数（寒冷地区除外）、可见光透射比（寒冷地区除外）、中空玻璃露点检测报告；非透明幕墙查节能设计计算书；

（6）隐蔽工程验收记录；

（7）防雷装置测试记录；

（8）幕墙构件和组件的出厂合格证明书、安装施工记录；

（9）幕墙工程质量验收记录；

（10）幕墙工程现场淋水记录。

第 10 章　城市轨道交通工程安全和风险监理

安全生产的主体是施工企业，监理机构在现场履行的安全生产工作职责，根据《建设工程监理规范》GB/T 50319 界定为安全生产管理的监理工作，而根据《上海市建设工程监理施工安全监督规程》DG/TJ 08—2035，将其界定为安全生产的社会监督行为。事实上，监理机构在城市轨道工程建设的安全生产的活动中，既不具有管理职能，也没有安全生产的控制能力。我们要做好的是履行法律赋予的责任，在做好保护自身安全生产的前提下，督促承包商履行安全生产的主体责任，在工作中既不可越位，但也不能缺位。因此本章从监理的安全工作职责入手，探讨监理在安全生产工作中的一些具体做法，希望能将监理行业的安全压力，化为一道切实的动力，将安全生产的监理工作做得更为扎实。

10.1　监理机构的安全工作职责及保证体系

轨道交通工程因其立体施工、多专业交叉、工程与周边环境并重、社会因素复杂的安全生产特点，各种风险管控点多面广，因此从职责与保证体系上明确各岗位的安全职责、明晰监理各岗位人员与安全工程师之间的权责划分，显得尤为重要。

10.1.1　监理机构安全和风险管控的组织与人员设置

1. 组织形式

（1）监理机构进场后，应在建立监理组织机构的同时，根据具体施工内容、现场施工组织机构、工程特点与风险源分布情况、风险等级建立适应风险预控的监理安全和风险管控体系，该体系应做到责任明确，管理界面清晰，信息传达准确、及时。

（2）每个监理标段应设至少一名专职安全工程师，同时在安全生产管理和风险管控监理工作方案中明确其他监理人员安全监理工作责任。

（3）根据分管施工标段的特点，现场监理机构应建立对应的监理人员安全和风险管控的组织机构。

2. 全员参与机制

（1）监理人员应根据安全和风险管控组织体系明确各层级安全生产职责与日常工作内容，依法合规实施安全生产管理的监理工作。

（2）监理人员应在人员职责中，明确各岗位安全管理的监理工作责任，切实执行质量、安全监理责任"一岗双责，岗岗有责"。

（3）项目监理人员应注意在日常巡视工作中，加强对施工方案实施过程中生产人员、进场机械设备、安全生产和应急物资、施工方法、施工环境变化的监督工作，发现偏离施工方案的应及时按管理制度呈报安全工程师，报请总监理工程师确定下达相应监理指令。

（4）安全工程师应发挥安全生产中的关键岗位和纽带作用，动态掌握现场风险管控工作，在危大工程实施过程中收集完善相关监理程序资料，提醒总监理工程师及时参加或委托专业监理工程师参加旁站监理。

（5）监理各岗位人员在履行各自岗位职责过程中，应相互协助掌握安全生产隐患的动态变化，保证监理机构整体安全生产管理的监理工作水平。

3. 内部协调机制与对外工作

（1）总监应在监理例会中对该例会周期内的安全生产管理监理工作进行检查和布置。

（2）安全监理人员应及时收集相关信息并入监理月报中的安全生产管理监理工作的部分。

（3）安全监理人员应根据工作计划做好日常安全生产管理的巡视工作，发现安全生产隐患应根据内部职责划分及时与总监理工程师代表、监理人员沟通，涉及危大工程项目的需及时向总监理工程师进行汇报。

（4）安全监理人员应每日填写安全生产管理监理日志，休假期间应在日志中进行交接说明，代班人员应在记录监理日志过程中逐页签名确认。

（5）任何与建设行政主管部门、业主、上级单位、承包商、其他参建单位的安全信息交换工作，必须通过总监理工程师认可。

10.1.2 监理机构安全和风险管控监理工作相关制度

（1）现场应具备的工作制度

1）审查核验制度。

2）巡视检查制度。

3）督促整改制度。

4）监理报告制度。

5）教育培训制度。

6）资料管理与归档制度。

7）监理工作考核制度。

8）危险性较大的分部分项工程施工安全及风险管控监理制度。

9）异常监测数据对比会商制度。

10）关键节点条件核查制度。

11）生产安全事故处理制度。

（2）工作制度的运行与日常检查

1）总监理工程师应在日常工作中充分考虑安全生产制度的运行投入，并结合工作考核制度对监理人员履行安全生产管理工作进行日常检查，减少内部管理摩擦。

2）安全工程师应及时收集制度执行过程中出现的问题，做出制度修正和补充，加强相关监理工作的时效。

3）总监每月至少检查一次安全监理日志，检查安全工程师对安全生产管理工作的执行情况。

10.1.3 监理机构及人员安全和风险管控监理职责

1. 总监理工程师的安全和风险管控职责

（1）根据公司任命，履行建设工程安全生产管理法定职责，对监理项目安全生产工作负有监理主要责任；

（2）落实公司施工安全生产管理相关制度，确定监理人员安全管理人员及其岗位职责；

（3）审批安全生产监理实施细则，在监理例会中明确当期安全生产监理工作内容；

（4）根据工程进展及监理工作情况调配监理人员，检查监理人员安全监理工作；

（5）做好现场带班检查工作，针对危大工程进行专项巡视。对危大安全事故隐患应及时要求承包商整改，发现承包商违反相关规定或者发生安全生产事故的，应及时下达停工令；

（6）审查危大工程施工方案，结合危大工程专项施工方案组织编制监理实施细则；

（7）组织审查施工组织设计、专项施工方案，重点关注涉及结构安全性、工程风险评估、安全技术措施以及安全设施等设计完善情况；

（8）组织检查承包商现场质量、安全生产管理体系的建立及运行情况；

（9）组织审核承包商安全生产专项费用使用情况；

（10）参与或配合工程质量安全事故的调查和处理；

（11）组织整理安全生产监理文件资料。

2. 总监理工程师代表的安全和风险管控职责

（1）协助总监理工程师工作，在授权范围内对分管项目安全生产监理工作进行检查，及时向总监理工程师反馈，对监理项目安全生产工作负有分管主要责任；

（2）协助总监加强对现场监理人员的安全教育，落实监理人员的安全生产责任，配置安全生产防护设施，保障监理人员安全；

（3）制定分管项目安全生产风险隐患控制明细表，督促安全生产预案演练；

（4）在日常监理工作中，及时发现、复查各级反馈的安全生产隐患，督促消除整改，并对分管危大工程施工实施专项巡视检查，形成危大工程巡视检查记录；

（5）根据分管项目或专业安全生产监理工作特点，检查现场人员安全技术交底落实情况，结合项目工作要求开展专项工作检查；

（6）协助总监理工程师复查承包商报审的分包商资格，审核承包商对分包商的安全生产管理情况；

（7）根据总监理工程师要求，对施工方案中相关安全生产内容进行初审，检查安全生产费用使用及安全防护措施落实情况；

（8）负责同一作业区域两个及以上承包商的安全生产协议的审查，督促其指定专职安全员进行协调管理；

（9）对承包商安全防护、文明施工措施费用的使用情况进行初审，与安全工程师协商核准承包商安全质量标准化达标工地考核评分；

（10）根据施工进度与安全生产需要，对施工机械进出场工作进行审批；

（11）协助总监理工程师对现场安全生产事故进行调查和处理。

3. 安全监理人员的安全和风险管控职责

（1）在总监理工程师领导下，负责监理人员日常安全监理工作，对监理机构内部发生安全事故负直接责任，对监理项目安全生产事故负分管直接责任；

（2）负责组织编写安全监理实施细则并进行交底，检查各岗位落实监理规划中的安全生产管理监理责任和落实安全监理实施细则工作中的内容；

（3）负责审查承包商及专业分包商的企业证书、安全生产许可证、三类人员证书、特种作业人员操作证的符合性及有效性，同时对机械进出场工作进行初审，并签署审查意见；

（4）检查承包商各级安全生产规章制度、安全管理机构的建立情况，督促承包商建立、健全安全生产保证体系，检查承包商施工现场专职安全生产管理人员的配置情况；

（5）负责审查施工组织设计和方案中的安全技术措施；现场重大风险源、危险性较大分部分项工程安全控制措施；专项安全施工方案；事故的应急救援预案；其他安全专项施工方案；

（6）督促承包商报审安装（加节或提升）、拆卸施工起重机械和整体提升脚手架、模板等自升式架设设施，对安、拆装人员进行人、证核对，确保其真实性，同时督促承包商安排专职人员在现场实施监督；

（7）对于国家和地方主管部门要求强制验收的设备及设施，应督促承包商按要求报监，取得检测合格证或准用许可等，监督操作人员经安全技术交底后，进行审批；

（8）对危险性较大的分部、分项工程应联合主管的专业监理工程师重点进行监督检查，在安全施工争议中有否决权；

（9）审核承包商安全防护、文明施工措施费用的使用情况，与总监代表协商确定承包商安全质量标准化达标工地考核评分；

（10）对施工现场的安全生产状况进行巡视检查，发现不安全因素、违章作业、野蛮施工，安全事故隐患（包括消防和文明施工等）应及时向承包商签发监理通知单，提出整改要求，并报告总监理工程师；

（11）汇总各工点安全生产管理监理工作情况，填写安全生产监理日志，编制监理月报中的安全工作内容；负责安全监理资料（包括影像资料）的归档工作；

（12）协助总监理工程师对安全事故进行调查与分析，督促、检查整改情况。

4. 专业监理工程师的安全和风险管控职责

（1）对分管专业和区段项目安全生产监理工作进行检查，负监理直接责任；

（2）在编制相应专业监理实施细则中明确安全生产工作内容；

（3）审查承包商提交的涉及本专业的报审文件，加强安全生产措施内容审查；

（4）参与审核承包商对分包商安全生产管理情况，避免以包代管情况发生；

（5）在日常检查中加强安全生产管理监理工作，对分管专业和工点的安全方案实施情况动态巡视检查，并做好检查记录；

（6）负责现场三级及以下配电箱和小型电气设备的安全使用管理的监理工作，配合安全监理人员对三级以上供配电系统安全使用进行检查；

（7）指导、检查监理员工作，定期向总监理工程师报告本专业安全监理工作实施情况；

（8）配合安全监理人员处置发现的安全事故隐患，承包商拒不整改的，可根据职责划分及时或上报解决；

（9）协助总监理工程师对现场安全生产事故进行调查和处理。

5. 监理员的安全和风险管控职责

（1）进场前必须参加安全生产监理工作的教育培训，熟悉施工安全和风险管控监理工作方案；

(2) 落实监理人员交底的安全生产监理工作，及时记录并反馈安全生产隐患，对未尽职履责导致的安全监理工作负监理直接责任；

(3) 检查承包商投入工程的安全生产设施运行状况；

(4) 对现场施工人员安全生产防护情况进行检查；

(5) 检查施工安全生产人员履职情况；

(6) 检查特种作业人员与机械进出场审批情况；

(7) 发现施工作业中的安全问题，及时指出并向专业监理工程师报告；

(8) 及时记录施工现场生产要素动态变化情况和领导检查巡视情况。

6. 安全事故处理的职责划分

(1) 总监理工程师自己发出的指令错误导致安全生产事故，本人应负全部监理责任。

(2) 总监代表或安全工程师发出的指令错误导致安全生产事故，总监理工程师负监理领导责任，应负全部监理责任的50%。相应总监代表、安全工程师应负全部监理责任的50%。

(3) 专业监理工程师发出的指令错误导致安全生产事故，总监理工程师负监理领导责任，应负全部监理责任的40%。相应总监代表应负全部监理责任的30%，发出错误指令的监理人员负全部监理责任的30%。

(4) 因专业监理工程师工作没有尽责导致安全生产管理工作的监理责任追究中，直接责任人负全部监理责任的20%，相关总监理工程师代表负全部监理责任的30%，安全工程师负全部监理责任的10%，总监理工程师负全部监理责任的40%。

(5) 因监理员工作没有尽责导致安全生产管理工作的监理责任追究中，直接责任人负全部监理责任的30%，主管专业监理工程师负全部监理责任的20%，相关总监理工程师代表负全部监理责任的20%，安全工程师负全部监理责任的10%，总监理工程师负全部监理责任的20%。

10.2 施工安全和风险管控监理工作的方案和细则

随着安全生产形势的日益严峻，安全生产的监理工作趋向于细化，其系统性和复杂性要求也在逐步提高，在监理规划中附带安全生产的监理工作或是在细则中增加安全工作内容已无法满足市场对监理工作的细度要求，各级检查动辄要求提交"安全监理规划"、"安全监理细则"、"安全监理方案"等名目文件的要求目不暇接，但是综观监理规范与各项法规，并未做出此类要求。因此，规范监理行业文件标准化显得较为切实，编制"施工安全和风险管控监理工作方案"，既可以让业内人士有个参照，提高安全生产的监理工作和风险管控的效率，进而提升监理机构的整体工作水平，又可以让各级检查人员统一检查标准，不生歧义。

10.2.1 施工安全和风险管控监理工作方案

(1) 施工安全和风险管控监理工作方案是监理人员根据现行法律、法规、监理合同、设计文件、工程特点、周边环境等实际情况，编制的施工安全和风险管控的指导性文件。

(2)安全生产管理和风险管控监理工作方案应由安全监理人员应根据监理标段具体情况,在充分涵盖和避免重复的基础上进行编制,对于监理多个施工标段的监理人员,方案要针对不同标段的工程概况和风险特点分别制定相关监理措施。

(3)安全生产管理和风险管控监理工作方案应由总监代表复核,总监理工程师审批。现场分阶段施工或施工方案发生较大变化时,方案应及时调整。

(4)施工安全和风险管控监理工作方案与监理规划的接口。

1)现场监理机构应在监理规划中的"安全生产管理的监理工作"章节明确监理施工安全和风险管控监理工作方案要点;

2)施工安全和风险管控监理工作方案应监理规划同步完成,与监理规划同时报业主。

1. 安全生产管理和风险管控监理工作方案的编制依据

(1)监理规划;

(2)工程建设标准、工程设计文件;

(3)施工组织设计、(专项)施工方案。

2. 安全生产管理和风险管控监理工作方案的主要内容

(1)施工安全管理监理工作依据;

(2)施工安全管理监理工作目标;

(3)施工安全管理监理工作范围和内容;

(4)施工安全管理监理工作岗位设置和职责分工;

(5)施工安全管理监理工作程序和流程;

(6)施工安全管理监理工作制度和措施;

(7)初步认定的危险性较大的分部分项工程一览表,见表10-1,和风险控制清单,见表10-2;

(8)专项监理实施细则编写计划。

初步认定的危险性较大的分部分项工程一览表　　　　表10-1

监理标段:

序号	类别	分部分项工程名称	所属单位工程及承包商	主要安全风险	监理措施
1	基坑工程				
		超过一定规模			
2	模板工程及支撑体系				
		超过一定规模			
3	起重吊装及起重机械安装拆卸工程				
		超过一定规模			
4	脚手架工程				
		超过一定规模			
5	拆除工程				
		超过一定规模			

续表

序号	类别	分部分项工程名称	所属单位工程及承包商	主要安全风险	监理措施
6	暗挖工程	超过一定规模			
7	其他	超过一定规模			

风险控制清单（住房城乡建设部《大型工程技术风险控制要点》）　　　　表 10-2

序号	施工部位	风险名称	风险控制措施
1	深基坑	边坡坍塌	
2		坑底突涌	
3		地下结构上浮	
4		火灾风险	
5	盾构法隧道	盾构始发/到达	
6		盾构机刀盘刀具出现故障	
7		盾构开仓风险	
8		盾构机吊装	
9		盾构空推	
10		盾构施工过程中穿越风险地质或复杂环境	
11		泥水排送系统故障风险	
12		在上软下硬地层中掘进中土体流失	
13		盾尾注浆时发生错台、涌水、涌砂	
14		管片安装机构出现故障	
15		敞开式盾构在硬岩掘进中发生岩爆	
16	暗挖法隧道	马头门开挖	
17		多导洞施工扣拱开挖	
18		大断面临时支护拆除	
19		扩大段施工	
20		钻爆法开挖	
21		穿越风险地质或复杂环境	
22		塌方事故	
23		涌水、涌砂事故	
24		地下管线破坏事故	

10.2.2 专项监理实施细则

本节所述的专项监理实施细则是指监理机构在危险性较大的分部分项工程实施前编制的监理指导文件。

1. 专项监理实施细则编制要求和依据

专项监理实施细则由安全监理人员编制，专业监理工程师复核，并经总监理工程师批准。专项监理实施细则在编制中依据以下内容：

（1）安全生产管理和风险管控监理工作方案；

（2）经评审后的危大工程专项施工方案；

（3）工程建设标准、工程设计文件；

（4）监理规划；

（5）施工组织设计；

（6）单位工程施工监理细则。

2. 专项监理实施细则的主要内容、完善和变更

（1）专项监理实施细则的主要内容

1）专项工程的特点和风险源清单；

2）监理工作流程；

3）监理工作要点；

4）监理工作方法及措施。

（2）监理实施细则的完善、变更

1）监理细则应采用讲座形式由编制人对监理人员和主要施工人员进行要点培训，并根据学习和实施过程中发现的问题进行修正，修正内容可列入培训记录中，作为细则完善依据；

2）当现场施工环境或施工方案发生变化，应针对变更内容对相应监理实施细则进行变更。

3. 专项监理实施细则的针对性要求

（1）危险性较大的分部分项工程的专项监理实施细则应突出该项工程区别于一般工程的特点和风险发生的危害性；

（2）监理工作流程应根据该项工程承包商的施工组织机构、机械材料投入、施工工艺要求、施工环境和监理机构职能分配做出可操作性指导，统一承包人员和监理人员的工作；

（3）细则应有针对施工方案中施工准备工作具体检查内容说明；

（4）细则中应有落实施工方案的检查要点；

（5）明确各风险控制点的位置及对控制点的检查、频率和方法；

（6）对风险源提出预控措施；

（7）明确监理控制办法，即实测实量、见证和平行试验、检测与测量、旁站、专项巡视检查的初步规划工序或部位，验收整改的标准；

（8）突出工程实施难点、重点以及风险隐患，预判处理施工中可能出现的异常情况。

10.3 施工风险控制中监理的主要工作内容和方法

施工安全风险控制包括了工程自身风险控制和周边环境风险控制，根据住房城乡建设部《大型工程技术风险控制要点》，工程项目全过程建设风险控制采用由业主牵头主导并组织，各参建单位分工配合的建设工程技术风险控制管理模式。监理机构的风险控制工作主要落实在开工前审核承包商的风险预控措施与应急预案，并负责跟踪和督促承包商落实。在第10.2节中已针对风险控制清单提出了要求，第10.4节的事前控制中也对应急预

案的审查做出了要求,本节主要根据风险控制过程中的主要工作内容,对督促承包商落实风险预控措施进行说明。同时,根据《关于加强城市轨道交通工程关键节点风险管控的通知》(建办质〔2017〕68号)要求,结合《北京市城市轨道交通建设工程关键节点施工前条件核查管理办法》,对其关键节点施工前条件核查内容进行了引用。

10.3.1 风险评估与预控的流程

风险评估与预控的流程是从风险事件发生概率和发生后果的估计开始,然后进行风险等级的评价,随后编制风险评估报告,通过风险预控措施的实施,降低工程风险。监理机构在此阶段重点工作在于对承包商风险评估报告的审查,检查风险预控措施与应急预案,并负责跟踪和督促承包商落实。在施工过程中需督促承包商填写动态风险跟踪表,审查风险清单中各个风险事件变化情况、风险事件表征值的变化情况和过程中采取的风险预控措施及落实时间。发现风险等级提升需要及时采取相关措施。

10.3.2 风险评估结果的确认与措施

风险评估结果可以采用专家评审方式,也可报请上级单位审核确认。因此,监理机构应参加专家评审或参与业主主持的审核,认真领会专家或业主对风险评估等级确定原则或审核要点。在现场实际操作中,督促承包商采取针对性的技术、管理等方面的预控措施,落实评审或审核意见。通过核查的,方可进行关键节点施工;未通过核查的,应督促承包商进行整改,整改完成后重新进行核查。确保评估结果的确认符合流程,措施得当。

对于关键节点的风险管控,监理机构应突出预控的清单管理,根据具体工程对施工前条件进行预核查,形成明确核查意见和书面核查记录(包括影像资料),通过后报业主。如接受业主委托,尚需对关键节点施工前条件进行核查。具体核查内容,见表10-3~表10-29。

暗挖工程穿越特级、一级风险源施工前核查内容　　　　　表10-3

序号	核查条件		核查要点
1	主控条件	设计文件	设计文件满足现场施工要求
2		审批手续	对特级风险评估、分析,专家论证完毕;产权单位及相关部门审批手续齐全
3		施工方案	安全专项施工方案编审(包括应急预案及专项防护方案)、专家论证、审批齐全有效
4		专项防护	风险源自身专项防护措施已完成
5		超前支护及加固措施	管棚或小导管打设、注浆已完成
6		监控量测	专项监测方案审批完成;监测的点位已布置,初始值已读取,控制值已确定
7		降水情况	降水水位符合设计要求
8		视频	视频探头已安装到位可正常使用
9		格栅加工	格栅加工验收完成,数量满足要求
10		应急准备	应急物资到位,通信畅通,应急照明、消防器材符合要求
11		作业单位资质及人员资格	作业单位资质、许可证等资料齐全,安全生产协议已签署,人员资格满足要求

续表

序号	核查条件		核查要点
12	一般条件	材料及构配件	质量证明文件齐全,复试合格
13		设备机具	进场验收记录齐全有效,特种设备安全技术档案齐全。安装稳固,防护到位
14		其他分包管理	分包队伍资质、许可证等资料齐全,安全生产协议已签署,人员资格满足要求
15		其他作业人员	拟上岗人员安全培训资料齐全,考核合格;特种作业人员类别和数量满足作业要求,操作证齐全。施工和安全技术交底已完成
16		风水电	施工风、水、电满足施工需求

注:1. 对于连续穿越一级风险源且地质、环境等条件发生突变时,应重新组织核查;
2. 本表适用于暗挖穿越特级、一级风险源及主汛期穿越雨水管、穿越污水管(直径1m以上,距暗挖结构顶3m以内)、穿越河湖等。

暗挖工程竖井开挖施工前核查内容　　　　　　　　　　　　　　　表10-4

序号	核查条件		核查要点
1	主控条件	设计文件	设计文件满足现场施工要求
2		施工方案	安全专项施工方案编审(包括应急预案)、专家论证、审批齐全有效
3		锁口圈梁	锁口圈梁施作完毕,混凝土强度符合规范要求
4		提升系统	起重提升系统已验收合格
5		监控量测	监测方案已审批,监测点布置符合要求,已测取初始值
6		管线保护	管线核查,针对性保护措施落实到位
7		视频门禁	视频门禁系统已安装到位可正常使用
8		临边防护	临边防护设施符合要求
9		格栅加工	格栅加工首件验收合格
10		作业单位资质及人员资格	作业单位资质、许可证等资料齐全,安全生产协议已签署,人员资格满足要求
11	一般条件	材料及构配件	质量证明文件齐全,复试合格
12		设备机具	进场验收记录齐全有效,特种设备安全技术档案齐全。安装稳固,防护到位
13		其他分包管理	分包队伍资质、许可证等资料齐全,安全生产协议已签署,人员资格满足要求
14		其他作业人员	拟上岗人员安全培训资料齐全,考核合格;特种作业人员类别和数量满足作业要求,操作证齐全。施工和安全技术交底已完成
15		降水情况	降水水位符合竖井开挖要求
16		风水电	施工通风、供水、供电满足施工需求
17		应急准备	应急物资到位,通信畅通,应急照明、消防器材符合要求
18		棚罩封闭	符合要求

注:竖井开挖施工指锁口圈梁完成后进行的土方开挖。

暗挖工程马头门开挖施工前核查内容　　　　　　　　　　　表 10-5

序号	核查条件		核查要点
1	主控条件	设计文件	设计文件满足现场施工要求
2		施工方案	安全专项施工方案编审（包括应急预案）、审批齐全有效
3		超前支护及加固措施	管棚或小导管打设、注浆已完成，加强环梁及支撑措施到位
4		监控量测及测量复核	监测方案已审批，监测点布置符合要求，已测取初始值；测量放线完成，并经监理、第三方复核，资料齐全
5		管线保护	管线核查，针对性保护措施落实到位
6		降水情况	降水水位满足施工开挖需要
7		视频	视频探头已安装到位可正常使用
8		格栅加工	格栅加工验收完成，质量、数量满足要求
9		应急准备	应急物资到位，通信畅通，应急照明、消防器材符合要求
10		作业单位资质及人员资格	作业单位资质、许可证等资料齐全，安全生产协议已签署，人员资格满足要求
11	一般条件	材料及构配件	质量证明文件齐全，复试合格
12		设备机具	进场验收记录齐全有效，特种设备安全技术档案齐全。安装稳固，防护到位
13		其他分包管理	分包队伍资质、许可证等资料齐全，安全生产协议已签署，人员资格满足要求
14		其他作业人员	拟上岗人员安全培训资料齐全，考核合格；特种作业人员类别和数量满足作业要求，操作证齐全。施工和安全技术交底已完成
15		风水电	施工风、水、电满足施工需求
16		作业平台	作业平台搭设牢固，防护到位，已通过验收

注：本表适用于暗挖工程马头门开挖（拱部）开口宽度大于 6m 的全部及开口宽度小于 6m（含）的首次。

暗挖工程扩大段开挖（首循环）施工前核查内容　　　　　　表 10-6

序号	核查条件		核查要点
1	主控条件	设计文件	设计文件满足现场施工要求
2		施工方案	安全专项施工方案编审（包括应急预案）、审批齐全有效
3		超前支护及加固措施	管棚或小导管打设、注浆已完成
4		超前探测	超前探测已完成
5		监控量测	作业面变形已基本稳定
6		管线保护	管线核查，针对性保护措施落实到位
7		降水情况	降水水位符合设计要求
8		视频	视频探头已安装到位可正常使用
9		格栅加工	格栅加工验收完成，质量、数量满足要求
10		应急准备	应急物资到位，通信畅通，应急照明、消防器材符合要求
11		作业单位资质及人员资格	作业单位资质、许可证等资料齐全，安全生产协议已签署，人员资格满足要求

续表

序号	核查条件		核查要点
12	一般条件	材料及构配件	质量证明文件齐全,复试合格
13		设备机具	进场验收记录齐全有效,特种设备安全技术档案齐全。安装稳固,防护到位
14		其他分包管理	分包队伍资质、许可证等资料齐全,安全生产协议已签署,人员资格满足要求
15		其他作业人员	拟上岗人员安全培训资料齐全,考核合格;特种作业人员类别和数量满足作业要求,操作证齐全。施工和安全技术交底已完成
16		风水电	施工通风、供水、供电满足施工需求

注:本表适用于扩大段开挖(首循环)、围岩等级突变处开挖[降低2个(含)等级]、仰挖、俯挖(首循环)等。

暗挖工程钻爆法开挖(首循环)施工前核查内容 表10-7

序号	核查条件		核查要点
1	主控条件	设计文件	设计文件满足现场施工要求
2		施工方案	安全专项施工方案编审(包括应急预案)、审批齐全有效
3		爆破手续	手续完善,爆破队伍已落实,炸药出库入库管理制度健全,安全生产协议已签署
4		超前支护及加固措施	管棚或小导管打设、注浆已完成
5		超前探测	超前探测已完成
6		监控量测及测量复核	监测方案已审批,监测点布置符合要求,已测取初始值;测量放线完成,并经监理、第三方复核,资料齐全
7		管线保护	管线核查,针对性保护措施落实到位
8		视频	视频探头已安装到位可正常使用
9		格栅加工	格栅加工验收完成,质量、数量满足要求
10		应急准备	应急物资到位,通信畅通,应急照明、消防器材符合要求
11		作业单位资质及人员资格	作业单位资质、许可证等资料齐全,安全生产协议已签署,人员资格满足要求
12	一般条件	材料及构配件	质量证明文件齐全,复试合格
13		设备机具	进场验收记录齐全有效,特种设备安全技术档案齐全。安装稳固,防护到位
14		其他分包管理	分包队伍资质、许可证等资料齐全,安全生产协议已签署,人员资格满足要求
15		其他作业人员	拟上岗人员安全培训资料齐全,考核合格;特种作业人员类别和数量满足作业要求,操作证齐全。施工和安全技术交底已完成
16		风水电	施工通风、供水、供电满足施工需求

暗挖工程多导洞施工扣拱开挖（首次）施工前核查内容　　　　表10-8

序号	核查条件		核查要点
1	主控条件	设计文件	设计文件满足现场施工要求
2		施工方案	安全专项施工方案编审（包括应急预案）、审批齐全有效
3		结构稳定性	顶纵梁（及冠梁）强度达到设计要求
4		监控量测	作业面变形已基本稳定
5		管线保护	管线核查，针对性保护措施落实到位
6		降水情况	降水水位满足施工需要
7		视频	视频探头已安装到位可正常使用
8		格栅加工	格栅加工验收完成，质量、数量满足要求
9		应急准备	应急物资到位，通信畅通，应急照明、消防器材符合要求
10		作业单位资质及人员资格	作业单位资质、许可证等资料齐全，安全生产协议已签署，人员资格满足要求
11	一般条件	材料及构配件	质量证明文件齐全，复试合格
12		设备机具	进场验收记录齐全有效，特种设备安全技术档案齐全。安装稳固，防护到位
13		其他分包管理	分包队伍资质、许可证等资料齐全，安全生产协议已签署，人员资格满足要求
14		其他作业人员	拟上岗人员安全培训资料齐全，考核合格；特种作业人员类别和数量满足作业要求，操作证齐全。施工和安全技术交底已完成
15		风水电	施工风、水、电满足施工需求

注：应按单位工程分别进行核查。

暗挖工程大断面临时支撑拆除（首段）施工前核查内容　　　　表10-9

序号	核查条件		核查要点
1	主控条件	设计文件	设计文件满足现场施工要求
2		施工方案	临时支撑拆除专项方案或施工方案中专项技术措施（包括应急预案）已批复
3		施工准备	临时支撑拆除后续施工准备基本完成。交叉作业安全防护措施准备到位
4		监控量测	已有监测点数据基本稳定。需增设的监测点位已布置，初始值已读取
5		视频	视频探头已安装到位可正常使用
6		应急准备	应急物资到位，通信畅通，应急照明、消防器材符合要求
7		作业单位资质及人员资格	作业单位资质、许可证等资料齐全，安全生产协议已签署，人员资格满足要求
8	一般条件	材料及构配件	质量证明文件齐全，复试合格
9		设备机具	进场验收记录齐全有效，特种设备安全技术档案齐全。安装稳固，防护到位
10		其他分包管理	分包队伍资质、许可证等资料齐全，安全生产协议已签署，人员资格满足要求
11		其他作业人员	拟上岗人员安全培训资料齐全，考核合格；特种作业人员类别和数量满足作业要求，操作证齐全。施工和安全技术交底已完成
12		风水电	施工风、水、电满足施工需求
13		降水情况	降水水位符合设计要求

盾构始发、到达、空推段施工前核查内容 表10-10

序号	核查条件		核查要点
1	主控条件	设计文件	设计文件满足现场施工要求
2		施工方案	安全专项施工方案编审（包括应急预案、专项用电方案）、专家论证、审批齐全有效
3		测量	盾构位置测量验收完毕
4		盾构机安装调试	始发前盾构机安装调试验收完成
5		始发托架、反力架及导轨	按方案施工完毕、验收合格，导轨稳固
6		洞门土体加固	加固范围及参数指标符合设计要求
7		洞门密封	洞门密封止水装置安装完成，外观质量及完整性符合设计要求
8		盾构管片	盾构管片已进场并验收合格
9		浆液制作	浆液制作设施已完成
10		监控量测	监测点已布置，初始值数值已读取
11		应急准备	应急物资到位，通信畅通，应急照明、消防器材符合要求
12		作业单位资质及人员资格	作业单位资质、许可证等资料齐全，安全生产协议已签署，人员资格满足要求
13	一般条件	材料及构配件	质量证明文件齐全，复试合格
14		设备机具	进场验收记录齐全有效，特种设备安全技术档案齐全。安装稳固，防护到位
15		其他分包管理	分包队伍资质、许可证等资料齐全，安全生产协议已签署，人员资格满足要求
16		其他作业人员	拟上岗人员安全培训资料齐全，考核合格；特种作业人员类别和数量满足作业要求，操作证齐全。施工和安全技术交底已完成
17		风水电	施工风、水、电满足施工需求

注：1. 盾构始发条件核查应在桩体破除前进行；
2. 盾构到达条件核查应在进入加固段前进行。

盾构开仓施工前核查内容 表10-11

序号	检查条件		核查要点
1	主控条件	施工方案	盾构开仓安全专项施工方案编审（包括应急预案）、专家论证、审批齐全有效
2		加固措施	按方案要求的地面或洞内土体加固措施已完成，并通过验收
3		测量标识	盾构机所处位置定位测量完毕，开仓区域地面警示标识及隔离带设置合理
4		监控量测	开仓区域监测点布设完成，初始值已读取
5		有限空间作业准备	有限空间作业施工准备完成。有害气体检测设备、常压开仓通风设备已报验合格
6		作业人员	作业人员体检、安全教育、安全交底和技术培训完成
7		环境风险	建（构）筑物及管线核查，地上、地下管线标识，针对性保护措施落实到位
8		应急准备	应急设备及材料配备齐全，配备救援药品及救援人员
9		作业单位资质及人员资格	作业单位资质、许可证等资料齐全，安全生产协议已签署，人员资格满足要求

续表

序号	检查条件		核查要点
10	一般条件	材料及构配件	质量证明文件齐全，复试合格
11		设备机具	各种仪器仪表附件工作正常，施工工具及更换刀具准备到位，盾构刀盘已锁定
12		其他分包管理	分包队伍资质、许可证等资料齐全，安全生产协议已签署，人员资格满足要求
13		风水电	施工风、水、电满足施工需求

盾构区间联络通道开口施工前核查内容　　　　表 10-12

序号	核查条件		核查要点
1	主控条件	设计文件	设计文件满足现场施工要求
2		施工方案	安全专项施工方案编审（包括应急预案）、审批齐全有效
3		地层加固	管片开口处地层加固土体的稳定性和止水性满足设计要求
4		临时支撑	管片开口处钢支撑架设牢固
5		施工降水	降水效果满足施工需要
6		环境风险	建（构）筑物及管线核查，针对性保护措施落实到位
7		监控量测	增设的监测点布设完成，初始值已读取
8		视频	视频探头已安装到位可正常使用
9		格栅加工	格栅加工验收完成，数量满足要求
10		应急准备	应急物资到位，通信畅通，应急照明、消防器材符合要求
11		作业单位资质及人员资格	作业单位资质、许可证等资料齐全，安全生产协议已签署，人员资格满足要求
12	一般条件	材料及构配件	质量证明文件齐全，复试合格
13		设备机具	进场验收记录齐全有效，特种设备安全技术档案齐全。安装稳固，防护到位
14		其他分包管理	分包队伍资质、许可证等资料齐全，安全生产协议已签署，人员资格满足要求
15		其他作业人员	拟上岗人员安全培训资料齐全，考核合格；特种作业人员类别和数量满足作业要求，操作证齐全。施工和安全技术交底已完成
16		风水电	施工风、水、电满足施工需求

盾构穿越特级、一级风险源施工前核查内容　　　　　表 10-13

序号	核查条件		核查要点
1	主控条件	施工方案	安全专项施工方案编审（包括应急预案）、专家论证、审批齐全有效
2		审批手续	对特级风险评估、分析，专家论证完毕；产权单位及相关部门审批手续齐全
3		盾构设备检修	盾构机及配套系统已全面检修，状态良好
4		监控量测	专项监测方案审批完成；监测的点位已布置，初始值已读取，控制值已确定
5		环境风险	风险源自身专项防护措施已完成；建（构）筑物及管线核查，针对性保护措施落实到位
6		视频	视频探头已安装到位可正常使用
7		应急准备	应急物资到位，通信畅通，应急照明、消防器材符合要求
8		作业单位资质及人员资格	作业单位资质、许可证等资料齐全，安全生产协议已签署，人员资格满足要求
9	一般条件	材料及构配件	质量证明文件齐全，复试合格
10		其他分包管理	分包队伍资质、许可证等资料齐全，安全生产协议已签署，人员资格满足要求
11		其他作业人员	拟上岗人员安全培训资料齐全，考核合格；特种作业人员类别和数量满足作业要求，操作证齐全。施工和安全技术交底已完成
12		风水电	施工风、水、电满足施工需求

盾构隧道较长范围处于非常接近状态施工前核查内容　　　　　表 10-14

序号	核查条件		核查要点
1	主控条件	设计文件	设计文件满足现场施工要求
2		施工方案	安全专项施工方案编审（包括应急预案）、专家论证、审批齐全有效
3		地层加固	非常接近范围地层加固土体的稳定性和止水性满足设计要求
4		盾构管片	盾构管片已进场并验收合格
5		浆液制作	浆液制作设施已完成
6		盾构设备检修	盾构机及配套系统已全面检修，状态良好
7		监控量测	专项监测方案审批完成；监测的点位已布置，初始值已读取，控制值已确定
8		环境风险	风险源自身专项防护措施已完成；建（构）筑物及管线核查，针对性保护措施落实到位
9		视频	视频探头已安装到位可正常使用
10		应急准备	应急物资到位，通信畅通，应急照明、消防器材符合要求
11		作业单位资质及人员资格	作业单位资质、许可证等资料齐全，安全生产协议已签署，人员资格满足要求

续表

序号	核查条件		核查要点
12	一般条件	材料及构配件	质量证明文件齐全，复试合格
13		其他分包管理	分包队伍资质、许可证等资料齐全，安全生产协议已签署，人员资格满足要求
14		其他作业人员	拟上岗人员安全培训资料齐全，考核合格；特种作业人员类别和数量满足作业要求，操作证齐全。施工和安全技术交底已完成
15		风水电	施工风、水、电满足施工需求

注：盾构隧道较长范围处于非常接近状态是指净间距小于盾构直径70%的并行或交叠隧道。

深基坑开挖施工前核查内容　　　　　　　　　　　　表10-15

序号	核查条件		核查要点
1	主控条件	设计文件	设计文件满足现场施工要求
2		施工方案	安全专项施工方案编审（包括应急预案）、专家论证、审批齐全有效
3		冠梁	冠梁施作完毕，混凝土强度符合规范要求
4		提升系统	提升系统已验收合格
5		支护体系	钢支撑、锚索等支护材料已进场并验收合格，旋喷等加固施工等已完成
6		监控量测	监测方案已审批，监测点布置符合要求，已测取初始值
7		管线保护	管线核查，针对性保护措施落实到位
8		视频门禁	视频门禁系统已安装到位可正常使用
9		临边防护	临边防护设施符合要求
10		作业单位资质及人员资格	作业单位资质、许可证等资料齐全，安全生产协议已签署，人员资格满足要求
11	一般条件	材料及构配件	质量证明文件齐全，复试合格
12		设备机具	进场验收记录齐全有效，特种设备安全技术档案齐全。安装稳固，防护到位
13		其他分包管理	分包队伍资质、许可证等资料齐全，安全生产协议已签署，人员资格满足要求
14		其他作业人员	拟上岗人员安全培训资料齐全，考核合格；特种作业人员类别和数量满足作业要求，操作证齐全。施工和安全技术交底已完成
15		降水情况	降水水位符合基坑开挖要求
16		截排水系统	地面截排水系统已完善
17		风水电	施工风、水、电满足施工需求
18		应急准备	应急物资到位，通信畅通，应急照明、消防器材符合要求

注：当车站主体基坑开挖分段进行时，应逐段进行开工前条件核查。

有管线区域钻孔、成槽等动土作业（降水、围护结构等）施工前核查内容　　表 10-16

序号	核查条件		核查要点
1	主控条件	设计文件	设计文件满足现场施工要求
2		施工方案	安全专项施工方案编审、审批齐全有效
3		测量复核	测量放线完成，并经监理、第三方复核，资料齐全
4		地下管线及构筑物保护	地下管线及构筑物核查完成，针对性保护措施落实到位
5		地层加固	动土范围地层加固满足设计要求
6		应急准备	应急物资到位，通信畅通，应急照明、消防器材符合要求
7		作业单位资质及人员资格	作业单位资质、许可证等资料齐全，安全生产协议已签署，人员资格满足要求
8	一般条件	材料及构配件	质量证明文件齐全，复试合格
9		设备机具	进场验收记录齐全有效，特种设备安全技术档案齐全。安装稳固，防护到位
10		其他分包管理	分包队伍资质、许可证等资料齐全，安全生产协议已签署，人员资格满足要求
11		其他作业人员	拟上岗人员安全培训资料齐全，考核合格；特种作业人员类别和数量满足作业要求，操作证齐全。施工和安全技术交底已完成
12		风水电	施工风、水、电满足施工需求

注：地下管线、构筑物密集处应加密核查。

预制梁架设施工前核查内容　　表 10-17

序号	核查条件		核查要点
1	主控条件	施工方案	吊装安全专项施工方案和起重机械安装、拆卸专项方案（包括应急预案）编审、专家论证、审批齐全有效
2		交通方案	交通主管部门批准的导改/临时断路/要点方案齐全
3		交通指挥	警示标志、信号指挥到位
4		架梁设备环境条件	已按要求完成，并验收合格
5		气象条件	满足架设要求
6		设备机具	进场验收记录齐全有效，特种设备安全技术档案齐全。安装稳固，防护到位
7		支座安装	支座安装已到位
8		作业单位资质及人员资格	作业单位资质、许可证等资料齐全，安全生产协议已签署，人员资格满足要求
9	一般条件	材料及构配件	质量证明文件齐全，复试合格
10		其他分包管理	分包队伍资质、许可证等资料齐全，安全生产协议已签署，人员资格满足要求
11		其他作业人员	拟上岗人员安全培训资料齐全，考核合格；特种作业人员类别和数量满足作业要求，操作证齐全。施工和安全技术交底已完成
12		应急准备	应急物资到位，通信畅通，消防器材符合要求

注：本表适用于跨越铁路、快速路、二级及以上公路、城市主干道的预制梁架设或悬臂挂篮安装使用、跨越铁路或快速路的桥梁转体施工等。

超过一定规模的模板支撑系统混凝土浇筑施工前核查内容　　　表10-18

序号	核查条件		核查要点
1	主控条件	施工方案	安全专项施工方案（包括应急预案）编审、专家论证、审批齐全有效
2		地基处理	需要处理或加固的地基已通过验收
3		支架预压与验收	支架预压试验合格。支撑体系已验收合格
4		施工监测	监测点布置符合方案要求
5		临边防护	作业平台临边防护到位
6		作业单位资质及人员资格	作业单位资质、许可证等资料齐全，安全生产协议已签署，人员资格满足要求
7	一般条件	材料及构配件	质量证明文件齐全，复试合格
8		设备机具	进场验收记录齐全有效，特种设备安全技术档案齐全，安装稳固，防护到位
9		其他分包管理	分包队伍资质、许可证等资料齐全，安全生产协议已签署，人员资格满足要求
10		其他作业人员	拟上岗人员安全培训资料齐全，考核合格；特种作业人员类别和数量满足作业要求，操作证齐全。施工和安全技术交底已完成
11		应急准备	应急物资到位，通信畅通，消防器材符合要求。设备应有备用并已到位
12		配电箱	电箱完整无损坏；箱内配置符合规范，并附线路图，无带电体明露及一闸多用等

注：本表适用于同一施工队伍，采用相同种类架体的模板，搭设高度8m及以上，或搭设跨度18m及以上，或施工总荷载15kN/m^2及以上，或集中线荷载20kN/m及以上或处于斜坡段的现浇梁、板混凝土浇筑的首次。

门式起重机、塔式起重机等起重机械设备安装/拆卸施工前核查内容　　　表10-19

序号	核查条件		核查要点
1	主控条件	施工方案	安全专项施工方案（包括应急预案）编审、专家论证、审批齐全有效
2		地基基础	地基基础满足方案要求，并已通过验收
3		安拆分包管理	分包队伍资质、许可证等资料齐全，安全生产协议已签署，人员资格满足要求
4		安拆作业人员	拟上岗人员安全培训资料齐全，考核合格；特种作业人员类别和数量满足作业要求，操作证齐全。施工和安全技术交底已完成
5		报备手续	手续完善，并得到有关部门批准
6		应急准备	应急物资到位，通信畅通，消防器材符合要求。设备应有备用并已到位

续表

序号	核查条件		核查要点
7	一般条件	材料及构配件	质量证明文件齐全,复试合格
8		设备机具	进场验收记录齐全有效,特种设备安全技术档案齐全,安装稳固,防护到位
9		其他分包管理	分包队伍资质、许可证等资料齐全,安全生产协议已签署,人员资格满足要求
10		其他作业人员	拟上岗人员安全培训资料齐全,考核合格;特种作业人员类别和数量满足作业要求,操作证齐全。施工和安全技术交底已完成
11		周边环境	周边环境满足安拆工作要求
12		配电箱	电箱完整无损坏;箱内配置符合规范,并附线路图,无带电体明露及一闸多用等

注：本表适用于门式起重机、塔式起重机等起重机械设备安装/拆卸（含起重量300kN及以上的其他起重设备安装）、架桥机的安装、走行（首次）。

非常规起重吊装施工前核查内容　　　　表10-20

序号	核查条件		核查要点
1	主控条件	吊装施工方案	安全专项施工方案（包括应急预案）编审、专家论证、审批齐全有效
2		吊装机械准备	手续齐全,报验合格,满足方案要求
3		吊装作业人员	操作工、信号工等安全培训资料齐全,考核合格,持证上岗。施工和安全技术交底已完成
4		周边环境及气候条件	周边环境及气候条件满足吊装要求
5		地基处理	地基处理满足吊装施工要求
6		应急准备	应急物资到位,通信畅通,消防器材符合要求。设备应有备用并已到位
7		作业单位资质及人员资格	作业单位资质、许可证等资料齐全,安全生产协议已签署,人员资格满足要求
8	一般条件	设备机具	进场验收记录齐全有效,特种设备安全技术档案齐全,安装稳固,防护到位
9		其他分包管理	分包队伍资质、许可证等资料齐全,安全生产协议已签署,人员资格满足要求
10		其他作业人员	拟上岗人员安全培训资料齐全,考核合格;特种作业人员类别和数量满足作业要求,操作证齐全。施工和安全技术交底已完成
11		配电箱	电箱完整无损坏;箱内配置符合规范,并附线路图,无带电体明露及一闸多用等

注：本表适用于采用非常规起重设备、方法,且单件起吊重量在100kN及以上的起重吊装施工,含2台及以上设备协同吊装作业,包括盾构机的吊装组装等。

铺轨（调试）行车（首次）施工前核查内容　　　　　表 10-21

序号	核查条件		核查要点
1	主控条件	施工方案	安全专项施工方案（包括应急预案）编审、审批齐全有效
2		轨道及基础	满足方案及铺轨行车要求
3		铺轨作业人员	司机、指挥员等安全培训资料齐全，考核合格。施工和安全技术交底已完成
4		周边环境及气候条件	周边环境及气候条件满足方案及行车要求
5		限界防护	满足方案及行车要求
6		应急准备	应急物资到位，通信畅通，消防器材符合要求。设备应有备用并已到位
7		作业单位资质及人员资格	作业单位资质、许可证等资料齐全，安全生产协议已签署，人员资格满足要求
8	一般条件	设备机具	进场验收记录齐全有效，特种设备安全技术档案齐全，安装稳固，防护到位
9		其他分包管理	分包队伍资质、许可证等资料齐全，安全生产协议已签署，人员资格满足要求
10		其他作业人员	拟上岗人员安全培训资料齐全，考核合格；特种作业人员类别和数量满足作业要求，操作证齐全。施工和安全技术交底已完成
11		配电箱	电箱完整无损坏；箱内配置符合规范，并附线路图，无带电体明露及一闸多用等

主体结构与附属结构（非同时施工）连接部位
混凝土浇筑（首次）施工前核查内容　　　　　表 10-22

序号	核查条件		核查要点
1	主控条件	设计文件	设计文件满足现场施工要求
2		施工方案	施组设计或施工方案（包括应急预案）编审、审批齐全有效；质量控制措施满足现场施工要求
3		隐检验收	连接处钢筋连接，防水层连接、混凝土凿毛、细部构造、结构厚度尺寸等隐检验收已完成，满足设计和方案要求
4		质量管理人员	施工员、质检员、试验员等均到岗，技术交底已完成
5		周边环境及气候条件	周边环境及气候条件满足现场施工要求
6		应急准备	防雨（防冻、防高温）等应急物资到位，通信畅通，消防器材符合要求
7		作业单位资质及人员资格	作业单位资质、许可证等资料齐全，安全生产协议已签署，人员资格满足要求

续表

序号	核查条件		核查要点
8	一般条件	材料及构配件	质量证明文件齐全，复试合格
9		设备机具	进场验收记录齐全有效，特种设备安全技术档案齐全，安装稳固，防护到位
10		其他分包管理	分包队伍资质、许可证等资料齐全，安全生产协议已签署，人员资格满足要求
11		其他作业人员	拟上岗人员安全培训资料齐全，考核合格；特种作业人员类别和数量满足作业要求，操作证齐全。施工和安全技术交底已完成
12		配电箱	电箱完整无损坏；箱内配置符合规范，并附线路图，无带电体明露及一闸多用等

注：本表适用于主体结构与附属结构（非同时施工）连接部位混凝土浇筑（首次）、PBA工法大直径钻孔桩灌注（首次）、梁板柱节点混凝土浇筑（强度等级相差两个及以上级别的首次）及PBA工法二衬拱与梁结合部模板施工（首段）等。

新技术、新工艺、新材料使用（首次）施工前核查内容 表10-23

序号	核查条件		核查要点
1	主控条件	设计文件	设计文件满足现场施工要求
2		施工方案	施组设计或施工方案（包括应急预案）编审、专家论证、审批齐全有效；质量控制措施满足现场施工要求
3		"四新"质量标准	质量证明文件齐全，满足设计和方案要求，质量验收标准已经确定
4		周边环境及气候条件	周边环境及气候条件满足现场施工要求
5		应急准备	应急物资到位，通信畅通，消防器材符合要求
6		作业单位资质及人员资格	作业单位资质、许可证等资料齐全，安全生产协议已签署，人员资格满足要求
7	一般条件	材料及构配件	质量证明文件齐全，复试合格
8		设备机具	进场验收记录齐全有效，特种设备安全技术档案齐全，安装稳固，防护到位
9		其他分包管理	分包队伍资质、许可证等资料齐全，安全生产协议已签署，人员资格满足要求
10		其他作业人员	拟上岗人员安全培训资料齐全，考核合格；特种作业人员类别和数量满足作业要求，操作证齐全。施工和安全技术交底已完成
11		配电箱	电箱完整无损坏；箱内配置符合规范，并附线路图，无带电体明露及一闸多用等

暗挖全断面注浆(首次)施工前核查内容　　　　表 10-24

序号	核查条件	核查条件	核查要点
1	主控条件	设计文件	设计文件满足现场施工要求
2	主控条件	施工方案	施组设计或施工方案(包括应急预案)编审、专家论证、审批齐全有效;质量控制措施满足现场施工要求
3	主控条件	注浆材料及配合比	注浆材料质量证明文件齐全,配合比满足设计和方案要求,有试验证明材料
4	主控条件	注浆设备及工器具	设备完整、工器具齐全(压力附件指示正常、计量器具标定合格)
5	主控条件	注浆作业人员	培训合格,已接受技术交底
6	主控条件	注浆管材料	注浆管材质、长度及注浆孔布设满足设计和方案要求
7	主控条件	应急准备	应急物资到位,通信畅通,消防器材符合要求
8	主控条件	作业单位资质及人员资格	作业单位资质、许可证等资料齐全,安全生产协议已签署,人员资格满足要求
9	一般条件	其他材料及构配件	质量证明文件齐全,复试合格
10	一般条件	其他设备机具	进场验收记录齐全有效,特种设备安全技术档案齐全,安装稳固,防护到位
11	一般条件	其他分包管理	分包队伍资质、许可证等资料齐全,安全生产协议已签署,人员资格满足要求
12	一般条件	其他作业人员	拟上岗人员安全培训资料齐全,考核合格;特种作业人员类别和数量满足作业要求,操作证齐全。施工和安全技术交底已完成
13	一般条件	配电箱	电箱完整无损坏;箱内配置符合规范,并附线路图,无带电体明露及一闸多用等

顶管施工的始发与接收施工前核查内容　　　　表 10-25

序号	核查条件	核查条件	核查要点
1	主控条件	设计文件	设计文件满足现场施工要求
2	主控条件	施工方案	安全专项施工方案编审(包括应急预案、专项用电方案)(或专家论证)、审批齐全有效
3	主控条件	测量复核	顶管位置测量验收完毕
4	主控条件	顶管设施安装调试	始发前顶管设施安装调试验收完成
5	主控条件	始发托架、反力架及导轨	按方案施工完毕、验收合格,导轨稳固
6	主控条件	洞门土体加固	加固范围及参数指标符合设计要求
7	主控条件	洞门密封	洞门密封止水装置安装完成,外观质量及完整性符合设计要求
8	主控条件	管片准备	顶管管片已进场并验收合格
9	主控条件	浆液制作	浆液制作设施已完成(视地质情况)
10	主控条件	监控量测	监测点已布置,初始值数值已读取
11	主控条件	应急准备	应急物资到位,通信畅通,应急照明、消防器材符合要求
12	主控条件	作业单位资质及人员资格	作业单位资质、许可证等资料齐全,安全生产协议已签署,人员资格满足要求

续表

序号	核查条件		核查要点
13	一般条件	材料及构配件	质量证明文件齐全，复试合格
14		设备机具	进场验收记录齐全有效，特种设备安全技术档案齐全。安装稳固，防护到位
15		其他分包管理	分包队伍资质、许可证等资料齐全，安全生产协议已签署，人员资格满足要求
16		其他作业人员	拟上岗人员安全培训资料齐全，考核合格；特种作业人员类别和数量满足作业要求，操作证齐全。施工和安全技术交底已完成
17		风水电	施工风、水、电满足施工需求

注：1. 顶管始发条件核查应在洞门土体破除前进行；
2. 顶管接收条件核查应在进入出洞加固段前进行。

跨度36m及以上的钢结构安装工程施工前核查内容　　　表10-26

序号	核查条件		核查要点
1	主控条件	设计文件	设计文件满足现场施工要求
2		施工方案	安全专项施工方案（包括应急预案）编审、专家论证、审批齐全有效
3		安装机械准备	手续齐全，报验合格，满足施工方案要求
4		安装作业人员	操作工、信号工等安全培训资料齐全，考核合格，持证上岗。施工和安全技术交底已完成
5		安装材料与构配件	钢结构（网架或索膜结构等）已运抵现场，验收合格，码放顺序满足安装要求
6		周边环境及气候条件	周边环境及气候条件满足安装要求
7		地基处理	地基处理满足安装施工要求
8		应急准备	应急物资到位，通信畅通，消防器材符合要求。设备应有备用并已到位
9		作业单位资质及人员资格	作业单位资质、许可证等资料齐全，安全生产协议已签署，人员资格满足要求
10	一般条件	设备机具	进场验收记录齐全有效，特种设备安全技术档案齐全。安装稳固，防护到位
11		其他分包管理	分包队伍资质、许可证等资料齐全，安全生产协议已签署，人员资格满足要求
12		其他作业人员	拟上岗人员安全培训资料齐全，考核合格；特种作业人员类别和数量满足作业要求，操作证齐全。施工和安全技术交底已完成
13		配电箱	电箱完整无损坏；箱内配置符合规范，并附线路图，无带电体明露及一闸多用等

注：本表适用于跨度36m及以上的钢结构安装工程；跨度60m及以上的网架和索膜结构安装工程。

人工挖孔桩[深度超过16m（含）]（首桩）施工前核查内容　　表10-27

序号	核查条件	核查条件	核查要点
1	主控条件	设计文件	设计文件满足现场施工要求
2	主控条件	施工方案	安全专项施工方案编审（包括应急预案）、专家论证、审批齐全有效
3	主控条件	测量复核	井位位置测量复核完成
4	主控条件	锁口圈梁	锁口圈梁施作完毕，混凝土强度符合规范要求
5	主控条件	提升系统	起重提升系统已验收合格
6	主控条件	管线保护	管线核查，针对性保护措施落实到位
7	主控条件	降水情况	降水水位符合竖井开挖要求
8	主控条件	通风措施	符合有限空间作业要求
9	主控条件	临边防护设施	临边防护设施符合要求
10	主控条件	应急准备	应急物资到位，通信畅通，应急照明、消防器材符合要求
11	主控条件	作业单位资质及人员资格	作业单位资质、许可证等资料齐全，安全生产协议已签署，人员资格满足要求
12	一般条件	材料及构配件	质量证明文件齐全，复试合格
13	一般条件	设备机具	进场验收记录完整有效，安全技术档案齐全。安装稳固，防护到位
14	一般条件	其他分包管理	分包队伍资质、许可证等资料齐全，安全生产协议已签署，人员资格满足要求
15	一般条件	其他作业人员	拟上岗人员安全培训资料齐全，考核合格；施工和安全技术交底已完成
16	一般条件	供水供电	施工供水、供电满足施工需求

注：1. 人工挖孔桩开挖施工指锁口圈梁完成后进行的土方开挖；
　　2. 本表适用于PBA工法或基坑围护桩或工程桩的开挖。

冻结法土方开挖施工前核查内容　　表10-28

序号	核查条件	核查条件	核查要点
1	主控条件	设计文件	设计文件满足现场施工要求
2	主控条件	施工方案	安全专项施工方案编审（包括应急预案）、专家论证、审批齐全有效
3	主控条件	冻结效果	冻结壁温度、强度等满足设计要求
4	主控条件	临时支撑	管片开口处钢支撑架设牢固符合设计要求
5	主控条件	环境风险	建（构）筑物及管线核查，针对性保护措施落实到位
6	主控条件	监控量测	相关监测点布设完成，初始值已读取
7	主控条件	视频监控	视频探头已安装到位可正常使用
8	主控条件	格栅加工	格栅加工验收完成，数量满足要求
9	主控条件	应急准备	应急物资到位，通信畅通，应急照明、消防器材符合要求
10	主控条件	作业单位资质及人员资格	作业单位资质、许可证等资料齐全，安全生产协议已签署，人员资格满足要求

续表

序号	核查条件		核查要点
11	一般条件	材料及构配件	质量证明文件齐全,复试合格
12		设备机具	进场验收记录完整有效,安全技术档案齐全。安装稳固,防护到位
13		其他分包管理	分包队伍资质、许可证等资料齐全,安全生产协议已签署,人员资格满足要求
14		其他作业人员	拟上岗人员安全培训资料齐全,考核合格;施工和安全技术交底已完成
15		风水电	施工风、水、电满足施工需求

注:本表适用于盾构区间联络通道冻结法土方开挖。

火情火警风险较大部位动火作业(首次)施工前核查内容　　表10-29

序号	核查条件		核查要点
1	主控条件	施工方案	安全专项施工方案编审(包括应急预案)、专家论证、审批齐全有效
2		动火管理	满足制度和规程要求
3		人员准备	动火人和看火人准备齐全,动火人持证上岗
4		易燃物	清理或保护满足动火要求
5		环境气候	风力、风向、污染、雾霾等条件满足动火要求
6		视频监控	视频探头已安装到位,可正常监测施工环境
7		应急准备	应急物资到位,通信畅通,应急照明、消防器材符合要求
8		作业单位资质及人员资格	作业单位资质、许可证等资料齐全,安全生产协议已签署,人员资格满足要求
9	一般条件	配套材料准备	质量证明文件齐全,复试合格
10		配套设备机具	进场验收记录完整有效,安全技术档案齐全。安装稳固,防护到位
11		其他分包管理	分包队伍资质、许可证等资料齐全,安全生产协议已签署,人员资格满足要求
12		其他作业人员	拟配合人员安全培训资料齐全,考核合格;施工和安全技术交底已完成
13		配套水电	施工供水、供电满足施工需求

注:火情火警风险较大部位,是指易燃物多、烟囱效应强、动火频次多的施工部位,如风道(出入口)坡段结构施工,存在木模板、防水材料等易燃物,由承包商在单位工程开工前进行统一识别,列入关键节点清单进行管理。

10.3.3 风险跟踪与监测工作方法

风险跟踪与监测方法可采用人工现场巡视、风险跟踪现场记录、远程监控技术,或采用多种方法的综合跟踪监测方法。风险跟踪与监测宜及时对监测数据进行分析,全面掌握工程建设风险。

10.3.4 风险预警与应急工作内容

在工程建设期间对可能发生的突发风险事件,根据突发风险事件划分预警等级。针对各级风险事件,协助业主建立健全应急演练机制,定期组织相关预案的演练。当预警等级3级及以上时,应启动应急预案,及时进行风险处置。

10.3.5 主要施工技术风险控制要点及监理措施

1. 深基坑施工风险

深基坑主要施工风险包含边坡坍塌、坑底突涌、地下结构上浮等。

(1) 边坡坍塌风险的监理措施

1) 从源头控制围护结构施工质量;

2) 要求承包商严格执行开挖施工方案,遵循时空效应原理,控制好局部与整体的变形;

3) 督促承包商加强过程动态调整,保障支护结构具备足够的强度和刚度;

4) 巡视检查坡顶局部超载、控制附加应力,要求基坑随挖随支撑;

5) 要求承包商做好坑内外排水系统的衔接;

6) 检查各类监测点的保护,确保监测数据连续性与精确性;

7) 要求承包商及时启动监测数据出现连续报警与突变值的应急预案;

8) 合理安排施工进度,及时组织施工;

9) 开挖至设计坑底标高以后,及时验收、及时浇筑混凝土垫层。

(2) 坑底突涌风险的监理措施

1) 检查坑内外承压水层的水力联系是否有效切断;

2) 通过既有抽水数据验证降水井布置数量与滤头埋置深度是否符合要求;

3) 要求承包商及时开启减压降水井,检查双电源供电系统的有效性。

(3) 地下结构上浮风险的监理措施

1) 及时与设计沟通确定泄水孔留设数量与构造方法,并按规定时间封井;

2) 检查降水方案交底情况,根据方案规定停止降水;

3) 检查施工场地排水应畅通,防止地表水倒灌地下室;

4) 根据施工进度安排,及时组织覆土,覆土应分层夯实,土密实度应符合设计要求;

5) 检查抗拔桩桩身质量,必要时取样试验。

2. 火灾风险

轨道交通工程施工工艺复杂、施工分包商多、交叉作业多、施工作业层(面)临时用电设备多、易燃可燃材料多、堆放杂乱,焊接、切割等动火作业频繁,若疏于管理,则极易引发火灾,由于基坑垂直交通不便,人员疏散困难,消防救援设施难以达到失火点高度等一系列消防安全问题。因此,消防难度较大,相应的消防安全技术和管理是一大难题。

(1) 施工总平面应有环形消防车道,消防车道的宽度、净高和路面承载力应能满足大型消防车的要求;

(2) 检查施工现场重点部位配备移动灭火器材情况;

(3) 检查人员紧急疏散通道设置情况；

(4) 木料堆场应分组分垛堆放，组与组之间应设有消防通道；油漆作业场所严禁烟火。

3. 盾构法隧道风险

(1) 盾构始发监理控制关键点

1) 盾构始发应制定专项方案，并按照要求进行专家论证；

2) 根据地质条件、周边环境影响、盾构机型式等因素审查端头井加固方案；加强加固过程中检查，确保加固过程工艺参数的合理性和桩身的垂直度；始发前进行抽芯检验并组织始发条件验收；

3) 盾构反力架安装时反力架钢环环面与盾构掘进方向垂直，环面中心轴线与隧道设计轴线保持一致，确保反力架安装精度；反力架应根据现场使用受力状态进行受力和变形核算，核算安全合格后方可使用；需严格把关反力架定位和焊接质量；

4) 始发基座安装前需进行平面位置和高程的精确测量定位；基座应进行详细设计和受力计算，强度和稳定性应符合规范和盾构机始发要求；严格把关基座焊接质量。

(2) 盾构到达监理控制关键点

1) 根据地质条件、周边环境影响、盾构机型式等因素审查端头井加固方案；加强加固过程中检查，确保加固过程工艺参数的合理性和桩身的垂直度；在接收端土体的加固经检验达到设计强度合格后，才能进行此段的掘进施工；

2) 接收洞门密封和止水设施的安装经验收合格后，方可进行盾构接收作业；

3) 洞门凿除应做好洞门防水物件的保护，并及时清理凿除物；凿除作业脚手架的搭设要符合相关规范要求，在高于 2m 的高空作业时，需系好合格的安全带。

(3) 盾构机刀盘刀具出现故障风险监理控制关键点

1) 盾构隧道施工中要考虑隧道沿线地质情况，针对性地对刀盘结构、刀具分布进行设计；

2) 根据具体的工程地质、土质、水文情况选择添加剂，改善盾构机刀盘前方的土体的可塑状态，减少对刀具、刀盘的磨损；

3) 刀具更换作业前，应制定详细的作业方案，对刀具更换每个细节进行部署，并由技术负责人进行交底。

(4) 盾构开仓风险监理控制关键点

1) 要挑选身体健康、强壮的工人作为进入刀盘仓的操作人员，并经过职业病医院严格的身体检查，确保对恶劣环境的抵抗力；一般压气作业一人一天不宜超过 4h；

2) 压气作业选用无油型空压机，确保空气质量，并准备好通信工具，不间断地保持联络；

3) 开仓前应制定详细的作业方案，并由技术负责人进行交底；

4) 作业过程中必须由专人负责掌子面稳定情况观察，一旦发现异常及时撤出施工人员，并关闭仓门，经观察，有坍塌发生时，在可能的情况下必须立即进行处理，若坍塌现象严重必须立即关闭仓门；

5) 盾构施工中尽可能在基本可以自稳的地层中进行开仓作业。

(5) 盾构机吊装风险监理控制关键点

1) 施工前对施工区域进行检查,保证场地承载能力达到要求;

2) 起重作业属于特种作业,信号司索工、司机应持建设行政主管部门颁发的建筑施工特种作业人员操作资格证,同时应安排专人进行安全监控;设吊装作业警戒区,无关人员不能进入;

3) 起重吊装作业前,应对钢丝绳、钢丝夹、吊钩等索具装备进行检查,对磨损严重的索具要求及时更换;

4) 旁站吊装过程,吊装作业应严格执行"十不吊"规定;吊装过程中提升和降落速度要均匀,动作要平稳,严禁忽快忽慢、突然制动和左右回转。

(6) 盾构空推风险监理控制关键点

1) 盾构机在到达空推段前,应设定合适的掘进参数,保证顺利到达;

2) 在距离洞门 30m 时,应采取辅助措施加强管片环间连接,以防盾构掘进推力的减少引起环间松动而影响密封防水效果;

3) 在到达前 6 环时,应调整掘进参数,确保到达端墙的稳定性和防止地层坍塌。

(7) 盾构施工过程中穿越风险地质或复杂环境风险监理控制关键点

1) 控制土仓压力,将区间每隔 20 环分成一段,根据地层情况及隧道埋深情况,计算出隧道拱顶理论土压力;试掘进段将土仓压力提高 $0.2\sim0.3$Bar,根据地表监测情况,进行调整,调整标准为保证刀盘区域位置地表隆起 $1\sim2$mm;找出实际所需土仓压力与理论土仓压力差值,在正常段掘进过程中土仓压力设定值为理论土仓压力值加上差值(差值为试掘进段找出实际所需土仓压力与理论土仓压力差值),施工过程中根据地表监测情况进行微调;

2) 控制出土量,计算出理论出土量;实际掘进过程中,在渣斗上标注刻度,每环掘进完成后,测量土量;

3) 控制注浆量及注浆压力,根据盾构机尺寸和浆液扩散系数控制,计算每环理论注浆量。施工过程中根据地表监测数据情况进行微调。注浆压力在 $2\sim4$Bar,同时保证盾尾刷不漏浆;

4) 调整同步注浆材料配合比,适当增加水泥用量,缩短砂浆凝结时间,保证同步砂浆快速充分填充盾壳与土体间隙;

5) 快速、稳定、连续通过,加快管片拼装速度;

6) 过复杂地质之前提前对盾构机进行维保,确保机械设备性能完好,保证顺利掘进。

(8) 泥水排送系统故障风险监理控制关键点

1) 施工中必须设专人对泥水性能进行监控,根据泥浆性能参数设置指令进行泥水参数管理;

2) 施工过程中出现大粒径石块时,必须采用破碎机破碎、砾石分离装置分离;

3) 泥水仓门附近出现较多石块或大量泥沙拥堵现象,应采取反冲洗操作,并采取措施保证开挖面稳定性和维持泥水仓压力稳压。

(9) 在上软下硬地层中掘进中土体流失风险监理控制关键点

1) 优化渣土改良,加强刀具磨损监测;

2) 每环理论出渣量为隧道断面积、管片长度、渣土分散系数的乘积,盾构推进出渣量控制在 $98\%\sim102\%$ 之间;

3) 掘进过程中要时刻记录出土速度和土仓压力，并对掘进段地表进行实时监测，当发现掘削发生骤变时，应立即进行分析；盾构宜配置皮带出渣称量及自动记录装置，提高控制出土数量的准确性。

(10) 盾尾注浆时发生错台、涌水、涌砂风险监理控制关键点

1) 严格控制盾构推进的纠偏量，尽量使管片四周的盾尾空隙均匀一致，减少管片对盾尾密封刷的挤压程度；

2) 选择正规的油脂厂家，设计合理的油脂管路，及时、保量、均匀地压注盾尾油脂；

3) 设计和优化浆液的配合比，使其与地层状况和推进参数相匹配；

4) 严格按设计和施工方案确定的同步注浆压力、注浆量等参数进行施工，并根据洞内管片衬砌变形和地面及周围构筑物变形监测结果，及时进行信息反馈，修正注浆参数和施工方法；

5) 专人维保注浆设备及仪器仪表，确保同步注浆连续正常进行。

(11) 管片安装机构出现故障风险监理控制关键点

1) 检查管片拼装机是否由专人负责，严格执行三定制度（定机、定人、定岗位）和操作规程；

2) 设备定期进行维保，选择合格的管片吊装螺栓；定期检查更换油缸及传感器；

3) 管片在运至拼装区过程中，管片运输区内严禁站人；在拼装管片时，非拼装作业人员应退出管片拼装区拼装机工作范围内严禁站人；

4) 拼装机在操作中发生异常，应立即停止拼装作业。

4. 暗挖法隧道施工风险的控制

(1) 马头门开挖风险控制监理工作内容

1) 开挖前监理应审查专项方案中的防止井壁土体失稳的技术措施是否到位；

2) 竖井施工时监理检查是否按照设计及方案对井壁进行支护并埋深监测点；

3) 检查督促承包商备齐应急抢险物资、设备，应急抢险组织机构是否健全；

4) 施工前监理审查人员、设备、材料是否满足施工要求；

5) 破除井壁前，监理人员检查采用超前管棚或者小导管注浆是否按照设计及方案施工，并做好记录；

6) 开挖马头门后，督促承包商立刻施作洞口支撑格栅框架，必要时对马头门高度范围内的土体进行超前加固，保证安全；

7) 井壁破除时，监理人员应旁站监督是否按施工方案开挖顺序逐块破除，在上部开挖的井壁破除向前开挖一段距离后，再破除下部开挖的井壁，并向前开挖。严格控制开挖进尺，及时施工临时支撑；

8) 监理人员督促承包商横通道初期支护全部及时封闭成环，封闭成环一定长度后方可拆除临时支撑；

9) 监理人员督促施工方及时上报监测日报，发现数据异常及时处理。

(2) 多导洞施工扣拱开挖风险控制监理工作内容

1) 开挖前监理应审查专项方案中的防止掌子面的技术措施是否到位，应急抢险物资、设备是否到位，应急抢险组织机构是否健全。

2) 开挖前监理旁站监督超前支护是否按设计和方案施工，超前小导管打设深度、角

度、数量是否按要求施工，注浆量是否符合相关要求。

3）监理现场监督严控开挖进尺，严禁超挖，开挖完成后及时架设拱架及临时支撑，现场检查锚杆打设数量、长度、位置是否符合设计要求。

4）拱架架设完毕后，监理要求承包商及时进行喷射混凝土施工，及早对开挖面进行封闭，现场监督混凝土搅拌配合比是否符合要求、喷射混凝土厚度是否符合要求。

5）监理要求承包商及时上报监测数据，发现异常，及时处置。

(3) 大断面临时支护拆除风险控制监理工作内容

1）监理应审查专项方案中的大断面临时支护拆除风险控制的技术措施是否到位，应急抢险物资、设备是否到位，应急抢险组织机构是否健全，人员是否经教育培训。

2）现场监督临时支护拆除顺序是否按照方案执行。

3）现场监督高处作业人员系安全带并高挂低用，穿防滑鞋，严禁酒后作业；作业平台顶满铺脚手板并固定牢固，平台周边安装牢固可靠的防护栏杆，设扶梯上下平台，作业时有人指挥，作业平台周围人员、机械不得停留；

4）现场监督进洞管理人员和作业人员均须正确佩戴安全帽。风镐将破除混凝土解小，不得大块拆除，中隔壁喷射混凝土破除时，下方严禁行人和行车。

5）监理要求承包商及时上报监测数据，发现异常，及时处置。

(4) 扩大段施工风险控制监理工作内容

1）监理应审查专项方案中的扩大段施工风险控制的技术措施是否到位，应急抢险物资、设备是否到位，应急抢险组织机构是否健全，人员是否经教育培训；

2）监理现场复测小断面与大断面之间的交界位置是否符合设计要求，现场监督施工顺序是与方案一致；

3）现场监督超前支护是否按设计和方案施工、初支是否及时；

4）监理要求承包商及时上报监测数据，发现异常，及时处置。

(5) 仰挖施工风险控制监理工作内容

1）监理应审查专项方案中的仰挖施工风险控制的技术措施是否到位，应急抢险物资、设备是否到位，应急抢险组织机构是否健全，人员是否经教育培训；

2）监理检查现场防护和安全措施是否到位，防止人员和材料的滑落，造成不必要的伤害；

3）现场监督施工顺序是否符合设计和方案要求，要求支护及时、到位；

4）要求承包商加强通风管理，保证作业面有新鲜风供应；

5）监理要求承包商及时上报监测数据，发现异常，及时处置。

(6) 钻爆法开挖风险控制监理工作内容

1）监理应审查专项方案中的钻爆施工风险控制技术措施是否到位，应急抢险物资、设备是否到位，应急抢险组织机构是否健全，人员是否经教育培训；

2）审查专业分包企业、人员资质是否符合要求，组织机构是否健全；

3）现场检查管理人员是否到位，施工是否与方案相符；

4）要求承包商做好超前地质预报，对于软弱地质应采用非爆破开挖方式以减少对围岩的扰动；

5）要求承包商做好爆破振速监测和周边环境监测，发现异常及时处置。

(7) 穿越风险地质或复杂环境风险控制监理工作内容

1) 监理应审查专项方案中的穿越风险地质或复杂环境风险控制技术措施是否到位，应急抢险物资、设备是否到位，应急抢险组织机构是否健全，人员是否经教育培训；

2) 施工前要求承包商对周边环境和地质进行详细勘察，制定详细风险源控制措施；

3) 施工过程中，要求承包商做好超前地质预报，严格按方案进行超前支护及开挖，开挖完好及时施工初期支护；

4) 监督施工方做好周边环境监测工作，发现异常及时处置。

(8) 塌方事故风险控制监理工作内容

1) 监理应审查专项方案中的塌方事故风险控制技术措施是否到位，应急抢险物资、设备是否到位，应急抢险组织机构是否健全，人员是否经教育培训；

2) 要求施工方制定工程测试数量、位置及相关程序的明确方案；建立隧道监控测量与超前地质预报联合分析；设定不良后果的应急补救措施；施工方应设置内部监督系统，并对实测措施进行分析；

3) 现场监督施工过程是否按照设计文件对软弱进行土体加固，对加固后土体进行检测确保满足设计文件要求，并控制开挖进尺，加强监控量测；

4) 监理现场监督是否按施工方案做好超前支护，加强超前注浆，控制开挖进尺等工作；

5) 监理应加强施工质量控制，确保初支钢架的加工平整度以及现场拼装质量，对钢架节点应螺栓连接并采用帮焊，确保节点可靠连接；

6) 加强支护，监理督促施工方在岩溶洞穴部位等的衬砌回填质量；当洞穴处于隧道底部时，可采取跨越等措施通过；

7) 施工过程中，监理应督促监督对重大箱涵、暗河等可能富水地段采取打设超前探水孔等措施的落实情况；

8) 在施工过程中监理应督促承包商加强超前地质探测，预报岩爆发生的可能性及地应力大小；在开挖过程中采用短进尺，减少对围岩的扰动和应力集中的可能性；及时施工衬砌和支护，减少岩层暴露时间，降低岩爆可能；对于危险地区，可要求承包商打设超前钻孔转移隧道掌子面的高地应力或注水降低围岩表面张力，或通过岩壁切槽的方法释放应力；岩爆非常剧烈时，应在危险范围以外躲避一段时间，待围岩应力释放，岩爆平静为止，再采取合适手段处理岩爆段；

9) 施工过程中，如有技术间歇或特殊情况下的停工，监理应及时要求施工方对开挖面进行封闭。

(9) 涌水、涌砂事故风险控制监理工作内容

1) 监理应审查专项方案中的涌水、涌砂事故风险控制技术措施是否到位，应急抢险物资、设备是否到位，应急抢险组织机构是否健全，人员是否经教育培训；

2) 要求施工方做好施工段内地质水文调查（如地上河、塘、湖等，管涵渗漏形成的水囊），形成报告，定制措施；

3) 监督现场防涌水、涌砂事故措施落实情况；

4) 监理督促施工方做好监测工作，发现异常及时处置。

(10) 地下管线破坏事故风险控制监理工作内容

1) 监理应审查专项方案中的地下管线破坏事故风险控制技术措施是否到位，应急抢险物资、设备是否到位，应急抢险组织机构是否健全，人员是否经教育培训；

2) 监理应参加业主组织的施工相关的城市地下管线交底会议，督查施工方对地下管线进行详细调查，杜绝盲目施工；

3) 要求施工方制定管线巡查制度，并监督其落实情况；

4) 监理督促施工方做好监测工作，发现异常及时处置。

10.4 安全生产管理的监理工作主要内容和方法

安全生产管理的监理工作不可取代承包商的安全生产管理，它是以社会监督的形式进行的管理活动，因此将监理工作重点放到事前的预控，督促承包商在制度保障、人员投入、方案设计、物资供应方面做好基础工作，将会有事半功倍的效果。而事中督促承包商落实方案，也可以起到提纲挈领的作用。

10.4.1 事前控制

1. 周边环境和工程安全风险特征的调查

周边环境因素既包含了施工区域周边建筑物、空中线缆、地下构筑物、管线等硬件的调查，也包含了污水排放、交通流量、噪声、粉尘、光线污染对周边人文环境影响的软件调查，是轨道交通工程施工的基础工作，调查工作的细致程度，决定了后期施工的顺利程度。

(1) 工程施工前，应要求承包商在设计单位所作的环境风险源识别和评价基础上，认真收集周边环境既有工程建设档案，结合现场工程踏勘、无损探查、挖探结果，收集相关环境资料。

(2) 监理人员应审查周边环境调查报告中的内容：

1) 调查范围应在满足施工、监测等需要的基础上，充分考虑权属单位合理要求及相关规定。

2) 调查对象的几何形状、性质、材质、基础类型、平面位置及与轨道交通工程的相对关系、使用现状及产权单位、管理要求等是否明确。

3) 调查资料是否及时、准确、完整，当设计方案发生变更时，是否完善相关调查资料。

4) 相关风险防范措施、现场有关影像资料和实测数据是否满足施工要求等。

(3) 工程开工前，监理机构应要求承包商依据设计文件、岩土工程勘查报告、周边环境调查报告等进行工程风险评估，深入识别风险因素，对各类风险事件发生的可能性和风险损失等级进行分析，编制风险分级清单，制定风险预控措施与应急预案，并负责跟踪和督促承包商落实。监理同时参加业主组织，设计、勘察单位、承包商共同参与，对风险评估报告与预控措施进行评审，评审通过后，纳入"安全生产管理和风险管控监理工作方案"中。

2. 承包商安全管理体系的审查

(1) 组织机构的审查

1) 应核查承包商提交的企业资质等级证书、安全生产许可证及其有效性。
2) 承包商安全生产三类人员证书、特种作业人员证书及其有效性。
3) 安全生产管理人员人数满足工程的规模、技术复杂程度需要。
4) 合同人员变更应征得业主书面同意。

(2) 安全生产管理制度的审查

监理人员应审核承包商报送的相关安全生产管理制度，并对其针对性进行核查，管理制度应包含：

1) 安全生产责任制。
2) 安全生产教育培训制度。
3) 安全生产检查与隐患排查治理制度。
4) 安全文明施工措施费用管理制度。
5) 机械设备（包括租赁设备）管理制度。
6) 安全施工技术交底制度。
7) 施工现场带班制度。
8) 消防安全管理与消防安全责任制度。
9) 危险性较大的分部分项工程安全管理制度。
10) 工程重要部位、环节施工前条件验收制度。
11) 起重设备检查与维修保养制度。
12) 班前安全活动制度。
13) 安全生产管理目标及考核制度。
14) 安全防护与职业卫生用品管理制度。
15) 治安保卫制度。
16) 食堂卫生责任和管理制度。
17) 安全生产事故报告与调查处理制度。

(3) 分包商的管理

工程开工前，监理人员应审查承包商报送的分包工程计划（计划变更应及时申告），并根据计划审查分包队伍进场资料：

1) 分包商资质证书中的承包类别、类似工程业绩应与承包的工程内容相适应；
2) 分包商的安全生产许可证及其有效性；
3) 安全生产三类人员证书、特种作业人员证书及其有效性；
4) 总包单位和分包商有明确的安全生产协议；
5) 分包商施工人员进场清单；
6) 按规定向建设行政主管部门备案情况。

3. 施工组织设计（方案）中安全生产措施审查

编制安全技术措施的目的是控制生产过程中的危险因素，防止发生人身伤害事故，是施工过程中遵章守法和安全施工的依据，同时也是确保劳动者在生产过程中的安全和健康的需要。监理人员在审查安全技术措施时主要审查以下主要内容：

(1) 审查承包商的安全组织机构和施工现场的安全管理网络是否符合要求。

(2) 审查承包商安全生产管理制度和文明施工管理制度是否齐全。

(3) 审查施工过程中应用的安全监督手段。要求结合工程特点制定有针对性的安全技术措施,应用各种安全监督检查手段,及时发现事故隐患,采取相应的措施和办法,将各类事故隐患消灭在萌芽状态。

(4) 审查企业的安全资质和特种作业人员操作证。审查企业的安全资质及特种作业人员操作证是否合法有效以及是否在有效期内。

(5) 审查施工安全技术措施,内容包括:

1) 审查脚手架的搭设方案有无针对性,内容包括:脚手架、扣件原材料的进场检验、安设、拆除等施工程序及质量要求与检查验收方法等。

2) 审查高处(高空)作业和独立悬空作业所采取的安全防范措施是否符合安全强制性条文的规定。

3) 审查吊装机械设备安装、拆除的专项施工方案,明确安装和拆卸的施工工序、安全技术措施以及特殊情况的防范技术措施,对塔吊基础、吊车吨位需进行专项计算的情况,在方案中要有安全检算资料。

4) 审查安全用电的技术措施。内容有施工用电的安全技术交底;实行三相五线制;高低压线路下方不得搭设作业棚或堆放构件、杂物等;各级配电箱要使用标准型并有防雨措施;有明确的送电或停电顺序;电器及熔断器的熔丝规格必须与电流相一致;实行一机、一闸、一漏;潮湿环境下,必须使用安全电压;电气作业人员检查维修时必须按规定穿绝缘鞋等。

5) 审查电气防火措施。内容有:施工现场不得超负荷用电;电气装置和线路周围不堆放易燃、易爆和强腐蚀介质,现场用电不得乱拉乱接,室内照明线不得乱拉乱接;配电室内配置砂箱和干粉灭火器等。

6) 审查模板工程施工方案。内容包括模板的制作、安装、拆除等施工程序、施工方法、质量要求与检查验收方法等。

7) 审查施工现场防火、防爆的安全措施。内容有仓库等按规定配备消防灭火器材;严禁吸烟和明火;电焊作业时下方不得有易燃易爆物品;氧气瓶和乙炔瓶的安全距离要求等。

8) 审查季节性安全技术措施,主要内容有夏季、雨季和冬季三个季节施工的安全技术措施。夏季应有防暑降温措施、中暑病人的急救措施;雨季措施主要是防触电措施、防坍塌措施、防雷电措施、防台防汛措施等。

4. 应急救援预案的审查

工程项目应急预案是指针对某一类型或某几种类型建设工程质量安全事故而预先制定的工作方案。主要规定应急响应责任人、风险防范和监测、信息报告、预警响应、应急处置、人员疏散组织和路线、可调用或可请求援助的应急资源情况及实施步骤等,体现自救互救、信息报告和先期处置特点。监理人员通过审查,提出整改意见,督促建立健全应急救援体系,完善应急救援预案。

(1) 应急预案的编制

针对可能发生的事故,按照有关规定和要求编制应急预案。应急预案编制过程中,应注重全体人员的参与和培训,使所有与事故有关人员均掌握危险源的危险性、应急处置方案和技能。应急预案应充分利用社会应急资源,与地方政府预案、上级主管单位以及相关部门的预案相衔接。

（2）应急救援预案的审查

应急预案评审应坚持实事求是的工作原则，结合建设工程实际，按照相关文件规范，从以下七个方面进行审查。

1）合法性。符合有关法律、法规、规章和标准，以及有关部门和上级单位规范性文件要求。

2）编制内容的完整性。应急预案编制内容应涵盖《生产经营单位安全生产事故应急预案编制导则》。

3）针对性审查。紧密结合本单位危险源辨识与风险分析。审查危险源辨识结果、审查预案编制的针对性，分析可能导致发生事故的事、物、人、机的救援措施，有针对性地制定应急救援预案。

4）实用性审查。切合本单位工作实际，与生产安全事故应急处置能力相适应。结合工程项目生产安全的实际情况，确定容易发生事故的重点部位，分析可能导致发生事故的事、物、人、机的救援措施。

5）科学性审查。组织体系、信息报送和处置方案等内容科学合理。

6）操作性审查。应急响应程序和保障措施等内容切实可行。要求应急救援预案程序简单，具有可操作性。保证在事故突发时，能够及时启动，并能紧张有序地实施。

7）衔接性审查。综合、专项应急预案和现场处置方案形成体系，并与相关部门或单位应急预案相互衔接。

（3）应急预案实施的安全监理

1）根据总包单位和各专业承包商编制的应急预案，定期检查应急救援物资和设备准备落实情况，保持临战状态。

2）督促总包单位按计划进行应急演练。

3）应急演练或事故发生后对应急救援的实际效果进行总结评价，及时发现应急体系内的缺陷或问题，提出整改意见，督促承包人不断完善应急救援体系和补充调整应急救援预案，保证预案的可操作性。

5. 临时用电组织设计审查及临时用电工程验收

（1）临时用电组织设计审查

1）程序性审查：

① 审查方案组织编制人的电气工程专业证书；

② 审查相关部门（安全、技术、设备、施工、材料等）对方案的审核意见；

③ 审查企业技术负责人批准签字是否与企业资质证书技术负责人相符。

2）完整性审查：

临时用电设备在5台及以上或设备总容量在50kW及以上者，应编制临时用电专项方案。临时用电方案内容应根据现场勘测结果确定，涵盖各用电工点。说明电源进线、变配电设置、用电设备位置及线路走向；进行负荷计算；说明变压器选择、配电装置、接地装置、防雷装置；列明防护措施、安全用电措施和电气防火措施。

3）符合性审查：

① 是否采用三级配电、二级漏电保护系统、TN-S接零保护系统；

② 负荷计算与变压器容量选择是否正确；

③ 检查临时用电工程图纸，含用电工程总平面图、配电装置图、配电系统接线图、接地装置设计图；

④ 注意组织设计中的涵盖范围，分期施工的工点应预留接口。

(2) 临时用电设施验收：

监理机构应对临时用电设施中的以下项目进行验收：

1) 临时用电工程必须经编制、审核、批准部门和使用单位共同验收，合格后方可投入使用。

2) 配电装置与系统接线与临时用电组织设计的一致性。

3) 各项电气设备调试记录、电阻与装置的测定记录。

4) 配电柜（箱）及开关箱验收。

5) 用电安全技术档案与台账的建立。

6. 危大工程专项方案的审查

在工程项目开工前，监理人员应审查承包商报送的初步认定的危险性较大的分部分项工程一览表，根据项目进展审查专项方案相关内容。

(1) 程序性审查：

1) 由分包商编制危大工程专项施工方案的，应检查总承包商技术负责人及分包商技术负责人的审核签字和单位公章，同时注意与其资质证书技术负责人姓名一致。

2) 由总承包商编制的专项施工方案，应检查技术负责人的审核意见和签字和单位公章。

3) 监理人员对危大工程专项施工方案审查合格后，由总监理工程师签字、加盖执业印章。

4) 总监理工程师与相关专业监理工程师应参加超过一定规模的危大工程专项施工方案专家评审会。评审前应对该方案作出监理审查意见，并督促完善。

5) 经专家论证的专项施工方案，应督促承包商按专家意见进行修改，修改后的方案应按论证意见逐条检查对应，最终应核对专家回执。专项施工方案经论证不通过的，应督促承包商修改后重新组织专家论证。

(2) 符合性审查：

危大工程专项施工方案的主要内容应当包括：

1) 工程概况：危大工程概况和特点、施工平面布置、施工要求和技术保证条件；

2) 编制依据：相关法律、法规、规范性文件、标准、规范及施工图设计文件、施工组织设计等；

3) 施工计划：包括施工进度计划、材料与设备计划；

4) 施工工艺技术：技术参数、工艺流程、施工方法、操作要求、检查要求等；

5) 施工安全保证措施：组织保障措施、技术措施、监测监控措施等；

6) 施工管理及作业人员配备和分工：施工管理人员、专职安全生产管理人员、特种作业人员、其他作业人员等；

7) 验收要求：验收标准、验收程序、验收内容、验收人员等；

8) 应急处置措施；

9）计算书及相关施工图纸。

（3）针对性审查：

专项施工方案应针对工程特点以及所处环境等实际情况，编制内容应贴合现场实际。

1）施工管理及作业人员配备和分工应与现场相符；

2）满足现场实际情况；

3）应急处置措施与项目应急预案能够有效衔接。

7. 关键节点风险管控的预控

（1）审批承包商编制的《关键节点识别清单》；

（2）对关键节点施工前条件进行预核查，通过后报业主；

（3）参加业主组织开展关键节点施工前条件核查；

（4）根据施工前条件核查结果，对关键节点施工实施监理或督促整改，报请重新核查。

8. 审查承包商编制的文明施工专项方案

文明施工管理主要涉及现场围挡和封闭管理、交通疏导、施工场地和材料管理、办公与住宿、现场防火、综合治理、生活设施、保健急救、和谐社区等方面。方案中应明确文明施工管理目标或措施并包括节地、节能、节水、节材、环保、水土保持和场地封闭、临时设施、公共安全与职业健康卫生等基本内容。

10.4.2 事中控制

1. 安全生产体系的运行检查

（1）应根据施工进展，随时检查承包商现场安全生产规章制度的落实情况，并将发现问题列入当日安全监理日志中；

（2）应对承包商领导带班情况，项目经理、专职安全员在场履职情况进行动态记录，对承包商项目经理、专职安全生产管理人员脱岗施工行为，应列入"安全事故隐患"及时报告业主；危大工程施工期间出现项目经理、专职安全员脱岗的应根据监理规范向政府主管部门提交书面报告；

（3）督促承包商对施工现场管理人员和作业人员进行方案交底和安全技术交底；

（4）督促项目专职安全生产管理人员对专项施工方案实施情况进行现场监督；

（5）发现承包商未按照专项施工方案实施，应要求其整改或者停工；承包商拒不整改或者不停止施工时，及时向业主和工程所在地住房城乡建设主管部门报告；

（6）检查承包商对危大工程验收情况，验收经承包商项目技术负责人签字后，报请项目总监理工程师验收签字，方可进入下一道工序；

（7）核对承包商施工人员动态管理情况，并对安全教育与技术交底情况进行日常检查；

（8）核对承包商进场机械动态管理情况，并对进场机械操作人员持证、接受安全教育培训情况、机械维养情况进行检查；

（9）检查承包商施工方案中安全措施的落实情况，并根据现场条件的变化对方案的完善进行监督；

（10）施工环境发生变化后，督促承包商及时根据方案采取措施，或是根据实际情况完善方案后实施；

(11) 检查承包商日常安全管理动态：
1) 安全管理人员、特种作业人员、监测人员到岗情况；
2) 安全生产管理目标考核情况；
3) 严格执行并完善施工组织设计情况；
4) 安全技术交底的执行情况；
5) 安全生产教育落实情况；
6) 开工安全条件检查、现场安全防护、消防设施验收情况；
7) 日常安全检查和落实整改情况；
8) 工程周边环境防护施工情况；
9) 安全防护用品与职业卫生用品发放使用情况；
10) 对分包商的管理；
11) 与同一场所作业的其他承包商签订安全管理协议情况；
12) 安全文明施工措施费使用情况；
13) 应急资源、通道、演练等应急预案日常维护情况。

2. 文明施工检查

监理在文明施工检察工作中应加强现场巡视，督促承包商做好文明施工，重点检查下列内容：

(1) 现场围挡和封闭管理
1) 按规定对标检查工地封闭围挡，应对其坚固性、稳定性进行重点关注；
2) 对围墙外易引发碰撞区域防撞墩或交通警示灯进行检查；
3) 对施工现场门卫及登记制度进行检查，督促其在没有人员、材料、机械设备进出时关闭工地大门。

(2) 施工场地和材料管理
1) 按规定检查施工现场视频监控装置安装情况，抽查视频存储与调阅情况；
2) 检查现场出入口和主要道路的硬化处理与日常维养情况；
3) 检查现场车辆冲洗装置，排水设施必须保证通畅，有防止泥浆、污水、废水外流或堵塞下水（河）道的措施；
4) 水泥和其他易飞扬的细颗粒建筑材料应密闭存放或采取覆盖等措施，施工现场土方作业、裸露场地等必须有防止扬尘措施。施工现场应按规定使用预拌混凝土或预拌砂浆；
5) 建筑材料、构件、料具应按总平面布置图整齐堆放，检查材料铭牌的管理情况；
6) 督促施工现场做到工完场地清，建筑垃圾及时清理、有序堆放；
7) 易燃易爆物品应分类储藏在专用库房，库房安全距离符合规范要求且采取防火、防渗措施；
8) 随时检查车辆未经冲洗带泥上路，或运料未按规定遮盖情况；
9) 噪声敏感区内的降噪措施是否将噪声控制在限值以下。

(3) 办公与住宿
1) 现场搭建宿舍等临时设施应符合结构安全要求（参见《施工现场临时建筑物技术规范》JGJ/T 188），施工现场使用的装配式活动房屋必须有产品合格证；

2) 办公区、生活区和施工作业区应分区设置，且应采取相应的分隔措施，并应设置导向、警示、定位、宣传等标识；

3) 办公用房与宿舍净高不应低于 2.5m，宿舍人均使用面积不宜小于 2.5m²；办公用房与宿舍应有自然通风和采光窗地面积比不宜小于 1/7；

4) 办公与宿舍有保暖隔热、消暑、防煤气中毒、定期消毒、防蚊虫叮咬等措施；

5) 宿舍、办公室应保持整洁，明确卫生责任人并设置标牌；严禁私拉乱接电源，严禁使用电炉、热得快等大功率电热器具、高热灯具；

6) 检查项目部是否设置工人业余学校。

(4) 现场防火

1) 施工现场消防通道、消防水源、消防设施与器材的设置是否符合防火规范要求，灭火器材布局、配置合理，消防疏散通道不得被占用或堵塞；

2) 重点防火部位应设置防火警示标识；

3) 动火应规定办理审批手续并指定监护人员，对从事有火灾危险的作业人员在作业前进行技术交底；

4) 督促承包商组织消防安全检查，定期进行火灾疏散演练。

(5) 综合治理

承包商应建立治安保卫制度，责任分解到人，有详细治安防范措施。

(6) 现场标志

1) 大门门头应设置企业标志，大门口处设置的公示标牌内容应全面；

2) 现场有绿色施工警示标识或职业卫生、安全警示标志，有宣传栏、读报栏、黑板报等；

3) 占用、挖掘道路按规定设置交通疏解告示、行人绕行提示、文明施工用语等施工标志；

4) 基坑便桥设置限载、限速和禁止超车、停车等标志。

(7) 生活设施

1) 食堂

① 与厕所、垃圾站等污染源的距离不宜小于 15m，且不应设在污染源下风侧；食堂宜采用单层结构，顶棚宜设吊顶，四周及地面贴瓷砖，并有排烟、隔油设施；

② 食堂应有责任制和卫生管理制度，炊事员持有健康证；

③ 食堂应设置独立的操作间、售菜（饭）间、储藏间和燃气瓶（罐）存放间，燃气瓶（罐）存放间通风条件良好且应加装燃气报警装置；

④ 食堂生熟食应分开，同时有防蝇、蚊、鼠、蟑螂等措施。食物留样应留足 48h，同时应或做好留样记录；

⑤ 食堂的炊具、餐具清洗消毒及时。

2) 厕所

厕所应符合卫生厕所要求。厕所的厕位应满足男厕每 50 人、女厕每 25 人设 1 个蹲便器。

3) 浴室

淋浴间的淋浴器与员工的比例宜为 1：20。

4）其他

① 承包商应能保证供应卫生饮水，饮水器清洗消毒及时，饮水安全管理到位；

② 生活垃圾及时分类清理并装入容器；

③ 实行用水计量和用电计量管理；

④ 生产、生活用水采用节水型生活用水器具；

⑤ 建立可回收再利用物质清单。

（8）保健急救

承包商应配备经过培训的急救人员、急救器材和保健医药箱，制定急救措施和开展卫生防病宣传教育。

（9）和谐社区与环境保护

1）制定并落实防噪声、防废气排放、防光污染等其他环保措施；

2）按设计措施进行古树名木或文物保护；

3）夜间施工持有施工许可；

4）现场不得焚烧有毒、有害、恶臭的物质或其他废弃物；

5）随机跟踪渣土车运输沿线的污染情况，对发现问题督促承包商进行纠正。

3. 施工用电检查

施工用电中，监理的重点是各级配电箱的日常管理，尤其是开关箱的日常使用与维养，对于轨道交通工程而言，基坑内供电由于垂直线路较长，经常出现二级配电箱不足和三级箱离电器过远情况；此外隧道内低压照明线路与动力线路敷设问题也需要引起大家的重视。

（1）检查开关箱漏电保护装置运转情况，漏电保护器参数是否匹配或检测不灵敏；

（2）每台用电设备必须有各自专用的开关箱，当一个末级配电箱直接控制多台用电设备或插座时，每台用电设备或插座应有各自独立的保护电器；

（3）开关箱与分配电箱的距离不得超过30m，开关箱与其控制的固定式用电设备的水平距离不宜超过3m；

（4）开关箱应装设在干燥、通风及常温场所，不得装设在有严重损伤作用的瓦斯、烟气、潮气，及其他有害介质中，亦不得装设在易受外来固体物撞击、强烈振动、液体浸溅及热源烘烤场所；否则，应予清除或作防护处理；

（5）开关箱周围应有足够2人同时工作的空间和通道，不得堆放任何妨碍操作、维修的物品，不得有灌木、杂草；

（6）开关箱应装设端正、牢固，固定式开关箱的中心点与地面的垂直距离应为1.4~1.6m，移动式开关箱应装设在固定、稳定的支架上，其中心点与地面的垂直距离宜为0.8~1.6m；

（7）开关箱的进出线口应配置固定线卡，进出线应加绝缘护套并成束，卡固在箱体上，不得与箱体直接接触；移动式开关箱的进、出线应采用橡皮护套绝缘电缆，不得有接头；开关箱的电源进线端严禁采用插头和插座做活动连接；

（8）开关箱必须装设隔离开关、断路器或熔断器，以及漏电保护器；当漏电保护器同时具有短路、过载、漏电保护功能时，可不装设断路器或熔断器；隔离开关采用分断时应具有可见分断点，能同时断开电源所有极的隔离电器，并应设置于电源进线端；当断路器

具有可见分断点时,可不另设隔离开关;

(9) 漏电保护器应装设在开关箱靠近负荷的一侧,且不得用于启动电气设备的操作;

(10) 开关箱中漏电保护器的额定漏电动作电流不应大于30mA,额定漏电动作时间不应大于0.1s;

(11) 使用于潮湿(空气湿度大于75%)或有腐蚀介质场所的漏电保护器应采用防溅型产品,其额定漏电动作时间不应大于15mA,额定漏电动作时间不应大于0.1s;

(12) 开关箱内的连接线必须采用铜芯绝缘导线;开关箱的金属箱体、金属电器安装板必须通过PE线端子板与PE线做电器连接,金属箱门与金属箱体必须通过采用编织软铜线做电气连接;

(13) 各项保护电器、接地电阻的日常测试应满足相关规范要求;

(14) 隧道内比较潮湿或灯具离地面高度低于2.5m等场所的照明电源电压不应大于36V;潮湿和易触及带电体场所的照明,电源电压不得大于24V;

(15) 当线路敷设的电缆线老化、破皮未包扎或破损严重,应提醒承包商及时更换。

4. 脚手架(支架)

(1) 专项施工方案执行情况审查

脚手架及模板支架施工时应严格核对专项施工方案的执行情况,对方案中的立杆间距、横杆步距、剪刀撑设置、构造要求等情况进行现场核对。

(2) 构配件质量检查

进入施工现场的主要构配件应有产品质量合格证、产品性能检验报告。

钢管、扣件等主要构配件使用前,应在工程监理单位见证下抽样并委托相关检测机构进行复验。钢管复验应包含尺寸(外径、壁厚)、抗拉、弯曲等指标;扣件复验应包含外观、尺寸、抗滑、刚度、抗破坏、抗拉等指标。复验不合格的不得在工程现场使用。

进入施工现场的主要构配件应按规范要求进行外观检查。

(3) 基础验收

模板支架与脚手架基础应按专项施工方案和规范进行验收,并应重点检查和验收下列内容:

1) 地基的处理、承载力应符合方案设计的要求;
2) 基础顶面应平整坚实,并应设置排水设施;
3) 地基基础施工记录和试验资料应完整。

(4) 巡视检查搭设情况

模板支架与脚手架搭设过程中,监理应加强巡视,重点关注搭设是否符合下列要求:

1) 底座、垫板放置及立杆搭设位置应按专项施工方案放线确定;
2) 模板支架搭设应按先立杆后水平杆再斜杆的顺序搭设,形成基本的架体单元,应以此扩展搭设成整体支架体系;
3) 每搭完一步后,应及时校正水平杆步距,立杆的纵、横距,立杆的垂直偏差和水平杆的水平偏差;
4) 立杆间距、水平杆步距、剪刀撑、连墙件等加固件必须符合专项施工方案的要求;
5) 盘扣式模板支架立杆应通过立杆连接套管连接,在同一水平高度内相邻立杆连接套管接头的位置宜错开,且错开高度不宜小于75mm。模板支架高度大于8m时,错开高

度不宜小于 500mm。盘扣式模板支架水平杆和接头与连接盘的插销应用铁锤击紧至规定插入深度的刻度线;

6) 双排外脚手架一次搭设高度不应超过相邻连墙件以上两步。如果超过相邻连墙件以上两步,无法设置连墙件时,应采取撑拉固定等措施与建筑结构拉结。碗扣式模板支撑架每层搭设高度不宜大于 3m;

7) 斜撑杆、剪刀撑等加固件应随架体同步搭设,不得滞后安装;

8) 扣件安装应注意扭力矩不应小于 40N·m,且不应大于 65N·m;各杆件端头伸出扣件盖板边缘的长度不应小于 100mm;

9) 在多层楼板上连续设置模板支架时,应保证上下层支撑立杆在同一轴线上。

(5) 验收

1) 模板支架和脚手架应根据下列情况按进度分阶段进行检查和验收:

① 盘扣式模板支架:超过 8m 的高支模架搭设至一半高度后、达到设计高度和混凝土浇筑前。

② 盘扣式脚手架:首段高度达到 6m 时,架体随施工进度逐层升高时,搭设高度达到设计高度后。

③ 碗扣式模板支架和脚手架:首层水平杆搭设安装后,双排脚手架每搭设一个楼层高度,模板支撑架每搭设完 4 步或搭设至 6m 高度时,双排脚手架搭至设计高度后,模板支撑架搭设至设计高度后。

④ 扣件式模板支架和脚手架:作业层上施加荷载前,每搭设完 6~8m 高度后,达到设计高度后,遇有六级强风及以上风或大雨后,冻结地区解冻后,停用超过一个月。

2) 模板支架和脚手架应重点检查和验收下列内容:

① 基础应符合设计要求,不应有不均匀沉降,立杆与基础间应无松动、悬空现象,底座、支垫应符合规定;

② 搭设的架体三维尺寸和门洞设置应符合方案设计要求,斜杆和剪刀撑等设置应符合设计和规范要求;连墙件设置应符合设计要求,应与主体结构、架体可靠连接;

③ 可调托座和可调底座伸出水平杆的悬臂长度符合设计限定要求;

④ 盘扣式模板支架水平杆和接头与立杆连接盘的插销应保证插入深度;

⑤ 扣件式模板支架纵向水平杆、横向水平杆应连续设置,扫地杆距离地面高度应满足本规范要求;

⑥ 模板支撑架立杆伸出顶层水平杆长度不应超出:碗扣式模板支架 650mm,扣件式模板支架 500mm。

(6) 巡视检查拆除情况

模板支架与脚手架拆除过程中,监理应加强巡视:

1) 脚手架拆除应按专项方案施工,拆除前应做好下列准备工作:

① 全面检查脚手架的扣件连接、连墙件、支撑体系等是否符合构造要求;

② 如方案未明确,应根据检查结果完善专项方案中的拆除顺序和措施,经审批后方可实施;

③ 拆除前应对施工人员进行交底;

④ 应清除脚手架上杂物及地面障碍物。

2) 支架拆除应符合现行国家标准《混凝土结构工程施工质量验收规范》GB 50204、《混凝土结构工程施工规范》GB 50666 中混凝土强度的规定，拆除前应填写拆模申请单。预应力混凝土构建的架体拆除应在预应力施工完成后进行。

3) 架体拆除应按先搭后拆，后搭先拆的原则，从顶层开始，逐层向下进行拆除，严禁上下层同时拆除。梁下架体的拆除，宜从跨中开始，对称地向两端拆除。悬臂构件下架体的拆除，宜从悬臂端向固定端拆除。

4) 分段、分立面拆除时，应确定分界处的技术处理方案，并应保证分段后架体稳定。

5) 斜撑杆、剪刀撑、连墙件等加固件应在架体拆除至该部位时才能拆除，严禁先将连墙件整层或数层拆除后再拆除架体。

6) 拆除作业过程中，当架体的自由端高度大于两步时，必须增设临时拉结件。

(7) 安全管理

1) 模板支架和脚手架的搭设人员应持证上岗。

2) 支架搭设作业人员应正确佩戴安全帽、安全带和防滑鞋。

3) 脚手架作业层上和模板支架混凝土浇筑作业层上的施工荷载不应超过设计值。

4) 混凝土浇筑过程中，应派专人在安全区域内观测模板支架的工作状态，发生异常时观测人员应及时报施工负责人，情况紧急时施工人员应迅速撤离，并应进行相应加固处理。

5) 模板支架及脚手架使用期间，不得擅自拆除架体结构杆件。如需拆除时，必须报请工程项目技术负责人以及总监理工程师同意，确定防控措施后方可实施。

6) 严禁在模板支架及脚手架基础开挖深度影响范围内进行挖掘作业。

7) 拆除的支架构件应安全地传递至地面，严禁抛掷。

8) 高支模区域内，应设置安全警戒线，不得上下交叉作业。

9) 在脚手架或模板支架上进行电气焊作业时，必须有防火措施和专人监护。

10) 模板支架及脚手架应与架空输电线路保持安全距离，工地临时用电线路架设及脚手架接地防雷击措施等应按现行行业标准《施工现场临时用电安全技术规范》JGJ 46 的有关规定执行。

11) 模板支架及脚手架验收合格投入使用过程中应定期检查，检查项目应符合下列规定：

① 基础应无积水，基础周边应有序排水，底座和可调托撑应无松动，立杆应无悬空；

② 基础应无明显沉降，架体应无明显变形；

③ 立杆、水平杆、斜撑杆、剪刀撑和连墙件应无缺失、松动；

④ 架体应无超载使用情况；

⑤ 安全防护设施应齐全有效，无损坏缺失。

12) 当遇有下列情况之一时，应进行全面检查，确认安全后方可继续使用：

① 遇有六级及以上强风或大雨后；

② 冻结的地基土解冻后；

③ 停用超过一个月后；

④ 架体遭受外力撞击作用后；

⑤ 架体部分拆除后；

⑥ 遇有其他特殊情况后；

⑦ 其他可能影响架体结构稳定性的特殊情况发生后。

5. 安全防护检查

(1) 方案执行情况审查

建筑施工中凡涉及临边与洞口作业、攀登与悬空作业、交叉作业及安全网搭设的，均应编制专项方案，现场根据经审批方案进行检查。

(2) 安全防护设施验收

安全防护设施验收，重点检查下列项目：

1) 防护栏杆

① 防护栏杆应为两道横杆，上杆距地面高度应为1.2m，下杆应在上杆和挡脚板中间设置；

② 当防护栏杆高度大于1.2m时，应增设横杆，横杆间距不应大于600mm；

③ 防护栏杆立杆间距不应大于2m；

④ 挡脚板高度不应小于180mm；

⑤ 采用密目式安全立网或工具式栏板封闭。

2) 操作平台及平台防护设施

① 移动式操作平台的轮子与平台架体连接应牢固，立柱底端地面不得大于80mm，行走轮和导向轮应配有制动器或刹车闸等制动措施；

② 悬挑式操作平台应在操作平台明显位置设置标明允许负载值的限载牌及限定允许的作业人数，物料应及时运转，不得超重、超高堆放。

3) 防护棚

① 当安全防护棚为非机动车辆通行时，棚底至地面高度不应小于3m；当安全防护棚为机动车辆通行时，棚底至地面高度不应小于4m；

② 当建筑物高度大于24m并采用木质板搭设时，应搭设双层安全防护棚。两层防护的间距不应小于700mm，安全防护棚的高度不应小于4m。

4) 安全网的搭设

① 安全网搭设应绑扎牢固、网间严密。安全网的支撑架应具有足够的强度和稳定性；

② 密目式安全立网搭设时，每个开眼环扣应穿入系绳，系绳应绑扎在支撑架上，间距不得大于450mm。相邻密目网间应紧密结合或重叠；

③ 当立网用于龙门架、物料提升架及井架的封闭防护时，四周边绳应与支撑架贴紧，边绳的断裂张力不得小于3kN，系绳应绑在支撑架上，间距不得大于750mm；

④ 用于电梯井、钢结构和框架结构及构筑物封闭防护的平网，每个系结点上的边绳应与支撑架靠紧，系绳沿边应均匀分布，间距不得大于750mm；电梯井内平网网体与井壁的空隙不得大于25mm，安全网拉结应牢固。

(3) 巡视检查安全防护情况

重点检查下列项目：

1) 安全帽、安全带、绝缘手套、绝缘鞋等安全防护用品的正确使用。

2) 对施工作业现场可能坠落的物料，应及时拆除或采取固定措施。高处作业所用的物料应堆放平稳，不得妨碍通行和装卸。工具应随手放入工具袋；作业中的走道、通道板和登高用具,应随时清理干净;拆卸下的物料及余料和废料应及时清理运走,不得随意放置或向下丢弃。传递物料时不得抛掷。

3) 在雨、霜、雾、雪等天气进行高处作业时,应采取防滑、防冻和防雷措施,并应及时清除作业面上的水、冰、雪、霜。

4) 当遇有6级及以上强风、浓雾、沙尘暴等恶劣气候,不得进行露天攀登与悬空高处作业。雨雪天气后,应对高处作业安全设施进行检查,当发现有松动、变形、损坏或脱落等现象时,应立即修理完善,维修合格后方可使用。

5) 对需临时拆除或变动的安全防护措施,应采取可靠的过渡措施,作业后应立即恢复。

6) 洞口防坠落措施,当洞口短边边长小于500mm时,应采取封堵措施;当洞口短边边长大于或等于500mm时,应在临空一侧设置高度不小于1.2m的防护栏杆,并应采用密目式安全立网或工具式栏板封闭,设置挡脚板。

7) 电梯井口应设置防护门,其高度不应小于1.5m,防护门底端距地面高度不应大于50mm,并应设置挡脚板。

8) 在电梯施工前,电梯井道内应每隔2层且不大于10m加设一道安全平网。电梯井内的施工层上部,应设置隔离防护设施。

9) 交叉作业时,下层作业位置应处于上层作业的坠落半径之外,高空作业坠落半径应按表10-30确定。安全防火棚和警戒隔离区范围的设置应视上层作业高度确定,并应大于坠落半径。

交叉作业高空作业坠落半径　　　　　　表10-30

上层作业高度(h_b)	坠落半径(m)	上层作业高度(h_b)	坠落半径(m)
$2 \leqslant h_b \leqslant 5$	3	$15 < h_b \leqslant 30$	5
$5 < h_b \leqslant 15$	4	$h_b > 30$	6

10) 攀登作业必须符合下列要求:
① 移动式梯子的梯脚底部不得垫高使用;
② 一字梯的倾斜度、上部挂靠伸出长度必须符合要求;
③ 折梯(人字梯)使用必须有可靠拉撑装置;
④ 梯子的制作质量或材质必须符合要求;
⑤ 杆上作业攀登脚扣质量必须符合标准;
⑥ 必须有可靠立足点。

11) 物料平台堆物不得超载。

12) 督促承包商在施工现场显著位置公告危大工程名称、施工时间和具体责任人员,并在危险区域设置安全警示标志。

13) 检查危大工程验收完成后的验收标识牌的设立。

6. 起重吊装(塔吊、龙门吊、物料提升机)安全检查

本条的起重机械是指列入特种设备管理的起重机械,主要包括塔吊、龙门吊、物料提升机、汽车吊和履带吊。由于起重机械的检查和验收具有非常强的专业性,故着重从程序方面对监理的工作予以明确。

(1) 检查承包商对施工方案的落实情况

1）机械型号与吊装总重量与方案是否相符；

2）运输线路、站车位置及临时堆场是否相互干扰，地基是否有足够的承载力，是否有地下管线影响，是否有针对性的保护和加固措施；

3）吊装安全防护措施是否到位；

4）机械操作人员与司索人员是否有变更及相关证件审查。

(2) 起重机械安装、拆卸与验收

1）核查安装单位的专业技术人员、专职安全生产管理人员进行现场监督的情况；

2）督促安装单位按照安全技术标准及安装使用说明书的有关要求对建筑起重机械进行自检、调试和试运转；自检合格的，应当出具自检合格证明，并向使用单位进行安全使用说明；

3）建筑起重机械在验收前应当经有相应资质的检验检测机构监督检验合格；

4）督促施工按拆卸方案对起重机械进行拆卸，拆卸前后需及时向行政主管部门办理相关手续。

(3) 起重机械的维修、保养

1）核查使用单位是否制定起重设备检查制度和维修保养制度；

2）督促使用单位对在用的建筑起重机械及其安全保护装置、吊具、索具等进行经常性和定期的检查、维护和保养，核查检查、维护和保养的真实性；

3）督促使用单位做好设备运转记录并核查其真实性；

4）委托维修保养的单位应具备相应资质。

(4) 吊装作业

吊装作业过程中巡视检查有无违反下列规定的现象。

1）一般规定

① 在风速达到12.0m/s以上或大雨、大雪、大雾等恶劣天气时，应停止露天的起重吊装作业。重新作业前，应先试吊，并应确认各种安全装置灵敏可靠后进行作业。

② 操作人员进起重机械械回转、变幅、行走和吊钩升降等动作前，应发出音响信号示意。

③ 建筑起重机械作业时，应在臂长的水平投影覆盖范围外设置警戒区域，并应有监护措施；起重臂和重物下方不得有人停留、工作或通过。不得用吊车、物料提升机载运人员。

④ 不得使用建筑起重机械进行斜拉、斜吊和起吊埋设在地下或凝固在地面上的重物以及其他不明重量的物体。

⑤ 起吊重物应绑扎平稳、牢固，不得在重物上再堆放或悬挂零星物件。易散落物件应使用吊笼吊运。标有绑扎位置的物件，应按标记绑扎后吊运。吊索的水平夹角宜为45°~60°，不得小于30°，吊索与物件棱角之间应加保护垫料。

⑥ 起吊荷载达到起重机械额定起重量的90%及以上时，应先将重物吊离地面不大于200mm，检查起重机械的稳定性和制动可靠性，并应在确认重物绑扎牢固平稳后再继续起吊。对大体积或易晃动的重物应拴拉绳。

⑦ 起重机械的任何部位与架空输电导线的安全距离应符合现行行业标准《施工现场

临时用电安全技术规范》JGJ 46。

2）履带式起重机

① 起重机械应在平坦坚实的地面上作业、行走和停放。作业时，坡度不得大于3°，起重机械应与沟渠、基坑保持安全距离。

② 作业时，起重臂的最大仰角不得超过使用说明书的规定。当无资料可查时，不得超过78°。

③ 起重机械工作时，在行走、起升、回转及变幅四种动作中，应只允许不超过两种动作的复合操作。当负荷超过该工况额定负荷的90%及以上时，应慢速升降重物，严禁超过两种动作的复合操作和下降起重臂。

④ 采用双机抬吊作业时，应选用起重性能相似的起重机进行。抬吊时应统一指挥，动作应配合协调，载荷应分配合理，起吊重量不得超过两台起重机在该工况下允许起重量综合的75%，单机的起吊载荷不得超过允许载荷的80%。在吊装过程中，两台起重机的吊钩滑轮组应保持垂直状态。

⑤ 起重机械不宜长距离负载行驶。起重机械负载时应缓慢行驶，起重量不得超过相应工况额定起重量的70%，起重臂应位于行驶方向正前方，载荷离地面高度不得大于500mm，并应拴好拉绳。

3）汽车、轮胎式起重机

① 起重机械工作的场地应保持平坦坚实，符合起重时的受力要求；起重机械应与沟渠、基坑保持安全距离。

② 作业前，应全部伸出支腿，调整机体使回转支撑面的倾斜度在无载荷时不大于1/1000（水准居中）。支腿的定位销必须插上。底盘为弹性悬挂的起重机，插支腿前应先收紧稳定器。

③ 汽车式起重机起吊作业时，汽车驾驶室内不得有人，重物不得朝汽车驾驶室上方，且不在车的前方起吊。

④ 当重物在空中需停留较长时间时，应将起升卷筒制动锁住，操作人员不得离开操作室。

⑤ 起吊重物达到额定起重量的90%以上时，严禁向下变幅，同时严禁进行两种及以上的操作动作。

⑥ 起重机械带载行走时，道路应平坦坚实，载荷应符合使用说明书的规定，重物离地面不得超过500mm，并应拴好拉绳，缓慢行驶。

4）塔式起重机

① 起吊重物时，重物和吊具的总重量不得超过塔式起重机相应幅度下规定的起重量。

② 重物水平移动时，重物底部应高出障碍物0.5m以上。

③ 作业中，操作人员临时离开操作室时，应切断电源。

④ 在非工作状态时，应松开回转制动器，回转部分应能自由旋转；行走式塔式起重机应停放在轨道中间位置，小车及平衡重应置于非工作状态，吊钩组顶部宜上升到距起重臂底面2～3m处。

⑤ 动臂式和未附着塔式起重机及附着以上塔式起重机桁架上不得悬挂标语牌。

5）门式起重机

① 吊运路线不得从人员、设备上面通过；空车行走时，吊钩应离地面2m以上。
② 吊运重物应平稳、慢速，行驶中不得突然变速或倒退。两台起重机同时作业时，应保持5m以上距离。不得用一台起重机顶推另一台起重机。
③ 作业后，门式起重机应停放在停机线上，用夹轨器锁紧。
④ 检查轨道铺设、轨道基础、轨道接头、轨道接头处的高低偏差、左右错位等是否符合施工方案要求；检查轨道的接地电阻是否满足不大于4Ω的规范要求。
⑤ 检查两台及以上龙门吊在同一轨道作业或行走作业区间存在交叉作业时是否有防碰撞措施，防碰撞措施是否安全可靠。

6）施工升降机
① 吊笼内乘人或载物时，应使荷载均匀分布，不得偏重，不得超载运行。
② 操作人员应按指挥信号操作。作业前应鸣笛示警。在施工升降机未切断总电源开关前，操作人员不得离开操作岗位。
③ 在风速达到20m/s及以上大风、大于、大雾天气以及导轨架、电缆等结冰时，施工升降机应停止运行，并将吊笼降到底层，切断电源。暴风雨等恶劣天气后，应对施工升降机各有关安全装置等进行一次检查，确认正常后运行。
④ 作业后，应将吊笼降到底层，各控制开关拨到零位，切断电源，锁好开关箱，闭锁吊笼门和围护门。

7. 施工机械（机具）安全检查
（1）施工机械（机具）验收
督促承包商做好平刨、圆盘电锯、钢筋机械、电焊机、搅拌机、桩工机械（含成槽机）及其他施工机械（机具）的验收，重点检查以下内容：
1）机械上的各种安全防护和保险装置是否齐全有效；
2）机械的安装是否坚实稳固，固定式机械是否有可靠基础，移动式机械作业时是否楔紧行走轮；
3）平刨、圆盘电锯、钢筋机械、搅拌机的安全防护棚是否符合要求，钢筋对焊作业区是否采取防止火花飞溅措施；
4）机械附带测量仪器、设备是否进行定期标定或校验复核；
5）施工机械（机具）是否作保护接零或设置漏电保护器。

（2）施工机械（机具）使用巡视
施工过程中加强巡视，重点检查以下内容：
1）经验收合格机械（机具）及条件是否发生改变，如发生改变则应重新验收；
2）施工机械（机具）操作是否违反操作规程。

（3）桩工机械
1）检查设备的运转情况，当发生异响、吊索具破损、紧固螺栓松动、漏气、漏油、停电以及其他不正常情况时，应立即停机检查，排除故障后，方可重新开机；
2）遇风速12.0m/s及以上大风和雷雨、大雾、大雪等恶劣气候时，应停止一切作业。当风速达到13.9m/s及以上时，应将桩机顺风向停置，并应增加缆风绳，或将桩架放倒。桩机应有防雷措施，遇雷电时，人员应远离桩机。冬季应清除机上积雪，工作平台应有防滑措施；

3) 桩孔成型后，当暂时不浇筑混凝土时，孔口必须及时封盖；
4) 作业中，当停机时间较长时，应将桩锤落下垫稳。检修时不得悬吊桩锤；
5) 桩机作业或行走时，除本机操作人员外，不得搭载其他人员。

(4) 气瓶
1) 检查气瓶是否安装减压装置；
2) 检查乙炔气瓶是否安装防止回火装置；
3) 检查气瓶是否设置防震圈、防护帽；
4) 检查气瓶是否有防晒措施；
5) 气瓶是否分类存放，氧气瓶与乙炔瓶工作间距不得小于 5m。

(5) 场内运输车
1) 不得超速行驶；
2) 不得载人。

8. 深基坑作业安全检查

地下车站深基坑施工是轨道交通工程的重大风险管控项目，围护结构质量、降水效果、基坑地基加固质量、开挖方式和速度、支撑体系的及时性与有效性等工作情况最终决定基坑的变形大小。为加强深基坑施工变形的控制，降低深基坑施工风险，根据相关的法律、法规、规范和文件要求，对深基坑施工应加强基坑开挖前的准备工作检查和基坑开挖过程中的管理工作，加强基坑施工变形的控制，确保车站深基坑施工的安全。

(1) 基坑开挖前

基坑开挖前，对地基加固、墙趾注浆、格构柱、降水等施工质量进行分析和总结。对可能存在缺陷或薄弱环节的地墙、格构柱等，督促承包商会同设计单位制定专项方案，参加业主主持的关键节点验收会议，以审核基坑是否具备各项开挖条件。

(2) 基坑支护
1) 基坑（含深度较大的沟、槽）必须按设计要求及时采取支护措施；
2) 自然放坡率必须符合专项施工方案和规范要求；
3) 支护锚杆（索）必须进行拉拔试验，试验不合格必须进行有效处理；
4) 钢支撑支护体系（含围檩）的架设、连接、防滑移、防坠落、预加应力等必须符合设计或方案要求。

(3) 降排水
1) 疏干降水
① 坑内疏干降水深度应达到设计要求并不少于坑底以下 1m；
② 开挖深度范围内分布有砂性、粉性土层的基坑，在基坑开挖过程中应持续疏干降水。
2) 减压降水

严格按降水方案进行按需分级降水，不得少降或多降。外电网断电后确保 15min 内能切换应急备用电源。
3) 基坑开挖前，应组织基坑降水效果验证，降水效果必须满足安全作业及工程周边环境保护的要求；
4) 深基坑降水引发邻近建（构）筑物等工程周边环境过量变形，必须及时采取措施；

5）降水井损坏后影响降水效果必须及时修复或增补；

6）基坑边沿周围地面必须设置排水沟，同时符合规范要求；

7）放坡开挖必须对坡顶、破面、坡脚采取降排水措施；

8）基坑底部积水浸泡必须采取有效措施进行处理。

(4) 坑边荷载

1）弃土、料具堆放距坑边距离或堆放高度必须符合相关规定；

2）基坑周边堆载不得超过设计允许值；

3）机械设备与坑边距离必须符合规范、设计要求。

(5) 施工通道

1）人员上下应有专用通道，通道的升降节与平移应符合方案要求；

2）车站主体基坑专用通道不得少于两处；

3）应对水平与垂直通道的各项固结件进行日常巡视检查，督促承包商及时修护破损构件。

(6) 土方开挖

1）基坑开挖必须按开挖方案执行。开挖前必须对围护结构进行检测，如检测不合格应采取由设计单位确认的处理措施；

2）严格遵循"时空效应"原理，配足资源，快挖快撑，加快施工进度，缩短施工总工期，减少基坑变形；

3）土方开挖严格按计划进行，每仓土方开挖均应在开挖和支撑的各项准备工作完成后开始；

4）围护结构漏沙，或严重漏水，应按堵漏方案随挖随堵；

5）土方开挖过程中发现地墙鼓包或其他因素影响到支撑安装，必须暂停开挖，立即凿除鼓包后方可继续开挖。严禁单仓土方全部挖完后再进行鼓包凿除作业；

6）挖土机作业半径范围内必须采取警示标识，并有人员监护，防止其他人员进入；

7）施工机械不得碰撞、损伤支护结构、工程桩，以避免影响结构安全；

8）土方开挖后应立即进行支撑，及时准确地施加预应力，并按要求复加轴力；

9）采用垂直（挖）出土方式的，必须符合相关安全要求。

(7) 支撑拆除

1）拆除支护结构或换撑必须符合设计及施工专项方案的要求（包括混凝土撑强度条件、拆撑换撑顺序、预加力卸载程序等）；

2）机械拆除作业时，施工载荷不得大于下方支撑结构承载能力；

3）人工拆除作业必须按规定设置防护设施；

4）采用非常规拆除方式时必须符合有关规范标准。

(8) 附属结构

当出入口、风亭等附属结构的基坑（竖井）周边存在地下雨（污）水干管（暗渠）时，在基坑对应的主体墙未完成前不得破除出入口基坑与车站之间的围护结构。

(9) 基坑监测

1）必须严格执行施工监测方案，必测项目不得有遗漏；

2）在施工前要求承包商对影响范围内建筑物进行安全检测，确定安全等级及变形情况，避免周边建筑物发生变形时造成纠纷；

3) 监测点设置或监测频率必须符合监测方案的要求，测点破坏须及时恢复；

4) 必须按设计及工程情况及时综合分析监测数据，结论必须明确，及时反馈、指导施工；

5) 监测数据达到预警或报警值时必须及时召开专题分析会，并制定有效措施，防止基坑及周边环境变形加大。

（10）作业环境

1) 基坑内土方机械、施工人员的安全距离必须符合规范要求；

2) 必须按规定设置足够照明；

3) 基坑周边、坑壁或支撑体系上不得存在坠物隐患；

4) 人员不得在无临边防护的支撑上行走或在支撑上堆放物料；

5) 明挖基坑上方需原位保护的管线必须有保护措施。

9. 盾构法/TBM 隧道施工安全检查

（1）盾构现场验收应符合方案选型

安全工程师应重点关注螺旋输送机、皮带输送（土压平衡盾构）；泥水输送系统、泥水处理系统（泥水平衡盾构）；同步注浆系统；集中润滑系统；液压系统；铰接装置；电气系统；渣土改良系统；盾尾密封系统的运转情况。

（2）始发/接收

1) 始发/接收前检查洞门外经改良的土体质量是否合格，检查土体改良试验检测报告；

2) 检查反力架是否按已审批的施工方案施作；

3) 检查现场是否按设计要求施作洞门环和密封装置；

4) 检查始发/接收前洞门掌子面是否进行钻孔探测；

5) 当盾构到达接收工作井 100m 时，应督促承包商对盾构姿态进行测量调整；

6) 当盾构到达接收工作井 10m 时，应督促承包商控制掘进速度和土仓压力等；

7) 当盾构到达接收工作井时，应督促承包商将管片环缝挤压密实，确保密封防水效果；

8) 盾构主机进入接收工作井后，应督促承包商及时密封管片环与洞门间隙。

（3）掘进施工

1) 检查试掘参数收集是否及时，机械运转是否正常；

2) 检查同步注浆量、注浆压力是否符合方案要求，同步注浆是否及时；

3) 检查维修和定期保养记录是否齐全。

（4）隧道施工运输

1) 检查隧道内是否设置限速标志；

2) 检查平板车是否存在载人情况；

3) 检查车辆连接是否可靠，是否存在超载、超限等问题；

4) 检查轨道端头是否设置车挡；

5) 检查车辆、轨道日常检修保养记录是否真实可靠；

（5）开仓与刀具更换

1）核对是否按开仓作业专项施工方案中的技术措施、应急预案、监测监控等进行了准备工作；

2）带压作业前，开挖仓内气压计算书及试验成果报告是否齐全；

3）开仓作业全过程做好记录；

4）盾构气压环境内严禁有易燃易爆物品；

5）检查开仓作业人员是否持证上岗；

6）检查施工作业环境气体满足规范要求。

（6）洞门及联络通道施工

1）检查施工专项方案的落实情况，查阅加固检测记录；施工安全保证措施落实情况；

2）检查专职安全管理人员履职情况；

3）洞门或联络通道管片拆除后，督促承包商及时封闭。

（7）管片堆放与管片拼装

1）检查管片堆放的场地是否坚实、平整且排水通畅；

2）管片堆放场地内通道不得有杂物并保持畅通；

3）管片拼装机旋转范围内不得有人或障碍物；

4）检查管片吊运、拼装过程中是否连接牢靠，是否有防滑脱装置。

（8）安全防护与保护

1）检查有害气体检测记录是否齐全且真实可靠；

2）检查特殊地层如瓦斯或其他有毒有害气体超限时是否编制专项安全措施、应急救援措施；检查现场是否配备应急救援物资；

3）隧道内是否设置警示、通信、排水、消防器材；

4）隧道内通风是否符合按施工高峰期人数计，每人供应新鲜空气不应小于 $3m^3/min$，隧道内最低风速不应小于 0.25m/s。

（9）施工监测

1）检查施工监测记录是否符合监测专项方案频率要求；

2）检查施工监测项目是否符合监测专项方案要求；

3）检查施工监测点布设是否及时，损坏的是否及时恢复；

4）监测数据处理、反馈是否及时；

5）监测数据达到预警或报警值时及时按方案要求进行处理。

10. 矿山法隧道施工安全检查

（1）核查施工方案落实情况

1）督促承包商核对工程周边环境与勘察文件是否相符；

2）审查专项施工方案中特殊部位、工艺（特殊地质地段，有毒气体地层，穿越既有轨道线/建（构）筑物，降水，洞口，横通道，竖井或正洞连接处，非标准段采用高支模施工，工程周边环境保护等）等针对性安全措施的落实情况；

3）核查现场监测项目、监测频次是否符合设计和规范要求；

4）审查应急救援物资的准备和日常管理情况。

（2）地层超前支护加固

1）巡视检查超前支护、地层加固及地下管线保护等工程周边环境，是否满足设计及规范要求；

  2）超前加固前掌子面封闭质量必须符合设计要求；

  3）对进场大管棚和小导管的材质、规格进行验收，施工过程中严格按设计要求控制大管棚或小导管的长度、间距、外插角等，对注浆参数及注浆质量进行有效控制；

  4）检查验收超前支护或加固效果是否满足开挖安全要求。

 （3）降水排水

  1）严格按设计、规范及施工方案要求控制降水井施工质量；

  2）巡视检查降水过程中降水井是否有损坏现象，对后影响降水效果应及时采取补救措施；

  3）严格按照设计要求及相关规范要求检查降水效果，满足要求后方可组织施工；

  4）降水过程中应巡视检查邻近建（构）筑物等工程周边环境，发现问题应采取措施；

  5）隧道内必须设置排水沟和水泵；

  6）巡视检查掌子面渗漏、路面积水等情况，对存在问题及时整改。

 （4）洞口工程

  1）落实进出洞登记制度，检查进出洞登记记录；

  2）检查洞口、横通道、竖井或正洞连接处加固措施是否按专项方案要求（包括防范边坡滚石落下措施）；

  3）路堑及边坡、仰坡应自上而下施工，且应施作截水系统；

  4）检查洞口邻近建（构）筑物采取的保护措施是否满足设计要求。

 （5）隧道开挖

  1）开挖前及过程中、降水开挖工法、循环进尺、相邻隧道作业面纵间距必须符合设计和专项施工方案要求；

  2）作业面周围支护应牢固，及时清除松动石块；

  3）核心土留置，或台阶长度、导洞间距应符合设计或规范要求；

  4）掌子面与仰拱间距及掌子面与二次衬砌距离必须满足相关要求的安全距离，

  5）开挖工程中应做好超前地质预报，根据地质变化及时调整支护参数。

 （6）爆破施工监理

  1）检查爆破证书办理情况，爆破各项器材、物资必须符合国家及行业标准；

  2）爆破器材存储、运输和处置应符合有关规定；

  3）检查起爆设备或检测仪表等应定期标定；

  4）严格按设计和方案限制值控制装药量；

  5）"盲炮"处理应符合有关安全规定；

  6）爆破时人员、设备与爆破点的距离应不小于爆破安全距离且有安全防护措施。

 （7）初期支护

  1）型钢、钢格栅、混凝土、锚杆、网片等支护材料必须符合设计、规范要求；

  2）钢架间距、钢架连接应符合设计要求；

  3）钢架底部应垫实、连接筋间距、搭接长度及焊缝等必须符合设计文件要求；

  4）检查锚杆及锁脚锚管材质、规格、长度及花眼应符合设计、方案要求，锚管并按设计要求注浆；

5）初期支护应及时封闭成环，并对支护变形及损坏及时处理；

6）及时进行初支背后回填注浆；

7）检查喷混凝土外观质量对裂缝、脱落或钢筋、锚杆外露等现象应及时处理；

8）喷射混凝土厚度、强度等检测项目必须满足设计、规范要求；

9）检查初支断面进行侵限处理（换拱）时，必须满足方案要求。

（8）防水作业

1）核查现场热焊机等操作人员持证上岗情况；

2）现场配备消防器材，必须满足相关规范规定要求；

3）采取有效措施防止现场电焊焊接作业时焊渣飘落到防水材料上的措施。

（9）二次衬砌

1）检查模板台车质量并附稳定性验算计算书；

2）模板台车的工作平台、扶手、栏杆、人行梯应符合安全要求；

3）模板台车移动时应统一指挥，设备、电线、管路应撤除或增加保护措施；

4）模板台车堵头拆除时应设防护措施；

5）模板台车应设安全警示标志。

6）按方案要求检查非标准段采用高支模施工时安全措施落实情况。

（10）作业架防护

检查作业架工作平台、临边围栏防护、脚手板铺设及登高扶梯必须满足规范和方案要求。

（11）隧道运输

1）审查运输车辆的产品合格证明、司机驾驶证等资料，并对现场运输车辆进行核对；

2）竖井垂直运输材料过程中，井下作业人员应撤离至安全地带。

3）定期检查洞内运输车辆制动情况，严禁人料混载、超载、超宽、超高运输；

4）洞内车辆行驶应设限速标志，车辆启动前应检查车况，先鸣笛再启动；

5）检查洞内两侧排水设施、车辆照明、信号系统是否完善；

6）检查隧道道路周边物体侵界情况，对影响行车安全的侵界物体及时处理。

（12）施工监测

1）按监测方案确定的项目进行监测，检查拱顶下沉、隧道收敛、爆破振动影响及方案中的其他监测项目的监测情况，及时收集相关数据进行分析，监测频率应满足方案要求；

2）巡视检查施工影响范围内建（构）筑物、既有地铁线路、重要管线和道路等外部环境；

3）检查监测点设置或监测频率与监测方案的符合性，对受破坏监测点督促及时恢复；

4）督促按设计及工程情况及时上报处理监测数据，并根据反馈数据指导施工；

5）监测数据达到预警或报警值时应按规定程序及时、有效处理。

（13）作业环境

1）检查隧道通风系统的设置应满足专项方案要求；

2）检查职业危害防治措施交底的落实，按规定对隧道内氧气及瓦斯、沼气、粉尘检测并做好相应记录；

3) 按施工组织设计要求检查风、水、电等线路布设;
4) 检查作业面的风速、新风量应能满足施工要求;
5) 人员进洞前爆破后通风时间应不少于方案规定的时间;
6) 检查凿岩、放炮、喷射混凝土等扬尘作业时的所采取防尘措施;
7) 检查隧道内的照明应满足施工要求;
8) 应对隧道内的通风管的破损、漏风、悬挂不平直等现象及时进行维护;
9) 检查作业人员在粉尘较大或在凿岩等噪声较大场所防护措施;
10) 作业面应无积水和泥泞。

11. 轨行区施工安全检查

(1) 检查专项施工方案落实情况

各项施工安全保证措施、专职安全生产管理人员、特种作业人员是否到位。

(2) 施工请销点

1) 检查承包商请销点记录是否与现场施工情况相符;
2) 检查承包商请销点计划是否与实际施工时间相符;
3) 检查承包商销点后作业区能施工机具、材料等是否清理干净,人员是否全部撤离;
4) 检查承包商作业完成销点是否及时。

(3) 轨行区施工安全

1) 检查各承包商交叉作业是否签订安全协议;
2) 检查各承包商轨行区施工是否对施工人员进行安全技术交底,三级安全教育;
3) 检查施工作业区两端是否设置警示标志;
4) 检查施工区域施工人员反光背心、安全帽等防护用品是否配备齐全;
5) 检查搭设的脚手架、堆放的材料或机具是否侵入行车界限;
6) 检查安装的管线、电缆等安装是否牢固,是否存在侵入行车界限;
7) 不得随意登乘工程车、轨道车或攀爬运行中的车辆;
8) 不得在车辆间、车辆与车挡间工作和穿行;
9) 未经许可轨行区内严禁使用易燃易爆品或有毒物品。

(4) 行车安全

1) 检查轨行区上方预留孔洞(车站和区间竖井)是否设置安全防护;
2) 不得擅自搬动道岔或拆除道岔设备;
3) 检查工程列车停车时是否制动及设置防溜车装置;
4) 检查非机动梯车、小推车等是否设置防溜车、制动、防倾覆装置;
5) 检查工程车辆是否偏载、超载和超限界;
6) 检查隧道内是否设置限速标志;
7) 检查车辆是否超速行驶,平板车是否违规载人;
8) 检查工程车是否按规程保养检修;保养检修记录是否齐全;
9) 检查预留孔洞、出入口是否采取防洪措施;检查轨行区内是否存在积水。

12. 特殊气候施工安全检查

(1) 人员

1) 必须按特殊气候预警要求安排人员应急值守、巡查;

2) 应按规定给相关人员配齐安全防护必需品；

3) 管理人员或作业人员必须经特殊气候安全教育。

(2) 预警

1) 施工组织方案必须明确特殊气候下施工应采取的相应安全措施；

2) 需指定部门及人员负责收集、分析和报告特殊气候预警信息，并与上游（左右）水库等蓄水设施管理机构建立联系机制；

3) 必须及时按照预案规定程序向有关人员传达特殊气候预警信息；

4) 必须按预警等级要求停止室外作业或其他危险性较大作业（如吊装作业），并撤离人员到安全地方。

(3) 暴雨及地质灾害防范

1) 施工现场或生活区等设置在低洼易涝或易受地质灾害（滑坡、泥石流）影响的区域，必须有效防范措施；

2) 基坑（竖井、斜井）、车站出入口等周边挡水墙强度及高度必须满足要求；

3) 场地排水系统排水能力满足相关要求，避免截面不足、坡度不足、淤积、堵塞等情况发生；

4) 通往基坑（隧道）的所有可能进水管（口）必须进行可靠封堵；

5) 抽排水设施管（孔）口必须有防水倒灌措施；

6) 临时建筑、围墙和工程的基础结构或土体（如暗挖、明挖作业面、边坡）暴雨来临前必须采取抗渗、抗冲刷、防浸泡等措施（注浆加固、混凝土封闭或彩条布覆盖）；

7) 非应急需要的露天电气设备在暴雨来临前必须及时切断电源。

(4) 大风防范

1) 当风力达到6级以上时必须停止起重作业，或采取防止起重机械移动、倾覆措施；

2) 必须按大风预警要求对临时建（构）筑物、围挡或其他高大设施采取特殊加固措施；

3) 室外遭遇龙卷风时必须及时组织人员按照龙卷风影响方向的反方向或侧方向移动躲避。

(5) 雷电防范

1) 对在其他防雷保护范围以外的临时设施和突出机械必须设置避雷装置；

2) 避雷装置符合规范要求；

3) 必须按要求停止高空（含脚手架）作业、起重吊装作业；

4) 必须及时组织在空旷场所作业人员撤离。

(6) 低温、冰雪（雹）、大雾防范

1) 临时建筑、围墙和工程的基础结构、土体存在开裂并存在被积雪浸泡风险，必须及时采取相应防护措施；

2) 临时建筑设施因冰雪荷载发生损坏，必须采取相应措施；

3) 确因安全需要登高作业的，脚手架、梯道及临边洞口必须进行清理或有防滑措施；

4) 冰雹预警后必须及时组织室外人员撤离到室内；

5) 必须按大雾橙色、红色预警信号减少、停止室外作业；

6) 非应急需要的露天电气设备在暴雪来临前必须及时切断电源。

（7）应急管理

1）必须制定有效的特殊气候应急预案；

2）预案必须明确不同种类、不同程度的恶劣气候下施工禁止行为；

3）必须配备足够的应急抢险设备物资；

4）特殊气候结束后、复工前必须进行专项安全检查。

13. 架桥机作业安全检查

（1）检查施工方案落实情况

（2）架桥机验收

1）结构件安装位置关系必须正确，线形符合设计要求，严禁联结螺栓漏装、错装且未拧紧，焊接焊缝必须符合设计要求；

2）动力装置安装位置必须正确，与底架联结牢固，与工作机构的连接管路正确无误；

3）架桥机必须有接地装置，避雷设施，电气绝缘必须符合要求；

4）必须按要求检查架桥机具液压系统；

5）运载、行走、提升、支承托架等机构必须经过重载试验；

6）按要求对架桥机进行周期性工作检查。

（3）桥梁架设

1）操作司机需接受安全技术交底；

2）梁片存放、运输和架设必须符合设计或施工方案要求；

3）高空作业安全警示标志和防护措施必须符合相关规定；

4）检查梁片临时固定措施及时跟进情况；

5）架梁作业时必须设置警戒区并有专人看守。

14. 交叉工作面安全生产的监理工作

（1）要从源头合理安排施工顺序，不颠倒工序，减少工序的交叉作业；

（2）狭窄、交叉施工区域作业，要在施工作业前进行风险识别分析，对危险作业范围予以明确，并做出必要的安全警示标志，应对参加施工作业的人员进行安全技术交底，使施工人员了解作业的范围、作业程序、人员配合的问题、危险点的情况及其他安全注意事项；

（3）当交叉作业过程中出现模板、脚手架拆除等作业时，还应该对作业范围进行封闭，限制非作业人员进入现场；

（4）交叉作业过程中应有专职安全管理人员现场监督，统一协调指挥，杜绝违章作业、冒险作业等情况发生；

（5）当下层作业位置在上层高度可能坠落的范围半径之内时，则应在上下作业层之间设置隔离层，隔离层应采用木脚手板或其他坚固材料搭设，隔离层的搭设、支护应牢靠，在外力突然作用时不至于垮塌、破损，且其高度不影响下层作业；

（6）各交叉作业层的作业人员必须戴好安全帽，扣紧帽绳，存在高处坠落危险的人员应系好安全带；

（7）各层作业人员必须精力集中，各层的指挥号令不能相互影响，造成混淆，作业人员应随时保持警惕，对意外情况应能及时作出判断和反应；

（8）上层作业时，不能随意向下方丢弃杂物、构件，应在集中的地方堆放杂物，并及时清运处理，作业人员应随身携带物料袋，以便零散物件随身带走；

（9）上层有起重作业时，起吊物件必须绑扎固定，必要时以绳索予以固定牵引，防止随风摇摆，碰撞其他固定构件，严格遵守起重作业操作规程，起重物件严禁越过下层作业人员头顶；

（10）遇到6级以上大风、雨雪天气、浓雾、能见度不良等情况时，严禁进行立体交叉作业；

（11）当多个单位在同一施工场地内进行施工时，各方应签订责任划分，并签订安全协议，安排好安全员进行互相沟通、协调；

（12）交叉作业需经总包单位项目经理批准，应合理安排各工种进场作业，依据其作业计划要求的同时兼顾现场实际情况；要求进场作业工种太多时更要注意作业区域的安全，防患于未然；

（13）各工种作业负责人要在作业中和作业结束时保持沟通，管理好现场作业的设备及人员，对改变状态的设备要及时交接，告之可能产生的危险，形成书面记录；

（14）临时进入现场作业人员必须登记，在共同作业时要加强联系，说明现场情况，做好互控。保证人员及设备。

15. 安全生产隐患处理

（1）签发监理通知单的情况：

监理人员在巡视检查中发现安全事故隐患，或违反现行法律、法规、规章和工程建设强制性标准，施工组织设计中的安全技术措施和专项施工方案未经批准或未按照施工组织设计中的安全技术措施和专项施工方案组织施工的，应及时签发监理工程通知单，指令限期整改。监理通知单应发送施工总包单位并报送业主。监理人员在收到承包商填写的监理通知回复单后，应复查整改结果并签署意见。

（2）签发工程暂停令的情况：

监理人员发现施工现场安全事故隐患情况严重的（包括危险性较大的分部分项工程存在较大事故隐患），或承包商拒不执行监理通知，整改不力的以及施工现场发生重大险情或生产安全事故的，应签发工程暂停令，要求局部停工或全部停工并提出相应整改要求。工程暂停令应发送承包商并报送业主。承包商完成整改后应填写工程复工报审表，监理人员应复查整改结果。

（3）提交监理紧急报告的情况：

1）当施工现场发现重大事故隐患，监理人员提出整改要求，承包商拒不整改或者不停止施工，监理人员应及时向本单位和建设工程安全质量监督机构提交监理紧急报告。

2）监理单位发现承包商未按照专项施工方案施工的，应当要求其进行整改；情节严重的，应当要求其暂停施工，并及时报告业主。承包商拒不整改或者不停止施工的，监理单位应当及时报告业主和工程所在地住房城乡建设主管部门。

3）紧急情况下，监理人员通过电话、传真或电子邮件向有关主管部门报告的，事后应形成监理报告。以电话形式报告的，应注意形成书面通话记录。

10.4.3 事后控制

1. 危大工程的应变处理

（1）危大工程发生险情或者事故时，监理机构应当配合承包商开展应急抢险工作，督促承包商报告工程所在地住房城乡建设主管部门。

(2) 危大工程应急抢险结束后,在业主组织下,参与制定工程恢复方案,并参与应急抢险工作后评估。

2. 危大工程的验收

(1) 对于按照规定需要验收的危大工程,监理单位应当参与组织相关人员进行验收。验收合格的,由总监理工程师签字确认后,方可进入下一道工序。

(2) 危大工程验收合格后,应督促承包商在施工现场明显位置设置验收标识牌,公示验收时间及责任人员。

(3) 及时将监理实施细则、专项施工方案审查、专项巡视检查、验收及整改等相关资料集中形成危大工程档案。

3. 安全生产事故处理

(1) 施工现场发生生产安全事故或较大社会影响事件时,现场监理人员应督促承包商报告建设主管部门。

(2) 总监理工程师应立即向业主和本单位负责人报告事故(件)情况;并签发工程暂停令,要求承包商停止施工;情况紧急或确认承包商未上报事故时可直接向当地建设主管部门报告。

(3) 监理单位及监理人员应根据事故情况配合有关部门、承包商做好应急、抢险、救援、防止事故扩大、保护现场和相关证据的工作。

(4) 监理人员应提供事故调查所需要的相关证据,据实反映情况,协助、配合事故调查工作。

(5) 监理人员应督促承包商按照有关主管部门或事故调查组提出的事故处理的意见进行整改。

(6) 事故影响因素消除后,承包商提出工程复工申请,监理人员应审查承包商报送的工程复工相关资料,经总监理工程师确认,报业主批准后签发工程复工令。

4. 安全生产监理工作总结

主要内容为本工程安全投入情况、安全监理指令的签发情况、监理人员职责划分及落实情况、针对现场的实际采取的安全措施及取得的效果、安全事故的处理情况等相关内容。

第 11 章 城市轨道交通工程监理资料管理

城市轨道交通项目监理部应建立监理文件资料管理制度，应设置专人管理监理文件资料。项目监理部应及时、准确、完整地收集、整理、编制、传递监理文件资料。项目监理部应采用信息技术进行监理文件资料的管理。

11.1 城市轨道交通工程监理资料管理的特点

1. 监理资料的数量大、种类多

由于城市轨道交通监理项目具有标段大（通常监理 1 个以上的施工标段）、施工工点多（通常含数站数区间，即含有多个子单位工程，意味着包含有较多的分部分项工程和大量的检验批）、涉及的施工工法种类多（通常包括明挖、盖挖、暗挖车站施工，盾构法、矿山法区间隧道施工，冻结法联络通道施工等）、涉及的测量、检测、监测、风险管控等方面的资料多、涉及的危险性较大的分部分项工程多（通常含有车站的深基坑支护、降水、土方开挖工程；车站的地下连续墙钢筋笼起重吊装施工；车站的主体结构混凝土模板支撑工程；车站的支撑梁拆除施工；盾构区间的盾构机的起重吊装施工；盾构区间的掘进施工；联络通道的冻结法、矿山法地下暗挖施工等），涉及的重大安全风险源较多（如车站深基坑周边建筑物、道路、市政管线的保护，盾构区间下穿铁路、地铁既有线路、高速公路、河流、湖泊、建筑物等）。除此之外，包括监理例会、专项方案论证会、专题会议、验收会议等各类工程会议也较多。因此，相对于一般的工业与民用建筑监理项目，城市轨道交通监理项目的监理资料数量更大、种类更多。

2. 监理资料的及时性、准确性、完整性要求高

由于城市轨道交通项目规模大，深基坑施工、盾构施工、矿山法施工等安全风险大、涉及的危险性较大的分部分项工程多，专业性强，需要 24h 不间断地连续施工。监理人员经常要组织、协办各类工程会议，整理各类会议纪要，及时传递安全隐患排查、工程进度、巡视检查信息、试验检测、监测比对分析、预警分析、首件验收、关键节点核查、工程验收等信息、资料，及时完成监理月报、监理例会纪要、各类专题会议纪要等重要监理文件，要求文字表达准确、内容完整、完成及时，对于要求整改、落实的情况，要及时检查，有闭合的文字及照片资料。因此，对相关监理人员的综合素质要求较高。

3. 监理资料管理的信息化水平要求越来越高

近年来，各地城市轨道交通项目，开始大量采用网络、信息系统、BIM 等新技术，大部分业主拥有了现场安全风险实时监控、各类工程质量、安全、文明施工、工程计量等信息联网的综合化信息系统。城市轨道交通工程管理的网络化、信息化时代已经到来。目前实际监理工作中，已经大量应用手机终端，进行管理、沟通、盾构施工参数的实时监控等监理工作了，平时文字资料的上传，已经成为监理资料管理工作的一部分。项目监理人

员将要迎接不断更新知识结构、快速掌握新技术的挑战。

11.2 城市轨道交通工程监理资料管理的体系及人员分工

1. 总监理工程师是监理资料管理的第一责任人

城市轨道交通项目监理资料，是监理工作成效的根本体现，也是工程质量、生产安全事故责任划分的重要依据。因此，监理资料管理是一项非常重要的工作。它不仅工作量繁重，还要求及时准确、体系完整。作为监理人员的负责人，必须对监理资料的质量、及时性、完整性进行把关，许多重要的监理文件需要总监亲自起草，总监理工程师理所应当地是监理资料管理的第一责任人。

2. 合格称职的资料员是监理资料管理工作中不可或缺的一环

《建设工程监理规范》GB/T 50319—2013中规定，监理人员宜设专人管理监理文件资料。似乎没有作出强制设立监理资料员的规定，原因是建设工程项目有大有小，不能一概而论。对于城市轨道交通项目而言，监理资料管理工作的任务是非常繁重的，设置专职资料员或信息工程师是十分必要的，总监理工程师应当高度重视专职监理资料员的选用。

对监理资料员的选用标准，一般应当具备以下基本素质：较好的工程理解能力；较好的文字组织能力；较好的信息网络技术运用能力；书写工整；认真仔细；工作效率高；办事不拖沓等。

3. 监理机构全体监理人员的协同与配合是做好监理资料管理的基础

监理人员资料管理工作涵盖了资料的收集、整理、编制、保管、收发、归档、移交等许多环节，仅靠总监和资料员是难以完成的。比如，各专业大量的工序质量验收类资料，主要由相应的专业监理工程师负责整理，移交给资料员归档、保管。此外，监理文件资料的借用也是经常存在的，借用与归还，需要按照制度规定办理相关手续。在迎接监理工作检查、竣工验收等环节，监理资料的搬运、大量的复印、打码等一人难以胜任的工作，都需要其他监理人员的参与、配合。

4. 监理机构监理资料管理的人员分工

总监理工程师负责制定监理文件资料管理制度，指导监理人员建立监理人员的资料体系、起草、签发重要的监理文件，定期检查监理人员的资料，指导监理文件资料的收集、整理、编制、保管、收发、归档、移交等工作，指定资料员的人选等。

资料员按照监理人员制定的监理文件资料管理制度，负责监理文件资料的收集、整理、保管、收发、归档、移交等具体工作。包括监理文件资料的入盒、文件盒的册封、目录台账、收发文登记、盖章、电子文档的分类、存储、文件上传、重要的影像资料拍摄（包括重要的工程会议、工程验收、举办的各项重要活动、监理对关键工序、关键部位的质量控制工作情况、监理对危险性较大分部分项工程专项巡视检查等）等工作。

专业监理工程师负责本专业质量验收资料的整理及其交接工作。

其他监理人员，均负有协同、配合以上人员完成监理人员监理文件资料管理的责任、义务。

11.3 城市轨道交通工程监理资料的主要内容

1. 城市轨道交通项目监理文件资料应包括的主要内容
(1) 勘察设计文件、监理合同及其他合同文件。
(2) 监理规划、监理实施细则。
(3) 设计交底和图纸会审记录。
(4) 施工组织设计、(专项) 施工方案、施工进度计划、综合应急预案、文物保护方案、(沿线) 周边建 (构) 筑物、市政管线调查报告等报审文件资料。
(5) 分包商资格报审文件资料。
(6) 施工控制测量成果报验文件资料。
(7) 监测点验收资料。
(8) 关键节点验收资料
(9) 首件验收、盾构百环验收资料
(10) 工程质量检查报验资料及工程检验批、分项、(子) 分部、(子) 单位工程等验收资料。
(11) 工程材料、构配件、设备报验文件资料。
(12) 见证取样和平行检验资料
(13) 工程计量、工程款支付文件资料。
(14) 工程变更、费用索赔及工程延期文件资料。
(15) 总监理工程师任命书，工程开工令、暂停令、复工令，工程开工或复工报审文件资料。
(16) 监理通知单、工作联系单与监理报告。
(17) 第一次工地会议、监理例会、专题会议等会议纪要。
(18) 监理月报、监理日志、旁站记录。
(19) 监理部对危大工程的管理资料。
(20) 工程质量或生产安全事故处理文件资料。
(21) 工程质量评估报告及竣工验收监理文件资料。
(22) 监理工作总结等。

2. 监理日志应包括的主要内容
(1) 天气和施工环境情况。
(2) 当日施工进展情况
(3) 当日监理工作情况，包括旁站、巡视、见证取样、平行检验等情况。
(4) 当日存在的问题及处理情况。
(5) 其他有关事项。

3. 监理月报应包括的主要内容
(1) 本月工程现场大事记
可主要记录以下内容
1) 工程总体/重要阶段性目标的实现情况，本月质量、进度计划目标实现情况的总体评价：按计划实现/基本实现/存在较大差距。

2）施工组织设计/专项方案的审批内容及结果。

3）图纸会审、技术交底、设计变更、专题会议内容简述。

4）分包商的审批，开工报告的审批。

5）因业主原因已造成或可能造成的对工程进展的不利影响。

6）主要的分部分项工程开工情况，主要施工节点如桩机开钻、土方开挖或土方开挖到底，地下室底板混凝土浇筑、主体结构封顶等。

7）主要材料、设备的进（退）场情况。

8）大型施工机械/设备进（退）场情况。

9）发生的质量事故、安全事故及采取的措施。

10）存在的质量、安全隐患整改情况。

11）安全状况分析（责任制落实情况、人员持证上岗情况等）。

12）承包商违反监理程序/不服从监理管理的事件。

13）业主重要指令。

14）由于业主不当指挥或违规操作，给监理工作造成障碍。

15）上级领导/政府部门对项目的检查情况。

16）检测试验情况，设备或系统调试，联动试车，分部/单位工程质量验收、评定结果，如桩基验收、底板钢筋验收等。

17）总监认为应记录的大事。

（2）本月工程质量控制情况评析

1）本月质量控制情况登记

材料、设备、构配件进场验收情况；工序质量验收情况；见证试验情况；监理下发质量通知单情况等。

2）工程质量情况简析

① 本月现场施工主要内容简述；

② 监理针对本月的施工内容，采取的预控措施及形成的监理文件；

③ 施工过程中监理跟踪检查、旁站情况；

④ 本月监理进行材料/设备验收、见证取样、工序验收的内容及质量状况；

⑤ 针对承包商的质量问题，书面通知承包商落实整改的监理指令；

⑥ 总监认为应记录的有关质量情况的事项。

3）下月质量情况预计和目标

① 下月施工内容的质量关键点或重要部位；

② 监理拟采取的控制措施；

③ 根据承包商本月的质量保证体系运行状况及现场施工情况，监理对下月施工质量的预计。

（3）本月工程进度控制情况评析

1）有关工程进度的信息

本月工作计划完成和实际完成情况；本月批准延长的工期情况；监理下发进度通知单情况等。

2）本月工程进度情况简析

① 本月工程实际完成进度情况的具体叙述；

② 实际完成进度与计划进度的比较，突出滞后的施工内容；

③ 监理对本月进度计划完成情况的分析，突出滞后原因分析和合理的赶工措施及经验；

④ 监理在进度控制方面所做的工作，包括对承包商的指令和对业主方的建议。

⑤ 监理人员应积极应用有关统计技术和工程项目进度管理的软件（如 Project2000），以图表的形式反映监理实施进度控制的有关信息。

3）下月工程进度展望

① 承包商的下月工程进度计划；

② 监理对下月工程进度完成情况的预期以及对可能影响下月工程进度的因素的分析。

（4）本月费用控制情况评析

1）有关费用情况的信息

本月批准付款情况；本月批准的索赔情况；监理下发费用控制通知单情况等。

2）工程费用控制情况简析

① 本月完成工程量审核情况（合同工作量审核、变更工作量审核、预决算审核等），工程款支付情况；工程费用索赔审核情况；

② 监理在造价控制方面所做的工作，包括对承包商的指令和对业主方的建议。

3）预计下月工程发生费用金额

预计承包商下月完成的工程量，估算将发生的费用。

（5）本月施工安全生产管理工作评析

1）本月施工安全生产管理工作情况（施工安全保证体系运行情况、危险源控制情况、大型起重机械管理情况等）

2）本月履行监理安全法定职责情况（审查、发现、要求、报告、实施情况）

3）下月监理安全管理工作重点（危险性较大的分部分项工程和日常安全监督重点）

（6）本月工程其他事项

填写本月需报告的其他事项及根据工程特点增加的图表、图片等内容。

1）本月工程实施情况概要

包含工程进展情况（可附工程照片）；会议情况；监理联系单、通知单、备忘录；监理检查情况；分部分项验收情况；危大工程方案审核及论证情况；其他重大事项等。

2）工程质量控制情况

包含质量检查及验收情况，工程材料、设备、构配件进场检验情况；现场存在问题分析；下月质量控制的重难点分析等。

3）工程进度控制情况

包含现场进展情况及监理控制措施；现场存在影响进度问题的分析及对策；下月进度控制的重难点分析等。

4）工程费用控制情况

包含本月完成的计量及付款情况；本月发生的签证变更情况；监理对费用的控制措施；下月费用控制重点及措施等。

5）安全管理情况

包含对承包商安全生产管理工作评述；现场存在的安全隐患及监理管理工作综述；危大工程的管理措施；下月安全管理重点等。

4. 监理工作总结应包括的主要内容

（1）工程概况。

（2）监理人员。

（3）建设工程监理合同履行情况。

（4）监理工作成效。

（5）监理工作中发现的问题及其处理情况。

（6）说明和建议。

5. 监理对危大工程的管理应包括的主要内容

（1）对危大工程专项方案审查情况。

（2）针对专项方案的监理细则完成情况。

（3）针对危大工程的现场验收情况。

（4）针对危大工程的现场巡视检查情况。

11.4 城市轨道交通工程监理资料管理的基本要求

（1）监理文件的归档范围及内容、监理文件的归档质量及组卷、监理文件的归档、工程档案的著录、工程档案验收与报送等，应遵照现行行业标准《城市轨道交通工程档案整理标准》CJJ/T 180、业主工程档案管理规定及所在城市城建档案馆的相关管理规定执行。

（2）监理资料平时应全部使用符合相关规定的文件盒进行保存，文件盒的侧封要求标注文件资料的名称，文件盒内的资料，应建有目录（台账），按序摆放。

（3）电子版的监理资料，通用类的资料要求按照文件夹、文档进行分类，每个车站、区间的资料按照车站、区间名称设置文件夹分类。照片资料一般分为工程大事、质量检查验收、安全生产管理、文明施工、危大工程管理等，其时间、地点、车站或区间名称等须标注清楚。

（4）具备条件的项目监理部，宜设置专门的监理资料室。监理文件资料应全部放入资料柜中分类保存。

（5）总监理工程师每月应组织项目监理部，进行一次监理资料的全面检查。对检查出的问题应落实专人、限时完成整改。

（6）为保证监理日志的内容真实、全面。监理人员宜利用每天班前时间，把当天的各项监理工作、注意事项等进行一次全面的梳理和安排。资料员要记录、收集各个监理组的日志信息。

（7）文件资料的借阅应当办理登记手续。

（8）监理单位应监督、检查承包商工程档案的编制工作，确保工程档案的及时性、真实性、正确性、规范性、有效性和系统性，实现工程质量验收与工程档案编制同步，并配合业主对工程档案进行阶段性检查、评比和验收等工作。

（9）监理单位应在规定的时间内向业主、市城建档案馆移交工程档案，办理移交手续。

（10）总监理工程师是监理档案管理工作的第一责任人。

第12章 城市轨道交通工程验收与保修阶段的监理

项目监理部应及时组织对承包商报验的隐蔽工程、检验批、分项工程和分部工程进行验收。验收条件、验收组织、验收程序、验收要求等应符合相关标准、规范及管理规定。

工程保修阶段的服务工作一般仍委托施工阶段的监理单位承担。监理单位对此阶段的修复工程负有验收和签认的义务。

12.1 城市轨道交通工程验收阶段的监理工作

12.1.1 监理人员应掌握的工程验收管理要点

1. 城市轨道交通工程的划分

监理人员应当熟悉掌握城市轨道交通工程的单位工程、分部工程、分项工程的划分体系，这样，无论是审批承包商申报的标段分部分项工程划分表，还是检查承包商竣工验收资料的完整性时，才能做到准确无误。

《城市轨道交通工程划分暂行办法》，是监理熟悉掌握城市轨道交通工程的单位工程、分部工程、分项工程划分的重要依据。

城市轨道交通线路的项目工程，共划分有车站工程，区间工程，车辆段、停车场基地综合工程，主变电站工程，轨道工程，信号系统，通信系统，自动售检票（AFC）系统，防灾报警（FAS）系统，气体灭火系统，综合信息管理（IMS）系统，旅客信息（PIS）系统，综合监控（ISCS）系统，门禁（ACS）系统，电（扶）梯，屏蔽门，安全门系统，供电工程，人防工程，市政道路工程，（运营）资产管理系统，声屏障工程，供冷站 22 个单位工程。

其中车站工程单位工程下面划分有主体土建工程（明挖、盖挖、暗挖、高架）、附属土建工程（明挖、盖挖、暗挖、高架）、建筑设备安装工程（含临近半区间）、建筑装饰装修工程 4 个子单位工程。

各子单位工程下划分有众多的分部工程、子分部工程。各分部工程、子分部工程下划分有众多的分项工程。每个分项工程下含有 1 个或多个检验批。关于城市轨道交通工程单位工程、分部工程、分项工程的划分表详见《城市轨道交通工程划分暂行办法》。

2. 工程质量验收标准和业主相关管理规定

监理人员应当熟悉掌握《建筑工程施工质量验收统一标准》GB 50300 及城市轨道交通工程业主相关验收管理、工程档案管理规定以及所在城市城建档案馆的工程档案管理要求等。

监理人员应当组织学习业主相关管理办法及了解所在城市的城建档案馆对归档资料的整理、分类、打码、文件（档案）盒、侧封、扉页、目录、勘误、纸张规格、工程照片相册、影像资料等方面的相关规定，组织内部培训，开展承包商、监理单位的资料检查，确保归档资料规范、严谨、完整。

监理人员应当根据工程进展情况及时组织对检验批、分项工程、分部工程的实体质量检查、验收资料检查和组织召开分部工程验收会议。

根据城市轨道交通工程的特点，在安装、装饰装修施工、铺轨施工等开始前，应完成车站、区间的地基基础与支护结构、防水工程、主体结构等分部工程的验收。在全线项目工程竣工验收前，应完成全部单位工程的验收。

12.1.2 竣工验收阶段监理人员应当重视的相关问题

（1）对承包商验收资料的完整性检查：

首先，监理人员应对照该承包商经过审批的单位工程、分部分项工程划分表，检查承包商竣工验收资料的目录体系是否完整。其后，从各分项工程的检验批开始进行逐一检查，检查有无遗漏的检验批。除此之外，还要检查从测量放线开始的各道工序的质量验收资料到相应的试验检测、监测、工程变更、实体质量缺陷处理等资料。

（2）对承包商验收资料的规范化检查：

主要核对验收资料中，是否存在工程名称书写错误、验收意见签署不准确、验收时间逻辑错误、漏签等。检查试验检测频率是否符合规范要求、监测结果是否符合要求、工程变更审批是否齐全、缺陷处理是否规范等。

（3）对工程质量缺陷的处理：

监理人员应要求承包商对施工中存在的一般质量缺陷及时进行返修处理，在返修前，要编制缺陷处理方案，并经过设计单位、监理单位同意，留存缺陷处理前后的工程照片。缺陷处理后，要经过检测，重新进行检验批的验收。

（4）对于接地网、人防工程等通常由业主单独发包的单项工程验收，不能遗漏。

（5）参加工程验收的各方人员应具备相应的资格：

检验批应由专业监理工程师组织承包商专业质量检查员、专业工长等进行验收。分项工程应由专业监理工程师组织承包商项目专业技术负责人等进行验收。分部工程应由总监理工程师组织承包商项目负责人和项目技术负责人等进行验收。勘察、设计单位项目负责人和承包商技术、质量部门负责人应参加地基与支护结构分部工程的验收。设计单位项目负责人和承包商技术、质量部门负责人应参加主体结构分部工程的验收。在城市轨道交通工程中，第三方测量、检测、监测等单位的项目负责人要参加分部工程的验收。

（6）认真做好监理工作总结：

轨道交通工程项目具有规模大、风险高、难度大、专业性强等特点，每个项目历经数年的建设，其质量、安全、进度、造价等监理控制工作的内涵都是非常丰富的。只有在认真总结经验的基础上，才能更深入地认识城市轨道交通工程，才能保证监理人员能够采取有效措施及时防范、化解各种安全风险，探索出精细化管理的方法，监理出高质量的城市轨道交通工程。因此，监理人员、监理单位应当高度重视城市轨道交通工程项目的监理工作总结编制、审核、后评价等工作。

12.2 城市轨道交通工程保修阶段的监理工作

监理人员应当按照《建设工程监理规范》GB/T 50319 和监理合同的相关规定，做好城市轨道交通工程项目保修阶段的监理工作。

承担工程保修阶段的服务工作时，工程监理单位应定期回访。工程保修期限按国家有关法律法规确定。工程保修阶段的服务工作期限，应在工程监理合同中明确。

对业主或使用单位提出的工程质量缺陷，工程监理单位应安排监理人员进行检查和记录，并应要求承包商予以修复，同时应监督实施，合格后应予以签认。

工程监理单位应对工程质量缺陷原因进行调查，并应与业主、承包商协商确定责任归属。对非承包商原因造成的工程质量缺陷，应核实承包商申报的修复工程费用，并应由总监理工程师或其授权人签认工程款支付证书，同时应报业主。

参 考 文 献

[1] 中华人民共和国国家标准.建设工程监理规范 GB/T 50319—2013[S].北京：中国建筑工业出版社，2013.

[2] 中华人民共和国国家标准.建筑工程施工质量验收统一标准 GB/T 50300—2013[S].北京：中国建筑工业出版社，2013.

[3] 中华人民共和国国家标准.地下铁道施工质量验收标准 GB/T 50299—2018[S].北京：中国建筑工业出版社，2018.

[4] 中华人民共和国国家标准.混凝土结构工程施工质量验收规范 GB 50204—2015[S].北京：中国建筑工业出版社，2015.

[5] 中华人民共和国行业标准.城市轨道交通工程档案整理标准 CJJ/T 180—2012[S].北京：中国建筑工业出版社，2012.

[6] 中华人民共和国国家标准.城市轨道交通基本术语标准 GB/T 50833—2012[S].北京：中国建筑工业出版社，2012.

[7] 中华人民共和国行业标准.铁路路基工程施工质量验收标准 TB 10414—2018[S].北京：中国铁道出版社，2019.

[8] 中华人民共和国国家标准.城市轨道交通信号工程施工质量验收规范 GB 50578—2013[S].北京：中国计划出版社，2010.

[9] 中华人民共和国国家标准.城市轨道交通通信工程质量验收规范 GB 50382—2016[S].北京：中国计划出版社，2017.

[10] 中华人民共和国国家标准.城市轨道交通综合监控系统工程施工与质量验收规范 GB/T 50732—2011[S].北京：中国计划出版社，2011.

[11] 中华人民共和国国家标准.火灾自动报警系统施工及验收规范 GB 50166—2007[S].北京：中国计划出版社，2007.

[12] 中华人民共和国国家标准.气体灭火系统施工及验收规范 GB 50263—2007[S].北京：中国计划出版社，2007.

[13] 中华人民共和国国家标准.城市轨道交通自动售检票系统工程质量验收规范 GB 50381—2010[S].北京：中国计划出版社，2010.

[14] 中华人民共和国城镇建设行业标准.城市轨道交通站台屏蔽门系统技术规范 CJJ 183—2012[S].北京：中国建筑工业出版社，2012.

[15] 中华人民共和国国家标准.电梯工程施工质量验收规范 GB 50310—2002[S].北京：中国建筑工业出版社，2002.

[16] 中华人民共和国国家标准.综合布线系统工程验收规范 GB/T 50312—2016[S].北京：中国计划出版社，2016.

[17] 中华人民共和国国家标准.建设工程文件归档规范 GB/T 50328—2014[S].北京：中国建筑工业出版社，2015.

[18] 中华人民共和国国家标准.盾构法隧道施工及验收规范 GB 50446—2017[S].北京：中国建筑工业出版社，2017.

[19] 中华人民共和国国家标准.建筑地基基础工程施工质量验收标准 GB 50202—2018[S].北京：中国计划出版社，2018.

[20] 中华人民共和国行业标准.建筑桩基技术规范 JGJ 94—2008[S].北京：中国建筑工业出版社，2008.

[21] 中华人民共和国行业标准.建筑基坑支护技术规程 JGJ 120—2012[S].北京：中国建筑工业出版社，2012.

[22] 中华人民共和国行业标准.城市桥梁工程施工与质量验收规范 CJJ 2—2008[S].北京：中国建筑工业出版社，2009.

[23] 中华人民共和国行业标准.清水混凝土应用技术规程 JGJ 169—2009[S].北京：中国建筑工业出版社，2009.

[24] 中华人民共和国行业标准.公路桥梁伸缩装置 JT/T 327—2016[S].北京：人民交通出版社，2017.

[25] 中华人民共和国国家标准.钢结构工程施工质量验收规范 GB 50205—2001[S].北京：中国标准出版社，2002.

[26] 北京市轨道交通建设管理有限公司.轨道交通车站工程施工与质量验收标准 OGD—006—2018[S].北京：中国建筑工业出版社，2011.

[27] 中华人民共和国行业标准.城镇道路工程施工与质量验收规范 CJJ 1—2008[S].北京：中国建筑工业出版社出版，2009.

[28] 中华人民共和国国家标准.岩土锚杆与喷射混凝土支护技术规范 GB 50086—2015[S].北京：中国计划出版社，2015.

[29] 中华人民共和国行业标准.钢筋焊接及验收规程 JGJ 18—2012[S].北京：中国建筑工业出版社，2012.

[30] 中华人民共和国国家标准.工程测量规范 GB 50026—2007[S].北京：中国计划出版社，2008.

[31] 中华人民共和国行业标准.建筑变形测量规范 JGJ 8—2016[S].北京：中国建筑工业出版社，2016.

[32] 中华人民共和国行业标准.建筑施工模板安全技术规范 JGJ 162—2008[S].北京：中国建筑工业出版社，2008.

[33] 中华人民共和国国家标准.土方与爆破工程施工及验收规范 GB 50201—2012[S].北京：中国建筑工业出版社，2012.

[34] 中华人民共和国行业标准.建筑工程水泥-水玻璃双液注浆技术规程 JGJ/T 211—2010[S].北京：中国建筑工业出版社，2010

[35] 中华人民共和国行业标准.喷射混凝土应用技术规程 JGJ/T 372—2016[S].北京：中国建筑工业出版社，2016

[36] 中华人民共和国行业标准.钢筋机械连接技术规程 JGJ 107—2016[S].北京：中国建筑工业出版社，2016.

[37] 中华人民共和国国家标准.地下防水工程质量验收规范 GB 50208—2011[S].北京：中国建筑工业出版社，2011.

[38] 江苏省工程建设标准.江苏省城市轨道交通工程监测规程 DGJ32/J 195—2015[S].南京.江苏凤凰科学技术出版社，2016.

[39] 中华人民共和国国家标准.城市轨道交通工程监测技术规范 GB 50911—2013[S].北京：中国建筑工业出版社，2014.

[40] 北京市轨道交通建设管理有限公司.轨道交通预制钢筋混凝土盾构管片质量验收标准 JQB—029—2004[S].北京：中国建筑工业出版社，2004.

[41] 中华人民共和国国家标准.地下铁道工程施工标准 GB/T 51310—2018[S].北京:中国建筑工业出版社,2018.

[42] 中华人民共和国国家标准.建筑装饰装修工程质量验收标准 GB 50210—2018[S].北京:中国建筑工业出版社,2018.

[43] 中华人民共和国行业标准.玻璃幕墙工程技术规范 JGJ 102—2013[S].北京:中国建筑工业出版社,2004.

[44] 江苏省工程建设标准.建筑幕墙工程质量验收规程 DGJ32J 124—2011[S].

[45] 中华人民共和国国家标准.防火卷帘、防火门、防火窗施工及验收规范 GB 50877—2014[S].北京:中国计划出版社,2014.

[46] 中华人民共和国行业标准.建筑施工扣件式钢管脚手架安全技术规范 JGJ 130—2011[S].北京:中国建筑工业出版社,2011.

[47] 中华人民共和国行业标准.建筑施工碗扣式钢管脚手架安全技术规范 JGJ 166—2016[S].北京:中国建筑工业出版社,2017.

[48] 中华人民共和国行业标准.建筑施工承插型盘扣式钢管支架安全技术规程 JGJ 231—2010[S].北京:中国建筑工业出版社,2011.

[49] 中华人民共和国行业标准.建筑施工门式钢管脚手架安全技术标准 JGJ/T 128—2019[S].北京:中国建筑工业出版社,2019.

[50] 中华人民共和国行业标准.施工现场机械设备检查技术规范 JGJ 160—2016[S].北京:中国建筑工业出版社,2017.

[51] 中华人民共和国行业标准.建筑施工高处作业安全技术规范 JGJ 80—2016[S].北京:中国建筑工业出版社,2016.

[52] 中华人民共和国行业标准.建筑施工起重吊装工程安全技术规范 JGJ 276—2012[S].北京:中国建筑工业出版社,2012.

[53] 中华人民共和国行业标准.建筑机械使用安全技术规程 JGJ 33—2012[S].北京:中国建筑工业出版社,2012.

[54] 中华人民共和国行业标准.施工现场临时用电安全技术规范 JGJ 46—2005[S].北京:中国建筑工业出版社,2005.

[55] 中华人民共和国国家标准.建设工程施工现场供用电安全规范 GB 50194—2014[S].北京:中国计划出版社,2015.

[56] 中华人民共和国行业标准.施工现场临时建筑物技术规范 JGJ/T 188—2009[S].北京:中国建筑工业出版社,2010.

[57] 江苏省工程建设标准.建筑工地扬尘防治标准 DGJ32/J 203—2016[S].

[58] 中华人民共和国住房和城乡建设部.住房城乡建设部关于印发大型工程技术风险控制要点的通知(建质函〔2018〕28号)[R].

[59] 中华人民共和国住房和城乡建设部.住房城乡建设部关于印发城市轨道交通工程质量安全检查指南的通知(建质〔2016〕173号)[R].

[60] 江苏省住房和城乡建设厅.江苏省房屋市政工程危大工程安全管理实施细则(2019版)(苏建质安〔2019〕378号)[R]

[61] 江苏省住房和城乡建设厅.江苏省建设工程项目管理机构主要管理人员配备标准的公告(〔2017〕第35号)[R].

[62] 上海市工程建设规范.建设工程监理施工安全监督规程 DG/TJ 08—2035—2014[S].

[63] 住房城乡建设部办公厅.关于加强城市轨道交通工程关键节点风险管控的通知(建办质〔2017〕68号)[R].

［64］ 国家建筑标准设计图集．建筑工程施工质量常见问题预防措施（装饰装修工程）（16G908—3）［S］．北京：中国计划出版社，2018．

［65］ 张宇明．地铁车站主体结构施工中明挖法的应用［J］．中国高新科技，2019（06）：100-102．

［66］ 王勇，庄启程，刘乾勋．地铁围护结构质量控制［J］．建筑工人，2019，40（01）：4-7．

［67］ 王睿．城市地铁车站施工技术和方法分析［J］．山西建筑，2018，44（34）：148-149．

［68］ 刘利斌．浅析地铁车站明挖施工的监理控制［J］．门窗，2017（07）：115．

［69］ 张亮．地铁车站盖挖法主体结构施工技术分析［J］．设备管理与维修，2018（17）：128-130．

［70］ 詹胜．地铁车站深基坑土方半盖挖法施工技术探析［J］．中国住宅设施，2018（06）：58-60＋48．

［71］ 刘宜平．全国人防防护工程师职业资格考试系列指导用书（防护设备专业）［M］．南京：全国人防防护工程师培训考试中心，2009．

［72］ 李朝甫，徐迎．全国人防防护工程师职业资格考试系列指导用书（人防土建监理专业）［M］．南京：全国人防防护工程师培训考试中心，2009．

［73］ 王敬东，方志刚．全国人防防护工程师职业资格考试系列指导用书（人防安装监理专业）［M］．南京：全国人防防护工程师培训考试中心，2009．

［74］ 李朝甫，吴涛．人防工程施工监理［M］．南京：江苏凤凰科学技术出版社，2018．